Beihefte zur Zeitschrift für die alttestamentliche Wissenschaft

Herausgegeben von
Otto Kaiser

Band 248

Walter de Gruyter · Berlin · New York
1997

Ulrike Schorn
Ruben und das System
der zwölf Stämme Israels

Ulrike Schorn

Ruben und das System der zwölf Stämme Israels

Redaktionsgeschichtliche Untersuchungen zur Bedeutung des Erstgeborenen Jakobs

Walter de Gruyter · Berlin · New York
1997

♾ Gedruckt auf säurefreiem Papier,
das die US-ANSI-Norm über Haltbarkeit erfüllt.

Die Deutsche Bibliothek – *CIP-Einheitsaufnahme*

[Zeitschrift für die alttestamentliche Wissenschaft / Beihefte]
Beihefte zur Zeitschrift für die alttestamentliche Wissenschaft. –
Berlin ; New York : de Gruyter.
Früher Schriftenreihe
Reihe Beihefte zu: Zeitschrift für die alttestamentliche Wissenschaft
Bd. 248. Schorn, Ulrike: Ruben und das System der zwölf Stämme
Israels. – 1997
Schorn, Ulrike
Ruben und das System der zwölf Stämme Israels : redaktions-
geschichtliche Untersuchungen zur Bedeutung des Erstgeborenen
Jakobs / Ulrike Schorn. – Berlin ; New York : de Gruyter, 1997
(Beihefte zur Zeitschrift für die alttestamentliche Wissenschaft ;
Bd. 248)
Zugl.: Erlangen, Nürnberg, Univ., Diss., 1996
ISBN 3-11-015396-3

ISSN 0934-2575

Printed in Germany
Druck: Werner Hildebrand, Berlin
Buchbinderische Verarbeitung: Lüderitz & Bauer-GmbH, Berlin

Meinen Eltern, Doris und Hans-Dietrich Schorn,

in Dankbarkeit gewidmet

Vorwort

Die vorliegende Arbeit wurde im Wintersemester 1995/96 von der Theologischen Fakultät der Friedrich-Alexander-Universität Erlangen-Nürnberg als Dissertation angenommen. Für den Druck wurde sie punktuell überarbeitet und gekürzt. Besonders danken möchte ich an dieser Stelle allen, die zum Werden dieser Studie auf ganz verschiedene Weise beigetragen haben:

An erster Stelle steht mein Doktorvater und alttestamentlicher Lehrer Prof. Dr. Hans-Christoph Schmitt. Seine Förderung, Anregungen und stete Gesprächsbereitschaft waren entscheidend für das Entstehen dieser Untersuchung. Prof. Dr. Gunther Wanke hat mich schon in den ersten Studien-Semestern zum Alten Testament gebracht und durch sein Korreferat zur Verbesserung der Arbeit beigetragen. Prof. Dr. Ludwig Schmidt, Dr. Hans Werner Hoffmann und Dr. habil. Friedrich Fechter vom Institut für Altes Testament, Erlangen, danke ich für die offene und gute Zusammenarbeit.

Die Vorarbeiten für die Untersuchung entstanden nach einem kurzen Überbrückungs-Stipendium der Evangelisch-Lutherischen Kirche in Bayern vor allem während meines Aufenthalts als Research Fellow am Albright Institute in Jerusalem, ein Aufenthalt, der durch Prof. Dr. Volkmar Fritz initiiert und durch den Minerva-Preis des Max-Planck-Instituts finanziert wurde. Der Gedankenaustausch mit meinen dortigen Kollegen und die dabei erweiterten Kenntnisse im Bereich der Biblischen Archäologie trugen entscheidend zum Verständnis der Materie bei.

Danken möchte ich in diesem Zusammenhang auch Prof. Dr. Andrew Dearman für seine freundschaftliche Verbundenheit und die Gespräche über Ruben und das Ostjordanland. Ebenso gilt dies für PD Dr. Wolfgang Zwickel.

Wichtig für die Einschätzung der Soziologie waren die Begegnungen mit Gassim und den anderen Beduinen vom Stamm der Bdoul in Petra, die ich während einer Ausgrabung unter der Leitung von John P. Zeitler (Naturhistorische Gesellschaft Nürnberg) im Frühjahr 1992 kennen- und schätzengelernt habe.

Einen vertieften Einblick in die Archäologie Israels und Jordaniens konnte ich auf dem Lehrkurs 1994 des Deutschen Evangelischen Instituts für Altertumswissenschaften des Heiligen Landes gewinnen, der von Frau Susanne Kerner und Prof. Volkmar Fritz geleitet wurde.

Zum Entstehen dieser Arbeit trugen auch die Gespräche, kritischen Rückfragen und Ermutigungen meiner Assistentenkollegen und Freunde bei. Ich danke Dr. Elke Mack, Martina Brockes, Dr. Theo K. Heckel, PD Dr. Martin Rothgangel, Dr. Matthias Freudenberg, Dr. Jürgen Zangenberg und vor ihnen allen Dr. Markus Müller für seine liebevolle Begleitung und tatkräftige Unterstützung. Herrn stud. theol. Markus Saur danke ich für das Korrekturlesen und Herrn cand. theol. Alexander Deeg für die intensive Durchsicht des Manuskripts vor der Drucklegung sowie die Erstellung des Bibelstellenregisters.

Die Evangelische Kirchengemeinde Würzburg-Heuchelhof/Rottenbauer und ihr Pfarrer zeigten viel Verständnis für die wissenschaftliche Arbeit ihrer Vikarin. Herrn Prof. Dr. Dres. h.c. Otto Kaiser gebührt mein herzlicher Dank für die Aufnahme des Buches in die Reihe der Beihefte zur Zeitschrift für die Alttestamentliche Wissenschaft.

Mein größter Dank aber gilt meinen Eltern, die meinen Weg bis hierher ermöglicht und mir zur Seite gestanden haben. Ihnen ist dieses Buch gewidmet.

Würzburg, am Trinitatis-Fest 1997   Ulrike Schorn

Inhalt

Einführung

Ruben, der älteste Sohn Jakobs, gehört zu den umstrittensten, aber damit auch zu den interessantesten Gestalten des Alten Testaments. Er ist einerseits der Erstgeborene unter den zwölf Söhnen Jakobs und steht damit auch an erster Stelle im genealogischen Stämmesystem. Andererseits wird ihm aber der Ehebruch mit der Nebenfrau des Vaters vorgeworfen, der zum Verlust des Erstgeburtssegens führt. Entsprechend disparat ist auch die Darstellung der Rubeniten: Die Rubeniten erhalten zwar (zusammen mit den Gaditen) von Mose ihre Wohnsitze im Ostjordanland, erscheinen den übrigen Israeliten aber gerade aufgrund ihres Wunsches, im Ostjordanland zu siedeln, als suspekt.

Die eben genannte geographische Zuordnung Rubens zum abgelegenen Ostjordanland wird wohl der Grund dafür sein, daß Ruben in der alttestamentlichen Forschung ein Schattendasein führt. An neuerer Literatur, die sich speziell mit Ruben beschäftigt, ist jedenfalls nur der 1988 erschienene Aufsatz von F.M.Cross über "Reuben, First-Born of Jakob" zu nennen.[1] Er weist darauf hin, daß Ruben in vorstaatlicher Zeit deswegen eine wichtige Rolle spielte, weil mit seinem Gebiet einige alte religiöse Traditionen verbunden waren, und daß sich diese frühere Bedeutung Rubens in seiner Stellung im genealogischen System erhalten hat. Abgesehen von der richtungweisenden Frage nach den mit Ruben verbundenen religiösen Traditionen lassen sich die Ergebnisse von Cross aber in die gängige Forschung einordnen:

Üblicherweise wird Ruben als vorstaatlicher Stamm verstanden und zusammen mit den anderen Stämmen da behandelt, wo im Rahmen der Geschichte Israels die Darstellung der Landnahme bzw. die Beschreibung der Stammesgebiete erfolgt. Aus der Stellung Rubens unter den anderen Stammeseponymen wird dabei auf die Bedeutung Rubens geschlossen. Der Stamm Ruben hat nach diesen Darstellungen in vorstaatlicher Zeit eine bedeutende Rolle im Rahmen der Stämmegemeinschaft Israel gespielt und wurde von daher auch der Erstgeborene. Die negativen Nachrichten über Ruben werden dann aber so gedeutet, daß der Stamm schon in relativ früher Zeit unterging und die negativen Nachrichten als Ätiologien für diesen Vorgang zu sehen sind. Dieses übereinstimmende Urteil findet sich in der Forschung von M.Noth bis F.M.Cross.

Da aber in den letzten Jahren der Forschung der frühere Konsens über den Charakter des vorstaatlichen Israel immer brüchiger geworden ist, muß es auch bei Ruben als problematisch erscheinen, seine Beurteilung im Alten Testament allein auf die Geschichte des Stammes in vorstaatlicher Zeit zurückzuführen.

---

[1] Thematisiert werden die Rubeniten auch in dem 1994 erschienenen Aufsatz von Augustin "Neue territorialgeschichtliche Aspekte zu I Chr 1-9 am Beispiel der Rubeniten".

Die vorliegende Studie will deshalb eine erneute, möglichst umfassende Untersuchung der alttestamentlichen Belege zu Ruben bzw. den Rubeniten vornehmen, wobei die Texte redaktionsgeschichtlich eingeordnet werden sollen, um ausgehend von der literarischen Letztgestalt die redaktionelle Entstehung und Ausgestaltung der Texte herauszuarbeiten und nach möglicherweise zugrunde liegenden Traditionen zurückzufragen. Aus den bereits genannten verschiedenen Schwerpunkten der Darstellung Rubens ergeben sich dabei drei Fragenkomplexe:

Grundlegend ist zunächst die Frage nach der Rolle des Erstgeborenen innerhalb des genealogischen Zwölfstämmesystems. Im Rahmen einer redaktionsgeschichtlichen Vorgehensweise müssen in Auseinandersetzung mit der immer noch grundlegenden Studie M.Noths über "Das System der zwölf Stämme Israels" seine auf traditionsgeschichtlichem Wege erreichten Ergebnisse zur Entstehung und Bedeutung dieses Zwölfstämmesystems überprüft werden. Gibt es, wie dies immer noch der gängigen Meinung entspricht, wirklich zwei unabhängig nebeneinander existierende Stämmesysteme A und B (Noth und deGeus), die in ihrem Verhältnis zu bestimmen sind? Welche Rolle spielen die israelitischen Stämme für die Entstehung des genealogischen Stämmesystems und werden hier überhaupt 'Stämme' im bisher verstandenen Sinne aufgenommen, so daß aus dem Zwölfstämmesystem Rückschlüsse auf ein vorstaatliches Israel gezogen werden können? Wegweisend hat hier bereits R.Smend die Möglichkeit angedeutet, mit Hilfe einer "neuen Analyse der einschlägigen Texte" das Zwölfstämmesystem nicht mehr aus der vorköniglichen Zeit zu erklären, sondern es einzuordnen "in das große Unternehmen ..., dem exilisch-nachexilischen Judentum eine für seinen Bestand und sein Wesen maßgebende israelitische Vergangenheit zu geben."[2] Im Anschluß an Smend ist deshalb die Bedeutung des Zwölfstämmesystems für die Identität Israels zu überprüfen.

In Kapitel I der vorliegenden Studie werden deshalb für die Frage nach den Stämmesystemen die von Noth genannten Belege in der Chronik, in Ez 47f, Dtn 27 und im Numeribuch untersucht, wobei im Rahmen der redaktionsgeschichtlichen Vorgehensweise die Chronikbelege am Anfang stehen[3].

Als der grundlegende Text für das genealogische Stämmesystem ist dann in Kapitel II der Text Gen 29,31 - 30,24 zu analysieren. Unter Berücksichtigung der neueren sozialgeschichtlichen Forschung ist von diesem Text her das Wesen des genealogischen Zwölfstämmesystems und damit auch die Bedeutung des an erster Stelle stehenden Ruben zu klären.

Das Kapitel III der Untersuchung widmet sich im Anschluß daran nochmals der Fragestellung, ob sich in den nicht eigentlich zu den Stämmesystemen gerechneten Texten des Mosesegens und des Deboraliedes, die allgemein für recht alt gehalten werden, frühe Aussagen über ein gesamtisraelitisches Bewußtsein und vor allem frühe Nachrichten über die Rolle Rubens in einer Stämmekoalition oder einem Stämmesystem finden.

Aus diesen Überlegungen zu den historischen Befunden ergibt sich ein zweiter Fragenkomplex: Welche Rolle spielt die geographische Verortung Rubens im

---

[2]   Smend, Geschichte Israels 2, S.10
[3]   Vgl. dazu u. Kap.I.1.

Ostjordanland bei seiner Aufnahme in das Zwölfstämmesystem? Auch wenn Wüst sich in seinen "Untersuchungen zu den siedlungsgeographischen Texten ..." dieser Frage bereits gewidmet hat, wird in Kapitel IV deshalb erneut überprüft, welchen Anhalt die in verschiedenen Texten des Alten Testaments begegnende Verortung des rubenitischen Siedlungsgebietes im Ostjordanland an historischen Gegebenheiten hat. Anders als in der zur Atomisierung neigenden Studie Wüsts wird auch hier eine stärker redaktionsgeschichtliche Vorgehensweise gewählt, die mit redaktionellen Zusammenhängen zwischen den untersuchten Texten (Num 32 und Jos 13.22) rechnet. Wichtig ist weiterhin die Frage, wie exklusiv bzw. unauflöslich die Verbindung Rubens mit dem Ostjordanland ist.

Deshalb soll in einem dritten Fragenkomplex, der sich mit der theologischen Beurteilung der Figur Ruben und deren ambivalenter Darstellung beschäftigt, geklärt werden, welche Rolle die Beziehung zum Ostjordanland bei der Bewertung Rubens/der Rubeniten spielt. Mit Hilfe einer Analyse und Charakterisierung der verschiedenen Modelle der theologischen Beurteilung Rubens soll der Versuch unternommen werden, die Rolle Rubens von der eines Repräsentanten der Stammesgeschichte eines einst bedeutenden, dann aber unwichtig gewordenen Stammes zu lösen. In Kapitel V werden als einschlägige Texte deshalb die Josephsgeschichte (Gen 37ff), der Jakobsegen (Gen 49) und I Chr 5 untersucht, so daß - auch im Rückblick auf die in den vorhergehenden Kapiteln gewonnenen Ergebnisse - eine Einordnung der theologischen Beurteilung Rubens in die grundlegenden Redaktionsschichten des Pentateuch, des Deuteronomistischen und Chronistischen Geschichtswerks vorgenommen werden kann.

Kapitel I: Zum System der zwölf Stämme Israels

1. Überlegungen zur methodischen Vorgehensweise

In seinem grundlegenden Werk zur Frage nach der Überlieferung der zwölf Stämme Israels geht Noth von einer konsequent traditionsgeschichtlichen Vorgehensweise aus. Er rechnet deshalb damit, daß die beiden im AT erkennbaren, jeweils übereinstimmenden Systeme der zwölf Jakobsöhne bzw. der zwölf Stämme Israels auch jeweils auf eine eigene Tradition und damit auf eigene Ursprünge zurückzuführen sind. Von der Klärung der Frage nach diesen Traditionen geht er über zur Bestimmung der ältesten Texte, in denen die jeweilige Tradition vorliegt, und dann zur Beschreibung der literarischen Ausgestaltung dieser Tradition in den weiteren Belegstellen des jeweiligen Zwölfersystems.

Das Ergebnis der Analyse von Tradition und schriftstellerischer Ausgestaltung führt Noth zur Beschreibung des ihm als plausibel erscheinenden historischen Hintergrunds, der die Entstehung der Überlieferung erst ermöglicht hat: "Das Suchen nach dem Ursprung der alttestamentlichen Überlieferung zum System der zwölf israelitischen Stämme führt also schließlich ganz von selbst über den Bereich der reinen Traditionsgeschichte hinaus auf das Gebiet historischer Erörterungen."[1]

Dabei betont Noth für die Zusammenstellung der zwölf Eponymen der Stämme, "daß dieses System der zwölf Israelsöhne einerseits ein durchaus *selbständiges*, andrerseits ein in der alttestamentlichen Überlieferung von vornherein *fertig* und *abgeschlossen vorliegendes Traditionselement*"[2] ist. Es handelt sich also nicht um das Zusammenwachsen verschiedener Einzeltraditionen: Das Eponymensystem (System A, mit Levi und Joseph) sei in seiner ältesten literarischen Form erstmals in Gen 49 zu erkennen, sei dann aber in Gen 29f in seine endgültige Form gebracht worden und bis in nachexilische Zeit für die Aufzählung der Söhne Jakobs gebräuchlich gewesen.[3] Daneben aber sei ein anderes System der Aufzählung der Stämme (nicht Eponymen!) erkennbar, bei dem Levi fehlt, dafür aber statt Joseph Ephraim und Manasse genannt sind. Dieses System (System B) stamme aus der zweiten Hälfte der Richterzeit und finde sich vornehmlich in den Anordnungen des Numeribuches und in stämmegeographischen Listen. Bei diesem System ergibt die Untersuchung als älteste Belegstellen "die große Geschlechterliste in Num.26 und die Liste israelitischer Stammeshäupter in Num.1,5-15."[4] Gegenüber Gen 49 (System A) und Num 26 bzw. Num 1 (System B) sind "alle anderen Belegstellen

---

[1] Noth, System, S.2
[2] Noth, a.a.O., S.4 (kursiv gesetzte Worte im Original gesperrt)
[3] Tatsächlich bildet Gen 49 eine redaktionelle Zusammenstellung von 'Stämme'-Sprüchen, der Gen 29f bekannt ist und die im Zusammenhang mit Gen 34 steht, s.u. Kap.V.2
[4] Noth, a.a.O., S.23

für das Zwölfstämmesystem in einer seiner verschiedenen Formen ... bereits Produkte schriftstellerischer Ausgestaltung auf Grund der an den drei genannten Stellen vorliegenden Traditionen."[5]

Die Untersuchung des chronologischen Verhältnisses dieser ältesten Texte beider Systeme führt Noth zu dem Ergebnis, daß das in Gen 49 aufgenommene genealogische System A wesentlich älter als das stämmegeographische System B ist, weil in ihm Levi noch als 'weltlicher Stamm' bezeugt ist, während das auf die Siedlungsgebiete der Stämme bezogene System B von der Existenz Levis nichts mehr weiß.[6] Voraussetzung auch von System A ist bei der Frage nach dem Alter der Tradition, daß bereits ein "Zusammenschluß" der zwölf hier aufgenommenen Stämme zu einem "abgeschlossenen Ganzen"[7] vorliegt, da anders die Zwölfzahl nicht zu erklären sei. System A stammt nach Noth daher "wahrscheinlich aus der frühesten Periode der Richterzeit"[8].

Über diese beiden Systeme hinaus seien in der alttestamentlichen Darstellung verschiedene Listen mit den zwölf Stämmen zu erkennen, die als "Verwilderungen" anzusprechen seien, weil sie keinem der beiden Systeme wirklich entsprechen, so z.B. in I Chr 2-8; 12 und 27. Von den Zwölfersystemen getrennt zu behandeln seien Dtn 33 und Ri 5, die auf eigene Traditionen zurückgehen.

Gerade die Tatsache, daß die Stämmesysteme in verschiedenen Formen überliefert wurden, weist für Noth auf eine frühe Entstehungszeit unabhängiger Traditionen hin, die mit dem Eigenleben der israelitischen Stämme zu erklären seien. Wichtig ist ihm dabei die Betonung der Unabhängigkeit der Traditionen, die s.E. nicht auf spätere schriftstellerische Tätigkeit zurückgeführt werden können. Hier jedoch ergibt sich eine falsche Weichenstellung: So vermutet Noth, es könne sich bei den Stämmesystemen nur um verschiedene historisch ursprüngliche Traditionen handeln, nicht aber um eine spätere Theorie, da sich diese spätere Theorie sonst selbst hätte widersprechen müssen.[9] Die Verschiedenheit der Systeme sei also rein schriftstellerisch nicht erklärbar, sondern müsse zurückgeführt werden auf die Übernahme verschiedener eigenständiger Traditionen. Noth selbst rechnet jedoch andererseits, wie erwähnt, mit der Möglichkeit schriftstellerischer Ausgestaltung und gibt bei der Untersuchung von Gen 29f zu bedenken, "daß man auch hier sehr viel stärker, als es zu geschehen pflegt, mit der Kompositionskunst des Erzählers rechnen muß"[10]. Diese hier schon ansatzweise vorgegebene Verschiebung in Richtung auf redaktionsgeschichtliche Überlegungen soll im Blick auf die Entstehung der verschiedenen Zwölfersysteme im Alten Testament nunmehr konsequent fortgeführt werden, indem nicht mehr der Weg von den Traditionen zur schriftstellerischen Ausgestaltung beschritten wird, sondern von der redaktionellen Ausgestaltung zurück zu der zugrundeliegenden Tradition. Daß dieser Weg dem Textbestand gerade der verschiedenen Zwölfer'systeme' angemessen ist, zeigt

---

[5] Ebenda
[6] Die Frage nach der Existenz eines 'weltlichen Stammes' Levi wird in Kap.II näher diskutiert.
[7] Noth, a.a.O., S.4
[8] Noth, a.a.O., S.39; zur Frage der Amphiktyonie als historischem Hintergrund des Stämmesystems s.u. Kap.II
[9] S. Noth, a.a.O., S.32
[10] Noth, a.a.O., S.10

der Blick auf einen neueren Versuch der Anwendung des Nothschen Konzepts:
Im Gefolge Noths findet sich nämlich bei H.Weippert der Versuch, die von
Noth keinem seiner Systeme zugeordneten Stämmelisten nochmals genauer zu
untersuchen. Auch bei ihr führt die traditionsgeschichtliche Vorgehensweise zu
dem Ergebnis, gleichlautende Anordnungen seien auf gemeinsame Traditionen,
nicht jedoch auf redaktionelle Ausgestaltungen zurückzuführen. Sie stellt deshalb
ein weiteres geographisches System vor, dessen Hauptvertreter allerdings nur fünf
Texte bilden: Num 34,19-29; Jos 21,4-8. 9-42; I Chr 6,40-48. 49-66.
    Die Weiterführung Noths durch H.Weippert zeigt freilich in deutlicher Form
die Problematik dieser von der Traditionsgeschichte ausgehenden Vorgehensweise.
So erweisen sich die beiden Chroniktexte in I Chr 6 einerseits als abhängig von
den in Jos 21 gegebenen Anordnungen, andererseits weichen sie jeweils in einem
Punkt von diesen ab. Dieser Vorgang ist jedoch durch redaktionskritische Überlegungen sehr viel besser zu erklären - eine Vorgehensweise, die von H.Weippert
selbst übrigens für die nicht genau zu ihrem System passenden, aber diesem
dennoch zugeordneten Stämmelisten angewandt wird.[11]
    Eben diese Vorgehensweise zeigt damit aber bereits, daß die Kriterien für die
Zuordnung der einzelnen Stämmelisten zu bestimmten Systemen auf traditionsgeschichtlichem Wege nicht immer eindeutig sind. Deshalb kann gefragt werden,
ob die Vorstellung, daß jeweils übereinstimmende Anordnungen traditionsgeschichtlich zusammengehören, dem Charakter des Textmaterials wirklich
gerecht wird.
    Die Untersuchung der Stämmelisten soll deshalb demgegenüber die Berechti-
gung einer redaktionsgeschichtlichen Fragestellung zeigen, indem ausgehend von
den jetzt in den Texten vorliegenden Zwölferlisten zurückgefragt wird "über die
Redaktionen zu den von ihnen verwendeten schriftl. Quellen und von dort zu den
Stoffen und Formen, die wiederum diesen zugrundeliegen."[12] Zur Verdeutlichung
redaktioneller Vorgänge soll dabei der jeweilige Entwurf nicht nur im Blick auf
seine Vorlagen, sondern vor allem auf die jeweils mit ihm verbundene Absicht im
jetzigen Kontext befragt werden.
    Im Zuge dieser Vorgehensweise von den jüngsten zu den ältesten Texten ist im
ersten Abschnitt einzusetzen mit den Listen der Chronik, Ez 47,13ff und Dtn
27,11-13. Den hier untersuchten Stellen ist dabei über ihre Entstehung in der
Spätzeit hinaus zunächst gemeinsam, daß sie nicht - oder nur teilweise - in bisher
ermittelte Stämmesysteme eingeordnet wurden. Dennoch kann gerade die Frage
nach ihrer Herkunft Licht auch auf die Entstehung und Verwendung anderer
Systeme werfen.
    Gerade für die Chronik muß dabei die redaktionsgeschichtliche Arbeitsweise
als dem vorgegebenen Textbestand angemessen erscheinen, entspricht sie doch
dem Selbstverständnis des Chronisten[13] als Redaktor, der ihm vorgegebene Texte
aus dem Bereich des Pentateuch und des Deuteronomistischen Geschichtswerks

---

[11] Vgl. H.Weippert, System, S.78f A.1
[12] Smend, Entstehung, S.11
[13] Vereinfachend wird im Folgenden von 'dem Chronisten' gesprochen. Tatsächlich ist dabei
      jedoch mit mehreren chronistischen Händen zu rechnen.

aufnimmt und um- bzw. bearbeitet. So finden sich in der Chronik nebeneinander, ohne daß auf eine literarische Schichtung geschlossen werden könnte, sowohl Listen, die von Noth zu seinem System A (also dem genealogischen) gerechnet werden, als auch solche, die s.E. eine 'Verwilderung' darstellen[14]. Aufgrund der neueren Forschung zur Chronik ist aber davon auszugehen, daß die Darstellungen des Chronisten jeweils von einem ganz eigenen Umgang mit den ihm vorliegenden Quellen bestimmt sind, daß vor allem aber mit der bewußten Gestaltung eines eigenen theologischen Konzepts auch in bezug auf die Genealogien Israels zu rechnen ist. Gerade die Vorgehensweise des Chronisten wird deshalb bei redaktionskritischer Untersuchung erkennen lassen, inwieweit die Darstellungen auf vorgegebene Quellen zurückgehen und inwieweit es sich um eine eigene Konzeption handelt. Die Frage, ob die Anordnungen der Chronik, die vom genealogischen System abweichen, auf die theologische Konzeption des Verfassers und sein Geschichtsverständnis zurückzuführen sind, wird vor allem an den Texten zu beantworten sein, bei denen es sich nach Noth um die sog. 'Verwilderungen' handelt. Die entsprechenden Stellen werden deshalb bei der Untersuchung vorangestellt. So waren unter den Chroniklisten von Noth zwei in sein genealogisches System eingeordnet worden: I Chr 2,1f und 27,16-22. H.Weippert hatte weitere drei ihrem 'geographischen' System eingereiht: I Chr 6,40-48; 6,49-66; 12,25-38. Bisher noch keinem System zugeordnet wurde jedoch die Anordnung in I Chr 4-8, die deshalb besonders aufschlußreich sein dürfte.

Die an die Chronikbelege anschließende Untersuchung zu der Landverteilungsliste in Ezechiel 47,13ff gilt einem ebenfalls nachexilischen Text, in dem wie in der Chronik die Kenntnis des genealogischen Systems offensichtlich zur Voraussetzung des Geschilderten gehört, in dem aber ebenfalls deutlich erkennbar wird, wie stark das vorgegebene Material im Sinne einer eigenen theologischen Geographie ausgestaltet wird.

Weiterhin richtet sich ein kurzer Blick auf die eigentümliche Anordnung der Stämme in Dtn 27,11-13, wo in Aufnahme des genealogischen Systems wiederum ein ganz eigenes theologisches Konzept begegnet, das keinem bekannten System zugeordnet werden kann.

Ein zweiter Abschnitt muß sich der Auseinandersetzung mit dem Charakter und dem Alter der Vorstellungen des Numeribuches widmen, die von Noth seinem zweiten, geographischen System zugeordnet werden. Einen grundlegenden Beitrag zu dieser Auseinandersetzung bildet vor allem die wichtige Untersuchung über die Stämme Israels von deGeus[15], in der auch eine intensive Diskussion der Stämmesysteme Noths stattfindet. DeGeus geht es dabei vor allem um den Nachweis dafür, daß das genealogische System mit Levi und Joseph nicht früher als das geographische System entstanden sein kann. Auch deGeus geht jedoch nach wie vor davon aus, daß es sich bei geographischem und genealogischem System um jeweils eigenständige Systeme handelt, während im Zuge einer redaktionskritischen Arbeitsweise gerade an die Listen des Numeribuches die Frage nach ihrem

---

[14] Noth vermutet in den Darstellungen der Chronik eine Kombination von verschiedenen Formen des Zwölfstämmesystems (System, S.21).

[15] deGeus, The Tribes of Israel

redaktionellen Charakter zu richten ist. Auch dort geben das Alter der Texte und die theologische Intention des Verfassers Hinweise, die eher auf das Vorliegen redaktioneller Ausgestaltung als auf die Übernahme alter Traditionen schließen lassen.

Die Vorgehensweise, zunächst den genauen Blick auf die in den Texten vorhandenen Formen der Aufzählung von zwölf Stämmen zu richten, orientiert sich dabei bewußt an dem auch von Noth begangenen Weg von den Texten zum historischen Hintergrund. Erst im zweiten Kapitel wird es um die Klärung der Hintergründe für die Entstehung des genealogischen Eponymensystems gehen, auf das alle anderen Listen offensichtlich Bezug nehmen. Ebenso wird dort diskutiert, welche Rolle die einzelnen Namen spielen, da ihre Bedeutung nicht mehr - wie noch bei Noth - durch die Annahme einer Amphiktyonie erklärt werden kann.[16]

2. Die 'Stämme-Systeme' der Chronik

2.1 Einführung

Den Verdacht, daß die meisten der alttestamentlichen Stämmesysteme sich durch die Konzeption bzw. Theologie der jeweiligen Autoren erklären lassen und allenfalls Anhaltspunkte an vorliegenden Traditionen finden, bestätigen die sechs verschiedenen Stämmesysteme des ersten Chronikbuches[17], von denen sich vier in der sogenannten 'genealogischen Vorhalle' der Chronik finden.

Der Abschnitt I Chr 1-9 enthält vorwiegend genealogisches Material und unterscheidet sich dadurch von den folgenden Kapiteln I Chr 10- II Chr 36, die eine durchgehende Geschichtserzählung bilden. Die Bestimmung des Verhältnisses der beiden Abschnitte zueinander hat jedoch Auswirkungen auf das Verständnis der zu untersuchenden Konzeption, so daß hier der Frage nachzugehen ist, ob die Ermittlung eines eigenen Konzepts im Blick auf die Genealogien überhaupt möglich ist.

In der Forschungsgeschichte fand sich häufig die Meinung, in dieser 'Vorhalle'[18] sei kein Konzept zu ermitteln, das mit den daran anschließenden Kapiteln der Chronik in Zusammenhang stehe. Es handle sich vielmehr um durch planlose Ergänzungen angehäuftes genealogisches Material, geradezu einen "Trümmerhaufen"[19] eben, der entweder ganz von den restlichen Kapiteln abzutrennen oder als bedeutungsloser Einstieg der Chronik zu werten sei. So findet sich die schon bei Kohler/Rosenberg zu beobachtende Abtrennung der ersten neun Kapitel neuerdings auch bei Freedman und bei Cross, wobei letzterer diesen Abschnitt einer dritten Redaktion des Chronikbuches zuschreibt.[20] Anders als bei dieser Lösung verstand eine andere Ausrichtung der früheren

---

[16] S.u. Kap.II. Dort wird auch die Geschichte des 'Stammes' Levi thematisiert, die für die Frage der Beurteilung des Alters der Systeme in der Auseinandersetzung Noth - deGeus eine ebenso wichtige Rolle spielt wie die zeitliche Ansetzung der Vorstellung vom 'Haus Joseph'.

[17] Eine tabellarische Übersicht findet sich z.B. bei Kartveit, Landtheologie, S.117-119.

[18] Der Begriff findet sich bei Rudolph, Chronikbücher.

[19] Meyer, Könige-Chronik, S.102

[20] Kohler/Rosenberg, Targum zur Chronik; Freedman, Chronicler's Purpose; Cross, Reconstruction (bes. S.13f)

Forschung, z.B. Wellhausen, die Genealogien lediglich als Mittel, verkürzte Geschichte zu schreiben. Sie seien deshalb ein "beiläufiger Einstieg in das erzählende Werk"[21], diesem "zur Einleitung vorausgeschickt"[22]. Dieses Verständnis der Kap.1-9(10) "als einer Art Abriß der Vorgeschichte im Telegrammstil"[23] wurde schon von deWette[24] in seiner Einleitung und dann von Rudolph[25] in seinem Kommentar vertreten.

Die neuere Forschung zeigt jedoch, daß die genealogischen Abschnitte am Anfang der Chronik sowie das auch später erfolgende Rekurrieren auf genealogische Vorstellungen Israels als Zwölfstämmevolk in ganz besonderer Weise den Rahmen bzw. ein aufschlußreiches Vorwort zu dem daran anschließenden narrativen Korpus darstellen. Es zeigt sich, "daß die Kapitel 1-9 ein organischer, wichtiger Bestandteil des Chronistischen Geschichtswerkes sind."[26] Die vorangestellten Genealogien dienen, wie dies auch die Forschung zur Funktion von Genealogien deutlich gemacht hat, keineswegs nur dem Zweck der Geschichtsschreibung[27], sondern geben Aufschluß über das Identitätsverständnis Israels, das sich in der Konzeption des Chronisten zeigt: "The genealogies express the view that Israel is made up of twelve tribes which, united, truly represent 'the sons of Israel' "[28]. Entscheidend für das Selbstverständnis Israels ist in diesem Zusammenhang die in der Abfolge der Genealogien erkennbare Überzeugung, "*daß man in das Gottesvolk hineingeboren*"[29] und damit auch selbst in die Genealogien eingereiht wird. Die besondere Erwählungstheologie des Chronisten, nach der Israel in der Mitte der Völker erwählt ist, in seiner Mitte aber wiederum die Dynastie Davids sowie der Tempel als Wohnort Jahwes und das zu ihm gehörige Personal stehen, wird hier "in Form von Listen präsentiert", was seinen Grund darin hat, "daß man ein kürzeres und trotz seiner Knappheit doch so weit ausgreifendes Summarium der Geschichte Israels schlechterdings nicht geben kann ... 'Überschriftartig', in *geradezu raffinierter Weise zugleich als Exposition, als historische Hinführung und als Summarium*, werden am Leitfaden der Genealogien Völker und Stämme mit ihrer Geschichte, ihrem Gebiet und den bedeutendsten Amtsinhabern aufgereiht."[30] Gleichzeitig wird in den chronistischen Genealogien die Beziehung zwischen Jahwe und seinem Volk nicht als entstandene dargestellt, sondern als Beziehung, die in der Existenz aller Generationen des Volkes immer schon da ist: "YHWH is the God of Israel and Israel, by its very nature, is YHWH's people. This relationship exists *a priori* and is not the result of any historical process."[31]

---

[21] So wiedergegeben von Willi, Chronik, S.8
[22] Wellhausen, Prolegomena, S.206
[23] Willi, Chronik, S.8
[24] deWette, Lehrbuch der historisch-kritischen Einleitung
[25] Rudolph, Chronikbücher
[26] Oeming, Israel, S.37
[27] Vgl. Wilson, Genealogy, S.54: "Nowhere in our study of genealogical function did we see genealogies created or preserved only for historiographic purposes". Zur identitätssichernden Funktion der Genealogie der zwölf Eponymen Israels vgl. Kap.II.
[28] Japhet, Chronicles, S.279
[29] Oeming, Israel, S.218
[30] Oeming, Israel, S.218. Es soll hier also nicht lediglich verkürzte Geschichtsschreibung erfolgen, sondern ein theologisches Konzept in der Geschichte verdeutlicht werden.
[31] Japhet, Chronicles, S.124

Aufgrund dieser Zusammenhänge gehört auch die Frage nach der Datierung von I Chr 1-9 in den Problemkreis der Datierung der Chronikbücher insgesamt. Dabei wird in der Forschung ein Zeitraum vom Ende des 6.Jh. bis zum Anfang des 2.Jh. diskutiert, also eine extreme Spannweite. "Gegenwärtig scheint eine Datierung in die spätpersische oder frühhellenistische Zeit, d.h. im Zeitraum zwischen 350 und 250 v.Chr., die meisten Befürworter zu finden."[32] Neuerdings hat allerdings Steins m.E. zu Recht darauf verwiesen, daß das "Buch der Chronik eine wichtige Rolle in der Formierung des Kanonteils 'Schriften'"[33] spielt und als kanongeschichtliches "Abschlußphänomen" in der ersten Hälfte des 2.Jh.v.Chr. anzusetzen ist. Dies würde auch eine Erklärung für "die Intensität der theologisch-konzeptionellen Durchdringung der Tradition(en)"[34] bieten.

Diese Beobachtungen machen deutlich, daß von einer wahllosen Zusammen-stellung nicht erklärbarer Genealogien in der 'genealogischen Vorhalle' bzw. von einer "Verwilderung des Zwölfstämmesystems"[35] nicht die Rede sein kann. Vielmehr erhält durch die Erkenntnis, wie sehr die Genealogien das theologische Konzept der Chronik ausdrücken, die redaktionskritische Fragestellung nach dem Umgang des Verfassers mit vorgegebenem Material und seiner Ausgestaltung entsprechend einer eigenen theologischen Konzeption eine besondere Berechti-gung.

2.2 I Chr 2,1f

Anders als in der Anordnung von I Chr 4-8, wo die Quellenlage nur sehr schwer zu bestimmen ist[36], kann für die hier vorliegende Stämmeaufzählung als Quelle ziemlich eindeutig Gen 35,22-26 (bzw. das damit bis auf Joseph identische Ex 1,2-4) ausgemacht werden. So finden sich hier, entsprechend der Vorlage, die Namen nach Stammüttern geordnet, beginnend mit Lea und endend mit ihrer Magd Silpa. Das an dieser Stelle offensichtlich im Vordergrund stehende rein genealogische Interesse[37] zeigt sich auch in der Anordnung der Rahel- und Bilhasöhne, die angesichts der Position Dans vor Joseph und Benjamin zunächst unverständlich erscheint. Zu Recht beobachtet hier nämlich Kartveit: "Zwischen ihnen (Lea und Silpa, Anm. d. Verf.in) befinden sich die zwei Rahelsöhne, wiederum von den Söhnen ihrer Magd, Bilha, umrahmt - also eine chiastische Struktur."[38] Über diese strukturelle Begründung der Anordnung hinaus dürfte sich jedoch

---

[32] Steins, Chronik, S.491

[33] Steins, a.a.O., S.509

[34] Steins, a.a.O., S.515; s. dazu auch die Überlegungen zum Umgang der Chronik mit ihren Quellen unter 2.7.

[35] Noth, System, S.21. Dies würde festliegende Systeme voraussetzen, wie sie allenfalls für das genealogische System belegbar sind.

[36] S.u. 2.3

[37] Im Gegensatz zu der in I Chr 4-8 erkennbaren Konzeption einer Aufnahme und Zusammen-stellung von genealogischem und siedlungsgeographischem Material und dessen Anordnung nach eigenen geographischen Vorstellungen (s.u. 2.3).

[38] Kartveit, Landtheologie, S.118

ein weiterer Aspekt ermitteln lassen: Anders als von Sasson vermutet[39], wird die Hervorhebung Dans hier nicht durch die Position an siebter Stelle des Systems vorgenommen, sondern ist eher dadurch zu erklären, "daß er nach Gen 30,3.6 zwar nicht physisch, wohl hingegen rechtlich als der Erstgeborene seiner Mutter Rahel gilt"[40]. Vor allem an dieser Betonung aufgrund der Geburt wird deutlich, wie sehr in dieser Liste (anders als in I Chr 4-8[41)] die genealogischen Gesichtspunkte im Vordergrund stehen: Wichtig ist dem chronistischen Verfasser hier jedoch nicht die tatsächliche Geburtenfolge - die ja auch in seiner Vorlage nicht erscheint -, sondern die Anordnung nach der Wichtigkeit ihrer Mütter. Daß dabei die drei Stämme Naphtali, Gad und Asser an den Schluß der Darstellung rücken, entspricht somit einerseits der Vorlage, andererseits aber auch der Vorstellung, daß diese individuellen Söhne Israels in ihrer Bedeutung hinter den anderen zurückstehen müssen - der Vorzug des Bilhasohnes Naphtali vor die Silpasöhne wird also mit rein stilistischen Erwägungen nicht hinreichend erklärt sein. Insgesamt bildet für den Chronisten die Aufzählung der Söhne des Stammvaters Israel den sinnvollen Abschluß seiner Stammreihe des Volkes Israel in 1,1 - 2,2.

2.3 I Chr 4 - 8

Bei dieser ausführlichen Darstellung der Stämme verwundert zunächst, daß ihre Reihenfolge nicht der unmittelbar vorher begegnenden, weitgehend genealogischen in 2,1f entspricht, obwohl diese doch wie eine Überschrift für das Folgende anmutet. So erscheint die fehlende Zuordnung zu einem Stämmesystem durch Noth zunächst völlig gerechtfertigt: Das hier vorliegende 'System' wirkt verwildert und bildet keinen erkennbaren Zusammenhang mit dem vorangehenden genealogischen System von I Chr 2,1f. Noth versucht deshalb aufgrund seiner literarkritischen Analyse einen Zusammenhang mit Num 26 statt mit I Chr 2,1f herzustellen, für den allerdings radikale textkritische Änderungen von 7,12f nötig sind. Danach seien die Söhne Dans, Assers und Naphtalis im ursprünglichen Textbestand genannt worden, dann aber durch Textverderbnis ausgefallen. Wie Kartveit überzeugend nachgewiesen hat, sind aber weder die textkritische Änderung der Reihe der Stämme von I Chr 4-8, d.h. ihre Korrektur nach Num 26, noch die von Noth daraus gezogenen Konsequenzen plausibel.[42] Dennoch kann mit Noth gelten, daß Num 26 eine der Grundlagen für die in I Chr 4-8 vorliegende Anordnung bildet, wobei allerdings der Chronist Num 26 nicht als geographisches System verstanden hat: "Man braucht dazu nur Num. 26,36ff zu vergleichen, um sogleich zu erkennen, dass wir es in I. Chr. 7,12f mit dem Bruchstück eines Auszugs aus der großen Stämme- und Geschlechterliste von Num. 26 zu tun haben"[43]. Allerdings ist hier zu differenzieren: Deutlich wird nämlich gleichzeitig,

---

[39] Sasson, >Convention<, S.183
[40] Willi, Chronik, S.46
[41] Auch dort ist allerdings kein geographisches System vorauszusetzen (s.u. 2.3).
[42] Vgl. Kartveit, Landtheologie, S.23-30
[43] Noth, ÜSt, S.118

daß der Chronist eine Bearbeitung dieser Liste nach eigener Konzeption vorgenommen hat, wobei in "diese Grundlage ... freilich auch andere genealogische
und siedlungsgeographische Daten mit einbezogen"[44] wurden, so daß mit der rein
mechanischen Übernahme des "Bruchstück(s) eines Auszugs" (Noth) nicht zu
rechnen ist.[45]

Bereits aus dieser Beobachtung ergibt sich dann aber weiterhin, daß 2,1f offensichtlich nicht die Inhaltsangabe bzw. Überschrift für die folgenden Ausführungen
bildet. Denn in den folgenden Ausführungen von Kap. 4-8 finden sich zusätzliche
Angaben über die einzelnen Namen, über deren Mütter und Nachkommen, vor
allem aber Angaben über Stammesgebiete und historische Zwischennotizen, so
daß sich hier genealogische und geographische Aspekte ergänzen (es wird jeweils
die Genealogie des Stammes mit seinen Wohngebieten verbunden).

Auffällig bei dieser Anordnung ist in der Aufzählung und Beschreibung der
Stämme zum einen die doppelte Darstellung Benjamins in 7,6-12 und 8,1-40, zum
anderen die Tatsache, daß bei Zählung Ost- und Westmanasses als einem Stamm
letztlich nur eine Liste von elf Stämmen vorliegt. Allerdings findet sich eine
ähnliche Aufteilung Josephs in drei Gruppen (Ephraim, Ost- und Westmanasse)
auch in I Chr 27, wo ebenfalls durch die Verdreifachung Josephs und den dadurch
bedingten Ausfall zweier Stämme (dort Gad und Asser) eine Zwölfzahl erreicht
wird. Weit auffälliger ist, daß in der Beschreibung der einzelnen Stämme Sebulon
und Dan ausgefallen sind, obwohl in der Liste von 2,1f Sebulon noch auf seinem
genealogisch zutreffenden Platz am Ende der Leasöhne stand und Dan auf den
siebten Platz vorgezogen war.

Für die zweifache Erwähnung Benjamins hat Kartveit nachträgliche redaktionelle Bearbeitungen nachgewiesen, die zu einer zweiten Benjamingenealogie in
7,6-12a und einer Erweiterung der ersten Benjamingenealogie in 8,6b-7a.14b-40
geführt haben.[46] Die ungewöhnliche Reihenfolge der Stämme läßt sich jedoch so
nicht erklären.

Damit aber ist eine Erklärung des Gliederungsprinzips der Stämmedarstellung
durch redaktionskritische Überlegungen gefordert, die sich auf den Umgang des
Chronisten mit dem vorgegebenen Material konzentrieren. Auch im vorliegenden
Fall einer Stämmeliste ist nämlich zu erkennen, daß der Verfasser die ihm eigene
Quellentreue verbindet mit der Entwicklung eines eigenen, überlegten Konzepts
für die Anordnung, wie dies von Willi überzeugend dargestellt wurde.[47]

So wird der aus dem genealogischen System auch dem Chronisten als Erstgeborener bekannte (vgl. I Chr 2,1f) Ruben mit einer ausführlichen Begründung
an die dritte Stelle gesetzt. An die erste Stelle rückt stattdessen der für den Chronisten aufgrund seiner Verbindung mit David im Rahmen einer "charismatisch
bestimmten Geschichtsentwicklung"[48] dominierende Juda. Die Zweitstellung

---

[44] Willi, Chronik, S.57
[45] Vgl. hierzu die Kritik von Oeming, Israel, S.163f
[46] Kartveit, Landtheologie, S.154f; "Von den beiden Benjamin-Stammbäumen ist ... derjenige in
      Kap.8 der älteste" (ebenda, S.100).
[47] Willi, Chronik, S.55-59. Eine Übersicht über die bis dahin gebotenen drei Lösungswege, die
      jeweils zu einseitig sind, bietet Oeming, Israel, S.99f.
[48] Willi, Chronik, S.56

kommt im vorliegenden System Simeon zu, bei dem die Konzeption nun auch geographische Gesichtspunkte in den Blick nimmt: Geographisch traditionell neben Juda angesiedelt[49], bildet Simeon, der Vollbruder Judas, mit diesem zusammen den Südblock der Stämmeliste. Auch der Anschluß von Gad und Halbmanasse an Ruben dürfte geographisch begründet sein, um einen östlichen Block zu schaffen.[50] Entsprechend der bereits in der älteren Forschung beschriebenen Anordnung um die drei Zentren Juda, Levi und Benjamin[51] folgt dann Levi in zentraler Stellung, da er ja auf das "künftige Heiligtum als den potentiellen Mittelpunkt Israels"[52] bezogen werden muß. Den Anschluß Issachars an Levi erklärt Willi durch die gemeinsame Mutter Lea.[53] Bis auf Asser, der die vorletzte Stelle einnimmt, folgen nun in nicht genau erklärbarer Reihenfolge der Bilhasohn Naphtali und die Rahelsöhne, die geographisch das Kerngebiet Israels einnehmen, bevor mit Benjamin als letztem wieder in die Nähe Judas zurückgelenkt wird. Diese Nähe ist sowohl geographisch als auch theologisch begründet, da der Chronist Benjamin offensichtlich ebensoviel theologische Qualität beimißt wie Juda und Levi.[54] Daß die Reihenfolge von Issachar, Naphtali und Asser konzeptionell eher Verfügungsmasse denn genau festgelegt zu sein scheint, stimmt überein mit den Beobachtungen an anderen nachexilisch zu datierenden Stämmesystemen, in denen diese Stämme - meist zusammen mit Sebulon - in ebenso freier Anordnung am Ende begegnen.[55]

Gerade diese zunächst schwer durchschaubare Anordnung von 'Stämmen' läßt dann aber erkennen, daß der Chronist ein eigenes theologisches Konzept verfolgt, demzufolge den 'Stämmen' Juda, Levi und Benjamin eine besondere theologische Qualität zukommt, der sich die anderen 'Stämme' unterzuordnen haben. Dies zeigt sich in der vorliegenden Darstellung auch am Umfang der diesen Namen gewidmeten Aussagen: "*Genealogische Qualität schlägt um in theologische Qualität.*"[56]

Gleichzeitig verwendet der Verfasser aber sehr wohl das ihm bekannte genealogische System, wenn es um die Begründung einer Verschiebung der Position Rubens geht oder verschiedene 'Stämme' nach ihren Müttern zusammengeordnet werden. Wichtig scheinen dem Chronisten zuletzt auch siedlungsgeographische Erinnerungen zu sein, weshalb die traditionell[57] geographisch zusammengehören-

---

[49] Zur geographischen Zusammenstellung von Juda und Simeon vgl. Ri 1,1ff ; Jos 19,1-9.

[50] Kartveit, Landtheologie, S.136-139 vermutet eine von Juda im Süden ausgehende, über den Osten nach Norden und mit dem Schlußpunkt Benjamin wieder neben Juda endende kreisförmige Darstellung.

[51] S. Oeming, Israel, S.99

[52] Willi, Chronik, S.57

[53] Ebenda

[54] S.u. zu Ezechiel 48 und Oeming, Israel, S.175

[55] Z.B. Num 34,19-29, Dtn 33,1-29 und Jos 21, wo freilich die ostjordanische Gruppe ganz an den Schluß geschoben wird.

[56] Oeming, Israel, S.175

[57] Die Erinnerungen an Gebiete, die mit bestimmten Gruppen und 'Stämmen' verbunden sind, findet offensichtlich ihren Niederschlag in der Schilderung der Landverteilung in Jos 13-19 (vgl. Kap.IV.2.1), und ist als Hintergrund auch z.B. in dem Landverteilungssystem in Ez 47,13 - 48,29 erkennbar (s.u. 3.2).

den Juda und Simeon bzw. Ruben und Gad auch in der Darstellung nebeneinander erscheinen. Immerhin möglich erscheint auch die hier von Willi vorgeschlagene Erklärung, daß es sich bei den mehr oder weniger deutlich erkennbaren Gruppen der 'Stämme' Israels um "*funktionale Einheiten eines organischen Ganzen Israels*" handelt, "die ihrerseits geographische, genealogisch-familienrechtliche, geschichtliche, politische und religiöse Gesichtspunkte mitberücksichtigen. So erklären sich der Vorrang Judas, die zentrale Stellung Levis, das Achtergewicht Benjamins, überhaupt das >Judah-Levi-Benjamin framework< der Genealogien, von dem ... HGMWilliamson ... spricht."[58] In diesen Zusammenhang gehören auch die siedlungsgeographischen Überlegungen, die offensichtlich dafür verantwortlich sind, daß - wie eingangs erwähnt - in der vorliegenden Liste Dan und Sebulon zugunsten Ephraims und der beiden Hälften Manasses entfallen sind. So liegen die dem Chronisten vorgegebenen ursprünglichen Siedlungsgebiete Dans nach Jos 19,40ff und auch Jos 21,23f westlich von Jerusalem.[59] Dieses Gebiet wird jedoch nach der Vorstellung des Chronisten Ephraim zugerechnet, wie vor allem aus der Anordnung der Nordstämme in der vorliegenden Liste in 7,1-40 deutlich wird. Offensichtlich hat der Chronist also in der Liste, in der er die Wohngebiete der Stämme angibt, den geographischen Widerspruch bewußt zugunsten Ephraims aufgelöst und Dan deshalb in seiner Aufzählung nicht genannt. Die "befremdliche"[60] Anordnung der Nordstämme, zu denen hier Benjamin gerechnet wird, hat offensichtlich zur Folge, daß auch Sebulon, der aus geographischer Sicht ebenfalls zu diesen zu rechnen wäre, aus der Liste gestrichen wird. Diese Vernachlässigung Sebulons folgt dabei der auch in anderen Chronik-Listen zu beobachtenden Abwertung Sebulons, die wohl durch seine geographische Randlage zu erklären ist. So kommt Sebulon in der geographischen Anordnung von I Chr 12 wegen seiner nördlichen Position neben die ebenfalls im Norden siedelnden Naphtali und Dan zu stehen, in I Chr 6 wird er - im Anschluß an die Vorlage von Jos 21 - mit den zwei ostjordanischen Stämmen ganz ans Ende der Anordnung gestellt.[61]

Auch dies macht erneut deutlich, daß die an den beiden beschriebenen Stellen der Chronik vorliegende Anordnung der Stämme nicht allein durch den Gebrauch traditionellen Materials erklärbar ist. Vor allem ist über die Vorlage eines genealogischen Systems hinaus keine andere, möglicherweise geographische Vorlage zu erkennen. Es ergeben sich also keinerlei Hinweise auf ein geographisches System 'B'. Vielmehr läßt sich ähnlich wie bei Ezechiel[62] beobachten, daß sich abhängig vom Ort des Vorkommens und dem jeweils damit verbundenen Konzept eine

---

[58] Willi, Chronik, S.61
[59] Zu beachten ist, daß der Chronist sich an dieser Stelle auf die bei der Vergabe des Landes durch Josua ursprünglich für Dan bestimmten Siedlungsgebiete Dans bezieht (Jos 19,40-46). An anderer Stelle gilt ihm aber offensichtlich die Notiz von Jos 19,47, nach der Dan sein ursprüngliches Siedlungsgebiet verlor und nach Norden zog, als siedlungsgeographische Tatsache. So wird der Stamm Dan beispielsweise in der Liste von I Chr 12,25-38 zusammen mit Sebulon und Naphtali unter die Nordstämme gerechnet (s.u. 2.5).
[60] Oeming, Israel, S.158
[61] Diese Position Sebulons auf der Seite der Magdstämme und der ostjordanischen Stämme findet sich auch in Dtn 27,11-13 (s.u.4.).
[62] S. dazu unter Abschnitt I.3

Entfaltung nach ganz eigenen Gesichtspunkten findet - und zwar in "überlegtem Aufriß und in einer eigenständigen Neufassung der älteren Quellen"[63]. Die Verschiedenheit dieser Gesichtspunkte wird daran deutlich, daß in 2,1f die genealogisch begründete Anordnung eindrücklich im Vordergrund steht, während in I Chr 4-8 lediglich eine Aufnahme genealogischen Materials zu finden ist, das unter Berücksichtigung siedlungsgeographischer Erinnerungen in einem eigenen Konzept je nach theologischer Qualität angeordnet wird. Ein kurzer Blick auf die restlichen Systeme der Chronik mag hierzu einige weitere Anhaltspunkte geben.

2.4 I Chr 27,16-22

Unter das Kapitel der "Verwilderung des Stämmesystems"[64] zählt Noth neben I Chr 4-8 auch I Chr 27,16-22, eine Liste der Sippen-Häupter zur Zeit Davids.[65] Auch hier findet sich eine Reihenfolge von Stämmen, die einzigartig ist. Der erste Teil der Aufzählung folgt dem genealogischen System, indem die sechs Leasöhne in ihrer bekannten Reihenfolge genannt werden. Der darauf an siebter Stelle folgende Naphtali scheint aber auf den ersten Blick "out of place on the basis of any system"[66]. Vergleicht man die Anordnung jedoch mit den vorangegangenen Überlegungen zu I Chr 2,1f, so ist auch in dieser Liste offensichtlich von einer chiastischen Struktur der Bilha- und Rahelsöhne auszugehen, wie sie von Kartveit schon für 2,1f postuliert worden war.[67] Naphtali an siebter und Dan an letzter Stelle der Liste rahmen nämlich auch hier die Rahelsöhne Joseph und Benjamin.

Die Besonderheit dieses Systems ist freilich zunächst, daß, anders als in 2,1f, Joseph selbst nicht erscheint, sondern - wie in der Endgestalt von I Chr 4-8[68] - in Ephraim und die beiden Hälften Manasses aufgeteilt wird, was mit dem für die ersten sechs Namen übernommenen genealogischen System nicht übereinstimmt: Mit der Nennung Levis ist im genealogischen System auch die Nennung Josephs verbunden. Eine noch auffälligere Abweichung von der genealogischen Aufzählung zeigt sich darin, daß die beiden Silpasöhne Gad und Asser in der Liste von I Chr 27 völlig fehlen.

Beide Besonderheiten sind jedoch im Zusammenhang mit dem vorgegebenen genealogischen System zu sehen: So ist dem chronistischen Verfasser offensichtlich an der Erhaltung der aus der genealogischen Vorlage bekannten Zwölfzahl so sehr gelegen, daß angesichts der 'Verdreifachung' Josephs zwei andere Namen ausfallen müssen. Der Ausfall gerade der beiden Namen Gad und Asser entspricht aber weiterhin der Art und Weise, wie der Chronist das genealogische System mit seiner Aufteilung auf verschiedene Stammütter versteht. So war schon in I Chr

[63]   Willi, Chronik, S.47
[64]   Noth, System, S.20
[65]   Warum H.Weippert diese Liste unter das genealogische System Noths zählt, s. geogr. System, S.76 A.3, ist unverständlich.
[66]   Williamson, Chronicles, S.176
[67]   S. dazu Kartveit, Landtheologie, S.118
[68]   Vgl. dazu die Angaben über Ostmanasse in der sekundären Schicht von I Chr 5 (5,23ff, s. Kap.V.3.2)

2,1f die Anordnung der Stämme entsprechend der Wichtigkeit ihrer Mütter zu
erkennen, was auch dort zu einer Stellung Gads und Assers am Ende der Darstellung führte. Die Auslassung beider Namen in I Chr 27 wird deshalb der gleichen, hier allerdings weitergehenden Abwertung der Silpasöhne entsprechen.
Wenn im Rahmen der Erhaltung der Zwölfzahl zwei Namen auszuscheiden sind,
so können dies nach dem Konzept des Chronisten nur Gad und Asser sein,
solange jedenfalls in Anlehnung an das genealogische System vorgegangen wird.[69]
    Die Annahme einer Vorlage, in der die nun übernommenen Stämme ohne die
Nennung Gads und Assers enthalten waren, ist demgegenüber genauso wenig
wahrscheinlich[70] wie die Annahme Japhets, "that Gad and Asher were omitted
accidentally, just as Naphtali is mentioned in the wrong place."[71]

2.5 I Chr 12,25-38

Einen eigenen Entwurf bietet auch I Chr 12,25-38, wo die Krieger der Stämme, die
zu David kamen, aufgezählt werden. Auch in diesem System zeigt sich erneut, wie
der Chronist eigene Gesichtspunkte mit ihm Vorgegebenem zusammenarbeitet.
    H.Weippert versucht, in diesem Text einen der Vertreter ihres dritten Stäm-
mesystems zu erkennen. Dieses 'System' zeichnet sich aber nach ihren eigenen
Kriterien vor allem dadurch aus, daß "Juda und Simeon gemeinsam die Liste
eröffnen und gleichzeitig die Abfolge Asser-Naphtali belegt ist"[72]. Im Unterschied
zu diesen Kriterien finden sich in der vorliegenden Liste aber nicht nur Naphtali
und Asser in dieser Reihenfolge als Rahmung von Dan, sondern darüber hinaus
auch Levi an dritter Stelle nach Simeon, während er in den anderen Beispielen
Weipperts überhaupt nicht begegnet. Zudem macht der Blick auf diese Liste und
ihr Vergleich mit anderen Konzeptionen der Chronik deutlich, daß hier
eigentümlicherweise die genealogischen und theologischen Aspekte der Anordnung mit siedlungsgeographischen Aspekten verbunden werden. Wie auch bei
der Übernahme der Reihenfolge von Jos 21 in I Chr 6[73] geht es hier also keineswegs um die Aufnahme eines zusätzlich zum genealogischen System vorhandenen
weiteren Systems, sondern um die Ausgestaltung einer eigenen Konzeption. Auch
hier trifft deshalb die traditionsgeschichtliche Vorgehensweise den Charakter des
Textes nicht.
    Die Liste in I Chr 12, die im übrigen 14 (!) Namen umfaßt, folgt, wie vielfach
beobachtet, jeweils getrennt für die Stämme diesseits und jenseits (v.38) des Jordan,
offensichtlich weitgehend einer Anordnung von Süden nach Norden, die vor
allem bei der Reihenfolge von Benjamin bis Dan mit alten territorialen Erinnerungen übereinstimmt. Schon die ersten drei Namen aber entsprechen nicht nur

---

[69]   Zur Auslassung Sebulons und Dans in I Chr 4-8 s. unter 2.2
[70]   Gegen eine Vorlage über das genealogische System hinaus spricht auch die Beobachtung
       Williamsons "that many of the names are only found in Chronicles" - er geht deshalb von einer
       "artificial nature of the list" aus (Williamson, Chronicles, S.176).
[71]   Japhet, Chronicles, S.288
[72]   H.Weippert, System, S.78 A.1
[73]   S. dazu unter Abschnitt 2.6

einem geographischen System, sondern können genausogut auf genealogische Anordnung bzw. theologischen Vorrang zurückzuführen sein: So findet sich hier die auch sonst in der Chronik zu beobachtende Vorordnung Judas. Diese Vorstellung wird zusätzlich durch die Rahmenerzählung evident: Die dort geschilderte Spitzenstellung Judas bei einer Aufzählung der Krieger Davids stimmt überein mit der in der Chronik vertretenen Auffassung eines besonderen Zusammenhangs Judas mit David[74].

Des weiteren steht die Zweitplazierung Simeons zwar in Übereinstimmung mit der geographischen Anordnung, gleichzeitig ist jedoch dessen Zweitstellung, gefolgt von Levi, auch in jedem genealogischen System zu beobachten. Auch die geographisch nicht ganz zutreffende Stellung Assers ganz am Ende, d.h. ganz im Norden der Liste, läßt sich begründen, vergleicht man die Anordnung mit der in I Chr 27 beobachteten: Die enge Verbindung der Bilhasöhne Naphtali und Dan war bereits dort festzustellen, wo die beiden eine Klammer um die Rahelsöhne bilden. So wie in I Chr 27 die beiden Silpasöhne ganz entfallen können, muß auch hier der westjordanische Silpasohn Asser ans Ende rücken.

Auch die anschließend genannten ostjordanischen Stämme sind zwar als Gruppe offensichtlich wegen des von ihnen bewohnten geographischen Raums zusammengestellt, im einzelnen ist die geographische Reihenfolge jedoch nicht strikt eingehalten: Ruben könnte nur nach Jos 13 möglicherweise südlicher als Gad anzusiedeln sein. Weit wahrscheinlicher ist deshalb, daß auch hier die Bedeutung des Erstgeborenen Ruben seine Spitzenstellung vor Gad begründet, nicht jedoch die Überzeugung, daß das Gebiet Gads tatsächlich nördlicher als das Rubens vorzustellen ist.

Auch die Liste von I Chr 12 zeigt damit, wie der Chronist in Aufnahme genealogischer Traditionen sein eigenes theologisches Konzept zum Ausdruck bringt, das von einer Vorordnung Judas und einer besonderen theologischen Bedeutung Levis, Benjamins und Josephs (bzw. Ephraims und Manasses, vgl. I Chr 27,2.4) geprägt ist. Beide Rahelsöhne werden deshalb unter Aufteilung Josephs in Ephraim und Manasse mit den ersten drei Leasöhnen (ohne Ruben: Juda, Simeon, Levi) zu einer Sechsergruppe zusammengefaßt, die daran anschließenden Namen sind unter Hintanstellung der ostjordanischen Gruppe ebenfalls genealogisch geordnet: erst die zwei übrigen Leasöhne, dann die beiden Bilhasöhne und schließlich Asser als Silpasohn. Zusätzlich geographisch begründet ist die Zusammenstellung von Sebulon, Dan und Naphtali, die vom Chronisten als nördlichste Stämme angesehen werden und sich damit - wie auch die ostjordanischen Stämme - in einer geographischen Randlage befinden.[75]

---

[74] Der Chronist interpretiert also offensichtlich selbst die ihm vorliegenden Texte als Ausgestaltung des genealogischen Systems, ein Aspekt, der in der Literatur erstaunlicherweise nicht begegnet.

[75] Vgl. oben zu 2.2; zur Lage Dans s. bes. A.59

2.6 I Chr 6,40-48. 49-66

Die beiden Listen über Levitenstädte erweisen sich als in höchstem Maße abhängig von den Quellen des chronistischen Werkes und sind insofern als eigene Vertreter eines bestimmten Systems nicht geeignet.

Für die erste Liste in 6,40-48 ist die exakte Übernahme aus Jos 21,4-8, also aus dem Deuteronomistischen Geschichtswerk als einer der Hauptquellen des ChrG, nachweisbar.[76] Dies allein kann einen Hinweis dafür geben, daß die Beurteilung der beiden Listen in Jos 21 und I Chr 6 als vier Vertreter des geographischen Systems von H.Weippert der methodischen Grundlage entbehrt: Es handelt sich bei den Listen in I Chr 6 um redaktionelle Übernahmen[77], nicht jedoch um unabhängige Vertreter des gleichen Systems.

Einzige Abweichung von der Vorlage ist in 6,40-48 die Auslassung Simeons, die nach H.Weippert durch den Willen zur Erhaltung der Zwölfzahl (wegen getrennter Angaben für West- und Ostmanasse) begründet sein könnte[78]. Eine solche Auslassung Simeons aus Gründen der Zählung erscheint jedoch kaum wahrscheinlich - anders als dies für die Silpasöhne galt. Über die Gründe lassen sich nur Vermutungen anstellen, immerhin könnte die Auslassung Simeons aber mit seiner negativen Beurteilung in Gen 49 zusammenhängen[79]: Auch der in Gen 49 gescholtene Ruben wird im hier vorliegenden System in der Reihe der Ostjordanier hinter Ostmanasse plaziert - dies allerdings in Entsprechung der Vorlage in Jos 21. Ein weiterer, von Oeming betonter Aspekt weist auf die enge Beziehung Simeons zu Juda hin, die in der Chronik zum Ausdruck kommt und möglicherweise auf politische Wirklichkeit zurückgeht: "Man kann aus der relativ festen Verbindung mit Juda, aus dem Vergleich mit Juda und der Überlappung der Gebietsbeschreibungen die Folgerung ziehen, daß sich hierin die politische Realität spiegelt, wonach Simeon spätestens zur Zeit Davids in Juda aufging."[80] Diese enge Zusammenordnung der beiden Stämme liegt dem Chronisten darüber hinaus schon in Jos 21,9 vor, wo Juda und Simeon als einzige Stämme beim Anteil der Levitenstädte zusammen genannt werden, während alle anderen jeweils einzeln erscheinen.[81]

Schwieriger ist die Beurteilung der Liste in 6,49-66: Auch hier zeigt sich eine exakte Quellenübernahme aus Jos 21,9-42 - die beiden Aufzählungen der Levitenstädte übernehmen also auch die Reihenfolge ihrer beiden Quellen, die ebenso unver-

---

[76] Anders Auld, 'Levitical Cities', 194ff.

[77] Die Abhängigkeitsverhältnisse zwischen Jos 21 und I Chr 6 hat G.Schmitt neuerdings detailliert untersucht und dabei überzeugend nachgewiesen, daß Jos 21 die Grundlage für I Chr 6 bildet (Levitenstädte, S.36-40).

[78] So H. Weippert, System, S.78 A.1

[79] Über Simeon und Levi gemeinsam wird dort ihre Zerstreuung in Israel ausgesagt. Bei Levi ist die Zerstreuung im vorliegenden Text für den Verfasser möglicherweise dadurch gegeben, daß den Leviten Städte aus den verschiedenen Stämmen zugeteilt werden müssen.

[80] Oeming, Israel, S.132; nach der Situation des simeonitischen Gebietes und seiner Bedeutung wird freilich in Kap.II nochmals genauer gefragt.

[81] Vgl. zur Auslassung auch Dtn 33, einen späten Text, in dem sich möglicherweise ebenfalls die politische Realität des Verlustes ehemals simeonitischen Gebietes widerspiegelt.

mittelt aufeinander folgen.[82] Wieder aber weicht die Chronik an einer Stelle ab, indem hier Dan ausgelassen wird, wodurch anders als in der Vorlage die Zwölfzahl erreicht wird. Auch hier ist denkbar, daß ähnlich wie beim Aufgehen Simeons in Juda die dem Chronisten zugänglichen geographischen Informationen über die ursprünglichen Siedlungsgebiete Dans in ein Gebiet weisen, das nach der Vorstellung des Chronisten von einem anderen Stamm besiedelt wird: Im vorliegenden Fall wäre das Ephraim, der nach der Chronik nördlich und westlich von Jerusalem zu suchen ist, in einem Gebiet also, das in Jos 19,40-46 ursprünglich für Dan vorgesehen war.[83] Die Erwähnung Dans wäre dann der Einverleibung seines traditionellen Gebietes in das Ephraims zum Opfer gefallen, wie dies ähnlich auch schon in I Chr 4-8 zu beobachten war.

Anders als an den Stellen, wo genealogische Überlegungen (an diesen Stellen wird Dan angeführt, in 2,1f sogar an betonter Stelle) oder theologisch-geographische Argumente (Bezug zum Heiligtum) ausschlaggebend sind, rücken also hier zusätzlich Überlegungen in den Vordergrund, die reale politische und geographische Gegebenheiten mit in Blick nehmen.

2.7 Die Aufnahme und Ausgestaltung des Quellenmaterials durch die Chronik

Die teilweise auf den ersten Blick widersprüchlich erscheinenden Anordnungsprinzipien der Stämmelisten der Chronik erweisen sich bei näherer Untersuchung als ein differenziertes Konzept theologischer Durchdringung, das im Umgang der Chronik mit ihren Quellen eine Aufnahme und gleichzeitig eine eigenständige Neufassung der älteren Quellen leistet. Zu dieser Neufassung gehört ebenso der Versuch, die vorliegenden Informationen möglichst vollständig aufzunehmen, wie die bewußte und souveräne Eigengestaltung des Materials, wo sich die Quellen als nicht hinreichend erweisen. Für diese Umgestaltung lassen sich wiederum drei kennzeichnende Gesichtspunkte festhalten: - Die Orientierung am genealogischen System und die damit verbundene Verteilung der Jakobsöhne auf die verschiedenen Stammütter hat für den Chronisten eindeutig den wichtigsten Stellenwert. Mit der Übernahme dieser Genealogie geht für ihn allerdings auch die damit verbundene theologische Beurteilung einzelner Namen/Stämme überein.
- Neben der Umwertung der Anordnung entsprechend den Müttern findet sich deshalb vor allem die der Erwählungs- und Geschichtstheologie des Chronisten entsprechende Vorordnung Judas (genealogische Qualität wird zu theologischer Qualität). So weit wie möglich wird trotz der Berücksichtigung des genealogischen Systems diese Vorordnung Judas betont. Eine besondere theologische Qualität kommt nach chronistischer Vorstellung auch Levi und Benjamin (und Joseph) zu.
- Schließlich spielen an verschiedenen Stellen bei der Anordnung auch stämmegeo-

---

[82] Wieder zeigt sich hier, daß zunächst als Spannung erscheinende Textstücke innerhalb der Chronik durch einen Blick auf die Quellen, nicht jedoch redaktionell zu erklären sind (vgl. das genannte Zitat Willis). Kartveit erwähnt diese Quellenabhängigkeit an dieser Stelle seltsamerweise überhaupt nicht (Landtheologie, S.119).

[83] Vgl. dazu o. A.59 und 77

graphische Überlegungen eine gewisse Rolle, die im Zweifelsfalle allerdings der
Priorität der genealogischen Überlegungen untergeordnet werden.
Deutlich wurde dabei, daß dem Chronisten als einem der spätesten atl. Schrift-
steller das genealogische Eponymensystem auf jeden Fall vorlag, sowie zusätzlich
Erinnerungen an die mit den einzelnen Stämmenamen verbundenen Territorien
zur Verfügung standen. Eine Aufnahme des von Noth als ebenfalls alt bestimmten
Systems der Stämmeanordnung des Numeribuches ist hingegen nicht zu
erkennen.[84] Lediglich Bezüge zu einzelnen Texten sind festzustellen, die Texte des
Numeribuches werden jedoch vom Chronisten offensichtlich nicht als ein System
von Stämmen verstanden. Als Tradition bekannt ist also nur das genealogische
Eponymensystem, das übernommen oder entsprechend einem eigenen theologischen Konzept ausgestaltet wird.

3. Ezechiel 47,13 - 48,29[85]

3.1 Literarische Einordnung

a) Abgrenzung von Ez 47,13ff im forschungsgeschichtlichen Überblick

Der von Lang erarbeitete Überblick über die Forschungsgeschichte zum Ezechielbuch zeigt, daß sich über die Jahre verschiedener Forschungsrichtungen hinweg -
Kaiser spricht hier von der "Ergänzungshypothese" (z.B. Hölscher und Hern-
trich), der "Fortschreibungs- und Redaktionshypothese" (z.B. Herrmann, Fohrer,
Lang, Zimmerli) und der "Pseudepigraphiehypothese" (vertreten durch Garscha
und Becker)[86] - der sekundäre Charakter des Kap. 48 (zusammen mit 47,13ff)
offensichtlich als communis opinio durchgesetzt hat.[87]

---

[84] Ebensowenig wie eine Aufnahme des von H.Weippert postulierten "geographischen" Systems.
[85] Weitgehend einheitlich wird in der Forschung der hier nicht diskutierte Abschnitt Ez 48,30-35
      als sekundärer, später Nachtrag der letzten Redaktionsstufe beurteilt. In die letzte Phase der
      Entstehung des 'Verfassungsentwurfs' ordnen diesen Abschnitt die meisten Autoren von
      Fohrer bis Zimmerli und Krüger (im Anschluß an Ebach) ein (Fohrer, Ezechiel, S.262f;
      Zimmerli, Ezechiel, S.1237f; vgl. Ebach, Kritik, S.44 und
      246). Für Zimmerli handelt es sich bei 48,30-35 um ein Schlußstück, das in sich einheitlich
      verstanden, einen "aus fremder Hand stammenden ... Nachtrag" (Ezechiel, S.1239) bildet, der
      aufgrund seiner Nähe zu Deuterojesaja "in die Endzeit des Exils oder den Anfang der Zeit der
      Neukonstituierung der Jerusalemer Gemeinde gehört"(a.a.O., S.1249). Angesichts der Schwie-
      rigkeit der Beurteilung des literarischen Charakters des Deuterojesajabuches wäre jedoch zu
      einer genaueren Datierung eine Untersuchung und Datierung der entsprechenden Deutero-
      jesaja-Passagen vorzunehmen, die hier nicht geleistet werden kann. Die relative Chronologie,
      die auf ein nach der Entstehung von Ez 47,13 - 48,29 angefügtes Stück weist, zwingt jedoch auf
      jeden Fall zu einer nachexilischen Ansetzung.
[86] Kaiser, Einleitung, S.262-266; auf die von R. Kraetzschmar begründete Rezensionshypothese,
      eine "sich methodisch an die Deutung des Pentateuch anschließende *Urkundenhypothese*"
      (Kaiser, S.262) kann hier nicht eingegangen werden.
[87] Vgl. Lang, Ezechiel, S.18

Eine genauere Bestimmung dieses sekundären Charakters wird jedoch jeweils in unterschiedlicher Weise mit oder ohne Zusammenhang mit der Beurteilung des Verfassungsentwurfs in Kap. 40-48 vorgenommen. Einige neuere Untersuchungen setzen den sekundären Anschluß des Kapitels (verbunden mit den Versen 47,13ff, die den Beginn der in 48 ausgeführten Landverteilung darstellen) an die vorhergehenden Aussagen der Kap. 40-47 voraus, ohne ihn weiter zu begründen. So setzt z.B. Vogt das Ende des Grundbestandes der Tempelvision Ez 40-48 in 47,12* fest, denn die bis dahin ermittelten "drei Szenen setzen einander voraus und jede schließt unmittelbar und vollkommen an die vorhergehende an"[88]. Zu den Erweiterungen gehört der Anhang über Land und heilige Stadt in 47-48* genauso wie die ausführliche Tempelbeschreibung in 40-42 und die Gesetzessammlung in 44-46.[89]

Auch wenn bei Vogt eine Begründung der Abtrennung von Ez 47,13ff nicht erfolgt, ist ihm doch insofern Recht zu geben, als sich nach breiter Überzeugung der neueren Forschung bei 47,12 ein Einschnitt festmachen läßt. Die nunmehr folgende Landbeschreibung in 47,13-20 und die daran anschließende Landverteilung in 48,1-29[90] stellen einen Übergang in eine "andere Welt"[91] dar, in der nun praktische Anordnungen erfolgen. Formal gerahmt durch eine Einleitungsformel des Botenspruchs in 47,13 (relativ unvermittelt erfolgt hier der Übergang zwischen Propheten- und Gottesrede) und die Gottesspruchformel in 48,29, die auch als gliedernder Übergang von Landbeschreibung zu Landverteilung an die Stämme in 47,23 begegnet, erhält das bis dahin unsichtbar gebliebene Volk nun direkte Anweisungen: Das "Land, in dem keine wunderbaren Veränderungen mehr erkennbar sind, soll an die Stämme verteilt werden."[92] Dabei ist dieser wohl in sich geschlossene[93] Abschnitt "durchaus sinnvoll an xlvii 1-12, das Verheißungswort von der Tempelquelle, die vom Heiligtum her Segen ins Land hinaus verströmt, angeschlossen."[94]

b) Zum literarischen Charakter des Nachtragsstücks Ez 47,13ff

Das Nachtragsstück bringt einerseits eine völlig neue Thematik, indem es nunmehr über das Heiligtum hinaus den Blick auf Land und Volk Israels lenkt; andererseits erfolgt dieser Anschluß jedoch offensichtlich in bewußter Aufnahme schon vorher behandelter Themen und Motive. So war ein Aus-Blick auf das Schicksal des Landes von der Schwelle des Tempels aus bereits in 47,1-12 erfolgt. Weiterhin ist die Rückkehr des Volkes ins Land offensichtlich vorausgesetzt (z.B.

---

[88] Vogt, Ezechiel, S.175

[89] Ebenda. Bei Hossfeld hingegen unterbleibt eine Untersuchung der Kap. 40-48 aus "arbeitsökonomischen Gründen" komplett (Hossfeld, Untersuchungen, S.57).

[90] Zur Zusammengehörigkeit und Selbständigkeit der beiden Stücke s. bereits Bertholet, Ezechiel, S.167.

[91] Zimmerli, Ezechiel, S.1209

[92] Ebenda

[93] Zur Begründung der Einheitlichkeit s. Zimmerli, Ezechiel, S.1210. Fohrer, HAT Ezechiel, S.262, vertritt hingegen den sekundären Charakter des "Zwischenstücks 9-22", so auch Herrmann, Ezechiel, S.301. Um eine möglicherweise sekundäre Passage, die im Zusammenhang mit 45,1-8a zu sehen ist, handelt es sich nach Zimmerli lediglich bei 48,21b-22, einem Nachtrag zum Gebiet des Fürsten.

[94] Zimmerli, Planungen, S.246

34,12ff; 36,8ff.24; 37,12.14.21f), wenn nun das Land gerecht verteilt werden soll.[95] Die Art der Verteilung des Landes, in der die priesterlichen Vorstellungen aufgenommen sind, bildet zudem ein Gegenüber zu der den gesamten Abschnitt Ez 40-48 eröffnenden Schilderung des Tempelbaus. Besonders aber schließt sich die hier vorausgesetzte Rolle des 'Fürsten' an die bereits vorher im 'Verfassungsentwurf' erfolgten Erwähnungen des נשיא in Ez 44,3 und Ez 45f an, wo anders als bei der messianischen Verwendung des Begriffs im Zusammenhang von Ez 34,24 und Ez 37,25 die Rechte und Aufgaben des/der Fürsten angesichts der für die neue Lebensordnung erlassenen Regeln beschrieben werden.[96]

Offensichtlich ist also in dem Abschnitt Ez 47,13 - 48,24 ein Nachtrag zu sehen, der in schlüssiger Bezugnahme an die - möglicherweise schon erweiterte - Grundvision 43,1-12; 44,1-2(3); 47,1-12 anschloß. Dieses Ergebnis findet sich in auffälliger Übereinstimmung bei so verschiedenen literarischen Analysen wie denen von Zimmerli und Ebach.

Freilich wird bei Ebach der vorgestellte "Anschluß" von Ez 47,13 - 48,29 nicht explizit als weiterer redaktioneller Vorgang beschrieben, die Passage scheint aber zunächst ebenso wie Ez 44,4 - 46,18 in den nachezechielischen Zusammenhang der "Gesamtgliederung des Entwurfs"[97] zu gehören. Dabei äußert sich Ebach jedoch an keiner Stelle seiner Untersuchung eindeutig über den Zusammenhang zwischen 47,1-12 und 47,13 - 48,29, sondern spricht an anderer Stelle, nämlich in seinem "Aufriß" des Verfassungsentwurfes davon, daß der Landverteilungsplan an 47,1-12 "angeschlossen"[98] sei und daß der in der nächsten Schicht erkennbare Verfasser des Gesamtentwurfes neben 43,1-12; 44,1-3 und 47,1-12 auch den "Landverteilungsplan voraussetzt"[99]. Dies führt Krüger wohl zu Recht zu der Annahme, daß bei Ebach Ez 47,1 - 48,29 zusammen zur zweiten, "ezechielischen" Redaktionsschicht des 'Verfassungsentwurfs' zu rechnen sind.[100]

Die zeitliche Ansetzung dieser redaktionellen Anfügung variiert je nach literarischem Gesamtentwurf: So sieht Zimmerli in dem Abschnitt einen Niederschlag priesterlichen Nachdenkens, in dem vor allem der Landverteilungsentwurf "die realen Verhältnisse der Rückkehrzeit noch nicht erkennbar"[101] im Blick hat. Auch die hier vertretene Konzeption des נשיא spricht nach Zimmerli dafür, daß eine Berührung mit konkreten Verhältnissen im Lande nicht erkennbar sei. Er datiert den Text daher eher in die frühe exilische Zeit als in die Zeit, in der die Möglichkeit einer Rückkehr (d.h. eine zeitliche Nähe zum Kyrosedikt) näherrückt.[102]

---

[95] Anders als bei Krüger vermutet (Geschichtskonzepte, S.313), dürfte ein direkter Bezug zu 34,17-22 bei der Landverteilung allerdings nicht vorliegen.

[96] Zur Rolle des Fürsten im Ezechielbuch s. Zimmerli, Ezechiel, S.1227-1229, und ders., Planungen, S.244-246

[97] Ebach, Kritik, S.43

[98] Ebach, a.a.O., S.246

[99] Ebenda

[100] Krüger, Geschichtskonzepte, S.313; nach Ebach lag dieser ezechielischen Redaktion die Baubeschreibung in Kap. 40-42 bereits vor. "Auf Ezechiel selbst dürfte die Stilisierung der Baubeschreibung als Vision und die erste Erweiterung dieser Vision durch Ez.43,1-12; 44,1-3; 47,1-12 zurückgehen. An 47,1-12 ist der Landverteilungsplan 47,13-48,29 angeschlossen." (Kritik, S.246)

[101] Zimmerli, Ezechiel, S.1233

[102] S. dazu Zimmerli, Ezechiel, S.1248

Auch Fuhs spricht für diesen Abschnitt von einem losen Anschluß an das Vorhergehende. "Und doch liegt der abschließende Teil im Gefälle des Ez-Buches."[103] Auch wenn in diesem Zusammenhang keine weiteren Angaben zur zeitlichen Einordnung erfolgen, wird nach der in der Einleitung von Fuhs vorgenommenen Differenzierung zwischen Ezechiel und dem Ezechiel-Buch die Abfassungszeit des Ezechiel-Buches "gegen Ende des Exils am Ort der Verbannung"[104] anzusetzen sein.

Die unten beschriebene Konzeption des Textes, vor allem aber die auffällige Ausgrenzung des Ostjordanlandes, weist jedoch m.E. auf eine noch spätere Zeit hin, findet sich diese Konzeption doch z.B in der Position der Gegner in Jos 22[105] und in der des Verfassers der Letztredaktion von Gen 49.[106] Auch die Beobachtung, "daß die Praxis der nachexilischen Gemeinde anders ausgesehen hat" als z.B. die im Landverteilungsabschnitt gemachten Aussagen über die Verleihung des Bürgerrechts an Fremde, kann kein überzeugendes Gegenargument bieten. Vielmehr ist denkbar, daß der Text in eine Gegenwart spricht, die durch ihn im Namen Jahwes darauf hingewiesen werden soll, wie der Wiederaufbau der nachexilischen Gemeinde eigentlich gedacht war. Am wahrscheinlichsten ist daher eine Ansetzung in der nachexilischen Zeit.

3.2 Theologische Konzeption (47,13 - 48,29)

a) Überlegungen zur Vorgehensweise des Verfassers

Nähme man mit Zimmerli und Macholz eine exilische Einordnung des Abschnitts über die Landverteilung vor, so müßte mit Macholz gelten: "Hier ist Hoffnung als Plan zur Sprache gebracht."[107] D.h., die im sog. Verfassungsentwurf des Ezechiel beschriebene erwartete Wendung des zukünftigen Geschicks trüge dann den Charakter eines "futurum exactum"[108], da "das Exilsende nicht Gegenstand, sondern Voraussetzung der Texte"[109] ist, die vorgestellte neue Ordnung also an ein zu erwartendes Ereignis anknüpft. Diese Beschreibung erweist sich freilich als problematisch, wenn man mit einer hier erfolgten redaktionellen Bearbeitung aus nachexilischer Zeit rechnet. Dann nämlich werden die hier angegebenen Anweisungen zur Neuordnung des Landes zu einer den gegenwärtigen Zustand betreffenden Orientierungshilfe, die einerseits auf priesterliche Vorstellungen und andererseits auf ein bestimmtes Geschichtsbild zurückgeht: Der Verfasser "makes a necessary pastoral start in the healing of the people of God, disoriented by the

---

[103] Fuhs, Ezechiel, S.260
[104] Fuhs, a.a.O., S.10
[105] Zu Jos 22 und der dort erkennbaren Beurteilung des Ostjordanlandes in Auseinandersetzung mit Gegnern, die eine völlige Ablehnung vertreten, s.u. Kap.IV.3.
[106] Beide Texte sind nachexilisch; zu Gen 49 s.u. Kap.V.2
[107] Macholz, Planungen, S.322
[108] Ebenda
[109] Ebenda

trauma of exile. ... Expulsion from the land was the people's judgment; restoration to it was to be their salvation."[110]

Damit aber ist die Einzigartigkeit des Textkomplexes nicht erschöpft: Nicht nur die Literar- bzw. Redaktionsgeschichte des Textes, sondern auch die Ermittlung der in ihm vorliegenden Konzeptionen von Grenzbeschreibung, Landverteilung und Anordnung der Stämme "steht vor besonderen Schwierigkeiten angesichts der vielfach schon traditionsgeschichtlich bedingten Disparatheit des in ihm verarbeiteten Materials"[111].

So sieht sich der Verfasser durch die Gegebenheiten seiner Zeit offensichtlich vor das Problem gestellt, die traditionell im Ostjordanland verorteten Stämme nunmehr zusammen mit den anderen im Westjordanland unterzubringen. Weiterhin muß eine größere Gruppe von Stämmen im Norden untergebracht werden (sieben im Norden, fünf im Süden), da die Lage Jerusalems und des Tempels feststand "und das Land durch den Landstreifen der Abgabe und des Fürstenlandes ungleichmäßig aufgeteilt wurde"[112], der Autor aber allen Stämmen einen gleich großen Anteil zuschreiben wollte.

Im vorliegenden Abschnitt über die eigentliche Landverteilung in Ez 48,1-29 denkt sich der Verfasser das Land "in gleich große Streifen zerlegt, die sich von Osten nach Westen erstrecken. Er nimmt dabei weder Rücksicht auf die topographischen Verhältnisse, auf Gebirgszüge und dergl., noch auf die historischen Tatsachen, daß die Stämme nicht gleich groß waren, daß die Nordstämme bereits zu seiner Zeit ein langes Exil hinter sich hatten und zum größten Teil verschwunden waren, daß der Stamm Simeon, ursprünglich im Süden wohnhaft, infolge der Kämpfe mit den Nachbarn schon lange vor dem babylonischen Exil aufgerieben war, weshalb man nur von einem Zweistämmereich spricht."[113]

Liegt hier also eine völlig willkürliche, schematische Anordnung einer Zwölfzahl von Stämmen vor? Das Gegenteil wird bei näherer Betrachtung erkennbar: In Übernahme ihm vorliegender Traditionen, aber ebenso in freier Gestaltung nach eigenen theologischen und politischen Überlegungen wird hier vom Verfasser ein Gesamtbild komponiert.

Dabei zeigt die Untersuchung der Anordnung der einzelnen Stämme, daß dem Verfasser offensichtlich sowohl das genealogische Eponymensystem vorlag[114] als auch die traditionellen stämmegeographischen Zuordnungen der einzelnen Stämme zu ihren Siedlungsgebieten.[115] Aus diesen Vorlagen entwickelt der Verfasser jedoch ein eigenes Konzept, in dem die Anordnung der Stämme eine theologische Geographie als Gegenstück zu der theologischen Architektur am Anfang des Abschnitts 40-48 bildet.[116]

---

[110] Allen, Ezekiel 20-48, S.285

[111] Krüger, Geschichtskonzepte, S.311

[112] Fohrer, Ezechiel, S.262

[113] Herrmann, Ezechiel, S.224

[114] S.u. zur Anordnung der Stämme entsprechend der Zuordnung zu den Müttern der Eponymen; zum genealogischen Eponymensystem s.Kap.II

[115] Diese stämmegeographischen Traditionen finden sich als Erinnerungen in der Verteilung des Landes an die 'Stämme' in Jos 13-19 (s.u. Kap. IV.2.1), vgl. dazu auch die offensichtliche Kenntnis dieser Erinnerungen in der Chronik, z.B. I Chr 4-8 (s.o. 2.3).

[116] So treffend beschrieben bei Allen, Ezekiel 20-48, S.285:"If chapters 40-48 begin with theological architecture, they end with theological geography."

b) Die theologische Geographie von Ez 48,1-29

Entsprechend der priesterlichen Ausrichtung des Verfassers bildet das geographische und theologische Zentrum des aufgeteilten Landes die 'Teruma' (תרומה‎), die Land-'Abgabe' um Jerusalem, die in ein Mittelstück - mit den Anteilen von Leviten, Priestern (Tempel!) und Stadtanteil - und in zwei Seitenstücke für den Fürsten gegliedert ist.[117]

Von Norden nach Süden werden zunächst sieben (nördlich der 'Teruma') und dann weitere fünf Stämme (südlich der 'Teruma') in einer sonst im Alten Testament nicht bekannten Reihenfolge aufgezählt.

Die ungewöhnliche Reihenfolge, die die Stämme dabei einnehmen, ist nur von der zentralen Bedeutung des Tempels und der Art der Gruppierung der Stämme um diesen herum zu erklären, verbindet jedoch gerade darin die verschiedenen Vorlagen und die eigenen Vorstellungen des Verfassers: So hat die bis heute gültige Erklärung der *Reihenfolge* der Landstreifen Fohrer in seinem Ezechielkommentar beschrieben: "Bezeichnend für den Verfasser ist vor allem die ungeschichtliche und künstliche Reihenfolge, in der sie (i.e. die Stämme, Anm. d. Verf.in) ihre Landstreifen erhalten sollten. Denn diejenigen Stämme, die von den beiden Frauen Jakobs abstammen und vollblütig sind, schließen im Norden und Süden zu je Vieren an das Jahweland an, während die halbblütigen Stämme der beiden Mägde erst von der 5. Stelle an zur Nord- und Südgrenze hin folgen. Dadurch ergibt sich deutlich eine Skala zu- und abnehmender Heiligkeit"[118]. Die Reihenfolge nimmt damit direkten Bezug auf das dem Verfasser bekannte genealogische Eponymensystem und scheint so zunächst rein 'genealogisch' vorgenommen zu sein. Kennzeichnend für diese genealogische Vorstellung ist das Zuordnen der Stämme zu ihren Müttern, durch die sich eine Vorordnung der Rahel- und Leastämme ergibt: "The sons of Jacob's two wifes, Leah and Rachel, who included Levi, are given the privilege of proximity to the reservation and so to the temple."[119] Demgegenüber erhalten Gad im äußersten Süden und Naphtali, Asser und Dan im Norden des zu verteilenden Landes als Magdstämme die abgelegeneren Gebietsanteile. Für die genealogisch vorgegebene Vorordnung der Lea- und Rahelstämme spricht auch die Tatsache, daß die wegen des Wegfalls Levis (die Leviten haben ja ihren Anteil direkt am Heiligtum) verminderte Anzahl dieser Stämme durch eine Aufteilung Josephs in Ephraim und Manasse wieder auf acht gebracht wird.

Dabei zeigt die Lokalisierung dieser beiden Stämme in Mittelpalästina ebenso wie die Naphtalis, Assers und Dans im Norden, daß für die geographische *Anordnung* hier gleichzeitig stämmegeographische Erinnerungen aufgenommen sind: "Accordingly the geographical placing of the top three tribes nicely combine historical tradition and a stepson status. ... The placing of Manasse and Ephraim

---

[117] Vgl. dazu z.B. die Abbildung bei Zimmerli, Ezechiel, S.1222 und Allen, Ezekiel 20-48, S.283; zu Recht verweist Allen hier darauf, daß "whereas the tribe of Levi was landless in tribal terms and had the cities for residence and their surrounding land for grazing (rather than for crops), here ... the Levites are in an intermediate position. They own their land and evidently use it for crops ..., although it is inalienable, like that of the priests..." (Ezekiel 20-48, S.283).

[118] Fohrer, Ezechiel, S.262

[119] Allen, Ezekiel 20-48, S.282

is also true to both history and the familiy principle."[120] Auch die Verortung
Simeons im Süden wird solchen stämmegeographischen Überlegungen zuzuordnen sein. Das Gegenüber zu den geographisch zutreffend eingeordneten Stämmen
nördlich von Jerusalem bilden dann jedoch im Süden offensichtlich aus Gründen
der Balance zunächst Issachar und Sebulon (als Söhne der Hauptfrau Lea im
Gegenüber zu Ephraim und Manasse), und dann Gad (als Sohn der Magd Silpa im
Gegenüber zu Naphtali, Asser, Dan).

Gerade im Blick auf stämmegeographische Überlieferung mutet dabei seltsam
an, daß bei den dem Heiligtum am nächsten stehenden Namen Juda nördlich und
Benjamin südlich von Jerusalem erscheint, wäre nach rein geographischen Überlegungen doch die jeweils umgekehrte Position richtig. Auch diese Anordnung
erweist sich jedoch aufgrund der Untersuchung von Macholz als sinnvoll und aus
dem theologischen Konzept des Verfassers erklärbar: "Mir scheint, daß die 'Vertauschung' der Gebiete von Juda und Benjamin im Landverteilungsplan zusammenhängt mit der Unterteilung des *teruma* - Gebietes, an dessen Nord- und
Südseite Juda und Benjamin angrenzen sollen."[121] Eine Untersuchung der Beschreibung bzw. der Beschreibungsrichtung für die Zuweisungen in der 'Teruma' und
hier besonders des Priestergebietes als des Gebietes des Tempels ergibt "recht eindeutig, daß nach dem Landverteilungsplan das Heiligtum inmitten des Priestergebietes *im Norden der teruma* lokalisiert ist. Wenn nun Juda das unmittelbar
nördlich der *teruma* gelegene Stammesgebiet zugewiesen erhält, dann liegt Judas
Gebiet von allen Stammesgebieten dem Heiligtum selber am nächsten. ... Juda
nimmt also die Spitzenstellung auf dieser Skala (die von Fohrer beschriebene Skala
zu- und abnehmender Heiligkeit, Anm. der Verf.in) ein. Benjamin wird secundo
loco placiert: Sein Gebiet schließt südlich an die *teruma* an."[122]

Weiterhin ist dabei nach Macholz zu vermuten, daß die Zweitstellung Benjamins, die zusammengeht mit einer engen Verbindung mit Juda, "aus jenem
historisch bedingten Zusammengehörigkeitsbewußtsein Judas und Benjamins, die
sich zusammen als 'Israel' verstanden"[123], entspringt, also politische Gegebenheiten
aufnimmt. Diese Hervorhebung der Bedeutung Judas und Benjamins (zusammen
mit den Leviten) wäre dann jedoch ein weiterer Hinweis auf eine nachexilische
Ansetzung des Textes, findet sich diese Konzeption doch ausgeprägt vor allem im
Chronistischen Werk bei der Darstellung der israelitischen Stämme in I Chr 4-8,
wo der Umfang der Darstellung in I Chr 8,1-40 das Gewicht Benjamins eindeutig
hervorhebt. Auch die enge Verbindung der beiden Stämme Juda und Benjamin
sowie die Zuordnung Jerusalems zu Benjamin läßt sich in diesem Abschnitt
nachweisen.[124] Beides steht dann aber weder in der vorliegenden Stelle noch in der
Chronik im Zusammenhang mit genealogischen oder stämmegeographischen Vorstellungen, sondern setzt offensichtlich ein politisch-theologisches Konzept voraus.

---

[120] Ebenda
[121] Macholz, Planungen, S.333
[122] Macholz, a.a.O., S. 335
[123] Ebenda
[124] Vgl. dazu Oeming, Israel, S.175

Für unseren Zusammenhang besonders interessant ist die Beurteilung des Ostjordanlandes im Landverteilungsplan von 47,13ff. Wie eingangs erwähnt, kommt das Ostjordanland trotz der traditionellen Ansetzung rubenitischen und gaditischen Erbgebietes für den Verfasser der Landordnung als Wohnsitz israelitischer Stämme offensichtlich nicht in Frage. Als Ostgrenze des von ihm verteilten Gebietes gilt ihm der Jordan.

Deshalb werden die Stämme Gad und Ruben im Westen zusammen mit den anderen Stämmen angeordnet, wobei Gad als Silpasohn ganz an den Rand rückt und das ausgleichende südliche Gegenüber zu den im äußersten Norden angeordneten übrigen drei Magdstämmen bildet. Bei der Anordnung Rubens dürften jedoch ähnlich wie bei Juda und Benjamin genealogische und politische Aspekte zusammen ausschlaggebend sein: Die Position Rubens als Erstgeborener im genealogischen Eponymensystem sichert ihm einen Platz gleich nach den beiden Namen Juda und Benjamin, die in der theologischen Geographie bevorzugt werden. Daß Ruben dabei in der nördlichen Hälfte des zu verteilenden Landes, gleich unterhalb von Ephraim, angesetzt wird, dürfte jedoch von der Erinnerung an die politische Zugehörigkeit des rubenitischen Gebietes zum Nordreich Israel bestimmt sein.[125] Hier findet sich also eine Verbindung genealogischer und politisch-theologischer Überlegungen.

Unklar scheint aber weiterhin die Ausgrenzung des ostjordanischen Gebietes, die im Text keinerlei Erläuterung findet. Für diesen Vorgang bieten sich verschiedene Lösungsmöglichkeiten an:

Plausibel erscheint zunächst, daß der Verfasser aufgrund der politischen Gegebenheiten seiner Zeit, in der das Ostjordanland für Israel verloren war, auf einen Einschluß dieses Gebietes[126] verzichten mußte. Einem solchen Verzicht mit Rücksicht auf reale politisch-geographische Verhältnisse widerspricht allerdings die Tatsache, daß der Verfasser auch für den nördlichen und südlichen Grenzverlauf eine für die Zeitverhältnisse völlig unrealistische Beschreibung vornimmt bzw. über den "Grenzverlauf im Norden und Nordosten keine oder nur eine vage Vorstellung hatte"[127]. Macholz und Zimmerli vermuten deshalb auf verschiedene Weise einen Rückgriff auf Überlieferungen bzw. das "alte Empfinden, das sich auch in den Vätergeschichten der Genesis auszusprechen scheint, dass das eigentliche Land der Verheissung ... westlich des Jordans zu suchen sei."[128]

Diese Anschauung vermutet Macholz auch in Num 32 und Jos 22,10ff und sieht bei beiden Texten die gleiche theologisch begründete kritische Stellung zum Ostjordanland: "Diese beiden Texte, die doch wohl ursprünglich zwei verschiedene erzählerische Ausgestaltungen einer und derselben Sache sind, hängen nun auch literarisch mit priesterlicher Überlieferung zusammen. Solche theologische Geographie wird auch für die Kreise anzunehmen sein, welche die in Hes. xlvii 13ff. aufgenommene Grenzlinienbeschreibung überliefert hatten...; und diese Kreise sind von

---

[125] So auch Allen, Ezekiel 20-48, S.282. Die besondere Verbindung zwischen Nordreich und rubenitischen Traditionen wird in Kap.II näher zu untersuchen sein.

[126] Falls die Notizen zutreffen, ist das nördliche Ostjordanland schon zum von Ischbaal beherrschten israelitischen Gebiet zu rechnen (vgl. II Sam 2,8f).

[127] Macholz, Planungen, S.330

[128] Zimmerli, Planungen, S.247

denen, auf die man wohl in (oder hinter) Num. xxxii und Jos. xxii 10ff. stößt, kaum zu trennen."[129] Richtig sieht Macholz hier, daß es sich bei Ez 47f um eine theologisch begründete Geographie handelt. Darauf hatte ja bereits die Anordnung der Stämme in "einer Skala zu- und abnehmender Heiligkeit" und die Gruppierung der Stämme um das kultische und priesterliche Zentrum hingewiesen. Die von ihm postulierten Verbindungen mit den beiden genannten Texten können jedoch nach unseren Untersuchungen nur sehr eingeschränkt gelten. Zutreffend ist nämlich lediglich ein Bezug auf die in Jos 22 erkennbaren Gegner.[130] Sowohl die Grundschicht als auch die Redaktionen von Num 32 lassen hingegen erkennen, daß das Ostjordanland zwar nicht als das bestmögliche, aber eben doch als ein mögliches und von Mose selbst gewährtes Erbland gilt. Auch bei Jos 22 liegt der Skopus des Textes und der in ihm geschilderten Diskussion über eine Beinahe-Schuld der Rubeniten und Gaditen auf der Betonung der Zugehörigkeit des ostjordanischen Gebietes zum Stammland Israels - trotz des dort immer drohenden Schismas und Abfalls - gerade gegenüber einer Sicht von der Alleingültigkeit des Westjordanlandes als kultisch reinem Erbgebiet und Wohngebiet der Israeliten, die offensichtlich von rigoristischen Gruppen vertreten wird.[131] Sicher ist also nur anzunehmen, daß der Verfasser von Ez 47,13ff in nachexilischen Kreisen zu suchen ist, deren Ausrichtung in die Nähe der bei Jos 22 beschriebenen Gegner[132] weist. Die in diesen Kreisen (z.B. denen um Nehemia) übliche Ausgrenzung des Ostjordanlandes hat im vorliegenden Fall zu einer idealen Ausweitung westjordanischen Gebietes nach Süden und Norden unter Verzicht auf das Ostjordanland geführt.[133] Ebenso wie die ungewöhnliche Reihenfolge der Stämme entspricht wohl auch die Beschreibung der Grenzen des Landes nicht einer Vorlage, sondern den theologischen Vorstellungen des Verfassers.

Im Rahmen der Theologie dieser Kreise, die als Land der Verheißung das Land westlich des Jordans postulieren, ist gut denkbar, daß die Vorstellung der Landverteilung mit Hilfe einer Archaisierung[134] vorgenommen wurde. Nicht umsonst wurde wohl im vorliegenden Text angespielt auf die Vorstellung einer Landnahme der zwölf Stämme als gemeinsame Aktion und der Verteilung des Landes an dieselben, wie sie auch in Jos 13-16 schon in der P^S-Fassung vorlag. So wird das den Israeliten zufallende Land in 47,13.14a.14b als נחלה bezeichnet, ein Begriff, der auch aus den Losszenen in Jos 13-16 bekannt ist, und hier in seinem theologischen Gebrauch, als "das *ganze* Land *ganz* Israels"[135] verwendet wird. Ob hinter dem Text jedoch die "Vorstellung einer Entsprechung von alter und neuer Landgabe"[136] in engem Anschluß an vorexilische Institutionen und Entwicklungen steht, wie dies von Zimmerli und Macholz vermutet wird, ist in dieser Engführung zweifelhaft. Zumindest darf dabei nicht der Eindruck entstehen, für den Verfasser von 47,13ff (bzw. 40-48*) gäbe es eine ideale Zeit der Vergangenheit, an die es nunmehr anzuknüpfen gelte.[137] Vielmehr besteht für den Autor eine "starke Diskontinuität zwischen Vergangenheit und Zukunft"[138], so daß die Gegenwartssituation des

---

[129] Macholz, Planungen, S.331f

[130] Vgl. die Analyse von Num 32 und Jos 22 in Kap.IV.1 und IV.3

[131] S.u. Kap.IV.3.6

[132] Zur Beschreibung der in Jos 22 erkennbaren Gegner s. zu Jos 22 in Kap. IV.3

[133] Koch, Profeten, S.121, vermutet darüber hinaus einen Zusammenhang zwischen dem Verzicht auf das Ostjordanland und den Völkerorakeln in Kap. 25-32.

[134] Es dürfte eine bewußte Archaisierung, nicht etwa eine "archaische Tradition" (Zimmerli, Planungen, S.247) vorliegen.

[135] Macholz, Planungen, S.326. Die von Macholz (S.326f) vermuteten, an der Ezechielstelle erkennbaren rechtlichen Implikationen des Begriffs sind nur schwer nachzuvollziehen.

[136] So Macholz, Planungen, S.329, im Anschluß an Zimmerli

[137] Vgl. Ebach, Kritik, S.259

[138] Krüger, Geschichtskonzepte, S.315

'Verfassungsentwurfs' offensichtlich gesehen wird "als das Ergebnis der Geschichte Israels, die hier zu ihrem Ende gekommen ist."[139] Das hier entworfene ideale Bild könnte also möglicherweise gerade ein positives Gegenbild zu einem in der Vergangenheit als negativ beurteilten Zustand gedacht sein. Mit der Darstellung des Landverteilungsplanes als Auftrag und Zuspruch Jahwes wird so ein Programm der Neukonstituierung Israels entworfen. Es beschreibt in neuer und idealer Weise ein menschliches Handeln als Folge vorausgehenden göttlichen Handelns, das einen über alles Vergangene hinausgehenden Neuanfang ermöglicht.

Das ungewöhnliche Stämmesystem, das der Autor für sein Programm verwendet, ist dabei weder direkt aus einer überkommenen Tradition abzuleiten noch als Abbildung historischer Gegebenheiten zu verstehen. Vielmehr wird hier die Kenntnis des genealogischen Systems sowie bestimmter geographischer Erinnerungen dazu benutzt, ein besonderes, im weitesten Sinne theologisch-geographisches Konzept zu entfalten, dessen Ausgangspunkt und Zentrum das Jerusalemer Heiligtum bildet und damit den eigenen theologischen Vorstellungen entspricht.

Auch hier begegnet also eine redaktionell erklärbare Ausgestaltung des genealogischen Systems unter Aufnahme stämmegeographischer Erinnerungen, um eine eigene theologisch-geographische Konzeption zum Ausdruck zu bringen. Keinesfalls liegt jedoch für diese Geographie eine Vorlage in Form eines bereits ausgearbeiteten Systems vor.

4. Deuteronomium 27,11-13

Bezüglich des sekundären literarischen Charakters der Passage, in der diese Stämmeliste begegnet, besteht in der Forschung weitgehende Einmütigkeit[140]: Ursprünglich standen nur die unmittelbar vorangehenden Verse (v.9f) als Einleitung in engem Zusammenhang mit dem folgenden Kapitel 28. Zwischen dieser Einleitung und dem Kapitel über Segen und Fluch wurde eine redaktionelle Ergänzung vorgenommen. Das Thema des folgenden Abschnitts mag verantwortlich für die Einfügung der Passage 11-26 gewesen sein, wobei hier offensichtlich weiter zu differenzieren ist. Anders als in der Verteilung auf die Stämmegruppen in v.11-13 folgt unmittelbar anschließend eine reine Fluchliturgie, in der von Segen keine Rede mehr ist (v.14-26). Der Bruch zwischen v.13 und v.14 wird auch dadurch deutlich, daß die Leviten nunmehr als die Sprecher der Zwölferreihe von Flüchen auftreten, nachdem sie ohne Unterschied unter die anderen Stämme gerechnet worden waren (v.12).

Für die Entstehungsgeschichte des Textes ist denkbar, daß zunächst der kurze Abschnitt mit dem Thema Segen und Fluch in v.11-13 als Ergänzung der Einleitung an dieser Stelle eingefügt wurde. Die darin vorgegebene Zwölfzahl der

---

[139] Macholz, Planungen, S.349

[140] So von Steuernagel, Deuteronomium, S.147, über v.Rad, Deuteronomium, S.117, bis zu Braulik, Deuteronomium, S.199, und Rose, 5.Mose 2, S.536f (Rose hält allerdings auch die v.10.14 für redaktionelle Zusätze).

Stämme - "Die Zwölfzahl der Flüche steht sicherlich in Beziehung zur Zwölfzahl der Stämme"[141] - sowie die Erwähnung Levis war dann möglicherweise der Anlaß für die Einfügung der von Leviten vorgetragenen Fluchliturgie in v.14ff.[142] Durch diesen Vorgang aber wurden die v.11-13 zur Einleitung der Flüche in v.14-26. Da der Segen von v.12 in den folgenden Versen des Kap.27 nicht erscheint, muß hier zudem angenommen werden, daß v.12 "bereits auf 28,3ff. voraus"[143] schaut.

Auch abgesehen von diesen literarischen Problemen muß aber die inhaltliche Ausrichtung des Abschnitts v.11-13 selbst nach wie vor als "sonderbar"[144] gelten: "Alles sieht ... sehr nach theoretischer Konstruktion aus"[145]. So sollen sich die Stämme offensichtlich in zwei Gruppen aufstellen, aber schon die Verortung dieser Aufstellung ist unklar. Noch unklarer ist darüber hinaus, ob die Stämme Segen und Fluch empfangen oder aussprechen sollen. Dabei ist die Unsicherheit über die Aufstellung begründet in der Verwendung der beiden Präpositionen נ' הר על (v.12) und ע' בהר (v.13), wobei von einer Textverderbnis nicht auszugehen ist.

War in der Forschung lange Zeit die Vorstellung von den auf die beiden Berge versetzten und von dort Fluch und Segen sprechenden Stämmen herrschend[146], so findet sich z.B. in dem neuesten Kommentar von Braulik die These, daß die erste Gruppe der Stämme "zum südlich gelegenen Garizim hin 'das Volk segnen' " solle, die zweite Gruppe aber " 'gegen den Fluch' auf dem nördlichen Ebal antreten (soll). Segen und Fluch liegen somit gleichsam auf den weithin sichtbaren Bergen bereit, um auf Israel je nach dessen Gehorsam oder Untreue gegenüber Jahwe herabzukommen."[147] In ähnlicher Weise versteht auch Seebaß die beiden Präpositionalangaben als bezogen auf die jeweilige Segens- oder Fluchhandlung, nicht aber auf die Position der Stämme, und übersetzt: "Diese sollen hintreten, um das Volk gegen den Garizim hin zu segnen...Und diese sollen hintreten gegen den Fluch auf dem Berg Ebal."[148] Gemeint sei damit, daß der Garizim stellvertretend für das Volk den Segen empfange, der auf dem Ebal lastende Fluch hingegen durch das Hintreten der sechs Stämme in einem apotropäischen Akt für das Volk abgewandt werden solle.[149] Diese Möglichkeit erscheint als immerhin plausibel, da es bisher nicht gelungen war, den Sinn etwa von den Stämmen ausgesprochener Fluchworte zum Ebal hin einzuordnen. Der hier beschriebene Ritus wäre dann möglicherweise bewußt eine mehr Gewicht auf den Segen legende und das Volk einbeziehende Interpretation von Dtn 11,29, wo Segen und Fluch in symmetri-

---

[141] Steuernagel, Deuteronomium, S.149

[142] Diese Reihenfolge vermuten Noth, System, S.144f und deGeus, Tribes, S.85

[143] Preuß, Deuteronomium, S.151

[144] Noth, System, S.145, vgl. Mayes, Deuteronomy, S.343: "the peculiar division of them (i.e. "the tribes", Anm.d. Verf.in) into two groups is not found elsewhere."

[145] Preuß, Deuteronomium, S.151

[146] So Steuernagel, Deuteronomium, S.148; aufgenommen von Noth, System, S.145, der allerdings mithilfe der Abhängigkeit von Jos 8,30ff von unserer Stelle einen vor der Einfügung der zwölf Stämme "ursprünglicheren, sachlich mit Dtn 11,29 übereinstimmenden Text in Dtn 27,11-13 voraussetzt".

[147] Braulik, Deuteronomium, S.201. Seltsamerweise zieht Braulik aus dieser Aussage weder Konsequenzen für die Übersetzung noch für die weitere Interpretation des Abschnitts.

[148] Seebaß, Garizim und Ebal, S.23

[149] Seebaß, a.a.O., S.24

scher Verteilung auf die beiden Berge gelegt werden.[150] Die von Braulik vertretene Vorstellung eines aus Jos 8,30ff übernommenen Ritus mit zwei Halbchören, "die Rücken gegen Rücken gegen die Berge hin rufen"[151], ist hingegen kaum denkbar, da die entsprechenden Verse der Josua-Passage (8,33.34*) sich als sekundär und ihrerseits abhängig von Dtn 27,12f erwiesen haben.[152]

Legt man diese Interpretation zugrunde, so muß auch die Rolle der angesprochenen Stämme weiter differenziert werden. Nach bisheriger Interpretation mußte die Anordnung der Stämme durch ihren direkten Bezug zu Segen und Fluch, d.h. aber durch ihre geschichtliche Bedeutung geklärt werden. Auch nach dem nunmehr ermittelten Verständnis ist weiterhin klar, daß die zuerst genannte Gruppe von Stämmen offenbar die nach der hier verwendeten politischen Geographie bedeutenderen Stämme Süd- und Mittelpalästinas sind. Hierbei sind in genealogischer Reihenfolge zunächst vier Leasöhne (ohne Ruben und Sebulon) genannt und daran anschließend die Rahelsöhne.

Die zweite Gruppe von Stämmen dagegen beginnt mit den dem Ostjordanland zugeordneten Stämmen Ruben und Gad, um an einen weiteren Silpa-(Asser) und Lea-(Sebulon)sohn die beiden Bilhasöhne Dan und Naphtali anzuschließen, so daß eine Gruppe von Stämmen, die das Ostjordanland und Galiläa besiedelten, gebildet wird. Auffällig ist hierbei, daß alle vier Magdsöhne zu den Fluchstämmen gerechnet werden, was auf einen starken Einfluß des genealogischen Systems schließen läßt. Daß sich auf der Seite der Fluchstämme auch zwei Leasöhne finden, dürfte mit deren geographischer Randlage gegenüber den übrigen Lea- und Rahelsöhnen begründet sein.[153] Die Anordnung, in der Sebulon zusammen mit den ostjordanischen Stämmen und den Magdstämmen in variierbarer Reihenfolge ans Ende der Aufzählung rückt, findet sich auch in verschiedenen Texten der Chronik, wie z.B. in I Chr 6,40-48. Auch dort hatte offensichtlich das Wissen um die genealogische Zuordnung zu den jeweiligen Müttern mit den Überlegungen zu einer geographischen Randlage zusammengespielt, um die Verschiebung ans Ende der Liste zu bewirken. Auch war damit deutlich geworden, daß diese Stämme für das nachexilische Israel keine besondere Bedeutung mehr haben können, eine Vorstellung, die damit übereinstimmt, daß diese Stämme auch hier nicht auf der Seite des Segens für das Volk erscheinen.

Ähnlich wie in der Chronik und bei Ez 47f findet sich also auch hier das genealogische System als Grundlage der eigenen Konzeption des Verfassers, in der Tat also die von Preuß angesprochene "theoretische Konstruktion". Auch hier ist mit dieser Genealogie wiederum das Wissen um geographisch mit den 'Stämme'-Namen assoziierte Gebiete verbunden, das im vorliegenden Fall zur Anordnung Rubens und Sebulons (diese hätten ja nach rein genealogischen Überlegungen auf

---

[150] So schon beobachtet von v.Rad, Deuteronomium, S.59.119; übernommen von Seebaß, Garizim und Ebal, S.24; vgl. auch Noth, System, S.140-150

[151] Braulik, Deuteronomium, S.201

[152] S. dazu Fritz, Josua, S.94; so schon bei Noth, System, S.143; Steuernagel will die Verse hingegen als eine redaktionelle Vorbereitung zu Jos 8,33ff verstehen (Deuteronomium, S.148).

[153] Roses Auskunft "damit zwei gleiche Gruppen gebildet werden konnten, mußten allerdings zwei Lea-Stämme (Ruben und Sebulon) auf der Fluch-Seite plaziert werden" (Deuteronomium 2, S.544) ist hier wenig hilfreich.

die Seite der Segensgruppe gestellt werden müssen) verwendet wird. Auch hier
wird zur Darstellung des Konzepts von Segen und Fluch wieder ein Stämmesystem entworfen, das mit anderen nicht übereinstimmt, das aber in ähnlicher Weise
wie die Chronik den Umgang mit vorhandenen Quellen und Informationen zeigt:
Das offensichtlich als bekannt vorausgesetzte genealogische System wird so weit
wie möglich berücksichtigt, jedoch verbunden mit eigenen theologischen Vorstellungen, die sich in der geographischen Zuordnung zu zwei gegenüberliegenden
Orten widerspiegeln. Dieses Zusammenspiel von genealogischen und theologisch-
geographischen Elementen betont auch Mayes: "Genealogical considerations also
explain in large measure the particular form of division of the tribes into two
groups of six ... The former group comprises the sons of Jacob's wives Leah and
Rachel, while the latter comprises the sons of his concubines along with two sons
of his wife Leah, Reuben ... and Zebulon ... Geographical factors may also have
influenced the division ..., for those tribes which are assigned to Ebal, ..., are the
less important Galilean and Transjordanian tribes, while those assigned to Geri-
zim, ..., are the significant mid-Palestinian and Judean tribes."[154]
    Die Art des Umgangs mit vorgegebenem Material und die Entwicklung einer
eigenen Anordnung erinnert damit aber so stark an die vorher besprochenen
Texte, daß die Datierung des hier vorliegenden Abschnitts durch Braulik in
nachexilische Zeit als sehr plausibel gelten kann.[155] Diese Einordnung wird zudem
durch den beobachteten redaktionellen Charakter der Passage bestärkt, da diese
sich ja als ein Zusatz zum seinerseits schon redaktionell eingefügten Kap. 27*
erwies.[156]

5. Zusammenfassung zu den Listen in der Chronik, Ez 47f und Dtn 27

Zusammenfassend läßt sich an den Auflistungen der Chronik, an Ez 47f und Dtn
27 zeigen, daß die hier vorliegenden Stämmeanordnungen tatsächlich durch eine
'redaktionskritische' Beurteilung erklärt werden können: Sie entsprechen jeweils
den eigenen Konzepten ihrer Verfasser. Dabei wurde deutlich, daß neben der zu

---

[154] Mayes, Deuteronomy, S.344
[155] Braulik, Deuteronomium, S.13. Die von Seebaß versuchte Zuweisung dieser Segens- und
Fluchliste in die josianische Zeit und die von ihm beschriebene judäische Perspektive ist
demgegenüber kaum wahrscheinlich: Juda wäre dann einerseits in einer Spitzenstellung zu
erwarten - die Anordnung folgt jedoch mit der Vorordnung Simeons und Levis dem genealogischen System - und ein Erscheinen Josephs unter den Segensstämmen wäre kaum verständlich.
Zudem erreicht Seebaß seine Zuordnung nur mit Hilfe eines Zirkelschlusses: Zunächst werden
die Stämme als im Zusammenhang mit Josias Expansion stehend beschrieben, dann wird aus
dieser Annahme gefolgert, man könne aus der Liste auf die Situation Josias schließen.
[156] Vgl. die Beschreibung der sukzessiven redaktionellen Überarbeitung bei Preuß, Deuteronomium, S.149-153: Preuß rechnet damit, daß v.1-3.4.5-7*.8.9-10.15.19*.26 zur dtr Bearbeitung zu
rechnen sind, will sich aber für die Zuordnung von v.11-13 zur gleichen dtr Bearbeitung oder
zu noch späterem Gut offensichtlich nicht festlegen (vgl. die Schichtentabelle, a.a.O., S.59); die
Zuweisung der Verse "to a later deuteronomistic editor" findet sich auch bei Mayes, Deuteronomy, S.343.

beobachtenden Einhaltung der Zwölfzahl[157] das aus der Genesis bekannte genealogische System in allen Fällen als eine wichtige Voraussetzung gelten muß. Für die Chronik gilt daneben die dort auch an anderer Stelle erkennbare (vgl. I Chr 5[158]) Orientierung an der jeweils verwendeten Quelle. Gerade im Umgang mit seinen Quellen entwickelt der Chronist aber in oben beschriebener Weise die seiner Erwählungs- und Geschichtstheologie entsprechenden Anordnungen, die dann im Sinne der theologischen Konzeption aus den ihm vorliegenden genealogischen und z.T. siedlungsgeographischen Aspekten erwachsen.

Diese Kombination von genealogischen und theologischen Vorstellungen bestimmt auch die Gestalt der Stämmelisten bei Ezechiel 47f und Deuteronomium 27. Auch hier läßt sich aus der zunächst rein geographisch erscheinenden Anordnung bei näherer Untersuchung das Wissen um ein genealogisches System, aber eben auch dessen Einbau in ein jetzt theologisch-geographisches Konzept ermitteln.

Daß hier geographische Anordnungen (bei Ezechiel im Land, bei Dtn 27,11-13 in der Verteilung auf zwei Berge) durch theologische Konzepte entstehen und als literarisch verwendete Quelle nur das genealogische System erkennen lassen[159], zeigt, daß von verschiedenen 'Traditionen' alttestamentlicher Stämmesysteme und damit von einem unabhängigen geographischen System nicht gesprochen werden kann. Der hier vielmehr vorliegende redaktionelle Umgang mit der Liste der zwölf Stämme, der schon an den untersuchten Stellen ein weites Spektrum entsprechend der theologischen Absicht der jeweiligen Autoren zeigt, sollte richtungweisend auch für die Untersuchung anderer Stämmelisten sein. Ein Durchgang durch die wichtigsten Belege des Numeribuches muß deshalb zeigen, ob sich auch dort die jeweilige Anordnung redaktionell erklären läßt oder ob tatsächlich ein zweites festliegendes System der Stämme erkennbar ist.

6. Die Stämmelisten des Numeribuches

6.1 Vorüberlegungen

Die Stämmelisten des Numeribuches bilden nach Noth die Hauptvertreter für das - später von deGeus als geographisches System - bezeichnete System 'B'. Dieses System, in dem Levi fehlt und Joseph durch Ephraim und Manasse ersetzt ist, wird nach Noth nur für die Aufzählung von Stämmen, nicht aber für Auflistungen der zwölf Jakobsöhne als Eponymen gebraucht, was für ihn einen ersten Hinweis darauf bildet, daß hier kein Bezug auf das genealogische System 'A' erfolgt. Noth hat insoweit Recht, als sich im Numeribuch tatsächlich nur Stämmelisten

---

[157] Vgl. Kap.II.3.7
[158] Vgl. dazu Kap.V.3
[159] Zwar benutzte der Chronist auch die Stämmelisten des Numeribuches, die von Noth als eigenes geographisches System beurteilt werden, in ihnen liegt jedoch weder eine eigene geographische Tradition vor (s.u. 6.), noch wurden sie vom Chronisten als solche verstanden.

und keine Aufzählungen der zwölf Jakobsöhne finden, diese Tatsache ist aber durch den szenischen Kontext (Israel in der Wüste) vorgegeben und keineswegs mit der Anwendung verschiedener Systeme zu begründen. Umgekehrt war bereits festzustellen, daß die Aufzählungen der israelitischen Stämme in der Chronik und in Ez 47f (auch hier fehlt Levi) einen deutlichen Bezug zum genealogischen System aufweisen. Die bei Ezechiel zu beobachtende geographische Anordnung ergibt sich nicht aufgrund eines geographischen Systems, sondern aufgrund einer primär genealogisch begründeten theologischen Geographie. Die dortige Verteilung des Landes an die zwölf Stämme scheidet also als "geographische Liste"[160] bereits aus.

Deshalb wird zu fragen sein, ob die Anordnung in den Listen des Numeribuches, bei denen Noth das Fehlen Levis und die Ersetzung Josephs durch Ephraim und Manasse beobachtet, - ähnlich wie in Ez 47f - durch das theologische Konzept des Verfassers erklärbar ist. Weiterhin muß geklärt werden, ob es sich bei der hier zu beobachtenden Plazierung Gads an dritter Stelle, also an Stelle Levis, tatsächlich um den von Noth konstatierten Vorgang handelt: "Es ist bemerkenswert, daß der Ausfall von Levi eine Lücke hinterließ, die man als störend empfand und die man, durch das Einschieben von Gad zu schließen, für angebracht hielt; sodann daß die Gruppe der vier Stämme Dan, Gad, Asser, Naphtali noch nicht so fest abgeschlossen war, als daß man nicht einen von ihnen hätte herausnehmen und an eine andere Stelle hätte versetzen können."[161] Noth geht hier nämlich davon aus, daß die Verteilung dieser vier Stämme auf die beiden Nebenfrauen Jakobs bzw. Leibmägde der beiden Frauen noch nicht erfolgt ist, was für ihn einen weiteren Hinweis darauf bildet, daß den Listen des Numeribuches das genealogische System nicht vorlag. Die Untersuchung wird deshalb auf die Frage besonderen Wert legen, ob möglicherweise gerade die Position Gads anstelle Levis nur durch einen Rückgriff auf das genealogische System, d.h. eine Kenntnis der Verteilung der zwölf Söhne auf ihre Mütter, sinnvoll zu begründen ist.

Lassen sich aber tatsächlich die Listen der Stämme und Sippen im Numeribuch durch die theologische Konzeption des Verfassers und durch Rückgriffe auf das genealogische System erklären, so wird hier nicht mehr von einem unabhängigen geographischen System 'B' die Rede sein können. Zusätzlich muß eine literarische Analyse der Texte die Frage nach dem Alter der hier jeweils begegnenden Listen klären, da ja nach Noth die beiden Listen in Num 1,5ff und 26 aufgrund des in ihnen verwendeten Materials in die Richterzeit gehören.

Die Diskussion der hier geschilderten Position Noths ist durch die bereits angesprochene Studie von deGeus über die Stämme Israels grundsätzlich begonnen. Auch deGeus bleibt jedoch in seiner Auseinandersetzung mit Noth für die Frage der Stämmesysteme zunächst dabei, "that Noth was certainly right in his distinction of *two kinds* of tribal systems"[162], und behält auch die Bezeichnungen 'A' für das genealogische System mit Levi und Joseph und 'B' für das geographische System ohne Levi, aber mit Ephraim und Manasse, bei. Ziel seiner Untersuchung ist also nicht die Radikalkritik an der Nothschen Systematisierung, sondern der

---

[160] S. Noth, System, S.19: "Zu den geographischen Listen gehört endlich auch noch Ez. 48,1-29..."
[161] Noth, System, S.14
[162] deGeus, Tribes, S.71

Versuch, das höhere Alter des Systems 'B' gegenüber dem System 'A' zu erweisen. Überzeugend vermag deGeus in seiner Untersuchung darzustellen, daß die Erwähnung Josephs keinesfalls eine Erscheinung der Frühzeit Israels sein kann, sondern frühestens in der frühen Königszeit denkbar ist ('Haus Joseph'), in der hier vorliegenden Form aber auf die Zeit nach 722 v.Chr. weist.[163] Ebenso vermag er auch überzeugend nachzuweisen, daß es sich bei der Erwähnung Levis im System 'A' nicht um einen Rückgriff auf einen säkularen Stamm Levi aus der Frühzeit Israels handelt. Vielmehr ist auch die Erwähnung Levis, die mit der priesterlichen Funktion dieser Gruppe in Zusammenhang steht[164], ein Hinweis darauf, daß System 'A' "the programme of a desire for restauration after 722"[165] ist.

Diese Spätdatierung des Systems 'A' ergibt für deGeus dann aber eine im Vergleich dazu wesentlich frühere Ansetzung von System 'B'. Hinweise darauf sind ihm vor allem die Stellen, an denen eine nachträgliche Einfügung Josephs hinter oder vor die Erwähnung Ephraims und Manasses erfolgt, wie z.B. Num 1,10.32. Zudem erscheint ihm System 'B' sehr viel leichter historisch einzuordnen: "That system 'B' reflects conditions that must have existed at the end of the time of the Judges and the beginning of the time of the Kings, seems indisputable to me."[166]

Die hier folgende Untersuchung der Haupttexte für das geographische System wird sich also gegenüber deGeus auf zwei Probleme konzentrieren: Erstens wird es darum gehen, wie gegen Noth, deutlich zu machen, daß es sich bei den Anordnungen des Numeribuches nicht um Vertreter eines vom genealogischen System 'A' unabhängigen geographischen Systems handelt, sondern um redaktionelle Ausgestaltungen dieser Vorlage nach eigener theologischer Konzeption. Zweitens wird - hier gegen Noth noch zugespitzt - die Frage gestellt, ob die untersuchten Listen tatsächlich ein hohes Alter aufweisen oder ob sie nicht vielmehr noch jünger als das von deGeus zutreffend spätdatierte System 'A' (nach 722) sind.

Vorauszuschalten ist an diesem Punkt eine kurze Zusammenfassung der Position Noths zu den literarischen Fragen der Systeme des Numeribuches:[167] Für Noth findet sich in der Liste der Stämme von Num 26 die älteste Urkunde innerhalb dieser Systeme. Sie stammt für ihn aus der zweiten Hälfte der Richterzeit[168], ebenso wie die Liste in Num 1,5ff. Letztere ist zwar gleich alt, geht aber dennoch auf eine von Num 26 unabhängige Tradition zurück. Abhängig von Num 1,5ff sind sowohl die unmittelbar anschließende Liste in Num 1,20ff als auch die Lagerordnung in Num 2. Von letzterer hängen wiederum Num 7 und Num 10 ab. Ganz spät anzusetzen ist nach Noth die Liste in der Kundschaftererzählung in Num 13,4-15, die den späten Versuch eines Ausgleichs zwischen den verschiedenen Stämmesystemen darstellt. Alle genannten Listen gehören auch bei Noth im

---

[163] Vgl. dazu die Ausführungen von deGeus in Tribes, S.70-96; auf diese Erkenntnis wird in Kap.II nochmals zurückgegriffen.

[164] Auch auf die letztlich auf Gunneweg zurückgehenden Ergebnisse zu Levi wird in Kap.II genauer einzugehen sein.

[165] deGeus, Tribes, S.107

[166] deGeus, a.a.O., S.106

[167] Vgl. Noth, System, S.14-20

[168] Vgl. Noth, a.a.O., S.14

jetzigen Kontext in den Zusammenhang von P, "wahrscheinlich samt und sonders zu den sekundären Stücken dieser Quelle"[169], lassen aber aufgrund des verwendeten Materials das angesprochene hohe Alter erkennen.

6.2 Num 2; 7; 10

a) Num 2,3-31

Die einzelnen 12 Stämme werden in diesem Abschnitt in vier Gruppen zu je drei Stämmen unterteilt. Sie bilden in der Anordnung über das Lagern bei der Stiftshütte dadurch vier Lager, die jeweils nach Himmelsrichtungen angeordnet und nach ihren 'Führern' benannt sind: Juda im Osten, Ruben im Süden, Ephraim im Westen und Dan im Norden.

Wie schon von Noth beobachtet[170], ist die Zusammenstellung der Gruppen der Lagerordnung nach ganz besonderen Gesichtspunkten vorgenommen, die Anordnung der einzelnen Stämme innerhalb der Gruppen jedoch "mechanisch"[171], d.h. entsprechend dem genealogischen Stämmesystem.

Die Darstellung der Gruppenbildung erfolgt dabei kreisförmig im Osten beginnend. Zuerst genannt ist die Gruppe Juda, Issachar und Sebulon, die im Osten lagert und somit den Eingang des Lagers schützt.[172] Diese Gruppe ist für die folgende Marschordnung offensichtlich diejenige, die zuerst aufbrechen soll, hat also einen Ehrenplatz, der nur durch eine besondere Wertschätzung Judas zu erklären ist. Für die Position der Gruppe ist also ein theologisch-geographisches Interesse zu erkennen, das die besondere Bedeutung Judas unterstreichen will. Die Anordnung innerhalb dieser Gruppe erfolgt aber streng nach dem genealogischen System, d.h. es folgen die auch dort unmittelbar nach Juda positionierten Leasöhne Issachar und Sebulon, nicht etwa eine weitere Abstufung nach geographischer oder theologischer Bedeutung von Stämmen oder Eponymen.

Rein genealogisch ist wohl auch die Gruppe Ephraim-Manasse-Benjamin im Westen zu beurteilen. Hier geht es offensichtlich darum, die drei Rahelstämme (Aufteilung Josephs in Ephraim und Manasse!) im Anschluß an die Leastämme zusammenzustellen. Kaum eine schlüssige Erklärung für diese Gruppe bietet hingegen die geographische Begründung Noths "aus der Lage der palästinischen Wohnsitze der hier genannten Stämme."[173]

Für die Zusammenstellung der drei für den Norden genannten Magdstämme Dan, Asser und Naphtali könnte zwar zunächst die Lage der Wohnsitze im Norden als ausschlaggebend angenommen werden, diese stämmegeographische Begründung hängt jedoch von der Beurteilung der Rubengruppe ab: Die Besonderheit dieser mit Ruben beginnenden Süd-Gruppe ist, daß hier nach dem genealo-

---

[169] Noth, a.a.O., S.15
[170] Noth, a.a.O., S.16
[171] Ebenda
[172] S. Scharbert, Numeri, S.17
[173] Noth, System, S.16 A.2

gisch folgenden Simeon an dritter Stelle Gad erscheint - das ist die durch den Wegfall Levis freigewordene Stelle.[174] Eine mögliche Begründung für diese Positionierung wäre die Tatsache, daß nach der Bildung der übrigen drei Gruppen (eingeschlossen die Bildung der Nordgruppe aufgrund der Wohnsitze der Stämme) kein anderer Stamm mehr übrigblieb als Gad, um die zweite Gruppe aufzufüllen. Andererseits ist aber auch hier eine genealogische Begründung denkbar: An die durch die besondere Behandlung Levis freigewordene Stelle konnte nur ein Magdsohn nachrücken, die anderen Plätze waren ja dem genealogischen System folgend schon fest besetzt. Da es sich aber um eine freigewordene Stelle innerhalb der Gruppe der Leasöhne handelt, ist es gut vorstellbar, daß nun der erste Sohn der Leamagd Silpa, also Gad, nachrückt.

Dementsprechend ist dann in der Gruppe der Magdsöhne im Norden Dan der erste Platz zugewiesen worden, weil er der erste Sohn der Rahelmagd Bilha war. Darauf folgen dann der zweite Silpasohn, Asser, und der zweite Bilhasohn, Naphtali.[175] An der Zuordnung gerade der beiden Söhne Gad und Dan ist aber damit deutlich erkennbar, daß die Verteilung der vier Magdstämme auf ihre Mütter dem Verfasser bereits vorlag, daß die Gruppe dieser vier Stämme also - anders als von Noth vermutet - sehr wohl definiert war. Der Verfasser konnte offensichtlich auf die im genealogischen System gegebenen Positionen zurückgreifen, um seine Anordnung entsprechend auszugestalten. Von einem eigenen geographischen System kann folglich nicht die Rede sein.

Kaum überzeugend ist demgegenüber der Vorschlag von deGeus, der die dritte Stelle Gads unmittelbar mit der Lagerordnung bzw. den Bannern der einzelnen Lager in Verbindung bringt. Die Umstellung Gads wird im Blick auf die Sonderstellung seiner Meinung nach deshalb vorgenommen, weil "It was simple this way to prevent the tribe of Judah coming under the standard of 'Reuben'."[176] Diese zunächst völlig unverständlich wirkende These hat ihre Begründung darin, daß deGeus die dritte Position Gads nicht mit einem Ausfall Levis und einer Ersetzung seines Platzes in Zusammenhang bringen kann, da er das Zugrundeliegen eines genealogischen Systems (mit Levi an dritter Stelle) ablehnen muß, um das im Numeribuch vorliegende System 'B' als älter einzustufen. Plausibler erscheint demgegenüber jedoch die Berücksichtigung des genealogischen Systems, weil sich dessen Befolgung nicht nur bei der Positionierung Gads zeigt. Folgt man nämlich den angeführten Überlegungen, so zeigt sich eine Verschiebung gegenüber der anfänglich von Noth übernommenen Beurteilung: Die Anordnung von Gruppen und einzelnen Stämmen erfolgt nicht nur innerhalb der Gruppen nach genealogischen Überlegungen. Auch die Zusammenstellung der Gruppen und ihre Reihenfolge zeigt eine Befolgung des genealogischen Systems: So folgen auf die

---

[174] Für die Stellung Levis vgl. Num 1,20ff unter 6.3

[175] Vgl. hierzu Budd, Numbers, S.25, der richtig darauf verweist, daß hier Gad der Erwählte ist, anders als in Ez 48,32, wo Dan eine besondere Rolle zukommt. Keineswegs kann die Anordnung der drei letzten Stämme darauf verweisen, daß diesen noch nicht ihre Einordnung als Magdstämme zuteil geworden war, wie dies Noth aus der Tatsache entnimmt, daß Dan und Naphtali nicht zusammen stehen (Noth, System, S.14).

[176] deGeus, Tribes, S.108. Im Anschluß an Hoftijzer nimmt deGeus diese Erklärung der Reihenfolge in Num 2 im Rahmen der Frage nach Num 26 vor.

vorgeordnete Juda-Gruppe mit dem Leasohn Juda an der Spitze die nächsten Lea-
söhne Ruben und Simeon als die ursprünglich beiden ersten (im genealogischen
System). Ihnen wird der erste Sohn der Leamagd, Gad, zugeordnet, dann schließen
sich die Rahelsöhne an, während die übrigen Magdsöhne mit Dan (als dem ersten
Sohn der Rahelmagd Bilha) an der Spitze den Schluß der Lagerordnung bilden.
Die Vorordnung der Juda-Gruppe geschieht freilich eindeutig aus theologischen
Gründen und findet sich auch in anderen exilisch-nachexilischen Texten. Zum
einen wird man dabei erinnert an die auch im Geschichtsbild der Chronik hervor-
tretende Sonderstellung Judas[177]. Zum anderen läßt sich eine solchermaßen bevorzugte Stellung Judas zum Heiligtum auch in Ez 47,13ff beobachten: Handelt es
sich dort um die Nähe zur 'Teruma', so wird hier in Num 2 Juda in besonderer
Weise der Stiftshütte zugeordnet. Die Vorordnung Judas erinnert somit an die in
Ez 47f und I Chr 4-8 bereits beschriebenen Stämmesysteme und ist ohne Zweifel
eine Erscheinung der exilisch-nachexilischen Zeit.

Damit aber ist für diese Liste nicht nur erwiesen, daß es sich um eine theologisch begründete redaktionelle Umgestaltung des genealogischen Systems handelt,
sondern auch, daß sich hier keinesfalls frühe Vorstellungen finden lassen.

b) Num 7,12-83 und Num 10,14-28

Die in Num 2 gebildete Lagerordnung wird identisch in Num 7,12-83 und Num
10,14-28 übernommen. Während in Num 10,11ff[178] bzw. 10,14ff[179] die Marschordnung der Stämme die direkte Fortsetzung der Lagerordnung zu bilden scheint,
und somit aus der gleichen Hand stammen kann, geht es in Num 7 darum, in
einer sekundären Erweiterung die bereits angesprochenen Gaben der Stammesführer noch genauer darzustellen. Gedacht ist hier wohl, daß die 12 Stammesführer an 12 Tagen ihre reichhaltigen Gaben auf den Wagen herbeibringen, die in
den vorangehenden Versen als eigentliche Gaben angegeben waren. Namen und
Anordnung dieser Stammesführer sind dabei offensichtlich aus Num 2 übernommen.[180] Richtig sieht Noth hier nicht nur, daß die beiden Listen in Num 7 und
Num 10,14ff von Num 2 abhängig sind, sondern auch, daß die Namen der Stammeshäupter in Num 2 offensichtlich zu den ursprünglichen Elementen gehören,
da sie auch in der Übernahme dieser Liste in Num 7 selbstverständlich auftauchen.[181] Zu differenzieren ist aber gegenüber Noth, was die Verfasser von Num
7 und 10,14ff bzw. 10,11ff angeht: So ist die bereits als sekundär bezeichnete Liste
in Num 7 wohl einer Redaktion zuzuweisen, die erst nachträglich die Über-

---

[177] S.o. z.B. unter 2.2, vgl. Willi, Chronik, S.56
[178] Bei dem Abschnitt über die zwei silbernen Trompeten in Num 10,1-10 handelt es sich nach
       communis opinio der Forschung um einen späteren Zusatz, vgl. Kellermann, Priesterschrift,
       S.154 und Smend, Entstehung, S.48.
[179] Die eigentliche Liste der Stämme beginnt mit v.14.
[180] Vgl. dazu Scharbert, Numeri, S.33
[181] Noth, System, S. 15f

bringung der Gaben ausweitet.[182] In Num 10,14ff hingegen findet sich offensichtlich der gleiche Verfasser wie in Num 2, der hier das Interesse an der von ihm konzipierten Lagerordnung weiter verfolgt.

c) Zusammenhang von Num 2 und Num 1,5ff

Problematisch ist im Blick auf den literarischen Charakter von Num 2 die lediglich als Vermutung zu bezeichnende Annahme Noths, die Liste der Stammeshäupter in Num 2 sei als aus Num 1,5ff übernommenes Gut anzusehen. Aus dem Text selbst lassen sich hierfür keine Anhaltspunkte gewinnen, da die Nennung der Namen der Führer in der Zusammenstellung einer Lagerordnung, die als Vorbereitung für den Aufbruch und als Anordnung im Falle militärischer Unternehmungen dient, mehr als angebracht erscheinen muß. Die von Noth hier vorgenommene Begründung, die Nennung der Namen müsse in Num 1,5ff ursprünglich sein, weil diese Liste "die einzige Aufgabe" habe, "die zwölf Namenshäupter mit Namen zu verzeichnen, Num. 2,3ff. dagegen" wolle "in erster Linie die Lagerordnung der Stämme festlegen und" gebe "nur nebenbei gleichzeitig auch die aus Num 1,5ff. übernommenen Namen der einzelnen Stammeshäupter mit an"[183], kann als exegetisches Argument kaum überzeugen und muß als Notlösung angesehen werden.[184] Der wirkliche Zweck der Liste in Num 1,5ff wird am Ende der Untersuchung von Num 2 und Num 1,20ff zu klären sein.

Da sich keinerlei Hinweise für den sekundären oder aus der Tradition übernommenen Charakter der Namen der Stammeshäupter ergeben, ist im Rahmen der Auseinandersetzung mit Noth vor allem auf das Alter dieser Namen einzugehen. Noth verhandelt die Namen im Rahmen seiner Aussagen zu Num 1,5ff, da er - wie gesagt - diese Liste als die Num 2 zugrundeliegende ansieht. In der hier vorgenommenen Untersuchung ist folgerichtig die Frage der Namen im Zusammenhang mit ihrem ursprünglichen Kontext Num 2 zu verhandeln. Wichtig ist dieses Problem vor allem deshalb, weil die Datierung der Namen für Noth eines der Hauptargumente für das von ihm angenommene hohe Alter von Num 1,5ff bildet. Diese frühe Ansetzung der Liste in Num 1,5ff führt aber m.E. gerade erst zu der oben als Notlösung bezeichneten Aussage über den Zweck von Num 1,5ff.

Einen Anhaltspunkt für die Datierung bieten für Noth die verwendeten Namen deshalb, weil sie "das Gepräge einer sehr frühen Zeit" tragen und daher in die "zweite Hälfte der Richterzeit"[185] einzuordnen sind, weshalb fiktive Bildungen einer späten Zeit völlig auszuschließen sind. Die genaue Untersuchung Kellermanns[186] hat jedoch erwiesen, daß von all den Namensbildungen, die nach Noth für ein hohes Alter sprechen, nur die Nominalsatznamen tatsächlich häufiger in der

---

[182] Auf die Tatsache, daß Num 7 "zu den sehr jungen Stücken innerhalb von P" gehört, weist auch die Untersuchung von Kellermann (Priesterschrift, S.98 u. 98-111).

[183] Noth, System, S.16

[184] Keineswegs kann also gelten, daß "nachgewiesen werden kann, daß Num 2,3ff. die Namen der israelitischen Stammeshäupter aus Num 1,5ff. übernommen hat" (Noth, System, S.17).

[185] Noth, a.a.O., S.17

[186] Kellermann, Priesterschrift, S.155-159 (Exkurs I: Die Personennamen)

Frühzeit als in der Spätzeit Israels begegnen. Die anderen Namensbildungen der Liste, besonders die Namen mit theophoren Elementen, lassen jedoch keine Rückschlüsse auf ein besonderes Alter zu. Die Tatsache, daß z.B. Jahwe als theophores Element bei vielen Namen fehlt - für Noth ein starker Hinweis auf eine frühe Zeit, die den Gebrauch des Jahwenamens noch nicht kennt -, weist hingegen gerade auf eine späte Entstehung der Namensliste: So zeigt sich bei den jahwehaltigen Namen ein Zurücktreten ihres Gebrauchs in nachexilischer Zeit, weil "der Gottesname als zu heilig für die Verwendung in Personennamen erachtet wurde."[187]

Kellermann kommt zu dem Ergebnis: "Es soll nicht geleugnet werden, daß sich zum Teil für bestimmte Perioden eine Vorliebe für besondere Namensformen erkennen läßt. Aber das kann nicht dazu verführen, nicht auch neben den Modenamen das Vorhandensein 'altmodischer' und neu gebildeter Namen anzunehmen."[188] Eine weitere gewichtige Anfrage Kellermanns bezieht sich auf "die Unwahrscheinlichkeit der Überlieferung des Namensverzeichnisses der Richterzeit bis in die Exils- oder Nachexilszeit"[189]. So findet sich bei Noth keine Erklärung dafür, wie sich ein Dokument aus der Richterzeit bis zu seiner Aufnahme in den Erzählzusammenhang der Priesterschrift über die Jahrhunderte unbeschadet erhalten haben kann.

Da die Frage der Überlieferung eines Namensverzeichnisses bei Noth ungeklärt bleibt und zudem die Art der Namensbildungen keinen sicheren Hinweis auf ein frühes Alter, sondern eher auf eine späte Entstehung bildet, ist mit einer Entstehung der Namensliste in der Exils- bis Nachexilszeit eher zu rechnen als mit einer Tradierung aus alter Zeit.[190]

Weder die Untersuchung der Namen der 'Nesiim' noch die Überlegungen zum Zweck und Verhältnis von Num 2 und Num 1,5ff haben hiermit Hinweise darauf ergeben können, daß sich aufgrund des Alters und der Intention von Num 1,5ff eine Abhängigkeit der Liste in Num 2 von der in Num 1,5ff ergeben könnte.[191] Vielmehr sind die Ergebnisse der Namensuntersuchung im Kontext von Num 2 ein weiterer Hinweis auf den nachexilischen Charakter dieses Abschnitts, der sich durch die Vorordnung und die besondere Rolle Judas bereits nahelegte.

6.3 Num 1,20ff

Die ungewöhnliche Anordnung der Stämme mit Gad an dritter Position findet sich an zwei weiteren Stellen im Numeribuch, jeweils im Zusammenhang mit Zählungen der wehrfähigen (= über zwanzigjährigen) Männer, in Num 1,20ff und 26,5ff.

Abweichend von der in Num 2 beschriebenen Ordnung ist bei diesen Abschnitten die genealogische Abfolge jedoch genau eingehalten. Es erscheint jeweils Ruben als der Erstgeborene an der Spitze[192], auf ihn folgen Simeon, Gad, Juda und

---

[187] Kellermann, a.a.O., S.157

[188] Kellermann, a.a.O., S.158

[189] Kellermann, a.a.O., S.159

[190] Da nach dem heutigen Stand der Forschung die Annahme einer Amphiktyonie als überholt gelten kann, muß diese Erkenntnis nicht weiter verwundern, da Noths Annahme eines alten 'Nasi'-Verzeichnisses auf der Analogie zu griechischen Hieromnemonenlisten beruht.

[191] Zu Num 1,5ff s.u. 6.4

[192] Sicher sekundär ist das asyndetische Nebeneinander der 'Söhne Joseph' und 'Söhne Ephraim' in v.32, da für Joseph keine Gesamtsumme mitgeteilt wird. Ein weiterer Hinweis auf den sekundären Charakter von Joseph in diesem Zusammenhang ist auch, daß die Texte Num 2

die anderen Namen. Vor allem die Untersuchung zu Num 1,20ff kann also möglicherweise weitere Hinweise geben über die Entstehung der Gruppenliste in Num 2, die offensichtlich nicht aus Num 1,5ff herzuleiten ist.

Aufschlußreich für die Einordnung des Texts in Num 1,20ff scheinen die Zahlenangaben der Musterung zu sein, deren historische Bedeutung aufgrund der übertrieben wirkenden Höhe (603 550 Männer als Gesamtzahl) von jeher diskutiert wurde. Im Laufe der Forschungsgeschichte haben sich dabei verschiedene Lösungsmöglichkeiten ergeben.

Ein Lösungsweg ist die Möglichkeit, die Zahlen nicht als tatsächliche Zahlen zu verstehen, sondern anders zu erklären. So erwägt bereits Dillmann die Möglichkeit, "dass אלף ein später veralteter Ausdruck war, zur Bezeichnung des Stammes"[193]. Durchaus als grammatikalisch möglich erscheint auch die von Petrie vorgeschlagene Interpretation von אלף als Ausdruck für eine Unterabteilung eines Stammes. "Petrie suggested that these subdivisions were 'tent groups' ".[194] Die angegebene Zahl für Ruben wäre dann beispielsweise zu verstehen als 46 Zeltgruppen und 500 Krieger. Insgesamt ergäben sich für Israel damit 598 Zeltgruppen und 5500 Krieger. In Variation aufgegriffen wurde diese Interpretation von Mendenhall. Für ihn handelt es sich bei der Zählung um eine reine Militärzählung, so daß bei gleichem Rechenergebnis es sich hier um 598 Truppenkontingente und 5500 Krieger handelt.[195] Zu Recht verweist Kellermann darauf, daß dabei "die Bedeutung von אלף als Einheit eines Stammes sehr verschwommen und unklar bleibt und daß das Verhältnis der Einheiten zu den Zahlen der Wehrpflichtigen undurchsichtig ist"[196]. Mendenhall selbst muß seine Zahlen weiterhin eher als Quoten denn als tatsächliche Gesamtzahlen interpretieren, da ihm die Angaben für die von ihm postulierte Richterzeit als zu gering erscheinen.

Eine weitere Lösung bietet die Deutung der Zahlen mit Hilfe der Gematrie, wie sie z.B. von Holzinger vorgeschlagen wurde. Seine Deutung bezieht sich jedoch lediglich auf die Gesamtzahl 603 000, die sich aus den Zahlenwerten der בני ישראל ergibt. Bereits für die Zahl der noch fehlenden 550 findet sich jedoch bei Holzinger keine überzeugende Lösung, ebenso kann auch die Aussage, die Einzelzahlen der Stämme seien durch "künstliche Zuschläge und Abstriche"[197] entstanden, nicht überzeugen. Zudem verweist Kellermann darauf, wie unsicher die Aufschlüsselungen von Zahlen im Bereich des Alten Testaments sind, zumal die Verwendung von Zahlbuchstaben im Gegensatz zur Verwendung echter Zahlzeichen wahrscheinlich erst im 2. vorchristlichen Jahrhundert aufkam.[198]

Mit Kellermann bleibt daher lediglich festzuhalten, daß eine befriedigende Erklärung für die Höhe der Zahlen nicht gegeben werden kann. Es handelt sich offensichtlich um fiktive Zahlenangaben, die als tatsächliche Zahlen verstanden werden. Dies entspricht zumindest tendenziell der Überlegung Noths, wonach wegen der historischen Unmöglichkeit der Zahlen "an alte Traditionen ... also hier nicht gedacht werden" kann.[199]

Mit Noth kaum in Einklang bringen läßt sich demgegenüber die Begründung der Anordnung der einzelnen Stämme in der Zählungsliste. Noth geht in seiner Untersuchung nicht von einer selbständigen Existenz der Liste in Num 1,20ff aus, sondern kann sich die hier vorgegebene Anordnung nur durch eine Übernahme aus Num 1,5ff erklären: "Die einfachste Lösung bietet wieder die Annahme, daß Num. 1, 20 ff. in der Anordnung der Stämme von der unmittelbar vorangehenden

---

und 10 (sowie die von ihnen abhängige Liste in Num 7), die auf die Liste in 1,20ff zurückgreifen (s. dazu unter 6.3), Joseph nicht erwähnen. Zu weiteren literarkritischen Beobachtungen s. Kellermann, a.a.O., S.9-11.

[193] Dillmann, Numeri, S. 10

[194] Budd, Numbers, S.7, übernommen aus Petrie, Researches in Sinai, S.208-220

[195] Mendenhall, Census Lists, S.52-66

[196] Kellermann, Priesterschrift, S.162f

[197] Holzinger, Numeri, S.6

[198] S. hierzu Kellermann, Priesterschrift, S.161f

[199] Noth, System, S.18

alten Liste Num. 1, 5 ff. abhängig ist und daß in dieser eben Gad ursprünglich an dritter Stelle
gestanden hat; dann stimmt die Anordnung der Stämme in beiden Listen genau überein."[200]
    Die Lösung mithilfe einer gedachten Umstellung des Stammes Gad in der Liste von Num1,5ff,
die Noth als so einfach erscheint, ist der m.E. schwächste Punkt innerhalb der Nothschen
Argumentation zum Stämmesystem des Numeribuches:
    Im Zusammenhang der Beurteilung von Num 2 war bereits deutlich geworden, daß die von
Noth konstruierte Abhängigkeit weder durch das Alter der Liste in Num 1,5ff begründet werden
kann noch durch eine direkte Abhängigkeit der Texte, da etwa nach Aussage Noths Num 1,5ff
sonst keinen Zweck mehr hätte[201]. Als ähnlich konstruiert erweist sich auch der dritte Begrün-
dungsgang Noths, der sich sowohl auf Num 2 als auch auf Num 1,20ff bezieht. Bei beiden Texten
muß Noth erklären, wieso in der angeblichen Vorlage Num 1,5ff Gad nicht an dritter Stelle steht,
in den davon abhängigen Texten Num 1,20ff und Num 2 (die wiederum ihrerseits in keinem Abhängigkeitsverhältnis stehen, sondern sich unmittelbar auf Num 1,5ff beziehen) jedoch in dieser
ungewöhnlichen Position auftaucht. Tatsächlich geht Noth davon aus, daß in Num 2 nicht nur die
Namen der Stammeshäupter, sondern auch die Anordnung der Stämme auf Num 1,5ff zurückgehen, ebenso wie er diese Reihenfolge auch für Num 1,20ff zugrundelegt. "Versetzen wir in Num
1,5ff Gad an die dritte Stelle, dann haben wir genau die oben für die Entstehung der Lagerordnung
vorausgesetzte Reihenfolge der Stämme", ist Noths einziges Argument für diese Hypothese, verbunden mit der Annahme, daß "die ursprüngliche Reihenfolge mit Gad an dritter Stelle ihres
singulären Charakters wegen nachträglich geändert worden ist."[202]
    Vor allem letztere Aussage erscheint eher als notwendiger hypothetischer Zirkelschluß denn
als exegetisch begründet, da die Anordnung, in der Gad nicht an dritter Stelle erscheint, im
Numeribuch gerade die singuläre ist, nicht jedoch umgekehrt. Welche Veranlassung hätte wohl ein
später Bearbeiter gehabt, die sich schlüssig in den Kontext der unmittelbar folgenden Listen
fügende Anordnung nachträglich umzustellen?

Die Ausführungen zu Num 2 und Num 1,20ff dürften klar gemacht haben, daß
sich die Argumente Noths für Num 1,5ff als Vorlage für beide Texte nicht mehr
halten lassen. Da Num 1,5ff nunmehr nicht als Vorlage der Zählliste gelten kann,
ist zu überlegen, ob sich ein Abhängigkeitsverhältnis zwischen Num 1,20ff und
Num 2 ergibt, was von Noth bestritten wird. Ein solches Abhängigkeitsverhältnis
ist nur dann plausibel, wenn die Entstehung der Liste in Num 1,20ff auch ohne
Vorlage erklärbar ist.

Wichtig ist dabei zunächst die Frage, warum Levi aus dem Stämmesystem in
1,20ff überhaupt ausschied, also nicht zusammen mit den anderen Stämmen gemustert wurde. Eine überzeugende Antwort findet sich bei Kellermann, der den
Zusammenhang mit den folgenden Texten des Numeribuches deutlich macht. So
bilden die Leviten nicht nur den inneren Lagerring zum Schutz der Israeliten
(Num 1,53) und sind zudem ausgesondert zu ihrem besonderen Dienst (8,5ff und
18,1-7), sondern sie sind auch Ersatz für die Erstgeburt der Israeliten (3,30ff): Es ist
also "natürlich, daß der Stamm Levi nicht mit den übrigen Stämmen Num 1,20ff.,
sondern für sich gemustert wird, weil die Summe der Leviten als Auslösesumme
der Erstgeburten von besonderer Bedeutung ist."[203] Wie von Kellermann zu Recht

---

[200] Noth, a.a.O., S.18; die Darstellung Kellermanns ist an dieser Stelle mißverständlich, da er Argu-
       mente Noths zu Num 26 - einem der nach Noth alten Texte - im Zusammenhang von Num
       1,20ff anführt. Die Argumente Noths lassen sich, wenn sie zum Erweis des hohen Alters eines
       Texts dienen, wie das bei Num 1,5ff für Noth der Fall ist, widerlegen. Der hier untersuchte
       Text Num 1,20ff gilt aber gerade auch bei Noth als jung!
[201] S.o. zu Num 2, vgl. Noth, System, S.16
[202] Beide Zitate Noth, System, S.17
[203] Kellermann, Priesterschrift, S.12

betont, sind theologische Gründe ausschlaggebend für den Ausfall von Levi. Es handelt sich also nicht um die Auslassung eines Stammes in einem ganz eigenen System, weil dieser zum Zeitpunkt der Entstehung des Systems nicht mehr als säkularer Stamm bekannt war, wie dies von Noth vermutet wurde. Vielmehr geschieht hier eine theologisch begründete, bewußte Auslassung im Zusammenhang mit der besonderen Aufgabe dieses Stammes. Daß Levi hier nicht als ein Stamm unter den anderen erscheint, ist damit aber auf die redaktionelle Ausgestaltung des genealogischen Systems sowie die theologische Bedeutung Levis und seine Sonderrolle innerhalb der Konzeption des Verfassers (vgl. Ez 47f) zurückzuführen.

Ebenfalls der Orientierung am genealogischen System entspricht dann die Vorgehensweise des Verfassers, die durch den Wegfall Levis entstandene Lücke zur Erreichung der Zwölfzahl wieder aufzufüllen und dies mit Hilfe der Einführung Ephraims und Manasses vorzunehmen: Ephraim und Manasse bieten nämlich die einzige Möglichkeit, ohne eine Erweiterung des genealogischen Systems auszukommen, weil sie das hinter Joseph stehende Territorium[204] mit ihren Namen vertreten.

Die genannten theologischen Gründe der Anordnung fügen sich zusammen mit der Absicht des Verfassers, unter strenger Beibehaltung der anderen Positionen die entstandene Lücke im Stämmesystem ohne Erweiterung der Genealogie wieder zu schließen, sehr gut in die oben beschriebene späte Entstehungszeit des Textes.[205]

Die bereits zu Num 2 angeführten genealogischen Überlegungen gewinnen damit für die Liste in Num 1,20ff an Verständlichkeit. Handelt es sich doch bei dieser Liste um eine Anordnung, die von Anfang an dem genealogischen Prinzip folgt, indem Ruben als der Erstgeborene auch an der Spitze der Liste erscheint. Die Einfügung Gads an dritter Stelle der Leasöhne aufgrund der Tatsache, daß er der Erstgeborene der Leamagd Silpa ist, wirkt im Rahmen eines rein genealogischen Systems noch überzeugender. Bereits aufgrund dieser Überlegung ist gut denkbar, daß die Lagerordnung in Num 2 mit ihrer Einteilung der Stämme in vier Dreiergruppen diese Gruppen jeweils in der vorgegebenen genealogischen Anordnung aus der Liste in Num 1,20ff 'ausgeschnitten' und den verschiedenen Himmelsrichtungen zugeordnet hat. Auch die Überlegungen zur Gruppe der Magdsöhne, die an letzter Stelle erscheinen, können für die Anordnung in Num 1,20ff übernommen werden und wirken im Rahmen dieses streng genealogisch vorgehenden Systems einleuchtend. Kaum überzeugen kann hingegen die auch von Kellermann übernommene Argumentation Kuschkes, "daß Gad deshalb für eine Umstellung in Frage kam, weil die drei anderen Stämme Dan - Asser - Naphtali eine siedlungsgeographische Einheit bilden und deshalb nicht auseinandergerissen werden konnten"[206]. Zwar werden die drei Stämme auch in der Anordnung von Ez 48,1-29 zusammen im Norden des Landes angeordnet, in anderen Texten gleichen oder späteren Zeitraums, wie z.B. 1 Chr 2,1f. und 27,16-22 finden sich die vier Magdstämme jedoch auch in variabler Zusammenstellung, was eher dafür spricht, daß diese Gruppe je nach Intention verschieden zuordenbar war (was

---

[204] Vgl. dazu Kap.II.3.2
[205] So auch Kellermann, a.a.O., S.12
[206] Ebenda, vgl. Kuschke, Lagervorstellung, S.97

ihrer Verteilung auf die beiden Mägde freilich nicht widerspricht). Die exakte Übereinstimmung nicht nur in der Position Gads, sondern auch in der Anordnung der drei letzten Stämme, dürfte daher einen weiteren Hinweis auf die Abhängigkeit der Systeme in 1,20ff; 2; (7);10,14ff (und 26) bieten. Daß auf die Anordnung von 1,20ff in Num 2, (7) und 10,14ff zurückgegriffen wurde[207], ist aufgrund genealogischer Überlegungen deutlich geworden, kann aber noch durch eine weitere Beobachtung bestätigt werden: So findet sich in 1,26f auffälligerweise eine besonders hohe Zahlenangabe für Juda (74 600 Wehrfähige)[208], die auf den Zusammenhang mit Num 2 schließen läßt: "Daß der Stamm Juda die größte Zahl aufweist, bereitet die Umstellung in der Anordnung der Stämme vor, nach welcher ab Kap. 2 Juda den ersten Platz einnimmt."[209] Diese Erkenntnis führt Kellermann nach wie vor zu der Annahme einer Abhängigkeit der Lagerordnung von der Liste in Num 1,20ff, könnte aber m.E. auch ein Hinweis dafür sein, daß für die Lagerordnung zwar tatsächlich auf die vorherige Liste zurückgegriffen wurde, dies aber durch denselben Verfasser geschah, der durch die Angaben in Num 1,20ff die besondere Betonung Judas und die Reihenfolge der Stämme in Num 2 selbst vorbereitete, um dann auf sie zurückgreifen zu können. Diese Annahme ist deshalb möglich, weil die Untersuchung zu Num 2 ergab, daß auch dort von einem genealogischen System ausgegangen wird und die Lagerordnung der vier Gruppen nach Himmelsrichtungen nur scheinbar geographischen Überlegungen folgt: Tatsächlich aber war dort die Vorordnung Judas theologisch begründet. Gerade dieses theologische Interesse läßt sich schon in den Zahlenangaben der Liste von Num 1,20ff erkennen. Ist aber an beiden Stellen tatsächlich der gleiche Verfasser am Werk, so ist dies auch ein Hinweis darauf, daß die Bezeichnung der Ephraimiten und Manassiten als 'Söhne Josephs' in 1,32 nicht in den ursprünglichen Kontext gehört haben kann, da diese Bestimmung in Num 2 nicht erfolgt. Sie begegnet jedoch auch in der Liste von Num 1,5ff, in deren Zusammenhang der sekundäre Charakter der Erwähnung Josephs nochmals diskutiert wird.

6.4 Num 1,5ff

Wie bereits angedeutet, ist nach dieser Zuordnung noch offen, welche Aufgabe die Liste in Num 1,5ff verfolgt, da sie als Vorlage für Num 1,20ff und Num 2 offensichtlich nicht mehr in Frage kommt.

---

[207] So auch Kellermann, a.a.O., S.12

[208] Daß die Zahlenangaben für die einzelnen Stämme möglicherweise mit deren in Gen 49/Dtn 33 widergespiegeltem 'Schicksal' in Zusammenhang stehen, wie Budd vermutet (Numbers, S.9), ist demgegenüber nicht plausibel. Für Gen 49 scheidet eine solche Abhängigkeit an dieser Stelle schon deswegen aus, weil es sich bei den Stämmesprüchen um eine nachpriesterliche Redaktionsschicht handelt (vgl. Kap.V.2.2). Die Stämmesprüche in Dtn 33/Gen 49 sind nur insofern mit den Zahlenangaben vergleichbar, weil sie die Möglichkeit einer unterschiedlichen Bewertung der Stämme zeigen (das Schicksal der Stämme ist weder hier noch da im Blick). Die Zahlenangaben von Num 1,20ff lassen aber - anders als die von Num 26 (s.u. 6.5) - keine direkte Korrelation zwischen der Bewertung der Stämme hier und dort erkennen.

[209] Kellermann, Priesterschrift, S.163

Ein Blick auf den literarischen Charakter des Kapitels zeigt, daß, wie von Kellermann beobachtet, nach dem Einleitungsabschnitt in den v.1-3, der die Vorbereitung zu der in v.19b begonnenen und in v.20ff beschriebenen Musterung bildet - diese Verse gehören damit literarisch zusammen -[210], mit "v.4 ... ein neuer Gedanke hinzu (kommt). Der Verfasser will der Vorstellung Rechnung tragen, daß Mose (und Aaron) allein unmöglich in absehbarer Zeit über 600.000 Mann zählen konnten. Deshalb stellt er ihnen Musterungsadjutanten zur Seite."[211] An diese Einleitung, die auch sprachlich von v.1-3 abweicht, sind die Namen in v.5-15 organisch angeschlossen, haben also schon literarisch Anteil am sekundären Charakter dieser Angabe. Da oben nachgewiesen wurde, daß diese Namen keine Hinweise auf eine eigenständige alte Tradition ergeben, literarisch in Num 2 ursprünglich sind und nunmehr der die Namen enthaltende Absatz v.5-15 für sekundär zu halten ist, liegt die Vermutung nahe, daß diese nachträglich eingefügten Musterungsadjutanten aus Num 2 übernommen wurden und den dort als 'Nesiim' Beschriebenen nun auch eine Aufgabe im Rahmen der Musterung übertragen wurde. Der Begriff 'Nasi' stellt für Noth eines der Hauptargumente zur Datierung der ganzen Liste in die Richterzeit dar, da die ursprüngliche, für ihn in den hier verhandelten P-Stücken zu findende Bedeutung des 'Nasi' in "einem altüberlieferten wesenhaften Zusammenhang mit der Institution einer Amphiktyonie"[212] steht. Dabei vertritt Noth die These, "daß נשׂיא ursprünglich der Titel des Abgesandten war, den das einzelne Mitglied einer Amphiktyonie ... jeweils mit der Erledigung der amphiktyonischen Aufgaben betraute; ... Die נשׂיאם entsprechen damit genau den *Hieromnemonen* der griechischen Amphiktyonien."[213] Da die Aufgaben der 'Nesiim' bei Noth so eng mit der Amphiktyoniethese verbunden sind, diese aber nach communis opinio der Forschung nicht mehr aufrecht erhalten werden kann[214], kann mit deGeus gelten, daß "it may be questioned whether the office of *nasi, Sprecher, i.e.* representative of a tribe, ever existed in the manner Noth imagined it."[215] Nachdem also die Erwähnung der 'Nesiim' keinen sicheren Hinweis auf ein hohes Alter der Liste bietet, weil sie nicht die von Noth vermutete Funktion haben, geht es nunmehr um die Frage, inwieweit ihre Erwähnung genuin in der Liste verankert ist. Kellermann[216] hat bei der Untersuchung dieses Problems eindrücklich aufzuzeigen vermocht, daß innerhalb der Liste von v.5bff der v.16 mit der Bezeichnung der Zählgehilfen sekundär ist. So finden sich in diesem Vers drei verschiedene Bezeichnungen, die auf den sekundären Charakter verweisen: Die קרואי העדה begegnen außer an dieser Stelle nur in 16,2 und 26,9, fehlen aber in der Vorlage in Num 2; eine Ergänzung der נשׂיאי מטות durch אבות (ם) (nur hier in

---

[210] "Es dürfte ... kaum zweifelhaft sein, daß mit 19b der Ausführungsbericht der 1-3 von Jahwe geforderten Musterung der Israeliten beginnt", Kellermann, a.a.O., S.9, zum sekundären Charakter der v.4-19a s. S.5-9.

[211] Kellermann, a.a.O., S.5

[212] Noth, System, S.161

[213] Noth, System, S.161f (kursiv gesetzter Begriff im Original gesperrt); s. insgesamt Exkurs III, System, S.151-162

[214] S. dazu Kap.II

[215] deGeus, Tribes, S.84

[216] Kellermann, Priesterschrift, S.6f

dieser Zusammenstellung) findet sich - ohne 'Nesiim'- sonst nur in 26,55 und 33,54; von den ראשי אלפי ישראל ist im Numeribuch sonst nur in dem sekundären Vers Num 10,4 die Rede. Innerhalb des Stämmelistenmaterials handelt es sich also um eine singuläre Addition von Bezeichnungen, die für eine sekundäre Einfügung spricht. Der Ergänzer macht hier offensichtlich bewußt "die Zählgehilfen zu Nesiim, und das heißt für ihn, daß sie von bedeutendem Ansehen sind".[217]

Eine solche sekundäre Ergänzung hält auch deGeus im Rahmen seiner Überlegungen zu dieser Liste für plausibel[218], und zwar zusammen mit dem genannten Argument bezüglich der nicht definierbaren Funktion der 'Nesiim'. Er nimmt jedoch eine schwer zu definierende Position in diesem Zusammenhang ein: Zu seinen Nachweisen für ein im Numeribuch vorliegendes, älter als das genealogische System einzuschätzendes System 'B' gehört vor allem die Liste in Num 1,5-15. In seiner Argumentation verweist er jedoch einerseits darauf, daß die Annahme des hohen Alters der Liste "rests entirely upon the names", andererseits gesteht er im Gefolge Kellermanns ein, daß "this same list could also furnish the proof that names of this kind stayed in use for a long time", so daß im Anschluß an die Erkenntnisse über die 'Nesiim' in v.16 gilt: "The names in this list are possibly old, but it is not permissible to date it so decisively or assign it so definite a function only on the basis of verse 16."[219] Ohne weitere Ausführungen bricht diese eindeutig auf eine Spätdatierung weisende Argumentation nun jedoch plötzlich ab, um in der Feststellung zu enden: "However, if the list was transmitted in a different context, I think it quite possible it is much older. Though Kellermann may show that the individual names are also found in a much later period, yet the whole group of just these twelve names points to an earlier time of origin."[220] Dieser Schluß wirkt gezwungen und dient offensichtlich der möglichen Frühdatierung der Listen ohne Levi (System 'B'), die nach Anerkennung der genannten Argumente nicht mehr plausibel wäre.

Überzeugend ist daher nach wie vor die Einschätzung Kellermanns, der von einer sekundär in den Musterungskontext eingefügten Liste von Namen ausgeht, die ihrerseits um v.16, d.h. die Erwähnung der 'Nesiim', erweitert wurde.

Auffällig ist nun, daß in der solchermaßen ergänzten Liste Levi zwar nach wie vor nicht enthalten ist, Gad aber auf seine Position im Rahmen der Magdstämme gestellt wird. Nach wie vor steht bei diesen Magdstämmen Dan an erster und Naphtali an letzter Stelle, so daß die Silpasöhne von den Bilhasöhnen gerahmt werden. Die Liste in v.5ff enthält freilich durch die Position Gads zwischen Asser und Naphtali ein bisher nicht gelöstes Problem, da er nach dem genealogischen System gewöhnlich vor Asser steht. Kellermann denkt hier lediglich daran, daß diese Anordnung "durch Unachtsamkeit"[221] zustande gekommen sein könnte, wenngleich er richtig darauf verweist, daß diese Anordnung kein Hinweis auf eine eigenständige Tradition ist. Welche Gründe tatsächlich für die Stellung Gads nach Asser ausschlaggebend waren bzw. welche Absicht damit verbunden war, muß an dieser Stelle offen bleiben.

---

[217] Kellermann, a.a.O., S.17
[218] "The list may very well appear in a secondary context here...", deGeus, Tribes, S.84
[219] Beide Zitate, deGeus, a.a.O., S.84
[220] Ebenda
[221] Kellermann, a.a.O., S.6

Die hier beschriebenen Beobachtungen zeigen jedenfalls deutlich, daß Num 1,5ff nicht nur ein Verzeichnis der Stammeshäupter[222] wiedergeben will, sondern eine bewußte Umgestaltung durch die Beifügung von Musterungshelfern für Mose (und Aaron) vornimmt. Durch deren Anordnung soll eine engere Verbindung mit den folgenden Listen des Numeribuches hergestellt werden, wobei die Vorlage in Num 2 bzw. 1,20ff so weit wie möglich befolgt wird.

Die Orientierung an den Vorlagen zeigt sich auch in der Nennung Ephraims und Manasses (anstelle Josephs), die schon in der Lageranordnung von Num 2 begegnet. Gegenüber dieser Nennung fällt jedoch in Num 1,10 und 1,32, also innerhalb der beiden Listen von 1,5ff und 1,20ff, auf, daß hier vor Ephraim und Manasse die Bezeichnung der beiden als 'Söhne Josephs' erfolgt und zwar an beiden Stellen in übereinstimmender Formulierung לבני יוסף: Die Formulierung wirkt dadurch um so formelhafter, als im Kontext die Nennung Ephraims und Manasses in verschiedener Weise begegnet: Nur in 1,20ff werden auch die Ephraimiten/Manassiten als לבני אפרים (v.32)/ לבני מנשה (v.34) bezeichnet, in 1,5ff heißt es jedoch לאפרים (v.10a)/ למנשה (v.10b). Der schon bei 1,20ff angeklungene Verdacht einer sekundären Einführung mit dem Ziel einer zusätzlichen Bestimmung erhärtet sich dadurch. Wie von Kellermann vermutet, dürfte an beiden Stellen die Einfügung auf den gleichen Redaktor zurückzuführen sein, der ein Interesse an der Verbindung Levis mit den übrigen Stämmen hat und deshalb durch den Zusatz 'die Söhne Josephs' Ephraim und Manasse so zusammennimmt, "daß Raum bleibt für Levi."[223]

Die nachträgliche Einfügung Josephs ist hier also tatsächlich sekundär, wie schon von deGeus beobachtet, bietet aber keinen Hinweis darauf, daß die Nennung Ephraims und Manasses in einer Liste auf deren hohes Alter schließen läßt. Vielmehr hatte die Untersuchung gezeigt, daß es sich bei der vorliegenden Liste um eine späte redaktionelle Ausgestaltung der bereits ihrerseits als spät erwiesenen Vorlagen innerhalb des Numeribuches handelt, auf keinen Fall jedoch um einen Rückgriff auf ein altes Stämmesystem *vor* dem genealogischen System.

6.5 Num 26

Obwohl die Liste in Num 26 bezüglich der ungewöhnlichen Plazierung Gads mit Num 2, (7, sekundär) 10,14ff und 1,20ff übereinstimmt, sieht Noth hier keinen

---

[222] Noth, System, S.16

[223] Kellermann, Priesterschrift, S.17; der gleiche Redaktor hat diese Absicht nach Kellermann auch durch die Einfügung von v.47 zum Ausdruck gebracht: "Wenn 47 betont wird, daß die Leviten nicht zusammen mit den übrigen Stämmen gemustert wurden, was sich aus der Aufzählung von 20ff. von selbst ergibt, so soll damit einerseits hingewiesen werden auf die Kap. 3 und 4 berichtete besondere Leviten-Musterung und andererseits der Stamm Levi doch noch in eine Verbindung zu den 20ff. aufgeführten zwölf Stämmen gebracht werden." Auch deGeus sieht in der Erwähnung Josephs in Num 1,10.32 eine sekundäre Einfügung und betont vor allem für 1,10, daß "No one doubts that the words 'of the sons of Joseph' in Verse 10 are a later addition."(Tribes, S.84). Diese Erkenntnis dient ihm jedoch vor allem dazu, das hohe Alter der hier vorliegenden Tradition mit Ephraim/Manasse zu erweisen, wie bereits mehrfach angesprochen.

Anlaß zu Überlegungen, die einen literarischen Zusammenhang der Texte herstellen würden. Vielmehr hält er Num 26 für ein unabhängiges altes Stück, das ebenso wie Num 1,5ff - aber ohne Zusammenhang mit diesem - der zweiten Hälfte der Richterzeit zuzuordnen ist.[224] Sowohl die Begründung der Umstellung Gads als auch das Alter der Liste werden deshalb unabhängig von den anderen Texten diskutiert. Auf eine eigene Tradition schließt Noth vor allem deshalb, weil die Reihenfolge Ephraim - Manasse in Num 26 umgekehrt ist. Auf ein hohes Alter weist für Noth seine literarische Analyse, die ihn dazu veranlaßt, in der Sippenliste und der Zahlenreihe jeweils ursprünglich selbständige Überlieferungselemente zu sehen.[225] Die zunächst ohne Zahlenangaben vorliegende Sippenliste ist nach Noth daher ursprünglich wohl nur als "Stämmeverzeichnis"[226] verwendet worden, das auf eine alte Zeit schließen läßt, in der das Bewußtsein der Stämme und Sippen für Israel noch wesentlich, die Landnahme aber bereits erfolgt war.[227] Ein weiteres Argument für eine in der Liste vorliegende alte Überlieferung bildet für Noth die Annahme, "daß unsere Geschlechterliste einen durchaus *realen Hintergrund* hat und historische Tatbestände wiedergibt"[228], da sechs der im Manasse-Abschnitt genannten Namen auf samarischen Ostraka begegnen, die Noth als Distriktsangaben einordnet. Allerdings muß Noth selbst zugeben, daß die Ostraka es nur "auf einem kleinen Gebiet" gestatten, "die Angaben von Num 26 zu kontrollieren und dabei festzustellen, daß sie auf tatsächlichen Gegebenheiten beruhen."[229] Dies auf die anderen Stämme auszuweiten Urteil zeigt für Noth dennoch deutlich, "daß die Liste von Num. 26 nicht erst ein Produkt der schriftstellerischen Tätigkeit der priesterlichen Schule ist, sondern daß sie als fertiges Dokument schon vorlag"[230]. Das zufällige Übereinstimmen von Distriktsnamen kann Noth angesichts des zugestandenen minimalen Ausschnitts nur deshalb zu dieser dezidierten Überzeugung führen, weil er es für ausgeschlossen hält, daß die Namen der Liste einen "Entwurf aus der priesterlichen Schule"[231] darstellen, wie dies noch von Holzinger vertreten worden war. Als weiteres Argument führt er daher die Abhängigkeit des Verzeichnisses in Gen 46 von der Liste in Num 26 an.[232] Noths Argument, die ungewöhnliche Anordnung der Stämme in Num 26 könne unmöglich sekundär gegenüber der gewöhnlichen in Gen 46 sein, kann jedoch angesichts der bereits gezeigten Vielfältigkeit der Ausgestaltung von Stämmesystemen gerade in später Zeit nicht überzeugen (vgl. dazu die Systeme bei Ezechiel 47f und in der Chronik, aber auch das System von Num 1,20ff). Ausschlaggebend für die von Noth ver-

---

[224] Vgl. Noth, System, S.14f

[225] S. dazu Noth, Numeri, S.176f

[226] Noth, a.a.O., S.177

[227] Vgl. hierzu Noth, System, S.126-130; das Zusammenwachsen der beiden Listen wird jedoch nicht näher erläutert: "Ob sie (i.e. die Zahlenangaben, Anm. d. Verf.in) erst bei Gelegenheit der Einfügung der Liste in den vorliegenden Erzählzusammenhang eingeschoben wurden oder schon vorher mit der Liste verbunden waren, kann auf sich beruhen."(S.131)

[228] Noth, System, S.125 (kursiv gesetzte Begriffe im Original gesperrt)

[229] Ebenda

[230] Noth, a.a.O., S.126

[231] Holzinger, Numeri, S.133

[232] Noth, System, S.122; anders z.B. Baentsch, Numeri, S.629, der umgekehrt die Abhängigkeit der Liste in Num 26 von Gen 46 annimmt.

tretene Umsetzung der Vorlage von Num 26 in ein rein genealogisches System in Gen 46[233] ist offensichtlich die Annahme, die Umstellung Gads sei deshalb möglich, weil "die Gruppe der vier Stämme Dan, Gad, Asser, Naphtali noch nicht so fest abgeschlossen war, als daß man nicht einen von ihnen hätte herausnehmen und an eine andere Stelle versetzen können."[234] Vielmehr zeige die Reihenfolge, "daß die Verteilung dieser drei bzw. vier Stämme auf zwei gesonderte Gruppen, wie die Sagenüberlieferung in Gen 30,1ff. sie dann vorgenommen hat, noch nicht im mindesten bekannt ist"[235].

Die Untersuchung zu den anderen Listen des Numeribuches hat aber bereits ergeben, daß diese Beurteilung Noths dem Textbefund nicht entspricht. Vielmehr war deutlich geworden, daß die Gruppe der Magdsöhne und deren Verteilung auf die jeweiligen Mütter dem Verfasser bereits vorlag und daß er gerade aufgrund dieser genealogischen Vorlage seine Umstellung vornahm.[236]

Aufgrund der bisherigen Ergebnisse zu den Listen des Numeribuches ist deshalb anzunehmen, daß die ungewöhnliche Reihenfolge der Stämme vom Verfasser von Num 26 aus dem ihm bereits vorliegenden Musterungsbericht in Num 1,20ff übernommen wurde, daß diese Reihenfolge aber nicht im Zusammenhang mit Gen 46 steht (weder als Abänderung der Vorlage Gen 46 durch Num 26, noch als genealogisch glättende Übernahme von Num 26 durch Gen 46). Für die Frage der weiteren Zuordnung von Gen 46, Num 1,20ff und Num 26 erweist sich jedoch die von Noth vorgenommene Trennung der Musterliste von Num 26 in eine Sippenliste und eine Zahlenreihe zunächst als sinnvoll.[237]

Wie die Untersuchung Budds zur Sippen- bzw. Familienliste in Num 26 zeigt, ist eine Übernahme dieser Liste durch Gen 46 angesichts des dort begegnenden rein genealogischen Systems kaum denkbar. Das von Noth verwendete Argument, die Liste in Gen 46 zeige den für die israelitische Geschichtsschreibung typischen Weg der Personalisierung von Familientraditionen, ergibt ebenfalls keinen Hinweis auf eine Übernahme solcher Traditionen aus Num 26. Vielmehr ist eine solche Personalisierung bereits durch die Eponymenliste von Gen 29f erfolgt, die ihrerseits sehr viel eher als Quelle von Gen 46 anzusehen ist, nachdem die Reihenfolge beider Listen übereinstimmt. Anstelle der Annahme einer Abhängigkeit der Liste in Gen 46 von der in Num 26 könnte man also umgekehrt mit höherer Wahrscheinlichkeit davon ausgehen, daß "Num 26 is an expansion of Gen 46, setting out the details at fuller length. In view of the fact that Genesis seems to be an earlier priestly product, it seems better to assume that the numbers list is dependent upon it."[238] Auch die Annahme Noths, die Sippenliste sei deshalb als alt anzusehen, weil sie eine Zeit widerspiegele, in der "die Gliederung in Stämme und Sippen für Israel noch etwas Wesentliches bedeutete"[239], bildet kein Gegenargu-

---

[233] S. Noth, Numeri, S.176
[234] Noth, System, S.14
[235] Ebenda
[236] S.o. zu Num 2
[237] Diese Trennung allein ist jedoch *kein* Hinweis auf ein hohes oder junges Alter einer der beiden Aufreihungen, wie Budd zu Recht betont (vgl. Budd, Numbers, S.288).
[238] Budd, Numbers, S.289
[239] Noth, Numeri, S.176

ment gegen die These Budds: Die besondere Wertschätzung der Sippen- und
Stämmelisten in der Chronik und an den bisher behandelten Stellen des Numeri-
buches hat gezeigt, daß das angesprochene Stämmebewußtsein in besonderer
Weise für die Spätzeit Israels gilt.[240] Angesichts der nur schwer feststellbaren
Abhängigkeitsverhältnisse und infolge der Argumentation Budds wäre dann aber
immerhin mit der Möglichkeit zu rechnen, daß die Anordnung in Gen 46 und
Num 26 auf den gleichen spätpriesterlichen Verfasser weist, der die von ihm schon
in Gen 46 zusammengestellte Liste in Num 26 als Sippenliste weiter ausführt.

So ergibt sich bereits aus diesen Überlegungen, daß in Num 26 ein Verfasser am
Werk war, dem einerseits die Anordnung der Stämme aus Num 1,20ff vorlag, der
aber wohl andererseits die von ihm schon in Gen 46 aufgelisteten Namen von
Sippen und Familien weiter ausgestaltete.[241]

Zu klären bleibt aber die Frage nach dem Ursprung der in Num 26 vorliegenden Zahlenreihe. Wie die neueren englischsprachigen Kommentare (Budd, Ashley)
zu Recht herausstellen, handelt es sich bei der hier vorgenommenen Musterung
um einen Vorgang, der im Erzählduktus des Numeribuches - besonders nach den
vorher geschilderten Bestrafungen - notwendig ist: "The first concern ... is to re-
constitute the community. The book had begun with the taking of a census whereby the hosts of Israel ready for battle are duly numbered (Num 1:1-47). After the
desasters of the seond major part of the book the community must be set up once
more as a large force under God's providence, ready for battles and the settlement
to come. ... The people are once again ready to be God's community for the
journey to the given land."[242] "The approximate time for this new census is given
in 25:19 as 'after the plague'."[243] Als Zahlenvorgabe hatte der Verfasser aber durch
diesen Zusammenhang mit der ersten Musterung in Kap.1 die auch dort schon begegnende Anzahl von 600.000, die auch hier nicht geändert wird: "the 600 000 of
tradition are still available to fight God's war and fulfill his purposes."[244] Daß dem
Verfasser neben dieser Gesamtzahl noch weitere Einzelangaben über Zahlenver-
hältnisse vorlagen, ist hingegen aus dem vorliegenden Text nicht erkennbar und
deshalb kaum wahrscheinlich. Vielmehr ist mit Budd anzunehmen, daß es sich
hierbei um eigene Konstruktionen des Autors handelt, die mit der Bewertung der
Stämme in Zusammenhang stehen könnte, die später auch in Gen 49 und Dtn 33
erkennbar wird. So werden die Zahlen der Stämme gegenüber der Musterung in
Num 2 reduziert, die durch die Sprüche in Gen 49 und Dtn 33 eine negative
Konnotation erhalten: Ruben hat nun 43 730 (26,7) statt vorher 46 500 (2,11)
Wehrfähige (vgl. Gen 49,3f und Dtn 33,6), bei Simeon findet sich gar eine Reduk-
tion von 59 300 (2,13) auf 22 200 (26,14, vgl. Gen 49,5-7 und besonders Dtn 33, wo
Simeon völlig fehlt - die extreme Reduktion stammt möglicherweise von daher).

---

[240] Diese Erkenntnis wird im Rahmen der Untersuchung zur Entstehung des 'Stämmesystems' in
Kap.II erneut aufzunehmen sein.

[241] Diese Annahme findet sich auch in dem neuen Kommentar von Ashley: "The list of Jacob's
sons in Gen 46,8-26 forms the basis of this clan list, with the names of the sons transformed
into clan names..." (Numbers, S.531).

[242] Budd, Numbers, S.294

[243] Ashley, Numbers, S.531

[244] Budd, Numbers, S.294

Der bei Ruben erkennbare Bezug auf Dtn 33,6, wo explizit von Zahlen bzw. von Zählbarkeit die Rede ist, wäre dann aber zusätzlich zur Abhängigkeit von Num 1,20ff ein weiterer Hinweis auf eine späte Entstehung des Textes. Wie die Analyse von Dtn 33 zeigt, handelt es sich bei dem Rubenspruch um eine nachexilische Erweiterung der Spruchliste.[245] Mit diesen Zahlenangaben und der dem Verfasser bekannten Entwicklung der Bedeutung der Stämme wird dann aber auch die Umkehrung der Reihenfolge von Manasse und Ephraim zusammenhängen: "perhaps because of the former's growth and the latter's decline."[246] Die gleiche Vorgehensweise hatte sich aber auffälligerweise schon in der Zusammenstellung der Zahlenangaben von Num 1,20ff und 2 (es handelt sich dort ja um identische Angaben) beobachten lassen, so daß es sich von daher naheliegt, bei Num 26 einen Verfasser zu vermuten, der in engem Anschluß an Num 1f formuliert. Dafür spräche neben der eigenen Zahlenkonzeption und dem gleichen Umgang mit vorliegenden Quellen auch die Weiterführung des in Num 1 begonnenen Konzepts in Num 26, die Anordnung der Stämme in der gleichen, ungewöhnlichen Reihenfolge, die Musterung einer Gesamtzahl von 600 000 Wehrfähigen und die Benutzung zusätzlicher Quellen (hier Gen 46).[247]

Die Ausführungen in Num 26 wurden, wie dies auch schon in Num 1,5ff und 1,20ff zu beobachten war, durch die Angabe ergänzt, daß es sich bei Manasse und Ephraim um Josephsöhne handelt.[248] So werden in v.28 die folgenden Geschlechter als die der Söhne Josephs eingeführt. Eigentümlich wirkt dabei in dieser Einführung, daß die Namen Manasse und Ephraim lediglich als Apposition an die 'Geschlechter der Söhne Joseph' angeschlossen sind: בני יוסף למשפחתם מנשה ואפרים. Noch auffälliger aber ist, daß am Ende der Aufzählung dieser Geschlechter (v.37b) anders als bei allen anderen Sippen nur die Formel אלה בני־יוסף למשפחתם erscheint, während die Formel sonst mit einer Zahlenangabe abgeschlossen wird. Diese Zahlenangabe findet sich auch für Manasse und Ephraim in v.34 und 37a, so daß auch die Erwähnung Josephs in v.28.37b einen Zusatz darstellt.

Auch für Num 26 hat also die Untersuchung gezeigt, daß hier kein unabhängiges und altes geographisches System vorliegt, das in Unkenntnis des genealogischen Systems eine Liste der Stämme bietet. Vielmehr konnte auch hier die direkte Abhängigkeit vom genealogischen System und eine für die Spätzeit typische redaktionelle Ausgestaltung der vorliegenden Quellen nachgewiesen werden.

---

[245] Vgl. u. Kap.III.1

[246] Ashley, Numbers, S.531

[247] Der enge Bezug der Vorstellungen von Num 1f und 26 wird offensichtlich auch bei Smend vorausgesetzt (Entstehung, S.49).

[248] Eine solche nachträgliche Einfügung Josephs ist auch in der Liste von Num 13,4ff (Num 13,2b-16 gehört als "priesterliche Erweiterung" [L.Schmidt, Studien, S.143] zu P^S) zu beobachten. Wie schon von deGeus festgestellt, ist aber an dieser Stelle durch die Bearbeitung, die von dem 'Stamm' Joseph spricht (v.11), die Reihenfolge der Namen Ephraim, Benjamin, Sebulon und Manasse so stark in Unordnung geraten (deGeus, Tribes, S.83 A.61), daß keine sinnvolle Erklärung für die jetzige Anordnung gegeben werden kann. Wegen der Position Gads an der letzten Stelle der Magdstämme liegt möglicherweise eine ähnliche Anordnung wie in Num 1,5ff vor (auch dort rückt Gad wieder weg von der dritten Position unter die Magdstämme, allerdings an die vorletzte Stelle). Auch diese Liste weist aber keinesfalls auf ein eigenes geographisches System hin.

6.6 Literarische Einordnung und Ergebnis

Die Untersuchung der verschiedenen Stämmelisten des Numeribuches[249] kann damit zeigen, daß - anders als von Noth vermutet - nicht alle Listen des Numeribuches im jetzigen Kontext zu den "sekundären Stücken"[250] von P zu rechnen sind. Vielmehr ließ sich literarisch zwischen den einzelnen Listen differenzieren.

So stammen Num 1,20ff; 2 und 10,14ff aus der Hand eines Verfassers, der seine theologische Konzeption in einer eigenen Ausgestaltung des ihm bekannten genealogischen Stämmesystems durch das ganze Numeribuch hindurch zum Ausdruck bringt. Alle drei Texte sind dem Grundbestand der Priesterschrift (P[G]) zuzuordnen.[251] Kennzeichnend sind für sie u.a. die Musterung der Israeliten allein durch Mose (Num 1,20ff), wobei Levi ausgespart wird, weil seine Musterung in Num 4 gesondert erfolgt[252], und die Lagerordnung in vier Dreiergruppen (Num 2), die auch beim Aufbruch aus dem Lager beibehalten wird (Num 10,14ff).

Das Konzept des Verfassers der Grundschicht von P wurde dann durch die Beifügung von Musterungshelfern in Num 1,5ff erweitert. In engem Anschluß an seine Konzeption erfolgte weiterhin sowohl die Beschreibung der Gaben der Stämmevertreter in Num 7 als auch die erneute Zählung des Volkes in Num 26. Sowohl 1,5ff als auch 7 und 26 sind damit den Erweiterungen des priesterlichen Grundbestandes zuzuweisen, die mit P[S] bezeichnet werden können.[253] Im Rahmen der spätpriesterlichen Schicht wurden später noch weitere Zufügungen angebracht, wie vor allem die Einfügung Josephs in Num 1,10.32 und wohl auch in Num 26,28.37b, durch die Ephraim und Manasse zu Josephsöhnen erklärt werden (Rückführung auf das genealogische System).

Weder die Listen der P[G]- noch die der P[S]-Schicht konnten irgendeinen Hinweis darauf erkennen lassen, daß in ihnen auf älteres Material zurückgegriffen wird. Vielmehr erwiesen sie sich als erst vom jeweiligen Verfasser geschaffene Listen der zwölf Stämme und gehören damit sämtlich in die exilisch-nachexilische Zeit. Die Annahme eines höheren Alters von System 'B' durch deGeus erweist sich schon von daher als unzutreffend. Darüberhinaus ist aber gegen Noth und deGeus festzuhalten, daß auch die Listen des Numeribuches schon in der Grundschicht von P nicht auf die Tradition eines eigenen alten (geographischen) Systems zurückgreifen. Vielmehr gestaltet P seine Listen in Anlehnung an das ihm bekannte

---

[249] Die Liste in Num 13 wurde nicht gesondert untersucht, s. aber vorhergehende Anmerkung.

[250] Noth, System, S.15 (vgl. o. 6.1)

[251] Vgl. dazu auch die Übersicht von Smend, Entstehung, S.48 und Kellermann, Priesterschrift, S.147-155. Demgegenüber kann die Argumentation Noths, Num 10 müsse deshalb sekundär sein, weil es sich direkt auf das ebenfalls sekundäre Num 2,17 beziehe (Numeri, S.69), kaum überzeugen. Noth selbst gesteht ein, daß die Bemerkung von 2,17 nur "vermutlich schon sekundär" (ebenda) ist: Wenn in v.17 für die Marschordnung festgelegt wird, "daß auch unterwegs das Heiligtum die Mitte zwischen den 'Lagern' (der Stämme) halten sollte" (a.a.O., S.25), so handelt es sich hier um die notwendige Fortführung der Beschreibung der Position des Stiftszeltes beim Lagern in v.2. Dies aber ist mitnichten "selbstverständlich" (ebenda).

[252] Vgl. Kellermann, Priesterschrift, S.148

[253] Zur Weiterführung der mit P[S] bezeichneten, möglicherweise aus mehreren Händen bestehenden priesterlichen Erweiterungsschicht über die Grenzen des Pentateuch hinaus s. Kap.IV.1.4.b.

genealogische System. Auch den Erweiterungen ist gemeinsam, daß sich in ihnen kein geographisches System der zwölf Stämme findet. Vielmehr orientieren sie sich ihrerseits - über die ihnen aus dem Grundbestand von P vorliegenden Stämmelisten hinaus - nur am genealogischen System, wie vor allem bei Num 26 zu beobachten war.

Die Tatsache, daß (anders als im genealogischen System) die Listen des Numeribuches Ephraim und Manasse statt Joseph nennen, bietet zudem keinen Hinweis auf ein höheres Alter (gegen deGeus): Ihre Namen sind zwar gegenüber Joseph in diesen Listen ursprünglich, weisen aber nicht auf eine unabhängige oder gar alte Tradition. Ihre Einfügung geschieht vielmehr in dem Interesse, die durch den Ausfall Levis entstandene Lücke ohne eine Ausweitung des genealogischen Systems zu füllen und ist darauf zurückzuführen, daß Ephraim und Manasse die Bezeichnung des im genealogischen System von Joseph repräsentierten Territoriums wiedergeben. Gerade durch diese Änderung der Namen erweist sich also das Festhalten am genealogischen System in den Konzeptionen von P^G und P^S.

Das Ergebnis der Untersuchung zu den Numerilisten bestätigt damit die bereits bei der Untersuchung der Chroniklisten, Ez 47f und Dtn 27 gewonnenen Erkenntnisse.[254]

---

[254] Vgl. o. I.5

Kapitel II: Die Konzeption des Systems der zwölf Stammväter Israels (Genealogisches Eponymensystem)

Wie bereits eingangs des ersten Kapitels angemerkt, soll nunmehr auf die Frage des zeitgeschichtlichen Hintergrunds der Entstehung des Zwölfstämmesystems und seine Konzeption eingegangen werden. Dabei ist zunächst auf das Ergebnis der Untersuchung der verschiedenen Zwölfstämmelisten zu verweisen: Diese ergab, daß es sich bei den Stämmelisten sämtlich um Ausgestaltungen des genealogischen Eponymensystems durch eigene theologische Konzeptionen handelt. In keinem Fall war dagegen ein Hinweis auf ein unabhängig vom genealogischen System vorliegendes zweites System zu erkennen. Die Tatsache, daß es *nicht* mehrere Zwölfstämmesysteme gab, macht dann aber deutlich, daß nunmehr nicht mehr mit Noth auf eine Zwölferföderation/Zwölferinstitution von Stämmen als geschichtliche Tatsache zurückgeschlossen werden kann, die dann als Basis zur Entstehung verschiedener Zwölfersysteme dienen könnte.

In Auseinandersetzung mit Noth hat aber die neuere Forschung auch aus anderen Überlegungen heraus zu zeigen vermocht, daß die Annahme einer Amphiktyonie keinen Anhaltspunkt an Aussagen des Alten Testaments und an religiösen und sozialen zeitgeschichtlichen Gegebenheiten hat. Die wichtigsten Argumente zur Ablehnung der Vorstellung einer Amphiktyonie finden sich z.B. bei Fohrer zusammengestellt.[1] Dazu gehört im Vergleich mit den griechischen Amphiktyonien die Tatsache, daß es im Hebräischen keinen Begriff gibt, der die postulierte Institution ausdrückt, sodann das Problem, daß die Amphiktyoniehypothese eine unkritische Übertragung von indogermanischen auf semitische Gruppen trotz der bekannten Gegensätze vornimmt. Schließlich fehlen im israelitischen Bereich zum einen Belege für ein gemeinsames Zentralheiligtum der Amphiktyonie, das von seinen Mitgliedern im Wechsel versorgt wird, und zum anderen jeder Hinweis auf einen amphiktyonischen Krieg oder auf gemeinsame Aktionen des ganzen Stämmebundes.[2]

In ausführlichen Darstellungen haben neuerdings z.B. deGeus und v.Arx in ihren jeweiligen Studien die Kritik an der Amphiktyoniehypothese Noths differenziert und überzeugend durchgeführt. Dabei hat v.a. v.Arx gezeigt, daß die einzelnen postulierten Elemente der Amphiktyonie, wie z.B. ein Zentralheiligtum, ein Rat von Nesiim und der Gebrauch des amphiktyonischen Rechts für Israel nicht nachweisbar sind.[3] Darüber hinaus kann v.Arx deutlich machen, daß

---

[1] S. Fohrer, Geschichte Israels, S.76-78

[2] Auch die Schilderung der Deboraschlacht in Ri 5 handelt ja lediglich von einem kurzfristigen Zusammenschluß einzelner Gruppen, s.u. Kap.III.2.5

[3] S. v.Arx, Studien, S.55-74; zu beachten ist auch die Auseinandersetzung mit den zutreffend als "Redimensionierung" der Hypothese von Noth beschriebenen Hypothesen von R.Smend und

die Klärung der Frage nach der Entstehung des alttestamentlichen Systems von zwölf Stämmen nur über die Klärung der Struktur und Form der hier vorliegenden Genealogien sowie über die Untersuchung ihres literarischen Orts geschehen kann. In der auf zwei Bände angelegten, aber bis jetzt unvollständigen Untersuchung von v.Arx findet sich jedoch unter den vielen behandelten Genealogien noch keine eingehende Untersuchung des genealogischen Systems der zwölf Stammväter Israels, d.h. des in Gen 29f vorliegenden Eponymensystems. Die folgenden Überlegungen sind daher auf die Frage nach der Entstehung und Konzeption dieses Systems zugespitzt, da es sich als Grundlage aller anderen Stämmelisten erwiesen hatte. Für die Untersuchung der Konzeption dieses Systems werden dabei zunächst sozialgeschichtliche Fragen zum Hintergrund von Genealogien, aber auch zu deren Form und Struktur geklärt. Im Anschluß daran wird ein besonderer Schwerpunkt auf den Textbestand und seine literarische Verortung gelegt werden. Wenn aber nach den bisher ermittelten Ergebnissen das in Gen 29f vorliegende genealogische Eponymensystem kein System von zwölf Stämmen im Sinne Noths darstellt, so kann im folgenden von einem 'Zwölfstämmesystem' nur in Anführungszeichen geredet werden.[4]

1. Sozialgeschichtliche Überlegungen

1.1 Stammesgesellschaften[5]

Will man sich die mögliche Entstehung eines Systems von zwölf 'Stämmen' in Israel deutlich machen, so ist ein Blick auf die Gesellschaft, innerhalb derer dieses System entstand, unumgänglich.

Die neueren Arbeiten zur Sozialstruktur des Alten Israel zeigen, wie von Sigrist beobachtet, vor allem im angelsächsischen Raum einen Paradigmenwechsel der Interpretation - zunächst allerdings beschränkt auf die vorstaatliche Zeit: "Als Alternative zu einer teleologischen Interpretation des vorstaatlichen Israel, deren Maßstäbe durch die Redaktion der biblischen Texte in der monarchischen Periode gesetzt sind, hat sich eine genetische Sichtweise entwickelt, die das vorstaatliche Israel nicht als Provisorium und defizitäres Gebilde behandelt, sondern als eigenwertige Gesellschaft mit besonderer Sozialstruktur und Religion."[6] Nach einer

---

H.Seebaß, die von v.Arx jeweils widerlegt werden (S.75-84). Beide versuchten nach v.Arx, "die These Noths neu zu begründen, indem sie sie einer Art Abmagerungskur unterwarfen und nur eine 'Grundthese', die von der Kritik nicht berührt werde, aufrechterhalten wollen."(S.74)

[4] Dies gilt nicht für diejenigen Zwölferlisten, in denen es inhaltlich um Aufzählungen von Stämmen geht, wie z.B. bei der Landverteilung von Ez 47f und bei den Listen im Numeribuch.

[5] Der Begriff Stamm bzw. Stammesgesellschaft wird im Rahmen der hier vorgestellten sozialgeschichtlichen Überlegungen als ethnologischer Begriff gebraucht, bezieht sich aber nicht auf die 'Stämme' Israels im Sinne eines Zwölfstämmesystems. Daß bei letzterer Verwendung des Begriffs Vorsicht geboten ist, zeigt schon der Überblick über die Verwendung der Begriffe שבט und מטה bei Auld, Tribal Terminology, S.89-96.

[6] Sigrist, Einführung, S.7

kurzen Darstellung dieser besonderen Sozialstruktur gilt im folgenden das Hauptaugenmerk ihrem möglichen Zusammenhang mit der weiteren Geschichte Israels
und mit der Entstehung des 'Zwölfstämmesystems'.[7]

Möglich wurde der genannte Paradigmenwechsel dadurch, daß Autoren wie Sigrist mit Hilfe ethnosoziologischer Feldforschung (bei Sigrist afrikanische Stämme) und theoretisch-heuristischer Leitvorstellungen ein Modell entwickelten, das
als adäquater Interpretationsrahmen für die Struktur des Alten Israel dienen kann.
Es handelt sich hierbei um die Theorie der sog. 'segmentären Gesellschaft', d.h.
einer tribalen Gesellschaft mit einer eigenen Gesellschaftsstruktur segmentärer Art
ohne Organisation durch eine zentralisierte Obrigkeit (Akephalie). Kennzeichnend für eine solche Gesellschaft ist eine "politische Organisation durch politisch
gleichrangige und gleichartig unterteilte, mehr- oder vielstufige Gruppen"[8]. Die
einzelnen Gruppen sind dabei genealogisch gegliedert und durchaus in Funktion
und Rang voneinander zu differenzieren. Ihre Zusammengehörigkeit ist jedoch
nicht durch eine Zentralinstanz oder Herrschaftsmodelle bestimmt, sondern durch
"Solidaritätsbeziehungen nach dem Prinzip der Verwandtschaft"[9]. Sowohl die einzelnen Gruppen als auch die Gruppen in ihrem Verhältnis zueinander, d.h. die
Gesamtgesellschaft bilden ihre Gemeinschaft durch Abstammungsverhältnisse, die
in patrilinearen Genealogien ausgedrückt werden. "Die logische sekundäre Gruppierung (i.e. der sekundäre Zusammenschluß mehrerer Großfamilien, Anm. d.
Verf.in) versteht sich oft als eine Familie mit einem gemeinsamen Ahn, wobei der
tatsächliche oder fiktive Charakter der Blutverwandtschaft nebensächlich ist."[10]

Die von Sigrist nur auf agrarische Gesellschaften beschränkte Theorie kann
nach den neueren Untersuchungen amerikanischer Anthropologen über die
Gesellschaftsstrukturen des Nahen und Mittleren Ostens in differenzierter Form
auch für nomadische Gesellschaften übernommen werden. Eine solche weitere
Differenzierung ist zunächst dadurch gewonnen, daß der bis dahin geltende Dualismus von Nomaden und Seßhaften überwunden wird[11]: Im Gegensatz zu den
'echten' (Kamel-)Nomaden Arabiens und Zentralasiens handelt es sich in den west-
asiatischen Zonen mittlerer Niederschlagsmenge um eine Form des Kleinviehno-
madismus, deren Weidenutzung in engem Zusammenhang mit den agrarisch ge-
nutzten, seßhaft besiedelten Flächen und Bevölkerungsteilen steht: "In place of the
desert *versus* the sown, there stands a portrait of an economically and politically
charged continuum encompassing the desert *and* the sown. This notion of the
integration of pastoralists and agriculturalists, of nomadic and sedentary lifestyles
within the same (n.b.!) society, has become fundamental to our understanding of
the Ancient Near East."[12]

---

[7]   Der deutschen Forschung bekannt gemacht wurden diese Ergebnisse zuerst durch Crüsemanns
       Arbeit zum 'Widerstand gegen das Königtum'.
[8]   Sigrist, Segmentäre Gesellschaft, S.106
[9]   v.Arx, Studien, S.42
[10]   Ebenda. Auf diese Genealogien ist später näher einzugehen.
[11]   So z.B. durch LaBianca, Sedentarization and Nomadization; Hopkins, Pastoralists; Arbeits-
       gruppe 'The Desert and the Sown' im Rahmen des Annual Meeting SBL/AAR in Washington
       1993
[12]   Hopkins, Pastoralists, S.205

Umgekehrt gilt aber in diesem Raum auch, "that tribal forms of organization may be found among settled villagers as well as among transhumants and more nomadic groups. In other words, the presence of this form of organization among settled villagers may not necessarily be taken as a sign of their nomadic descent."[13]

Wichtig für die Charakterisierung der tatsächlichen Lebensverhältnisse[14] innerhalb einer so verschränkten Stammesgesellschaft sind die neuerdings z.B. von Hopkins beschriebenen Beobachtungen: "Ethnographers have observed that herder households sow fields to which they return at the end of the growing season. Farming families maintain small herds of sheep and goats. Pastoral and agricultural community sectors are integrated by means of specialization of households or individuals, such as expert shepherds. Within the same territory or region, a tribe may integrate herding and farming sectors. Alternatively, the territory may host tribal pastoralists and urban-ruled farmers/peasants side by side ... At any given moment the pattern of relationships on this nomadic-sedentary continuum may appear more or less fragmented."[15] Die im Rahmen der Symbiose geschilderte Spezialisierung läßt sich durchaus als Ausdruck fehlender Homogenität auch bei rein seßhaften segmentären Gesellschaften beobachten: "Da gibt es neben 'dominanten Lineages'... Experten (zB Priester)... und Spezialisten (zB Handwerker)... verschiedener Art."[16]

Ähnlich wie die segmentäre Stammesgesellschaft in ihrer Lebensweise vielfältige Fluiditätsphänomene aufweist, kann dies auch für die Organisation dieser Gesellschaft gelten: Da das Gemeinschaftsempfinden bzw. die gemeinsame Identität nicht durch festgeprägte Institutionen festgelegt wird, ergeben sich vielfältige Möglichkeiten der Vergemeinschaftungen wie "sprachliche Einheit, Abstammungsglaube, gemeinsame Wanderungsgeschichte oder ... bloße Gebietsgemeinschaft ... Die Mitglieder dieser Einheit können emotional durch ein ausgeprägtes Wir-Bewußtsein verbunden sein, es kann aber auch nicht mehr vorliegen als die 'Zugehörigkeitshypothese'"[17]. Die Zugehörigkeit zu einem Stamm ist also hauptsächlich ein Ausdruck dafür, wem man sich zugehörig *fühlt*, nicht jedoch eine Frage tatsächlicher genetischer Verbindung: "First, the notion of common descent through patrilineal blood lines must be understood for what it is, namely a metaphor for signifying notions of *closeness*"[18]. "What counts, is who acts together in a sustained way on various ritual and political occasions."[19] Diese Zugehörigkeit kann dann aber auch wechseln: "For example, if one moves from one place to another, sooner or later one will have to decide for oneself whether one wishes to become part of the new environment, or whether one should attempt in some way to keep a distance from it."[20]

---

[13] LaBianca, Sedentarization and Nomadization, S.39
[14] Sowohl die Untersuchungen Sigrists als auch die Übernahme seiner Vorstellungen durch Crüsemann zeigen eine starke Beschränkung auf theoretische Elemente der Beschreibung, die möglicherweise mit der Beschränkung Sigrists auf seßhafte Gesellschaften Afrikas zusammenhängt. Die für den palästinischen Kulturraum nötige Vermittlung zwischen seßhaften und nomadisierenden Bevölkerungselementen bzw. deren Verschränkung kann deshalb nicht ausreichend deutlich gemacht werden.
[15] Hopkins, Pastoralists, S.205
[16] Crüsemann, Widerstand, S.207, in Aufnahme Sigrists
[17] Sigrist, Anarchie, S.62. Zu den sich daraus ergebenden Argumenten gegen eine Amphiktyoniehypothese s. Crüsemann, Widerstand, S.205f und Neu, Ethnologie, S.24-26.
[18] LaBianca, Sedentarization and Nomadization, S.39 (im Anschluß an Bates/Rassam 1983)
[19] Eickelman, The Middle East, S.93
[20] Lemche, Ancient Israel, S.99

Gerade dieser sich in Lebensweise und Organisation zeigende hohe Flexibilitätsgrad macht offensichtlich die besondere Beständigkeit tribaler Gesellschaften auch bei veränderten politischen Strukturen aus: "what most distinguishes the Middle East politically is the persistence of tribalism coexisting with the state."[21] So haben sich die Stammesgesellschaften des Ostjordanlandes, wie neuere Untersuchungen zeigen, als adaptionsfähig gegenüber verschiedensten und auch verschieden effektiven "supra-tribal polities" erwiesen (von den eisenzeitlichen Staatsbildungen bis zur Ottomanischen Verwaltung): "Against the backdrop of these transient and mostly externally imposed supra-tribal polities, tribalism has provided a highly flexible system of local level political organization, by means of which small groups of kin have been able to cope with political and economic uncertainties in an already hazardous natural environment. Tribalism - based as it is on the principle of lineal descent - has provided a system of local-level political organization that has served the interests of those investing in crops as well as those investing in pasture animals."[22]

Auch für die Zeit des israelitischen Königtums ist eine solche weiterhin enge Einbindung in die Stammessolidarität und -lebensweise anzunehmen: "The ordinary Israelite continued primarily to belong to his tribe, and it was to him only of secondary importance that he also was a member of an Israelite state. His relationship to the leadership of the state, that is, to the king and the central administration, was a factor in his existence which played a far smaller part in things than did his relation to his lineage and his fellow tribesmen."[23] Auch wenn durch eine längere nationalstaatliche Geschichte sicher Veränderungen vor allem der ökonomischen Verhältnisse stattfanden, die auch zu Störungen der Stammeskultur führen konnten, kann doch gelten: "The population at large was essentially uninterested in the question of who happened to rule at any given time, as such changes did not change the circumstances of their existence."[24]

Diese kurzen Überlegungen zur Stammesgesellschaft des Alten Israel mögen zeigen, daß hier mit einer relativ kontinuierlichen sozialen Organisationsform gerechnet werden kann, die über Jahrhunderte die gleichen Charakteristika aufweist, so daß der Paradigmenwechsel vom vorstaatlichen auch auf das staatliche Israel auszudehnen ist. Die allenthalben zugestandene Verbindung von Stammesgesellschaft und Genealogien gibt folglich noch keinen Hinweis auf eine zeitliche Entstehung des 'Zwölfstämmesystems'. Vor allem aber erlauben die in diesem System erkennbaren tribalen Hintergründe keinesfalls eine Verortung in vorstaatlicher Zeit.[25]

---

[21] Bates/Rassam zitiert nach LaBianca, Sedentarization, S.39
[22] LaBianca, Fluidity of Tribal Peoples, S.212
[23] Lemche, Ancient Israel, S.138
[24] Lemche, a.a.O., S.154
[25] Daß das 'Zwölfstämmesystem' nicht mit einer institutionell identifizierbaren tatsächlichen Organisationsform in Verbindung zu bringen ist, die sich aus der tribalen Struktur vorstaatlicher Zeit ergibt (Amphiktyonie in modifizierter Form etwa bei Schäfer-Lichtenberger, Stadt und Eidgenossenschaft) dürfte inzwischen die Mehrheitsmeinung der Forschung sein, vgl. hierzu v.Arx, Studien, S.193 u. 197; Crüsemann, Widerstand, S.201-208.

Gut denkbar ist hingegen, daß in einer Zeit, in der die den eigenen Natio-
nalstaat prägende Suprastruktur, d.h. das Königtum, wegbrach, wie dies nach dem
Untergang des Nordreichs und des Südreichs der Fall ist, das Bewußtsein der
ange'stammten' tribalen Kultur wieder stärker ins Bewußtsein rückt und zu einer
Darstellung und Stärkung der gemeinsamen Identität besonderer Wert auf die
Fixierung einer Genealogie gelegt wird.

1.2 Genealogien

Die ausführlichste Untersuchung zu Form und Funktion der Genealogien innerhalb der Stammesgesellschaften und deren Zusammenhang mit den alttestamentlichen Genealogien bietet die Dissertation von R.R.Wilson[26].

Von Interesse sind vor allem zwei Fragen, die Wilson in seiner Untersuchung
stellt: 1) Wurden Genealogien im Alten Orient bzw. im Alten Testament zum
Zweck der Geschichtsschreibung verfaßt? 2) Haben Genealogien auf mündlicher
und schriftlicher Ebene die gleiche Form und Funktion?

Untersucht werden hierfür sowohl moderne mündliche Genealogien anhand
des von Anthropologen gesammelten Materials als auch die in den Texten der
alten Kulturen des Alten Orient vorliegenden verschrifteten Genealogien.

Dabei ergibt die Sichtung des anthropologischen Materials zunächst folgende
Ergebnisse: Wie oben bereits angedeutet, bestätigt sich die durch Vergleichsdaten
gewonnene Erkenntnis, daß (mündliche) Genealogien in der Gesellschaft, in der
sie gebraucht werden, vor allem eine soziale, nicht jedoch eine historiographische
Funktion haben. Damit in Zusammenhang steht auch die Erkenntnis, daß
Genealogien aufgrund dieser sozialen Funktion wiederholt ihre Form ändern.
Auch bei den verwendeten Genealogien zeigt sich also die schon für die Organisation und Lebensweise der Stammesgesellschaften beobachtete Fluidität. Eine
gewisse geschichtliche Funktion weisen die Genealogien dadurch auf, daß "the
people who use the genealogies clearly consider them to be historical, and in fact
they may be incidentally historical if they happen to contain historically accurate
information".[27] Die letztere Bemerkung wird auch für das 'Zwölfstämmesystem'
im Blick zu behalten sein, da auch hier offensichtlich zutreffende Informationen
über die Wohngebiete der Stämme aufgenommen bzw. bewahrt wurden. Zu Recht
bemerkt Wilson an dieser Stelle freilich, daß "genealogies comprise a genre of oral
literature to which the labels 'historical' and 'unhistorical' cannot be facilely
applied."[28]

---

[26] Wilson, Genealogy
[27] Wilson, Genealogy, S.65. Zutreffend gibt hier v.Arx wieder: Es handelt "sich um eine Fiktion,
      was die Verwandtschaftsverhältnisse von Personen anbelangt, um eine Realität hingegen, was
      das Beziehungsgefüge angeht, in dem die durch Eponyme bezeichneten Gruppen stehen. Solche
      segmentären Genealogien drücken also in erster Linie die in bestimmten historischen Prozessen
      zustandegekommene Solidarität und Einheit der betreffenden Gruppe aus, was durch den
      gemeinsamen Ahn markiert wird." (Studien, S.96)
[28] Wilson, a.a.O., S.66

Dies schlägt sich auch in der Art der Fluidität der Genealogien nieder, da diese offensichtlich nicht beliebig geändert werden: "changes are made in existing genealogies on the basis of contemporary information or disputed and poorly remembered historical information."[29]

Die Befunde für die mündlichen Genealogien lassen sich in erstaunlicher Weise auch auf die aus den altorientalischen Kulturen (die Untersuchung schließt sumerische, akkadische und ugaritische Genealogien ebenso ein wie ägyptische und arabische)[30] gewonnenen Erkenntnisse übertragen. Mit Ausnahme der Königslisten, die als Spezialfall zu betrachten sind, zeigen alle Genealogien, daß "they usually function sociologically in much the same way as the oral genealogies"[31] und daß sie nicht etwa zum Zweck der Geschichtsschreibung erstellt wurden. Gleichwohl wurden auch sie von den Menschen als geschichtlich zutreffend angesehen. Auch bei den schriftlich niedergelegten Genealogien findet sich eine Veränderbarkeit bzw. Fluidität: "we sometimes see examples of shifting genealogical relationships, as well as the addition and omission of names"[32], vor allem dann, wenn die genealogisch hergestellten Beziehungen ihre Funktion verlieren.

Als Vergleichstexte aus dem alttestamentlichen Bereich zieht Wilson einen s.E. repräsentativen Querschnitt von Texten heran, der jedoch v.a. beim 'Zwölfstämmesystem' allein auf die in Aufnahme Noths als genealogisches System bezeichneten Stämmelisten beschränkt bleibt (zusätzlich werden noch die Genealogien in Gen 4 und 5 untersucht).

Als Ergebnis zeigt sich für Wilson, daß die alttestamentlichen Belege "generally exhibit the same formal characteristics as do the genealogies in anthropological and Near Eastern Sources."[33]

Wie bereits ein Blick auf die verschiedenen Stämmelisten des Alten Testaments zeigt, gibt es auch hier - ähnlich wie in den Genealogien des von Wilson verwendeten Vergleichsmaterials - gewisse Möglichkeiten für Fluidität, was die bei der Untersuchung der Texte gewonnene Erkenntnis bestätigt[34], daß verschiedene Genealogien nicht auf verschiedene alte mündliche Traditionen zurückzuführen sind: "One can no longer safely assume that contradictory genealogies are from different literary sources or even from different oral traditions. Our studies have shown that it is quite possible for apparently contradictory genealogies to co-exist in the same society at the same time if they have different genealogical functions. Furthermore, the people who use genealogies do not hesitate to cite contradictory genealogies if it suits their purpose."[35]

An dieser Stelle sind Wilsons Ergebnisse jedoch weiter zu differenzieren: Die bei Wilson zu beobachtende gewisse Einseitigkeit ergibt sich m.E. aufgrund der Auswahl der behandelten Texte zum 'Zwölfstämmesystem'. So kommt Wilson

---

[29]   Ebenda
[30]   S. dazu Wilson, a.a.O., S.68-161
[31]   Wilson, a.a.O., S.161. Dazu gehören "domestic sphere", "politico-jural sphere" und "religious sphere".
[32]   Wilson, a.a.O., S.164
[33]   Wilson, a.a.O., S.238
[34]   Zu den Systemen des Numeribuches s.o. Kap.I.6
[35]   Wilson, a.a.O., S.241

durch die untersuchten Texte zu dem Ergebnis, daß den Zwölfstämmelisten nur eine begrenzte Fluidität zuzusprechen ist. Dies trifft tatsächlich für das von uns als genealogisch bezeichnete System zu: Das System in seiner jetzigen Funktion weist - wie vielfach untersucht - kaum Abweichungen auf und ist vielmehr als Grundlage aller weiteren Stämmelisten anzusehen: "the twelve-tribe genealogy ... was frozen in its present form".[36] Mit Recht nimmt Wilson also an, daß dieses System in seiner jetzigen verschrifteten Form wohl kaum eine politische Funktion hat. Interessanterweise stellt Wilson weiter fest, daß "when these genealogies are seen in their present context, they appear to have both literary and theological functions"[37], was durch den Zusammenhang von Genealogien und Erzählungen begründet wird.[38]

Daß es auch im Alten Testament Anzeichen für einen politischen Gebrauch von Stämmelisten gibt, läßt sich jedoch nicht nur als Projektion vermuten, wie dies bei Wilson geschieht[39], sondern an Texten wie dem Deboralied erweisen, die eine andere Zusammenstellung von Stämmen zeigen. Dieser Text dürfte in der Tat den politischen Zusammenhang einiger, wenn auch nur weniger, Stämme widerspiegeln.[40]

Ein solcher politischer und geographischer Zusammenhang (nicht jedoch eine politische Funktion im gegenwärtigen Kontext!) zeigt sich auch in der Zusammensetzung des genealogischen 'Zwölfstämmesystems', wie von Wilson selbst da eingeräumt wird, wo er die Positionierung der einzelnen 'Stämme' und das Prinzip ihrer Aufnahme in das System diskutiert. So vermutet er einen politischen Zusammenhang zwischen Ruben, Simeon, Levi und Juda; einen geographischen und politischen Zusammenhang bei Joseph und Benjamin; einen geographischen Zusammenhang bei Dan und Naphtali, so daß "several factors seem to have been at work."[41]

Erstaunlicherweise behauptet er an gleicher Stelle jedoch: "The principles lying behind the distribution of names are unclear. The overall arrangement is certainly not geographical, for the genealogy links tribes which were not geographically connected. Similarly, the entire genealogy cannot express political relations, for it lists tribes which ceased to be politically active long before other tribes mentioned in the genealogy appeared."[42] Diese Einschätzung hängt freilich mit der Ansetzung des 'Stämmesystems' in die Richterzeit und seiner Aufnahme in die Geburtsgeschichte des Jahwisten in Gen 29f. zusammen, die wiederum ihrerseits durch die in dem System erkennbaren Stammesstrukturen[43] und die traditionelle Ansetzung des Jahwisten zustande kommt. Die Untersuchung der Geburtsgeschichte macht jedoch wahrscheinlich, daß die jetzt vorliegende

---

[36] Wilson, a.a.O., S.235

[37] Wilson, a.a.O., S.234

[38] Nach Wilson sind bei der in Gen 29f erzählten Genealogie im jetzigen Kontext beide Anliegen zu beobachten: "the genealogies not only introduce and relate some of the people mentioned in his later narratives, but they also make the eponymous ancestors of the tribes the inheritors of the promise given to Abraham, Isaac and Jacob." (ebenda)

[39] "Therefore it may be that the genealogy was used during this period (i.e. die vorstaatliche Zeit, Anm. d. Verf.in) to justify the political relations among the tribes" (Wilson, a.a.O., S.235).

[40] Vgl. dazu Kap.III.2

[41] Wilson, a.a.O., S.232

[42] Ebenda

[43] Hier handelt es sich offensichtlich um einen Zirkelschluß!

Konzeption der zwölf Söhne und ihrer vier Mütter erst durch den Elohisten geschaffen wurde[44], wodurch sich ein Hinweis auf eine spätere Ansetzung des Systems als von Wilson angenommen ergibt.

Daß das 'Zwölfstämmesystem' aufgrund mangelnder Fluidität als vorstaatlich anzusehen ist, ergibt sich für Wilson weiterhin aus seiner Beurteilung des Jahwisten: "The tribe of Judah had come to power with David, and we would expect the genealogy to have changed in order to reflect this new state of affairs. Yet the genealogy was frozen in its pre-Davidic form, and not even the Yahwist, who is supposed to have been closely related to the royal court, made change in the genealogy."[45] Fällt diese zeitliche Anordnung, so zeigt sich ein neues Ergebnis: Juda nimmt aufgrund der Bedeutung, die er in staatlicher Zeit gewonnen hat, in dem aus dem Norden (Elohist) stammenden 'Zwölfstämmesystem' immerhin den vierten Platz ein, in nachexilischen Stämme-listen wird seiner dann noch stärkeren Bedeutung dadurch entsprochen, daß die Ordnung des 'Zwölfstämmesystems' umgestellt wird und Juda an die Spitze rückt.[46] Diese Änderung der Anord-nung aufgrund geänderter politischer Bedeutung kann jedoch als 'klassisches' Kennzeichen für Fluidität gelten. Folglich muß dann aber die Behauptung Wilsons, das alttestamentliche 'Zwölf-stämmesystem' zeige eine nur mangelnde Fluidität, zurückgewiesen werden.

Das 'Zwölfstämmesystem' weist also in seiner vorliegenden Form weder durch die Anord-nungsprinzipien der Genealogie noch durch fehlende Fluidität oder durch seine Funktion Hinweise auf eine Entstehung in vorstaatlicher Zeit auf. Daß eine Ansetzung des 'Stämmesystems' in der staatlichen Zeit bzw. nach dem Untergang des Nordreichs genauso zu denken ist wie in vor-staatlicher Zeit, war zudem bereits durch die Ausführungen zur Stammesgesellschaft deutlich ge-worden.

Bedeutsam ist nunmehr die Frage nach der Funktion des genealogischen 'Zwölfstämmesystems'. Daß dies keine ausschließlich politische Funktion sein kann, wurde bereits angedeutet. Offensichtlich sollen hier durch die Genealogie der gemeinsamen Abkunft vom Stammvater Jakob die zwölf 'Stämme' bzw. deren Eponymen miteinander verbunden werden, um ein Bewußtsein von Gemeinschaft auszudrücken, das möglicherweise schon vorgegeben war.[47] Zusätzlich werden, wie von Wilson richtig beobachtet, durch dieses System Statusdifferenzen zwi-schen den einzelnen 'Stämmen' ausgedrückt, die auf den Verfasser des Systems zurückgehen dürften. Einen Widerspruch bedeutet es daher, wenn Wilson an-nimmt, daß "the status differences expressed in the genealogies seem to have no function in their present literary context."[48] Wenn das System nicht einfach eine Wiedergabe früherer politischer bzw. historischer Gegebenheiten darstellt, son-dern lediglich teilweise zutreffende geographische Informationen wiedergibt und teilweise politische Zusammengehörigkeit aufnimmt, so können auch die Statusdifferenzen nicht auf einen vormaligen, jetzt aber funktionslosen Zustand verweisen. Gerade die Position der vier erstgeborenen Söhne bzw. Eponymen Ruben, Simeon, Levi und Juda, die durch politische und geographische Gründe nicht zu erklären ist, weist auf einen bewußt für dieses System geschaffenen Sonderstatus. Die Schaffung der Statusdifferenzen ist dann aber nicht funktionslos, sondern gehört offenbar bewußt in den Zusammenhang der von Wilson beschriebenen Übernahme des genealogischen Systems in eine religiöse Funktion:

---

[44] S.u. II.2
[45] Wilson, a.a.O., S.235
[46] Vgl. dazu die Untersuchungen der verschiedenen Zwölferlisten in Kap.I
[47] "there was a list of twelve tribes, a list which was already traditional by the time the genealogy was formed" (Wilson, Genealogy, S.232).
[48] Wilson, a.a.O., S.234

"the twelve-tribe genealogy was taken into the religious sphere, where it became the standard expression of the ideal Israel"[49]. Das genealogische 'Zwölfstämme-system' nimmt also in seiner jetzigen Form geographisch und politisch zutreffende Elemente für die Zusammengehörigkeit der 'Stämme' auf, hat jedoch in seinem jetzigen Kontext keine politische, sondern eine religiöse Funktion, die sich durch die Statusdifferenzen der Stammväter - besonders der ersten vier - ausdrückt.

Deutlich wird in Auseinandersetzung mit der Untersuchung Wilsons, daß auch die alttestamentlichen Genealogien den der Stammesgesellschaft entsprechenden Bildungsprozessen von Genealogien unterliegen. Besonders interessant sind folgende Hinweise: Genealogien nehmen bei ihrer Bildung möglicherweise historisch zutreffende Informationen auf; sie erweisen sich als flexible Systeme (Fluidität), die je nach politisch, geographisch oder religiös vorliegenden Gegebenheiten verschieden zusammengestellt werden können (im Rahmen der einführenden Darstellung der Kennzeichen von Stammesgesellschaften war auf die verschiedenen Möglichkeiten des Zusammengehörigkeitsbewußtseins bereits verwiesen worden). Vor allem bei dem im AT vorliegenden 'Zwölfstämmesystem' ist der Zusammenhang zwischen der hier vorliegenden Genealogie der Stammväter und ihrem literarischen Ort - der Erzählung in Gen 29f - interessant, weil sich von daher Hinweise auf Funktion und zeitliche Einordnung der hier vorliegenden Verwandtschaftslisten ergeben. Die beschriebene Gesellschaftsstruktur und Lebensweise läßt von sich aus noch keine Datierung zu, da gerade ihre Fluidität ein Kontinuum bildet, durch das sie sich als stabil gegenüber staatlichen Veränderungen und Eingriffen von außen erweist. Die erkennbare Stammesstruktur weist also nicht auf eine vorstaatliche Zeit hin. Als Funktion zeigt sich für den Zusammenschluß von Stämmen sowohl die Möglichkeit des Ausdrucks von politischer Zusammengehörigkeit (z.B. Deboralied) als auch von religiöser Identität. Entscheidend ist somit die Frage nach der politischen und religiösen Funktion des genealogischen Systems der zwölf Stammväter im jetzigen Kontext, wobei deren genauere Bedeutung und zeitlicher Hintergrund nur durch exegetische Überlegungen geklärt werden können.

2. Überlegungen zur Entstehung des genealogischen Systems der Stammväter Israels (Eponymensystem)

2.1 Vorüberlegungen

Wie bereits aus den Überlegungen Wilsons deutlich wurde, steht das vorhandene genealogische System der Stammväter Israels mit seiner Verteilung auf die verschiedenen Stammütter und damit der unterschiedlichen Gewichtung der 'Stämme' bzw. der Eponymen in engem Zusammenhang mit der Erzählung der Geburt der Söhne Jakobs im Gen 29f.

---

[49] Wilson, a.a.O., S.237

Dieses aufgrund soziologischer und genealogischer Untersuchungen gewonnene Ergebnis läßt sich überzeugend in Einklang bringen mit dem im vorangegangenen Kapitel erarbeiteten Ergebnis zum literarischen Charakter der Stämmesysteme im Alten Testament. Gegen Noth wurde dabei festgehalten, daß sich die vorhandenen Zwölferlisten als redaktionelle Ausgestaltungen des genealogischen Eponymensystems erklären lassen. Dieses Eponymensystem ist damit als das einzige wirkliche 'Zwölfstämmesystem' zu bezeichnen und findet sich in seiner ursprünglichsten, da nicht redaktionell entstandenen Form in der Geburtsgeschichte der Söhne Jakobs in Gen 29f, wie dies Wilson bereits angedeutet hat.

Noth nimmt zwar an, daß "das literarisch älteste Zeugnis für diese *erste Gruppe* (i.e. das genealogische System 'A', Anm.d.Verf.in) ... der *Jakobsegen* Gen. 49,1-27"[50] sei. Die Zusammenstellung von Sprüchen in Gen 49 weist jedoch in ihrer ursprünglichen Form keine Zwölfzahl auf, da die Sprüche über Ruben, Simeon und Levi sich dort als sekundär erweisen, so daß von einem Zwölfersystem nicht gesprochen werden kann.[51] In Übereinstimmung mit Wilson ist dann aber Gen 29f als der älteste Beleg des Systems der zwölf Stammväter Israels anzusehen, auf den sich alle weiteren Listen der zwölf Söhne Jakobs und der zwölf Stämme Israels zurückführen lassen.

Ein Text, der älter als dieser ist und eine Liste von Stämmen aufweist, findet sich nur im Deboralied Ri 5. Dort fehlen jedoch die Leasöhne Simeon, Levi und Juda völlig, was angesichts ihrer offensichtlichen Bedeutung im genealogischen System auffällig ist. Zudem ist die Ursprünglichkeit des Rubenspruchs zu bezweifeln.[52] Zweifelhaft werden auch von daher sowohl die Annahme, es habe schon in vorstaatlicher Zeit zwölf israelitische Stämme gegeben, als auch die Vorstellung, daß diese zwölf Stämme als alte Tradition eines Systems auch literarisch überliefert wurden. Auch kann die Bedeutung des Erstgeborenen und der nächsten drei Söhne nicht auf einen Stämmebund zurückgeführt werden.

Den ältesten literarischen Beleg für ein System von zwölf Stammvätern Israels dürfte nach den bisherigen Erkenntnissen der Untersuchung also tatsächlich die Geburtsgeschichte in Gen 29f darstellen.[53] Sie liefert gleichzeitig einen Hinweis auf die Art des Zusammenhangs von 'Zwölfstämmesystem' und Jakobtradition. Für Noth hatte gegolten, daß nicht nur das 'Zwölfstämmesystem' ein eigenes altes Überlieferungselement darstellt, sondern zusätzlich, daß dieses Überlieferungselement älter ist als die genealogische Herleitung vom Stammvater Jakob und älter als die Zuordnung der Söhne/Stämme zu verschiedenen Müttern bzw. ihre Gewichtung. Damit zusammen hängt auch die Einschätzung Noths, das System müsse deshalb alt (d.h. vorstaatlich) sein, weil es den Dualismus von Nord- und Südreich, d.h. von Israel und Juda nicht widerspiegele. Dieser zeigt sich jedoch gerade durch die Gewichtung der Söhne und ihre Aufteilung auf die Mütter. Zu

---

[50] Noth, System, S.7 (kursiv gesetzte Worte im Original gesperrt)
[51] Auf die Liste der Sprüche des sog. Jakobsegens wird in Kap.V.2 genauer einzugehen sein - dort findet sich auch die literarische Analyse des Textes.
[52] Zur literarkritischen Untersuchung dieses Textes s.u. Kap.III.2.2
[53] Wie bereits angesprochen, hält Noth Gen 49 für den ältesten Beleg des Zwölfstämmesystems. Auch hier handelt es sich jedoch um einen jungen Text (s. Kap.V.2).

klären ist also zunächst der literarische Charakter der Erzählung in Gen 29f und daran anschließend die Frage, welche Gründe zu der in der Geburtsgeschichte vorliegenden Zusammenstellung von zwölf Stammvätern und ihrer Reihenfolge führen. Handelt es sich hier, wie Noth vermutet, um die Aufnahme einer alten Quelle[54] oder um die literarische Ausgestaltung einer eigenen Konzeption? Zunächst untersucht wird also die literarische Einordnung der Zusammenstellung und Reihenfolge der zwölf Stammväter/Eponymen in der Geburtsgeschichte Gen 29f.

2.2 Die Erzählung von der Geburt der Kinder Jakobs in Gen 29,31 - 30,24

a) Einleitung und forschungsgeschichtliche Einordnung

Vor der Beschäftigung mit diesem Textabschnitt, der zu den literarisch schwierigsten der Genesis gehören dürfte, ist das inzwischen 'klassisch' gewordene Urteil Gunkels zu nennen, daß es sich bei der vorliegenden Erzählung um "keine eigentliche 'Geschichte'" und damit auch nicht um "eine alte Volkssage" handle, sondern um "eine künstliche Bildung, eine Nachahmung alter Sage. Die Erzähler halten es für notwendig, hier von der Geburt der Söhne Jakobs zu berichten, von denen sie im weiteren Verlauf überlieferte Sagen wiedergeben wollen. Sie ... wünschen, den Stammbaum geschmackvoll in die Form einer Geschichte zu kleiden."[55]

Für den genauen literarischen Werdegang dieser "künstlichen Bildung" wurden jedoch im Laufe der Forschungsgeschichte ganz verschiedene Modelle entwickelt.

Eine Lösung bietet der Versuch der traditionellen Literarkritik, trotz der mit diesem Text verbundenen Schwierigkeiten eine Quellenscheidung vorzunehmen, die dann freilich höchst diffizil ausfällt. Die klassischen Argumente sind hierfür sprachlich der Wechsel der Gottesnamen יהוה und אלהים, sowie der Wechsel der Bezeichnung der Mägde in Kap. 30, wo normalerweise שפחה, in v.3 aber אמה gebraucht wird[56]. Inhaltlicher Anhaltspunkt sind die doppelten Ätiologien der Namen bei Issachar, Sebulon und Joseph. Dementsprechend ergeben sich z.B. die folgenden Aufteilungen:
Gunkel[57]: J: 29,31.32*.33-35;30,1aα.3bβ.9a.10-12a.13*.14.16.20aβb.21.22bβ.24b; E: 29,32bβ;30,1aβ-3bα.4b-8*.12b.13*.17-20aα.22bα.23.24a*; P: 30,4a.9b.22a.
Wellhausen[58]: J: 29,31-35; 30,9-16.20aβ.24; E: 30,1-8*.17-23*.
Noth[59]: J: "29,31-35; 30,1aα...3bβ.4.5...7-16...20aβb(21)...24";
E: "30,...1aββ. 2.3abα...6...17...18aα(18aβ).18b.19.20aα...22.23...".

Die Problematik solcher Aufteilung zeigt sich schon für Wellhausen: "Es zeigt sich hier, wie ungemein ähnlich die beiden in JE verquickten Geschichtsbücher gewesen sein müssen. Jahvist, Elohist, Jahvist, Elohist - und dennoch keine auffallende Fuge, sondern ganz erträglicher Schluss,

---

54 So Noth, System, S.8
55 Alle Zitate Gunkel, Genesis, S.330
56 So schon Holzinger, Genesis, S.196
57 Gunkel, Genesis, S.332-336
58 Wellhausen, Composition, S.36f
59 Noth, ÜP, S.30 und 38

und das bei einer offenbar gar nicht notwendig durch die Sache gegebenen Anordnung des Stoffes...Auch die Namensdeutungen...scheinen meist die selben in J und E gewesen zu sein... Diese Verwandtschaft, die es in den meisten Fällen erlaubte, die eine Quelle die Stelle der anderen vertreten zu lassen, ist offenbar für den Jehovisten der Anlaß gewesen, J und E zu einem einheitlichen Werk zu verschmelzen, wie sie denn auf der anderen Seite auch die Glätte des Gusses erklärt."[60] Und v.Rad bemerkt, "daß dies Stück aus kleinen, streckenweise sogar aus kleinsten Teilen der Quellen J und E zusammengefügt ist", läßt es aber "mit dem Vermerk sein Bewenden haben"[61], und unternimmt selbst den Versuch einer Analyse nicht. Auch Otto stellt - ohne eigene Analyse - lediglich fest, daß "die Quellenüberlieferungen in Gen 29,31 - 30,24 bis in den Wortlaut hinein parallel überliefern"[62].

Genau entgegengesetzt ist dagegen der Versuch Blums, der die Einheit des Textabschnitts als "geschlossene und durchaus kunstvolle Komposition"[63] zu erweisen versucht: Der Erzähler habe in einem erzählerisch geschlossenen Rahmen Geburt und Benennung der Söhne[64] verknüpft und sie auf zwei Themen bezogen: "a) Rahel ist die von Jakob bevorzugte Frau (29,30), b) Rahel ist unfruchtbar (29,31)"[65], wobei sich eine geschlossene Struktur von dreimal vier Söhnen ergibt, deren Geburt auf den Willen Gottes zurückgeführt und deren Namensbegründung jeweils durch den erzählerischen Rahmen geprägt wird.

Die dritte Lösungsmöglichkeit für den problematischen Textbefund schließlich bietet eine von Westermann und Lehming in ähnlicher Weise vorgelegte Ergänzungshypothese, bei der beide eine zugrundeliegende Erzählung voraussetzen: Für Lehming steht wegen der verschiedenen Stilformen der Etymologien fest, daß diese nicht zum ursprünglichen Bestand der Erzählung gehören.[66] Dabei unterscheidet er aber nur zwischen קראה־שמו / על־כן (Levi, Juda, Dan) und ותקרא שמו ohne weiter zu differenzieren in ותקרא שמו (Ruben, Simeon, Naphtali, Issachar) und ותקרא את־שמו (Gad, Asser, Sebulon, Dina, Joseph). Der Befund der Stilformen erweist sich damit aber als so uneindeutig und keinem festen Schema zuweisbar, daß daraus wohl kaum Lehmings völlige Ausscheidung der Etymologien zu begründen ist.[67] Nach dieser Ausscheidung, die gleichzeitig eine sekundäre Einfügung des Jahwenamens impliziert, umfaßt Lehming zufolge die alte Erzählung von der Geburt der Jakobssöhne 29,32a.33aαb.34aαb.35aα*β.b; 30,1-5.6b.7.8b.9.10.11b.12.13b.17.18b.19.20b.22.23a.24a.[68] In einer weiteren Überlieferungsphase sei dann nach und nach die profane etymologische Ausgestaltung der Erzählung erfolgt, wobei die "Entstehung dieser etymologischen Eintragungen ... wohl am besten auf Assoziationen zurückzuführen (sei), die einem späteren Überlieferer der alten Erzählung kamen"[69] - daher der unterschiedliche Charakter der Etymologien. Nach dieser Etymologisierungsphase, die ebenso wie die alte Erzählschicht im Gebiet des Hauses Joseph zu verorten ist, sei die Jakobtradition ins Gebiet des Südreichs abgewandert und dort einer 'jahwistischen' Bearbeitung unterlegen, die "die profanen Etymologien der Namen ... beseitigen und an ihre Stelle Bekenntnisse der Stammmutter zu Jahwe setzen"[70] wollte.

---

[60] Wellhausen, Composition, S.37

[61] Beide Zitate v.Rad, Genesis, S.256

[62] Otto, Sichem, S.56

[63] Blum, Vätergeschichte, S.106

[64] Dina wird auch von Blum als sekundär angesehen, Vätergeschichte, S.110

[65] Blum, a.a.O., S.105

[66] S. Lehming, Geburt, S.75f

[67] Lehming benutzt hier die Gegenüberstellung zweier fester Schemata, um zu verdeutlichen, daß nicht beide in *einem* Text nebeneinander gestanden haben können. Zum einen liegen jedoch nicht einfach zwei klare Schemata vor, zum anderen wird das Auftreten verschiedener Schemata auf andere Weise literarisch zu lösen sein, so finden sich alle drei Möglichkeiten der Benennung im Grundtext, die Redaktion übernimmt jedoch nur zwei (s.u. 2.2.c).

[68] S. Lehming, a.a.O., S.75f

[69] Lehming, a.a.O., S.77

[70] Lehming, a.a.O., S.80

Auch für Westermann läßt sich in Gen 29-30 "eine ältere Schicht von einer jüngeren unterscheiden: die ältere, eine Erzählung von der Rivalität zwischen Rahel und Lea in mehreren Akten, und die jüngere, die in der Form einer Genealogie und Namengebung von zwölf Kindern Jakobs berichtet"[71]. Auch hier erweisen sich die von der Mutter vergebenen, als Personennamen verstandenen Genealogien "als selbständiges Element durch die Zwölfzahl und die immer gleichen Sätze"[72]. Da Westermann, anders als Lehming, dem Wechsel der Gottesbezeichnungen keinerlei Bedeutung zumißt, kann er als Hauptanliegen der genealogischen Bearbeitung die Hervorhebung des Handelns Jahwes bzw. Gottes (Elohim) bei der Geburt der Söhne bestimmen. Eingefügt in die von J stammende Erzählung (29,31-32; 30,1-6.14-16(18).22-24) seien dann 29,33-35; 30,4-13.19-24 worden, erweitert oder verändert seien die Namensbegründungen in 29,32b; 30,6b.17-18.[73]

Erweist sich Lehmings Vorschlag als problematisch, weil sich die Rekonstruktion seiner Grunderzählung literarisch und wegen der bereits kritisierten Voraussetzung kaum nachvollziehen läßt, so läßt sich umgekehrt bei Westermann fragen, wie seine letztlich doch von einer Quellentheorie ausgehende Zuweisung der Grundschicht zu J zu begründen ist.[74]

Gegen Westermann und Blum ist zu einer genauen Klärung des Textbefundes der Wechsel der Gottesbezeichnungen auf jeden Fall zu beachten. Auch wenn das 'Gottesnamenkriterium' nicht mehr als Kriterium per se zu sehen ist, so weist doch Blum selbst darauf hin, daß im vorliegenden Textbestand die beiden Gottesbezeichnungen klar auf 29,31-35 (יהוה) und 30,1-24 (אלהים) verteilt sind. Sie sind also weder austauschbar, noch kann von einem "intentionalen Gebrauch"[75], vor allem bei den ersten vier Söhnen, die Rede sein. Das "Nebeneinander von יהוה und אלהים" bedarf also zwar "nicht eo ipso"[76], aber eben gerade hier einer Erklärung. Auch das Auftreten beider Bezeichnungen zusammen in v.22-24 (zweifache Benennung des Joseph) ist nicht dadurch hinreichend erklärt, daß beide "Namenserklärungen ... zueinander in kontrastiver Parallele ... verstärkt durch deutliche Alliteration"[77] stehen.

Anders als der Wechsel der Gottesbezeichnungen ist aufgrund der neueren Forschungsergebnisse gegen die oben genannte Quellenscheidung die unterschiedliche Bezeichnung für 'Magd' in Kap. 30 für sich genommen kein Argument der Zuweisung zu einer bestimmten Schicht. So hat Engelken in ihrer Studie über 'Frauen im AT' herausgearbeitet, daß der Befund für die Verwendung der beiden Begriffe אמה und שפחה keinesfalls literarisch eindeutig ist. Möglich sind sowohl rechtlich-soziale Nuancierungen, d.h. die Zugehörigkeit zu verschiedenen rechtlichen Gruppen, als auch die Möglichkeit, "daß שפחה als Sklavin unter dem Aspekt des Besitzverhältnisses zu ihrem Herrn oder ihrer Herrin gewertet wird", während der Begriff der אמה "sich vielleicht auch unter den Stichworten 'Schutzbedürf-

---

[71] Westermann, Genesis I/2, S.575f, unter Berufung auf Lehming!
[72] Westermann, a.a.O., S.575
[73] Eine ähnliche Lösung bietet Boecker: "Es dürfte sich hier um eine jahwistische Erzählung handeln, der möglicherweise, etwa im Bereich der Namensdeutungen, einige Ergänzungen beigefügt worden sind." (1.Mose, S.72) Diese Zuweisung leidet allerdings vor allem daran, daß keine genauere Überprüfung am Text stattfindet: "Das kann und braucht hier nicht im einzelnen untersucht zu werden, da es sich, wenn überhaupt, nicht um eine spezifische Ergänzungsarbeit handelt, die auch an anderen Texten nachgewiesen werden könnte." (Ebenda)
[74] Die Berufung Westermanns auf Noth und v.Rad - a.a.O.,S.576 - erscheint aufgrund seiner Ablehnung von E als fragwürdig.
[75] Blum, Vätergeschichte, S.107
[76] Ebenda
[77] Blum, a.a.O., S.107 A.11

tigkeit' und 'weibliche Qualitäten' subsumieren"[78] läßt. Die Tatsache, daß Lea in
30,9 Silpa nicht analog zu Bilha in v.3 mit אמה bezeichnet, obwohl auch sie dem
Jakob zur Frau gegeben wird, ließe sich möglicherweise aus einer unterschiedlichen Einstellung der beiden Hauptfrauen gegenüber ihren Mägden erklären: "Lea
gibt zum Wohle der Familie großzügig ihr Eigentum her, während Rahel gezwungen ist, ihrem Mann eine Ersatzgebärerin anzubieten."[79] Darauf verweist m.E.
auch die Beobachtung, daß nur bei Bilha davon die Rede ist, sie solle auf Rahels
Knien gebären.

Wie hier bereits deutlich wird, kann eine Klärung des literarisch so verschieden
gedeuteten Textbefundes nur durch eine genaue Textbeobachtung erreicht werden,
wie sie ansatzweise schon Eising[80] geleistet hat.

b) Beobachtungen am Text

Beim Blick auf die Formulierung der Etymologien der jeweiligen Namen lassen
sich drei verschiedene Möglichkeiten der Benennung feststellen:
- ותקרא שמו in 29,32.33 und 30,8.18
- ותקרא את־שמו in 30,11.13.20.21 (שמה).24
- על־כן קראה שמו in 29,34.35 und 30,6

Syntaktisch ist weiterhin auffällig, daß nur Ruben und Dina sofort, d.h. gleich
nach der Aussage über ihre Geburt benannt werden. Bei allen anderen Kindern
hingegen wird zunächst die Begründung des Namens genannt, bevor ihnen ihr
Name zugesprochen wird. Eine solche Etymologie fehlt bei Dina ganz, bei Ruben
erfolgt sie im Anschluß an die Benennung.

Inhaltlich und sprachlich wirken die Namensätiologien der ersten vier Söhne
Ruben, Simeon, Levi und Juda straff und äußerst stringent formuliert, während
die Erklärungen in Kap. 30 eher umständlich und ausführlich klingen. Eine
Ausnahme in diesem Kapitel bilden lediglich die Söhne der Silpa, Gad und Asser,
deren Namen durch einen Ausruf begründet (Gad) bzw. eingeleitet (Asser)
werden.

Ebenfalls bereits angesprochen wurde der interessante Befund, daß drei der Söhne doppelte Ätiologien ihrer Namen aufweisen: Issachar (30,16.18), Sebulon
(30,20aα.20aβ)[81] und Joseph (30,23.24). Bei letzterem erfolgt die Etymologie
einmal im Zusammenhang mit אלהים und dann - eingeleitet durch das im Kontext
einmalige לאמר - mit יהוה, wobei die Jahwe-Etymologie, wie auch bei Ruben,
deutlich nachklappt.

Eine Begründung mit Bezug auf das Handeln Jahwes ergibt sich - ähnlich der
des Joseph - auch bei Ruben, Simeon und Juda. Neben diesem Jahwe-Bezug ist bei

---

[78] Beide Zitate Engelken, Frauen, S.138, in Anlehnung an die Forschungsergebnisse Rieseners.
[79] Engelken, a.a.O., S.139
[80] Eising, Untersuchung, S.176-192
[81] Richtig verweist Blum darauf, daß "die Notizen zu Sebulon und Asser (muß heißen Issachar!,
Anm. d. Verf.in) strukturell miteinander verknüpft sind" (Vätergeschichte, S.108), anders als
bei seiner Darstellung (S.109) ist aber lediglich ein Parallelismus zwischen שכר 'Lohn' Gottes
und זבד 'Geschenk' Gottes erkennbar.

den ersten vier Söhnen zusätzlich das Motiv der ungeliebten Lea expliziert durch die Bezeichnung der Lea als שְׂנוּאָה in v.31 und 33, eine Bezeichnung, die eine Verschärfung der Aussage des dem Abschnitt vorausgehenden v.30 bedeutet, wo lediglich davon die Rede ist, daß Jakob Rahel lieber hat als Lea. Dieses Motiv des Ungeliebtseins wird auch dadurch deutlich, daß Lea explizit von ihrem Mann (אִישִׁי) spricht, wobei diese Aussage bei Ruben mit dem Jahwe-Bezug verbunden wird und bei Levi die eigentliche Etymologie ausmacht. Der Bezug auf אִישִׁי ist auch bei Issachar (30,18) und Sebulon (30,20) in der Namensbegründung angegeben, bei Sebulon (30,20) interessanterweise in exakt der gleichen Satzform wie bei Levi (29,34): אִישִׁי ... הַפַּעַם, wodurch die Doppeletymologie erst entsteht. Exakt gleich bei Levi und Sebulon ist auch die daran anschließende 'Summierung' der Söhne durch Lea: 'denn ich habe ihm drei Söhne geboren' (29,34) bzw. 'denn ich habe ihm sechs Söhne geboren' (30,20).

Im Blick auf die Zählung der Söhne zeigt sich ein weiterer auffälliger Befund: Während es bei den ersten vier Söhnen immer heißt "sie gebar einen Sohn", erfolgt in Kap. 30 eine Numerierung der Söhne bei jeder Geburtsbeschreibung ("zweiter" bzw. "fünfter" und "sechster" Sohn).

Die Beschreibungen der Geburt und Benennung der Söhne im Kap. 30 unterscheiden sich ferner von denen des Kap. 29, weil in ihnen jeweils gesagt ist, daß die jeweilige Frau לְיַעֲקֹב ihren Sohn (bei Dina nicht!) gebiert, eine Hervorhebung des Jakob, die erst nach dem kurzen Erzählstück (30,14-16) erfolgt und in Kap. 29 fehlt[82]. Auch wird in Kap. 30 jeweils der Name der Gebärenden und der Benennenden genannt - sowohl bei den Söhnen der beiden Mägde als auch bei den anschließenden weiteren Söhnen der Lea -, während die ersten vier Söhne und ihre Namensgebung unter der einmaligen Nennung Leas in v.32 stehen (ähnlich gestaltet sind die Geburt und Benennung Josephs durch Rahel in v.22f).

Anzumerken sind noch einige Einzelbeobachtungen: So ist zweimal in identischer Formulierung, jedoch mit verschiedenen Gottesbezeichnungen davon die Rede, daß Gott den Schoß der Lea (29,31 יהוה) bzw. der Rahel (30,22 אלהים) geöffnet hat. Die Geburten der Söhne der Silpa werden offensichtlich als weniger wichtig bewertet. Bei ihnen erfolgt nur eine kurze Benennung, die ohne Bezug auf Gott formuliert ist, nachdem - anders als bei den anderen Frauen - Silpas Schwangerschaft nicht erwähnt wurde. Umso auffälliger ist dann die Tatsache, daß der Lohn Gottes für Lea bei der Geburt des Issachar darauf zurückgeführt wird, daß sie ihrem Mann ihre Magd gegeben hat.[83]

Insgesamt bestätigen die hier aufgezeigten Beobachtungen die schon von Eising getroffene Aussage: "Es zeigt sich ein Unterschied zwischen den Sprüchen über die ersten Söhne (29,31-35) im Vergleich mit allen anderen in Kap. 30"[84]. Dies muß freilich im Blick auf die gewonnenen Einzelheiten weiter differenziert und vor allem literarkritisch bzw. überlieferungsgeschichtlich ausgewertet werden.[85]

---

[82] Gegen Eising: "Jakob ragt unzweifelhaft hervor"; Untersuchung, S.183
[83] Vgl. dazu auch das oben zu den Begriffen שׁפחה/אמה Gesagte
[84] Eising, Untersuchung, S.177
[85] Daß Eising selbst trotz seiner Beobachtungen eine Einheit des Textabschnitts postuliert, ist möglicherweise auf 'ideologische' Gründe zurückzuführen.

c) Überlegungen zur Textentstehung

Das Ergebnis der genauen Untersuchung des Textbestandes zeigt, daß eine Quellenanalyse im klassischen Sinn durch den Textbefund nicht zu stützen ist. Zu auffällig sind trotz thematischer Geschlossenheit die Unterschiede zwischen beiden Kapiteln, zu wenig klar ist die Zuweisung einzelner Verse bzw. Halbverse an die verschiedenen vorausgesetzten Quellenschichten, als daß eines der oben angeführten Modelle eine ausreichende Erklärung bieten könnte.

Eben diese genannten Unterschiede zwischen den ersten vier und den weiteren Söhnen sprechen aber auch, abgesehen vom 'Gottesnamenkriterium', gegen die Annahme einer völligen Geschlossenheit des Textabschnitts, zumal sich die beiden von Blum postulierten Themen (Bevorzugung und Unfruchtbarkeit Rahels) nur auf Kap. 30 beziehen lassen. Blum selbst variiert diese Themen später[86], und sieht dann als Hauptthema die Spannung zwischen der Unfruchtbarkeit Rahels und der Situation Leas als der ungeliebten Frau. Auch diese Themenbestimmung wird aber der Komplexität des Textes nicht gerecht. Als zusätzlich problematisch erweist sich seine von Eising übernommene geschlossene Struktur[87]: Die zwei erzählenden Szenen sollen demnach von der Geburt der ersten vier Söhne Leas zur Geburt der vier Söhne der Mägde und schließlich zur Geburt der letzten vier Söhne der beiden Hauptfrauen überleiten. Diese Annahme übersieht völlig, daß von einer Geburt des in diesem Zwölferschema vorausgesetzten letzten Sohnes Benjamin nichts berichtet wird, sondern nur eine verschlüsselte Ankündigung erfolgt. Vielmehr scheint dieser dritte Teil der Geburtsnotizen so wenig geschlossen gewirkt zu haben, daß die Geburt der Dina mühelos eingefügt werden konnte.

Der sekundäre Charakter des v.21 (Geburt der Dina), den auch Blum zugesteht, ergibt sich aus dem Fehlen einer Ätiologie, der direkten Benennung nach der Geburt, dem für Kap. 30 unüblichen Fehlen des Namens der Mutter und des Vaters sowie der Zählung. Zutreffend weist Blum darüber hinaus darauf hin, daß in Gen 32,23, wo von אחד עשׂר ילדיו die Rede ist, Dina offensichtlich nicht vorausgesetzt ist.[88] Die Einfügung der Dina-Notiz läßt sich erklären durch die Annahme eines Redaktors, der hier eine Vorbereitung der Dina-Geschichte in Gen 34 schaffen wollte (vgl. die Vorgehensweise des Verfassers des Jakobsegens in Kap. 49, der die Rubennotiz in 35,21f und die Beteiligung Simeons und Levis in Gen 34 einfügte, um eine Vorbereitung für die eigene Gewichtung zu schaffen)[89].

Ausgehend von diesen Voraussetzungen ist für die weiteren Befunde des Textabschnitts vor allem der Blick auf die Doppelätiologien wichtig. Besonders auffällig sind die v.22-24, in denen von Geburt und Benennung des Joseph berichtet wird, wobei die zweite Begründung des Namens durch den Bezug auf יהוה erfolgt und gegenüber der ersten, auf אלהים bezogenen, durch Satzstellung und Formulierung deutlich als Zusatz erkennbar ist. Der Wunsch eines weiteren Sohnes, von dem dann nichts berichtet wird, wirkt im Kontext des Textabschnitts auch inhalt-

---

[86] Blum, Vätergeschichte, S.106
[87] Ebenda
[88] Blum, a.a.O., S.110
[89] S.u. Kap.V.2 zu Gen 49

lich so ungewöhnlich, daß der von Blum postulierte "intentionale Zusammenhang"[90] äußerst fragwürdig erscheint. Sehr viel plausibler ist es, in v.24b eine Überarbeitung dessen zu sehen, der auch bei den ersten vier Söhnen Geburt und Benennung auf יהוה zurückgeführt hat.[91]

Ein ähnliches Ergebnis zeigt sich für die zweite Ätiologie des Namens 'Sebulon'
in v.20. Hier wurde bereits auf die auffälligen Parallelformulierungen zur Levi-
Notiz hingewiesen, wo ebenfalls Lea selbst die Zahl der Söhne feststellt und -
eingeleitet durch הפעם - ihre Erwartung an ihren Mann 'אישי' zum Ausdruck
bringt. Auch hier ließe sich also die als Problem empfundene Doppelätiologie
durch die Annahme eines Bearbeiters - desselben wie in 29,31-35 und 30,24b -
lösen, der die von ihm als unscharf empfundene Etymologie 'זבד' - 'Sebulon' durch
den Bezug auf den Ehemann erweitert und mit einer Zählung versehen hat.

Schwieriger gestaltet sich die Frage nach der doppelten Begründung des Namens Issachar, da die erste Etymologie bereits im Verlaufe der voranstehenden
Erzählung über den Handel mit den Liebesäpfeln erfolgt: כי שכר שכרתיך (v.16). Die
zweite Etymologie findet sich in unmittelbarem Zusammenhang mit der Benennung des Sohnes in v.18: 'Gott hat mir meinen Lohn (שכרי) gegeben'.

Diese Beobachtung spricht zum einen gegen die Annahme, die Genealogien
seien als grundsätzlich sekundär anzusehen (Lehming, Westermann), da der Erzähler hier offensichtlich Erzählung und Benennung ineinander verwoben hat.[92]
Zum anderen aber darf diese Plazierung der Etymologie nicht verwundern, da
doch die Geschichte von den Liebesäpfeln in der Geburt des Issachar ihr eigentliches Ziel findet. Die doppelte Erklärung des Namens kann also hier als ursprünglich angesehen werden, zumal die sprachlichen bzw. formalen Parallelen innerhalb
der Grundschicht von Kap. 30 eindeutig sind: Eine figura etymologica findet sich
neben der in v.16 (Issachar) auch bei Sebulon (v.20) und Naphtali (v.8), die zweite
Etymologie 'שכרי' (v.18) im Anschluß an die Geburt entspricht dem auch bei allen
anderen in Kap. 30 begegnenden Schema der Benennung durch einen Bezug auf
אלהים (v.18aα). Auffällig im Rahmen der Issachar-Notiz ist aber die angesichts der
offensichtlichen Unwichtigkeit der Geburten der Silpa verwunderliche Begründung des Gotteslohnes durch die Übergabe der Magd an Jakob (v.18aβ). Die
Möglichkeit, daß an dieser Stelle der Bearbeiter tätig wurde und mit eigener Hand
den Bezug 'לאישי', diesmal allerdings ohne eine zusätzliche Ätiologie, hergestellt
hat, sollte also mindestens in Betracht gezogen werden.

Die anhand der Beobachtungen zu den letzten drei Söhnen postulierte Hand
eines Bearbeiters (es handelt sich nicht um den Redaktor, der die Dina-Notiz

---

[90] Blum, Vätergeschichte, S.109, A.18. Blum verweist zudem selbst auf die Sonderstellung der
      sprachlichen Formulierung (S.109). Selbst Eising, Untersuchung, S.190f, sieht v.24b als Zusatz
      an.

[91] Der Bearbeiter greift offensichtlich zurück auf die Aussage der Hebamme in der Geburtsnotiz
      Benjamins in Gen 35,17b ('auch diesmal wirst du einen Sohn haben').

[92] Unverständlich erscheint hier die umgekehrte Schlußfolgerung Fischers: "Die Namensbegrün-
      dung bezieht sich jedoch nicht, wie man erwarten würde, auf die Vorgeschichte zur Zeugung,
      sondern auf die Episode, die vorher berichtet wird. ... die Geschichte mit den Alraunen erweist
      sich daher als Einschub ... in einen Text, der eine Aneinanderreihung von Gebärnotizen
      enthält." (Erzeltern, S.28)

eingefügt hat) ist folgerichtig zu identifizieren mit der des Verfassers der Notizen über die ersten vier Söhne in 29,31-35. Dort sind, wie bereits aufgewiesen, die Namensätiologien als direkte, einfache Begründung mit Bezug auf יהוה bzw. אִישׁ oder beides formuliert, wobei bei Simeon zusätzlich eine Rückführung auf den Einleitungssatz erfolgt (שׂנוּאה). Handelt es sich um denselben 'Jahwe-Bearbeiter', der die Notizen über Issachar, Sebulon und Joseph redaktionell überarbeitet hat, so ist deutlich, daß Erzählungen und Geburtsnotizen des Kap. 30 als zugrundeliegender Text anzusehen sind. Angesichts der in dieser zugrundeliegenden Erzählung als typisch erwiesenen Zählung der Söhne bei der Geburt muß davon ausgegangen werden, daß die Erzählung auch die Geburt und Benennung der ersten vier Söhne enthielt (Issachar ist bereits der fünfte Sohn der Lea!). Dieser Text läßt sich freilich literarkritisch nicht rekonstruieren, da in Kap. 29 die Hand des Erzählers von Kap. 30 nicht mehr erkennbar ist, sondern vom Jahwe-Redaktor gleichsam 'überkront'[93] wurde. Zu postulieren ist also, daß der hier Jahwe-Redaktor genannte Bearbeiter ein so großes Interesse an den ersten vier Leasöhnen verfolgte, daß er den ihm vorliegenden Text nur thematisch aufnahm und Geburt und Benennung der Söhne dann selbst neu verfaßte. Ein Hinweis auf einen von ihm vorgefundenen Text könnte sich möglicherweise lediglich in der Ruben-Notiz nachweisen lassen, bei der die Begründung erst im Anschluß an die Benennung erfolgte. Hier wäre immerhin denkbar, daß die - von vielen Exegeten als einfacher empfundene - Etymologie ursprünglich ראו בן lautete, dann aber zugunsten einer auf יהוה und אִישׁ bezogenen Erklärung wegfiel.

Die in 29,31 und in 30,22 identisch begegnende Formulierung ויפתח את־רחמה ist keiner von beiden Textschichten eindeutig zuzuweisen. Denkbar wäre sowohl, daß eine bereits vorliegende Formulierung vom Bearbeiter aufgenommen wurde - so, wie er die verschiedenen Möglichkeiten der Benennung, nämlich ותקרא שׁמו und על־כן קראה־שׁמו[94], nicht jedoch ותקרא את־שׁמו (!), übernahm. Möglich ist aber auch, daß der Bearbeiter diese Aussage zum Zweck der Parallelisierung in v.22 einfügte. In beiden Fällen aber unterstützt das Auftreten dieser, wie auch der anderen Parallelformulierungen, die Annahme einer zugrundeliegenden Erzählung, die durch eine erkennbar konzeptionelle Hand, die des Jahwe-Redaktors, bearbeitet wurde.

Die literarische Analyse führt somit zu folgendem Ergebnis: Die literarischen Probleme des Textes 29,31 - 30,24 sind weder durch eine Quellenscheidung noch durch die Annahme einer geschlossenen Komposition befriedigend zu klären. Vielmehr konnte gezeigt werden, daß sich in dem vorliegenden Abschnitt eine Grundschicht und zwei redaktionelle Bearbeitungen voneinander lösen lassen.

Dabei war zunächst eine Redaktion erkennbar, die die Notiz über die Geburt der Dina in v.21 einfügte. Diese Redaktion dürfte die abschließende darstellen, da diese Geburtsnotiz von allen anderen abweicht und deshalb nicht vor der stark bearbeitenden ersten Redaktion denkbar ist.[95]

---

[93] Gedacht ist hier an das Bild einer Zahnkrone.

[94] In 29,34 ist gemäß dem Vorschlag des Apparats der BHS textkritisch zu ändern.

[95] Diese Redaktion steht möglicherweise im Zusammenhang mit dem Bearbeiter, dessen Hand in Gen 34*, 35,21.22a und Gen 49* erkennbar ist (vgl. Kap.V.2). Er wollte mit der Dina-Notiz wohl eine Vorbereitung für die Dina-Geschichte in Gen 34 schaffen, die durch ihn in den

Ausgehend von den Doppelätiologien der Namen Issachar, Sebulon und Joseph, sowie von Parallelformulierungen im Text ergab sich weiterhin eine erste Redaktion, deren Kennzeichen die Zurückführung der Namen der Söhne auf Jahwe und die Begründung der Namen mit Bezug auf איש sind. Diese Kennzeichen finden sich sowohl in den sekundären Doppelätiologien der letzten beiden Söhne Sebulon (30,20, איש) und Joseph (30,24b, יהוה), als auch bei der Bearbeitung der Issacharnotiz (30,18, לאיש) und in den Namensätiologien der ersten vier Söhne Ruben, Simeon, Levi und Juda in 29,31-35: Ruben mit יהוה (v.31a) und איש (v.32b); Simeon mit יהוה (v.33); Levi mit איש (v.34) und Juda mit יהוה (v.35). Hier sind die Namensbegründungen als Bearbeitung jedoch nicht mehr klar nachweisbar. Da in Kap. 30, wo der Grundtext wegen der redaktionellen Doppelätiologien erkennbar ist, jedoch durch die angegebene Zählung (Issachar ist bereits der fünfte Sohn!) die Geburt der vier ersten Söhne vorausgesetzt ist, muß angenommen werden, daß schon im Grundtext deren Geburt berichtet wurde.

Die Grunderzählung wurde also von einer Jahwe-Redaktion überarbeitet, die in Kap. 30 nur zusätzliche Notizen einfügte, in Kap. 29 jedoch die vorliegende Grundschicht so stark 'überkronte', daß diese nun nicht mehr zu erkennen ist. Die erste (Jahwe-)Redaktion umfaßt somit 29,31-35; 30,18*(לאיש...אשר).20*.24b. Die zweite Redaktion fügte dann 30,21 (Geburt der Dina) ein.

2.3 Die Erzählung von Gen 29f in ihrem 'elohistischen' Kontext

Die Untersuchung des Kontextes der Erzählung von Gen 29f zeigt, daß die Erzählung vor allem in dem hier ermittelten Grundbestand in einen weiteren theologischen Zusammenhang eingeordnet werden kann. Neben früheren Darstellungen, die diesen Kontext mit Hilfe der von ihnen in Gen 29f ermittelten Quellenschichten darzustellen suchten, findet sich ein anderer Versuch einer Zuordnung neuerdings bei Blum. Er ordnet den vorliegenden Text der 'Jakobserzählung' seiner Kompositionsschicht (K) zu, nimmt dabei aber einerseits kaum eine literarische Aufteilung des Textes vor, andererseits stellt die von ihm ermittelte Kompositionsschicht innerhalb der Genesis nur ein Fragment (Gen 25,21 - 32,17*) dar.[96]

Die Untersuchung gilt deshalb zunächst einer Einordnung der Grundschicht der vorliegenden Erzählung in den engeren und weiteren Kontext der Jakob-Laban-Erzählungen, fragt dann aber auch nach weiteren Bezügen über diese Erzählungen hinaus.[97] Im Anschluß an die von Blum geleistete genaue Untersuchung der kompositionellen Zusammenhänge ergeben sich dabei zunächst Bezüge zu Gen 29,24.29; 31*; 28,20-22* und 32f*.

Die beiden Verse *Gen 29,24.29*[98] berichten jeweils davon, daß Laban eine seiner Mägde (Bilha und Silpa) seinen Töchtern als Leibmagd übergibt. Beide Notizen aber stören den spannenden

---

Kontext der Genesis aufgenommen wurde.

[96] Vgl. dazu Blum, Vätergeschichte, S.66-203
[97] Vgl. zu dieser Fragestellung die unveröffentlichte Untersuchung H.-C.Schmitts zu Gen 32,23-33(= Kampf Jakobs), auf die im folgenden näher eingegangen wird.
[98] S. Blum, Vätergeschichte, S.104f

Erzählzusammenhang, in dem von der Heirat bzw. der Hochzeitsnacht und dem Betrug Labans erzählt wird. Zudem fehlt in v.25.29 das Subjekt 'Jakob', das nach der eingeschobenen Notiz über die Übergabe der Magd zu erwarten wäre und im jetzigen Zusammenhang aus den vorhergehenden Versen im Geist ergänzt werden muß. Es handelt sich also bei v.24.29 um einen deutlich erkennbaren Einschub, der als vorbereitende Einführung der Mägde zu verstehen ist und auch sprachlich in enger Verbindung zu den jeweiligen Formulierungen in 30,4.9 steht.[99]

In seiner eingehenden Studie erarbeitet Blum[100], daß sich in *Gen 31,1f.4-16. 24.29b.38-43*[*101] eine deutlich erkennbare Überarbeitung bzw. jüngere Überlieferungsschicht abheben läßt, in der einerseits eine Fortführung der Widerfahrnisse Jakobs bei Laban erfolgt und in der die hier erfolgende Abreise Jakobs auf das direkte Eingreifen Gottes zurückgeführt wird (bes. v.5.11-13.24.29b). Dabei verweisen die v.11-13 und das in ihnen geschilderte Reden Gottes (bzw. seines מלאך) zu Jakob im Traum explizit zurück auf Gen 28.

Inhalt des Bezugs sind in *Gen 28,20-22** die Errichtung einer Mazzebe als 'Haus Gottes' durch Jakob und das dabei geleistete Gelübde, das mit der Begleitung Gottes auf Jakobs Weg - in 31,13 ist es der Weg der Rückkehr in das Land der Verwandtschaft - in Verbindung steht. Anders als von Blum vermutet, ist damit aber auch ein Zusammenhang mit den vor der Errichtung der Mazzebe in Gen 28,10-12.17-19a geschilderten Ereignissen gegeben: So wird dort die Erzählung eröffnet durch die Erwähnung des Steins, auf dem Jakob sich schlafen legt (v.11), der aber dann später zu dem gesalbten Stein wird (v.18, vgl. 31,13a). Das von Jakob geleistete Gelübde erfolgt erst in Folge seines Traumes von den Gottesboten, durch den ihm die Heiligkeit des Ortes bewußt wird (v.12.17, vgl. 31,11). Schließlich nimmt 31,13 bewußt Bezug auf die in 28,19 erfolgte Ortsbenennung ('Bethel'), indem Gott sich als der in Bethel erschienene Gott zu erkennen gibt. Auffällig ist an dieser Stelle, daß die genannten Bezüge sich auf die nach communis opinio der Forschung elohistischen Bestandteile von Kap. 28 (28,10-12.17-19a.20. 21a.22a)[102] beschränken lassen, jedoch die in 28,13-16.21b.22b angesprochenen Themen nicht aufnehmen.

Wie neuerdings von H.-C.Schmitt dargestellt[103], finden sich ausgehend von den elohistischen Bestandteilen von Gen 28,10ff* enge Bezüge auch zur Schilderung des Jakobkampfes am Jabbok in *Gen 32,23-33*: So ist hier eine Übereinstimmung in der Vorstellung zu beobachten, daß Gott auf Jakobs Weg 'mit' dabei ist und sich Jakob auf diesem Weg auch immer wieder zu erkennen gibt. In Gen 28 erfolgt dieses Erscheinen Gottes durch die (im Traum vermittelte) Heiligkeit des 'Gottes-Hauses' Bethel, in Gen 32,23ff wird Jakob bewußt, daß er Gott von 'Angesicht' (Pnuel!) gesehen hat. Eine weitere solche Gottesbegegnung Jakobs auf seinem Weg (לדרכו, 32,2) findet auch in *Gen 32,1-3* statt, wo sich Gott wiederum durch seine מלאכים zu erkennen gibt. In allen drei Fällen erfolgt als Reaktion Jakobs auf die Gottesbegegnung die Benennung des jeweiligen Ortes durch die mit קרא, שם und מקום gebildete typische Formel.[104]

Wenn im Rahmen der Gottesbegegnungen Jakob in Gen 32,23ff das 'Angesicht' Gottes sieht (32,31b), so findet sich von da aus - wie in der Forschung mehrfach beobachtet - ein Bezug zu einem weiteren Text, *Gen 33,1ff*, wo die Begegnung Jakobs mit Esau geschildert wird. Auch in der Versöhnungsszene dieser Begegnung wird in v.10 von Jakob zu Esau gesagt 'ich habe dein Angesicht gesehen, wie man das Angesicht Gottes sieht'. "Auch dieser Vers in der Versöhnungs-

---

[99] Wenn die Mägde hier in einer formelhaften Wendung der jeweiligen Frau übergeben werden, so ist damit keineswegs ein Hinweis auf eine typische P-Gestaltung zu erkennen, wie Gunkel behauptet (Genesis, S.387). Vielmehr handelt es sich hier - wie von Blum richtig betont - um einen allgemein gültigen Sprachgebrauch. Sprachlich finden sich in beiden Versen keinerlei Hinweise auf eine Zuweisung zu P (vgl. Blum, Vätergeschichte, S.104).

[100] Blum, Vätergeschichte, S.117-132

[101] Vgl. Blum, a.a.O., S.132; bei v.3.17f und 33aβ* handelt es sich um davon unabhängige, weitere Erweiterungen.

[102] Eine übersichtliche Analyse von Gen 28,10-22 mit diesem Ergebnis findet sich z.B. in Fohrer u.a., Exegese, S.180-219 (bes. S.182-185).

[103] S. H.-C.Schmitt, Kampf Jakobs am Jabbok, S.1-4, wo gegen Elliger u.a. der Nachweis erfolgt, daß es sich bei Gen 32,23-33 nicht um einen jahwistischen Text handeln kann.

[104] Zu dieser Ortsbenennung als elohistischer Formel s. H.-C.Schmitt, Kampf Jakobs, S.5.

erzählung gehört dabei nach der übereinstimmenden Meinung der klassischen Pentateuchkritik - allein schon wegen des Gebrauchs der Gottesbezeichnung 'Elohim' - zur elohistischen Schicht."[105] Über diesen Vers hinaus gibt es jedoch einen weiteren wichtigen Rückbezug von Gen 33,1ff zur Erzählung von der Geburt der Jakobsöhne in 29f: Auffällig ist in 32,23 und 33,1f.6f die Verteilung der elf(!) Söhne Jakobs auf die beiden Mägde und Frauen, sowie deren Gruppierung bei der Begegnung mit Esau. Weiterhin werden auch hier - wie in Gen 29f - die Kinder als direkte Gabe Gottes verstanden (v.5b), und Joseph ist der einzige namentlich genannte Sohn (vgl. seine Bedeutung in 30,22-24a*). Daß die signifikante Gruppierung der Söhne Jakobs mit der Nennung Josephs und ihr Kontext aus der gleichen Hand des Verfassers der Grundschicht von Gen 29,31-30,24 stammt, dürfte unbestritten sein[106]. Eine Besonderheit dieser Szene, die für die zeitgeschichtliche Einordnung wichtig sein wird, ist, daß Jakob als Repräsentant Israels und Esau als Repräsentant Edoms (er wohnt in Seir, 33,14) sich als nahezu gleichberechtigte Gegenüber in einem offensichtlich belasteten Verhältnis befinden. Die hier vorausgesetzte Bedeutung hat Jakob einerseits durch die in 32,28f erfolgte Umbenennung in 'Israel' erhalten. Andererseits ist hier wohl ein Zusammenhang mit der Rolle Jakobs/Israels als des Vaters der zwölf Stammväter Israels zu erkennen, auf den im Rahmen der Frage nach dem Konzept dieser zwölf Eponymen weiter eingegangen wird.

Schließlich ist hier auch die Notiz über die Geburt Benjamins in *Gen 35,16-20* zu nennen, deren enger Bezug zu der Erzählung von Gen 29f bisher nur vorausgesetzt wurde. Die Geburt Benjamins, die nach Meinung der meisten Exegeten aus der elohistischen Schicht stammt[107], führt in verschiedener Weise die eben genannten Texte fort. So wird zum einen der Abschluß der Genealogie der zwölf Jakobsöhne gebildet, indem auch hier in charakteristischer Weise die Geburt des Sohnes und seine Benennung durch die Mutter erfolgt. Zum anderen ist die Notiz, die mit der Errichtung einer Mazzebe zum Gedenken Rahels endet (v.20a; v.20b mit der ätiologischen Notiz dürfte sekundär sein), eine Fortsetzung der Itinerarangaben, die Jakob nach Bethel (28,20-22) und an den Jabbok (32,23) kommen ließen. Außergewöhnlich ist bei der vorliegenden Notiz die kurze und doch eindrückliche Schilderung des tragischen Todes der Rahel und der Reaktion Jakobs, die sich besonders in der Namensgebung zeigt: Wie auch in den anderen Geburtsschilderungen benennt Rahel ihren Sohn mit einer bestimmten Begründung. Hier allerdings wird an der Begründung deutlich, wie sehr ihr eigenes Schicksal mit dem Sohn verbunden ist ('Sohn des Schmerzes'). Auch Jakob weiß offensichtlich um die Verbindung seines Schicksals mit dem des Sohnes und ändert deshalb das בן־אוני, das er als Unglücksname versteht, in בנימין ab. Die durch die Erzählung in Gen 29f bereits zum Ausdruck gekommene Bedeutung Rahels als der geliebten Frau wird damit sowohl in der Schilderung ihres Todes als auch in der Verknüpfung ihres Schicksals mit dem Benjamins und dadurch mit dem Jakobs abschließend zur Geltung gebracht. Die Verbindung zwischen Jakob und seinen Söhnen Joseph und Benjamin erhält dadurch fast testamentarischen Charakter.

Die hier angeführten Texte konnten zum einen einen engen Zusammenhang innerhalb der Jakoberzählungen verdeutlichen[108], zum anderen aber ließen sie erkennen, daß in diesen Texten Bestandteile der traditionellen elohistischen Schicht vorliegen. Literarisch stehen die Texte offensichtlich in einem kompositionellen Zusammenhang, der dadurch entsteht, daß sowohl eigene Stücke formuliert werden (z.B. Gen 33,1ff; 35,16-20a) als auch Einfügungen in bereits vorliegendes Erzählgut (z.B. Gen 29,24.29) und Überarbeitungen von Textpassagen vorgenom-

---

[105] Ebenda
[106] Holzinger, Genesis, S.197, verweist zusätzlich auf die gleiche auffällige Stellung von נם in 30,6 und 32,21.
[107] So z.B. Gunkel, Genesis, S.382f; Noth, ÜP, S.36.93.241; Scharbert, Genesis 12-50, S.232; gegen Boecker (1.Mose, S.128) und Westermann (Genesis I/2, S.668. 675), die beide die Existenz einer elohistischen Schicht bestreiten.
[108] H.-C.Schmitt, Jakobs Kampf, macht den Zusammenhang zwischen der Segensthematik in Gen 32 und 27 deutlich.

men werden (z.B. Gen 31,1f.4-16.24.29b.38-43*). Es handelt sich hier also um einen Verfasser, der ganze Abschnitte erzählerisch neu gestaltet oder redaktionell bearbeitet und zu einer eigenen Komposition verbindet (vgl. Blums Verständnis der Eigenformulierungen dieses Verfassers als 'Kompositionsschicht').

Hauptmerkmal dieses Verfassers ist vor allem die Betonung der Alleinwirksamkeit Gottes bei der Geburt der Söhne und seiner direkten Intervention und Begleitung ('Mit-Sein', 28,20) auf dem Weg Jakobs. Dabei begegnet Gott dem Jakob im Traum und spricht ihn dort direkt bzw. durch seinen מלאך an: 31,11 (vgl. Gen 21,17; 22,11[109]). Auffällig ist weiterhin die Aufnahme heidnischer Vorstellungen und ihre Verwendung im Zusammenhang des von אלהים geleiteten Geschehens: Neben der erwähnten Errichtung einer Mazzebe in Gen 28 ist dabei das Motiv der Liebesäpfel in Kap. 30 zu nennen, deren Besitz ja offensichtlich beiden Frauen wichtig ist, weil ihnen die Wirkung eines geradezu zaubermächtigen, die Fruchtbarkeit fördernden Aphrodisiakums zukommt[110].

Beachtet man zusätzlich zum Sprachgebrauch und zu den genannten Kennzeichen, daß in den Abschnitten 29,31 - 30,24; 31* und 32f die ethische Komponente der behandelten Themen offensichtlich eine wichtige Rolle spielt[111], so liegt es nahe, die als verbunden erkannten Textabschnitte dem Elohisten zuzusprechen[112] - wie dies auch traditionell vorgenommen wurde -, diesen 'Elohisten' aber nicht mehr als Quellenschicht im Sinne der klassischen Quellenkritik zu verstehen, sondern als Kompositionsschicht im soeben beschriebenen Sinne. Der Begriff Elohist/elohistisch wird daher im folgenden für diese neu definierte Kompositionsschicht gebraucht.

Den Beleg für die These, daß der hier vorliegende Verfasser nicht auf die Stücke der Blum'schen Kompositionsschicht zu beschränken ist, sondern mit der elohistischen Schicht in Zusammenhang zu sehen ist, hat H.-C.Schmitt in seiner Untersuchung über den Kampf Jakobs am Jabbok und die elohistische Pentateuchschicht erbracht: So wird in dieser Untersuchung nicht nur auf die bereits genannten traditionell elohistischen Bestandteile der Erzählungen hingewiesen, sondern darüber hinaus die Verbindungslinie zu anderen elohistischen Texten im Pentateuch gezogen.[113] Dazu gehören zum einen die elohistischen Erzählungen der Kapitel Gen 20-22, in denen ebenfalls die in den Jakobserzählungen zu beobachtenden Merkmale zu erkennen sind. Zum anderen sind die Vorstellung vom Mit-Sein Gottes auf dem Weg (in Gen 21,22 wird dies durch Abimelech explizit

---

[109] Bei der Erwähnung des מלאך יהוה wird es sich um eine redaktionelle Eintragung handeln, die von v.15 her in v.11 אלהים durch יהוה ersetzt hat.

[110] Vgl. hierzu Westermann, Genesis I/2, S.580 und andere Kommentare zur Stelle. Eine mögliche Anspielung auf heidnische Vorstellungen, die vom Verfasser ohne Ablehnung übernommen werden, könnte sich auch hinter den Namen der beiden Silpasöhne Gad und Asser verbergen. Beide Namen bezeichnen ursprünglich Gottheiten: Gad eine in Jes 65,11 erwähnte Glücksgottheit und Asser entweder den Gott Assur oder die Göttin Aschera. Zur Übernahme kanaanäischer Vorstellungen s. die Untersuchung von Jaroš, Stellung.

[111] Zur Redlichkeit Jakobs in Gen 31 s. Blum, Vätergeschichte, 123, unter Rückbezug auf v.Rad und Gunkel!

[112] Der Gebrauch von אמה kann nicht als Argument gegen diese Zuweisung gelten. Es geht an den genannten Stellen um eine Zuweisung der Mägde zum Besitzstand ihrer Herrinnen. Ein typisch elohistischer Sprachgebrauch ist התחת אלהים in 30,2: vgl. Gen 50,19.

[113] Zu betonen ist hier nochmals, daß es sich bei der elohistischen Schicht von H.-C. Schmitt dem Charakter der Schicht nach nicht um die elohistische Quelle der neueren Urkundenhypothese handelt, sondern um einen redaktionell/kompositorisch tätigen Verfasser.

zu Abraham gesagt), das Reden Gottes in Träumen (vgl. Gen 20,39), die Erscheinung von Gottesboten (Gen 21,17; 22,11) und das Sichtbarwerden Gottes selbst in Gen 22 (auch dort verbunden
mit einer anschließenden Ortsbenennung, 22,14a[114]) kennzeichnend. Daß umgekehrt diese Abra-
hamerzählungen in der Jakobsgeschichte vorausgesetzt sind, "zeigen vor allem die Verhandlungen
zwischen Jakob und Laban in Gen 31 (vgl. vor allem v.42 und v.53), bei denen nicht nur der
'Schrecken Isaaks', sondern auch der 'Gott Abrahams' als Vertragszeugen dienen."[115] Von der
Geburtsgeschichte aus, die durch die betonte Erwähnung Rubens (der Erstgeborene) und Josephs
auf Fortsetzung angelegt ist, ergeben sich dann weiterhin Bezüge zu der elohistischen Schicht der
Josephsgeschichte.[116]
    Über die Genesis hinaus stellt H.-C.Schmitt schließlich auffällige Bezüge zur elohistischen
Grundschicht der Bileamgeschichte in Num 22f fest: So findet sich auch dort die in Gen 32,28f
begründete Identifikation Jakobs mit Israel (vgl. Num 23,7.10. 21.23). Wie die Geschichte von
Jakobs Kampf am Jabbok sind auch die Erzählungen um Bileam im Ostjordanland verortet, wobei
in beiden Erzählungen ein gespanntes Verhältnis zu den Brudervölkern zu beobachten ist (vgl.
Jakobs Gegenüberstellung mit Esau und die von Moab ausgehende Bedrohung bei Bileam).
Schließlich läßt sich ein von Schmitt betontes theologisches Motiv in allen genannten Texten
erkennen: Die von Gott selbst ausgehende Bedrohung für diejenigen, 'mit' denen er ist. Sara,
Hagar (und Ismael) und Abraham bzw. Isaak werden in Gen 20-22 jeweils durch einen von Gott
ausgehenden Befehl in eine lebensgefährliche Situation gebracht. Gott selbst begegnet Jakob am
Jabbok als bedrohlicher Gegner, in Num 22 schließlich läßt Gott die Verfluchung Israels durch
Bileam geschehen. In allen Erzählungen erweist sich dann aber in ebenso charakteristischer Weise
der zunächst existenzbedrohende Gott schließlich als der lebens- und segensspendende.

Aufgrund der weitreichenden Bezüge dürfte somit als literarischer Ort der hier
untersuchten Geburtsgeschichte der zwölf Söhne Jakobs die Zugehörigkeit zur -
allerdings anders als in der traditionellen Forschung charakterisierten - elohistischen Kompositions-/Redaktionsschicht des Pentateuch beschrieben sein. Wie
bereits angedeutet, muß aber von dieser Bestimmung aus der Versuch einer zeitgeschichtlichen Einordnung unternommen werden, um einen Hinweis auf den
Hintergrund und die Konzeption der in der Erzählung vorliegenden Genealogie
zu erhalten.

2.4 Zeitgeschichtliche Verortung

Auffällig für diese solchermaßen als elohistisch beschriebene Schicht ist vor allem
"das starke Interesse ... an der Verknüpfung der Handlung mit bestimmten
Örtlichkeiten"[117], die sowohl das Heiligtum Bethel als auch die im Ostjordanland
zu lokalisierenden Orte Mahanaim, Pnuel und Sukkot umfassen. Alle genannten
Orte stehen aber offensichtlich in einem engen Zusammenhang mit dem Nordreich Israel, so daß auch Erzähler und Adressaten im Nordreich zu suchen sind.
Die von Blum vorgenommene zeitliche Ansetzung der Bedeutung dieser Orte und
damit der Entstehung des Textes zur Regierungszeit Jerobeams I. ist allerdings
kaum stichhaltig. So bleibt der Zusammenhang der Umbenennung Jakobs in Israel
in Pnuel mit den zeitgeschichtlichen politischen Vorgängen, d.h. der Resi-

---

[114] Hier ist der Gottesname literarkritisch zu ändern.
[115] H.-C.Schmitt, Jakobs Kampf, S.10
[116] S.u. Kap.V.1
[117] Blum, Vätergeschichte, S.175

denzverlegung Jerobeams nach Pnuel zur Konsolidierung Israels letztlich unklar. Aus der, wie Blum zugibt, nur kurzen Phase der Bedeutung Pnuels als politischem Zentrum bzw. Residenz läßt sich dies wohl kaum ableiten.[118] Zudem vermutet Donner, daß es sich bei Pnuel nicht um die Hauptstadt, sondern lediglich um eine von mehreren, nebeneinander benutzten Residenzen Jerobeams I. handelt.[119] Die von Blum vermuteten Zusammenhänge der Umbenennung Jakobs in Israel mit einer politischen Phase des Nordreichs, in der es der Konsolidierung bedurfte bzw. ein "ganz besonderer Artikulations- und Legitimationsdruck"[120] bestand, lassen sich nicht allein auf die Regierungszeit Jerobeams I. beschränken. Vielmehr sind sie besonders in einer Zeit denkbar, da die Sicherheit der äußeren politischen Verhältnisse wegbrach und die von Blum erarbeitete Definition des "Wir-Gefühls"[121] Israels gerade deshalb nötig war.[122] Die Art dieser Definition wird von Blum zutreffend so beschrieben: Im vorliegenden Textkomplex geht es um "die betonte inhaltliche Darstellung des >primären<, besonderen Zusammenhangs der genuinen Israel/Jakob-Überlieferung mit dem Nordreich"[123]. Durch die Lokalisierung der Handlung der Jakobgeschichte ausschließlich in für das Nordreich bedeutsamen Orten und durch die Schilderung, in der "Jakob gerade in Pnuel den Ehrennamen 'Israel' erringt (und damit in gewisser Hinsicht *Israel* entsteht)"[124], wird der ">genuine(n)< Zusammenhang des Israel-Namens mit dem Nordreich"[125] bestärkt.

Damit aber wird gleichzeitig ein genealogischer Anspruch erhoben, den schon Galling - allerdings im Bezug auf Hos 12 - beobachtete, wo "Hosea, der als einziger der vorexilischen Propheten den Ahnherrn mit Namen und Person nennt, Jakob ausschließlich mit dem Nordreich kombiniert und das Unrühmliche seines Lebens hervorhebt. Offenbar ist es so, daß die Israeliten selbst Jakob im besonderen als *ihren* Ahnherrn beanspruchen."[126] Die im vorliegenden Textkomplex erkennbare Stärkung der Identität und des Wir-Bewußtseins der Israeliten des Nordreichs durch Beanspruchung des mit dem Israel-Namen verbundenen Jakob als genealogisch verstandenem Ahnherren und die damit verbundene Übernahme der Jakob-Traditionen ist ein Vorgang, der auch für das Verständnis der Zusammenstellung der zwölf Jakobsöhne wegweisend sein kann.

---

[118] H.-C.Schmitt verweist zusätzlich darauf, daß kein eindeutiger Zusammenhang zwischen der Pnuelätiologie und der Umbenennung Jakobs in Israel in der Jakoberzählung festzustellen ist (Jakobs Kampf, S.8).

[119] Vgl. Donner, Geschichte Israels II, S.241, wo er die Art der Benutzung mehrerer Residenzen mit den Kaiserpfalzen des deutschen Mittelalters vergleicht.

[120] Blum, Vätergeschichte, S.181

[121] Vgl. Blum, a.a.O., S.182

[122] Auch die von Blum angegebenen Datierungen der Blütezeit Bethels und der von daher erhobene terminus a quo (a.a.O., S.175) sind in der Forschung nicht eindeutig nachweisbar.

[123] Blum, a.a.O., S.182

[124] Blum, a.a.O., S.182. Die Betonung darf dabei, wie erwähnt, nicht auf der Ätiologie des Ortes Pnuel liegen, sondern auf der ostjordanischen Verortung.

[125] Blum, a.a.O., S.182, sieht durch diesen Zusammenhang auch die zentrale politische Stellung Pnuels unter Jerobeam I. bekräftigt, s. aber o.

[126] Galling, Bethel, S.42

Einen weiteren Hinweis auf die nordisraelitische Herkunft der Geburtserzählung der Söhne Jakobs und der gesamten elohistischen Schicht bildet die Beobachtung, daß sich sowohl in der Geburtsgeschichte als auch in der Begegnung Jakobs und Esaus eine besondere Betonung Josephs findet: So ist dieser der langersehnte Sohn der Lieblingsfrau Rahel und wird auch in der Aufzählung der Jakobsöhne bei der Versöhnungsszene zwischen Jakob und Esau in Gen 33,7b gesondert erwähnt. Eine solche Betonung Josephs ist dann in der Weiterführung der Erzählungen vor allem auch in der Josephsgeschichte zu beobachten.[127]

Auffällig ist aber im Bezug auf die Stellung Josephs bei der Verwendung des Israel-Namens, daß das in den Jakoberzählungen zu beobachtende Verständnis auf einen Israelbegriff weist, der sowohl Nordreich als auch Südreich einschließt: So ist der in Israel umbenannte Jakob ja nicht nur der Vater des Joseph, sondern aller Söhne bzw. Eponymen, so daß auch Juda, Simeon und Benjamin zu Israel gerechnet werden. Dieser 'ausgeweitete' Israelbegriff findet sich jedoch, wie H.-C. Schmitt beobachtet, am deutlichsten "in der Zeit nach dem Untergang des Nordreiches."[128]

Gegen diese Datierung spricht auch nicht, anders als von Blum vermutet, die in der Erzählung von Gen 28,20-22 erkennbare Bedeutung des Heiligtums in Bethel. Wichtig ist in diesem Zusammenhang für Blum die Aussage, daß aus der Mazzebe ein אלהים בית werden soll, die s.E. nur dahingehend gedeutet werden kann, daß hier die Errichtung eines Tempels gemeint ist.[129] Die Stelle wäre dann als eine Art Legitimation des Heiligtums in Bethel zu verstehen und hätte eine "ätiologische Funktion ... nur für Adressaten, für welche der Tempel in Bethel und sein Kultbetrieb eine konkrete Gegebenheit sind."[130] Einzuordnen in diese Vorstellung sei dann auch die für das in der Erzählung vorausgesetzte Nomadenleben des Jakob unmögliche Abgabe des Zehnten, von der auch Am 4,4 die Rede ist. Terminus ad quem wäre für Blum aufgrund dessen das zweite Drittel des 7. Jahrhunderts, da "*Nach* der Zerstörung des Betheler Heiligtums durch Josia ... eine derartige Legitimierung des nun ausgeschalteten Tempels ausgeschlossen"[131] scheint.

Diese relativ frühe Datierung der aufgrund der genannten Orte und der Sonderstellung des Joseph deutlich als nordisraelitisch erkennbaren elohistischen Redaktionsschicht[132] kann jedoch gerade angesichts der verwendeten Argumente nicht überzeugen. Zunächst beruht die Identifizierung des aus der Mazzebe umgewandelten 'Hauses Gottes' mit dem Tempel in Bethel lediglich auf der Annahme, dies sei die "nächstliegende Interpretation von V.22a"[133]. Die von Blum selbst angeführte Untersuchung Donners zur Stelle legt jedoch die Vermutung nahe, daß die Mazzebe nunmehr als Repräsentations- und Aufenthaltsort des Gottes verstanden werden soll, der Jakob hier im Traum erschienen ist.[134] Auch für die Erwähnung des Zehnten ist der Befund keineswegs eindeutig, da hier auch sehr späte Belege zur Verfügung stehen (vgl. Neh 10,38f), die einen exilisch-nachexilischen Hintergrund aufweisen. Zudem sieht Veijola in der Formulierung von Sach 7,2 einen Beweis dafür, "dass in Bethel, ganz ähnlich wie in Mizpa, während des Exils öffentliche Klagefeiern veranstaltet wurden."[135] Zudem zeigen die Ausgrabungsergebnisse in Bethel, daß trotz der josianischen Zerstörung ein Wiederaufbau des Heiligtums stattfand, so daß auch in der

---

[127] Vgl. Kap.V.1
[128] H.-C.Schmitt, Jakobs Kampf, S.8
[129] Blum, Vätergeschichte, S.93-96
[130] Blum, a.a.O., S.97
[131] Ebenda
[132] Zur neuen Definition der hier vorliegenden elohistischen Schicht s.o. 2.3
[133] Blum, Vätergeschichte, S.93 A.31
[134] S. Donner, Gen 28,22, S.68-70
[135] Veijola, Verheissung, S.196

Exilszeit mit Kultfeiern in Bethel zu rechnen ist: "Toward the close of the Assyrian period, the shrine at Bethel was rebuilt, and the city quickly took on new life."[136]

Auch die Aufnahme heidnischer Traditionen und Vorstellungen, wie sie oben aufgezeigt wurde, ist keineswegs ein Hinweis auf eine sehr frühe Ansetzung des Textkomplexes. Sie haben möglicherweise Eingang gefunden, um einer Situation des Nordreiches zu entsprechen, wo die Israeliten in Auseinandersetzung mit Assyrern und Babyloniern und deren Religion lebten. Eine Situation, in der die Möglichkeit der Zuwendung Gottes auch außerhalb Israels (vgl. Gen 20!) ebenso wichtig ist wie die Betonung der Sonderstellung Israels in der Einmaligkeit seiner Gottesbeziehung. Auch diese Situation ist aber in einer Zeit, in der die eigene nationale Identität durch das Wegbrechen staatlicher Strukturen gefährdet ist - also nach dem Untergang des Nordreiches -, noch besser denkbar und zeugt von einem ausgeprägten Realitätsbewußtsein.

Auffällig im Rahmen unseres Textkomplexes ist weiterhin die mehrfach genannte Aufforderung Gottes an Jakob, aus der Fremde in seine Heimat bzw. das Haus seiner Verwandtschaft zurückzukehren (Gen 28,21a; 31,13b). Diese betont in den Gottesreden zum Ausdruck kommende Vorstellung läßt sich am plausibelsten vor dem Hintergrund des Verlustes der Heimat erklären. Der Untergang des Nordreiches 722 ist dann aber zumindest als terminus a quo anzunehmen.

Schließlich findet sich ein weiteres Argument für eine Datierung der elohistischen Schicht in den Zeitraum des 8.-6.Jh.v.Chr. in der Art und Weise der Schilderung Esaus/Edoms als Gegenüber Jakobs. Das oben bereits beschriebene spannungsvolle Gegenüber der beiden Brüder Jakob und Edom weist in Gen 27,39-40 (Esausegen) auf eine Phase, in der Edom seinem Bruder Israel unterlegen ist, in der Begegnungsszene von Gen 33* jedoch scheint Edom eine ernsthafte Bedrohung für Israel darzustellen. Da aus geographischen Gründen beide Situationen nur im Gegenüber zu Juda denkbar sind, muß hier einerseits wiederum ein Hinweis auf einen auch Juda umfassenden Israelbegriff gesehen werden, andererseits kann von dieser Schilderung auf zeitgeschichtliche Gegebenheiten geschlossen werden. Die geschilderte Bedrohung Judas durch Edom ist nämlich nur im 8.-6.Jh. verständlich. In diesem Zeitraum hat Edom, wie vor allem assyrische Quellen belegen, unter assyrischer Oberherrschaft seine weitgehende Selbständigkeit behalten, weil es durch Tributzahlungen und durch den im edomitischen Gebiet erfolgenden Handel des Interesses der Assyrer gewiß sein konnte.[137] Darüber hinaus scheint sich aus der in der Eisenzeit II erkennbaren Siedlungsdichte in Edom eine Zeit "relativer Ruhe und Prosperität"[138], sowie des wirtschaftlichen Aufschwungs[139] erschließen zu lassen. Umgekehrt kann davon ausgegangen werden, daß die Edomiter in dieser Periode nicht nur keine Unterstützung für

---

[136] Kelso, Art. Bethel, S.194; die ausführlichen Ausgrabungsbefunde finden sich bei Kelso u.a., The Excavation of Bethel.

[137] Vgl. hierzu Weippert, Art. Edom, S.295; Bartlett, Edom, S. 128-143; Ahlström, History, S.661-664.

[138] Weippert, Art. Edom, S.295 - diese Aussage kann jedoch nur unter Vorbehalt getroffen werden, da die relativ begrenzten Ausgrabungsergebnisse auch in Edom keineswegs abschließende Aussagen ermöglichen.

[139] Vgl. Ahlström, History, S.662

ihre westjordanischen Nachbarn darstellten, sondern sogar immer wieder versuchten, durch militärische Übergriffe und Handelsposten Einfluß auf judäisches Gebiet zu erlangen. Dafür sprechen z.B. die Ausgrabungsergebnisse in Arad, Tell Malhata und Tell Mšaš, die darauf schließen lassen, "that by the end of the Assyrian period a number of Edomites, or people with Edomite affinities, were settled among the population of the region roughly south of a line drawn from Arad to Beersheba."[140]

Die verschiedenen Hinweise zur zeitgeschichtlichen Einordnung der elohistischen Kompositionsschicht dürften aber damit deutlich machen, daß mit einer Entstehung dieses Werkes nicht vor dem Untergang des Nordreiches zu rechnen ist, sondern vielmehr der Zeitraum zwischen dem 8. und 6.Jh. v.Chr. als plausibel gelten kann. Gerade in dieser Zeit erscheint aber auch die um eine Identität Israels bemühte Ausrichtung der Darstellung besonders sinnvoll, fordert doch gerade das Zerbrechen der politischen Strukturen im Bereich des früheren Nordreichs, die bis dahin die Identität sicherten, die Suche nach einer neuen Identität Israels. Worin das neue Konzept israelitischer Identität besteht, soll im folgenden untersucht werden.

3. Das Konzept der zwölf Söhne Jakobs als Stammväter Israels

3.1 Einführende Überlegungen

Wie die Untersuchung zur Verwendung der Genealogien in Stammesgesellschaften gezeigt hat, wird das Zusammengehörigkeitsgefühl von Stämmen durch die Erstellung von Genealogien zum Ausdruck gebracht, die neben der gemeinsamen Abstammung von einem Ahnherren die Gruppen aufführen, deren Wir-Bewußtsein durch diese Genealogie seinen Ausdruck findet bzw. konsolidiert wird. Auch auf die Tatsache, daß solche Stämmestrukturen und ihre Genealogien keineswegs an eine bestimmte Zeit gebunden sind, war bereits hingewiesen worden, wenn auch die identitätsschaffende Funktion der Genealogie vor allem in den Zeiten verständlich ist, in denen sich die Stabilität schaffenden politischen Rahmenbedingungen ändern bzw. instabil werden.

Die verschiedenen Faktoren, die zur Zusammenstellung einer solchen Genealogie führen, umfassen dabei, wie schon bei der Ahnherren-Figur Jakob deutlich wurde, religiöse Traditionen ebenso wie zutreffende historische Erinnerungen und bekannte politische Verhältnisse, aber auch geographische Zusammenhänge. Gerade das Zusammenspiel dieser vielfältigen Faktoren, die der Haltung von Verfasser und Adressaten entsprechen, trägt in Erzählung gekleidet zur politisch-religiösen Identität bei.

Zu betonen ist in diesem Zusammenhang nochmals, daß es sich bei der Zwölfergenealogie nicht um eine alte Tradition handelt, der es um die Beschreibung eines tatsächlich bestehenden Stämmesystems (und seiner politischen Funk-

---

[140] Bartlett, Edom, S.143, vgl. S.141-143

tion im Rahmen einer Amphiktyonie) geht, sondern um die Zusammenstellung von Eponymen, die in Form von Söhnen Jakobs dem Zusammengehörigkeitsgefühl der Israeliten Ausdruck geben. Deutlich machen läßt sich dies besonders eindrücklich an der Figur des Joseph: Hier handelt es sich offensichtlich nicht um einen Stamm, sondern um den Repräsentanten des Kerngebietes des Nordreichs (vgl. hierzu die in Ez 37,16-19 erkennbare Vorstellung vom 'Holz Josephs', das das 'Haus' bzw. die 'Stämme' Israels repräsentiert). So wird noch in der Konzeption von der Verteilung des Westjordanlandes an die 'Stämme' Israels in Jos 14-19 Joseph nicht als Stamm (מטה, vgl. z.B. Jos 15,1 'Juda' und 18,11 'Benjamin') bezeichnet, sondern als 'Haus Joseph' (בית יוסף, Jos 17,17, vgl. בני יוסף in 16,1).

Als ein auffälliges 'Motto' der in Gen 29f vorliegenden Genealogie, deren "künstliche Bildung" (Gunkel) bereits in der Exegese zur Stelle deutlich wurde, kann dabei das göttliche Eingreifen gelten, das auch schon in den Erzählungen um den Ahnherren Jakob deutlich geworden war. Die damit betonte religiöse Bedeutung der Figur zeigt sich, wie von Levin richtig beobachtet[141], auch bei den Söhnen der Lea (außer Levi), dem ersten Bilhasohn Dan und dem ersten Rahelsohn in der Geburtsgeschichte, deren Geburt als Ergebnis des direkten Eingreifens Gottes geschildert wird. Diese Alleinwirksamkeit Gottes bei der Geburt begründet offensichtlich erzählerisch eine religiöse Vorordnung der Leasöhne, sowie eine besondere Betonung der Bedeutung des Rahelsohns Joseph, da dieser als politischer Vertreter des Kerngebietes des Nordreiches der Sohn der geliebten Frau ist und damit einen Sonderstatus hat.

Dadurch ergibt sich ein zweifacher Schwerpunkt der Erzählung: Zum einen werden möglicherweise die Stammväter derjenigen 'Stämme' besonders ausgezeichnet, die eine Rolle im religiösen Bereich spielen, zum anderen läuft die Erzählung auf die Geburt der Stammväter derjenigen 'Stämme' zu, die das besonders herauszustellende Nordreich repräsentieren.[142]

Die hier erkannte zweifache Linie spricht auch gegen die oft vertretene Vorstellung, die Anordnung der 'Stämme' entspreche einer geographischen Anordnung von Süd nach Nord, beginne deshalb mit den Leasöhnen und mache die nördlichsten Stämme zu Söhnen der Mägde. "This alternative sits uncomfortably at least with the position of Issachar and Zebulon (in Leah), and probably with that of Gad (joined to Asher)"[143] und aus geographischem Interesse "the poet could as well have begun with Judah"[144].

Entspricht die Anordnung der ersten Söhne religiösen Vorstellungen - wie dies auch die Einbindung in die Jakobtradition nahelegt -, so kann weiterhin nicht mehr aus aktuellen politischen Verhältnissen auf ein hohes Alter der 'Zwölf-

---

[141] Levin, Jahwist, S.223f. Da für Levin die Zusammenstellung aus der Feder seines Jahwisten stammt, bezieht er auch die Jahwe-Etymologien der Namen in diese Argumentation mit ein. Nach der zur Stelle vorgenommenen Redaktionskritik dürfte es sich hierbei jedoch um eine 'Überkronung' bereits in der elohistischen Schicht vorliegender Namen handeln.

[142] Die Geburt Benjamins wird ja erst nachträglich berichtet; Halpern, Israel, wählt für die beiden Linien die Begriffe 'primogeniture'(Leas erste Söhne) und 'ultimogeniture' (Rahelsöhne).

[143] Halpern, Israel, S.123

[144] Halpern, a.a.O., S.129

'stämmeliste' geschlossen werden, wie vor allem aus den Überlegungen zu Ruben, Simeon und Levi deutlich werden wird.

In den folgenden Ausführungen soll der Versuch unternommen werden, die Zuordnung der Eponymen von zwölf verschiedenen 'Stämmen' bzw. Gruppen, die jeweils in engerem oder weiterem Zusammenhang mit den für Israel wichtigen religiösen Traditionen und politischen Gegebenheiten stehen, im Blick darauf zu interpretieren, daß durch sie die Identität Israels in einer Krisenzeit genealogisch zum Ausdruck gebracht bzw. konsolidiert werden soll.

Deutlich wird dabei aus der in Gen 29f vorliegenden Genealogie, daß durch die Position von Eponymen nicht nur die Solidarität und Einheit, sondern auch unterschiedliche Gewichtungen zum Ausdruck kommen, "die im verschiedenen rechtlichen, politischen oder religiösen Status, in der zeitlich späteren Entstehung einer Gruppe, in ihrem späteren Hinzutreten zu anderen oder in der geographischen Entfernung von einem als Zentrum geltenden Orientierungspunkt begründet sein mögen: Dies kann in der Reihenfolge der Namen, in der Zuordnung zu bestimmten Generationsstufen oder Personen wie den Frauen des Stammvaters ... markiert werden."[145] Wie sich dies den verschiedenen Söhnen bzw. Eponymen zuordnen läßt, soll im folgenden untersucht werden, wobei sinnvollerweise die Söhne der Lieblingsfrau des Jakob, Rahel, am Beginn stehen. Wichtig ist dabei die Frage, ob bei der unterschiedlichen Zuordnung zu den vier Frauen des Jakob - und der vor allem durch die Position der sechs Leasöhne gegebenen Gewichtung - nur politisch-geographische Traditionen ausschlaggebend sind oder nicht vielmehr die durch die Eponymen repräsentierten religiösen Traditionen. Vermutet werden dürfte dann, daß den Silpasöhnen religiös keine Bedeutung zugemessen wird und auch die Bilhasöhne nur relativ unbedeutende religiöse Traditionen repräsentieren, wohingegen mit den Söhnen der Lea - in der Reihenfolge ihrer Anordnung abgestuft - die für Israel wichtigen religiösen Traditionen in das genealogische System aufgenommen werden. Die Sonderrolle der Rahelsöhne wird demgegenüber jedoch in ihrer Funktion als Repräsentanten des Nordreichs, der Heimat des Elohisten, zu suchen sein.

Besondere Aufmerksamkeit gilt im Rahmen der Themenstellung dieser Untersuchung der Frage, warum dem Leasohn Ruben die Stellung des Erstgeborenen im genealogischen System zukommt. Seine älteste eindeutige Erwähnung im vorliegenden Textabschnitt findet sich in der Aussage Gen 30,14, wonach es Ruben war, der auf dem Gang zum Feld die Liebesäpfel fand und sie seiner Mutter Lea überbrachte. Vorausgesetzt wird dabei offensichtlich, daß Ruben bereits groß genug war, um allein aufs Feld zu gehen[146], d.h. er wird als der älteste und damit erstgeborene Sohn der Lea gezeigt. Bereits in der hier ermittelten elohistischen Grundschicht findet sich also ein Beleg für die Vorstellung eines genealogischen

---

[145] v.Arx, Studien, S.96
[146] Gunkels Anmerkung hierzu lautet: "R u b e n ist es: das ist der älteste (er ist jetzt etwa 5/6 Jahre alt); die anderen sind noch zu dumm. Die Früchte aber bringt er - ein besonders hübsch erfundener Zug - seiner Mutter mit nach Hause."(Genesis, S.335)

Systems mit Ruben an der Spitze, so daß diese Anordnung auch in dem 'überkronten' Abschnitt, d.h. für Ruben in 29,32, vermutet werden kann.[147]

3.2 Die Rahelsöhne: Joseph und Benjamin

Wie bereits eingangs dieses Abschnitts gesagt wurde, lassen sich in der Geburtsgeschichte zwei Linien beobachten: Zum einen erfolgen die Geburten aufgrund des direkten Eingreifens Gottes (Namensätiologien), zum anderen findet sich das Motiv des Gegenübers der ungeliebten und der geliebten Frau. Dieses Motiv ist offensichtlich ausschlaggebend dafür, daß die Söhne der Rahel (in der Geburtsgeschichte zunächst nur Joseph) erst als letzte geboren werden, obwohl sie doch aufgrund der Vorrangstellung ihrer Mutter besonders wichtig sind. Die ungewöhnliche Stellung findet eine Erklärung nur durch Überlegungen zum Zustandekommen der Genealogie. Wiederum erscheint diese nur dann plausibel, wenn eine Herkunft aus dem Nordreich vorausgesetzt wird. So ist gut vorstellbar, daß die Eponymen Joseph und Benjamin durch die mit ihnen verbundenen lokalen Bezüge das geographische und politische Kerngebiet des Nordreiches repräsentieren. Ihre Einordnung in das genealogische System und ihre Zuordnung zur geliebten Frau Rahel spiegelt damit die Bedeutung des Nordreiches wider. Daß gerade die beiden Nordreichrepräsentanten erst an letzter Stelle in die Geburtsgeschichte eingebracht werden, dürfte nämlich darauf zurückzuführen sein, daß auf diese Weise innerhalb der Zwölfergenealogie ein Achtergewicht geschaffen wird, das ihrer Bedeutung Ausdruck verleiht. Die Spitzenstellung freilich bleibt ihnen verwehrt, sie gebührt den ersten Söhnen der Lea. Dies läßt vermuten, daß das Nordreich seine identitätsstiftende Rolle nicht in dem Maße wahrnehmen kann, wie es zu erwarten wäre. Die Identität kann offensichtlich nicht mehr durch eine politische Größe gewährleistet werden, sondern nunmehr vor allem durch religiöse Traditionen.[148] Erst nach dem politischen Untergang des Nordreiches ist jedoch eine solche Situation vorstellbar.

Bereits diese Überlegungen dürften deutlich machen, daß es bei den Rahelstämmen nicht um Stämme im eigentlichen Sinne geht, sondern daß hier der Stammvater Joseph als Repräsentant des Kerngebiets des Nordreichs in die Genealogie aufgenommen wurde. Daß Rahel als Repräsentantin des Nordreichs verstanden wird, wird z.B. aus Jer 31,15 deutlich, wo Rahel über ihre Kinder weint, d.h. den Untergang des Landes beklagt. Auch die Notiz über das Rahelgrab auf der Grenze von Ephraim und Benjamin in I Sam 10,2 weist auf diese Verbundenheit. Für Joseph ist hierbei vor allem auf die Zusammenhänge der Josephsgeschichte zu verweisen: So zeigt die Untersuchung der Josephsgeschichte durch H.-C. Schmitt, daß schon in der ersten, aus frühköniglicher Zeit stammenden Juda-Schicht die Josephsgestalt zu einer Größe geworden ist, "die den gesamten mittelpalästinischen Raum repräsentiert."[149] Daß der Josephname weiterhin eine nationale Dimension

---

[147] Vgl. dazu die Analyse von Gen 29f unter 2.
[148] Zu Ruben, Simeon, Levi, Juda, Issachar und Sebulon s.u. 3.5 und 3.6
[149] H.-C.Schmitt, Josephsgeschichte, S.154

besaß, wird vor allem daran deutlich, daß in der aus dem Nordreich stammenden Ruben-Schicht (elohistisch)[150] die Figur des offensichtlich ebenfalls national verstandenen Juda zurückgedrängt wird zugunsten eines besonderen Verhältnisses Rubens zu Joseph.

Auffällig ist vor allem im Blick auf Joseph, daß von einem Stamm Joseph erst in sehr späten Texten die Rede ist. In der Grenzbeschreibung von Jos 16,1 wird von den Josephiten (בני יוסף) gesprochen, in Jos 17,17 wird das 'Haus Joseph' angeredet. Beide Belege sind zudem, wie die Untersuchung von deGeus gezeigt hat, erst sekundäre Einschübe in den Zusammenhang der Gebietsvergabe an die Israeliten.[151] Auch ein Überblick über die weiteren Texte, in denen der Begriff 'Haus Joseph' begegnet, zeigt nach deGeus, daß "The expression 'house of Joseph' first crops up in the early time of the Kings, and it has an anti-Davidic sound. It has proved possible, though, to go further: we find that the O.T. gives us no occasion to think there was an ancient independent tribe of Joseph. Everywhere it could be shown that mention of a tribe of Joseph was either late or secondary."[152] Nach dem Untergang des Nordreiches ändert sich offensichtlich die Perspektive, innerhalb derer der Begriff 'Haus Joseph' gebraucht wird, da die Überlebenshoffnung nunmehr an die Existenz des Südreiches Juda gebunden ist: "... after the fall of Samaria the hope of restoration revives and the use of the name Joseph has a far more positive aspect."[153]

Schon durch diese Überlegungen läßt sich vermuten, daß Joseph in der Genealogie als Gegenüber zu Juda zu sehen ist, der ja als Eponym des als Juda verstandenen Südreiches den Teil des Landes repräsentierte, in dem die religiösen Traditionen (die aus Joseph stammen) bewahrt werden können.[154]

Mit dem zweiten Rahelsohn, Benjamin, wird ein Gebiet in die Genealogie aufgenommen, das nach Jos 18,11 zwischen Juda und Joseph liegt, also die geographische Brücke zwischen Süd- und Nordreich bildet: "Die Grenzbeschreibung Benjamins ist eine Kombination aus der Südgrenze Efraims (16,2.3a) und der Nordgrenze Judas (15,5b-9), wobei das Territorium auf das Gebirge und den westlichen Teil des Jordangrabens beschränkt bleibt."[155] In der sog. 'Gauliste' Salomos (I Kön 4,7-19) ist Benjamin einer der wenigen (neben Ephraim, Manasse, Naphtali, Asser und Issachar) später als Stämme bezeichneten Namen, die als Bezeichnung für ein bestimmtes Territorium begegnen. Diese Erwähnung wird darauf hinweisen, daß es eine bestimmte Größe Benjamin gab, der ein Territorium zugewiesen war.[156] Inwieweit deren Bewohner möglicherweise tatsächlich als eine

---

[150] Interessant für den Zusammenhang der Genealogie ist weiterhin folgende Beobachtung H.-C. Schmitts: "Identifiziert worden ist 'Jakob' und 'Israel' in der Josephgeschichte erst durch die Ruben-Schicht: Hier ist auch die Tradition von den 12 Söhnen Jakobs, wie sie in Gen 29f. vorliegt, voll aufgenommen: Gen 37,9 rechnet mit elf Brüdern Josephs, als ältester Sohn wird Ruben und als zweitältester offensichtlich Simeon (42,24) angesehen." (s. dazu unter Kap.V.1)

[151] deGeus, Tribes, S.73-83

[152] deGeus, Tribes, S.95; zu den Texten s. S.83-95

[153] deGeus, a.a.O., S.96

[154] Vgl. dazu auch die bereits erwähnte Vorstellung von Joseph und Juda in Ez 37,16-19 (s.o. Kap. I.3).

[155] Fritz, Josua, S.182

[156] Dies ist auch aus I Sam 9 erkennbar, wo von der Herkunft Sauls aus Benjamin berichtet wird. Hier ist ausdrücklich von einem Stamm nicht die Rede, dagegen mehrmals von Benjaminitern (9,1.21) und einem Gebiet Benjamin (9,4.16). Die geradezu sprichwörtliche Wendung über 'den kleinsten aller Stämme' in 9,21 (vgl. Ri 6,15!) ist demgegenüber als sekundäre Bezeichnung anzusehen.

Gruppe anzusehen sind, die als abgeschlossene soziale Einheit bekannt war, ist aus dieser Liste nicht zu entnehmen. Auch bei Niemann findet sich die bewußt vorsichtig formulierte Aussage, daß es sich bei den in der Liste von I Kön 4 angesprochenen Größen um "natur- oder sozial-räumliche (Stammes-)Gebiete"[157] handelt. Eine ähnliche Bestimmung nimmt auch Ahlström vor: "The division of Israel into twelve districts, while a political decision, was according to geographical areas that had traditionally formed agricultural, social and ethnic units. The political units were 'far more coincident with geographical areas' ...(Ahlström zitiert hier nach deGeus, Anm. d. Verf.in) than with the historiographical theory about a twelve tribe league."[158] Zu beachten ist bei der Frage nach der Art der Einteilung dieser 'political units' jedoch die von Niemann überzeugend dargestellte Erkenntnis, daß es sich bei dem in der 'Gauliste' geschilderten Vorgang um einen ersten Versuch handle, "das nichtjudäische Nordgebiet in den Griff zu bekommen"[159], daß aber ein "durchorganisiertes, flächendeckendes Provinzsystem"[160] nicht zu erkennen sei. Der Begriff 'Gauliste' oder 'Provinzliste' ist daher wegen der damit verbundenen Vorstellung einer Landesstrukturierung nur mit dem nötigen Vorbehalt zu verwenden.

Auch wenn nach I Kön 12,21 Benjamin nach der Reichsteilung zu Juda gehört, ist doch zu beobachten, daß die nordisraelitischen Traditionen Benjamin für sich beanspruchen, was geographisch durch die angesprochene Randlage zwischen Juda und Joseph begründet sein dürfte. So findet sich in auffälliger Weise in Ps 80,3 die ausdrückliche Zusammenordnung von Ephraim, Manasse und Benjamin und deren Zuordnung zum Gott Josephs (v.2), die durch die Anrede Jahwes als 'Hirte Israels' in dieser Konstellation einen eindeutigen Nordreichbezug aufweist. Diese Vorstellung entspricht dann aber auch der des elohistischen Verfassers[161] der Zwölfergenealogie: Beide Namen, Joseph und Benjamin, finden hier offensichtlich wegen des mit ihnen verbundenen nordisraelitischen Kerngebietes ihre Aufnahme in das genealogische Eponymensystem. Die mit diesen Repräsentanten verbundenen territorial-politischen Vorstellungen sind dann aber auch verantwortlich für die Betonung beider als Söhne der Lieblingsfrau des Jakob.

3.3 Die Bilhasöhne: Dan und Naphtali

Ähnlich wie bei Joseph und Benjamin scheint zunächst auch für die Söhne der beiden Mägde Bilha und Silpa die Vermutung naheliegend, daß ihre Aufnahme in die Reihe der Stammväter aufgrund territorialer Gegebenheiten erfolgt ist. Bei allen vier Magdsöhnen weist die territoriale Zuordnung auf Randgebiete Israels, was offensichtlich zu einer Abwertung der mit diesen verbundenen Eponymen

---

[157] Niemann, Herrschaft, S.250
[158] Ahlström, History, S.509
[159] Niemann, Herrschaft, S.250
[160] Niemann, a.a.O., S.249
[161] Es handelt sich um den oben beschriebenen, redaktionell bzw. kompositorisch tätigen Elohisten (s.2.3).

gegenüber den Rahelsöhnen führt, die ja das Kerngebiet des Nordreiches repräsentieren. Gerade die bei allen vier Magdsöhnen gegebene territoriale Randlage muß jedoch andererseits die rein territoriale Begründung ihrer Aufnahme in Frage stellen: Zu erklären wäre nämlich unter diesem Aspekt, warum Dan und Naphtali als Söhne der Rahelmagd unzweifelhaft einen Vorzug vor Gad und Asser erhalten. Weiterhin finden sich bei den Leasöhnen zwei ebenfalls mit geographischen Randgebieten verbundene Namen: Ruben und Simeon. Die durch die Zuordnung zu den Müttern ausgesagte Abstufung der Eponymen ist daher zunächst eher bei den mit ihnen verbundenen religiösen Traditionen zu suchen, erst in zweiter Linie werden dann die territorialen Aspekte zu beachten sein.

Als Söhne, die durch ihre Mutter Bilha gleichsam zu den ersten Söhnen der Rahel gerechnet werden, sind Dan und Naphtali genannt. Sie sind also offensichtlich als relativ wichtig für die Identität Israels anzusehen.

Dabei bezeichnet Dan, wie aus der Formel 'von Dan bis Beerscheba' (z.B. I Kön 5,5) zu erkennen ist, den äußersten Norden Israels. Im Blick auf religiöse Traditionen kann damit das Heiligtum Dan gemeint sein, wie z.B. in Ri 18. Gleichzeitig gibt es auch eine Gruppe, die Daniten genannt wird, wie aus der Erzählung über Simson, den Daniten, zu entnehmen ist. Interessant sind dabei die Nachrichten über die Wanderung der Daniten (vgl. Ri 1,34f und Jos 19,40-48), die darauf hinweisen, daß das mit den Daniten verbundene Territorium nicht von Anfang an feststand - das Eponymensystem setzt jedoch durch die Verbindung Dans mit Naphtali den Wohnsitz der Sippe im Norden des Landes voraus. Mehrfach betont wird dabei in den alttestamentlichen Überlieferungen, daß es sich bei Dan um eine relativ kleine Sippe handelt, die in Ri 13,2; 18,2.11.19 dementsprechend als משפחה bezeichnet wird. Demgegenüber ist die Bezeichnung der Daniter als Stamm in Ri 18,1 als sekundär anzusehen. Bei den Daniten kann es sich folglich um eine große Familie oder Sippe gehandelt haben, die trotz ihrer geringen Zahl einen Eponymen stellen konnte und erst nachträglich, d.h. nach der Konsolidierung des 'Zwölfstämmesystems' als Stamm betrachtet wurde.[162] Für die Aufnahme Dans in das Eponymensystem scheint gerade im Vergleich mit Naphtali wichtig zu sein, daß mit diesem Namen das bekannte Heiligtum in Dan verbunden wird, wobei diese Verbindung offensichtlich noch nicht die in dtr Texten feststellbare negative Konnotation aufweist.

Auch Naphtali "in Galiläa gehört zu den großen Landschaften des Nordreiches (vgl. Dtn 34,2)."[163] Auffallend häufig wird Naphtali zusammen mit Sebulon genannt: So vor allem in Jes 8,23, aber auch in Ri 4 (4,6) und 5 (5,18), wo das selbstlose Eingreifen Sebulons und Naphtalis für Israel gelobt wird.[164] Hier wie dort wird wohl vor allem die territoriale Nähe ausschlaggebend gewesen sein. Über diese Stellen hinaus ist jedoch die Nennung Naphtalis zusammen mit Sebulon in Ps 68,28 besonders aufschlußreich: Hier wird nämlich offensichtlich vorausgesetzt, daß Naphtali Anteil hat an der mit Sebulon verbundenen Tabortradition[165], die als eine wichtige Nordreichtradition anzusehen ist.

Sowohl für Dan als auch für Naphtali gilt somit, daß ihre Namen mit religiösen Traditionen in Verbindung gebracht werden. Da es sich jedoch bei Dan um ein Heiligtum handelt, dem in den Texten eine eingeschränkte Bedeutung zugemessen wird[166] und der Anteil Naphtalis an der Tabortradition gegenüber Sebulon, Issachar und Juda nur gering ist, finden beide nur als Magdsöhne Aufnahme in das

---

[162] Vgl. dazu auch Thiel, Soziale Entwicklung, S.102
[163] Levin, Jahwist, S.230
[164] Zur Problematik der Verbindung Sebulons und Naphtalis im Deboralied vgl. z.B. Ahlström, History, S.379-381.
[165] S.u. 3.5
[166] Vgl. z.B. Ri 17f

genealogische System. Für ihre Nachordnung gegenüber den Leasöhnen (und Rahelsöhnen) dürfte darüber hinaus die Tatsache nicht zu vernachlässigen sein, daß es sich bei den von ihnen repräsentierten Gebieten um Randgebiete des ehemaligen Nordreiches handelt, so daß von daher auch die mit ihnen verbundenen religiösen Bezüge als entfernt gelten.[167]

Beide Namen, Dan und Naphtali, repräsentieren folglich religiöse Traditionen, die ihnen einen Vorrang gegenüber Gad und Asser sichern. Die mit ihnen verbundenen Traditionen liegen jedoch an der Peripherie des ehemaligen Nordreiches, so daß die Eponymen nur als Söhne einer Magd - immerhin aber der bedeutenderen Magd Bilha - in das genealogische System aufgenommen werden.

3.4 Die Silpasöhne: Gad und Asser

Interessant ist die Aufnahme der Namen Gad und Asser, die zusammen als Söhne der Silpa erscheinen, obwohl ihnen auf den ersten Blick nichts gemeinsam zu sein scheint. So gehört Asser zu den Namen, die in der Gauliste Salomos (I Kön 4,16) als Landschaftsnamen begegnen, im Deboralied gehört Asser unter die Gruppe der Gescholtenen (Ri 5,17). Gad dagegen erscheint in beiden Texten überhaupt nicht, da mit Gilead (I Kön 4,19; Ri 5,17) wohl nicht die gleiche Größe wie Gad gemeint ist.[168] Die beiden Landschaften Asser und Gad scheinen jedoch in keinem sichtbaren Zusammenhang zu stehen, befindet sich das Gebiet Asser doch auf der Höhe der Gebiete Dan und Naphtali an der Küste, Gad jedoch im Ostjordanland, wie die Inschrift des Königs Mescha (Zeile 10) und die Zuordnung in Num 32[169] erweist. In der Meschainschrift nämlich wird die Bevölkerung des südlichen Ostjordanlandes als 'Mann von Gad' bezeichnet und mit einer langen Besiedlung durch die Gaditen gerechnet ('seit alters her'). In Num 32 werden als gaditische Städte die um das Zentrum Dibon gruppierten Ortslagen angegeben. Gerade die geographisch so weit voneinander entfernte Anordnung dürfte möglicherweise einen Grund für die Zusammenstellung der beiden Größen Gad und Asser bilden: So umschreibt die Linie Asser - Gad die weiteste Entfernung von israelitischem Territorium in nordwestlich-südöstlicher Richtung und bildet damit die Aufnahme der jeweils am Ende dieser Linie gelegenen Randzonen - ähnlich wie dies schon bei der Aufnahme des nördlichsten Randgebietes Israels bei Dan und

---

[167] Für Dan und Naphtali könnte möglicherweise zusätzlich im Blick sein, daß beide Gebiete den Norden Israels vor allem deswegen repräsentieren, weil diese Region immerwährend außenpolitischen Bedrohungen ausgesetzt war. So marschiert die aramäische Armee im Land Naphtali ein, in diesem Zusammenhang wird auch die Stadt Dan genannt (I Kön 15,20). Nach der assyrischen Kampagne 734-732 werden Dan und Naphtali in das assyrische Provinzsystem eingeordnet. Anders als Naphtali wird Dan zwar in II Kön 15,29 nicht ausdrücklich genannt, aber auch nicht ausgeschlossen, so daß aufgrund der geographischen Nähe mit einer Übernahme Dans durch die Assyrer zu rechnen ist.

[168] Das Gebiet Gads ist nicht mit Gilead gleichzusetzen, s.u. Kap.IV.

[169] S. dazu die Analyse von Num 32 in Kap.IV.1.

Naphtali zu beobachten war[170] -, wohl mit der Absicht, auch diese Randgebiete noch für Israel zu reklamieren.

Eine weitere Verbindung zwischen Gad und Asser läßt sich möglicherweise über die Bedeutung der beiden Namen herstellen: "Beide Namen sind ursprünglich Gottesbezeichnungen oder stehen ihr nahe."[171] So bezeichnet גד eine Glücksgottheit, die z.B. in Jes 65,11 erwähnt wird. Und auch אשר bedeutet abgeleitet 'Glück', möglicherweise im Zusammenhang mit Ashera oder Assur.[172] Demgegenüber werden beide Namen jedoch, anders als Dan und Naphtali, nirgends mit einem israelitischen Heiligtum oder mit israelitischen Traditionen in Verbindung gebracht.

Die kaum bestimmbare religiöse Bedeutung wird dann aber zusammen mit der territorialen Randlage dafür ausschlaggebend sein, daß Gad und Asser durch ihre Zuordnung zur Leamagd Silpa in der Reihenfolge der Eponymen die geringste Bedeutung aufweisen.

Die Untersuchung konnte zeigen, daß die als Rahelsöhne und als Söhne der Mägde in das Eponymensystem aufgenommenen Namen ihre jeweilige Bedeutung innerhalb des Systems aufgrund der mit ihnen verbundenen Territorien erhalten, wobei sich einerseits eine deutliche Abstufung zwischen Kern- und Randgebieten Israels zeigt, durch die die Repräsentanten des Kerngebiets zu Rahelsöhnen, die Repräsentanten der Randgebiete jedoch zu Magdsöhnen werden. Bei der Untersuchung der Bilha- und Silpasöhne wurde jedoch andererseits deutlich, daß für ihre Bedeutung eigentlich ausschlaggebend die mit ihnen verbundenen bzw. nicht verbundenen religiösen Traditionen sind, durch die es zu einer deutlichen Abstufung von Dan/Naphtali und Gad/Asser kommt. Daraus ergibt sich die Frage, ob diese religiöse Begründung auch für die als Leasöhne aufgenommenen Namen gilt.

3.5 Juda, Issachar und Sebulon als Repräsentanten religiöser Traditionen

Issachar und *Sebulon* scheinen auf den ersten Blick unbedeutende Größen zu sein, so daß ihre Einreihung unter die Söhne Leas zunächst unverständlich wirkt. Die Erwähnungen Issachars und Sebulons gehen offensichtlich davon aus, daß es sich

---

[170] Man mag dabei an die ähnlich klingende Gebietsumschreibung 'von Dan bis Beerscheba' in nord-südlicher Richtung denken, auch wenn diese Formel für Gad und Asser nicht belegt ist.

[171] Westermann, Genesis I/2, S.579

[172] So z.B. Noth, Personennamen, S.131. Ahlström vermutet deshalb im Bezug auf ägyptische Quellen, die von den Ascheriten reden, daß es sich bei den Leuten von Ascher um ursprünglich kanaanäische Bevölkerungselemente handelt, die im Rahmen der Staatenbildung erst sekundär zu Israel gerechnet wurden: "The mention of ... the people of Asher is without doubt a reference to an indigenous Canaanite group of people. Later on during the emergence of the Israelite monarchy, this group, like most other groups in Palestine, became nominally Israelite. The genealogy of Gen. 30.12-13 is a clear indication that the people of Asher were latecomers into the Israelite nation and society." (History, S.278f) In A. 2 (S.278) verweist Ahlström zusätzlich auf Ri 1,23 "saying: 'So the Asherites lived among the Canaanite inhabitants of the country'." Ägyptische Quellen dafür sind der Papyrus Anastasi, eine Inschrift Setis I. am Tempel von Redeshiyeh und eine Inschrift im Tempel Ramses II. in Abydos. Auch bei Gad dürfte es sich um eine Größe handeln, die nicht ursprünglich zu Israel gerechnet wird, anders als etwa die in mittelpalästinischen Territorien wohnenden Gruppen. "Thus, they may well have been an indigenous people who later became both Moabite and Israelite subjects as their fortunes changed." (Ahlström, a.a.O., S.410)

hierbei sowohl um Landbezeichnungen als auch um bedeutende Sippen handelt. So erscheinen die 'Fürsten' aus Sebulon und Issachar im Deboralied als auf der Seite Israels kämpfend. Aus der Reihe der 'kleinen' Richter werden zwei bedeutende Gestalten, von denen allerdings jeweils nur Namen, Dauer und Ort der Herrschaft genannt werden, den beiden Sippen bzw. Sippenverbänden zugeordnet: Tola, Sohn des Puah, ein Mann aus Issachar (Ri 10,1f), und Elon von Sebulon (Ri 12,11f). Aus Ri 10,1f und I Kön 4,17 läßt sich entnehmen, daß es sich bei Issachar um eine Sippe handelt, die im zentralen Bergland angesiedelt war (Tola lebt in Schamir im Gebirge Ephraim). Das 'Land Sebulon' ist nach Ri 12,12 im südwestlichen Galiläa zu suchen (Ajalon), fehlt jedoch in der 'Gauliste' Salomos I Kön 4. Beide Namen erscheinen aber wohl deshalb zusammen, weil ihre Territorien als benachbart anzusehen sind: "Die ungefähre Grenze zwischen beiden Gebieten markierte der Tabor.. ."[173] Dieser Ort hat seine Bedeutung jedoch nicht nur als Grenzmarke, sondern vor allem als Sitz einer religiösen Tradition, mit der nicht nur Sebulon, sondern interessanterweise auch Juda verbunden ist. Die Aufnahme von Issachar und Sebulon als Söhne der Hauptfrau Lea in das 'Zwölfstämmesystem' steht damit aber offensichtlich im Zusammenhang mit der Position Judas, nach dem die beiden Namen auch in der Reihenfolge zu stehen kommen.

Auch bei *Juda* dürfte es sich in der Aufzählung der zwölf Söhne nicht um einen tatsächlich historisch faßbaren 'Stamm' Juda handeln, sondern um die Aufnahme eines Eponymen in die Reihe der Jakobsöhne. Ähnlich wie Joseph als Repräsentant des Nordreiches anzusehen ist, gilt Juda als Repräsentant für das Südreich, was auch aus der bereits zu Joseph erwähnten Gegenüberstellung beider in Ez 37,16-19 erkennbar ist. Auch Juda kann darüber hinaus als 'Haus Juda' bezeichnet werden (z.B. in II Sam 2,4), zu dem offensichtlich auch andere Gruppen aus dem Süden gerechnet werden, wie die Kalebiter, Otnieliter, Keniter und Jerachmeeliter.[174] Möglicherweise stammt deshalb, wie bei Joseph und Benjamin, auch bei Juda seine Bezeichnung als Stamm (Jos 15,1) erst von P^S .[175]

Für die Aufnahme Judas lassen sich noch weitere Gründe finden. So hat Levin zutreffend darauf verwiesen, daß die "Geburt Judas ... sich nicht trennen (läßt) von der Umbenennung Jakobs in Israel (Gen 32,29)"[176]: Die Umbenennung des Vaters bildet nämlich die ätiologische Begründung für die gemeinsame Identität Josephs (Nordreich) und Judas (Südreich) als gemeinsame, nun nicht mehr politisch begründete, sondern durch geschichtliche Traditionen zusammengehörige Größe.

Diese Aussage ist im Blick auf die Entstehung der Jakob/Israel-Tradition im Nordreich weiter zu differenzieren, da zunächst nicht einleuchtend erscheint, warum der das Südreich repräsentierende Eponym diese Stellung in einem aus dem Nordreich stammenden genealogischen System erhalten soll. Hier ergibt sich jedoch m.E. ein weiterer Hinweis darauf, daß die Position Judas in der Genealogie erst nach dem politischen 'Untergang' des Nordreichs verständlich ist. In dieser Zeit eines politischen Vakuums im eigenen Land ist es nämlich gut denkbar, daß

---

[173] Donner, Geschichte Israels I, S.138
[174] Vgl. dazu Donner, a.a.O., S.131f und 191
[175] Zu Jos 13ff vgl. u. Kap.IV.2
[176] Levin, Jahwist, S.224, vgl. dazu o. 2.2 und 2.3

Juda eine besondere religiöse Rolle erhält: Nach dem Untergang des Nordreichs fanden die von dort stammenden religiösen Traditionen eine neue Heimat im Süden und konnten dort weiter bewahrt werden. Damit ist ein zweifaches Phänomen im Blick auf diese Traditionen zu beobachten: zum einen die Aufnahme der für den eigenen Kontext und die eigene Identität notwendigen religiösen Traditionen durch die genealogische Verbindung der sie repräsentierenden Eponyme (Bilhasöhne und Leasöhne außer Juda); zum anderen die genealogische Einbindung der Größe, die den Fortbestand dieser Traditionen gewährleisten kann (Juda).[177] Daß Juda im Laufe der Zeit zum eigentlichen Träger der religiösen Identität bzw. zum Hoffnungsträger wird, zeigen die exilisch-nachexilischen genealogischen Systeme, die bereits besprochen wurden.

Die hier beschriebene Eigenschaft Judas als Träger religiöser Traditionen dürfte nun aber auch einen Hinweis auf den Zusammenhang Issachars und Sebulons mit Juda geben. So zeigt sich eine enge Beziehung Judas und Sebulons in Ps 68,28, einem Psalm, der eine Übernahme nordisraelitischer Traditionen in den Jerusalemer Tempelkult darstellt.[178] Bei der religiösen Tradition, auf die an dieser Stelle angespielt wird, kann es sich nur um die Tabortradition handeln, die in Ri 4; 8,18 und Dtn 33,18[179] anklingt, wobei in Dtn 33 von kultisch zu verstehenden Versammlungen am Tabor die Rede ist. Aus Ps 68 wird deutlich, daß die mit dem Tabor verbundene religiöse Nordreichtradition in Jerusalem Aufnahme fand und in den Tempelkult integriert wurde: Ps 68,16f "zielen von Haus aus auf das Heiligtum am Tabor"[180] und zeigen damit ihre nordisraelitische Herkunft. Die jetzige Gestalt des Psalms jedoch weist eindeutig nach Jerusalem, das in v.30 erwähnt wird, und setzt den dortigen Tempelkult voraus (vgl. Ps 68,25). Auch inhaltlich sind dabei die Wohnung Gottes auf dem Berg Tabor und der Einzug Gottes in das Heiligtum verbunden. Die in 68,28 vorausgesetzte Verbindung Judas mit dem geographisch weit vom Gebiet Judas entfernten Tabor zeigt, wie groß seine Bedeutung für die Weitergabe wichtiger religiöser Traditionen ist. Er erhält deshalb eine Position vor Sebulon und Issachar. Umgekehrt haben beide deshalb eine besondere Bedeutung, die ihre Aufnahme als Leasöhne rechtfertigt, weil sie aufgrund der genannten geographischen Gegebenheiten in einem genuinen territorialen Bezug zum Tabor stehen und daher als Träger der Tabortradition gelten.

Für Issachar und Sebulon kann daher gemeinsam gelten, daß ihre Aufnahme als Leasöhne in das Eponymensystem mit der von ihnen - aufgrund des mit ihnen verbundenen Gebietes - repräsentierten religiösen Tradition zusammenhängt. Diese Tradition ist vor allem deshalb bedeutend, weil sie im Jerusalemer Kult aufgenommen wird. Die Aufnahme in den Kult wird erst dadurch ermöglicht, daß sich ein Garant für das Fortleben solcher nordisraelitischen religiösen Traditionen findet. Dieser Garant ist durch den Repräsentanten des Südreiches Juda gegeben.

---

[177] Halpern sieht in der Anordnung der Leastämme sogar eine besondere Herausstellung Judas, die mit dem Landbesitz Judas und der territorialen Bedeutungslosigkeit von Ruben, Simeon und Levi zusammenhängt: "Thus, the first 'Leah' tribe with land - to speak in kinship language, the eldest son of the first wife who was in good stead - was Judah. The pentateuchal sources evince a pro-Judahite bias in this arrangement, one that has been thinly and hastily imposed on narratives exalting Joseph. Reuben, Simeon and Levi could head the Leah list without threat to Judah's prepollency." (Israel, S.123f)

[178] Näheres dazu s. unter Kap.III.1.2

[179] Aus Dtn 33,18, einem jungen Text (vgl. III.1.4), wird deutlich, wie lange sich die Tabortradition gehalten hat.

[180] Jeremias, Königtum, S.80

Der Eponym Juda wird deshalb in deutlicher Vorordnung vor Sebulon und Issachar in das genealogische Eponymensystem aufgenommen.

3.6 Ruben, Simeon und Levi als erste Leasöhne

Die bereits bei Juda, Sebulon und Issachar erkennbare Betonung bedeutender religiöser Traditionen läßt sich noch verstärkt bei den ersten drei Leasöhnen beobachten. Die angesprochene Tendenz, bei der Aufnahme eines Namens als Leasohn die religiösen Bezüge in den Vordergrund zu stellen, zeigt sich zunächst in auffälliger Weise bei *Levi*:

Die Beurteilung des 'Stammes' Levi ist einer der ausschlaggebenden Punkte für die Einordnung des genealogischen Systems. Dabei ergeben sich zwei Problemstellungen: Für Noth ist die Annahme eines weltlichen Stammes Levi ein Hauptargument für die Annahme eines hohen Alters von System 'A', dem genealogischen System. Dies ergibt sich aus der Funktion der Stämme am amphiktyonischen Heiligtum, die eine Gleichberechtigung aller beteiligten Stämme voraussetzt. Weder die Existenz Levis als eines priesterlichen Stammes in alter Zeit ist deshalb akzeptabel noch die Vorstellung, "that Levi was put into the system as a fictious tribe of priests."[181] In diesem Zusammenhang wird auch die Annahme vertreten, daß die späteren Leviten nicht mit dem im Stämmesystem begegnenden Levi identisch seien.

Die zweite Problemstellung hingegen hat mit dem Verhältnis der beiden Systeme 'A' und 'B' zu tun: Zwar behauptet deGeus, daß ein weltlicher Stamm Levi nicht existierte. Dies ist für ihn jedoch der Nachweis für das höhere Alter des Systems 'B', das ohne Levi auskommt. Gerade dieser charakteristische Aufbau der zum System 'B' gerechneten Texte ist jedoch ein Ergebnis junger theologischer Konzeptionen.[182] Die Ansetzung eines Systems 'B' in das Ende der Richterzeit durch deGeus ist somit bereits zurückgewiesen. Seine Untersuchung zu Levi, die zu einer Beschreibung von System 'A' als "the programme of a desire for restauration after 722"[183] führte, erscheint jedoch als weiterführend.

Im Zusammenhang der Frage nach Levi geht es folglich um den Nachweis, daß zwar einerseits das genealogische System 'A' älter ist als die Texte, die traditionell dem System 'B' zugeordnet wurden, andererseits aber auch die Stellung Levis nicht auf ein hohes Alter der genealogischen Tradition zurückschließen läßt. DeGeus ist also in der absoluten, nicht aber in der relativen Chronologie von System 'A' zu folgen.

In seiner Studie zu den israelitischen Stämmen kommt deGeus nach Untersuchung des für ihn ältesten Belegs Gen 49[184] (und Dtn 33) zu der Erkenntnis, daß "it is impossible to conclude the existence of a secular tribe of Levi on the basis of *this* passage. The material does not permit of

---

[181] deGeus, Tribes, S.104
[182] S. dazu auch Halpern: "Clearly, the Leviless Numbers lists serve a literary purpose."(Israel, S.110); vgl. Kap.I.6.6
[183] deGeus, Tribes, S.107
[184] deGeus folgt bei dieser Annahme offensichtlich Noths Auffassung.

such a conclusion; it is not a necessary hypothesis for the understanding of Gen. 49:5-7." Angespielt wird in dem Spruch von Gen 49 nämlich nicht auf geschichtliche Ereignisse, die einen säkularen Stamm betreffen, sondern auf die soziale Situation der Gruppe, so daß "we must be content with a *non liquet*."[185] Bei der daran anschließenden Frage, ob das Erscheinen Levis im genealogischen Stämmesystem zur Annahme eines weltlichen Stammes nötigt (so Noth), schließt sich deGeus weitgehend der Untersuchung Gunnewegs an.

Nach Gunneweg zeigt schon der Text Gen 49: Daß "von den Leviten sachlich unterschieden in ältester Zeit einmal ein weltlicher Volksstamm Levi existiert habe, ist aus diesen Texten nicht zu schließen."[186] Vielmehr erweist sich auch aus den relevanten vordeuteronomischen Texten, daß es sich bei den Leviten eher um eine durch Lebensweise und Funktion zu kennzeichnende Gruppe handelt, nicht jedoch um einen weltlichen Stamm: "Leviten erscheinen hier als Personen mit einem besonderen rechtlichen und sozialen Status. Sie gelten überall als Fremdlinge, auch in dem Gebiet des Stammes, mit dessen Sippen sie verwandt sind. Unbeschadet dieser verwandtschaftlichen Beziehungen gehören sie rechtlich nicht zu ihrem Stamm. Sie stehen in einem besonderen Verhältnis zu Jahwe."[187] Dieses besondere Verhältnis zu Jahwe hängt mit der Funktion der Leviten zusammen, die sich wiederum auf ihre Verbindung mit Mose (Ex 2,1f !) zurückführen läßt: Zur Aufgabe der Leviten gehören die "amphiktyonische Rechtspflege" sowie ihre "Lehr- und Tradententätigkeit"[188] - auch in der dtr Tradition gelten sie als "Hüter und Pfleger der Rechtstraditionen"[189]. Vor allem die Annahme der besonderen Funktion der Leviten im Rahmen der Amphiktyonie ist für Gunneweg Grund dafür, daß Levi als Eponym einer Gruppe, die eigentlich zu den personae miserae gerechnet werden muß, zu einem der zwölf Jakobsöhne wird.

Diese Beobachtung ist Gunneweg letztlich deswegen möglich, weil er ein gegenüber Noth differenziertes Verständnis der Amphiktyonie und des Zwölfersystems hat: "man wird das System mit Levi als Mitgliederliste der Amphiktyonie und nicht von vornherein als Verzeichnis von zwölf Volksstämmen verstehen müssen. Die zwölf Eponymen meinen primär die Glieder dieser Amphiktyonie und zwar als solche, in ihrer Bezogenheit auf 'Israel', das sie als 'Brüder' und 'Söhne Israels' miteinander repräsentieren, und nicht primär 'weltliche Stämme'."[190] Im späteren System 'B' hingegen fehle Levi dementsprechend wegen der geographischen Ausrichtung des Systems. Der von Gunneweg beschriebene Bezug der Leviten zum amphiktyonischen System kann freilich nach den bereits dargestellten Argumenten gegen die Annahme einer solchen Einrichtung in Israel nicht mehr übernommen werden.

Richtig hat hier deGeus beobachtet, daß Gunnewegs Lösung letztlich in eine Sackgasse führt: "Gunneweg at last concludes that there never was a secular tribe of Levi, and yet manages to escape the dreaded alternative of a sacerdotal tribe. Through accepting the amphictyony hypothesis, Gunneweg comes to a dead end in the contrast between a sacerdotal and a secular tribe."[191]

Die von deGeus geleistete Weiterführung zeigt, daß sich die Aufnahme Levis als Eponym in die Liste der zwölf Stämme Israels erklären läßt "at a juncture when the Levites were looked upon as one of the constitutive elements of Israel"[192]. Dies läßt sich auch in Verbindung bringen mit dem 'Aufstieg' der vielleicht besser als Gilde denn als Stamm bezeichneten Gruppe der Leviten, die aus *gerim* mit entsprechend geringem rechtlichen Status schließlich zu den eigentlichen Jahwepriestern (Identität Levit = Priester) wurden.[193]

---

[185] Beide Zitate deGeus, a.a.O., S.102; vgl. S.99-102
[186] Gunneweg, Leviten, S.79
[187] Gunneweg, a.a.O., S.78
[188] Beide Zitate Gunneweg, a.a.O., S.80
[189] Gunneweg, a.a.O., S.81
[190] Gunneweg, a.a.O., S.61
[191] deGeus, Tribes, S.105
[192] deGeus, a.a.O., S.107
[193] Für einen Überblick s. Gunneweg, Leviten, S.137.

Interessanterweise lassen sich auch diese Beobachtungen und Ergebnisse in Verbindung bringen mit den Beobachtungen zur Entstehung von Genealogien und der Übernahme der Jakob-Tradition. So geht es bei der Aufnahme Levis in das genealogische System einerseits um die Aufnahme von Elementen, die für das Identitätsbewußtsein Israels in einer Krisenlage konstitutiv sind. Andererseits hatte das anthropologische Vergleichsmaterial[194] gezeigt, daß bestimmte Gruppen wegen ihrer besonderen Spezialisierung und Funktion in die Genealogie aufgenommen werden, was für die Priestergilde der Leviten in besonderem Maße zutreffen dürfte.[195] Anstelle einer historischen amphiktyonischen Funktion ist also die identitätsstabilisierende Funktion der Genealogie für Israel die Ursache für das Auftreten Levis im genealogischen Eponymensystem.

Zusätzlich läßt sich im Vergleich zur Aufnahme der Jakobtradition noch eine signifikante Verbindung aufweisen, die bereits von Gunneweg beobachtet wurde: So zeigt sich in den - sicher nicht historisch aufzufassenden - Notizen Dtn 33,8ff und bes. Ex 2,1f eine enge Verbindung zwischen Levi und Mose. Mose wird Ex 2,1f zum Leviten erklärt "in dem Sinne der Abstammung aus einer levitischen Familie".[196] Dieser Zusammenhang hat aus der Sicht levitischer Kreise wohl zum Teil den Sinn der eigenen Glorifikation, zeigt aber nach Gunneweg gleichzeitig einen funktionalen Anspruch: "in der historischen Wirklichkeit hatten oder beanspruchten Leviten amphiktyonische Funktionen, welche dem sagenhaften Mose zugeschrieben wurden."[197] Auch hier kann Gunneweg freilich wegen der Amphiktyoniehypothese nicht so konsequent argumentieren, wie das aufgrund seiner Erkenntnisse nötig wäre: Der vorher getroffenen Aussage zufolge, daß die Verbindung zwischen Mose und Levi "nur traditionshistorisch zu fassen" sei, wäre es sinnvoller, nicht mit einer historisch gebundenen Funktion zu argumentieren, sondern die durch Traditionsaufnahme hergestellte Verbindung auch redaktionsgeschichtlich zu interpretieren: Dadurch, daß einerseits Mose genealogisch in die Levisippen eingereiht wird und andererseits Levi als Eponym genealogisch in die Reihe der Söhne Jakobs aufgenommen wird, "entsteht ein genealogischer Faden, der Vätergeschichte und Exodusgeschichte verknüpft."[198] Der Eponym Levi wird also offensichtlich aufgrund der durch die Mosetradition legitimierten Funktion von Priestertum, Rechts- und Gesetzeswahrung in die genealogische Reihe aufgenommen. Anzunehmen ist deshalb, daß die Mosetraditionen in hohem Maße eine identitätssichernde Konsolidierung Israels erbringen, die genealogisch ausgedrückt wird.

Bemerkenswert ist hier, daß Levi - wie dies schon bei den anderen genannten Eponymen zu beobachten war - für eine Gruppe des Volkes Israel steht, die zum Zeitpunkt der Entstehung der Genealogie nicht als Stamm im eigentlichen Sinn bezeichnet werden kann. Diese Kennzeichnung tritt bei Levi deshalb noch stärker

---

[194] Vgl. dazu die sozialgeschichtlichen Überlegungen im ersten Teil des Kapitels.
[195] Ahlström sieht die besondere Aufgabe der Leviten in ihrer direkten Zuordnung zur Regierung als "government employees" (Ahlström, History, S.413).
[196] Gunneweg, Leviten, S.66
[197] Gunneweg, a.a.O., S.80
[198] Levin, Jahwist, S.224, der diese Verknüpfung allerdings durch seinen 'Jahwisten' vorgenommen sieht.

hervor, weil mit dem Namen, wie zu zeigen war, von Anfang an kein Territorium verbunden ist, sondern eine bestimmte religiöse Funktion. Neben dieser Funktion hatte die Aufnahme Levis jedoch auf die Bedeutung der Mosetradition gewiesen, der im folgenden auch beim Erstgeborenen Ruben besondere Aufmerksamkeit geschenkt wird.

Auffällig ist bei *Ruben* im Blick auf historisch-politische Überlegungen, daß die in Num 32 als rubenitische Siedlungen angegebenen Orte[199] nur schwer als israelitisch besiedelt nachzuweisen sind. Sie erscheinen zwar auf der Mescha-Stele, werden dort jedoch sämtlich von Mescha beansprucht ohne den Hinweis auf eine frühere Zugehörigkeit zu Ruben. Im Gegensatz zu 'Israel' und 'Gad' wird Ruben dort überhaupt nicht erwähnt: Daß somit "Reuben as a tribal entity with a fixed territory has disappeared"[200], scheint daher zunächst die logische Schlußfolgerung zu sein. Die Vorordnung Rubens im genealogischen Eponymensystem kann jedoch mit der Aussage der Mescha-Stele nicht so kombiniert werden, daß daraus eine vormonarchische Entstehung der Erstgeburtsrolle erschlossen wird. Angesichts der Tatsache, daß keiner der Ruben betreffenden Texte in vor- oder frühmonarchischer Zeit anzusetzen ist, wäre eine solche Frühdatierung als reine Projektion anzusehen.[201] Zudem ist eine Weiterexistenz rubenitischer Sippen unter der Herrschaft Meschas auch dann denkbar, wenn sie nicht gesondert auf der Stele erwähnt sind.[202] Inwieweit sich in der Rubentradition tatsächliche frühe historische Erinnerungen widerspiegeln, ist also nur schwer zu klären. "In other words, Reuben's primogeniture may altogether lack a political correlative."[203] Auch von daher ist es also sinnvoll, die Position Rubens auf andere als politische Gründe zurückzuführen, wie bereits angedeutet wurde.

Vielmehr verweist Cross, ohne es zu wollen, auf den richtigen Weg, indem er annimmt, die besondere Rolle Rubens sei zu finden "in the formative era of Israel's religious and political self-consciousness"[204], eine Aussage, die bei ihm freilich auf historische Vorgänge der Frühzeit Israels bezogen ist und nicht auf eine Neuorientierungsphase Israels nach der Zerstörung des Nordreichs. Die Konsolidierung dieses religiösen und politischen Selbstbewußtseins ist dann aber in der Aufnahme von religiösen Traditionen zu suchen, die mit dem Gebiet Rubens verbunden werden, so daß der territoriale Aspekt noch stärker, als dies bei Juda, Issachar und Sebulon zu beobachten war, lediglich den Hintergrund für die mit ihm verbundenen Traditionen bildet.

Religiös bedeutsam ist im Blick auf die Zuordnung Rubens zu Jakob die Tatsache, daß sowohl Ruben als auch Jakob wichtige Traditionen des Ostjordanlandes repräsentieren, was bei Jakob durch die Handlungsorte und bei Ruben durch das Siedlungsgebiet[205] vorgegeben ist. Die enge Verbindung des Nordreichs mit dem

---

[199] S. dazu Kap.IV.1
[200] Cross, Reuben, S.48
[201] Zur Datierung der Texte s. die folgenden Kapitel. Anders Cross, Reuben, S.48: "Evidently Reuben's era of preeminence was early in the history of the tribes..."
[202] Vgl. dazu u. Kap.IV. Ergebnis A
[203] Halpern, Israel, S.123
[204] Cross, Reuben, S.48
[205] Zur eingehenden Untersuchung des rubenitischen Siedlungsgebietes s. Kap.IV.

Ostjordanland könnte also auch hier einen Niederschlag finden. Für Halpern hat die bevorzugte Behandlung Rubens ihren Ausgangspunkt in den mit dem rubenitischen, d.h ostjordanischen Gebiet verbundenen Traditionen Israels, "the Balaam material, the Baal-Peor cycle (however it has now been attacked or reworked), the antique claims lodged through the song of Heshbon ... and so forth."[206] Bei diesen Traditionen ist freilich im folgenden zu differenzieren, da ihre jetzige Gestalt nicht unbestritten als alt gelten kann. Offensichtlich ist es zu einer Verbindung von religiösen Traditionen mit dem Ostjordanland auch sekundär gekommen, nachdem die Bedeutung der ostjordanischen Mosetradition zugenommen hat.

Als alt anzusehen ist daher der enge Zusammenhang von rubenitischem Gebiet und Mosetraditionen. Besonders wichtig muß hier die alte Tradition des Mosegrabes im Tal von Beth Peor bzw. am Berg/Nebo gewesen sein, die in Dtn 34 aufgenommen und formuliert wird[207] und damit nach den Angaben von Num 32 im rubenitischen Gebiet zu suchen ist.[208] Mit dieser Tradition des Mosegrabes werden, ihrer offensichtlichen Bedeutung entsprechend, im Laufe der Zeit weitere Traditionen verbunden. So findet nach deuteronomistischer Tradition im Tal gegenüber von Beth Peor die zweite Gesetzgebung durch Mose ebenso statt wie die Erneuerung des Bundesschlusses (Dtn 29,9-14). "That these events took place according to these traditions precisely in the heart of Reuben is often forgotten since the geographical terms 'land of Moab', 'steppes of Moab', or 'the valley in the land of Moab opposite Bet Pe'or', appropriate after Moab had long moved north and occupied Reuben, are used in Deuteronomy."[209]

Der elohistische Verfasser der Geburtsgeschichte, der durch die Position Rubens als Erstgeborenem der Bedeutung der mit dem rubenitischen Gebiet verbundenen Mosetradition für Israel Rechnung trägt, bringt auch an anderer Stelle die Bedeutung des rubenitischen Gebietes zum Ausdruck: Wie bereits erwähnt, wird "die elohistische Bileamgeschichte von Num 22 und 23 im Gebiet des 'Stammes' Ruben lokalisiert"[210]. Auch in der Bileamgeschichte spielt dabei der durch die Mosegrabtradition bekannte Berg Nebo (in Num 23,14 Pisga genannt) eine Rolle als einer der beiden Orte, von denen aus die Sprüche des Bileam gesprochen werden. Und auch der zweite Ort, Bamoth-Baal, ist nach Jos 13,17 in der Nähe des rubenitischen Baal-Meon zu lokalisieren.

Schließlich wird in der späten Königszeit der Bedeutung der rubenitischen Stadt Hesbon dadurch Rechnung getragen, daß sie Eingang findet in die Tradition der siegreichen Überwindung Moabs als ostjordanischem Feind Israels, z.B. in das sog. 'Hesbonlied', dessen ursprüngliche

---

[206] Halpern, Israel, S.130
[207] Anders als von Cross vermutet (Reuben, S.52), handelt es sich nicht um einen elohistischen Text.
[208] Genannt werden in Num 32 als rubenitische Siedlungen Hesbon, Elale, Kirjathaim, Nebo, Baal-Meon und Sibma; zu Num 32 als ältestem Beleg für das rubenitische Gebiet s.Kap.IV.2.4 und Kap.IV. Ergebnis A.
[209] Cross, Reuben, S.51. Nach Cross läßt sich deshalb möglicherweise über die Mosetradition auch eine Verbindung mit Levi herstellen: "what is astonishing is that the Levitic priests who cherished these traditions - the priestly house tracing its lineage to Moses in our view... - attributed their traditions ... to the valley of Moses in Reuben." (ebenda)
[210] H.-C.Schmitt, Jakobs Kampf, S.11

Fassung wohl als prophetisches Spottlied über ein von einem anderen Feind zerstörtes Moab zu verstehen ist.[211]

Die mit dem rubenitischen Gebiet verbundenen religiösen Traditionen, die zur Aufnahme des Eponymen Ruben als Erstgeborenem in das genealogische System geführt haben und damit ein wichtiges Element der Identifikation Israels bilden, finden ihren Anhalt an den tatsächlich bestehenden Verbindungen zum Ostjordanland: Wie die Untersuchung zur Sozialgeschichte und zu den Genealogien zeigte, sind in manchen Fällen historisch zutreffende Informationen in den Bildungsprozeß der Genealogien mit aufgenommen. Für Ruben und das von ihm repräsentierte ostjordanische Gebiet kann dabei gelten, daß offensichtlich einerseits politische Beziehungen des Nordreichs zum Land jenseits des Jordan bestanden, wie etwa in der Zeit Omris. Andererseits dürften auch Verwandtschafts- und Handelsbeziehungen zum Ostjordanland bestanden haben. Darauf verweisen die schon früh florierenden Siedlungen am Ostabhang des ephraimitischen Berglandes[212], die alten west-östlichen Handelsstraßen (z.B. Jericho-Hesbon)[213], aber auch die Tatsache, daß in Krisensituationen eine Flucht ins Ostjordanland offenbar einen selbstverständlichen Ausweg darstellte (z.B. bei David).[214]

Waren für Levi und Ruben die mit ihnen verbundenen religiösen Traditionen als ausschlaggebend für ihre Aufnahme an vorderer bzw. vorderster Stelle im Eponymensystem gewesen, so muß nun bei dem Zweitgeborenen *Simeon* danach gefragt werden, ob auch hier eine Verbindung mit wichtigen Traditionen vorliegt, die eine Aufnahme des Eponymen an zweiter Stelle im genealogischen System begründet.

Für den schwer einzuordnenden Eponymen Simeon ist zunächst auf die interessante Verbindung von Simeon und Levi in Gen 34 zu verweisen, die ihrerseits in Zusammenhang mit Gen 49 steht.[215] Für Gen 49 zeigt die Untersuchung Gunnewegs, daß es in der Erzählung, die die Rüge der beiden Brüder im Jakobsegen begründet, nicht darum geht, daß hier "ein früherer Untergang zweier Stämme ... als historisches Faktum sichtbar"[216] wird. Vielmehr soll offensicht-lich ein beiden Gruppen gemeinsames Schicksal erklärt werden, das von Gunneweg als "Zerstreuung" bezeichnet wird: "Als historischen Tatbestand setzt der Spruch also zerstreut lebende Levi-Leute (und Simeoniten) voraus. Eben diesen Tatbestand will der Spruch aus einem über Levi und Simeon wegen ihrer Gewalttätigkeit ausgesprochenen Fluch erklären."[217] In diesem Zusammenhang zu sehen ist auch die Tatsache, daß das in Jos 19,1ff für Simeon beschriebene Gebiet offensichtlich nicht auf eine bekannte Tradition über simeonitische Siedlungen zurückzuführen ist, sondern

---

[211] H.-C.Schmitt, Hesbonlied, S.33. Schmitt verweist allerdings darauf, "daß eindeutige literarische Zeugnisse für die Existenz einer erwähnenswerten Stadt Hesbon frühestens seit dem ausgehenden 8.Jahrhundert vorliegen." (a.a.O., S.38) Für die literarische Gestalt des Hesbonliedes nimmt er eine exilische oder sogar nachexilische Datierung vor (a.a.O., S.39f), so daß wohl auch hier eine Tradition der späten Königszeit, die zur Zeit des Elohisten bekannt gewesen sein dürfte, erst relativ spät in ihre jetzige literarische Form gebracht wurde. Auch hier ist deshalb gegenüber Halpern zu differenzieren.

[212] Vgl. dazu den Survey von Finkelstein, Archaeology, S.119-204.

[213] S. Beitzel, Art. Roads and Highways (pre-Roman), S.776-782 (Karte auf S.780)

[214] Nach dem Anwachsen der Macht des moabitischen Königs Mescha ist mit einem schwindenden Einfluß israelitischer Interessen in diesem Gebiet zu rechnen, die einem Verlust gleichkommen. Das Moment des Verlustes eines Gebietes, mit dem identitätsstiftende Traditionen verbunden werden, könnte bei der Aufnahme des Eponymen Ruben an vorderster Stelle mit bedacht worden sein.

[215] Zu Gen 49 und 34 s.u. Kap.V.2

[216] Gunneweg, Leviten, S.51. Die "fragility" der Hypothese von einer Vertreibung der früher in Mittelpalästina ansässigen Stämme Levi und Simeon durch die Rahelstämme dürfte aufgrund der neueren Forschung zu Gen 34 und 49 erwiesen sein (s. Halpern, Israel, S.26).

[217] Gunneweg, a.a.O., S.46; vgl. Kap.V.2

einen Auszug aus der Judaliste von Jos 15,21b-32 darstellt.[218] Gerade diese Konstruktion eines simeonitischen Siedlungsgebietes, bei der ein "literarische(r) Sachverhalt ... so als ein historischer ausgegeben"[219] wird, zeigt aber andererseits ein offensichtliches Interesse an Simeon und 'seinen' Siedlungen, von denen dem zuerst genannten Beerscheba eine besondere Bedeutung zukommt.

Das gemeinsame Schicksal einer zerstreuten Gruppe rechtfertigt freilich für sich genommen nicht die Aufnahme Simeons an vorderer Stelle in das Zwölfersystem. Sie dürfte lediglich einen Hinweis dafür geben, daß - ähnlich wie dies schon bei den im Norden lokalisierten 'Stämmen' und bei Ruben zu beobachten war - das Bewußtsein des Verlustes von ehemals israelitischem Territorium gerade diese Gebiete für die Identität Israels wichtig werden läßt.

Noch bedeutender dürfte demgegenüber sein, daß die Geburt des Eponymen Simeon in gleicher Weise als Ergebnis der direkten Zuwendung Gottes geschildert wird, wie dies bei den anderen Leasöhnen (und bei Joseph) der Fall ist. Möglicherweise kann hier diese religiöse Begründung (Eingreifen Gottes) einen Hinweis darauf geben, daß auch die Aufnahme Simeons um der Aufnahme religiöser Traditionen willen geschieht. Auf diese Bedeutung Simeons weist auch die Beobachtung, daß Simeon als einziger der Brüder - außer Ruben und Juda, Joseph und Benjamin - in der Josephsgeschichte namentlich genannt wird, und zwar in den elohistischen Versen des Kap. 42 (v.24.36)[220]. Der elohistische Verfasser des genealogischen Eponymensystems macht also in seiner Fassung der Josephsgeschichte sowohl die Bedeutung Rubens als auch die Simeons deutlich.

Auffällig ist, daß Beerscheba als einziger Ort, mit dem in den Erzvätertraditionen drei Patriarchengestalten verbunden werden (Abraham Gen 21; Abraham und Isaak Gen 22,19; Jakob Gen 28,10; Israel Gen 46,1.5), im traditionellen bzw. bewußt gestalteten Stammesgebiet Simeons liegt (Jos 19,2 (!); I Chr 4,28).[221] In den elohistischen Texten wird Beerscheba sogar zum Sitz der gesamten Erzvätertradition, wie die Lokalisierung der elohistischen Vätergeschichten zeigt. Diese auffällige Verlagerung aller Erzvätergeschichten nach Beerscheba in das Gebiet Simeons zeigt, wie groß die Bedeutung Simeons für den Elohisten ist: Die damit geleistete Verbindung mit den drei Stammvätern stellt nämlich eine genealogisch zum Ausdruck gebrachte Verschmelzung von Traditionen dar.[222] Beerscheba wird sowohl zum Ort des Heiligtums (z.B. Gen 46,1 vgl. Amos 5,5 u. 8,14), als auch zur Begegnungsstätte und zum Ort von Verträgen und Abmachungen (z.B. Gen 21,22ff), vereinigt also in den mit ihm verbundenen Traditionen nicht nur mehrere Patriarchen, sondern auch ganz verschiedene Funktionen. Auffällig ist weiterhin, daß die mit Beerscheba verbundenen Traditionen offensichtlich vor allem im Nordreich Israel große Bedeutung besaßen: So spricht Amos bzw. die Amosschule[223] vom Nordreich als dem 'Haus Isaaks' (7,16) und von dessen Heiligtümern als den 'Höhen Isaaks' (7,9). Vor allem aber findet sich bei Amos bzw. in der Amosschule Polemik gegenüber den Wallfahrten nach Beerscheba (5,5 u. 8,14)[224],

---

[218] Vgl. zu 19,9 Fritz, Josua, S.186. "Dagegen ist die erneute Feststellung des Sachverhaltes in 9, daß der Anteil Simeons inmitten des Territoriums Judas liegt, wohl redaktionell."(ebenda)

[219] Ebenda

[220] Vgl. zur literarischen Schichtung die Ausführungen zur Josephsgeschichte in Kap.V.1.2

[221] Allein in Gen 26 scheint sich eine alte Isaaktradition widerzuspiegeln, die noch in vorelohistische Zeit zurückweist: "Gen 26 also gives the impression of being a literary composition, but it is equally evident that this chapter, too, is based on earlier traditions." (Axelsson, The Lord Rose, S.91)

[222] Zum Zusammenwachsen der Abraham-Isaak-Traditionen in Beerscheba s. Axelsson, The Lord Rose, S.96-101.

[223] Vgl. dazu Jeremias, Amos, S.106-112

[224] Vgl. dazu Jeremias, a.a.O., S. 66f.120f

die der stärkste Beleg für die Verehrung dieses Heiligtums sein dürften. Das durch Simeon und seine Position repräsentierte Zusammenwachsen der verschiedenen Patriarchentraditionen und ihre Verbindung mit dem Nordreich gibt dann aber einen erneuten Hinweis auf die Entstehung des genealogischen Systems nach dem Untergang des Nordreiches: "The ranging together of all the various patriarchal narratives, including the Jacob cycle, belongs in redactional and temporal terms to the same period when all three patriarchs became genealogically interconnected. This points to a period when the traditions of the northern kingdom made entrance into, and were adopted by, Judah."[225] Der elohistische Verfasser des genealogischen Eponymensystems gehört jedoch, wie dargestellt, in den Rahmen dieser Nordreichtraditionen und damit in eine nordisraelitische Perspektive.

Auch wenn Simeon als 'Stamm' keine politische Bedeutung zukommt - selbst die Existenz des Stammes als historisch faßbare Größe ist strittig[226]-, so sollte doch seine Bedeutung als Träger der für das Nordreich wichtigen Südland-Traditionen nicht unterschätzt werden. Ähnlich wie bei dem politisch ebenfalls bedeutungs-losen Ruben ist also auch hier die Aufnahme des Eponymen an besonderer Stelle im genealogischen System vorstellbar als ein Weg, um die für Israel identitäts-stiftenden religiösen Traditionen fest zu integrieren.

3.7 Das System der zwölf Eponymen als 'dezentrales' System eines ideellen Israel

Die Untersuchung der Position der einzelnen Eponymen konnte deutlich machen, daß der elohistische Verfasser dieses Zwölfersystems eine bewußte Anordnung durch die Zuweisung zu den jeweiligen Müttern und durch die Reihenfolge der Eponymen vornahm. In einer Situation, da die politische Identität des Nordrei-ches zerbrochen war, bringt er damit in ganz neuer Weise eine Konsolidierung Israels durch die Betonung religiöser Traditionen vor: Identitätsstiftend sind für Israel jetzt nicht mehr territoriale Gegebenheiten, sondern vor allem die mit bestimmten Territorien verbundenen religiösen Traditionen. Von diesen erlangen wiederum die Mosetradition und die Erzvätertradition, die besonders eng mit dem Nordreich verbunden waren, ihre besondere Bedeutung, die sich in der Position Rubens und Simeons widerspiegelt. Auch die anderen Leasöhne werden in der Reihenfolge der Bedeutung der mit ihnen verbundenen religiösen Traditionen aufgenommen, wobei Levi aufgrund seiner priesterlichen Funktion an dritter Stelle, also noch vor Juda erscheint. Demgegenüber treten die nur weniger bedeu-tende und auch geographisch weit vom Kerngebiet Israels entfernte Traditionen repräsentierenden Namen Dan und Naphtali als Söhne der Magd Bilha zurück.

---

[225] Axelsson, a.a.O., S.101

[226] Erst Jos 19 rechnet mit einem eigenständigen Gebiet von Simeon, während Jos 15 möglicher-weise so zu verstehen ist, daß Simeon als eigenständige territoriale Größe nicht existiert. Das simeonitische Gebiet findet sich somit zwar erst bei P^S literarisch fixiert, dürfte jedoch auf ältere Erinnerungen (wenn auch nicht auf eine bestimmte alte Quelle, vgl. Fritz, Josua, S.186) zurückgehen.

Gad und Asser werden zwar als Repräsentanten israelitischer Territorien aufgenommen, jedoch der gegenüber Bilha unbedeutenderen Magd Silpa zugeordnet, weil die mit ihnen verbundenen Randgebiete keine erkennbaren religiösen Traditionen aufweisen. Joseph und Benjamin schließlich, die mit ihren Namen/ Territorien das Kerngebiet des ehemaligen Nordreichs und damit die Heimat des Verfassers repräsentieren, werden zu Söhnen der Lieblingsfrau erklärt.

Nicht nur in der Anordnung der Eponymen wird dabei von einer eigenen Schöpfung des Elohisten auszugehen sein, sondern auch bei der Zusammenstellung von zwölf Repräsentanten, wäre doch angesichts der verschiedenen Stammesgruppen (z.B. im Negev[227]) jeweils eine größere oder kleinere Zahl ebenso möglich gewesen. Schon Fohrer verweist deshalb darauf, daß der Zwölfzahl "nicht wirkliche Gegebenheiten zugrunde liegen, sondern daß andere Gründe für ihre Wahl maßgebend gewesen sind."[228]

Nochmals betont werden muß hier, daß die Zwölfzahl sich nicht aus der Anlehnung an eine reale (sakralrechtliche) Stämmeföderation von zwölf Stämmen ergibt, da die Existenz einer solchen Amphiktyonie im israelitischen Bereich auszuschließen war. Die eingehende Untersuchung der altorientalischen Parallelen durch v.Arx zeigt, daß sich auch in der Umgebung Israels keinerlei Anhaltspunkte für die Existenz einer solchen Institution finden, die als Analogien verwendet werden könnten.[229]

Für die Klärung der Frage nach der Bedeutung der Zwölfzahl ist jedoch wichtig, daß man bei den Belegen der Zwölfzahl sowohl im Alten Testament als auch im babylonisch-assyrischen und im hethitischen Bereich "das Moment der Ganzheit und Vollständigkeit neben dem numerischen Gehalt in Anschlag bringen"[230] darf. Schon der Umgang alttestamentlicher Autoren mit dem vorgegebenen genealogischen System bei der redaktionellen Ausgestaltung der Stämmelisten[231] macht dies deutlich: "There is something important about the number itself, as indicated by the effort to retain it in spite of the losses or gains in the actual number of tribes."[232] So werden beispielsweise in den Listen, die Levi nicht enthalten, statt Joseph Ephraim und Manasse genannt, um die Zwölfzahl zu erhalten (Num 2,3-31 u.a.). Auch unabhängig vom Zwölfersystem der 'Stämme' findet sich die Zahl Zwölf, wie z.B. bei der Einsetzung der königlichen Beamten in I Kön 4,7-19, wo die Zwölfzahl vor allem durch die monatliche Versorgung des Hofes gegeben ist oder bei der Verordnung über die königliche Versorgung in einem allmonatlichen System von 24 000 Leuten in I Chr 27,1-15. "Twelve occurs in many other relations, ritual and otherwise, without explicit or implicit connection with the tribal system (Exod.15:27; Lev. 24:5; I Kings 10:20; Jer.52:20; Ezek. 43:16...)."[233]

---

[227] Vgl. Donner, Geschichte Israels I, S.132; Miller/Hayes, History, S.106f
[228] Fohrer, Geschichte, S.46
[229] v.Arx, Studien, S.197. Wie inzwischen allgemein anerkannt, sind die entsprechenden Belege aus dem Bereich der klassischen Antike hier nicht als Analogien zu verwenden.
[230] v.Arx, a.a.O., S.196 (entsprechende neuassyrische Textbelege werden a.a.O., S.195 genannt)
[231] S. dazu die in Kap.I untersuchten Zwölferlisten.
[232] Pope, Twelve, S.719
[233] Ebenda

In den entsprechenden altorientalischen Texten findet sich zum einen die Tendenz, die Anzahl der Götter auf Zwölf zu bringen oder abzurunden[234], zum anderen die Vorstellung, daß jeweils zwölf Teile (z.B. als Körperteile bei Opfern) unter dem Aspekt der Vollständigkeit kultische Bedeutung haben.[235] Im hethitischen Bereich läßt sich diese Zahl außer in einem entsprechenden Textbeleg auch in der Darstellung von Zwölfgötterreliefs und Zwölfgötterheiligtümern nachweisen.[236] Allerdings gibt es in Babylonien und Ägypten, wie schon von Weinreich festgestellt, "keine festen, repräsentativen Kreise von Zwölfgöttern; wohl aber Monatsgottheiten"[237]. Gerade im vorderasiatischen Kulturkreis "war die Zwölfzahl bedeutsam im Rechnen und Messen, im Weltbild, der Zeitrechnung, in Astronomie, Kult, Mythus, Staatswesen"[238], wobei sie offensichtlich jeweils "über den nominalen Wert hinaus die Einheit, Ganzheit und Totalität der damit gekennzeichneten Personen, Sachen und Gruppen"[239] ausdrückt. Die genaue Begründung dieser symbolischen Bedeutung der Zwölfzahl muß wohl im Dunkeln bleiben. Zu vermuten ist aber nach v.Arx ein Zusammenhang damit, daß die Zwölfzahl "im Kalender eine herausragende Rolle spielt, wo die Mondphasen- und Jahreszeitenbeobachtung dazu geführt haben, dass zwölf Monate ... ein Ganzes im kosmischen Ausmass konstituieren ... ."[240] Zusätzlich ist auf die numerische Bedeutung zu verweisen: "The practical advantage of the number, its maximum divisibi-

---

[234] Als Beispiel nennt v.Arx die entsprechenden Belege in den Inschriften Assurbanipals II (v.Arx, Studien, S.422 A.719).

[235] Eine eingehende Untersuchung zur Zwölfzahl im Bereich des Alten Orient liegt - abgesehen von den im folgenden zu nennenden Belegen der hethitischen Zwölfgötterreliefs - nicht vor. Für die beim kultischen Vollzug wichtige Zwölfzahl ist auf die von v.Arx zusammengestellten Belege in ders., a.a.O., S.323 A.71 und S.423 A.719 zu verweisen.

[236] Bei den Ausgrabungen in Boghazköy wurden in dem außerhalb der Stadt gelegenen Felsheiligtum Yazilikaya zwei Felsreliefs mit je einem Zug von zwölf Göttern gefunden. Ein Hinweis für das Verständnis dieser Göttergruppe und ihre Zuordnung in einen sepulkralen Zusammenhang ist der einzige derartige Textbeleg: Ein hethitisch-luwisches Beschwörungsritual, in dem die Zwölfgötter in Verbindung mit dem Unterweltsgott genannt werden (Bittel, Yazilikaya, S.191f). Einen "chthonischen Bezug der hethitischen Reliefdarstellungen belegt die Anwesenheit der Zwölfgötter in der Kammer B von Yazilikaya, die als Stätte des Totenkults gedeutet wird" (Freyer-Schauenburg, Zwölfgötter-Reliefs, S.77). Bemerkenswert in der Darstellung der Götter ist, daß sie in auffälliger Weise gleich gestaltet sind, so daß darauf zu schließen ist, daß es sich hier "um zwölf anonyme, bewaffnete..., einander genau gleichende Götter handelt." (Freyer-Schauenburg, a.a.O., S.75, vgl. die Abbildung auf Tafel 19). Gerade diese Kennzeichnung macht die Deutung wahrscheinlich, daß es sich bei diesen Götterdarstellungen um Gruppen handelt, die durch ihre Zwölfzahl jeweils die Geschlossenheit und Vollständigkeit der Gottheiten repräsentieren (so Haas/Wäfler, Yazilikaya, S.223f). Die unpersonale Gestaltung des Zwölfervereins ist im Bereich des hethitischen Kultes freilich nahezu einmalig und steht auch in der Darstellung im Gegensatz zu den anderen 'hohen' hethitischen Göttern, die nicht dahinschreitend, sondern auf dem Rücken von Tieren stehend dargestellt werden (Freyer-Schauenburg, a.a.O., S.76).

[237] Weinreich, Zwölfgötter, S.439

[238] Weinreich, a.a.O., S.438

[239] v.Arx, Studien, S.92

[240] Ebenda mit A.85-89!

lity, as well as its importance in the Sumerian duodecimal or sexagesimal numerical system, must have contributed to its development of symbolic significance."[241]

Festzuhalten bleibt die für den gesamten alten Orient geltende symbolische Dimension der Ganzheit. Daß diese "auch bei fehlender oder unterbrochener Realisierung die vorhandenen Teile eines Ganzen als zusammengehörige Einheit kennzeichnet ..., wird man auch bei der Anwendung auf Gruppen von Kollektiven oder Individuen ... berücksichtigen müssen."[242]

Daß die elohistische Kompositionsschicht[243] in ihrem Konzept die Zwölfzahl aufgreift (es ist in diesem Zusammenhang nochmals auf die Zählung der Söhne in der Geburtsgeschichte zu verweisen!), ist deshalb unter dem Aspekt der Gesamtheit besonders bedeutsam. Geht es ihr doch darum, die Identität ganz Israels in einer Krisensituation festzuhalten bzw. zu begründen. Es handelt sich bei dem Zwölferschema also um eine "Deklaration der Gemeinschaft Israel"[244]. Dazu gehört auch der Rückgriff auf die mit den Eponymen verbundenen religiösen Traditionen in der Vollständigkeit, wie sie für Israel ausschlaggebend sind. Dieses übergreifende Denken äußert sich auch darin, daß bei den mit den Eponymen verbundenen Territorien keine Konzentration auf ein bestimmtes Gebiet vorgenommen wird, sondern auch die Randgebiete eingeschlossen werden. Besondere Bedeutung kommt im Rahmen dieser Überlegungen der Tatsache zu, daß - wie mehrfach erwähnt - die ostjordanischen Ruben-Traditionen als die wichtigsten (Ruben ist der Erstgeborene) angesehen werden. Auf diese Weise entsteht ein 'dezentrales' theologisches Konzept, das die Identitätsstiftung aus der Ganzheit der zu Israel gerechneten Territorien und Traditionen gewinnt. Gerade diese übergreifende Offenheit zeichnet die Vorstellung des Elohisten gegenüber späteren Konzepten aus, bei denen sich eine zunehmende Konzentration auf das judäische Kernland beobachten läßt.

Daß die Konzeption der gesamtisraelitischen Identität durch die Genealogie der Eponymen zum Ausdruck gebracht wird, dürfte seinen Hintergrund darin haben, daß angesichts einer von segmentären Sozialstrukturen geprägten Gesellschaft die Genealogie das geeignete Mittel darstellt, um Einheit und Solidarität, aber auch die Unterschiede zwischen den einzelnen Mitgliedern zum Ausdruck zu bringen, weil in dieser Gesellschaftsform das Verhältnis der Mitglieder zueinander, d.h. ihre Sozialstruktur, charakteristischerweise in Genealogien beschrieben wird. Auch in einer Situation, in der die Zentralgewalt (des zerbrochenen Nordreichs) keine entscheidende Funktion mehr hat, kann somit auf die Genealogie als Ausdrucksform zurückgegriffen werden, weil sie nicht an ein staatliches System von Zentralgewalt und Verwaltung geknüpft ist.

Umgekehrt kann der Verfasser durch die Verwendung der Genealogie "damit rechnen, unmittelbar und allgemein verstanden zu werden."[245] Die These der

---

[241] Pope, Twelve, S.719
[242] v.Arx, Studien, S.92
[243] S.o.2.3
[244] Fohrer, Geschichte, S.79, der diese Deklaration allerdings "auf den Vorgang der allmählichen Volkwerdung der israelitischen Stämme" bezieht.
[245] Lux, Genealogie, S.245

"grundsätzlichen Allgemeinverständlichkeit von Genealogien"[246], die neuerdings von Lux am Beispiel der priesterschriftlichen Genealogien expliziert wurde, kann m.E. auch für die vom Elohisten geschaffene Genealogie des ideell[247] verstandenen Israel übernommen werden: "Sie wurde eingesetzt als Stabilisierungsfaktor gegen Auflösungserscheinungen von Identität"[248] und erweist ihre gesamtisraelitische Bedeutung als ein allgemein verständliches und die Ganzheit Israels in der Weite der Möglichkeiten symbolisierendes Konzept.

---

[246] Ebenda
[247] Die fiktionale Größe eines ideellen Israel, wird dabei durch den Vorbildcharakter, den dieses Israel erhält, gleichzeitig zu einer idealen Größe. Dieses ideale Element wird vor allem dort deutlich, wo die elohistische Schicht Ruben als Repräsentanten des idealen Israel auftreten läßt (vgl. Kap.V.1).
[248] Lux, a.a.O., S.258

Kapitel III: 'Stämme-Systeme' in Dtn 33 und Ri 5?

Die Untersuchung hat im vorangehenden Kapitel ergeben, daß es sich beim genealogischen 'Stämme'-System um ein Eponymensystem handelt, dessen Entwicklung erst in staatlicher Zeit denkbar ist, das seine eigentliche Funktion aber dem Interesse der Schaffung nationaler Identität nach dem Zusammenbruch von 722 verdankt. Dieses Kapitel stellt daher die Frage nach möglichen erkennbaren Vorformen des Zusammengehörigkeitsgefühls israelitischer Gruppen und der Zugehörigkeit bzw. Bedeutung Rubens.[1]

In diesem Zusammenhang werden in der Forschung vor allem zwei Texte genannt, die aufgrund ihrer Zusammenstellung von 'Stämmen', darüber hinaus aber wohl aufgrund des archaisch klingenden Kontexts dieser Zusammenstellungen (insofern unterscheiden sich diese beiden Texte von den in Kap.I untersuchten 'reinen' 'Stämme'-Systemen) Hinweise zu geben scheinen auf frühe 'Stämme'-Koalitionen, auf die Existenz früher 'Stämme'-Systeme und - im Rahmen der vorgegebenen Themenstellung - auf die Rolle Rubens in diesen frühen Kontexten.

Es handelt sich hierbei zum einen um den sog. Mosesegen in Dtn 33, dessen Rahmen alte Theophanievorstellungen aufzuweisen scheint und dessen Spruchanordnung vom Eponymensystem abweicht. Zum anderen ist das 'Deboralied' in Ri 5 zu berücksichtigen, in dem sich ebenfalls eine kurze Spruchreihe über die 'Stämme', vor allem aber der Hinweis auf eine frühe 'Stämme'-Koalition findet.

Da die in Ri 5 ebenfalls begegnende Theophanieschilderung in der Forschung zur Bestimmung eines hohen Alters von Ri 5 herangezogen wird, das hohe Alter der Theophanieschilderung aber gleichzeitig mit der Parallele in Dtn 33 begründet wird, ist eine Untersuchung des 'Mosesegens' voranzustellen, um von hier Hinweise für die Beurteilung des 'Deboraliedes' zu gewinnen.

In den Zusammenhang des literarischen Charakters der beiden Texte gehört schließlich auch die Frage nach der Beurteilung Rubens und seiner Rolle im Verhältnis zu den anderen Brüdern in den jeweiligen Sprüchen.

1. Deuteronomium 33

1.1 Problemstellung

Auffällig ist, daß sich in Dtn 33 ein zusammenhängender Block von Stammessprüchen (v.6-25) literarisch abheben läßt von dem in der Forschung weitgehend einhellig als 'Rahmenpsalm' bezeichneten Stück in v.2-5.26-29, "dessen ursprüng-

---

[1] Dies um so mehr, als in der Forschung vielfach die These vertreten wird, daß Ruben in vorstaatlicher Zeit eine wichtige Rolle spielte.

liche Selbständigkeit gegenüber den Stammessprüchen seit Beginn unseres Jh.s weitgehend anerkannt ist"[2]. Bei diesem Rahmen handelt es sich also um einen "integral psalm which has no original connexion to the oracles."[3] Während es in den Sprüchen von v.6-25 um Aussagen über das Schicksal einzelner 'Stämme' geht, wobei diese meist im Zusammenhang von Gebeten zu Jahwe genannt bzw. in Segenssprüchen gepriesen werden (der Rubenspruch bildet hierbei eine Ausnahme), hat der Rahmenpsalm nicht "nur ein einzelnes Heilsereignis, sondern eine ganze Periode der Heilsgeschichte ... im Blick"[4]. Eröffnet wird dieser Blick durch eine Theophanieschilderung in 33,2, die Jahwes Kommen - begleitet von den 'Heiligen' - zu den in den folgenden Versen des Psalms geschilderten Heilsereignissen beschreibt. Mit der Theophanieschilderung ist im Rahmenpsalm auch die Vorstellung vom Königtum Jahwes in v.5 verbunden.

Diese literarische Selbständigkeit des Rahmenpsalms führt jedoch z.B. in den beiden Untersuchungen von Jeremias[5] nicht zur Annahme einer gegenüber den Stammessprüchen späteren Schicht, sondern umgekehrt zu der Vermutung, es handele sich hier um "den ältesten Text im Alten Testament, der vom Königtum Jahwes spricht."[6] Dies ist um so auffälliger, als von Jeremias selbst in bezug auf die Theophanieschilderung, die ja das eigentlich bestimmende Element des Rahmenpsalms ausmacht, bemerkt wird, daß sie sich "formal schon von den formgeschichtlich ältesten Theophanietexten entfernt hat".[7] Eine redaktionsgeschichtliche Arbeitsweise, wie sie in der vorliegenden Studie geübt werden soll, kann freilich den durch diese Beurteilung gegebenen methodischen Problemen nicht ohne Widerspruch begegnen.

So wird zunächst das Alter der im Rahmenpsalm begegnenden Vorstellungen von Theophanie und Königtum Jahwes beurteilt, um anschließend die Einheitlichkeit der 'Stammessprüche' zu überprüfen. In diesem Zusammenhang muß zudem gefragt werden, ob die von Noth vorgeschlagene Datierung der Spruchsammlung ins 8.Jh. haltbar ist, die offensichtlich auf der Annahme einer hier vorliegenden "Verwilderung des Zwölfstämmesystems" beruht.[8]

1.2 Der Rahmenpsalm in Dtn 33,2-5.26-29

a) Die Theophanieschilderung

Auffällig ist im Rahmen der Theophanieszene, daß Jahwes Erscheinen hier nicht im Zusammenspiel der Elemente Wasser (Regen) und Erde (Erdbeben) geschieht, wie dies Ri 5,4f und Ps 68,8f geschildert wird, sondern daß Jahwe im Lichtglanz auftritt (33,2). Hinzu kommt noch die "rätselhafte"[9] Erwähnung der Jahwes

---

[2] Jeremias, Königtum, S.82
[3] Axelsson, The Lord Rose, S.49
[4] Jeremias, Theophanie, S.127
[5] Jeremias, Königtum, S.82-85 und ders., Theophanie, S.127f u.ö.
[6] Jeremias, Königtum, S.82
[7] Jeremias, Theophanie, S.158f
[8] Vgl. Noth, System, S.21-23, eine eigentliche Begründung der Datierung wird von Noth nicht genannt. Die nach subjektivem Ermessen des Sammlers zusammengestellten Sprüche über einzelne Stämme folgen nach Noth einem Anordnungsprinzip von Süden nach Norden.
[9] Vgl. Ringgren, Art. קדש, S.1188

Kommen begleitenden 'Heiligen' (33,3). Dabei ist wohl im Anschluß an Jeremias und Müller die durch S, Tg. und Vulg. nahegelegte textkritische Änderung vorzunehmen und auch in v.2 *und mit ihm (Zehn)tausende Heiliger* קדֹש ואתו רבבת statt des MT קדֹש מרבבת ואתה zu lesen.[10] Bei den Heiligen handelt es sich hier nicht um Menschen oder Götter, sondern um "numinose Gestalten"[11], d.h. um Engel.[12] Diese Vorstellung ist jedoch im Rahmen einer Frühdatierung des Textes kaum vorstellbar, so daß hier eher der von Kaiser vorgenommenen Datierung ins 5.Jh. zu folgen ist.

Für die genauere Einordnung der Theophanievorstellung im Rahmenpsalm bieten sich die Parallelstellen mit ähnlichen Vorstellungen an, die sich v.a. in Ri 5,4; Ps 68 und Hab 3 finden.

Ein Blick auf die Behandlung dieser Parallelen zur Theophanievorstellung in der Forschung zeigt, daß die vorgenommenen Argumentationen zur Frühdatierung sich nicht auf Textergebnisse stützen, sondern auf die bereits vorgegebene Vorstellung vom hohen Alter der Theophanieschilderung. Diese wird meist von Ri 5 hergeleitet, umgekehrt aber dazu benutzt, die literarische Integrität von Siegeslied und Theophanie in Ri 5 zu erweisen. Als Beispiel sei für Ri 5,4f die im Zirkelschluß verfahrende Argumentation von Jeremias genannt: So steht s.E. die Theophanieschilderung bewußt am Anfang des Siegesliedes der Debora, um die folgende Schlacht erst als Jahweschlacht zu charakterisieren, wobei die Schlacht an sich so sehr ohne Bezug zur Theophanie geschildert ist, daß sich die Theophanieschilderung "als eigene Einheit vom Hauptteil des Siegesliedes abtrennen"[13] läßt. Umgekehrt wird aber nur durch die Schilderung des Deboraliedes überhaupt erwiesen, daß "die Theophanieschilderungen ihren 'Sitz im Leben' im Siegeslied der Jahwekriege gehabt haben"[14], deren einziger Beleg das Deboralied ist (!). Dies gilt dann wieder als Beweis für das hohe Alter der Theophanie, die sich relativ schnell von diesem Sitz gelöst haben muß, da ja nur in vorstaatlicher Zeit Israels Kriege als Jahwekriege geführt wurden.

Die methodischen Probleme dieser Vorgehensweise sind evident, lassen sich aber auch bei Axelsson beobachten: So wird bei der in der Forschung mehr als umstrittenen Theophanieschilderung in Ps 68,8f.18 - die Schwierigkeit der Beurteilung wird von Axelsson selbst eingestanden - nur aufgrund der Verwandtschaft zu Ri 5,4; Dtn 33,2 und Hab 3,3 angenommen, daß es sich hier um "*ancient* North Israelite material"[15] handle. Umgekehrt wird in Hab 3,3 zwar eine gegenüber Dtn 33,2 unterschiedliche Formulierung der Theophanie notiert, das entsprechende Habakukkapitel aber als unabhängiges bzw. sekundäres Textstück angesehen, um es nicht erst im 7.Jh. datieren zu müssen. Der sekundäre Charakter dieses Kapitels dient dann nämlich als Nachweis einer früheren (!) Entstehung gegenüber dem übrigen Text.

Wie Axelsson richtig beobachtet, findet sich in Ps 68 tatsächlich die Verwendung nordisraelitischen Materials. So weisen die Erwähnung Baschans in v.16.23 und die Betonung der 'Fürsten Sebulons und Naphtalis' in v.28 eindeutig auf Nordreichbezüge des Psalms. Der literarische Charakter des Psalms ist jedoch zu umstritten, als daß man von diesen Nordreichbezügen her auf eine Frühdatierung der Theophanieschilderung in v.8f.18 schließen könnte, innerhalb derer sich dieses Material gerade nicht findet. Einmütigkeit bei der Beurteilung des Psalms besteht nur darin, daß v.30 "eine Übernahme in die Kulttradition Jerusalems zeigt"[16] und in v.31f eine nachexilische

---

[10] S. Jeremias, Königtum, S.83 und Müller, H.-P., Art. קדֹש, S.601, wo sich auch die - neben der im MT vorliegenden - möglichen Deutungen des Ausdrucks als Ortsname finden. Anders als Jeremias und Müller entscheidet sich v.d.Woude, der neuerdings wieder die Deutung "Meribat Kadeš" als Ortsname bevorzugt (Erwägungen, S.283).

[11] Müller, H.-P., Art. קדֹש, S.601

[12] Wie Kaiser, Grundriß I, S.96, spricht auch v.d.Woude, Erwägungen, S.284, hier von Engeln.

[13] Jeremias, Theophanie, S.144

[14] Ebenda

[15] Axelsson, The Lord Rose, S.55 (Hervorhebung durch Verf.in)

[16] Kraus, Psalmen 2, S.632

Zufügung erkennbar ist[17]. Vor allem die in v.18 (v.16-19) begegnende Vorstellung vom Aufstieg Jahwes zu seinem Heiligtum weist aber nach der neuesten Untersuchung von Janowski[18] nicht auf ein altes Ritual hin (Jeremias möchte hier und in der Parallelstelle Ps 47 eine alte Ladeprozession erkennen[19]). Vielmehr zeige der Blick auf die Parallelen, daß eine solche Hypothese "nur unter Mißachtung spezifisch tempeltheologischer Konnotationen"[20] möglich sei. Damit aber dürfte die in Ps 68,8f.18 vorliegende Theophanieschilderung eher in den Zusammenhang des in v.30 erkennbaren Konzepts einer Jerusalemer Tempeltheologie (als deren ältester Beleg hat Jes 6 zu gelten)[21] gehören als in den Rahmen des "ancient North Israelite material". Dies gilt um so mehr, als für den jetzigen Kontext nur konstatiert werden kann, daß das im Psalm verwendete nordisraelitische Material nunmehr im Kontext eines Jerusalemer Blickfeldes erscheint, so daß mit der auch aus anderen Zusammenhängen bekannten[22], nach 722 v.Chr. erfolgten Abwanderung nordisraelitischer Traditionen in den Süden zu rechnen ist.

Schon aufgrund dieser kurzen Übersicht zu Ri 5 und Ps 68 wird deutlich, daß sich eine wirklich überzeugende Beweisführung für eine Frühdatierung der Theophanieschilderungen aus den wenigen zur Verfügung stehenden Belegen nicht selbstverständlich erbringen läßt. Keinesfalls darf man aber rückwirkend für Ri 5,4 die Theophanieschilderung unbesehen als ursprüngliches altes Element ansehen.

Konkretere Hinweise zur Einordnung dieser Vorstellung können jedoch möglicherweise aus dem Vergleich mit der dritten Parallele, Hab 3, gewonnen werden: Die Vorstellung vom Lichtglanz Jahwes läßt sich auch in Hab 3,3 erkennen, wo v.3f* in der Studie von Haak übersetzt sind: "His majesty and his radiance cover the heavens" (3b). "The earth is full, indeed, of brightness, true light!" (4a)[23] Haak kommt zu der Erkenntnis, daß sich auch an dieser Stelle keine Hinweise auf die Übernahme eines alten Textes oder den sekundären Charakter dieses Abschnitts gegenüber dem restlichen Buch feststellen lassen. "The length of the text and the complexity of the form used by the author ... might indicate an originally written composition."[24] "There is not sufficient reason to consider any major portions of the present text as secondary on textual or formal grounds."[25] Das Habakuk-Buch sei deshalb als Ganzes in das späte 7.Jh. zu datieren, "probably within the period from 605-603 B.C.E."[26]

Diese Möglichkeit, das Habakuk-Buch als literarisch einheitliche Gesamtkomposition zu sehen, findet sich auch bei Kaiser: Er geht davon aus, daß es sich bei dem Buch trotz seiner durch die "Verarbeitung unterschiedlicher Traditionen bedingten Spannungen um eine planvolle literarische Komposition handelt, deren Bogen sich von 1,3 und 1,12 über 2,4 bzw. 2,3 zu 3,2 und 3,16 wölbt"[27], will sich jedoch beim Alter dieser Komposition nicht festlegen.

Einen Versuch, der auch bei Kaiser konstatierten literarischen Komplexität auf andere Weise Rechnung zu tragen, bietet die literarkritische Aufteilung des Büchleins in verschiedene Hauptbestandteile, wie z.B. bei Seybold durch eine Dreiteilung:

Zu seinen drei Teilen gehören die mit Weissagung, visionärer Schau und Weherufen den primären Kern bildende eigentliche Prophetie in 1,1.5-11.14-17; 2,1-3.5-19, zwei eschatologische Hymnen mit Theophanieschilderung in 3,1.3-7.15.8-13a (Rahmen in 3,2.16) und ein Psalmgedicht bzw. -gebet in 1,2-4.12-13; 2,(1*)4.20; 3,(7*.8*)13b. 14.17-19a.[28]

---

[17] Kraus, a.a.O., S.632 und 637
[18] S. Janowski, Königtum Gottes, S.193-195
[19] Jeremias, Königtum, S.59
[20] Janowski, Königtum Gottes, S.195
[21] S. Janowski, Königtum Gottes, S.182f
[22] Vgl. dazu Kap.II.3.5
[23] Haak, Habakkuk, S.82f
[24] Haak, a.a.O., S.152
[25] Haak, a.a.O., S.154
[26] Ebenda
[27] Kaiser, Grundriß II, S.139
[28] Vgl. hierzu Seybold, Nahum. Habakuk. Zephanja, S.44(43f)

Für die Datierung der Theophanieabschnitte will die Untersuchung von Seybold keine genaue Festlegung vornehmen, sondern geht vielmehr sowohl von "der Möglichkeit der Abfassung durch Habakuk"[29] aus als auch von der Möglichkeit der Aufnahme eines "vorexilischen Theophanietextes"[30]. Diese unterschiedliche Datierung hängt dabei offensichtlich mit der Differenzierung von "Hymnenteilen" in v.3-7.8-13a.15 und ihrer "Umrahmung" in v.2.16 zusammen: "Und in der Tat tragen die Hymnenteile ... gegenüber ihrer Umrahmung ... Spuren älterer Herkunft an sich."[31] Auffällig ist aber nach Seybold, daß es sich bei dem Stück 3,3-7 im jetzigen Kontext um einen "eschatologischen Hymnus"[32] handelt, in dem das durch Lichtglanz beschriebene Auftreten Jahwes auf das zukünftige Gericht über die Völker ausgerichtet ist. Durch dieses Stück findet eine "futurische Neuorientierung eines wohl vorexilischen Theophanietextes"[33] statt. Der entsprechende Abschnitt und die Umrahmung der Hymnenteile in v.2.16 werden aufgrund der Datierung der literarischen Schichten zwischen die eigentliche Prophetie, die "eine Zeit um 630 für Habakuk wahrscheinlich macht"[34], und das nachexilisch anzusetzende Psalmgebet[35] eingeordnet.

Eine sehr viel weitergehende Lösung bietet die Untersuchung von Nogalski[36], der im Rahmen seiner redaktionskritischen Vorgehensweise für eine eigenständige Behandlung des Stücks Hab 3,1-19 plädiert. Kennzeichnend für Hab 3,1-19 ist nach Nogalski besonders die "evidence of cultic transmission", die sich zeigt "in the trifold use of סלה (Hab 3:3,9,13), in the superscription (3:1), and in the postscriptum (3:19b)."[37] Dabei weist besonders das ansonsten nur aus den Psalmen bekannte סלה sowohl auf einen kultischen Kontext als auch auf "redactional work on the passage during a relatively limited time period"[38], auf eine Redaktion also, die nach communis opinio der Perserzeit zugeordnet wird[39]. Diese im 3. Kapitel erkennbare Verbindung ist am sinnvollsten erklärbar durch eine "transmission history separate from the rest of the book"[40], da eine kultische Bearbeitung des Kapitels nach seiner Einfügung ohne das gleichzeitige Erscheinen kultischer Elemente an anderer Stelle des Buches nur schwer erklärbar wäre.[41]

Eine genaue Untersuchung der Motive des Theophanieabschnitts zeigt, daß dieser ein zweistrophiges Gedicht ist: "In summary, 3:3-15 is a poem with two stanzas (3:3-7,8-15), whose origin is independent of the Habakkuk corpus."[42] Für dessen Entstehung ergibt sich "the strong possibility that the poem's original composition was probably the late exilic period or early post-exilic period, with the former being more likely, because the poem readily implies the lessening of the Babylonian power while at the same time condemning the surrounding nations.There is also no emphasis upon the return of the exiles, nor strong evidence of the influence of Deutero-Isaiah."[43]

Auch wenn hiermit für den literarischen Umgang mit dem Büchlein noch keine abschließende Untersuchung vorliegt, wird doch deutlich, daß auch in Hab 3 das Auftreten der Theophanievorstellung keinen Hinweis für eine Frühdatierung von Theophanietexten bietet. Vielmehr ist durch die überzeugend erarbeitete literarische Eigenständigkeit eine Datierung der bei Habakuk aufgenommenen Vorstellung in spätexilische Zeit plausibel gemacht.

---

[29] Seybold, a.a.O., S.78

[30] Ebenda

[31] Seybold, a.a.O., S.44

[32] Seybold, a.a.O., S.78

[33] Ebenda

[34] Seybold, a.a.O., S.46

[35] Seybold, a.a.O., S.47

[36] Nogalski, Redactional Processes in the Book of the Twelve

[37] Beide Zitate Nogalski, Redactional Processes, S.155

[38] Ebenda. Zusätzlich zu den kultischen Elementen fällt die Bezeichnung des Propheten als נביא (3,1) auf, die in vorexilischer Zeit kaum denkbar ist.

[39] Nogalski, a.a.O., S.156 unter Berufung auf Beyerlin: "The ruling consensus is that this סלה redaction occured in the Persian period."

[40] Nogalski, a.a.O., S.158

[41] Nogalski, a.a.O., S.159

[42] Nogalski, a.a.O., S.173

[43] Nogalski, a.a.O., S.180

Für den Rahmenpsalm von Dtn 33 ergibt sich von daher ein Hinweis auf eine
noch spätere Zeit, zeigt er doch offensichtlich eine Weiterentwicklung von Hab 3:
So ist wohl im Rahmenpsalm von Dtn 33 offensichtlich eine Fortentwicklung der
in Hab 3,3f schon beschriebenen Lichtglanzvorstellung erkennbar, die nunmehr
mit dem Auftreten von Engelsgestalten verbunden ist. Damit aber wird die von
Kaiser vorgeschlagene Datierung ins 5.Jh. um so wahrscheinlicher.

Einen zusätzlichen Hinweis in diese Richtung bietet die von der Forschung
bisher vernachlässigte auffällige Übereinstimmung in einer Gottesbezeichnung
zwischen Dtn 33 und Habakuk: So ist in Dtn 33,27 die Rede vom אלהי קדם, was in
ähnlicher Weise nur in Hab 1,12 begegnet, wo Jahwe מקדם ist. Für diese Schicht
des Habakukbuches hat Nogalski jedoch überzeugend eine Datierung in nachexilische Zeit nachgewiesen.[44]

Während sich also für die Theophanievorstellung keinerlei Hinweise auf eine
frühe Datierung ergeben haben, weist der Vergleich mit Habakuk sogar auf die
Notwendigkeit einer sehr späten Ansetzung des Textes, am plausibelsten in
nachexilische Zeit.

Diese Überlegungen zur Theophanieschilderung legen es aus methodischen
Gründen bereits nahe, daß die im gleichen Textbestand begegnende Vorstellung
vom Jahwe-Königtum hier wohl kaum zu einer Ansetzung des Textes in die
Richterzeit[45] führen kann.

b) Königtum Jahwes

In neueren Untersuchungen wird aus verschiedenen Blickwinkeln das hohe Alter
der Vorstellung vom Königtum Jahwes in Zweifel gezogen.

Crüsemann kommt durch seine Überlegungen zum Widerstand gegen das Königtum zu dem
Ergebnis, daß die Vorstellung vom Königtum Jahwes erst in einem Zusammenhang mit dem Aufkommen des 'profanen' Königtums in der Zeit der Staatsbildung Israels möglich ist.[46] Ähnlich
nimmt auch Lohfink aufgrund sozialgeschichtlicher Überlegungen an, daß erst in der frühen
Königszeit die Rede von der Königsherrschaft Jahwes denkbar ist, die auch nach seiner Beurteilung
offenbar königskritische Funktion trägt.[47] Janowski nimmt beider Argumentation auf, um
gegenüber Jeremias festzustellen: "Es spricht u.E. viel dafür, daß Vorstellung und Begriff der
Königsherrschaft JHWHs in der vorstaatlichen Frühzeit fehlen und erst mit der Staatenbildung
und dem Aufkommen der Monarchie in Juda und Israel entstanden sind."[48]

Diese allgemeinen Äußerungen zum Königtum Jahwes lassen bereits erkennen, daß eine
Frühdatierung durch das Auftreten dieser Vorstellung nicht begründet werden kann. Ein genauerer Blick auf den Rahmenpsalm von Dtn 33 zeigt jedoch, daß es sich gerade hier nicht um einen
der "ältesten Texte" (Jeremias) handeln kann.

---

[44] Vgl. hierzu a.a.O., S.152-154; nach Nogalski handelt es sich bei Hab 1,2-4.12a.13-14 um eine
       späte weisheitliche Schicht (S.150). Seybold nimmt eine nachexilische Ansetzung der Passage
       1,12f wegen des Bezugs zum Zionheiligtum in Jerusalem vor (Nahum. Habakuk. Zephanja,
       S.61).
[45] So im Anschluß an Seeligmann Jeremias, Königtum, S.82
[46] S. dazu Crüsemann, Widerstand, S.80-84
[47] S. Lohfink, Begriff des Gottesreichs, S.45 und 59
[48] Janowski, Königtum Gottes, S.182

Zwei Besonderheiten weisen - abgesehen von der genannten Bezeichnung Jahwes als אלהי קדם - auf eine späte Zeit:
So wird Jahwe hier zum einen als 'König in Jeschurun' (v.5) und als 'Gott Jeschuruns' (v.26) bezeichnet. Die Bezeichnung Israels mit dem Ehrentitel 'Jeschurun'[49] findet sich aber sonst nur in Dtn 32,15 und Jes 44,2 (und Sir 37,25), in Verbindung mit den beiden Namen Israel und Jakob sogar nur hier und bei Deuterojesaja. Die zunächst altertümlich anmutende Bezeichnung ist also offensichtlich ein Produkt der spätexilischen Zeit.

Noch auffälliger aber ist die Vorstellung, daß Jahwe von einer Stämmeversammlung Israels insgesamt zum König erklärt wird. Jahwe erweist hier also weder seine Macht mythisch durch die Überwindung des Chaos, noch thront er auf dem Himmelsthron umgeben vom himmlischen Thronrat (wie dies in Jes 6 geschildert wird) oder als himmlischer König auf einem irdischen Thron.[50] Vielmehr ist Jahwe hier der König *in* Israel, was durch die Versammlung der Häupter des Volkes deutlich betont wird. Wiederum handelt es sich hier um eine Vorstellung, die nur in der exilisch-nachexilischen Zeit, und dann besonders bei Dtjes begegnet: Jes 41,21; 43,15; 44,6.[51]

Auch bei der Vorstellung Jahwes als König *in* Israel handelt es sich also um eine frühestens gleichzeitig mit Deuterojesaja anzusetzende Aussage. Da hier jedoch auf die bei Dtjes erwartete Heilstat Jahwes zur Befreiung seines Volkes im Lobpreis zurückgeblickt wird (auffällig ist v.a. die Betonung der Sicherheit des Wohnens Israels und Jakobs in v.28), sowie wegen der Verwendung der Bezeichnung קדם und wegen der später als Hab 3 anzusetzenden Lichtglanzvorstellung mit den Engeln ist eine nachexilische Einordnung mehr als wahrscheinlich.

Die hier angeführten Überlegungen machen deutlich, daß es sich bei dem Rahmenpsalm von Dtn 33 mit seinen Vorstellungen von Theophanie und Königtum Jahwes um einen späten, d.h. nachexilischen Hymnus handelt, was auch für die anschließende Beurteilung von Ri 5 weitere Impulse geben muß. So sind auch dort die stilistisch abzugrenzenden Verse (Ri 5,2-5.9-11.13) mit ihrem expliziten Jahwebezug, der durch eine Theophanieschilderung eröffnet wird, im Blick auf den parallelen Vorgang in Dtn 33 als Redaktion gut denkbar. Vor allem aber kann nach den hier vorgenommenen Überlegungen nicht mehr aufgrund der Theophanieschilderung an sich und schon gar nicht aufgrund der für sie vorliegenden Parallelen ein hohes, d.h. vorstaatliches Alter der entsprechenden Abschnitte postuliert werden.

Weiter zu klären ist jedoch im Blick auf die Frage nach der Art des hier vorliegenden 'Stämme'-Konzepts und der Rolle Rubens die Beurteilung des Rubenspruches in Dtn 33,6.

---

[49]   S. KBL³, S.430 und Liedke, Art. ישר, S.791
[50]   Zur Differenzierung der verschiedenen Vorstellungen vom Königtum Gottes s. Janowski, Königtum Gottes, S.183-212.
[51]   Zusammen mit dem Namen Jeschurun veranlaßt diese Erkenntnis v.d.Woude dazu, in v.5 keine Aussage zum Jahwekönigtum zu sehen, sondern zu übersetzen "und es kam auf in Jeschurun ein König" (Erwägungen, S.282) - offensichtlich in dem Bemühen, ein höheres Alter annehmen zu können.

1.3 Der Rubenspruch in Dtn 33,6

Ruben lebe und sterbe nicht,
aber nur gering sei die Zahl seiner Leute.[52]

a) Der redaktionelle Charakter des Rubenspruches

"Im Vergleich mit anderen im Jussiv bzw. Imperativ gehaltenen Sprüchen von
Dtn 33, so v.24 bzw. v.7.11.18, fällt auf, daß hier kein an Jahwe gerichtetes Gebet,
sondern ein profaner Wunsch vorzuliegen scheint"[53]. Trotz dieser Beobachtung
sieht Zobel in seiner Studie jedoch keine Veranlassung über den literarischen
Charakter des Spruches nachzudenken, sondern nimmt diesen als Teil der ursprünglichen Spruchreihe. Auch an anderer Stelle findet sich nirgends ein Zweifel
an dieser literarischen Zugehörigkeit.

Ein genauerer Blick auf die Spruchreihe (ohne Rahmenpsalm) zeigt jedoch, daß
sich der Rubenspruch nicht nur durch den fehlenden Jahwebezug von den anderen
Sprüchen unterscheidet.[54] Sprachlich auffällig ist vielmehr, daß der Rubenspruch
als einziger keine Überschrift trägt.[55] Dies ist vor allem deswegen bedeutsam, weil
die anderen Sprüche durch ihre Überschrift zusätzlich in einem engen Bezug zur
Überschrift der ganzen Reihe in v.1 stehen: So bildet der Spruch über Juda in v.7
einen direkten Anschluß an v.1 (in dem die Ankündigung des Segens erfolgt)
durch die Aufnahme des זאת. Alle weiteren Sprüche beginnen mit der Überschrift
'über x sprach er'. Die Spruchreihe bildet also zusammen mit der Überschrift in
33,1 ein geschlossenes Ganzes, in das sich der Rubenspruch formal und inhaltlich
nur schlecht einfügt. Zu bedenken ist weiterhin, daß die Reihenfolge der Sprüche
ohne den Rubenspruch sich nicht am genealogischen System orientiert, sondern
offensichtlich die besonders positiv belegten Namen Juda, Levi, Benjamin und
Joseph, denen ausführliche Aussagen gewidmet sind, an den Anfang stellt. Die
Position des Rubenspruchs weist jedoch darauf hin, daß hier ein Redaktor in
Kenntnis des genealogischen Systems einen Spruch über den von dort als Erstgeborenen bekannten Ruben vermißte und deshalb an erster Stelle einen Spruch
einfügte, der Ruben - wenn auch mit Einschränkung - in Erinnerung ruft, nicht
jedoch eine historische Aussage über die Situation der Rubeniten wiedergibt.

Möglicherweise läßt sich in der Spruchreihe des Jakobsegens in Gen 49 eine
ähnliche Vorgehensweise beobachten, so daß inhaltliche oder literarische
Zusammenhänge zwischen beiden Kapiteln bestehen könnten.[56]

---

[52] Wörtlich würde die zweite Hälfte des Spruches heißen: "Aber seine Leute werden 'von Zahl'
(oder 'zählbar') sein". Gemeint ist, daß ihre Zahl nur "gering und überschaubar" ist (Rose,
Deuteronomium 2, S.579; zu מתי מספר vgl. Gen 34,30; Dtn 4,27 u.ö.).

[53] Zobel, Stammesspruch, S.28

[54] Der Jahwebezug fehlt auch in dem - allerdings nicht jussivisch formulierten - Spruch über Dan
(v.22).

[55] Interessanterweise sind die Überschriften bei der von Zobel zugrunde gelegten Übersetzung
(Stammesspruch, S.26-28) nicht mit aufgenommen!

[56] Auch in Gen 49,3f wird der Bedeutungsverlust Rubens festgeschrieben (und erklärt), jedoch
keine Vernichtung, sondern eine Abwertung ausgesprochen (s.u. Kap.V.2.6).

b) Zur Einordnung des Rubenspruches

Die jetzige Form des Mosesegens ist damit durch die zweifache Erweiterung einer ursprünglichen Spruchreihe in v.1.7-25 entstanden, durch die zum einen in nachexilischer Zeit[57] der Rahmen in Form eines Psalms geschaffen und zum anderen die Liste der Namen um den als Erstgeborenen bekannten Ruben erweitert wurde. Das Interesse der Ruben-Redaktion gilt jedoch nicht der Erstellung einer vollständigen Zwölferliste, sondern allein dem Namen Ruben, da Simeon nicht genannt wird und die Liste damit 'unvollständig' bleibt.

Die Aussage des Rubenspruchs macht deutlich, daß hier eine negative Beurteilung Rubens vorgenommen wird, da offensichtlich Kenntnis darüber besteht, daß die Erstgeburtsrolle mit einem Makel behaftet ist. Nur dies kann erklären, warum Ruben mit einer negativen Aussage versehen an die Spitze der Sprüche gestellt werden kann. Offensichtlich soll nämlich gerade durch die Spitzenstellung betont werden, daß der durch sein Geburtsrecht eigentlich für die Führungsrolle prädestinierte Ruben diesen Anspruch abgeben muß. Die Rolle des Erstgeborenen und Segensträgers scheint in der vorliegenden Spruchreihe - wenn auch nicht explizit - Joseph vorbehalten (v.16f), während für Juda wohl die Rolle der politischen Führung vorgesehen ist. Diese Spitzenstellung Judas kommt zwar in der Reihenfolge der Sprüche zum Tragen (vor der Erweiterung durch den Rubenspruch stand der Judaspruch an erster Stelle), entspricht aber noch nicht der Realität, sondern kann nur als Wunsch bzw. Hoffnung für die Zukunft zum Ausdruck gebracht werden (v.7). In der geringen Zahl der Rubeniten[58] liegt damit aber kaum ein "Genesungswunsch"[59] vor, sondern die Relativierung der Bedeutung Rubens, die auf eine bewußte Abwertung zurückzuführen ist.

Neben dem negativen Rubenspruch von Gen 49,3f[60] als Vergleichstext ist an dieser Stelle auch auf die Chronik zu verweisen, wo eine Charakterisierung Rubens vorliegt, die - offensichtlich im Rückgriff auf übernommene Traditionen - ähnliche Merkmale aufweist wie Dtn 33: Auch dort wird Ruben, seiner Rolle im genealogischen System entsprechend, in der Aufzählung von I Chr 2,1 an die Spitze gestellt, gleichzeitig jedoch in den Ausführungen zu den einzelnen Stämmen (I Chr 5) mit dem aus Gen 35 und Gen 49 bekannten Makel behaftet.[61] In I Chr 5 ist zudem explizit vom Übergang des Erstgeburtsrechts auf Joseph die Rede, der auch in Dtn 33,16f und Gen 49,25f zur Sprache kommt bzw. anklingt.[62] Schon aufgrund redaktioneller Überlegungen zur relativen Chronologie der Schichten in Dtn 33 ist es daher plausibel, den Rubenspruch von Dtn 33 in eine nachexilische Entwicklung einzuordnen, die letzlich in die direkte Aufnahme durch die Chronik mündet.

---

[57] S.o. zu Theophanie und Königtum Jahwes
[58] Vgl. auch die Zahlenangaben in Num 26 (Kap.I.6.5)
[59] Donner, Geschichte Israels I, S.145
[60] Zum Zusammenhang dieser negativen Beurteilung Rubens mit dem Rubenspruch von Gen 49,3f, der ebenfalls ein Negativbild Rubens formuliert s.u. Kap.V.2.5.a und 2.6.
[61] Zum Ruben-Konzept von I Chr 5 vgl. Kap.V.3.4
[62] Zum Verhältnis der Josephsprüche s.u. Kap.V.2.5.a

Für die Entwicklung der Schichten im Mosesegen deutet sich nämlich schon hier die folgende redaktionelle Entwicklung an: Die Rahmung der Spruchsammlung in v.7-25 erfolgte durch den Rahmenpsalm, der mit der Schilderung des Kommens Jahwes eine konsequente Fortführung des in den Sprüchen bereits angelegten Jahwebezugs bzw. der formulierten Gebetsanliegen darstellt. Sie erfolgte in einem Zustand, wo die Spruchsammlung als geschlossenes Ganzes *ohne* den Rubenspruch vorlag. Wäre der Rubenspruch in seiner jetzigen Form bereits enthalten gewesen, so wäre kaum erklärbar, warum eine auf den Segen Bezug nehmende Überschrift erst vor dem zweiten, d.h. dem Spruch über Juda steht. Zudem wäre im Zusammenhang einer so stark ausgestalteten Betonung des Eingreifens Jahwes wohl eine Überarbeitung des unmittelbar an den Psalm anschließenden Rubenspruches zu erwarten gewesen. Ein weiterer Hinweis darauf ist auch, daß die Einleitung des Rahmenpsalms mit ויאמר (2aα¹) offensichtlich aus v.7 aufgenommen ist und der logischen Verbindung des Rahmenpsalms mit dem ursprünglich auf v.1 folgenden Judaspruch dient.

Da der Rahmenpsalm bereits in die nachexilische Zeit gehört, ist damit der Rubenspruch gut in einer Zeit denkbar, die den Vorstellungen der Chronik schon recht nahe steht.

1.4 Literarische Einordnung der Grundschicht in Dtn 33,7-25

Hinweise auf die literarische Einordnung der Grundschicht kann vor allem der Blick auf die Anordnung der Sprüche und das in ihnen verwendete Vokabular geben.

So fällt für die Anordnung, wie bereits angesprochen, auf, daß hier Juda an erster Stelle steht, gefolgt von Levi (!), Benjamin und Joseph. Eine solche Anordnung von 'Stämmen', bei der Juda dezidiert an die Spitze gerückt wird, ist aber, wie der im einleitenden Kapitel I geleistete Überblick verdeutlicht hat, erst in später Zeit üblich, z.B. in Num 2.7.10 und in dem als Bearbeitung zum Ezechielbuch anzusehenden Landverteilungsabschnitt von Ez 47f.[63] Diese Zuordnung bestätigt auch die aus Ez 47f (in den entprechenden, Juda bevorzugenden Numeri-Reihen fehlt Levi) ebenfalls bekannte Zuordnung Levis direkt neben Juda, die sich in der besonderen Funktion levitischer Priester erweist.[64] Die Funktion Levis wird in Dtn 33,10 in der Rechtsbelehrung gesehen, ähnlich wie dies auch in dem Ergänzungsabschnitt zum Ezechielbuch in Ez 44,6-31 geschildert wird. Schon Zimmerli zweifelt deshalb in seinem Kommentar zu Ezechiel daran, ob "die Belehrung in den Rechten Jahwes ..., die Dt 3310 als Aufgabe Levis nennt, schon alter Zeit zugehört ... Auf jeden Fall ist dann aber in der späteren Zeit die Ein-

---

[63] S.o. Kap.I.3; im Unterschied zur Grundschicht von Dtn 33 nimmt die Anordnung in Ez 47f allerdings direkt Bezug auf das genealogische System.

[64] Hingewiesen sei auch an dieser Stelle nochmals auf die Tatsache, daß es sich bei Levi nicht, wie von Noth angenommen, um einen alten weltlichen Stamm handelt, der später an Bedeutung verliert (s. dazu bes. Kap.II.3.6), was durch die hier im Levispruch vorliegenden Aussagen über die Aufgaben Levis eindrücklich verdeutlicht wird. Eine Frühdatierung ist daher aufgrund der Erwähnung Levis gerade nicht möglich.

schaltung der Priester in die Verantwortung für die Rechtsentscheidungen unverkennbar."[65]

Neben dem Levispruch weist auch der Spruch über Joseph auffällige Charakteristika auf[66]: So findet sich hier zum einen die mehrfache Betonung des 'Köstli-
chen' (מגד), ein Ausdruck, der bezogen auf Früchte und ihren Ertrag nur hier und
in Cant 4,13.16; 7,14 begegnet und in Gen 24,53; Esr 1,62 und II Chr 21,3; 32,23
die Bedeutung von kostbaren Geschenken hat.[67]

Zum anderen zeigt der Josephspruch einige ungewöhnliche Motive: So wird in
Dtn 33,13 die Flut als Segen auf das Haupt des Joseph herabgefleht. Die damit verbundenen Segnungen des Himmels und der Erde finden sich als Motiv auch bei
Ezechiel: "so scheint Ez 313 (muß heißen 314, Anm. d. Verf.in) von der gebändig-
ten, dem Kosmos zum Segen dienstbar gemachten Flut zu reden, die Gen 4925
Dtn 3313 in den 'Segnungen des Himmels droben, den Segnungen der Tiefe, die
drunten lagert', auf das Haupt Josephs herabgefleht wird."[68]

Der Vergleich mit Gen 49 eröffnet eine weitere Möglichkeit zur Einordnung
der Spruchreihe von Dtn 33: Der hier zum Grundbestand gehörende Josephspruch
weist nämlich nicht zu übersehende Parallelen zu der Erweiterung des Josephspruches in Gen 49,25f[69] auf: Das Thema der Segensfülle für Joseph wird dort mit
den gleichen Motiven wie in Dtn 33 verhandelt: Dort finden sich die Segnungen
(hier: das Köstliche) des Himmels und der Tehom (Gen 49,25); hier sind die
'uralten' (in Gen 49,26 עד) Berge und Hügel erwähnt; an beiden Stellen findet sich
zudem die auffällige Betonung der Erwählung Josephs unter seinen Brüdern,
indem er als 'Geweihter' (נזיר אחיו) bezeichnet wird. Auf beide Stellen wird in
I Chr 5 offensichtlich zurückgegriffen, da dort die aus Gen 49,3 (und Gen 35)
bekannte Abwertung Rubens wegen seiner Schandtat mit dem Übergang des Erstgeburtssegens auf Joseph in unmittelbaren Zusammenhang gebracht wird.[70]

Wichtig im Blick auf die Einordnung des Josephspruches von Dtn 33 ist dabei
die Beobachtung, daß sich innerhalb der verwandten Josephsprüche in Gen 49,26
eine gegenüber Dtn 33,15 weiterentwickelte nachexilische Stufe, ja geradezu eine
bewußte Korrektur findet, da die angesprochenen Segnungen der 'ewigen Berge'
dort durch die Segnungen des Vaters Jakob überboten werden.[71]

---

65 Zimmerli, Ezechiel, S.1135
66 V.17b mit der Erwähnung Ephraims und Manasses ist als Zusatz anzusehen, so schon Noth,
    System, S.22.
67 Vgl. KBL³, S.515
68 Zimmerli, Ezechiel, S.756
69 S. hierzu die Untersuchung zu Gen 49 in Kap.V.2.5.a. Die von Zobel vermuteten "inhaltlichen
    Berührungen" zwischen den Judasprüchen beider Texte sind demgegenüber nur durch
    Uminterpretation zu erreichen, wie sie von Zobel auch vorgenommen werden: So weist er
    selbst darauf hin, daß Dtn 33,7 erst "seines theophoren Gewandes entkleidet", um zu einer
    Übereinstimmung der Aussage über Juda mit der entsprechenden in Gen 49 zu gelangen (vgl.
    Stammesspruch, S.29).
70 S. Kap.V.3.3.a
71 Diese inhaltliche Weiterentwicklung wird richtig schon von Zobel beobachtet. Wenn er hier
    allerdings eine Fortentwicklung von Dtn 33 zu Gen 49 aufgrund des verwendeten Vokabulars
    festzustellen glaubt, so ist dies kaum nachvollziehbar: Das z.B. in Gen 49,26 statt קדם (Dtn
    33,15) verwendete עד zur Kennzeichnung der Berge ist nicht minder ungewöhnlich und begeg-

Die in Dtn 33,17a begegnenden Vorstellungen sind jedoch auch hier aufgrund der Verwendung in späteren Vergleichstexten als eschatologisch anzusehen: So findet sich die Vorstellung von der Herrschaft über die Völker und die Enden der Erde auch in der Beschreibung des messianischen Friedensreiches in Sach 9,10. Das Motiv des Vergleiches Jahwes mit den Hörnern des Wildstiers begegnet in den eschatologischen Sprüchen von Num 23,22 und 24,8 (hier ebenfalls verbunden mit dem Motiv der Zerstörung der Völker).

Für die Beurteilung der ursprünglichen Spruchreihe in Dtn 33 scheint sich somit aufgrund der verwandten Ezechielbelege und des verwendeten Vokabulars[72] am plausibelsten eine frühnachexilische Datierung anzubieten.[73] Die Spruchreihe wurde damit offensichtlich relativ bald durch den nachexilischen Rahmenpsalm erweitert. Die Einfügung des Rubenspruchs ist dann in spätnachexilischer, wenn auch noch vorchronistischer Zeit gut vorstellbar, da die Chronik einen Rückbezug oder zumindest die Kenntnis der Spruchreihe von Dtn 33 (Ruben- und Joseph-spruch) aufweist.

1.5 Schlußfolgerungen

Nach der hier durchgeführten Untersuchung zu den 'Stämme'-Sprüchen des sog. Mosesegens in Dtn 33 läßt sich einerseits eine Datierung der Spruchsammlung (ohne den Rahmenpsalm) ins 8.Jh. nicht mehr halten (gegen Noth), andererseits lassen sich aus ihr auch keine Hinweise über ein frühes gesamtisraelitisches Be-wußtsein, über Zusammenschlüsse von 'Stämmen' oder gar Aussagen über deren politisches Geschick entnehmen.[74] Vielmehr muß die hier vorliegende Spruchreihe zu den späten Belegen eines durch die Bevorzugung Judas, Levis, Benjamins und Josephs gegebenen Umgangs mit den aus dem genealogischen Eponymensystem bekannten 'Stämmen' gerechnet werden. Diese späte Datierung wird auch bestä-tigt durch den als nachexilisch anzusehenden - und damit alles andere als ar-chaische Vorstellungen aufweisenden - Kontext, der durch den Rahmenpsalm gebildet wird.

---

net in dieser Bedeutung sonst nur in Hab 3,6 (vgl. KBL³, S.742). Von einer Ersetzung seltener durch naheliegendere Begriffe kann also nicht die Rede sein (gegen Zobel, Stammesspruch, S.37).

[72] Zu קדם s.o. 1.2.a

[73] Zu dieser Ansetzung paßt auch, daß der Spruch über Juda in Dtn 33,7 eine Trennung Judas von Restisrael voraussetzt und deshalb exilisch-nachexilische Verhältnisse widerspiegelt.

[74] Schon Noth konstatiert, daß die Absicht des Sammlers der Sprüche nicht darin gelegen haben kann, "einer bestimmten historischen Situation Rechnung zu tragen" (Noth, System, S.22), gegen die Vorgehensweise von Zobel, Stammesspruch, S.28-44: Zobel geht davon aus, daß die Stämmesprüche in Dtn 33 (im Gegensatz zu denen in Ri 5 und Gen 49) eine geschlossene Einheit bilden, die von einem Dichter geschaffen wurde (Stammesspruch, S.22f). Deshalb seien ihnen direkte Angaben über "die derzeitigen politischen und kultischen Zustände" zu entneh-men. Diese "verweisen uns in den Zeitraum vom frühen 13. bis zum ausgehenden 11. Jahr-hundert v. Chr., also in die sogenannte Richter-Zeit" (beide Zitate aus Stammesspruch, S.29).

Besonders betont werden muß zudem, daß Ruben in der Grundschicht keine Rolle spielt, sondern erst in einer zweiten Redaktion eingefügt wurde[75], so daß hier keinesfalls frühe Angaben über Ruben zu vermuten sind. Der Charakter des Rubenspruchs macht zudem deutlich, daß hier keine Aussagen über den Stamm Ruben oder sein Schicksal vorliegen, sondern eine negative Beurteilung der Figur Ruben, die gerade in der Anspielung auf die Erstgeborenenstellung dessen Abwertung betont.

Darüber hinaus sind die Erkenntnisse zum späten redaktionellen Charakter des Rubenspruches und v.a. die nachexilische Einordnung der in der Forschung weitgehend als alt geltenden Theophanievorstellung des Rahmenpsalms auch für die folgende Behandlung des Deboraliedes zu beachten, da nunmehr auch dort die bisher geltenden Vorstellungen zur Datierung überprüft werden müssen.

2. Das Deboralied - Richter 5

2.1. Einführung

Die Tatsache, daß - wie von Soggin beklagt - "bis jetzt eine neuere Gesamtuntersuchung" fehlt[76] und die vorhandenen Studien zum Deboralied sich auf Einzelprobleme des Textes konzentrieren, läßt sich wohl hauptsächlich auf den meist als unverständlich bzw. verderbt beurteilten Textzustand des Liedes zurückführen. Auch die vorliegende Arbeit kann angesichts der Fragestellung eine solche Untersuchung nicht liefern und muß sich bei der Diskussion der Textgrundlage und Übersetzung auf die entscheidenden Verse beschränken (bes. v.15b.16: Rubenspruch).

Als Basis für die die übrigen Verse einbeziehende Diskussion wird von einer relativ konservativen, d.h. den Text des MT so weit wie möglich bewahrenden, Textkritik und Übersetzung ausgegangen, wie sie von Soggin vorgelegt wurde.[77] Entscheidend für die Beurteilung der Rolle Rubens ist die Frage, ob die Erwähnung des Namens bzw. 'Stammes' Ruben im Rahmen der 'Stämme'-Liste von Ri 5 ursprünglich ist und damit Aussagen über die Teilnahme Rubens an einer Koalition israelitischer Gruppen gewonnen werden können. Auch die Liste der übrigen 'Stämme' wird freilich auf Alter, historische Aussagekraft und mögliche Hinweise auf Gegebenheiten in vorstaatlicher Zeit zu untersuchen sein. Wichtig ist dabei vor allem die Klärung des literarischen Charakters des ganzen Liedes sowie seiner Datierung bzw. der Datierung seiner Schichten. Wie die Untersuchung zu Dtn 33

---

[75] Was keinen Einzelfall darstellt, vgl. Ri 5/Kap.III.2 und Gen 49/Kap.V.2

[76] Soggin, Bemerkungen, Sp.627. Die 1989 erschienene Untersuchung von Bechmann (Deboralied) hat aufgrund methodischer Schwächen und einer äußerst problematischen Ergebnisfindung einen nur wenig befriedigenden Beitrag zur Behebung dieses Defizits geleistet - zur Auseinandersetzung s. die einzelnen Stellen.

[77] Die von Soggin, Bemerkungen, angebotene und seinem Richterkommentar entsprechende Übersetzung (Soggin, Judges), die im übrigen fast vollständig von Schulte, Deboralied, übernommen wurde, dürfte zur Zeit die beste vorliegende Orientierungshilfe sein.

verdeutlicht hat, ist die altertümlich wirkende Theophanieschilderung dabei kein Hinweis auf ein hohes Alter. Gerade gegenüber der in der Forschung vorherrschenden Sicht über das hohe Alter des Deboraliedes wird daher eine kritische Prüfung notwendig sein.

2.2 Literar- und redaktionskritische Überlegungen

Wie Bechmann richtig betont[78], ist eine Literarkritik nach üblichem Muster bei dem hier vorliegenden poetischen Text problematisch. Auch Görg geht in seinem neuen Kommentar davon aus, daß "Anlässe zur Annahme einer uneinheitlichen Gestalt des Liedes ... nicht greifbar (sind), zumal Literarkritik in der Poesie einen schweren Stand hat."[79] Trotzdem ist m.E. der Weg literarkritischer Beurteilung über formale, strukturale, semantische und nicht zuletzt inhaltliche Aspekte möglich und gangbar, zumal die Versuche, den Text als einheitliche Komposition zu sehen, nicht vollständig überzeugen können. Daß die einzelnen Abschnitte zumindest formal als eigenständige Einheiten anzusehen sind[80], dürfte unbestritten sein.Im folgenden soll ausgehend von den Ruben betreffenden Versteilen der Weg über die 'Stämme'-Liste zum Gesamtzusammenhang des Liedes führen.

a) Der Rubenspruch in v.15b-16

Bei den Gruppen Rubens gab es viele (verschiedene) Entschlüsse des Herzens.
Warum bliebst du zwischen den Packsätteln,
zu lauschen dem Zischen der Herden?
Bezüglich der Gruppen Rubens war große Unschlüssigkeit des Herzens.

Die textkritischen Änderungen im Rubenspruch, die bisweilen vorgenommen wurden, beruhen alle auf einem fehlenden Verständnis für die im Text gebrauchten Stilmittel der Wiederholung und des Wortspiels. Weder der in die BHS aufgenommene Versuch, einen der beiden Sätze 15c oder 16b als Dittographie des anderen zu sehen, noch die Vorstellung, das schwer verständliche חקקי nach חקרי anzugleichen, sind deshalb zu unterstützen. Die Diskussion zu Übersetzung und Interpretation wird klären müssen, welche Funktion beide innerhalb des Spruchs haben.

Eine formale Besonderheit des Spruches ist also die Rahmung durch die beiden fast identischen Sätze, die wortspielartig aufeinander bezogen sind, was - wie gesagt - im App. der BHS zur Annahme einer Dittographie führt. Gerade durch diese kunstvolle Rahmung erweist sich der Rubenspruch im Vergleich mit den anderen Sprüchen als ungewöhnlich lang (länger sogar als der Spruch über Issachar). Diese Tatsache beschreibt auch der ansonsten eine einheitliche Struktur des Liedes verfechtende Globe als "unequal amount of space devoted to Reuben", die sich seiner Meinung nach nur dadurch erklären läßt, daß der Dichter hier innerhalb der Stammessprüche eine gewisse Balance herstellen wollte, allerdings mit der Folge, daß

---

[78]   Bechmann, Deboralied, S.184
[79]   Görg, Richter, S.31
[80]   Stolz, Kriege, S.105

"the significance of arrangement is thus obscured"[81]. Umso erstaunlicher mutet es an, daß diese Auffälligkeit in anderen Strukturuntersuchungen keine Beachtung findet - wie der 'Stämme'-Liste überhaupt nur wenig Aufmerksamkeit zukommt.

Die Fragen von Stil und Inhalt spielen ineinander, wenn es darum geht, inwieweit der Rubenspruch für sich genommen überhaupt einen Bezug zum vorher und anschließend vorausgesetzten bzw. angesprochenen Kampfgeschehen aufweist. Stilistisch ist die hier beschriebene Lebensweise des 'Stammes' auch abgesehen von der Rahmung in eine Form gekleidet, die für die Stammessprüche in v.14-18, aber auch für das ganze Lied ungewöhnlich ist, indem sie durch den mit inf. constr. eingeleiteten Anschluß der zweiten Satzhälfte (16aβ) von der sonst üblichen parataktischen Anordnung[82] abweicht.

Inhaltlich beschreibt der Spruch in spöttischem Ton ein offensichtlich auch unabhängig vom Kontext geltendes, für einen bestimmten 'Stamm' typisches Verhalten bzw. eine aus Sicht des Verfassers dieses Spruchs für den 'Stamm' charakteristische Lebensweise. Vor allem der wortspielartige Charakter dieses Spottliedes macht auch aus formaler Sicht deutlich, daß es sich hier um ein volkstümlich anmutendes "Fremdstereotyp"[83] handelt, das - ähnlich wie dies auch in anderen Stammessprüchen geschieht - ein bestimmtes Charakteristikum einprägsam macht.

Auch dies bedeutet - zusätzlich zu den genannten stilistischen Beobachtungen - einen Unterschied zu den anderen Stammessprüchen der Liste, von denen Stolz richtig bemerkt, daß ihnen die volkstümliche, wortspielartige Charakterisierung des jeweiligen Stammes, die für andere Stammessprüche (Gen 49/Dtn 33) so typisch ist, fehlt. Für den unbestreitbar volkstümlich-spöttelnden Rubenspruch gilt gerade nicht, daß hier das Fremdstereotyp eines Stammes auf eine kurze Formel gebracht wurde, um ein typisches Verhalten des Stammes am Stoff der Schlacht zu explizieren[84], um seine Rolle in einem bestimmten Krieg zu bestimmen oder um historische Aussagen betreffs seines Territoriums zu machen. Welche Vorstellung freilich genau den Hintergrund für das Fremdstereotyp dieses 'Stammes' bildet, wird nicht genau zu klären sein. Möglicherweise ist der Spruch aus einer Sichtweise entstanden, der über die Gruppe der Rubeniten keine Einzelheiten bekannt waren, die aber mit den Rubeniten politische Bedeutungslosigkeit (im Spruch zurückgeführt auf unschlüssiges Verhalten) und ein relativ verschlafenes Leben 'hinter dem Mond', d.h. außerhalb des eigenen Gesichtskreises und ohne eigentliche Verbindung zum Westjordanland verband.

Der zunächst kein bestimmtes geschichtliches Ereignis voraussetzende und schon gar nicht auf ein Kampfgeschehen bezogene Rubenspruch[85] konnte aber aufgrund semantischer Vorgaben mit der besungenen Schlacht in Verbindung gebracht werden: Der Form חקקי, aus der sich offensichtlich schon früh so große

---

81 Beide Zitate Globe, Muster, S.177
82 Gut beschrieben bei Hauser, Parataxis
83 So treffend Stolz, Kriege, S.106
84 Stolz, Kriege, S.106-112
85 Caquot, Tribus, S.65f. Cross, Reuben, S.49 A.7, gibt im Zusammenhang mit der Diskussion der Stammessprüche zu bedenken, daß "the cycle of blessing is the primary *Gattung*". Das Umlaufen eines einzelnen Spruches unabhängig von einer Liste hält er für unmöglich.

Übersetzungsschwierigkeiten ergeben haben, daß einige masoretische Handschriften und die syr. Übersetzung es nicht mehr kennen und in חקרי abwandeln, wodurch sie aber offensichtlich die ursprüngliche Bedeutung richtig einschätzen, kommt hier eine wichtige Rolle zu. In den vorhergehenden Versen 9 und 14 erscheint eine ähnlich aussehende Form חוקקי (abgeleitet nicht von חק, sondern von חקק po.), das mit 'Tapfere' oder 'Anführer' wiederzugeben ist, auf jeden Fall aber eine militärische Konnotation hat. Möglich wäre also, daß das später nicht mehr bekannte Wort aus dem Rubenspruch mit dem bekannten aus den anderen Versen assoziiert wurde, zumindest aber eine doppeldeutige, wortspielartige Anschlußmöglichkeit aufgrund des konsonantischen Anklangs bot.[86] Weiter wären dann wohl auch die פלגוה nicht mehr einfach als Gruppen oder Sippen, sondern als militärische Abteilungen verstanden worden.

Daß hier ein bestehendes Spottlied in den Kontext aufgenommen wurde[87], dürfte hinreichend deutlich sein. Daß der Vorgang aber nicht überlieferungsgeschichtlich zu erklären ist, wie dies bisher geschah, sondern einer Redaktion der Stämmeliste zuzuordnen ist, findet seinen Anhalt zunächst an der beschriebenen semantischen Anknüpfungsmöglichkeit, wird aber auch durch folgende Beobachtungen gestützt:

Auffällig ist zunächst, daß die hier formulierte Charakterisierung des Stammes Ruben an anderer Stelle nahezu identisch als Stammesspruch für Issachar begegnet: In Gen 49,14 wird Issachar als starkknochiger Esel bezeichnet, der zwischen den Packsätteln lagert. Wenn der Rubenspruch nach den Worten über Issachar in die vorliegende Stämmeliste eingefügt wurde, so könnte das damit zusammenhängen, daß der möglicherweise bekannte Issacharspruch und seine Wiederkehr als Beschreibung Rubens einen Zusammenhang ermöglicht. Gleichzeitig wird durch diesen Übergang einer Charakteristik von einem Namen auf einen anderen erneut deutlich, daß von einer Anspielung auf eine bestimmte geschichtliche Situation nicht auszugehen ist.

Wenn, wie beschrieben, der Rubenspruch die allgemeinen Kennzeichen eines Stammesspruches trägt und als Parallele zum Issacharspruch zu verstehen ist, so ist davon auszugehen, daß der Spruch ursprünglich als Aussagesatz formuliert war. Die jetzige Form als Fragesatz, eingeleitet mit למה, dürfte dann darauf zurückzuführen sein, daß bei der redaktionellen Einfügung des Spruches eine Angleichung an den Spruch über Dan (ebenfalls eine mit למה eröffnete Frage) vorgenommen wurde, die zugleich den Bezug zum Kriegsgeschehen darstellt. Dabei kommt Ruben als ein 'Stamm' mit Siedlungsgebieten im Ostjordanland[88] neben das ebenfalls dort angesiedelte Gilead (בעבר הירדן, v.17a) zu stehen, führt aber vor allem im jetzigen Kontext die Liste der negativ bewerteten Stämme an, was als Hinweis auf die Intention dieser Redaktion zu werten ist.[89]

---

[86] Übersetzt wird in diesem Sinne von Crown, wie unter 2.3 diskutiert

[87] So schon Richter, Richterbuch, S.99

[88] Auf das ostjordanische Siedlungsgebiet wird im folgenden Kap.IV näher eingegangen: Das Wissen um dieses Siedlungsgebiet, dessen früheste Bezeugung sich in Num 32 findet, ist bei der Einfügung des Rubenspruchs offensichtlich vorausgesetzt.

[89] Zur Intention des Rubenspruches s.u. 2.3

b) Die negativ beurteilten 'Stämme' in v.17

An dieser Stelle sind die Fragen zunächst auf den kurzen Komplex der Stämme auszuweiten, deren Nichtteilnahme am Kampfgeschehen getadelt wird. Daß diese Stammessprüche insgesamt etwas ungewöhnlich wirken, wird schon daran klar, daß ihnen - wie schon bei Ruben beobachtet - eine klare Absage an den Kampf fehlt, die ohne den jetzigen Kontext gar nicht erkennbar wäre. Im Gegensatz zu den positiv beurteilten Stämmen in v.14-15a und 18 geht es bei Gilead, Dan und Asser lediglich um eine Beschreibung ihres Wohnraums, dessen Nichtverlassen dann freilich als Absage an die anderen Stämme gedeutet wird.

Auch formal unterscheiden sich die Sprüche der drei genannten Stämme von den anderen (auch vom Rubenspruch) dadurch, daß in eigentümlicher Weise jeweils der Name am Anfang des Satzes genannt wird und dann eine kurze, allgemein gültige Beschreibung folgt[90].

Diese Auffälligkeiten haben in der Literatur, soweit sie überhaupt bemerkt werden, dazu geführt, ein hohes Alter der betreffenden Verse anzunehmen und folglich eine Verarbeitung älterer Stammessprüche bei der Komposition des Liedes zu vermuten[91]. Diese Lösung erscheint für die Überlieferungsgeschichte des Textstücks zunächst als plausibel.

Wiederum zeigt aber ein genauerer Blick auf die Textstruktur, daß die Sprüche im jetzigen Kontext gerade durch ihre Form zusammen mit den positiv formulierten Sprüchen eine bewußt gestaltete Strophe bilden, so daß eine gelungene Gesamtkomposition der beteiligten und nichtbeteiligten 'Stämme' entsteht: So erscheinen in v.14 die beteiligten, positiv erwähnten Gruppen jeweils in Paaren (teils mit ן, teils mit מן angeschlossen bzw. verbunden), in v.15a werden zwei parallel formulierte Aussagen über Issachar angeschlossen. Dementsprechend sind auch für die nichtbeteiligten Gruppen paarweise Formulierungen gewählt, indem in gleicher Weise in v.17a Gilead und Dan zusammengestellt sind und in v.17b zwei Aussagen über Asser erfolgen. Als Abschluß der Reihe werden - wiederum positiv - Sebulon und Naphtali genannt, ebenfalls wieder als Paar (ונפתלי, v.18).

Erneut wird im Blick auf die hier vorliegende Komposition deutlich, wie stark sich der Rubenspruch von den ihn umgebenden Sprüchen abhebt. Fraglich wird aber auch, ob die zunächst ungewöhnlich erscheinenden Formulierungen der negativen Sprüche angesichts der erkennbaren durchdachten Komposition tatsächlich Hinweise auf ein hohes Alter des verwendeten Materials bieten können. Besser vorstellbar ist, daß hier im Rahmen der Komposition der Strophe ad hoc Aussagen formuliert wurden, die die Nichtteilnahme bekannter Gruppen an der besungenen Schlacht durch deren Verbleib in ihren Wohngebieten erklären sollen. So sind zur Entstehungszeit des Liedes offenbar Erinnerungen daran vorhanden, daß eine Koalition von verschiedenen Gruppen des nördlichen israelitischen Gebietes sich zu einer militärischen Aktion zusammengeschlossen haben. Die Komposition des Heldenliedes nimmt deshalb implizit die Frage danach auf,

---

[90] Zobel (Stammesspruch, S.49) sieht darin eine enge Verwandtschaft mit den Sprüchen des Jakob- und Mosesegens.
[91] So z.B. Müller, Aufbau, S.450

warum nicht alle Gruppen dieses Gebietes, die als benachbart angesehen werden
können, an dieser Koalition beteiligt waren.[92]

Die zeitgeschichtlichen Hintergründe bzw. die Sichtweise der(des) Verfasser(s)
werden dann auch im Blick auf die Frage zu betrachten sein: "If the tribes of Reuben, Gad, Dan and Asher failed to appear, why is their rebuke so mild?"[93] Eine
Lösung dieses Problems durch die Bestimmung eines kultischen Sitzes im Leben,
bei dem eine Selbstdarstellung der Stämme im Zusammenhang einer amphiktyonischen Kultfeier vermutet wird[94], ist lediglich eine Scheinlösung. Eine Selbst-
vorstellung der Stämme, die darin besteht, das eigene Fernbleiben ohne Erklärung
vorzutragen, ist kaum denkbar, ganz abgesehen davon, daß die Voraussetzung
solcher amphiktyonischen Kultfeiern in der neueren Diskussion als nicht mehr
haltbar angesehen wird.[95] So ergaben die Überlegungen zu den Stämmelisten des
AT[96], daß sie als redaktionelle Bildungen keinerlei Hinweise auf die vorstaatliche
Existenz einer Amphiktyonie bzw. eines 'Stämme'-Bundes und die mit diesem
verbundenen kultischen Traditionen erkennen lassen.

Zu beachten ist dabei freilich, daß sich der Rubenspruch nur aufgrund seiner
ebenfalls negativen Verwendung im jetzigen Kontext in die Reihe der Stämme
Gilead, Dan und Asser einfügt, ansonsten aber, wie bereits ausführlich verdeutlicht, nicht einfach derselben Beurteilung unterliegen kann. Die Reihe der 'negativen' Stammessprüche hat zum Zeitpunkt der Komposition des Liedes nur drei
Stämme (v.17) umfaßt, der Rubenspruch aber ist als später redaktionell eingefügter
Text zu verstehen.

c) Die positiv beurteilten 'Stämme' in v.14-18*

Zwar gibt es keinerlei Anhaltspunkte dafür, die Zugehörigkeit der Liste der
positiv beurteilten 'Stämme' insgesamt zur Grundschicht des Liedes zu bezweifeln,
verschiedentlich wird jedoch eine Umstellung innerhalb der Reihe diskutiert:

So vertreten Caquot und Na'aman den ursprünglichen Anschluß von v.18 an
v.13, auffälligerweise jedoch mit der Begründung, daß dadurch eine Übereinstimmung mit Ri 4 erreicht werde, wo nur die beiden 'Stämme' Sebulon und Naphtali
genannt sind.[97] Der Zusammenhang der beiden Texte ist freilich m.E. auch bei
Na'aman nicht hinreichend untersucht[98], da seine Entscheidung zugunsten einer
Vorordnung des poetischen vor den prosaischen Text eben nur dann zutrifft,
wenn er die 'Stämme'-Liste aus dem Lied entfernt, anstatt daß umgekehrt der Ver-

---

[92] Zum heroischen Lied und seiner Datierung s.unter 2.2.d und 2.4.

[93] Cross, Reuben, S.48f A.7. Nach der vorangehenden Untersuchung zum Rubenspruch ist dieser
      freilich aus der ursprünglichen Reihe der negativ beurteilten 'Stämme' auszuschließen.

[94] So die Konzeption von Weiser, Deboralied, und Gunneweg, Stammessprüche

[95] Vgl. dazu auch Lindars, Tribes, S.104

[96] S.o. Kap.I.5 und 6.6

[97] Caquot, Tribus, S.55, und Na'aman, Battle, bei dem zusätzlich das Wort אז in v.8.11.13.19.22
      eine Rolle spielt.

[98] Zu den verschiedenen Möglichkeiten vgl. nur Brenner, Structure, die Ri 4 und 5 integrativ
      lesen möchte.

gleich mit Ri 4 eine Begründung ergäbe. Der Ansicht, daß v.18 "une continuation
beaucoup plus satisfaisante du verset 13"[99] darstellt, ist aber auch aus sprachlichen
Überlegungen nicht zu folgen. So hat die soeben untersuchte Gesamtkomposition
der Strophe mit den am Kampfgeschehen beteiligten und unbeteiligten 'Stämmen'
die Geschlossenheit der Strophe gerade dadurch erwiesen, daß in v.18 die vorher
verwendeten stilistischen Elemente aufgenommen und zu einem kompositorisch
sinnvollen Abschluß geführt werden. Eine Umstellung von v.18 kann daher nicht
plausibel gemacht werden.

d) Heroisches Lied und Jahwehymnus in Ri 5,1-31*

Nach den vorausgegangenen Klärungen zur Frage des literarischen Charakters der
'Stämme'-Liste in v.14-18 soll nun versucht werden, Aussagen zur Literarkritik des
ganzen Kapitels zu formulieren. Dabei sind zunächst nach communis opinio die
v.1 und 31b als redaktionelle Überschrift bzw. Schluß anzusehen.

Bei der Beurteilung der v.2-30 stehen sich jedoch zwei 'Lager' gegenüber: Während z.B. Coogan, Gerleman, Globe und Hauser versuchen, mit Hilfe der Ermittlung von Kompositionstechnik und metrischer Struktur die Einheitlichkeit des
Textes nachzuweisen[100], verzichten Müller, Soggin und Schulte auf die metrische
Analyse und begründen ihre literarkritischen Unterscheidungen eher inhaltlich
und semantisch.[101]

Die genannten stilistischen und metrischen Untersuchungen bieten zwar je für sich durchaus
ansprechende Lösungen, können sich aber gerade aufgrund ihrer Verschiedenheit (Coogan: fünf
Strophen; Globe: drei verschieden geformte Teile; Hauser: parataktischer Stil) des Eindrucks einer
gewissen Beliebigkeit nicht erwehren.
Gerlemans Beobachtung, daß die Form nicht nach einem bestimmten metrischen System
gestaltet ist, sondern die Einheitlichkeit eher in einer "impressionistic technique"[102] bzw. "sponta-
neous art"[103] zu suchen ist, sollte ernstgenommen werden und widerspricht im Prinzip auch nicht
dem von Hauser festgestellten parataktischen Stil, der sich in der Verwendung verschiedener
Stilmittel äußert. Impressionistische und parataktische Dichtkunst sind dann aber auch in verschiedenen literarischen Schichten vorstellbar und bilden keineswegs ausschlaggebende Gründe für die
Einheitlichkeit.[104]

Von den zur Verfügung stehenden literarkritischen Untersuchungen ist - mit
leichten Abweichungen - die von Soggin am plausibelsten. Der von Müller zum
Hauptargument erhobene epische Stil ist einer gewissen Beliebigkeit unterworfen
(Gerleman und Hauser dürften den Stil zudem besser beschreiben) und Schultes
Rekonstruktion setzt die von ihr postulierte Bühnenaufführungspraxis des End-
textes bzw. schon einiger Vorstufen voraus.

---

[99]   Caquot, Tribus, S.55
[100] S. Coogan, Structural Analysis; Gerleman, Deborah; Globe, Muster; Hauser, Parataxis
[101] S. Müller, Aufbau; Soggin, Bemerkungen; Schulte, Deboralied
[102] Gerleman, Deborah, S.174
[103] Gerleman, a.a.O., S.180
[104] Zudem ist es wahrscheinlich, daß eine sinnvolle strophische Gliederung gerade durch die lite-
       rarkritischen Überlegungen in beiden zu ermittelnden Schichten zu erkennen ist (s.u.).

Soggin vermutet in v.6-8.14-22.24-30 eine ältere Schicht mit profaner Schilderung von Unterdrückung und sie überwindenden Heldentaten, also ein heroisches Lied, und in v.2-5.9-11.13(23).31a eine spätere, überarbeitende Schicht mit Jahwe als Hauptperson (im folgenden 'Jahweschicht'). V.12 sei möglicherweise als Bindeglied zu verstehen. Dabei scheint Bechmanns Kritik, daß bei Soggin die These dem Befund vorausgeht, zunächst zutreffend.[105] Die genauere Untersuchung wird aber die These Soggins durch inhaltliche und stilistische Beobachtungen bestätigen können, was vor allem im Blick auf die in Dtn 33 untersuchten parallelen Phänomene zutrifft.

Inhaltlich ist dabei im Blick auf das gesamte Lied zunächst auffällig, daß Jahwe, obwohl für sein Eingreifen in der Schlacht gepriesen, in der eigentlichen Schilderung der Schlacht nicht erwähnt wird. Zugunsten der Koalition greifen vielmehr die Sterne und der Bach Kischon helfend ein (v.20f). Die Jahwe erwähnenden Stellen weisen hingegen ohne den Kontext des Liedes nicht auf eine Schlacht hin. Möglicherweise ist demgegenüber eine bewußte Korrektur des heroischen Liedes durch die Jahwe-Schicht zu beobachten: Helfer sind nun nicht mehr die Sterne und der Bach, sondern Jahwe, der sich durch die Theophanie als Herr von Himmel und Erde erwiesen hat:

4 JHWH, wenn du ausziehst von Seir, wenn du ausschreitest aus dem Gebiet von Edom, so bebt die Erde, dann tropfen die Himmel, die Wolken triefen von Wasser.
5 Die Berge wanken vor JHWH, dem vom Sinai, vor JHWH, dem Gott Israels.[106]

Wie die Untersuchung von Dtn 33 und der parallelen Texte in Hab 3 und Ps 68 gezeigt hat, mahnen die dort festzustellenden späten theologischen Vorstellungen zu besonderer Vorsicht gerade im Umgang mit der hier vorliegenden Theophanieschilderung, die wie in den Paralleltexten ein eigenständiges, nicht auf den Kontext bezogenes Element darstellt. Die in der Literatur beliebte Argumentation, aufgrund der Theophanie sei auf ein hohes Alter des ganzen Liedes zu schließen, übersieht hier einerseits die literarischen Gegebenheiten des Textes und führt andererseits zu Zirkelschlüssen, wie etwa bei der Argumentation von Jeremias zu beobachten war.[107]

Dieser fehlende Bezug zum Schlachtkontext läßt sich charakteristischerweise weiter ausweiten auf alle Verse, in denen der Lobpreis Jahwes das Thema ist: So zieht das Volk, dessen Willigkeit erwähnt wird und das Jahwe segnen soll (v.2.9), nicht in das Tal (dieser Vorgang war in der Liste der Stammessprüche das rahmende Thema)[108], sondern geführt von Jahwe zu den Toren (v.11): Dabei ist sowohl in

---

[105] Bechmann, Deboralied, z.B. S.186. Dies trifft besonders zu für Soggin, Bemerkungen, Sp.635, wo konstatiert wird, "daß das Lied eben uneinheitlich ist".
[106] S. dazu Soggin, Judges, S.95. Zur Übersetzung von v.5: Die in v.5 für זָלְ in T und der syrischen Übersetzung bzw. der LXX vorliegende Lesart זִלּוּ 'wanken' (s. KBL³, זלל II ni., S.261) verdient hier den Vorzug vor dem MT. Die vorliegende Textverderbnis des bildhaften Ausdrucks erklärt sich durch falsche Punktation, durch die aus dem ni. der Wurzel זלל ein q. von נזל wurde. Dessen Bedeutung 'zerfließen' wäre zwar denkbar, aber sehr ungewöhnlich.
[107] S.o. 1.2.a
[108] S.o. 2.2.b

v.2 als auch in v.11 und 13 von dem Volk (Jahwes) die Rede, während bei der eigentlichen Schlacht einzelne Gruppen aufgeführt werden, an die die Erzählung über eine einzelne Heldentat angeschlossen wird (v.14-18* und v.24-30). Demgegenüber ist eine eigene Dynamik innerhalb der Jahweschicht zu erkennen:

So wirkt v.2 wie eine Überschrift und Themenangabe des folgenden Jahwehymnus, indem zunächst die Führer in Israel erwähnt sind, die anschließend in v.3 als Könige und Fürsten genannt werden, indem dann die Willigkeit des Volkes betont wird, die in v.9 aufgenommen ist, und indem die Aufforderung zum Lob Jahwes erfolgt, die ebenfalls in v.9 wiederholt wird. In v.10 geht das Thema über auf die Heilstaten Jahwes, die zu verkünden (v.10) und zu besingen sind (v.11) und die im Hinabziehen des Volkes Jahwes unter seiner Führung sichtbar werden (v.11.13). Wie von Caquot beobachtet, bilden dabei die v.11b und 13 "une structure concentrique ayant en son cœur le double appel du verset 12 à Débora et Baraq, animateurs de la guerre sainte"[109], so daß auch v.12 wohl zur Jahweschicht zu rechnen ist und ein Verbindungsstück zum heroischen Lied bildet.[110]

Wenn Richter in seinen 'Untersuchungen' v.2 als Dublette zu v.9 ansehen will[111], so verkennt er offensichtlich die hier erkennbare Dynamik: Die angeblichen Dubletten lassen sich besser durch die Annahme eines zweistrophigen Jahwehymnus erklären:

In der ersten Strophe v.2-5 wird der Blick durch den Lobpreis auf Jahwe und sein Erscheinen gelenkt, während die zweite Strophe in v.9-13 die Lobpreisenden selbst und die an ihnen sichtbaren Taten Jahwes in den Blick nimmt. Dabei stellt die auffällige Parallelformulierung בהתנדב עם (v.2) und המתנדבים בעם (v.9), die jeweils mit der Aufforderung ברכו יהוה abgeschlossen wird, einen weiteren Hinweis auf die strophische Gestaltung, nicht jedoch eine Dublette dar.

Der die Jahweschicht abschließende v.31a zeigt einerseits ebenfalls einen allgemein verwendbaren Lobpreis Jahwes und damit verbunden den Blick auf das Wohlergehen derer, die ihn lieben, und nimmt somit die Themen der beiden Strophen auf. Andererseits wird in ihm aber durch das Thema der unterworfenen Feinde der redaktionelle Charakter der Jahweschicht und ein bewußter Bezug auf das offensichtlich schon vorliegende, besungene Geschehen deutlich, wie dies schon Soggin bemerkt: "v.31a makes explicit reference to it (d.h. der Grundschicht des Liedes, Anm.d. Verf.in), even if it seems applicable to any text which describes the victorious conclusion of a holy war."[112]

Bei der Jahweschicht handelt es sich also offensichtlich um eine eigenständige zweistrophige Komposition, in der - zunächst vom Schlachtgeschehen der Grundschicht unabhängig - ein Psalm zum Lobpreis Jahwes angestimmt wird. Bereits die Aufforderung zum Singen dieses Psalms (v.3) weist dabei auf einen kultischen Kontext des Liedes[113], der dann auch in der Theophanie sichtbar wird und im Gegensatz zu der 'profan' formulierten Grundschicht steht, in der von Bedrückung,

---

[109] Caqot, Tribus, S.54
[110] Ähnlich auch bei Soggin, Judges, S.94, s.o.
[111] Richter, Richterbuch, S.82
[112] Soggin, Judges, S.95
[113] S. dazu weiter die Ausführung zur Einordnung der Schicht unter 2.4.

Schlacht und Heldentaten die Rede ist. Im Rahmen eines solchen kultischen Kontextes ist auch der rätselhaft anmutende v.23 mit seiner Verfluchung von Meroz denkbar. Dieser Fluch, der mit der Nichtteilnahme an der Schlacht begründet wird, ist im Zusammenhang der Schicht, die über die nichtbeteiligten 'Stämme' nur einen auffällig milden Tadel ausspricht, nicht denkbar. In den Rahmen kultischer Vorstellungen, in denen die Heilstaten Jahwes und die an ihnen Beteiligten segnend gepriesen werden, kann jedoch auch der Fluch eingeordnet werden. Ähnlich wie v.31a ist auch v.23 wohl ein Hinweis auf den hier vorliegenden redaktionellen Vorgang, da durch den Fluch über die Nichtbeteiligten wohl bewußt ein das Schlachtgeschehen (v.19-22) rahmendes Gegenüber zu den vor der Schlacht genannten Gruppen gebildet wird.

Die Aufteilung in einen Jahwehymnus und eine profane Grundschicht wird weiter dadurch bestätigt, daß auch ohne die beiden Strophen des Jahweliedes eine strophische Anordnung der Grundschicht in fünf etwa gleich lange Strophen möglich ist: Das eigentliche Kampfgeschehen in v.19-22 wird hier gerahmt einerseits von einer Beschreibung der Bedrückung in v.6-8 und der Liste der am Kampf beteiligten und nichtbeteiligten Gruppen in v.14-15a.17f[114], sowie andererseits von der Heldentat Jaels in v.24-27 und der Klage der Mutter Siseras in v.28-30. Dem heldenhaften Kampf der israelitischen Gruppen und ihrer Führer steht damit die heldenhafte Tat der Jael gegenüber, ebenso wie der Bedrückung und Führungslosigkeit des Volkes die Bedrücktheit und das Alleingelassensein der Mutter Siseras. Zusätzlich beobachtet hier Bechmann aufgrund der Erzählung in v.24-30 eine weisheitliche Ausrichtung des Textes[115], die im Abkommen der Israeliten vom rechten Weg in v.6 und im Versagen der Weisheit am Fürstenhof des Sisera zu erkennen ist.[116] Tatsächlich scheint hier gegenübergestellt zu sein, wie zunächst das führerlose Israel, dann aber die Mutter am Hofe des Sisera mit ihrer Weisheit 'am Ende sind'.

Eine kaum beachtete Geschlossenheit der Grundschicht ergibt sich m.E. auch dadurch, daß das eigentliche Kampfgeschehen gerahmt wird von Frauengestalten: So werden als Situationsangabe in v.6 neben Schamgar die 'Tage der Jael' angegeben[117], in v.7 wird dann der untätigen Führerschaft das Aufstehen Deboras gegen

---

[114] Durch das Herauslösen des Rubenspruchs entsteht hier eine metrisch in jeweils drei bicola (v.14-15a und 17-18) aufzuteilende Strophe - vgl. die Analyse von Globe, Structure, S.174.

[115] Trotz differenzierter semantischer Analyse, die m.E. einen Unterschied zwischen den Bezugstexten des kultischen Jahwehymnus und der weisheitlich beeinflußten Grundschicht erkennen läßt (s. dazu unter 2.4), geht Bechmann von der literarischen Einheitlichkeit des Liedes aus.

[116] S. dazu Bechmann, Deboralied, S.198-203

[117] Zum Verkennen der Bedeutung dieser Gestalt ist sicher auch die in der textkritischen Diskussion zu v.6a begegnende Argumentation zu rechnen, Jael sei in diesem Vers zu streichen, weil sie bis zu diesem Vers im Text nicht vorkomme. Dies entspricht freilich einer von außen an den Text herangetragenen Logik, die den Ausdruck 'in den Tagen der Jael' nur deswegen als störend empfindet, weil Jael "ihre Rolle ... erst am Ende des Textes" (Soggin, Bemerkungen, Sp.629) spielt. Da man dem Vorschlag der BHK nicht folgen will, die 'Tage Jaels' und 'Sohn des Anat' als Hinzufügung anzusehen, erklärt man die "unmöglich(e)" (Sellin, Deboralied, S.151) Zeitangabe durch Dittographie: Der Ausdruck hieße dann בימי על ('Tage der Unterdrückung'; so Grether, Deboralied, S.31; Sellin, Deboralied, S.151; Soggin, Bemerkungen, Sp.629). Mit Weiser (Weiser, Deboralied, S.76) halte ich den Ausdruck jedoch für nicht "so

übergestellt, bis dann in v.15a die Fürsten *mit* Debora zur Schlacht ziehen. Ebenso wird dann im Anschluß an die Schlacht durch die Heldentat Jaels deutlich, warum diese schon in v.6 eingeführt wurde. Die Folgen ihrer Tat werden schließlich ohne Wissen durch das abschließende Gespräch zweier Frauen am Hofe Siseras deutlich. Fast ironisch mag hier gemeint sein, daß Sisera nicht als Held mehrere Mädchen für sich und seine Männer erbeuten konnte (v.30), sondern selbst von der Hand einer Frau getötet wurde. Gerade durch das Handeln der Frauen wird jedoch deutlich, daß in der Grundschicht das Thema des Kampfes auch vom Aufbau her eindeutig im Mittelpunkt steht, so daß man diese Schicht am zutreffendsten als heroisches Lied bezeichnen kann.

Dabei geht die Bearbeitung dieses heroischen Liedes durch den Jahwehymnus so vor, daß im jetzigen Kontext die Jahwe-Elemente zwar stilistisch mit der Grundschicht zu einer neuen Komposition verschmolzen sind[118], die Gesamtausrichtung aber im Sinne einer neuen theologischen Konzeption geändert wird.

Soggin beschreibt dies eindrucksvoll: "Furthermore the two elements (d.h. v.2-5.9-13.(23) und v.31a, Anm.d. Verf.in) presuppose a theological systematization which suggests a later stage of transmission, when the ancient epic was inserted into a theological and cultic context intended to provide an interpretative key: the hymn is no longer about the 'mighty men of Israel' or their commanders, but 'the glorious deeds of the Lord...' in leading Israel (v.11a). The coalition of the tribes of Israel becomes 'the Lord's troops' (v.11b). We have moved from a war which broke out for political and economic reasons, as the epic clearly affirmed (vv.6f.), a situation accentuated by the sluggishness of the ruling class in Israel (v.8), to the 'holy war'; from voluntary participation, limited to the tribes directly interested in the enterprise, to compulsory participation (and woe to those who do not come) which has now become a cultic matter! Thus a different atmosphere seems to prevail in each of the two sections which make up the song: furthermore, the one which is rich in cultic elements seems to have been composed in the train of the second, as it were 'lay', song, which is considerably older; however the operation has been performed with skill, so that the two sections reflect a style and a complex of imagery which is not very different."[119]

Diese theologisch ausgerichtete Überarbeitung wird dann aber sicher nicht im Zusammenhang mit der Redaktion zu sehen sein, die für die nachträgliche Einfügung des Rubenspruches verantwortlich ist. Ein Interesse an einem Nachtrag zu den 'profanen' Aussagen der Grundschicht ist von der Jahweredaktion nicht zu erwarten, so daß mit zwei verschiedenen Redaktionen gerechnet werden muß.

2.3 Zur Interpretation des Rubenspruches

Gerade bei Übersetzung und Interpretation des in v.15b-16 vorliegenden Rubenspruches wird deutlich, wie stark das jeweilige Vorverständnis ergebnisleitend ist. So reichen die Möglichkeiten von der Annahme, hier sei die Niederlassung des

---

ganz unmöglich", da außer der heute empfundenen logischen Schwierigkeit nichts (v.a. kein Textzeuge) für eine Änderung spricht (so auch Gerleman, Deborah, S.176 A.1; Boling, Judges, S.101; Craigie, Deborah, S.349). Zu übersetzen ist daher: *In den Tagen Schamgars, des Sohnes des Anat, in den Tagen der Jael...*

[118] Dies ermöglicht ja erst die geschilderten Untersuchungen zur stilistischen Einheitlichkeit des Textes.

[119] Soggin, Judges, S.95f

Stammes zur Viehzucht im Ostjordanland beschrieben, die eine Freistellung von Männern zum Krieg nicht erlaube, weil diese zum Schutz der Herden gebraucht würden[120], über die Vermutung, dargestellt sei die Unschlüssigkeit des Stammes zum Losziehen, obwohl alles zum Abmarsch bereit wäre[121], bis zu der wenig hilfreichen Aussage, משפחים bezeichne etwas, "zwischen dem man sich niederläßt" und שרק deute auf eine Zerstörung hin[122].

Das angesprochene Vorverständnis besteht bei diesen und ähnlichen Lösungsvorschlägen vor allem darin, daß entweder der jetzige Kontext des Spruches oder aber andere Kenntnisse über den 'Stamm' mit einbezogen werden.

Festzuhalten ist deshalb zunächst, daß bei näherer Betrachtung der Spruch weder auf ein etwa vom Stamm gefordertes Kriegführen bezogen ist noch ein bestimmtes Territorium angesprochen wird[123]. Was genau gemeint sein könnte, muß ein näherer Blick auf die verwendeten Begriffe klären.

Erste Schwierigkeiten bereitet die Rahmung des Spruches, die als Inclusio gestaltet ist[124]. Die aus der Lutherbibel bekannte Übersetzung 'Bäche' für פלגות findet sich als weit verbreitete Tradition, kann sich jedoch nur auf die Parallele Hi 20,17 stützen. Die Wurzel פלג bedeutet 'teilen', 'zerteilen' im weitesten Sinn. Für das Substantiv ist deswegen auch die Bedeutung 'Wassergraben' gegeben. Im Zusammenhang mit Familien oder Gruppen ist aber die Bedeutung 'Unterabteilung' die angemessene.[125] Somit ist dem heute in der Forschung üblicheren 'Abteilungen' oder 'Gruppen' sicherlich der Vorzug zu geben, wobei freilich sowohl die Unterabteilungen eines Stammes[126] als auch opponierende Parteien gemeint sein können. Diese Beobachtung veranlaßt Caquot zu einem interessanten Lösungsvorschlag, der zugleich die Varianten des Satzes in v.15b und 16c aufnimmt: 15b würde dann heißen "dans les divisions (les clans) de Ruben, il y a ..." (lokal, bezogen auf die Unterabteilungen des Stammes) und 16c "pour ce qui est des divisions (des opinions divergentes) de Ruben, il y a ..."[127] (aus der Sicht anderer, bezogen auf die Uneinigkeit verschiedener Parteiungen). Dabei sind, wie wohl inzwischen communis opinio der Forschung, חקקי und חקרי als parallele Begriffe zu verstehen, die die Ratlosigkeit und Entschlußlosigkeit des Stammes in wortspielartiger Form zum Ausdruck bringen. Für beide hier diskutierten Begriffe פלגות und חקרי/חקקי hat Crown auf die Möglichkeit verwiesen, daß aufgrund des konsonantischen Anklangs ein "double reading" mit militärischer Konnotation möglich sei (פלגות aus 2 Chr 35,5 und חקקי in v.9 und 11)[128], was weiter zu bedenken sein wird.

Problematisch gestaltet sich auch das Verständnis von v.16, also dem eigentlichen Spruch, dessen Bedeutung wesentlich durch die Übersetzung des Wortes משפתים bestimmt wird.

Ausgehend von dem Motto "Was Etymologie und Exegese hier nicht leisten können, vermag die Archäologie"[129] versuchte Eissfeldt schon 1949 aufgrund des am Ende des Satzes auftauchenden Begriffs עדרים ('Herden') das Wort משפתים mit 'Gabelhürden' oder 'Doppelhürde' (Dual!) zu übersetzen - auch dies eine alte Tradition - und als Begriff für die in der östlichen Steppe des Ostjordanlandes gefundenen Steinsetzungen zu verstehen. Gemeint wären also Einschließungen bzw. Einfriedungen für die Schaf- und Ziegenherden, in die die Tiere bei drohender Gefahr, etwa durch

---

[120] Zobel, Stammesspruch, S.49f

[121] So Soggin, Bemerkungen, Sp.632

[122] Bechmann, Deboralied, S.147

[123] So richtig Stager, Deborah, S.227: "From this saying the Reubenites' vocation as ... pastoralists ... seems clearer than their location".

[124] Ein für die hebräische Poesie übliches Stilmittel, wie Caquot, Tribus, S.63, richtig bemerkt.

[125] Vgl. KBL³, 877f

[126] So z.B. Zobel, Stammesspruch, S.49

[127] Beide Zitate Caquot, Tribus, S.64

[128] Crown, Judges V, S.241

[129] Eissfeldt, Gabelhürden, S.63

räuberische Nomaden, getrieben worden wären.[130] Dementsprechend sei dann auch unter dem Wort שרקה - eine weitere crux des Satzes - das Zischen und Pfeifen zu verstehen, mit dem entweder die Räuber die Tiere wegtreiben oder die Hirten sie in die Hürden zu scheuchen versuchten[131].

Auch wenn das hier entworfene Bild des im Ostjordanland halbnomadisch lebenden Stammes Ruben zutrifft, so ist es doch überzeugender, das Wort im Blick auf die duale Form und die Parallelen in Gen 49,14 und Ps 68,14, wo es jeweils im Zusammenhang mit Begriffen des Sich-Lagerns oder Hinlegens (רבץ und שכב) gebraucht wird, mit 'Packtaschen' zu übersetzen[132] (vgl. die LXX[B]-Übersetzung διγομια). Gemeint sind damit die auch heute noch gebräuchlichen Doppelsatteltaschen für Esel oder Kamele, wobei es sich hier wohl - wie dem nahezu parallel formulierten Issacharspruch Gen 49,14 - um Eselstaschen handelt.[133]

Beschrieben wird also, wie die Trägheit des Stammes bei der Entschlußfassung zustande kommt: Die Rubeniten liegen faul zwischen den Packsätteln herum und frönen dem Nichtstun[134]. Dabei lauschen sie dem 'Zischen der Herden', das lautmalerisch durch שרקה zum Ausdruck kommt. Dieses Zischen meint weder den Vorgang des aufgeregten Treibens der Herden noch "somewhat impolite noises made by the sheep"[135], sondern wohl die beim Hüten üblichen Schnalz- und Zischlaute. Auffällig ist hier der offensichtlich spöttische und abschätzige Ton bei der Beschreibung dieser Lebensweise, die ganz davon bestimmt ist, daß ihr jede Initiative zu Aktionen fehlt.

Durch die redaktionelle Einfügung an die Spitze der negativ beurteilten Stämme[136] ergibt sich jedoch eine Bedeutungsverschiebung des Spruches, die in der Forschung bisher nicht beachtet wurde. Das aufgrund stilistischer und inhaltlicher Anklänge in den Kontext aufgenommene Spottlied erfährt mit dieser Stellung nämlich eine offensichtliche Umwertung: Hatte es vorher die Abgelegenheit der Rubeniten lediglich abschätzig zum Ausdruck gebracht, so muß es nun als scharfe Abwertung Rubens verstanden werden.[137] Im Kontext der Schlacht wird das Verharren bei den Packsätteln und die Unschlüssigkeit von einer bespöttelten Lebensweise zu einer echten Bedrohung für die anderen Israeliten, die aufgrund der dadurch bedingten mangelnden Solidarität als gefährdend und negativ beurteilt wird.[138]

---

[130] Eissfeldt, Gabelhürden und ders., Noch einmal: Gabelhürden. Abgesehen davon, daß das hier zur Diskussion stehende Wort wohl nicht als Bezeichnung für diese Steinsetzungen zu sehen ist, dürfte Eissfeldts Interpretation dieser Wälle als Pferche der Wahrheit näher kommen als die von Terian, Hunting Imagery, vermuteten Fanganlagen für Gazellen in der östlichen Wüste. Die Vorstellung, daß ausgerechnet die besonders auf der Flucht zu den besten Springern des Tierreichs zählenden Gazellen durch halbmeter- oder meterhohe Korralwälle zu fangen seien, mutet seltsam an.

[131] Plastisch im Anschluß an Kirkbride, Desert 'Kites', beschrieben von Eissfeldt in Gabelhürden, S.66

[132] So Soggin, Judges, S.90; Caquot, Tribus, S.65

[133] Vgl. hierzu KBL³, S.616

[134] Sehr schön bei Caquot, Tribus, S.65

[135] Crown, Judges V, S.242

[136] S.o. 2.2.a

[137] Vgl. dazu die Verfluchung von Meroz aufgrund der Nichtteilnahme seiner Bewohner (v.23), die dem Redaktor bei der Einfügung des Rubenspruchs bereits vorlag!

[138] Diese redaktionelle Zusammenstellung weist darauf hin, daß dem Verfasser des Rubenspruches die durch die spätpriesterliche Redaktion vertretene Haltung bekannt ist, nach der die Ostjordanier, d.h. die Gaditen und Rubeniten, deswegen mit Vorbehalten zu betrachten sind, weil sie

Die Schilderung des abgeschiedenen Daseins jenseits des Jordan, die sich aus den Aussagen des Spruches und seiner Zusammenstellung mit Gilead ergibt, beinhaltet dann aber eine sehr viel kritischere Komponente als zunächst zu vermuten war: Sie steht in unmittelbarem Zusammenhang mit starken Verdachtsmomenten gegenüber den Rubeniten, die gerade mit deren - abgelegenem - Wohnsitz im Ostjordanland begründet zu sein scheinen. Wahrscheinlich ist aufgrund dieses Zusammenhangs zudem, daß der Rubenspruch nicht nur eine Abwertung der Rubeniten, sondern auch des Ostjordanlandes zum Ausdruck bringen will.

Festzuhalten bleibt an dieser Stelle, daß Ruben als einziger Stamm nachträglich eingefügt ist (die z.B. in Gen 49 negativ bewerteten Namen Simeon und Levi fehlen). Offensichtlich kommt ihm eine besondere Rolle zu, die sich auch in besonderem Tadel ausdrückt. Noch deutlicher als in Dtn 33,6 wird hier nämlich die Umwertung des Erstgeborenen betont: Er steht nach wie vor an der Spitze einer Stämmeliste, diesmal aber nicht nur mit geringer Bedeutung, sondern als erster unter den abtrünnigen Stämmen, die die Existenz der anderen gefährden.[139]

2.4 Anmerkungen zu Datierung und Historizität

Die Frage nach der Datierung und der historischen Zuverlässigkeit des Deboraliedes stellt einen eigenen, sehr problematischen Fragenkomplex dar, der letztlich nur im Vergleich mit anderen Texten zu lösen sein wird. Geht man davon aus, daß die genannte literarkritische Scheidung zutreffend ist, so dürften sich historisch zutreffende Aussagen dem Alter nach am ehesten in dem heroischen Lied und damit auch in der Liste der an der Schlacht teilnehmenden 'Stämme' (ohne Ruben) finden lassen. Auch die Datierung dieser Grundschicht sollte freilich nicht zu früh angesetzt werden.

a) Zur Datierung des heroischen Liedes (v.6-8.14-22.24-30)

Inhaltlich spricht gegen eine frühe, d.h. vorstaatliche Ansetzung, das im Text erkennbare Bewußtsein, rechtmäßiger Besitzer des Landes zu sein. Ernstzunehmen ist auch der Hinweis auf Städte in Israel, auf die wohl als Heeresabteilungen zu verstehenden Tausendschaften (v.8) sowie auf die Pferdegespanne Siseras (v.28). Auch scheinen die abschließende Schilderung des Gesprächs der Mutter Siseras mit der 'Weisesten unter ihren Frauen' (v.29) und das Blicken der Mutter aus dem Fenster die Vorstellung eines Fürstenhofes in königlicher Zeit zu implizieren: Auch Isebel blickt בעד החלון (II Kön 9,30) wie hier Siseras Mutter (v.28).

---

im Verdacht der mangelnden Unterstützung der übrigen Israeliten stehen (vgl. Kap.IV.Ergebnis B).

[139] Inwieweit der hier formulierte Rubenspruch in die Linie einer bewußten Abwertung Rubens eingeordnet werden kann, wird - ebenso wie dies bereits zum Rubenspruch von Dtn 33 vermerkt wurde - in Kapitel V nochmals beleuchtet. (vgl. Kap.V.2.6)

Formal und stilistisch fällt die ausgezeichnete Beherrschung von poetischen Mitteln auf, die wohl nicht archaisch, sondern bewußt archaisierend sind. Wie überhaupt die Sprache zwar älter als das klassische Hebräisch klingt, jedoch jünger als etwa der Gezer-Kalender, so daß eine Ansetzung zwischen dem 10.-8.Jh. mit Soggin möglich wäre.[140] Die oft als Hinweis auf eine Frühdatierung verstandene Verwendung ugaritischen Vokabulars ist jedoch keineswegs eine Datierungshilfe, sondern lediglich ein Hinweis auf die westsemitische Beheimatung des Liedes.[141]

Ernstzunehmen sind im Rahmen einer semantischen Einordnung die Untersuchungen Bechmanns, die hier eine Verwendung weisheitlichen Vokabulars beispielsweise an v.6f nachweisen kann:

Schon da, wo sie einzeln verwendet werden, haben die Begriffe ארחות und נתיבות prophetische und weisheitliche Parallelen[142], in dem hier begegnenden parallelen Gebrauch finden sie sich jedoch nahezu ausschließlich in weisheitlichem Kontext: Ps 119,104f; 142,4; Hi 30,12f.; 19,8; Prov 8,20; 12,28. Ebenso könnte auch das Adjektiv עקלקלות in weisheitlichem Sinne verstanden werden, wie der Beleg in Ps 125,5 zeigt, wo es "das Abkommen vom Weg im religiösen Sinn meint."[143]

Gut denkbar ist in v.6 deshalb durch die Verwendung der Begriffe eine beabsichtigte Doppeldeutigkeit, die einerseits ein Abweichen von den Wegen infolge militärischer Bedrohung meint, andererseits aber auch metaphorisch zu verstehen ist.[144]

Darüber hinaus erinnert die Erzählung über die Heldentat Jaels und das anschließende Gespräch der Frauen (v.24-30) an eine weisheitliche Beispielerzählung, in der die offensichtlich in die Irre führende höfische Weisheit der Beraterin der wirklich weisen und richtigen Tat Jaels gegenübergestellt wird.

In dieser Gegenüberstellung sieht Bechmann einen Hinweis darauf, daß durch das Lied[145] und seine Diskreditierung des Fürstenhofes "eine königskritische Tendenz bemerkbar"[146] sei. Die Tatsache, daß hier Frauen als Hauptpersonen auftreten und damit "über Frauen die Kritik transportiert wird", bildet dabei nach Bechmann zusammen mit der an II Kön 9,30 erinnernden 'Fensterszene' einen Hinweis auf Isebel, die "den Zorn der jahwetreuen Tradenten auf sich" zog.[147] Bechmann sieht allerdings selbst, daß die Parallelen nicht zu stark bewertet werden sollten und keinesfalls auf eine literarische Abhängigkeit weisen, sondern daß lediglich Elemente der Isebel-Geschichte mitschwingen. Dabei könnte die

---

[140] S. Soggin, Bemerkungen, Sp.635

[141] Wie dies ähnlich auch für die Namen der Patriarchen gilt, vgl. Thompson, Historicity, S.36

[142] S. Bechmann, Deboralied, S.135

[143] Ebenda

[144] Um die Doppeldeutigkeit des Verses (Abweichen vom Weg im weisheitlichen Sinn und tatsächliche Bedrückungssituation) wiederzugeben, müßte etwa folgendermaßen übersetzt werden: *In den Tagen Schamgars, des Sohnes des Anat, in den Tagen der Jael, mied man die rechten Straßen; die sich auf den Weg machten, zogen auf abwegigen Straßen.* Die Konjunktion שׁעד ('bis') in v.7 "comporte une particule attestée surtout dans le Qohélèt et le Cantique des cantiques" (Caquot, Tribus, S.52) und weist somit eventuell ebenfalls auf weisheitlichen Gebrauch.

[145] Eine Aufteilung in zwei Schichten wird nicht vorgenommen.

[146] Bechmann, a.a.O., S.201

[147] Beide Zitate ebenda; zu den Parallelen zwischen beiden Geschichten s. Bechmann, a.a.O., S.201f.

Konzentration auf Frauen als Handlungsträger und die durch die Erzählung möglicherweise anklingende Kritik an der Form des herrschenden Königtums vielleicht tatsächlich ihren Hintergrund in den Ereignissen der Jehu-Revolution haben, bei der die Kritik an der Dynastie Omris vom 'königlichen Hof' Jehus ausging und somit auch die Aufnahme höfischer Weisheitselemente in einen königskritischen Kontext erklären würde. Daß in der vorliegenden Geschichte der "wahre Erfolg ... im Rückgriff auf die ursprüngliche Tradition und Lebensweise Israels, das die Nomadenfrau Jael symbolisiert"[148], liegt, könnte dann zusätzlich als eine Anspielung auf das Bündnis zwischen Jehu und den nomadisierenden Rechabitern (vgl. II Kön 10,15f) verstanden werden.

Auch abgesehen von diesem möglichen Hintergrund ist jedoch der Zuordnung des Textes zum Nordreich durch Bechmann zuzustimmen, wie allein schon die Liste der erwähnten 'Stämme' verdeutlicht, die sämtlich im nördlichen Bereich des Landes verortet sind. Daß hier nicht nur die Nennung der beteiligten Gruppen, sondern auch der Tadel der Nichtbeteiligten erfolgt, ist wohl der nationalstaatlichen Perspektive des Verfassers zuzuschreiben: So ist mit Ahlström gut denkbar, daß der Autor des heroischen Liedes aus nationaler Sichtweise schreibt und deswegen das Problem hat, "why all the ancestors of his nation did not participate in the battle...Being concerned with the glorification of his people and not with history, he therefore had to blame some 'tribes' for not having participated in the battle."[149]

Diese Liste zeigt aber andererseits auch, daß das genealogische Eponymensystem zur Entstehungszeit des Liedes noch nicht vorlag: Zu willkürlich wäre demgegenüber die Anordnung der Namen, zu willkürlich auch die Verwendung der Namen Machir und Gilead, die im Zwölfersystem nicht mehr begegnen.

Nimmt man die Hinweise inhaltlicher und stilistischer Art zusammen, so ist eine Datierung des heroischen Liedes wegen der fehlenden Bezüge zum Südreich frühestens im 10./9.Jh. angebracht. Dabei ist aufgrund der weisheitlichen Ausrichtung des Textes eine Entstehung im Umkreis des königlichen Hofes des Nordreiches gut denkbar, was auch die nur sehr vorsichtige Thematisierung königskritischer Elemente - sollten diese tatsächlich zutreffen - erklären würde. Eine Verortung des Liedes in den Zusammenhang der Jehu-Revolution sollte zumindest als Möglichkeit im Blick bleiben.

b) Zur Datierung der Schlacht

Auch die Frage nach der Datierung der Schlacht und die Frage, in welchem Abstand das Lied komponiert wurde, sind schwer zu beantworten.

Über die Schlacht selbst läßt sich sicher nur so viel sagen, daß von israelitischer Seite auf jeden Fall die 'Stämme' Sebulon und Naphtali (aber eben vielleicht auch mehr) und als Anführer Debora und Baraq beteiligt waren, die im Wadi Kischon (wo genau?) gegen den Hauptmann Sisera kämpften, der schließlich von Jael ermordet wurde. Die weiteren Personen- und vor allem die Ortsnamen sind größtenteils so rätselhaft - bes. in Ri 4 -, daß nach Na'aman "either the author of

---

[148] Bechmann, a.a.O., S.202
[149] Ahlström, History, S.380f

the story or a late redactor was not aquainted with the geography of northern Israel and mixed up the narrative element in a way that excludes any geographical sense from the description"[150].

Entsprechend schwierig gestaltet sich auch die Frage der Datierung. So wird im allgemeinen die Schlacht gegen Ende des 12.Jh.s angesetzt und eine Niederschrift des Liedes kurz darauf vermutet. Die Schlacht ist jedoch wegen der rückblickenden Erwähnung Schamgars (des Philisterkämpfers) als eines Mannes der Vergangenheit nicht vor 1100 v.Chr. zu datieren. Zumindest genannt sei hier die Vermutung Soggins, die Schlacht stehe im Zusammenhang mit den Ereignissen in I Sam 4ff und sei daher gegen Ende des 11.Jh.s anzusetzen.[151] Sollten aber die oben beschriebenen Kriterien für die Datierung des Textes zutreffen, die in die frühe Königszeit weisen, so wäre damit eine gewisse Zeitspanne zwischen Schlacht und Dichtung anzunehmen. Auch dies wäre freilich nicht außergewöhnlich, vergleicht man etwa die Entstehung von anderen Volksdichtungen, wie z.B. dem Hildebrandslied oder den Geschichten über Alfred d.Gr. von England. Im Vergleich mit Letzterem erarbeitet Ackroyd überzeugend die Regel, daß die Volksdichtung zum einen meist nur einige signifikante Punkte von Ereignissen aufnimmt, daß aber zum anderen zwischen Ereignis und poetischer Ausformung der Geschichte meist mindestens 100 Jahre vergehen.[152] Im vorliegenden Fall ist wegen der sprachlichen Merkmale sogar mit einem noch größeren Abstand zu rechnen.

Zur Frage nach der Historizität der geschilderten Schlacht in vorstaatlicher Zeit argumentiert Ahlström zudem, daß angesichts der dominierenden Macht der Ägypter und der sich anschließenden philistäischen Oberherrschaft bis in die EZ I "a battle between two large coalitions in the strategically important Jezreel plain is out of question." Deshalb ist vielmehr anzunehmen "that the battle was a local event that was utilized by the composer of the poem at a later time and thus has been given an 'all-Israelite' cast"[153].

Die genannten Lösungsmöglichkeiten verweisen erneut darauf, daß auch die früheste Fassung des Liedes erst im 10.Jh., wahrscheinlich aber noch später, also im 9.Jh., geschrieben wurde. Deswegen ist bezüglich der historischen Erkenntnisse Vorsicht geboten. Das Lied ist keineswegs als Augenzeugenbericht zu verstehen und befähigt wohl lediglich dazu, "to grasp something of the mood of an Israel perhaps only a century or so removed from these events and to assess what to men of that day were the important factors in the history of their own community"[154].

c) Einordnung des Jahwehymnus (v.2-5.9-13.23.31a)

Auffällig sind bei der Untersuchung der semantischen Gegebenheiten des Jahwehymnus die vielen Bezüge zum Psalter, besonders aber zu Ps 68, der schon in der Untersuchung zu Dtn 33 als wichtige Parallele genannt worden war. Zur Einordnung dieser Schicht ist deshalb dem vorliegenden Sprachgebrauch im Blick auf seine Bezüge zum Psalter besondere Aufmerksamkeit zu widmen.[155]

Bereits in v.2 findet sich als Parallele für die mit einer Situationsangabe verbundene Aufforderung ברכו יהוה nur Ps 68,27: Dort jedoch steht die Aufforderung zum Lobpreis Elohims in einem eindeutigen Zusammenhang mit den Versammlungen am Tempel, während in Ri 5 der Krieg den Bezugspunkt zu bilden scheint. Gerade die Literarkritik hatte jedoch deutlich gemacht, daß dieser

---

[150] Na'aman, Battle, S.429
[151] Soggin, Bemerkungen, Sp.637
[152] Ackroyd, Composition, S.160f. So auch Boling, Judges, S.114, der freilich die Schlacht früher datiert.
[153] Beide Zitate Ahlström, History, S.41; vgl. dazu auch die Beobachtungen zur Liste der 'Stämme' (s.o.).
[154] Ackroyd, Composition, S.162
[155] Eine vollständige Untersuchung des semantischen Bestandes kann hier jedoch nicht geleistet werden, vgl. dazu Bechmann, Deboralied, S.131-165.

Bezug zum Krieg in Ri 5 erst durch die Verknüpfung mit dem heroischen Lied geschieht, die Elemente des Jahwehymnus für sich aber zunächst unabhängige Vorstellungen darstellen. Die in v.9 wiederholte Aufforderung[156] ist also ein erster Hinweis auf die bewußte Umgestaltung des heroischen Kampfes zu einem Heiligen Krieg, möglicherweise schon hier vor dem Hintergrund tempeltheologischer Vorstellungen.

"Die Nähe von v.3 zu späten Texten streitet kaum ein Interpret ab."[157] Die hier auffällige parallele Formulierung des Lobpreises mit זמר/שיר findet sich ansonsten nur im Psalter (Ps 21,24; 27,6; 57,8; 68,5.33(!); 101,1; 104,33; 105,2; 108,2; 144,9)[158]. Auffällig ist auch hier wiederum der Bezug zu Ps 68,5.33, wobei dort v.31-33 auch nach der vorsichtigen Beurteilung durch Kraus nicht zur ältesten Schicht gehören, sondern erst nach der Übernahme in den Jerusalemer Tempelkult denkbar sind.[159] Eine weitere Parallelformulierung begegnet in Ri 5,3 bei den Begriffen רוזנים/מלכים. Auch diese finden sich sonst nur in Ps 2,2; Hab 1,10; Prov 8,15; 31,4 und Sir 44,4[160]. Offensichtlich wird der Ausdruck in Ps 2,2 im Kontext der "Weltherrschaft des Königs von Jerusalem"[161] verwendet, ist also mit Richter der "judäische(n) Hoftheologie"[162] zuzuweisen.

Schon im Blick auf die beiden die Theophanie einleitenden Verse ergibt sich damit, daß eine Einordnung des Jahwehymnus in den Kontext der Jerusalemer Theologie wahrscheinlich ist, was durch die Theophanie selbst noch bestätigt wird: Die Untersuchung zur Theophanieschilderung in Dtn 33 hatte gerade im Blick auf ihre Parallelen in Ps 68 und Hab 3 gezeigt, daß es sich bei einer solchen Schilderung keineswegs um ein altes Element handelt. Dabei war auch auf die Nähe der Theophanievorstellung von Ri 5 zu Ps 68 hingewiesen worden, die beide eine frühere Stufe als die mit der Vorstellung des Lichtglanzes verbundenen Schilderungen in Dtn 33 und Hab 3 darstellen. Die parallele Schilderung des Erscheinens Jahwes vom Sinai her, verbunden mit Erdbeben und Wolkenbruch in Ps 68,8f.18 (par. Ri 5,4f), war aber dort in den Zusammenhang der Jerusalemer Tempeltheologie mit der Vorstellung vom Königtum Jahwes zu stellen, deren frühester Beleg sich in Jes 6 findet.[163]

In beiden Texten dürfte sich damit der parallele Vorgang einer Übernahme nordisraelitischen Materials und seiner Umgestaltung im Rahmen Jerusalemer Theologie zeigen.

---

[156] S.o.2.2.c
[157] Bechmann, Deboralied, S.132
[158] Zu den wenigen Belegen außerhalb des Psalters mit ebenfalls psalmenartiger Formulierung s. Bechmann (ebenda).
[159] Kraus, Psalmen, S.632
[160] Vgl. KBL³, S.1129
[161] Kraus, Psalmen, S.14ff
[162] Richter, Richterbuch, S.85
[163] Vgl. o. unter 1.2.a. Zur Kritik an der von Jeremias vorgenommenen Frühdatierung s. ebenfalls dort. Bei Soggin findet sich eine nur sehr zögerliche Einordnung der Theophanievorstellung in den Rahmen der Tempeltheologie, da auch er noch von einer Spannung zwischen der "Wüstentheologie" der Theophanie und der "späteren Theologie Israels" (Soggin, Bemerkungen, Sp.636) ausgeht.

Dabei wird in der redaktionellen Bearbeitung des heroischen Liedes von Ri 5 durch den Jahwehymnus eine noch weitergehende theologische Umorientierung sichtbar, indem ganz bewußt der Blick von den heldenhaften Taten der Frauen und Krieger weg allein auf das heilschaffende Wirken Jahwes gelenkt wird.

Eine so systematisch vorgehende theologische Neuakzentuierung, die die Alleinwirksamkeit Jahwes betont, den Krieg zu einem 'Heiligen Krieg' macht und das Lied zu einem kultischen Hymnus im Kontext des Tempels 'umdichtet', ist dann aber nicht nur "kurz vor der Reform Josias"[164] denkbar, sondern gerade im Rahmen der josianischen Bewegung. Dazu würde auch die Umorientierung eines zunächst auf das Nordreich konzentrierten Liedes passen, die im Zusammenhang mit der ebenfalls in josianischer Zeit stattfindenden politischen Expansion in ehemals nordisraelitisches Gebiet stehen könnte.

d) Überlegungen zur Einordnung des Rubenspruches

Wie bereits bemerkt, handelt es sich bei diesem Spruch um einen redaktionellen Nachtrag, der um die besondere Bedeutung und Beurteilung des Erstgeborenen Ruben und des mit ihm verbundenen Gebietes im Ostjordanland weiß. Eine solche Vorstellung ist jedoch erst nach der Entstehung des genealogischen Eponymensystems, d.h. nach dem Zusammenbruch des Nordreichs, denkbar. Gleichzeitig scheint jedoch in dem als kritisches Spottlied formulierten Spruch die Kenntnis vorausgesetzt, daß die Rubeniten und die Frage ihrer Loyalität gegenüber den übrigen Israeliten mit Zweifeln behaftet ist, wie dies etwa in den spätpriesterlichen Textschichten von Num 32 und Jos 13 sowie Jos 22 zum Ausdruck kommt.[165] Möglicherweise ist angesichts der Einfügung des Rubenspruchs an die Spitze der negativ behafteten Stämme auch ein Bezug auf die harte Kritik an Ruben, wie sie in Gen 49 begegnet[166], gegeben. Auf einen solchen Zusammenhang weist auch die Tatsache, daß hier bewußt nur ein einzelner Spruch gegen Ruben in eine vorhandene Reihe eingefügt wurde. Wäre es dem Redaktor dabei lediglich darum gegangen, durch die Einfügung des Erstgeborenen die vorliegende Aufzählung dem genealogischen Eponymensystem anzupassen, wäre eine Einfügung auch aller anderen fehlenden 'Stämme' (Simeon, Levi, Juda) zu erwarten. Angesichts der Tatsache, daß keine literarischen Hinweise dafür vorliegen, daß der Rubenspruch schon vor Überarbeitung durch den Jahwehymnus zur Liste der negativen 'Stämme' gehörte, und mit Rücksicht auf die Datierung der genannten negativen Aussagen über Ruben an anderen Stellen ist dann aber mit einer Einfügung des Spottlieds über Ruben nach der redaktionellen Überarbeitung des heroischen Liedes durch den Jahwehymnus zu rechnen.

Das heroische Lied ist somit durch seine erste Überarbeitung wohl in die Perspektive der judäischen Tempeltheologie übergewandert und wurde dann in

---

[164] Soggin, Bemerkungen, Sp.636
[165] S. dazu unter Kap.IV.3.6 und Ergebnis B
[166] Zu dem in in Gen 35 geschilderten und in Gen 49 bewerteten Fehltritt Rubens vgl. Kap.V.2.6

nachexilischer Zeit um den nachträglich eingefügten negativen Rubenspruch erweitert.

2.5 Schlußfolgerungen

Die aus der Untersuchung des Textes gewonnenen literarischen Ergebnisse zeigen deutlich, daß von einer Einheitlichkeit des Deboraliedes nicht mehr ausgegangen werden kann. Das in der Forschung vielfach postulierte hohe, d.h. vorstaatliche Alter des Deboraliedes ist weiterhin weder für die Gesamtkomposition haltbar noch für das die älteste Schicht bildende heroische Lied. Auch für dieses ist vielmehr eine Ansetzung vor dem 10.Jh., d.h. der frühen (nicht frühesten) Königszeit nicht denkbar.

Historisch wahrscheinlich ist deshalb eine Datierung der besungenen Schlacht nicht vor 1100 v.Chr. Über die Beteiligung einer Stämmekoalition hingegen müssen die Aussagen noch vorsichtiger sein: Auszugehen ist davon, daß sich tatsächlich zwei Gruppen, Sebulon und Naphtali, für einen Kampf zu einer Koalition zusammenschlossen. Von einer Koalition eines großen Teils oder aller israelitischen 'Stämme' kann jedoch nicht die Rede sein, ebensowenig, wie aus dem heroischen Lied Hinweise auf ein frühes Zusammengehörigkeitsgefühl israelitischer Gruppen über einzelne Zweckbündnisse hinaus entnommen werden können (schon gar nicht eine in kultischen Begehungen faßbare Amphiktyonie - die kultischen Elemente des Deboraliedes erscheinen erst im Jahwehymnus!). Auch Ri 5 kann daher das in Kap.I erarbeitete Ergebnis bezüglich der 'Stämme'-Systeme für einen Text der frühen Königszeit weiter bestätigen: Ein wirkliches System ist nicht zu erkennen, genannt werden lediglich einzelne Gruppen, deren Zugehörigkeit zum Nordreich Israel bekannt ist. Diese Nennung erfolgt jedoch weder in einer bestimmten Reihenfolge, wie sie dem genealogischen Eponymensystem entspräche, noch stimmt sie in der Aufnahme Gileads und Machirs mit diesem System überein. Die Anordnung und Zusammenstellung der Namen läßt somit lediglich einige geographische Bezüge erkennen, erfolgt aber nicht nur, ohne ein eigenes System zu entwickeln, sondern auch in einem Stadium vor dem Entstehen des genealogischen 'Stämme'-Systems.

Dem entspricht auch, daß der Name des für das genealogische System so wichtigen Eponymen Ruben in der 'Stämme'-Liste des heroischen Liedes nicht begegnet, sondern eine nachträgliche Einfügung bildet.

Dieser Ruben-Redaktion ist aber sowohl die Rolle Rubens im Eponymensystem bekannt als auch die in nachexilischer Zeit aufkommende negative Beurteilung Rubens und des von ihm repräsentierten Ostjordanlandes. Sie ist, wie oben vorgeschlagen, als letzte Bearbeitungsstufe anzusehen, da sie ausschließlich einen abwertenden Einzelspruch über Ruben nachträgt.

Deutlich wird angesichts dieser Einordnung aber auch, daß aus dem Deboralied über die Rolle der Rubeniten und ihre Verbindung mit anderen israelitischen Gruppen in vorstaatlicher Zeit und früher Königszeit keinerlei Hinweise gewonnen werden können. Von einer Beteiligung der Rubeniten an einer Koalition einzelner Gruppen oder einem damit verbundenen Zusammengehörigkeitsgefühl wird in den uns vorliegenden Texten somit nichts berichtet.

Kapitel IV: Siedlungsgeographische und theologische Aspekte des 'Stammes'-Gebietes Rubens (und Gads)

Im folgenden Kapitel soll die Frage danach gestellt werden, ob die bei der Entstehung des genealogischen Eponymensystems für Ruben und Gad vorausgesetzten Territorien mit anderen geographischen Angaben des Alten Testaments übereinstimmen. Dies ist deswegen eingehend zu überprüfen, weil sich besonders das rubenitische Territorium wegen der mit ihm verbundenen religiösen Traditionen als wichtig erwiesen hatte. Die wichtigsten geographischen Angaben finden sich in den Texten Num 32 und Jos 13, weisen aber stark voneinander abweichende Aussagen auf. Es muß deshalb geklärt werden, bei welchem der beiden Texte es sich um das siedlungsgeographisch zuverlässigere Dokument handelt und welche Lokalisierung für das Gebiet Rubens sich daraus entnehmen läßt. Diese ostjordanischen siedlungsgeographischen Angaben werden dann denen über westjordanische Siedlungsgebiete Rubens gegenübergestellt und archäologisch eingeordnet.

Besondere Aufmerksamkeit gilt im Rahmen dieses Kapitels den Texten, die sich ausdrücklich mit dem Ostjordanland als Siedlungsgebiet von Israeliten beschäftigen. Deshalb sollen hier nicht nur die eigentlichen siedlungsgeographischen Texte Num 32 und Jos 13 untersucht werden, sondern auch die Erzählung von Jos 22, die - ebenso wie Num 32 - einen Konflikt zwischen Ost- und Westjordaniern schildert.

1. Die Landnahme der Gaditen und Rubeniten nach Num 32

1.1. Forschungsgeschichtliche Einordnung

Die literarische Einordnung der in Num 32 vorliegenden Textgestalt erwies sich von jeher als äußerst problematisch. Dementsprechend vielfältig sind die in der exegetischen Literatur angebotenen Lösungsmöglichkeiten.

Zu nennen sind dabei zunächst die Vertreter der Quellentheorie, die davon ausgehen, daß zumindest "die Grundlage der Erzählung auf die 'alten Pentateuchquellen' zurückgeht."[1] Noth selbst bemerkt freilich zugleich, ihr Bestand sei "so eng mit späteren Bearbeitungen und Zusätzen verquickt, daß es nicht gelingt, eine saubere und überzeugende literarkritische Scheidung durchzuführen; und offenbar ist durch diese Bearbeitung und Zusätze so viel von ihrem Text verdrängt

---

[1] Noth, Numeri, S.204

worden und damit verlorengegangen, daß nicht einmal mehr die Frage sicher beantwortbar ist, ob das 'alte' Quellenmaterial einheitlich oder seinerseits zusammengesetzt ist."[2]

Dementsprechend vorsichtig beurteilt Noth die Zusammensetzung einer zu bestimmenden Grundschicht, je nach Studie sogar unterschiedlich: Zählen für ihn in den 'Überlieferungsgeschichtlichen Studien' die Verse 2abα.5.40 zu J und die Verse 1.16a.39.41.42 zu E[3], so hält er E in seiner 'Überlieferungsgeschichte des Pentateuch' für "nicht mehr nachweisbar", rechnet dafür jedoch die Verse 1.16.39a.(39b.40a)40b.41.42 zu J[4]. In seinem Kommentar zum Numeri-Buch schließlich finden sich nur noch Wahrscheinlichkeitsurteile über eine mögliche "alte Quellengrundlage" in v.1.2a*.4b*.16-19*.24?.31-36?.[5]

Dennoch zeigt sich auch bei einigen anderen alten Untersuchungen der Versuch, die Pentateuch- bzw. Hexateuch-Fäden zu separieren. Beispielhaft genannt sei hier nur noch Baentsch, der einen Grundbestand von J in v.1*.4b.5*.6.20f.22*.23.25-27.33*?. 39.41f und von E in 3.16f.24.34-38, sowie JE in 2* erkennt[6].

Angesichts der von Noth benannten Schwierigkeiten findet sich in der Literatur immer häufiger der Versuch, im Sinne einer Ergänzungshypothese "eine dem Kapitel zugrundeliegende Erzählung unter späteren Bearbeitungsschichten wieder freizulegen"[7], wobei die dann ermittelte Grundschicht häufig J zugeordnet wird. So besteht etwa für Rudolph "die Erzählung noch aus v.2.4-6.16a.17.20-23.25-27.33a*.34-38"[8], ein einheitlicher Text, dessen "Erzähler J ist"[9]. Auch Sturdy argumentiert, daß "Ch. 32 is basically by J", wobei dessen "story is found in verses 2,4-6,16a,17,20-3,25-7,32a, 34-8".[10]

Den neuesten Versuch dieser Art schließlich stellt Mittmanns Analyse von Num 32 im Rahmen seiner Untersuchungen zu Dtn 1-6 dar: Die Grundschicht wird nunmehr freilich reduziert auf einen J oder E zuzuschreibenden Bestand von 1.16*.17a.34-35.37.38. An diesen Text seien zunächst die Notizen über Machir (39) und Jair und Nobah (41f) angefügt worden, dann aber sei der Grundbestand von v.16*-17a in vier (!) weiteren Stufen aus- und umgestaltet worden: Eine "erste Dialogschicht" umfaßt dabei v.2*.4b.6-11.16*.17b-18.20aα.24.33a*.33b.35*.36. Ihr Anliegen sei es, Mose zur beherrschenden Figur zu machen, den Monolog zum Dialog auszugestalten und die Anspielung auf die Kundschaftergeschichte einzufügen. Eine "zweite Dialogschicht" in v.5.12-15.20aβ-23 habe diese erste Dialogschicht präzisiert. Schließlich seien drittens die v.19.25-29 und viertens die v.30-32 angefügt worden.[11] Die Schwierigkeiten einer solchen Analyse sind - auch abgesehen von der schwer zu vermittelnden Plausibilität dieser Textzerstückelung - unübersehbar, da offensichtlich die Entstehungsgeschichte des Textes, die schließlich zu seiner Endgestalt führte, von Mittmann nicht mehr nachgezeichnet werden kann. Schon die unterschiedliche Profilierung der Ergänzungen wird kaum herausgearbeitet, ihre Zuordnung zu den jeweiligen Redaktoren mit einem entsprechenden zeit- bzw. theologiegeschichtlichen Hintergrund fehlt völlig.[12] So bleibt

---

[2]   Ebenda
[3]   Noth, ÜSt, S.196-199
[4]   Noth, ÜP, S.35
[5]   Noth, Numeri, 205-208
[6]   Baentsch, Numeri, S.659-671; zu weiteren Vertretern siehe den kurzen Forschungsüberblick bei Wüst, Untersuchungen.
[7]   Wüst, Untersuchungen, S.94
[8]   Rudolph, Elohist, S.134
[9]   Rudolph, a.a.O., S.135
[10] Sturdy, Numbers, S.221
[11] Übersicht bei Mittmann, Deuteronomium, S.104, Ausführung auf S.95-104
[12] Eine andere Lösung für den Zusammenhang zwischen dem ersten Abschnitt des Deuteronomiums und Num 32 ergibt sich für van Seters aufgrund der Parallelerzählung in Dtn 3,12-20: Num 32 ist s.E. eine (von wenigen priesterlichen Stücken abgesehen) im großen und ganzen einheitliche Komposition seines späten Jahwisten, die auf der Kenntnis von Dtn 3,12-20 beruht. Die offensichtlich gegen diese Annahme sprechende Beobachtung, daß Dtn 3,12ff eine Zusammenfassung der vorher geschilderten Ereignisse bietet, löst van Seters, indem er behauptet, der Jahwist habe "greatly modified and complicated the simple and consistent pattern

fraglich, warum an einen so relativ unscheinbaren Grundbestand ein ganzes Konglomerat von Ergänzungen angefügt worden sein soll.

Ähnlich problematisch erweist sich die gleichwohl ob ihrer analytischen Schärfe kaum überbietbare Studie Wüsts zum vorliegenden Text[13]. Wüsts Grundschicht der v.1-38 (v.39-42 werden bereits vorher als Anhang ausgeschieden), die keiner der alten Quellen zugeordnet wird, umfaßt v.1*.16a.b.17.20aα.34-38[14]. Als "erstes Ergänzungsstadium" ermittelt er die v.20aβ.22aβ.b.23[15], als "zweites Ergänzungsstadium 2ab(bis משה).5(ohne ויאמר).6.25.28f.[16], wobei beide Ergänzungsstadien die "inhaltliche Entfaltung der Erzählung zu ihrem Abschluß"[17] bringen. "Was an späteren Zutaten noch hinzukommt, beschränkt sich auf Ergänzungen und Präzisierungen im Detail."[18] Die "übrigen Ergänzungen" umfassen folglich v.2b*.4.5*; 3; 7-11 und v.12-15; 18.19a.19b; 20b.21.22a; 26f; 30-32; 33[19], werden ungenannten *verschiedenen* Ergänzern zugeordnet und können von Wüst selbst nicht einmal mehr in ihrem zeitlichen Verhältnis untereinander sicher bestimmt werden[20].

Angesichts dieser relativ unbefriedigenden Versuche der Ermittlung und Zuordnung von Grundschicht und Ergänzungen soll im folgenden eine übersichtlichere und leichter erklärbare Analyse des Textes erarbeitet werden, um den darin enthaltenen Traditionen über die Ansiedlung der Rubeniten auf die Spur zu kommen. Sinnvollerweise stehen dabei die allgemein als redaktionelle Zusätze eingestuften v.7-15 und 39-42 am Anfang der Untersuchung. Von da aus erfolgt die Analyse der Grundschicht.

1.2 Textanalyse

a) Die Zusätze in v.7-15 und 39-42

v.7-15: In der Forschung anerkannt ist die Tatsache, daß es sich bei den v.7-15 - beginnend mit dem Neueinsatz ולמה - um einen Einschub handelt, der einen Rückgriff auf die Kundschaftergeschichte in Num 13/14 beinhaltet.

Inhaltlich erweist sich der Einschub dadurch, daß hier die Gaditen und Rubeniten durch die Erinnerung an das Verhalten der Väter bei der Rückkehr der Kundschafter und den darüber entbrannten Zorn Jahwes vor einer "demoralisierenden Wirkung auf die übrigen Stämme"[21] gewarnt werden. Dieser Verdacht, die beiden Stämme wollten auch die übrigen dazu verleiten, nicht über den Jordan zu ziehen, bringt ein über das vorher diskutierte Thema hinausgehendes Element: Kritisiert wurde in v.6 lediglich der mögliche Versuch der beiden Stämme, die übrigen im Stich zu lassen und nicht mit ihnen im Westjordanland zu kämpfen, nicht aber der

---

in Dtn whereby, after the conquest of the two eastern kingdoms by Moses, he distributed the land to those tribes that afterward inhabited the region" (vanSeters, Life of Moses, S.450).

[13]   Für die Auseinandersetzung im einzelnen s.u. zu den jeweiligen Versen der Textanalyse.
[14]   Wüst, Untersuchungen, S.95-99
[15]   Wüst, a.a.O., S.99
[16]   Wüst, a.a.O., S.99f
[17]   Wüst, a.a.O., S.100
[18]   Ebenda
[19]   Wüst, a.a.O., S.101-109
[20]   Wüst, a.a.O., S.100f
[21]   Baentsch, Numeri, S.664

Versuch, auch diese von ihrem Vorhaben abspenstig zu machen. Das Weiterziehen der anderen Stämme wurde vielmehr vorausgesetzt.

Der Text der v.7-15 erweist sich aufgrund seiner Gestaltung als literarischer Rückbezug auf die Endfassung der Kundschaftergeschichte (Num 13/14), d.h. auf deren aus priesterlichen und nichtpriesterlichen Elementen bestehende Komposition der Endgestalt[22]. Gleichwohl lassen sich dabei einige Eigenformulierungen erkennen, die dafür sprechen, daß diese Übernahme nicht in "sklavischer Abhängigkeit erfolgte"[23].

Wüst will auch hier im Anschluß an Mittmann eine zweistufige Ergänzung 7-11.12-15 sehen[24]. Die von Mittmann angeführten Argumente (Wechsel von Jahwerede und Reden von Jahwe, das zweifache Ansprechen des Zornes Jahwes, Benennung der Israeliten als ישראל und ישראל)[25] können jedoch nicht als klare Anzeichen für eine nochmalige Überarbeitung gelten. Sie zeigen lediglich in eindringlicher Sprache den Zorn (אף) Jahwes über die Tat der Väter, die Strafe dieses Zorns über sie und die Folgen für das jetzige Volk. Auffällig ist jedoch, daß sich weder inhaltliche noch sprachliche Bezüge zu anderen Stellen des Kapitels 32 herstellen lassen.

v.39-42: Daß die v.39-42 stilistisch und inhaltlich nicht direkt an die vorhergehenden Ereignisse anschließen, ist offensichtlich und in der neueren Forschung unumstritten. Genannt seien nur das andere geographische Verständnis von Gilead gegenüber v.1.26[26], die Vorstellung des soeben von Gad und Ruben besiedelten Gilead als Wohnsitz der Söhne Machirs, die damit verbundene Vorstellung von der Eroberung des Landes, die hier geschilderten Einzelaktionen von Stammesgruppen ohne Rücksicht auf den Rest der Israeliten sowie ohne Bezug auf eine Führung des Mose und schließlich die im Kontext ungewöhnlichen Ortsätiologien in v.41 und 42.

Die eingehendsten Überlegungen zur Erklärung dieser Verse finden sich bei Wüst[27], der nachweist, daß es sich bei den vorliegenden Versen nicht nur um eine auf den ersten Blick unübersichtliche Schilderung handelt, sondern daß hier tatsächlich ein literarisches Konglomerat verschiedener Notizen vorliegt:

Die zunächst angefügte Notiz über die Eroberung Gileads durch die Machiriten in v.39a zeigt - so Wüst - im Vergleich mit Num 26,29f, daß v.39a der erste Zeuge für eine Verbindung Manasses mit dem ostjordanischen Gilead ist.[28] Die Notiz wurde jedoch offensichtlich als Widerspruch zu der in v.1.26.(33)[29] geschilderten Niederlassung von Gaditen und Rubeniten in diesem Gebiet aufgefaßt. Deshalb werden durch einen Nachtrag in v.39b.40 die Amoriter als vorherige Besitzer des Landes angefügt und die Aktion als von Mose zugebilligt erklärt. Dabei ist anzunehmen, daß als Amoriter hier ausschließlich Sihon und sein Volk verstanden sind[30], wie der v.33 beweist - unabhängig davon, ob dieser Vers in Kenntnis des Nachtrags formuliert wurde oder ihm zugrunde lag. Die nun folgenden v.41.42 sind nach Wüst nur auf den ersten Blick als zusammengehörig zu

---

22 So z.B. Blum, Komposition, S.112; Rudolph, Elohist, S.132 u.a.
23 Noth, Numeri, S.206
24 Wüst, Untersuchungen, S.103f
25 Mittmann, Deuteronomium, S.97.104 - die Literaturangabe bei Wüst, Untersuchungen, S.104 A.331 ist zu berichtigen.
26 Gilead wird hier nicht auf das rubenitische/gaditische Gebiet beschränkt, sondern umfassend verstanden.
27 Wüst, Untersuchungen, S.60-76
28 Wüst, a.a.O., S.70f
29 Falls der Grundbestand von v.33 - so Wüst - tatsächlich schon vorlag, s.u.
30 S. dazu ausführlicher Wüst, a.a.O., S.61f mit A.201

betrachten (singularische Schilderung von Einzelpersonen als Stammesvertreter, zweifache Ätiologie), setzen jedoch beide wiederum v.39.40 voraus, indem sie einen Rückbezug zu diesen Versen enthalten (אֶת־חַוֹּתֵיהֶם). Aufgrund der in den Notizen vorausgesetzten geographischen Gegebenheiten ist mit Wüst die Möglichkeit zu bedenken, daß auch zwischen den v.41 und 42 noch weiter differenziert werden muß.

Der in v.41 angesprochene Jair findet sich auch in Ri 10,3f, wo Jair ebenfalls als Gileaditer bezeichnet wird und wie in Num 32,41 von den 'Dörfern Jairs' die Rede ist. Nach Wüst ist deshalb der v.41 als inhaltliche Ausfüllung der vorangehenden Notiz über die Zuweisung Gileads an Machir zu verstehen[31], in der ein Redaktor die im Vergleich zu den v.34-38 zu wenig detaillierte Angabe über Gilead mit Hilfe der Angaben über Jair, den Gileaditer, näher bestimmen wollte. Die aus Ri 10,3f bekannte Jair-Notiz bot sich dazu wegen der dort geschilderten Episode als geeignetes Material an: Das auf Jair und dessen dreißig Söhne zurückgehende Geschlecht mit seinen dreißig Dörfern/Städten in Gilead stellte "eine unter stämmegeographischen Gesichtspunkten respektable Größe"[32] dar.

Demgegenüber wird nach Wüst in v.42 die noch in v.41 gegebene Grenze Gileads überschritten, da nun die Begrenzung auf Gilead aufgegeben und das Siedlungsgebiet Manasses auf Basan ausgeweitet wird.[33]

Die Einfügung der Nobach-Notiz ist dabei offensichtlich mit einem komplizierten redaktionellen Vorgang verbunden. Einen Hinweis auf die Art dieses Vorgangs ergibt die gemeinsame Erwähnung von Jogbeha (v.35) und Nobach (v.42). Sie begegnet sonst nur in Ri 8,11, einer Notiz innerhalb der Gideongeschichte, die überhaupt die einzige andere Nennung des Namens Nobach bietet, dort allerdings als geographische Angabe und nicht als Bezeichnung einer Stammesgruppe. Der in v.41 tätige Redaktor hatte offensichtlich ein Interesse an der Ausweitung des von den Israeliten besiedelten Gebietes über die in v.34-38 und auch die in v.39f.41 genannten Gebiete hinaus: Deshalb übernahm er aus Ri 8,11 die beiden dort vorgegebenen Namen und fügte Jogbeha in die Ortsliste von v.34-38 ein[34], um dort eine Ausweitung des Gebietes nach Osten (somit der äußerste Nordosten des gaditischen Gebietes) vorzunehmen. Das nördlich von Jogbeha gelegene Nobach hingegen "gliederte er entsprechend dem Territorium Machirs und Jairs an (42)."[35]

Freilich ergibt sich hier das Problem, daß Nobach in der Notiz von Ri 8,11 nicht als Stammesgruppenname, sondern als geographische Bezeichnung begegnet, und daß in v.42 Nobach mit der Ortsangabe Kenath kombiniert wird. Dabei wird sich die Umwandlung des Namens Nobach in den einer Stammesgruppe durch die Art und Weise der Einfügung von Jogbeha in die Ortsliste erklären lassen: "Denn im gleichen Sinne, wie sich *Jogbeha* als eine Ortschaft der Ortsliste einfügt, war *Nobah* neben Machir und Jair in Num 32,39ff. nur als eine weitere Stammesgruppe einzupassen, was sich auch in der engen stilistischen Anlehnung der Nobach- an die Jair-Notiz niedergeschlagen hat."[36] Allerdings mußte nun eine neue geographische Angabe erfolgen, die sich in den Kontext von Num 32 fügte, unabhängig von den geographischen Vorstellungen, die noch in der Vorlage von Ri 8,11 gegeben waren. Die nun genannte Stadt Kenath, die wohl mit dem im Hauran gelegenen Qanawat zu identifizieren ist, bietet dabei einerseits eine Gebietsausweitung in das Gebiet Basan und damit in den äußersten Nordosten, andererseits weist sie nach Wüst darauf hin, daß die Eroberung Basans und seine Besiedlung durch den halben Stamm Manasse (vgl. Jos 12,4f und 13,29f) bereits als Traditionsgut vorausgesetzt ist.[37] Damit aber wird, so Wüst, deutlich, daß die Notiz über Nobach in v.42 trotz der Gemeinsamkeiten einen von dem bereits als redaktionell ermittelten v.41 zu trennenden, noch späteren Zusatz darstellt. Dabei bezweckte der Autor dieses

---

[31]   Auch wenn Jair - anders als Machir - sonst nicht als Manassesohn verstanden wird, ist er doch hier offensichtlich als solcher eingeführt, "weil er neben מכיר בן מנשה in Gilead ansässig gewesen sein mußte." (Wüst, a.a.O., S.71f)

[32]   Wüst, a.a.O., S.71

[33]   Zur genaueren Diskussion der Geographie s. Wüst, a.a.O., S.60-76

[34]   Zum literarischen Charakter der v.34-38 s.u.

[35]   Wüst, a.a.O., S.74

[36]   Ebenda

[37]   Vgl. Wüst, a.a.O., S.75

Nachtrags nicht nur, "den Ostrand des den Stämmen zugefallenen Kulturlandes festzulegen, sondern zugleich ..., die zwischen Num 32,39-41 und Jos 13,29f. bestehende Differenz hinsichtlich der israelitischen Ansiedlung in den Og abgenommenen Gebieten auszugleichen."[38]

Diese Beobachtungen Wüsts sind vor allem, was die Absicht der Anfügungen und ihre Bezüge zu entsprechenden Notizen aus dem Richterbuch angeht, durchaus zutreffend, allerdings tritt auch bei den vorliegenden Versen das Bemühen Wüsts um Differenzierung zu stark in den Vordergrund. So ist, anders als von Wüst postuliert, sehr wohl denkbar, daß die Notizen in v.39-42 von einer Hand stammen: Der Redaktor, der hier am Werk ist, hat offensichtlich großes Interesse an der Einfügung des halben Stammes Manasse bzw. einzelner Nachkommen Manasses und einer genauen Beschreibung seiner/ihrer Territorien, sowie an der Betonung der Tatsache, daß diese Territorien erobert und von Mose zugewiesen worden sind (das diesen Vorgang beschreibende Verb לכד findet sich dementsprechend in v.39.41.42).

Die Ausrichtung der Verse macht aber damit gleichzeitig deutlich, daß die v.39-42 nicht ohne v.33 zu verhandeln sind, wo sich ganz ähnliche Aussagen finden: Auch dort ist die Rede von den zweieinhalb ostjordanischen Stämmen - im Unterschied zum übrigen Text, der nur von den Gaditen und Rubeniten handelt -, auch dort wird die Übernahme des vormals von Sihon beherrschten amoritischen Gebietes und außerdem des zu Og gehörenden Basan geschildert.[39] Die Aussagen von v.39a und 39b.40 sind daher m.E. nicht literarisch voneinander abzuheben, sondern im Zusammenhang mit v.33 zu sehen. Dieser wurde offensichtlich als nachträgliche Zusammenfassung der Landnahmevorgänge vor die gaditische und rubenitische Ortsliste gestellt, so daß diese dann als Einzelbeschreibung verstanden werden konnte. Nach der Beschreibung einzelner gaditischer und rubenitischer Orte mußte dann aber auch eine genauere Definition des manassitischen Territoriums erfolgen, was durch einzelne Eroberungsnotizen geschieht. Daß in v.39b.40 die Amoriter erscheinen und die Aktion als von Mose gebilligt erklärt wird, ist dann aber die einzig mögliche Art der Zuweisung gileaditischen Gebietes an den Manassesohn Machir. Auch der in v.41.42 nach Wüst erkennbare Bezug zu v.39f weist m.E. nicht darauf hin, daß v.39f schon vorlagen, sondern läßt sich besser als eine Fortführung des schon in diesen Versen erkennbaren Interesses durch den gleichen Redaktor erklären. Dieser ist ja, wie von Wüst selbst gesagt, an der Ausweitung der ostjordanischen Gebiete nach Osten interessiert und möchte zugleich einen Ausgleich mit den in Ri und Jos vorliegenden Informationen schaffen. Deshalb füllt er in der Tat die in v.39f vorangehende Notiz über die Zuweisung Gileads an Machir inhaltlich noch weiter aus (so auch Wüst, allerdings in der Annahme, daraus lasse sich eine weitere Redaktionsstufe ableiten) und bestimmt das Gebiet durch die aus Ri 10,3 übernommene Jair-Notiz genauer. Die schon durch v.33 vorgegebene Erweiterung des Gebietes auf Basan erfolgt an-

---

[38] Wüst, a.a.O., S.76

[39] Daß es sich bei Sihon um eine dtr Figur handelt, die im AT nur zu dem Zweck erscheint, "die Israeliten in moabitisches Gebiet zu bringen, ohne die Moabiter zu tangieren" (Perlitt, Deuteronomium, S.206) und deshalb ein von den Israeliten zu eroberndes Amoriterland zu repräsentieren, dürfte nach der neuesten Darstellung von Perlitt unbestritten sein (a.a.O., S.206f.; vgl. dazu auch die Ausführungen zu Sihon und Og als legendäre Gestalten unter IV.2.2.a).

schließend mit Hilfe einer Umwandlung der aus Ri 8,11 übernommenen Nachricht über Nobach. Auch die oben beschriebene Umwandlung der geographischen Bezeichnung Nobach in einen Clan-Namen und deren Angliederung an v.39-41 ist leichter verständlich, wenn es sich hier um den gleichen Redaktor handelt. Es liegt also in v.42 tatsächlich ein Ausgleich der von ihm selbst verfaßten Nachrichten über die Ansiedlung der Manassiten im Ostjordanland (v.33.39-41) mit den Angaben von Jos 13,29-31 vor[40]. Anders als Wüst vermutet, wird dieses Interesse aber nicht nur durch die Notiz in v.42 verfolgt, sondern auch durch die entsprechende Angleichung der gaditischen Ortsliste in v.34-36 an den in Ri 8,11 mit Nobach verbundenen Ortsnamen Jogbeha (v.35).[41] Die somit als einheitlich beschriebene Redaktion umfaßt die Notizen von v.39-42 ebenso wie die Zusammenfassung in v.33 und die Ergänzungen der gaditischen Ortsliste um Jogbeha in v.35.

Der in v.39ff erkennbare Ergänzer verfolgt in v.33 offensichtlich das Anliegen, zwischen dem in Kap. 32 (einschließlich v.34-38*) Berichteten und den ihm aus Jos 12f vorliegenden Traditionen zu vermitteln bzw. das Num 32 Geschilderte in die in Jos 12f erzählten Vorgänge einzuordnen. Zu diesem Zweck konstatiert er "zugleich die in dem Nebeneinander von Jos 12,1*-5 und 13,15ff. zum Ausdruck gebrachte Identität des von Mose vergebenen Landes mit den im Kampf gegen Sihon und Og eroberten Territorien"[42]. Dabei hat er die in Jos vorliegende Reihenfolge Ruben - Gad mit Rücksicht auf die in v.34-38 vorliegende in Gad - Ruben geändert, um eine bessere Vorbereitung für den Städtebau zu erreichen.

Richtig beobachtet dabei Wüst, daß die Erwähnung der zwei*einhalb* Stämme in v.33a, die das vorherige להם aufnimmt, erst durch die Notizen über die Manassiten in v.39ff nötig wird. Besser denkbar wäre in diesem Zusammenhang jedoch, wie bereits zu v.39-42 angemerkt, daß die Einfügung von v.33 und v.39ff durch die Hand des gleichen Redaktors vorgenommen wurde. Dieser will durch die Vorschaltung von v.33 offensichtlich den in v.39ff fortgesetzten geographischen Zusammenhang konstatieren: Er versteht das durch die folgende gaditisch/rubenitische Städteliste umschriebene Gebiet als das ehemals von Sihon beherrschte, während die daran anschließende Notiz über Halbmanasse dessen Territorium als das ehemals von Og beherrschte ausweist.[43]

---

[40] Num 32,39f und Jos 13,31 scheinen in bezug auf das Verständnis Gileads zunächst widersprüchliche Angaben zu bieten, da die Machiriten nach Num 32,39f in Gilead wohnen, während sie in Jos 13,31 *halb* Gilead erhalten. Der Redaktor verwendet aber offensichtlich so weit wie möglich ein umfassendes Verständnis von Gilead und differenziert nur, wenn dies durch den Zusammenhang mit anderen Informationen nötig wird: Letzteres ist in Jos 13 der Fall, weil hier das Gebiet Gileads von ihm schon in 13,11f durch den Bezug zum Herrschaftsgebiet Ogs von Basan genauer bestimmt worden war. Die dort erwähnten Königsstädte Ogs, Aschtarot und Edrei, werden deshalb auch in v.31 nochmals erwähnt und definieren damit das an die Machiriten übergebene Gebiet als Halb-Gilead.

[41] Zu Jaser, Beth-Nimra und Beth-Haran s.u.

[42] Wüst, Untersuchungen, S.108. Zur Übernahme der legendären Gestalten Sihon und Og als tatsächliche Könige des Ostjordanlandes durch die Passagen Num 32*/Jos 13* und ihre Vorlagen s.u. zu Jos 13 (Kap. IV.2.2).

[43] Vgl. dazu auch das unter IV.2.2.a zu dieser Redaktion Gesagte. In v.39 liegt analog zu dem erweiterten Gilead-Begriff der v.39-42 auch ein gegenüber v.33 erweitertes Amoriter-Verständnis vor, das beide Könige, Sihon und Og, als Amoriterkönige sieht (vgl. Dtn 3,8).

Angesichts der unverkennbaren Übereinstimmung mit den dtr Ergänzungen von Jos 13, wo ebenfalls ein auffälliges Interesse an der Ausweitung des zu erobernden[44] Ostjordanlandes auf ein möglichst großes Gebiet und an der Vergabe von Land an Ostmanasse zu beobachten ist, wird im Zusammenhang der Untersuchung zu Jos 13 überprüft, ob es sich hier um den gleichen Verfasser handelt.

b) Diskussion der v.1-6 und 16-38

Die meisten Exegeten nehmen, wie eingangs aufgezeigt, eine Grundschicht des Textes an, in der davon die Rede ist, daß die Stämme Gad und Ruben im Ostjordanland Pferche für ihre Herden und Städte für ihre Familien bauen (wollen). Im folgenden soll der Versuch unternommen werden, mit Hilfe einer Diskussion der einzelnen Verse des Textes die Grundschicht (über die Minimalfassung von Mittmann und Wüst hinaus) neu zu bestimmen und dadurch Hinweise sowohl für das Problem der zugrundeliegenden Erzählung als auch der Ergänzungen zu gewinnen.

v.1: Die "zentrale Rolle dieses Verses"[45] dürfte ebenso unbestritten sein wie die großen Probleme, die sich bei seiner Zuordnung ergeben. Als Schwierigkeit erweist sich dabei zunächst die Reihenfolge der Namen Ruben und Gad, die im Gegensatz steht zu allen weiteren Erwähnungen der beiden Stämme im Text (Gad - Ruben). Des weiteren ist die Erwähnung des Landes Jaser neben dem Land Gilead als problematische geographische Zusammenstellung anzusehen[46]. Schließlich wurde von jeher an dem in v.1a nachklappenden עצום מאד Anstoß genommen. Abgesehen von Noth, der eine Einheitlichkeit des Verses für möglich hält[47], wurde deshalb je nach Quellen- oder Ergänzungstheorie versucht, diese Textprobleme zu lösen. Eine Möglichkeit ist dabei die Zuweisung des Versanfangs zu P - der Reihenfolge der Stämme wegen - und des restlichen Verses zu J[48], was freilich keine Erklärung der Namen Jaser und Gilead bieten kann. Plausibler erscheint bereits bei diesem Vers die Annahme einer Überarbeitung eines zugrundeliegenden Textbestandes, wie sie schon von Smend sen. vermutet wurde. Er geht davon aus, daß sowohl die Reihenfolge der Stämme 'Ruben-Gad' als auch die Erwähnung Jasers von einer anderen Hand als der des Grundtextes stammt.[49] Umgekehrt handelt es sich nach Mittmann bei der Erwähnung Gileads um einen Einschub von v.26.29 her.[50]

Wüst[51] bietet einen noch weitergehenden Vorschlag: Er schließt aus der Stellung von עצום מאד, die aufgrund des chiastischen Aufbaus von v.1a im Zusammenhang mit Gad steht, daß in diesem ersten Vers ursprünglich eine Tradition über

---

44   Vertreibung der Feinde formuliert mit ירש
45   Wüst, a.a.O., S.92
46   S. dazu die Zusammenstellung der Diskussion bei Wüst, Untersuchungen, S.93f
47   Noth, ABLAK I, S.413
48   So Baentsch, Numeri, S.659-661
49   Smend, Hexateuch, S.236
50   Mittmann, Deuteronomium, S.95
51   Wüst, Untersuchungen, S.115-118

Ruben allein vorlag, die er wiederum als Voraussetzung für die Grundschicht postuliert, um den problematischen Anschluß von v.16 an v.1 erklären zu können. Gad wäre dann also zusammen mit dem Hinweis auf seinen großen Viehbesitz eingefügt worden. Träfe diese Vorstellung zu, wäre jedoch eine Einfügung Gads vor Ruben zu erwarten, da er auch in den - nach Wüst zur Grundschicht gehörenden - Versen 34-38 an erster Stelle steht.

Einzig plausibel erscheint m.E. als Lösung die Vorstellung, daß an v.1 eine literarisch nicht mehr genau rekonstruierbare Überarbeitung zu erkennen ist, die im Zusammenhang mit der auch in der Städteliste von v.34-38 erfolgten Einfügung[52] das Land Jaser entsprechend in v.1 einschob: Dabei wurde in v.1, so wie auch in v.35, Jaser der Gruppe der Gaditen zugeordnet. Die damit in v.1 erfolgte Aufwertung der Gaditen durch Nennung ihres Gebietes mußte dann aber auch zum Ausdruck kommen, indem ihr Viehbestand und seine beachtliche Größe ebenfalls Eingang in v.1 fanden, um das ansonsten vorhandene Ungleichgewicht zwischen Rubeniten und Gaditen aufzuheben. Die Reihenfolge der Namen wurde dann wohl aus stilistischen Gründen vertauscht. Ausschlaggebend dürften dabei sowohl der damit erreichte chiastische Aufbau des Verses als auch die Nachordnung von עצום מאד als Steigerung gegenüber der mit Ruben verbundenen מקנה רב gewesen sein. Möglicherweise war es dabei ein Anliegen der Redaktion, nochmals den großen Viehbestand der beiden Stämme zu betonen, um damit deren Ansinnen plausibler zu machen.

Mit Wüst ist dabei anzunehmen, daß der Vers mit der Erwähnung der Gaditen und Rubeniten auch schon vor der redaktionellen Überarbeitung den Anfang der Grundschicht bildete, die auch weiterhin auf das hier eingeleitete Thema der Ansiedlung der Rubeniten und Gaditen im Land Gilead (v.26) Bezug nimmt.[53]

v.2-6: Ist die Reihenfolge Ruben-Gad sekundär, spricht auch nichts mehr gegen einen möglichen Anschluß des Komplexes v.2-6 an v.1. Daß in diesem Komplex priesterliche Ausdrücke begegnen, dürfte außer Zweifel stehen. Auffällig sind vor allem 'der Priester Eleasar und die Fürsten der Gemeinde' in v.2b (vgl. zu den 'Fürsten der Gemeinde' Ex 16,22) und 'das Land, das der Herr geschlagen hat vor der Gemeinde Israel' in v.4a, so daß auch in diesem Komplex mit einer Überarbeitung zu rechnen ist.[54]

Der v.2ab* (bis משה) stellt jedoch einen guten Anschluß an v.1 her und eröffnet den logisch auf die Feststellung in v.1 folgenden Dialog der beiden Stämme mit Mose, die nun ihr Anliegen äußern (v.4b.5), wobei dadurch auch die Schwierigkeit der singularischen Anrede in v.5 gegenüber mehreren Personen in v.2 (Jetztgestalt des Textes) behoben ist.

Bei v.3, der Aufzählung von Städtenamen, die im Kontext wie eine verfrühte Zusammenfassung der Listen in v.34-38 wirkt, läßt sich jedoch nur ein Bezug auf den als sekundär beurteilten v.4a herstellen, so daß die Vermutung nahe liegt, daß

---

[52] Um des Ausgleichs mit Jos 13 willen, s.u. zu den v.34-38
[53] Gegen Rudolph, Elohist, S.133
[54] Zum priesterlichen Charakter dieser Elemente s.Noth, Numeri, S.205; Budd, Numbers, S.342 u.v.a.

die v.3 und 4a der gleichen überarbeitenden Hand zuzuschreiben sind wie "Eleasar" und die "Fürsten der Gemeinde (עדה)" in v.2b.

Einigkeit besteht darüber, daß die erste Hälfte von v.4a bzw. die als Relativsatz
formulierte Aussage, daß Jahwe das Land vor der Gemeinde Israels geschlagen hat,
eine priesterliche Ausdrucksweise aufweist[55]. Sonst ist im Text von Israel bzw. den
Israeliten, nicht aber von der Gemeinde (עדה) die Rede, auch wird das Land wegen
seiner Eignung für die Viehzucht reklamiert, ohne daß ein Bezug auf seine Unterwerfung durch Jahwe angesprochen würde.

Die Tatsache, daß in v.4 von ארץ מקנה und nicht von מקום מקנה (v.1) die Rede ist,
hat vielfach Anlaß zu einer Abgrenzung von v.4 gegeben.[56] Die beiden Begriffe
sollten jedoch nicht gegeneinander ausgespielt werden. Zwar handelt es sich hier
offensichtlich um eine Schicht, die auffallenderweise מקום für Lebensraum/Land
benutzt (vgl. v.17), dies jedoch nicht mit Ausschließlichkeit handhabt, wie der
Blick auf v.1 (Land Gilead) erweist. Zudem ist zu beachten, daß das Anliegen der
beiden Stämme ja auf eine Zueignung des Landes zuläuft, die durch den in v.16.24
angesprochenen Städte- und Viehhürdenbau ausgedrückt ist.

Schon Noth vermutet, daß zusammen mit dem Anfang von v.2 auch "die
letzten Worte von v.4 ... auf eine alte Quellengrundlage zurückgehen können"[57],
auch hier begründet durch die singularische Anrede, die "einen kürzeren Text in
v.2 vorauszusetzen scheint"[58] und im engen Anschluß an v.4 in v.5 erfolgt. Im
Sinne der getroffenen Vorentscheidung über den Begriff ארץ מקנה ist nunmehr
diese Zuordnung weiter zu differenzieren: Ein eindeutig priesterlich formulierter
Einschub in den ansonsten zur Grundschicht gehörenden v.4 ist nur der mit אשר
eingeleitete Relativsatz.[59]

Nach communis opinio der älteren Forschung und neuerdings auch wieder
nach der Untersuchung Mittmanns sind die Zusätze in v.2b "und zu dem Priester
Eleasar und zu den Sprechern der Gemeinde" und in v.4 "(das Land) das יהוה vor
der Gemeinde Israel schlug" - wie bereits angesprochen - der gleichen priesterlichen Hand[60] zuzuweisen, die auch in weiteren Stücken des Textes sichtbar werden
wird, einer Hand, der aufgrund der genannten Bezüge wohl auch v.3 zuzuordnen
ist.

Die Fortsetzung der Grundschicht erfolgt, die obige Zuordnung von v.4*
vorausgesetzt, logisch in v.5, der nun im Gespräch mit Mose die Folgerung aus der
Tatsache der in v.1.4* für die Gaditen und Rubeniten als gutes Weideland befun-
denen Gegend zieht. Mit der - bereits erwähnten - singularischen Anrede wenden
sich die Stämme an Mose mit der Bitte, ihnen dieses Land zu eigen zu geben,
wobei sie sich weiterhin als 'Knechte' des Mose bezeichnen (vgl. 4b). Da die Rede
der beiden Stämme nun von einer Aussage zu einer Forderung übergeht, ist ein

---

[55] Z.B. Baentsch, Numeri, S.663; Smend, Hexateuch, S.236; Mittmann, Deuteronomium, S.96
[56] Z.B. Smend, Hexateuch, S.235; Mittmann, Deuteronomium, S.96
[57] Noth, Numeri, S.205
[58] Ebenda
[59] Dieser wird auch von Hölscher (Geschichtsschreibung, S.331) ausgeschieden.
[60] Vgl. dazu Rudolph, Elohist, S.236; Baentsch, Numeri, S.662f; Noth, Numeri, S.205; Mittmann, Deuteronomium, S.96

erneutes ויאמרו durchaus sinnvoll und nicht etwa als Einleitungsformel für einen neuen Abschnitt zu sehen.[61]

Ein Problem bei der Zuordnung dieses Verses zur Grundschicht bildet der Begriff אחזה, der aus P-Kontexten[62] als terminus technicus für die Zueignung des Landes als Erbbesitz bekannt ist (so auch in v.22.29.32). Neuerdings hat jedoch Auld darauf verwiesen, daß sich der Gebrauch des Wortes in v.5 von den übrigen Versen unterscheidet[63], wo die Zuteilung לפני יהוה erfolgt, während hier ganz profane Gründe zu der Bitte führen, das Land möge zugeeignet werden. Denkbar wäre also hier ein vom priesterlichen abweichender, profaner Gebrauch des Begriffs, so daß eine Ausscheidung des Wortes[64] oder des ganzen v.5 aus dem Grundtext nicht angebracht erscheint.

Die Zuordnung von v.6 erweist sich deshalb als problematisch, weil er verschiedentlich als Einleitung des oben beschriebenen Einschubs v.7-15 angesehen wurde.[65] Im Zusammenhang der Diskussion dieses Einschubs wurde jedoch bereits auf die vorliegenden inhaltlichen Differenzen hingewiesen: in v.6 findet sich lediglich das Anliegen, nicht am Kampf teilnehmen zu müssen, während in v.7 der Vorwurf erhoben wird, daß auch die anderen von ihrem Vorhaben abspenstig gemacht werden sollen.

Das Argument Mittmanns, der Vers sei einer Ergänzungsschicht zuzurechnen, die "aus dem Monolog der beiden Stämme einen Dialog mit Mose" mache[66], entspricht dem bereits kritisierten Vorverständnis einer nur sehr eingeschränkten Grundschicht.

Wieder anders begründet Wüst die Zuordnung der v.2ab*(bis משה).5.6 zu einer Ergänzungsschicht, die weiterhin v.25.28f umfaßt. Einerseits trägt hier s.E. ein Ergänzer die Vorstellung der Landverteilung durch eine Kommission (Num 34!) ein, was allerdings nur dann zutreffen kann, wenn v.2ab*.5.6 mit v.28f in Zusammenhang gesehen wird. Die v.5.6 enthalten aber, wie zu אחזה angemerkt, diese Vorstellung gerade nicht. Andererseits verweist Wüst darauf, der Dialog in v.5f begründe einen "Hang zur Kontrolle"[67] des später in v.17 (Grundschicht) gegebenen Versprechens, wodurch dieses freie Versprechen zu einem provozierten Kompromißangebot würde. Plausibler erscheint es jedoch, daß dieses ansonsten so unvermittelt in der Grundschicht auftauchende Versprechen durch den in v.2-6* geschilderten Dialog mit Mose bereits vorbereitet wurde und dann mit Bedingungen, die nun tatsächlich eine Kontrollfunktion darstellen, verknüpft wurde (v.21-23.28-30).

Einer Verbindung der v.5.6 mit den v.2-4*, sowie deren Anschluß an v.1 steht somit nichts im Wege[68]. Gleichzeitig bestätigt der Überblick über die nunmehr gewonnene Grunderzählung die schon von Rudolph im Anschluß an Smend formulierte Erkenntnis, "daß P daran nicht quellenhaft beteiligt ist, sondern daß nur Zusätze von der Hand eines P-Redaktors vorliegen."[69]

---

[61] Gegen Noth, Numeri, S.205, und Mittmann, Deuteronomium, S.96, der hier von einer "ganz unmotivierten, neuerlichen Einleitung" spricht, nach der ein Ergänzer "v.4 explizierte, indem er, was dort wohl bewußt nur angedeutet ist, hier kraß und deutlich aussprechen ließ."

[62] Vgl. etwa Gen 17,8; 48,4; Lev 25,34 אחזת עולם; Jos 22,19 אחזת יהוה.

[63] Auld, Joshua, S.97

[64] So Hölscher, Geschichtsschreibung, S.331; Baentsch, Numeri, S.664

[65] Mittmann, Deuteronomium, S.97; Noth, Numeri, S.205 rechnet sogar v.5 zur Moserede hinzu.

[66] Mittmann, Deuteronomium, S.104

[67] Wüst, a.a.O., S.100

[68] Vgl. dazu auch Sturdy, Numbers, S.221, Baentsch, Numeri, S.664f, Rudolph, Elohist, S.132f

[69] Rudolph, Elohist, S.132, greift hier auf Smend (Hexateuch, S.236) zurück.

v.16.17: Die angesprochenen Bezüge zu der in v.16f erfolgenden Verteidigung und Selbstverpflichtung der beiden Stämme Gad und Ruben weisen bereits darauf hin, daß nach Meinung der meisten Exegeten zumindest der v.16 eine Fortsetzung der Grundschicht darstellt, indem nun der Gedanke der Errichtung von Pferchen für das Vieh und Städten für die Familien (v.1.4) fortgeführt wird. Letzteres bildet m.E. einen weiteren Anhalt für die Annahme der Zugehörigkeit von v.5f zur Grundschicht, da hier offensichtlich die Niederlassung in einem als eigen re- klamierten Land vorausgesetzt ist.

Zwei Schwierigkeiten, die in der Forschung in bezug auf den Versanfang von v.16 diskutiert werden, sind hier kurz anzusprechen: Verschiedentlich wurde ויגשו als deutlicher Neueinsatz angenommen, der nur ohne vorherigen Dialog denkbar sei[70]. Schon Rudolph weist jedoch richtig darauf hin, daß das Herantreten der Stämme an Mose lediglich "die Dringlichkeit ihrer Antwort und die Lebhaftigkeit ihrer Abwehr des falschen Verdachts Moses"[71] zeigt, weshalb v.16f als die "not- wendige Antwort auf Moses Frage in v.6" anzusehen ist (vgl. Gen 44,18)[72]. Gleich- zeitig ist von daher das zweite, von Wüst betonte Problem des fehlenden An- schlusses von אליו gelöst, das ihn zu der kaum nachvollziehbaren Vermutung ver- anlaßt, der Verfasser der Grundschicht habe auf eine ihm bereits schriftlich vor- liegende Erzählung zurückgegriffen, die ihm diesen Anschluß ermöglicht habe.[73] Der m.E. deutlich zu erkennende Anschluß an den voraufgehenden Dialog mit Mose in v.2-6* hat jedoch angesichts des stark hypothetischen Charakters der Wüstschen Vorstellung mehr Wahrscheinlichkeit für sich.

Der von Rudolph empfundene Widerspruch zwischen v.16b und 17b, der ihn zu einer Ausscheidung von v.16b veranlaßt[74], ist kaum nachzuempfinden. Von Wüst kann die Aussage des Halbverses nur deshalb als neues Thema beurteilt werden, weil in seiner Grundschicht (v.1) von einer Übernahme des Landes keine Rede ist. Auch er sieht aber den engen Zusammenhang mit v.17 und damit eine Überleitung zu dem "Angebot der Waffenbrüderschaft...(17a) und zu der daraus resultierenden Sorge um die nicht marschfähigen Angehörigen...(17b)".[75]

Kaum beachtet wurde in diesem Zusammenhang, daß in v.17 das wohlgerüstete Ziehen der beiden Stämme (חשים ist nach LXX zu ändern in חמשים[76]) mit der Verb- form חלץ ni. bezeichnet wird, die sonst nur in v.20 begegnet.[77] Auffällig ist auch die Vorstellung, daß die Israeliten 'an ihren Ort' (מקומם) gebracht werden sollen. Von einem Erbbesitz des Landes wird also offensichtlich ebensowenig wie von einer Zuteilung durch eine Kommission ausgegangen. Ähnlich empfinden aber

---

[70]   So Baentsch, Numeri, S.666

[71]   Rudolph, Elohist, S.134

[72]   Gegen Mittmann (Deuteronomium, S.97), der hier die auf Gen 44,18 zurückgehende Hand eines Bearbeiters vermutet.

[73]   Wüst, Untersuchungen, S.97-99

[74]   Rudolph, Elohist, S.134

[75]   Wüst, Untersuchungen, S.96. Als zusammengehörig sehen die Verse auch Rudolph, Elohist, S.134, Baentsch, Numeri, S.665f und Sturdy, Numbers, S.221 (16a.17) an.

[76]   So auch in allen Lexika, z.B. KBL³, S.318

[77]   Erst in dem späten Stück Num 31,3 begegnet die Form erneut.

auch die Gaditen und Rubeniten in v.1.4 das von ihnen reklamierte Land als den Ort (מקום), an dem sie bleiben wollen.

Richtig verweist deshalb Mittmann darauf, daß in *v.18* eine Ergänzungsschicht weiter präzisiert, indem sie eine vollständige Einnahme der jeweils als נחלה zustehenden Landanteile zusichert.[78] Diese Vorstellung wird von *v.19* aufgenommen und auf Gad/Ruben selbst bezogen (vgl. v.32). Beide Verse gehören demnach zusammen zu einer Ergänzungsschicht, die auch in den folgenden Versen begegnet und aufgrund ihrer priesterlichen Vorstellung vom Erbbesitz (נחלה) wohl auch mit der Überarbeitung der Verse 2-6 in Zusammenhang steht.

v.20-23: Diese Ergänzungsschicht wird zunächst in v.21-23 weiterverfolgt, um von da aus einen Blick auf v.20 zu gewinnen.

In der älteren Kommentarliteratur, wie z.B. bei Baentsch, gelten die v.20-23 als Bestandteile der Grundschicht, weil sie J zugerechnet werden und damit in die alte Grundschicht (= J) gehören. Auch Baentsch sieht aber die Unterwerfung des Landes (כבש, v.22) als charakteristisch für R[P] an, ebenso wie die Vorstellung des Erbbesitzes, die hier mit אחזה als terminus technicus für den Landbesitz vor Jahwe (לפני יהוה) begegnet.[79] Auffällig für die v.21-23 ist der wiederkehrende Bezug auf Jahwe, einerseits durch die Wendung לפני יהוה in v.21.22(2mal), andererseits durch 'eure Sünde' (חטאתכם) gegenüber יהוה (23).

Diskutiert werden muß zur Klärung des Befundes die von Wüst vertretene Vorstellung, in v.(20)21-23 seien wiederum zwei Schichten zu unterscheiden: In v.20aβ. 22aβ.b.23 erkennt er einen Bearbeiter, der "es für nötig erachtete, der Verpflichtung der Bittsteller durch Mose mit Hilfe einer göttlichen Strafandrohung eine größere Verbindlichkeit zu verleihen"[80]. Der Bearbeiter habe es nämlich als problematisch empfunden, daß auf das Versprechen hin ohne weiteres die Aufforderung zum Bau von Städten und Viehhürden ergeht, verbunden lediglich mit dem Hinweis, das Gebotene zu tun (v.24). Schon aus dieser Aussage wird jedoch deutlich, daß die - bezeichnenderweise ohne Begründung erfolgende - Abtrennung von v.20aα und 20aβ und das Zurechnen von 20aβ.b zur Ergänzung Probleme nach sich zieht. Ganz im Sinne des Motivs der Wüstschen Ergänzung ist es wahrscheinlicher anzunehmen, daß in der Grundschicht bereits Mose in seiner Antwort die Gaditen und Rubeniten nochmals auf das Versprechen einzuhalten (v.20a und b), und erst dann die Erlaubnis zum Bau der Städte gibt (v.24). Daran konnte dann eine Ergänzung anschließen, die das zunächst profan formulierte Versprechen zu einer vor Jahwe ausgeführten Aktion ausgestaltete und v.a. die göttliche Strafandrohung bei Nichteinhaltung einbrachte (v.21-23).

Unverständlich ist aber weiter die Vorstellung Wüsts, diese Ergänzung der Moserede sei ihrerseits durch einen weiteren Einschub in v.20b.21.22a erweitert worden: "Das...Textstück 20b-22a erfüllt allein den Zweck, das blasse, auf 17 zurückweisende הדבר הזה 20a...näher auszuführen."[81] Bezeichnenderweise kommt die 'Blässe' dieses Ausdrucks gerade erst durch die Schneidetechnik Wüsts zustande! Weiterhin kann Wüst außer diesem doch recht schwachen Argument kein weiteres für eine Trennung von verschiedenen Ergänzungsschichten in v.20-23 angeben.[82]

Völlig unübersichtlich ist schließlich die Rekonstruktion literarischer Abhängigkeiten der in v.20-23 begegnenden Formulierungen durch Wüst[83]. So bemerkt er sehr wohl, daß in dem

[78] Mittmann, Deuteronomium, S.97f. V.17b ist allerdings gegen Mittmann nicht zu dieser Schicht, sondern zur Grundschicht zu rechnen.

[79] Baentsch, Numeri, S.666f

[80] Wüst, Untersuchungen, S.99

[81] Wüst, a.a.O., S.106

[82] Nicht einmal Mittmann trennt hier! - Deuteronomium, S.98f

[83] Wüst, a.a.O., S.106f

Einschub der Ergänzung auffälligerweise sowohl das Verb חלץ ni. (20b) als auch die in v.27.29.30.32 auftretende Form חלוץ begegnet. Die aufgrund dieses Befundes aufgestellte Hypothese, der Einschub benutze bewußt eine Mischform aus v.29 und 17, ist geradezu unvorstellbar. Ein solcher Eindruck wird auch dadurch nicht in Richtung besserer Einsehbarkeit gemildert, daß Wüst in einer "Übersicht" den "Weg der literarischen Übernahme von 17a über 29a nach 20b.21a und von da nach 18a bzw. 26f nochmals skizziert"[84].

Das zweifache, auffällige Auftreten des Verbs חלץ ni. ist zusammen mit den beobachteten inhaltlichen Überlegungen vielmehr so zu interpretieren, daß v.20 sowohl sprachlich als auch inhaltlich im Zusammenhang mit v.17, d.h. mit der Grundschicht steht. Folgerichtig verweist hier nun Mose die beiden Stämme auf die Einhaltung des von ihnen gegebenen Versprechens. Diese Verpflichtung wurde von einem Bearbeiter aufgegriffen, verstärkt und - mit auffällig priesterlichen Formulierungen - genau expliziert, so daß sie nunmehr eine im Angesicht Jahwes unter dem Aspekt von Schuld und Sünde beurteilte Angelegenheit ist.

Wenn in v.20 חלץ ni. mit 'zur Schlacht vor Jahwe' verbunden erscheint, so kann mit einiger Wahrscheinlichkeit davon ausgegangen werden, daß die so pointiert formulierte Bearbeitung diesen Ausdruck bereits in v.20 ergänzt, um den profanen Charakter des Versprechens entsprechend eigener Vorstellungen umzugestalten. Dieser Eingriff war in v.17 wegen des dort mit חלץ verbundenen לפני בני ישראל nicht möglich. Wiederum gut vorstellbar ist aber, daß diese priesterliche Ergänzung mit der vorher ermittelten in v.2-6*.18f in Zusammenhang steht (vgl. z.B. v.4a und 22a).

Bei v.21b allerdings ergibt sich bei näherer Betrachtung eine Auffälligkeit, der auch von Wüst zu wenig Beachtung geschenkt wird (er weist den ganzen v.21 aus anderen, oben genannten Gründen zusammen mit 20b.22a einem weiteren Einschub zu): Die hier begegnende Vorstellung des 'Vertreibens der Feinde vor sich her' wird nämlich auffälligerweise mit ירש hi. formuliert und entspricht damit der Formulierung von v.39, der oben als redaktioneller Nachtrag der Letztbearbeitung des Kapitels verstanden wurde. Der Vergleich mit anderen Belegen macht zudem deutlich, daß ירש hi. besonders, wenn es wie hier mit מפני verbunden ist, eine dtr Formulierung mit der Bedeutung "jemand vernichten, so daß sein Besitz übernommen werden kann"[85], darstellt. Da es sich an der vorliegenden Stelle aber eindeutig um einen Zusatz zu der bereits vorgefundenen priesterlichen Ergänzung in v.21a (20-23*) handelt, muß somit bei v.21b mit der Möglichkeit eines späten dtr Nachtrags gerechnet werden, was dann aber auch für die Einordnung der mit v.21b in Zusammenhang stehenden v.33.39-42 zu berücksichtigen ist.

v.24: Die Fortsetzung der Grundschicht erfolgt im Anschluß an v.20*[86] in v.24 mit wörtlichen Parallelen zu v.16f. Inhaltlich handelt es sich um ein Gegenstück zu v.6.16f.20*: Nachdem die von Mose angemeldeten Bedenken (v.6) durch das Versprechen der Kampfgenossenschaft (v.17) ausgeräumt sind, verweist Mose in seiner Antwort auf dieses Versprechen (v.20*) und gesteht dann den Bau der Städte und Viehhürden zu, auf den in v.16 von den beiden Stämmen verwiesen wurde. Interessanterweise zeigt sich im Versprechen der beiden Stämme und der

---

[84] Wüst, a.a.O., S.107
[85] Lohfink, Art. ירש, S.961
[86] Zum Anschluß des Imperativs an einen Konditionalsatz s. GK § 159o

Antwort des Mose eine chiastische Struktur, die als Kleinstruktur auch in v.16 und 24 durchgehalten ist:

16	17	20	24
Viehhürden - Städte	Rüstung	Rüstung	Städte - Viehhürden

v.25-27: Der in der Grundschicht geführte Dialog findet seinen Abschluß in v.25f. Hierbei bildet v.25 wiederum ein Gegenstück zu v.5: Hatten sich dort die Gaditen und Rubeniten als Knechte des Mose bezeichnet und von seiner Gnade abhängig gemacht, so bestätigen sie diese Haltung in v.25, indem sie sich erneut als Knechte dem Auftrag ihres Herrn unterstellen. Und entsprechend der Forderung, das Land möge ihnen für ihr Vieh und sich selbst gegeben werden (v.4f), sollen nun Familien und Vieh in den Städten des Landes verbleiben.

V.27 klappt durch die nochmalige Aufnahme des Themas Rüstung und Krieg nach und bietet zudem eine fast wörtliche Wiederholung des v.25 - interessanterweise aber nun mit der aus v.21 bekannten priesterlichen Ausdrucksweise חלוץ - לפני יהוה. Auch hier findet sich also eine priesterlich formulierte Ergänzung im Anschluß an einen in der Grundschicht vorgegebenen Redeteil, wie dies auch schon bei v.3 zu 4f, v.18f zu 16f und v.21-23 zu 20* festzustellen war.[87]

Wüst ordnet zwar v.25 seiner zweiten Ergänzungsschicht zu (2abα.5.6.25. 28f)[88], weiß aber außer der Reihenfolge der Namen kein Argument für die Zuordnung des Verses zu der Schicht, in die auch die in v.28f als Kontrollinstanz eingeführte Kommission gehört. Auch die Annahme, v.26 gehöre zusammen mit v.27 zu einem Einschub in diese zweite Ergänzungsschicht[89], ist nicht einsichtig: Die für diesen Einschub charakteristische sekundäre Ausgestaltung der in v.25b zugesicherten "Übernahme der von Mose in 20-24 auferlegten Verpflichtung" erfolgt nach Wüst selbst erst durch die "mit 25bβ konkurrierende Formel 27b"[90]. Zu differenzieren ist also zwischen v.25.26 und v.27!

v.28-32: Die nunmehr als Zusatz erwiesene sekundäre Ausgestaltung in v.27 wird - wie auch von Wüst beschrieben - in v.28f fortgeführt durch die erneute Erwähnung von Eleasar und den Häuptern der Sippen (vgl. v.2) - diesmal unter Einschluß des Josua[91]. Diese werden als Kontrollinstanz des in v.17 gegebenen Versprechens bzw. als Institution zur Landverteilung[92] eingeführt, um die bereits in v.21-23 eingebrachte Kontrolle der Landnahmevorgänge weiter zu verschärfen.

Der Dialog, der diese Kontrolle zum Inhalt hat, wird aber über v.28f hinaus mit dem in diesen Versen, sowie in v.18f und v.21-23 gebrauchten Vokabular bis v.32 fortgeführt: חלוץ in 21.27.29.30.32, ונכבשה הארץ in 22.29, נחלה in 18.19.32, אחזה in

---

[87] Die Zuweisung von v.20-23 und 25-27 zur Grundschicht durch Baentsch (Numeri, S.666-668), Rudolph (Elohist, S.134) und Sturdy (Numbers, S.221) ist neben mangelnder Differenzierung v.a. auf die Annahme einer jahwistischen Grundschicht zurückzuführen, innerhalb derer dann das Auftreten des Jahwenamens als unproblematisch empfunden wird - vgl. dazu aber das gehäufte Auftreten von לפני יהוה in Lev (Lev 1,5.11;3,1;4,5;16,13 u.ö.)!

[88] Wüst, Untersuchungen, S.99f

[89] Wüst, a.a.O., S.106

[90] Ebenda

[91] Zur Erklärung dieser Erweiterung der Kommission s.u. 1.4.b

[92] Vgl. Wüst, a.a.O., S.99f

22.29.30(ואחזו).32(verbunden mit נחלתנו). Auch ist nun mehrmals vom Land Kanaan die Rede (v.30.32), und die Rubeniten/Gaditen verstehen sich als Knechte Jahwes (v.31).

Aufgrund der sprachlichen Beobachtungen erscheint eine Differenzierung zwischen v.28f und 30-32, wie von Wüst vorgeschlagen[93], als unnötig. Die von ihm beschriebene, "parallel zu der Antwort der Gaditen und Rubeniten (25) auf die Moserede (20-24), im Anschluß an die Anweisung Moses gegenüber der Kommission in 28f(+30) ... entsprechende Reaktion der beiden Stämme..."[94] ist besser im Zusammenhang ebendieser Moserede verständlich, denn als nochmaliger Nachtrag zu einer vorgefundenen Rede in v.28f. Die Ergänzung ist dann als Nachahmung des in der Grundschicht vorliegenden Materials - Moserede (v.28-30 zu 20.24) und darauf erfolgende Reaktion (v.31f zu 25f) - zu verstehen.

Zusammenfassend läßt sich im Rückblick auf die vorgeführte Analyse eine zusammenhängende priesterliche Ergänzungsschicht in v.2aβ.b.3.4(Relativsatz). 18f.21-23.27.28-32 feststellen.

v.33: Die Untersuchung des v.33 ergab, daß auch hier eine Ergänzung des vorgegebenen Textes zu erkennen ist. Sie steht jedoch wohl nicht in Verbindung mit der bis jetzt vorgefundenen priesterlichen Ergänzung, da sprachliche und thematische Bezüge völlig fehlen, sondern mit der in v.39-42 erkennbaren spätdtr Redaktion.[95] Dieser Zusammenhang wird vor allem an der hier festgehaltenen Übergabe der Gebiete Sihons und Ogs an Gad, Ruben *und* Halbmanasse deutlich.[96]

v.34-38: Die Städtebauliste in v.34-38 bildet - auch nach Ansicht der meisten Exegeten[97] - den Abschluß der bis v.24 verfolgten Grundschicht des Kap. 32: Das in v.1 für gut befundene, in v.2-5* beanspruchte und nach Zusage der Kampfgenossenschaft auf den Einwand des Mose hin schließlich in v.24 zugesagte Land wird nun insoweit in Besitz genommen, als die Gaditen und Rubeniten, wie in v.16.26 angekündigt, hier ihre Städte bauen. Auch sprachlich ist der Anschluß an die Grundschicht deutlich durch das zweifache בנו in v.34.37 und durch die Aufnahme von גדרת צאן aus v.16 und ערי מבצר aus v.17b[98] in v.36. Stilistisch wird dabei bei beiden Stämmen parallel zunächst der Bau um das jeweilige Zentrum herum - Dibon bei Gad und Hesbon bei Ruben - berichtet und dieser dann mit einer Schlußformel beschlossen. Diese nimmt in v.36 (Gad) nochmals Bezug auf v.16.24.26[99] und bestätigt in v.38 (Ruben) durch die Namensgebung die Inbesitznahme, die in v.5 angestrebt wurde.

An der Geschlossenheit des Abschnitts besteht zunächst kein Zweifel. Besieht man aber das in ihm für das Territorium Gads angegebene Gebiet, so zeigen sich

---

[93] Wüst, a.a.O., S.107f

[94] Wüst, a.a.O., S.108

[95] Für eine genaue Charakterisierung dieser spätdtr Redaktion s.u. Kap.IV.2.2.b

[96] Vgl. dazu die Ausführungen zu v.39-42 unter 1.2.a

[97] Z.B. Rudolph, Elohist, S.136f; Sturdy, Numbers, S.221.224; Baentsch, Numeri, S.669f; Wüst, Untersuchungen, S.96

[98] Statt ערים למפני bei Wüst, a.a.O., S.96

[99] Dies macht die von Mittmann, Deuteronomium, S.104, vertretene Ausgrenzung von v.36 unwahrscheinlich.

erneut große Schwierigkeiten: Die geographische Anordnung weist für Ruben auf ein relativ geschlossenes Gebiet mit Hesbon als Zentrum. Dabei wird jedoch keine feste Grenzziehung des Gebietes vorgenommen, sondern die Gruppe der offensichtlich wichtigsten Städte genannt.

Das durch die Städte[100] umschriebene gaditische Gebiet umfaßt jedoch außer der Region im Süden um Dibon (Ataroth, Aroer, Ataroth-Schophan) eine Region über die im unteren Jordangraben im Nordosten gelegenen Städte Beth-Nimra und Beth-Haran bis zu Jaser und Jogbeha im Nordosten, so daß gleichsam eine Umklammerung des rubenitischen Territoriums vorliegt. Der Befund wird noch auffälliger, vergleicht man ihn mit den in Jos 13,15ff für die beiden Stämme angegebenen Gebieten: Dort nämlich erhält - genau umgekehrt - Ruben den südlichen und Gad den nördlichen Teil des hier insgesamt umfaßten Gebietes.[101] Die Annahme liegt also nahe, daß redaktionelle Vorgänge für die ungewöhnliche Gebietsbeschreibung in v.34-38 verantwortlich zu machen sind.

Dabei gilt für die beiden, am äußersten Rand des gaditischen Siedlungsgebietes in Num 32,34-38 befindlichen Orte Beth-Nimra und Beth-Haran, daß sie außer in Num 32 überhaupt nur in Jos 13, dort aber in einem ähnlichen Kontext wie in Num 32 begegnen. Auffälligerweise ist der mit der Erwähnung der beiden Städte in Jos 13,27 verbundene geographische Kontext sehr viel sinnvoller, da sie dort in die Reihe der Städte im Jordangraben "fest...eingebettet...liegen"[102], so daß die Annahme einer redaktionellen Übernahme aus Jos 13,27 naheliegt. Der "auffallende Tatbestand, daß die beiden Städte nicht, wie aufgrund ihrer Lage am ehesten zu erwarten wäre, zu den rubenitischen, sondern ohne Rücksicht auf die geographischen Verhältnisse zu den...weiter im Süden gelegenen gaditischen Städten gestellt worden sind, ist nur damit zu erklären, daß (sie) ... entsprechend ihrer Zuweisung zu Gad in Jos 13,27 bei ihrer Übernahme nach Num 32 mechanisch ans Ende des gaditischen Ortslistenteils angehängt worden sind."[103]

In diesem Zusammenhang ist auch die fehlende räumliche Beziehung von Jaser zu den vier vorher genannten Städten um Dibon zu beachten. Auch hier ist angesichts der für die zwei anderen Städte erwiesenen Übernahme aus Jos 13 anzunehmen, daß eine redaktionelle Einfügung für die Nennung des Ortsnamens verantwortlich ist. Dies ist um so wahrscheinlicher, als "Jaser" in einem Landnahmekontext ebenfalls nur in Jos 13,25 begegnet[104], dort aber an der Spitze der gaditischen Orte steht, aus deren Reihe Beth-Nimra und Beth-Haran übernommen wurden. Dementsprechend führt es im jetzigen Kontext von v.34-38 die Liste der nicht zum Gebiet um Dibon gehörenden Städte an.

Schließlich ist bei 'Jogbeha' schon aus stilistischen Gründen eine redaktionelle Einfügung zu erwarten, denn diese Stadt wird als einzige nicht mit der nota accusativi angeführt. Der Ort begegnet ansonsten nur in Ri 8,11, dort aber inter-

---

[100] Zur Identifikation der Städte s. Wüst, a.a.O., S.147
[101] S. dazu im anschließenden Teil des Kapitel über Jos 13 (Kap.IV.2)
[102] Wüst, a.a.O., S.150
[103] Ebenda
[104] Die Stellen Num 21,24.32 sind als späte Zusätze hier nicht zu berücksichtigen.

essanterweise im Zusammenhang mit Nobach (v.42!). Mit Wüst[105] ist deshalb
anzunehmen, daß hier der für v.42 verantwortliche Bearbeiter die ihm will-
kommenen Aussagen über den Ostrand des israelitisch besiedelten Gebietes
aufgenommen und entsprechend ihrer geographischen Lage im Fall von Jogbeha
dem Nordostrand des gaditischen Gebietes (Jogbeha = *Ruǧm al-Ǧubeha*), im Fall
von Nobach (Kenath) dem nördlich davon gelegenen Gebiet Machirs und Jairs an-
gegliedert hat. Sowohl bei der Anfügung von v.(39-)42 als auch bei der Jogbehas in
v.35 zeigt sich also die gleiche Vorgehensweise einer Einfügung von geographischen Angaben entsprechend anderer bereits vorliegender Notizen aus dem
Deuteronomistischen Geschichtswerk, die auf die Tätigkeit einer späten dtr Bearbeitung[106] schließen läßt.

Gleichzeitig zeigt diese Vorgehensweise aber, daß es sich hier nicht um den
Redaktor handeln kann, der die anderen Erweiterungen der gaditischen Ortsliste
mit dem Ziel der Angleichung an Jos 13 vornahm. Für diese kann wahrscheinlich
gemacht werden, daß ihre Anfügung auf die priesterliche Schicht zurückgeht, die
auch in Jos 13 mit dem gleichen Konzept erkennbar ist. Wenn also bei den Erweiterungen 'Beth-Nimra', 'Beth-Haran' und 'Jaser' eine solche auffällige Übereinstimmung mit Jos 13 zu beobachten ist, so liegt es nahe, auch die Nennung dieser
Orte der priesterlichen Redaktionsschicht zuzuschreiben.

Als Ergebnis kann daher gelten: Die Ortslisten der in v.34-38 beschriebenen
Gebiete waren zunächst geographisch sinnvoll um die beiden Zentren Dibon und
Hesbon geordnet, wobei die Gaditen südlich der Rubeniten angesiedelt sind. Der
zunächst keine Beziehungen zu Jos 13 aufweisende Grundbestand wurde jedoch
nachträglich durch einen um den Ausgleich mit Jos 13 bemühten Ergänzer um die
Orte Jaser, Beth-Nimra und Beth-Haran erweitert. Daran anschließend fand eine
weitere Ergänzung durch 'Jogbeha' statt, die einen Ausgleich mit Ri 8 vornimmt
und deshalb dem - wohl spätdtr einzustufenden - Bearbeiter zuzuweisen ist, dessen
Hand auch in den v.21b.33.39-42 erkennbar war.

Von dieser Einsicht aus ergibt sich auch eine neue Lösungsmöglichkeit des in
v.1 begegnenden, dort problematischen 'Land Jaser': Nimmt man nämlich die
oben benannte Ergänzung des Ortes Jaser in v.35 für gegeben an, so scheint es
plausibel, den um Ausgleich mit Jos 13 bemühten priesterlichen Ergänzer auch in
v.1 am Werk zu sehen.[107] Entsprechend der Wichtigkeit von Jaser (Plazierung in
Jos 13!) hätte er dann bereits in v.1, dort aber in Angleichung an das 'Land' Gilead
das 'Land' Jaser eingefügt. Weiterhin wird durch die redaktionellen Vorgänge in
v.35f erneut deutlich, daß v.3 zur priesterlichen Ergänzung zu rechnen ist: Dort
werden nämlich die Orte Jaser und (Beth-)Nimra als bekannt vorausgesetzt, was
nur im Zusammenhang mit deren Erwähnung in v.35f* erklärbar ist.

V.1 (Land Jaser).3 (Jaser, Nimra) und 35 (Jaser, Beth-Nimra, Beth-Haran)
weisen also in den gleichen, auch in Jos 13 vorliegenden geographischen Kontext,
während Jogbeha zur spätdtr Erweiterung mit ihrer geographisch möglichst

---

[105] Wüst, a.a.O., S.74
[106] S. dazu eingehender unter Jos 13 (Kap.IV.2.2.a)
[107] S.o. zu v.1

umfassenden ostjordanischen Gebietsbeschreibung in v.33.39-42 und der damit verbundenen Eroberungsvorstellung (21b.39) gehört.

1.3 Zusammenfassung

a) Grundschicht

Die Grundschicht des vorliegenden Kapitels findet sich in v.1*.2 (bis Mose).4 (ohne Relativsatz).5.6.16f.20*.24.25f.34-38*. Diese von der Inanspruchnahme des Landes Gilead durch die Gaditen und Rubeniten für ihre Familien und ihr Vieh, ihr Gespräch mit Mose um die Unterstützung der anderen Israeliten, ihre Selbstverpflichtung zur Kampfbruderschaft, die Erlaubnis zum Bau von Städten und Viehpferchen bei Einhaltung dieses Versprechens und den schließlichen Bau der Städte handelnde Erzählung weist einen planvollen Aufbau auf:

Im Zentrum steht die Aussage der Gaditen und Rubeniten in v.16f, die beide verhandelten Themen umfaßt: den Bau von Städten und Pferchen und das Versprechen der kämpferischen Unterstützung der anderen Israeliten. Gerahmt wird dieses Zentrum dialogisch zunächst von Mosereden in v.6 und v.20.24: Wird in v.6 die Frage, ob die Brüder im Stich gelassen werden sollen, mit der Frage nach dem Bleiben im Lande verbunden, so erfolgt in v.20.24 die Ermahnung zur Unterstützung der anderen und dann die Erlaubnis zu bleiben und zu bauen. Die nächste Stufe des Rahmens sind die beiden Reden der Gaditen und Rubeniten in v.2-5* und in v.25f.: Bringen die 'Knechte' in 2-5* ihr Anliegen vor, das Land zu eigen haben zu wollen, und unterstellen sie sich dort der Gnade des Mose, so versprechen sie in 25f den Willen ihres Herrn, Mose, zu tun und das Land als Eigentum zu nehmen. Den äußersten Rahmen des bisherigen dialogischen 'Innenteils' bilden schließlich die beiden berichtend formulierten Stücke in v.1* und v.34-38: Das als begehrlich und gut beschriebene Land wird abschließend in Besitz genommen und bebaut. Aufgrund des listenartigen Charakters der Aufzählung von rubenitischen und gaditischen Städten und der dementsprechenden Notiz in v.1* ist davon auszugehen, daß diese beiden, den äußersten Rahmen bildenden Stücke überhaupt der Anlaß für die Entstehung der Geschichte sind. Offensichtlich lagen dem Verfasser Kenntnisse über die Ansiedlung von Rubeniten und Gaditen im Ostjordanland vor, die zu erklären er in Form einer Erzählung unternahm. Mit der Städteliste dürfte er dabei eine ihm schon formuliert vorliegende Notiz aufgenommen haben.

Kennzeichnend für die daraus entstandene Erzählung in ihrer Grundschicht sind: Das Thema Land - Weide; die Inbesitznahme des Landes aus profanen Gründen, nicht als Zuteilung eines Erbbesitzes (durch eine Kommission) vor Jahwe - die übrigen Israeliten werden lediglich an 'ihren Ort' gebracht; die fehlende Eroberungsvorstellung für das Gebiet Rubens und Gads, auch wenn die Bewohner des Landes als bedrohlich empfunden werden (v.17); Mose wird zwar als Herr der 'Knechte Israel' angesehen, ist aber Dialogpartner; der stark dialogische Charakter der Erzählung; eine Haltung gegenüber dem Ostjordanland, die dieses zwar nicht von vornherein als völlig unbelastet und unstrittig ansieht, seine

Besiedlung durch Israeliten aber als einen gerechtfertigten (d.h. durch die Übergabe des Mose legitimierten) Zustand vertritt.

b) Die priesterliche Erweiterung

Eine planvoll besonders die vorgegebenen Redestücke erweiternde und priesterliche Ausdrucksweise verwendende Ergänzungsschicht findet sich in v.1 (Reihenfolge Ruben-Gad, Land Jaser).2*.3.4 (Relativsatz).18f.20 ('vor Jahwe zum
Kampf').21a.22f.27.28-32.35f (Jaser, Beth-Nimra, Beth-Haran).
    Diese Schicht führt folgende Gedanken ein: Eleasar, Josua und die Fürsten der
Gemeinde als dem Mose beigestellte Kommission; die Vergabe des Landes, das
Jahwe geschlagen hat bzw. das ihm durch Bekämpfen der Feinde untertan wurde,
damit aber eine Betonung des kriegerischen Erwerbs des Landes; das Verständnis
des (wohl institutionell) zu vergebenden Landes als Erbbesitz vor Jahwe; die Präzisierung der versprochenen Kampfbruderschaft als eine Angelegenheit, die unter
dem Aspekt von Schuld und Sünde vor Jahwe zu beurteilen ist; die Verstärkung
der Verpflichtung auf das gegebene Versprechen durch angekündigte Bedingungen
bzw. Kontrollen; das Interesse an der Angleichung geographischer Angaben zu
den Rubeniten/Gaditen zwischen Num 32 und Jos 13,9ff.

c) Der heilsgeschichtliche Rückblick

In v.7-15 liegt ein heilsgeschichtlicher Rückblick vor, der als neues Thema das
Abspenstigmachen der übrigen Israeliten vom Zug über den Jordan enthält. Durch
den Rückblick auf die Ereignisse der Kundschaftergeschichte (Verhalten der Väter)
wird dabei vor allem die damit verbundene Strafandrohung des göttlichen Zorns
gegen die zu erwartende Sünde betont. Dabei wird auf den Landverheißungsschwur Jahwes an die Väter verwiesen, der für die Wüstengeneration nicht erfüllt
werden konnte. Eine Ausnahme bilden lediglich Kaleb und Josua, weil diese
Jahwe treu und vollständig nachfolgten (מלא אחרי[108]).

d) Weitere Ergänzungen

Ein dritter Ergänzer kommt in v.21b.33.35*.39-42 zu Wort: Sein Anliegen ist es,
die in den ihm bekannten Texten Num 32, Jos 13 sowie anderen Abschnitten im
Bereich des Deuteronomistischen Geschichtswerks vorliegenden geographischen
Angaben zu Rubeniten, Gaditen *und Halbmanasse* auszugleichen. Ein solcher
Ausgleich ist sowohl in v.33, wo entsprechend Jos 13,29ff von der Landnahme der
zweieinhalb Stämme die Rede ist, als auch in den Notizen v.39-42 erkennbar, wo
sich die geographische Ausführung der schon in v.33 festgestellten Verteilung des
Landes auch an den halben Stamm Manasse findet. Als Gebiete werden dabei - in

---

[108] Wörtlich "(das Herz) erfüllen hinter Jahwe"; Snijders, Art. מלא, S.880

dem Bemühen, das gesamte ostjordanische Siedlungsgebiet möglichst weit nach
Osten auszudehnen - wiederum solche genannt, die einen Ausgleich mit anderen
bekannten Notizen herstellen. So ist anzunehmen, daß die Einfügung des Gileadi-
ters Jair auf die Erwähnung der Dörfer Jairs in Ri 10,3f zurückgeht und einen
Ausgleich mit der vorliegenden Erzählung schaffen soll.

Aus der gleichen Absicht sind die Angaben über Nobach in dem auf Ri 8,11 re-
kurrierenden v.42 und die auf die gleiche Vorlage zurückgehende Einfügung Jogbehas in v.35 zu erklären. Sie gehören daher unzweifelhaft zur gleichen Schicht.

Auffällig ist dabei die mit dem Interesse einer möglichst weitgehenden Ausweitung des ostjordanischen Gebietes verbundene Formulierung ירשׁ (v.21b.39), die
den Auftrag zur Unterwerfung der Feinde und zur Übernahme ihres Besitzes
ausdrückt. Deutlich ist auch die mit diesem Verb und dem ebenfalls mehrfach
verwendeten לכד (v.39.41.42) verbundene Eroberungsvorstellung, die vor allem
gegenüber der Grundschicht besonders auffällig ist: Bauen in v.16f die Gaditen
und Rubeniten Schafhürden und feste Städte wegen der (nach wie vor dort ansässigen) Bewohner des Landes, so wird in v.39.41f mehrfach von der Eroberung des
Landes und der Vertreibung seiner Bewohner mit anschließender Übernahme
ihres Besitzes berichtet.

Für diese Eroberungen ist auffälligerweise vor allem Ostmanasse mit seinen
Sippen verantwortlich. Überhaupt findet sich nur im Rahmen dieser Ergänzungsschicht das Interesse an der Beschreibung ostmanassitischer Gebiete, während sich
sowohl die Grundschicht als auch die priesterliche Erweiterung auf Rubeniten und
Gaditen beschränken.

Ebenfalls auffällig ist, daß nur in dieser Schicht, die von den Ostjordaniern
übernommenen bzw. eroberten Gebiete als die der ehemaligen, von den Israeliten
besiegten Könige Sihon und Og beschrieben werden. Dabei gilt das sihonitische
Gebiet offensichtlich als von Gaditen und Rubeniten übernommen, während die
Ostmanassiten das des Königs Og erobern und dann auch zugewiesen bekommen.

1.4 Zur Einordnung der Schichten

a) Grundschicht
(v.1*.2 [bis 'Mose'].4 [ohne Relativsatz].5.6.16f.20*.24.25f.34-38*)

Besieht man sich die angeführten Charakteristika der ermittelten Grundschicht,
so scheint der Versuch, die hier klar ausgewiesene Schicht anderen Texten zuzuordnen, als relativ schwierig. Weder nach vorne noch an den Text anschließend
finden sich direkte Bezüge der Grundschicht zu anderen Textstücken des Numeribuches. Erst mit der Redaktion der priesterlichen Bearbeitung wird eine Verbindung hergestellt. Einer genaueren historischen Einordnung bzw. Datierung ist
somit durch eine literarische Verortung nicht näherzukommen.

Wüst macht zu dieser Frage den Vorschlag, mit Hilfe der Ortsliste eine Datierung zu erreichen. Zu diesem Zweck unternimmt er unter der Voraussetzung, daß
hier von israelitisch besiedelten Städten die Rede ist, den Versuch, die Städte einer
Epoche zuzuweisen, "die den Eroberungskriegen Mešas noch um einige Zeit

vorausliegen muß"[109]. Sinnvollerweise muß er die Ortsliste dann als ein Dokument
ansehen, "das spätestens gegen Ende der Regierungszeit Salomos entstanden sein
kann"[110], da spätestens ab der Teilung des Davidisch-Salomonischen Reiches das in
der Liste vorausgesetzte einheitliche israelitische Gebiet nicht mehr vorauszusetzen ist. Wüst versucht, diese zeitliche Einordnung durch Ausgrabungsergebnisse
der genannten Orte (soweit identifiziert und archäologisch untersucht) zu
belegen[111], übersieht jedoch, daß die von ihm angeführten, datierten Besiedlungs-
schichten nur für *Aro'er* und *El'ale* eine Eisen-I-zeitliche Besiedlung ergeben. Alle
anderen Ortslagen dagegen weisen lediglich eisenzeitliche, d.h. in den meisten
Fällen Eisen-II-zeitliche Keramikspuren auf. Hinzu kommt die Unsicherheit bei
der Beantwortung der Frage, ob hier überhaupt von einer israelitischen Besiedlung
auszugehen ist. Eine Ansetzung der Ortsliste vor dem 8.Jh. ist aufgrund archäolo-
gischer Zeugnisse folglich nicht zu rechtfertigen. Dies gilt besonders für das in der
rubenitischen Liste als Zentrum aufgeführte Hesbon, bei dem der archäologische
Befund[112] mit der literarischen Erwähnung in Einklang steht: Auch der vorliegende Text bietet keinerlei Infragestellung des - neuerdings von Perlitt bestätigten -
Ergebnisses der Untersuchung von H.-C.Schmitt, daß nämlich Hesbon im Alten
Testament "frühestens seit der Zeit des ausgehenden 8.Jahrhunderts Berücksichtigung findet"[113].

Hinzu kommt das Ergebnis einer Überprüfung der Belege der vorliegenden
Ortsnamen im Alten Testament: Alle Orte der Städteliste Rubens, sowie Dibon,
Aroer und Jaser aus der Liste Gads begegnen in den Gerichtsankündigungen über
Moab in Jes 16 und Jer 48, Sibma und Elale sogar ausschließlich (von den erwähnten Belegen in Num 32 und Jos 13 abgesehen). Sieht man die vorliegenden Stellen
also nicht per se als alte Traditionen über israelitische Ortslagen an, so läßt sich
aufgrund der Parallelstellen eine Ansetzung der Städteliste frühestens etwa im 8.Jh.
vermuten.

Wenn, wie in der Analyse des Textes festgestellt, die Ortsliste als Dokument
bzw. als Notiz dem Verfasser der Grundschicht der Erzählung schon vorlag, so ist
damit als terminus post quem auch für die Entstehung der Erzählung das 8.Jh.
gegeben.

Dem Autor ging es jedoch nicht nur, wie von Wüst angenommen[114], um die
Mitteilung der ihm vorliegenden Liste. Er versuchte vielmehr, mit Hilfe seiner
Erzählung über die Zuteilung des Landes an die Gaditen und Rubeniten durch
Mose, die Tatsache zu erklären, daß es eine auch seinen Zeitgenossen bekannte
israelitische Besiedlung im Ostjordanland gab. Auffällig ist dabei im Gegensatz zu
den sich an die Geschichte anschließenden Bearbeitungen, daß der Autor die
Ressentiments gegen das Ostjordanland im Text zwar in Form von Rückfragen
und Ermahnungen aufnimmt, insgesamt aber eine dem Ostjordanland wohl-

---

[109] Wüst, Untersuchungen, S.181
[110] Wüst, a.a.O., S.182
[111] Wüst, a.a.O., S.182f
[112] S.u. Ergebnis A
[113] Schmitt, H.-C., Das Hesbonlied, S.37; vgl. Perlitt, Deuteronomium, S.204-206
[114] Vgl. Wüst, a.a.O., S.117

wollend gegenüberstehende Haltung einnimmt, indem er das Land als den Israeliten von Mose zuerkannt beschreibt. Die Entstehung des Textes ist daher nur in einer Zeit denkbar, in der das Ostjordanland zwar im Ganzen nicht mehr israelitisch war, es aber andererseits keinen Anlaß für die Israeliten des Westens gab, sich aufgrund wirtschaftlicher, politischer oder religiöser Gegebenheiten vom Ostjordanland radikal zu distanzieren. Mehr noch, offensichtlich will der Text darüber hinaus erklären, warum es wichtig ist, das Ostjordanland als zum eigenen, verheißenen Land gehörig anzuerkennen. Dies aber setzt eine politische Lage voraus, in der es den beiden Seiten annähernd gleich gut ging, d.h. keine Seite etwa von den ausländischen Großmächten besser gestellt war, und in der es möglicherweise sogar Bestrebungen gab, das Land östlich des Jordan und seine israelitischen Bewohner in das eigene politische und religiöse Konzept einzubeziehen. Eine Möglichkeit, die Erzählung zu verorten, bietet daher die Zeit Josias, in der die durch den Zusammenbruch des Assyrerreiches gegebene außenpolitische Lage den Gedanken an eine erneute Expansion Judas ermöglichte. Sollten die Nachrichten über die Expansionspolitik Josias und über seine Pläne zur Restauration von Volk und Religion zutreffend sein, so mußte sich dieses Programm auch auf die Bevölkerungsteile östlich des Jordans erstrecken und diesen einen gleichberechtigten Anteil am Gottesvolk zuerkennen, wie er in der Geschichte von Num 32 durch die Zueignung des Landes durch Mose zum Ausdruck kommt. Dabei ist kaum damit zu rechnen, daß das Ostjordanland tatsächlich zum Gebiet Josias gehörte. Überlegungen zum Einschluß dieses Gebietes sind aber als politisch-religiöse Konzeption in josianischer Zeit gut denkbar.[115]

Da die Erzählung literarisch weiter kaum zu verorten ist und außer dem terminus post quem des 8.Jh. und den genannten Überlegungen sonst keine Datierungsmöglichkeit gegeben ist, kann somit zumindest als Denkmöglichkeit angenommen werden, daß es sich hier um eine versprengte Erzählung aus der josianischen Zeit handelt, die ein vorliegendes Städtedokument aufnahm. In den jetzigen Kontext muß diese Erzählung dann aber durch die redaktionelle Aufnahme und Bearbeitung der priesterlichen Ergänzung gekommen sein, da sie erst durch diese einen Anschluß an das zuvor und danach Geschilderte erhält.

---

[115] Diese Affinität der Vorstellungen im Text mit der Zeit Josias wird, wenn auch unter anderen Voraussetzungen, schon von Budd beobachtet: "The story here in Num 32 has some relevance to the circumstances of Josiah's time." (Budd, Numbers, S.346)

b) Die priesterliche Erweiterungsschicht
(v.1 [Reihenfolge Ruben - Gad, Jaser].2*.3.4 [Relativsatz].18f.20 ['vor Jahwe
zum Kampf'].21a.22f.27.28-32.35f [Jaser, Beth-Nimra, Beth-Haran])

Ebenfalls schwierig gestaltet sich die Frage nach der Zuordnung dieser und der
anderen Erweiterungen. Zu vermuten ist zunächst, daß die priesterliche Ergänzung als erste an den Grundtext angefügt wurde, daß die Erweiterung in v.7-15 aus
ihr das Thema Sünde übernommen und weiter ausgestaltet hat sowie daß eine
weitere Ergänzung einen Ausgleich mit den entsprechenden Texten des Josua- und
Richterbuches einbrachte.

Bei näherer Untersuchung zeigt sich, daß auch die priesterliche Bearbeitung
von Num 32 einige Verbindungen zum Josuabuch enthält. So weist ein auffälliger
Befund der priesterlichen Erweiterung direkt nach vorne in das Josuabuch: In dem
Moment, wo die Aufforderung zur kriegerischen Eroberung des Westjordanlandes
durch die Israeliten und deren Unterstützung durch die Rubeniten und Gaditen
ergeht, wird der vorher nur aus Mose, Eleasar und den Fürsten der Gemeinde
bestehenden Kommission (v.2) Josua, der Sohn Nuns, beigestellt (v.28). Bereits in
Jos 1-6 und 13ff sind die Landnahme im Westjordanland und dessen Verteilung als
Erbbesitz untrennbar mit der Person des Josua verbunden. Dieses Verständnis ist,
nachdem Josua in v.28 erwähnt wird, offensichtlich auch in Num 32 vorausgesetzt. Eine Angleichung an Jos 13 dürfte dabei die Vertauschung der Reihenfolge
der Namen Ruben(iten) - Gad(iten) bedeuten.

Auch bei den geographischen Angaben der priesterlichen Ergänzung von Num
32 läßt sich ein solcher Zusammenhang mit Jos 13 beobachten, der auf eine gleiche
Verfasserschaft weist: Die Erweiterung der gaditischen Ortsliste um Jaser, Beth-
Nimra und Beth-Haran (durch die das Gebiet geographisch höchst ungewöhnlich
wird), die Einfügung Jasers in v.1 und die Einfügung Jasers und Nimras in v.3 sind
offensichtlich von einem Autor vorgenommen worden, der auch in Jos 13 die
genannten Orte in der vorliegenden Reihenfolge als gaditisch angibt.

Umgekehrt finden sich auch über das ganze Josuabuch hinweg immer wieder
einzelne Texte, in denen auffällig priesterliche Ausdrucksformen und Themen
begegnen, die ohne den Zusammenhang mit entsprechenden Aussagen im Pentateuch nicht erklärbar sind.[116]

Ein Beispiel dafür bildet die Art der Beschreibung der Verteilung der ostjordanischen Gebiete an die Rubeniten und Gaditen in Jos 13, wo in v.8 das Ostjor-

---

[116] Ein Bezug zur priesterlichen Ergänzung ist auf den ersten Blick in Jos 4,12.13 zu erkennen.
Dort ist in v.12 vom gerüsteten Zug der Gaditen, Rubeniten und halb Manasses vor den
Israeliten die Rede, auffälligerweise in wörtlicher Übernahme aus Num 32,21. Lediglich das
'Gerüstetsein' ist durch den Begriff חמשים statt חלוצים ausgedrückt, auch die Vorstellung des
Zuges vor den Israeliten her wird aber in v.12 noch übernommen (Erst in v.13 wird sie durch
den Zug vor Jahwe ersetzt, wobei v.13 jedoch aus anderen Gründen als Erweiterung des
Verses 12 anzusehen ist, vgl. Schwienhorst, Eroberung, S.117). Da es sich hier jedoch offen-
sichtlich um ein Zitat handelt, können die beiden Parallelen nicht der gleichen Hand ent-
stammen. Die Aufnahme von Num 32,21 durch einen dtr Zusatz in Jos 4 (vgl. Fritz, Josua,
S.45) läßt lediglich darauf schließen, daß die priesterliche Schicht von Num 32 *vor* den späten
dtr Belegen anzusetzen ist.

danland selbstverständlich von Mose als Erbland an die beiden Stämme vergeben wird. Dies setzt offensichtlich voraus, daß die Frage nach der Möglichkeit israelitischer Ansiedlung im Ostjordanland ausreichend geklärt ist und dürfte damit einen Rückgriff auf Num 32 darstellen.

Auch wenn eine genauere Klärung des Befundes erst nach Untersuchung der Josuatexte möglich ist, kann doch schon dieser Bezug auf den Text des Josuabuches deutlich machen, daß sich an verschiedenen Stellen auffällig übereinstimmende Formulierungen und Vorstellungen finden.

Dies wird durch die Untersuchung von Lohfink über "Die Schichten des Pentateuch und der Krieg" bestätigt. Vor allem im Bereich priesterlicher Stellen sieht Lohfink nämlich eine direkte Fortsetzung des Themas "Einzug in Kanaan...wenn auch ohne alle Kriegstrompeten"[117] über die Grenze des Pentateuch hinaus im Josuabuch. Diese Feststellung führt ihn allerdings zu der Annahme, daß auch im Josuabuch eine Zuordnung der entsprechenden Stellen zur Grundschicht der Priesterschrift möglich sei: "Die Verse im P-Stil, die, übers Josuabuch verstreut, aus dem Endstück der PG stammen könnten, sind: Jos 4,19; 5,10-12; 14,1f.; 18,1; 19,51. Daß sie wirklich so zu erklären sind, scheint mir vor allem aus 18,1 hervorzugehen."[118] Auch Num 32,20-33 gehört nach Lohfink interessanterweise zwar nicht zur Grundschicht von P, aber zu einer Bearbeitungsschicht, die priesterliche Elemente aufweist[119]. Er beobachtet hier eine charakteristische stilistische Mischung von einerseits typisch deuteronomistischen Vorstellungen (wie die nach Lohfink deuteronomische Form des Verpflichtens durch bedingten Segen und bedingte Strafandrohung in v.20-23* und besonders die Vorstellung der kriegerischen Eroberung des Westjordanlandes, die in v.21b mit ירשׁ hi formuliert wird), andererseits aber vor allem typisch priesterschriftliche Formulierungen wie כבשׁ in v.22a und אחזה in 22b: Lohfink zufolge handelt es sich deshalb in Num 32,20-33 um eine Passage, "die in Verbindung mit priesterlichen Sprachelementen deuteronomistische Eroberungstheorie für das Westjordanland vorträgt."[120] Im Unterschied zu P[G] erhält damit die "kriegerische Eroberung des Westjordanlandes durch Israel ... Eintritt in den priesterschriftlichen Bereich."[121]

Hier ist allerdings entsprechend unserer Analyse genauer zu differenzieren: Der von Lohfink durch seine eigenen Untersuchungen[122] als dtr ausgewiesene Begriff ירשׁ hi. in v.21b ist im Rahmen der untersuchten Passage die einzige wirklich nachweisbare dtr Formulierung. Sie gehört aber, anders als er vermutet, gerade nicht zu den priesterlichen Erweiterungen von Num 32, sondern in den Zusammenhang von v.33.39ff, also zur spätdtr Erweiterung des Kapitels. Von einem Konglomerat dtr und priesterlicher Elemente kann hier also nicht gesprochen werden. Vielmehr ist zu differenzieren zwischen der Erweiterung, die eindeutig dtr Formulierungen

[117] Lohfink, Schichten, S.284
[118] Lohfink, a.a.O., S.285
[119] Lohfink, a.a.O., S.304f
[120] Lohfink, a.a.O., S.303
[121] Lohfink, a.a.O., S.306
[122] Vgl. dazu Lohfink, Art. ירשׁ

gebraucht, und der Schicht, die die Landnahmevorstellung in priesterlicher Sprache einfügt.

Festzuhalten bleibt mit Lohfink, daß es sich bei der vorliegenden priesterlichen Schicht mit ihrer Vorstellung von der Eroberung des Westjordanlandes nicht um die traditionelle P^G handeln kann. Nach Lohfink kennt diese das Thema der kriegerischen Eroberung nämlich nicht, vielmehr wird es erst in den auch deuteronomistisch beeinflußten Passagen eingeführt und - kombiniert mit priesterlichen Formulierungen - im Josuabuch weitergeführt.

In Auseinandersetzung mit Lohfink hat aber L.Schmidt bei seiner Untersuchung von Num 27 gezeigt, "daß, entgegen der Auffassung von N.Lohfink, die Israeliten auch für P das Land Kanaan erobern mußten."[123] Die Forderung einer militärischen Aktion wie in Num 32,20-23* kann also allein noch kein Hinweis dafür sein, welche priesterliche Schicht hier vorliegt. Einen entscheidenden Unterschied zu P stellt jedoch die Tatsache dar, daß in der eigentlichen Priesterschrift mit der kriegerischen Eroberung des Westjordanlandes zwar gerechnet wird und mit Josua ein militärischer Anführer für Israel erbeten wird, die eigentliche Durchführung dieser Eroberung und Landnahme bei P aber nicht berichtet wird: "Hier bittet Mose Jahwe lediglich um einen Mann, der die Gemeinde auch in kriegerischen Auseinandersetzungen leitet (Num 27,15-17), und Josua wird dann zu dem Führer bestellt, auf den die Israeliten hören (Num 27,20; Dtn 34,9). P erwähnt somit nicht, daß Josua die Israeliten in das Land bringen soll."[124] Nach L.Schmidt fehlt die Landnahme in P, "weil es zu ihr wegen der Verfehlungen, die Mose und Aaron in der Geschichte von dem Wasser aus dem Felsen begangen hatten, erst nach dem Tod des Mose kam. Die Epoche des Mose ist aber für P die Zeit, die für Israel von grundlegender Bedeutung ist. Deshalb endete die Priesterschrift mit Dtn 34,9."[125]

Damit aber ist deutlich, daß der entscheidende Unterschied zu P^G bei den vorliegenden Versen nicht durch die Kriegsvorstellung gegeben ist, sondern durch das Verständnis des Landes bzw. der Landnahme. Hier haben Zenger und L.Schmidt deutlich zu zeigen vermocht, daß P^G die Vorstellung der eigentlichen Land*nahme* tatsächlich nicht kennt, sondern vielmehr den Gabe-Charakter des Landes in den Vordergrund stellt.[126] Wenn sich also in den priesterlich formulierten Stücken von Num 32 und Jos die Beschreibung einer Landnahme durch die Israeliten findet, so müssen diese schon von daher als spätere priesterliche Erweiterungen angesehen werden.

Zenger nennt als weitere Auffälligkeit die priesterliche Notiz von Jos 18,1, die ob ihres priesterlichen Charakters von Lohfink zu P^G gerechnet wird. Hier findet sich der ungewöhnliche Ausdruck כבש für die Inbesitznahme des Landes, die von Lohfink wegen der Parallele in Gen 1,28 als eine priesterschriftliche Erfüllungsnotiz angesehen wird. Zenger kann hier jedoch überzeugend zeigen, daß Jos 18,1 keinesfalls zum Grundbestand von P gerechnet werden kann, weil sich auch in

---

[123] L.Schmidt, Studien, S.223. Mit P ist hier und im folgenden P^G gemeint.

[124] L.Schmidt, a.a.O., S.254; allerdings in der Absicht, P von DtrH abzusetzen.

[125] L.Schmidt, a.a.O., S.271

[126] Vgl. z.B. Zenger, Gottes Bogen, S.39

diesem Kontext die Landnahmetheologie findet, die im Widerspruch zu allen anderen Verheißungen steht, wo P^G durchgängig "den wichtigen theologischen Terminus 'geben' "[127] verwendet. "Daß ausgerechnet die Erfüllung, wie *Lohfink* annimmt, in der völlig anderen, für P^G singulären Formulierung Jos 18,1; 19,51 konstatiert werden soll, ist deshalb schlechterdings unwahrscheinlich."[128] Die Verwendung des Terminus כבש für die Inbesitznahme des Landes ist dann einer priesterlichen Erweiterung zuzurechnen. Auch dieser terminus begegnet aber, wie von Lohfink bemerkt, in Num 32,22a.

Die Diskussion um die priesterlichen Passagen des Josuabuches muß also einerseits darauf achten, daß die Unterschiede der z.B. von Lohfink als priester-schriftlich angesehenen Stellen gegenüber P^G deutlich werden. Andererseits muß sie aber nach einer Lösung suchen, die dem priesterlichen Charakter dieser Ab-schnitte gerecht wird: Tatsächlich können die angesprochenen Stellen nicht mit dem beschriebenen Konzept der Grundschicht von P in Einklang gebracht wer-den, an ihrem priesterlichen Kolorit kann aber trotzdem kein Zweifel bestehen. Zenger geht deshalb für die im Josuabuch begegnenden priesterlich formulierten Stellen davon aus, "daß sie einer 'priesterlichen' Redaktion des Josuabuches zugewiesen werden müssen, die keinesfalls mit dem Verfasserkreis von P^G zu-sammenfallen kann. Diese 'priesterliche' Redaktion mag durchaus mit Blick auf die entsprechenden Pentateuchformulierungen erfolgt sein, aber die literarische Technik und die theologische Komposition von P^G findet sich in ihr nicht."[129]

Nachdem sich, wie durch die Untersuchung deutlich gemacht werden konnte, auch in den priesterlich formulierten Stücken von Num 32 die gleiche Vorstellung von Landnahme wie in den priesterlichen Passagen des Josuabuches findet und zudem ein enger Zusammenhang in den geographischen Vorstellungen und sogar in der auffälligen Formulierung כבש besteht, muß angenommen werden, daß sich diese priesterliche Redaktion nicht auf das Josuabuch beschränkt, sondern auch schon im Pentateuch - zumindest aber in Num 32 - zu beobachten ist. Die ent-sprechenden spätpriesterlichen Passagen können dann aber nicht, wie noch bei Noth, als "Wucherungen"[130] bezeichnet werden, sondern gehören offensichtlich zu einer im Numeri- und Josuabuch durchlaufenden spätpriesterlichen Schicht, die unter die mit dem Siglum P^S bezeichneten Schichten gerechnet werden kann. Eine genaue Bestimmung des Umfangs dieser P^S-Schicht kann im Rahmen dieser Unter-suchung nicht geleistet werden (die Schicht müßte vor allem durch eingehende Untersuchungen des Josuabuches noch weiter ausgewiesen werden). Die wenigen Texte und ihre engen Beziehungen untereinander lassen aber bereits vermuten, daß es sich um eine Redaktionsschicht und nicht nur um einzelne redaktionelle Notizen handelt.

---

[127] Zenger, a.a.O., S.39
[128] Zenger, a.a.O., S.40
[129] Zenger, a.a.O., S.40. Aufgrund dieser Erkenntnis findet sich hier die Annahme Zengers, daß das in Gen 1,28 begegnende כבש auch dort möglicherweise sekundär sein könnte und dann ebenfalls als redaktioneller Zusatz des P^S anzusehen wäre (S.40f).
[130] Noth, ÜSt, S.205

Es ist hier also mit einer P^S-Schicht zu rechnen, die im Bereich des Pentateuch P^G um die kriegerische Landnahme im Westjordanland erweitert hat und deren Spuren auch im Josuabuch an einigen Stellen der Kapitel 1-6 und 13ff deutlich zu sehen sind. Auch dort hat diese Schicht verstärkt Wert auf die mit Josua verbundene Eroberung des Westjordanlandes gelegt und das Element der erfolgten Landnahme des Erblandes betont. Trotz der erfolgten Inbesitznahme von Erbland östlich des Jordan liegt die Betonung doch auf dem Land Kanaan, so daß im vorliegenden Text die offensichtlich als zu wohlwollend empfundene Tendenz gegenüber dem Ostjordanland abgeschwächt wird. Im Vordergrund der P^S-Stücke von Num 32 stehen deshalb die verschärften Ermahnungen in Hinblick auf die Einnahme des Westjordanlandes und die damit verbundene, verstärkte Skepsis gegenüber dem Ostjordanland (vgl. bes. v.28-32).[131]

c) Der heilsgeschichtliche Rückblick (v.7-15)

Sowohl der nach der priesterlichen Ergänzung eingefügte Abschnitt des heilsgeschichtlichen Rückblicks als auch die Eroberungsnotizen in v.33.39-42 erweisen sich als redaktionelle Überarbeitungen, die offensichtlich um einen Ausgleich des Pentateuch mit dem Deuteronomistischen Geschichtswerk bemüht sind. Auf einen solchen übergreifenden und beabsichtigten Textausgleich weisen mehrere Motive im vorliegenden Abschnitt der v.7-15:

So begegnet die Erwähnung Kadesch-Barneas außer an der vorliegenden Stelle und in Num 34,4 sonst nur im Zusammenhang deuteronomistisch geprägter Stellen des Deuteronomiums (1,2.19; 2,14; 9,23) und des Josuabuches (10,41; 14,6f; 15,3).

Auch das auffällige theologische Motiv der vollständigen Nachfolge Jahwe gegenüber (מלא אחרי יהוה), das gerade für Kaleb mehrmals im AT gebraucht wird, findet sich neben der vorliegenden Stelle (v.11f) so nur noch in Num 14,24 sowie in Dtn 1,36; Jos 14,8.14, sowie auf Salomo (negativ) und David bezogen in I Kön 11,6.[132]

Auffällig ist jedoch besonders, daß der mit der Frage dieser Nachfolge in engem Zusammenhang stehende Landverheißungsschwur Jahwes an die Väter ebenfalls nicht ohne Bezug zum Deuteronomistischen Geschichtswerk verständlich ist. So wird hier der Schwur Jahwes an die Väter, mit dem er ihnen das Land zuspricht, in der für das Deuteronomistische Geschichtswerk typischen Form des שבע ni. ausgedrückt (v.10). Nur an wenigen Stellen außerhalb des Deuteronomistischen Geschichtswerks begegnet dieses Motiv überhaupt: "Dabei steht Num 32,10 wie Dtn 1,34 und Jos 5,6 im direkten Kontext zum Landverheißungsschwur und zeigt durch analoge Fomulierungen, daß die Stelle von der dtn-dtr Tradition her abgefaßt wurde."[133] Dies zeigt sich besonders darin, daß der Sachverhalt trotz des

---

[131] Das hier formulierte Ergebnis zu einer im Josuabuch fortgesetzten priesterlichen Ergänzungsschicht ist im Anschluß durch die Untersuchung zu Jos 13 weiter zu überprüfen.

[132] Vgl. dazu Snijders, Art. מלא, S.880

[133] Kottsieper, Art. שבע, S.988

direkten Rekurrierens auf Num 14 (P) hier in abweichenden Formulierungen
dargestellt wird. Darüber hinaus läßt sich nach Kottsieper auch für alle anderen
Belegstellen in Gen, Ex, Num, Jer eine direkte Abhängigkeit von dtn-dtr Formulierungen feststellen.[134]

Der heilsgeschichtliche Rückblick stellt damit eine Redaktion dar, deren
Anliegen die Angleichung von Pentateuch und Deuteronomistischem Geschichtswerk bildet, so daß neben den bereits erwähnten stilistischen Merkmalen auch von
daher eine spätere Redaktionsstufe als die der priesterlichen Ergänzung anzunehmen ist. Da sich das gleiche Interesse auch in den anderen späten Ergänzungen zu
Grundschicht und priesterlicher Erweiterung beobachten läßt, kann ein
Zusammenhang mit diesen nicht ausgeschlossen werden.

d) Die (geographischen) Ergänzungen (v.21b.33.35*.39-42)

Anders als der soeben behandelte Abschnitt, der einen Ausgleich von vorgegebenen theologischen Aussagen darstellt, ist der in den Notizen von v.21b.33.39-42
und der Bearbeitung der gaditischen Städteliste (v.35*: Jogbeha) erkennbare
Bearbeiter offensichtlich stärker am Thema Eroberung sowie vor allem an der
Angleichung geographischer Angaben interessiert.

Wegen der Aufnahme von Notizen aus dem Richterbuch (Ri 10,3f und 8,11 in
v.41f), sowie vor allem wegen der Übernahme der Notizen über die Ansiedlung
der Manassiten in Basan aus Jos 13,29-31 ist diese Redaktion noch später als die
priesterliche Bearbeitung anzusetzen, da diese Nachrichten über die Ansiedlung
der Manassiten auch bei Jos 13 erst auf der zweiten Redaktionsstufe erscheinen[135].
Da sich hier ein Interesse an Rückgriffen auf Nachrichten aus dem Bereich des
Deuteronomistischen Geschichtswerks findet und zudem die auffällige dtr
Formulierung ירש hi. auftaucht, ist damit zu rechnen, daß es sich hier um eine
spätdtr Ergänzung handelt, deren Charakter freilich durch die Untersuchung von
Jos 13 genauer zu klären sein wird.

1.5 Ergebnis für die Fragestellung des Kapitels

Die Ergebnisse der Untersuchung der Grundschicht von Num 32 zeigen, daß es
im Alten Testament auch außerhalb des genealogischen Eponymensystems Nachrichten über eine israelitische Besiedlung des Ostjordanlandes gibt, die nicht auf
spätere redaktionelle Vorgänge zurückzuführen sind. Auch wenn es sich bei der
vorliegenden Erzählung um eine versprengte Notiz - möglicherweise aus dem 7.Jh.
- handelt, so ist doch deutlich, daß diese ostjordanische Besiedlung offensichtlich
bekannt und mit den Namen Ruben und Gad verbunden war, zur Entstehungszeit
der Erzählung aber einer Erklärung bedurfte. Wichtig ist in diesem Zusammenhang vor allem die Erkenntnis, daß die Erzählung der Grundschicht ihrerseits auf

---

[134] S. ebenda
[135] S. dazu die anschließende Untersuchung von Jos 13, z.B. Kap.IV.2.2.d

ein bereits vorliegendes siedlungsgeographisches Dokument in Form einer Städte-
liste zurückgreifen konnte. Daher ist davon auszugehen, daß sich hier geographisch
zutreffende Aussagen über die jeweiligen Gebiete finden, die möglicherweise in die
Entstehungszeit des genealogischen Eponymensystems zurückreichen. Der
Verfasser dieses Systems konnte damit aber die Kenntnis über die mit den Namen
Ruben und Gad verbundenen Territorien auch bei seinen Lesern voraussetzen.

Da sich auch in Jos 13 geographische Angaben über das Siedlungsgebiet der
Rubeniten und Gaditen finden, die in den beiden Bearbeitungsschichten im vorliegenden Text aufgenommen und angeglichen wurden, ist im folgenden Abschnitt
zu fragen, welche der beiden Gebietsbeschreibungen zuverlässiger ist.

2. Die Verteilung des Landes an Ruben und Gad in Jos 13

2.1 Einführung

Die Beurteilung der literarischen Entstehungsverhältnisse von Jos 13 und damit
auch der Verwertbarkeit der in diesem Text vorliegenden Angaben zu den Territorien Rubens und Gads ist zunächst nicht zu lösen von dem Problem der Entstehung des zweiten Teils des Josuabuches (Jos 13-21) und damit der Frage nach der
Beteiligung dtr und priesterlicher Autoren an der vorliegenden Gestalt dieser
Texte. Der in diesem Zusammenhang vorgestellte kurze Forschungsüberblick soll
sich jedoch auf die konkret mit Jos 13 verbundenen Fragestellungen beschränken.

In der vorliegenden Untersuchung soll eine Lösung auf dem Weg der traditions-
geschichtlich-redaktionskritisch orientierten Forschung gesucht werden. Eine
solche redaktionskritische Vorgehensweise kann und muß jedoch nach wie vor
mögliche Zusammenhänge zwischen dem Josuabuch und dem Pentateuch im Blick
behalten. Die Begründung dieser Richtung kann in der von Noth im Anschluß an
Alt vorgenommenen traditionsgeschichtlichen Auswertung der Textbefunde und
der Identifikation des Verfassers des Josuabuches mit dem des Deuteronomistischen Geschichtswerks gesehen werden, einer Identifikation freilich, die Noth für
den stämmegeographischen Abschnitt Jos 13-21(23) gerade nicht vollzieht. Im weiteren Fortgang der Forschung verbindet sich die zukunftsweisende redaktionskritische Arbeit vor allem mit den Namen Smend, Wüst und Auld, deren Positionen
kurz darzustellen sind.

Grundlegend für die Ergebnisse Alts und Noths war zunächst die Frage nach den dem
stämmegeographischen Abschnitt zugrundeliegenden Quellen. Diese seien im Gegensatz zu der
alten Forschung, die hier einen priesterschriftlichen Abschnitt erkennt, als zwei Dokumente zu
bestimmen, die als "eine Größe eigener Art" zusammengesetzt und sekundär von einem zweiten
deuteronomistischen Bearbeiter in das Josuabuch eingefügt worden seien. Bei den beiden
Dokumenten handle es sich um ein System der Stammesgrenzen aus der Richterzeit und eine
Städteliste des Reiches Juda entsprechend seiner Einteilung in Gaue aus der Zeit des Königs Josia[136].
Diese sekundäre Einfügung begründet Noth mit der Doppelung Jos 13,1a und 23,1b, "die sich nur

---

[136] Noth, z.B. ÜSt, S.184f

so verstehen läßt, daß 13,1a eine sekundäre Vorwegnahme von 23,1b darstellt, die dazu dienen sollte, den stämmegeographischen Abschnitt nachträglich literarisch einzuschalten"[137].

Die Zuordnung dieser beiden Verse erweist sich auch im weiteren als wichtiger Ausgangspunkt. So kann Smend seine Bestreitung der Nothschen Ausgrenzung von Jos 13-21 aus dem Deuteronomistischen Geschichtswerk (bzw. aus dessen dtr Verfasser) gerade damit begründen, daß ein späterer Redaktor wahrscheinlicher die Wiederholung aus 13,1a an späterer Stelle in 23,1b einfügte, als sie an so unpassender Stelle umgekehrt von 23,1b her in 13,1a nachzutragen.[138] Smend begründet seine Zuweisung des Abschnitts 13-21 zu DtrH weiter mit einer Ablehnung der Nothschen Zuordnung von Kap. 23 zur Grundschicht des Deuteronomistischen Geschichtswerks: "Betrachten wir die Stelle ohne Rücksicht auf Jos 23, so finden wir eine auffallende Verwandtschaft mit Jos 1,1.2a, die in die gleiche Richtung weist"[139], da hier in auffälliger Weise parallel formuliert ist: 'Und es geschah nach dem Tode des Mose, des Knechtes Jahwes' - 'Und Josua war alt und betagt geworden' (mit daran anschließender göttlicher Rede).[140]

In Aufnahme dieser Smendschen Analyse von Jos 13,1-7 geht auch Auld davon aus, daß "the principal narrative stratum of Joshua did offer an account of the distribution of the land"[141], die mit 13,1.7-9*.11* einsetzt, weiterführt als "description of the territories of the ten tribes west of the Jordan...in Jos. 15:1-12, 21-62; 16:5-9; 17:1*,2*,7-10; and in 18:11-19:48"[142] und abgeschlossen wird in 21,42*.43-45.[143]

Zwei von Auld getroffene Grundentscheidungen sind hier anzumerken: So erweist sich Aulds Ansatz vor allem darin als "Fresh Approach", daß er - anders als der Rest der Forschung - den Versuch unternimmt, die literarischen Probleme von Textpassagen durch textkritische Entscheidungen zugunsten der LXX-Überlieferung zu lösen, die dann freilich im einzelnen kaum begründet werden, sondern "when the texts differ - generally make the Greek the basis for further discussion of the second half of Joshua."[144] Nachdem Auld den ungewohnten Gebrauch des Wortes גורל in Jos 14,2; 15,1; 16,1; 17,1.17 (hier eher Beschreibung einer Zuteilung denn eines Loses) notiert hat, schlägt er infolge seiner Grundentscheidung zur Textbasis vor, im Anschluß an LXX auch für den MT גבול (Territorium, Gebiet) als ursprünglich anzunehmen, das nachträglich (im Anschluß an die Losverteilungsszene in Jos 18,1-10) in גורל geändert worden sei. Auch in den Listen von Jos 18-19 sei ursprünglich keine Losvorstellung zu finden.[145] Gerade für diese letztere Vorstellung, die mit einem Ersetzen der Los-Einführungen durch hypothetische frühere Einleitungen verbunden ist, finden sich jedoch kaum Anhaltspunkte, zumal beide Textversionen - MT und LXX - das Wort גורל in Jos 18,11; 19,1.10.17.24.32.40 aufweisen. Die Problematik der Auldschen Analyse ist damit eng mit der Grundentscheidung zugunsten des griechischen Textes verbunden, wobei dessen Verläßlichkeit jedoch in Frage zu stellen ist.[146]

Demgegenüber folgt Wüst in seiner Untersuchung zu den Landverteilungsüberlieferungen[147] zunächst Noth in der Annahme, daß Jos 13,1ff* (in Abhängigkeit von 23,1) ein Bindeglied zwischen dem Bericht des Deuteronomisten (DtrH) über die Eroberung des Landes im ersten Teil des Josuabuches und den davon ursprünglich unabhängigen Traditionen über die Verteilung des Landes in Jos 14-19 bildet. Gegen Noth führt er freilich weiter aus, daß die Tradition der Landnahme der ostjordanischen später als die der westjordanischen Stämme entstanden sei, weshalb er Jos

---

[137] Noth, Josua, S.10
[138] Smend, Gesetz, S.498
[139] Ebenda
[140] Zur genaueren Untersuchung von 13,1-7 s.u. 2.2.b und c
[141] Auld, Joshua, Moses.., S.66
[142] Auld, a.a.O., S.67
[143] Ebenda
[144] Auld, a.a.O., S.52
[145] S. dazu Auld, a.a.O., S.61-64
[146] Mit Cortese, Josua, S.14
[147] Wüst, Untersuchungen

13,15-32 (ostjordanische Stammesgebiete) als spätere Einfügung zu Jos 14-19 ansehen muß.[148] Der Vergleich mit den anderen Landverteilungsüberlieferungen, v.a. des Numeribuches, führt Wüst schließlich zu dem Ergebnis, "daß die Landverteilungsüberlieferung literarisch zum ersten Mal in dem Abschnitt Num 34,1-13bα zu greifen ist. Von der dort gegebenen Beschreibung des den Israeliten als Erbbesitz zugefallenen Landes ...sowie der Anordnung Jahwes, dieses durch Los zu verteilen..., erwiesen sich die weiteren Bezugnahmen auf die Landverteilung im Numeribuch (26,52-56; 33,54; 34,16-29) sowie der Bericht von der Landverteilung im Westjordanland (Jos 14-19) und dessen ostjordanisches Gegenstück (Jos 13) als abhängig."[149] "Mit der Erkenntnis, daß der Landverteilungsbericht in Jos 14-19 und sein Rahmenwerk die Nachträge zu P im Numeribuch voraussetzen, ist zwar nicht die Möglichkeit ausgeschlossen, daß in diesen Bericht auch ältere Dokumente eingegangen sind, wohl aber die Annahme seiner Abfassung bereits in vorexilischer Zeit, wie sie Noth vertreten hat."[150] Damit ist auch ein terminus a quo für die Entstehung bzw. Einfügung des Bindeglieds Jos 13,1-14* (die ursprünglich knappe Überleitung 13,1.6b "wurde sekundär auf mehreren Stufen ausgestaltet"[151]) gegeben, an das später der Abschnitt über Ruben und Gad (13,15-28.32) und noch später der Passus über Halbmanasse (13,29-31) angehängt worden seien.

Wie bereits zu Num 32 angemerkt, erweist sich auch in diesem Zusammenhang die analytische Genauigkeit der Wüstschen Vorgehensweise vielfach eher hinderlich für die Beurteilung des Gesamtzusammenhangs. Die von ihm postulierten und rekonstruierten Abhängigkeitsverhältnisse zwischen Textstücken, Versen und Halbversen[152] spiegeln wohl kaum den tatsächlichen Redaktionsprozeß bei der Entstehung dieser Texte wider, auch wenn immer wieder versucht wird, diesen durch komplizierte Schemata durchsichtiger zu machen.

Wichtig ist jedoch der von Wüst beobachtete Zusammenhang der Landverteilungsstücke im Josuabuch mit der in Numeri berichteten Landverteilung. Dabei spielt Num 34 tatsächlich eine besonders wichtige Rolle, weil dort in v.16ff die Landverteilung durch eine priesterliche Kommission ähnlich wie im Josuabuch (z.B. Jos 14,1) beschrieben wird. Dieser Zusammenhang mit der Landvergabevorstellung des Josuabuches findet sich aber darüber hinaus auch am Anfang des Kapitels, wo die Grenzen des Landes entsprechend dem in Jos 15 für Juda beschriebenen Gebiet angegeben sind (Num 34,3-12). Eine auffällige Parallelformulierung bietet schließlich der Ausdruck נפל בנחלה in Num 34,2 und Jos 13,6. Auch in Num 34 findet sich zudem eine Ergänzung der geschilderten Landvergabe um die zweieinhalb Oststämme und die Nennung von neuneinhalb

---

[148] Wüst geht hier von äußerst komplexen redaktionellen Vorgängen aus. Die Entstehung des gesamten Abschnitts Jos 1-19 stellt sich ihm wie folgt dar: "Redaktionsgeschichtlich hat die einstige Beschränkung des Landnahmeberichts Jos 2-11; 12(ohne 1*-7) und der Beschreibung der Stammesgebiete Jos 14-19 auf das Westjordanland ihren Ausdruck in der unmittelbaren Verklammerung der beiden Erzählungskomplexe duch die knappe Überleitung 13,1.6b gefunden. Dieses Bindeglied wurde sekundär auf mehreren Stufen ausgestaltet, zunächst durch die im ältesten Bestand von 18,3-10 erhaltene Erzählung, die einst hinter 13,6b gestanden hatte, darauf dann durch die Beschreibung des 'übrigen Landes' (2-5). Danach erst sind der Abschnitt über Ruben und Gad (15-28.32) und, ausgelöst durch die aus diesem schon abgeleiteten Nachrichten über Sihon und Og (12,1*-5), der Passus über Halbmanasse (29-31) in den Übergang zwischen den beiden ausschließlich am Westjordanland interessierten Erzählungskomplexen Jos 2-12 und 14-19 eingeschaltet worden, was dann zum einen die Präzisierung von 6b durch 7 sowie die danach erfolgte Versetzung des mittlerweile vollends isolierten Stückes ... 18,1-10 ... nach sich zog." (Wüst, a.a.O., S.239)

[149] Wüst, a.a.O., S.210

[150] Wüst, a.a.O., S.211

[151] Wüst, a.a.O., S.239

[152] So sieht Wüst beispielsweise 13,6a als inspiriert durch 23,3 an, 23,4a jedoch als abhängig von 13,6b!

Weststämmen (v.13bβ-15), die einen spätdeuteronomistischen Topos darstellen dürfte[153]. Diese spätdtr Erweiterung dürfte an der vorliegenden Stelle in Num 34 demnach aber einen priesterlichen Text voraussetzen, wie durch die Erwähnung der Priesterkommission nahegelegt wird. Es handelt sich hier freilich, wie schon von Noth bemerkt, nicht um eine Fortsetzung der priesterlichen Grundschicht, sondern um einen priesterlichen Nachtrag[154], der eine Fortsetzung der schon in Num 32 festgestellten priesterlichen Ergänzungsschicht bildet und daher P^S zuzurechnen ist.[155]

Richtig sieht Wüst also sowohl, daß die Landverteilungsdarstellung in Jos 13ff unabhängig vom ersten Teil des Josuabuches sein kann, als auch, daß die von ihm angesprochenen Nachträge zu P im Numeribuch tatsächlich in Jos 13ff vorausgesetzt sind. Gerade diese Verbindung zwischen Num und Josua zeigt aber m.E., daß die ostjordanische Landnahme schon zum Konzept der Verteilung des Landes gehörte, weil sie in dem ebenfalls zu P^S gehörenden Nachtrag von Num 32 bereits enthalten ist. Damit aber liegt es nahe, daß hier nicht - wie bei Wüst - mit Abhängigkeitsstufen zu rechnen ist, sondern daß sich in den P^S-Abschnitten von Num 32 und Num 34,1-13bα.16ff sowie in Jos 13ff* eine durchgängige, auf einen Autor zurückzuführende Darstellung der Landverteilung im West- *und* Ostjordanland findet. Dann aber bildet nicht das gesamte Kapitel Jos 13 das Bindeglied zwischen Jos 14ff und Jos 1-12*(DtrG), sondern nur der in ihm ergänzte spätdtr[156] Abschnitt 13,1-14*.

Die genauere Auseinandersetzung mit Wüst wird im folgenden bei der Diskussion der jeweiligen Textpassagen geführt, wobei es sich erübrigt, von Wüst geleistete Detailuntersuchungen - z.B. zu dem Jos 13,15-32 zugrundeliegenden Itinerar - genau nachzuzeichnen.

Einen ganz anderen Ansatz zur Beurteilung des Kapitels Jos 13 und seines Zusammenhangs mit Jos 14-19(21) beschreibt Cortese in seiner Studie über Jos 13-21 als priesterschriftlichen Abschnitt innerhalb des Deuteronomistischen Geschichtswerks.[157] Die Untersuchungen vor allem der Wortwahl in den behandelten

---

[153] Vgl. dazu das schon bei der Untersuchung von Num 32 Dargelegte.

[154] Noth, ÜSt, S.194 rechnet damit, daß Num 34,1ff von Jos 13-19 abhängig ist, während nach Wüst umgekehrt Jos 13ff Num 26ff voraussetzt. Im Gegensatz zu den von beiden Autoren - wenn auch unterschiedlich - postulierten Abhängigkeitsverhältnissen erscheint es jedoch aufgrund der hier gewonnenen Erkenntnisse wahrscheinlicher, daß beide Texte der gleichen Schicht zuzurechnen sind und schließlich in Jos 22 ihre Fortsetzung finden (s.u. Kap.IV.3, bes. Ergebnis B).

[155] Daß in Num 34 das Land nur an die westjordanischen Stämme verteilt wird und auch als Mitglieder der Kommission nur Westjordanier genannt sind, ist darauf zurückzuführen, daß an dieser Stelle die Vergabe des Ostjordanlandes an die Rubeniten und Gaditen durch das in Num 32 Geschilderte (die Vorstellung des Ostjordanlandes als Erbland der Israeliten war dort durch die spätpriesterliche Schicht aus ihrer Vorlage übernommen worden, s.o.IV.1) bereits vorausgesetzt wird und es nunmehr um das 'Land Kanaan' und dessen Verteilung an die Westjordanier geht. Diesem Interesse der P^S-Schicht an Ost- und Westjordanland entspricht dann auch die Beobachtung, daß sowohl die west- als auch die ostjordanischen Gebiete in Jos 13-19 genau beschrieben werden (zum P^S-Charakter der Landverteilungsabschnitte in Jos s. im folgenden).

[156] S. dazu unten die Untersuchung zu den einzelnen Versen.

[157] Cortese, Josua 13-21

Kapiteln und ihrer Zusammenhänge mit vorangehenden priesterschriftlichen Abschnitten des Pentateuch führt Cortese zu der These, bei dem vorliegenden Abschnitt handle es sich um eine Fortsetzung der Priesterschrift im DtrG, wobei dieser priesterliche Abschnitt (P^S!) ein vordeuteronomistisches geographisches Urdokument aufgenommen und seinerseits überarbeitet habe.

Cortese nimmt hier v.a. eine stilistische Analyse von Begriffen vor, "die die Gliederung des Volkes und des Landes betreffen"[158] (z.B. קהל-עדה oder נחלה-אחזה) und anhand derer sich jeweils der dtr und priester(schriftliche) Sprachgebrauch erweisen läßt. Die Stiluntersuchung zeigt s.E. deutlich, daß man "den Schlußteil von Num und den Abschnitt Jos 13-21 im allgemeinen für priesterschriftlich halten"[159] kann. Dabei scheint Cortese zunächst nicht klar zwischen P^G und P^S zu unterscheiden, weist dann aber doch den größten Teil dieses Textbestandes, vor allem Jos 13-21, P^S zu, auch wenn dafür keine Argumente genannt werden. Das sog. "geographische Urdokument", das "mit altem Material die Stammesgebiete und nicht eigentlich deren Grenzen beschreiben wollte", hat bis zu seiner Aufnahme und Redaktion durch P^S "viele Veränderungen erlitten, dazu auch Namen von Ortschaften, die von der Geschichte der einzelnen Stämme sowie der zwei Reiche bestimmt worden sind. Die Hauptveränderung des Dokuments ist die Einschaltung der Provinzliste von Juda, und diese fand spätestens in der Zeit Joschijas statt."[160]

Eine solche Fortsetzung von P^G entspricht der bereits im Zusammenhang von Num 32 für Jos 1-12 aufgenommenen Position Lohfinks. Dort wurde zudem bereits deutlich, daß der Charakter der vorliegenden priesterlichen Stücke im Josuabuch nicht mit dem von P^G im Rahmen des Pentateuch nicht übereinstimmt. Anhand der entsprechenden Textstücke in Num 32[161] erschien es plausibler, die priesterlichen Aussagen im Sinne Zengers einer P^S-Schicht zuzurechnen, die im Josuabuch ihre Fortsetzung findet. Auch im vorliegenden Kapitel 13 des Josuabuches wird also im Rahmen der Suche nach der Grundschicht zu prüfen sein, ob sich Anzeichen dafür finden lassen, daß diese Grundschicht nicht in den Zusammenhang des DtrH gehört, sondern - wie für den ganzen Abschnitt Jos 13-21 von Cortese vermutet - einen (spät-)priesterlichen Kontext aufweist. Eine genaue Überprüfung ist besonders deshalb wichtig, weil die angesprochenen Analysen von Smend und Wüst nicht mit dieser Möglichkeit rechnen.

Die Textanalyse muß bei aller notwendigen Inblicknahme des Gesamtkontextes von Jos 13-21 im Blick auf die gegebene Fragestellung auf Jos 13 konzentriert werden. Dabei sollen zunächst die in der Forschung relativ unumstrittenen Ergänzungen in den Versen 29-31, 2-6* und 9-13(14) voranstehen, um auf diese Weise die Grundschicht zu bestimmen. Danach sollen einige Überlegungen zur Fortführung der Grundschicht in Jos 13 (und Jos 14-21), sowie zum Vergleich mit Num 32 notiert werden. Ein eigener Abschnitt ist schließlich dem eigentlichen siedlungsgeographischen Textstück 13,15-28* gewidmet.

---

[158] Cortese, a.a.O., S.23
[159] Cortese, a.a.O., S.51
[160] Alle Zitate Cortese, a.a.O., S.48
[161] Vgl. o. Kap. IV.1

2.2 Textanalyse

a) Die Aussagen zum Siedlungsgebiet Halbmanasses in v.29-31

Die Auffälligkeit, daß im Rahmen der Verteilung der ostjordanischen Gebiete erst in Jos 13,29 von einem 'halben Stamm Manasse' die Rede ist[162], läßt sich nach communis opinio der älteren und neueren Forschung[163] nur durch die Annahme einer Erweiterung des ursprünglich auf Ruben und Gad beschränkten Berichts in v.15-28 erklären. Der weitere Kontext der Kap. 14-21 spricht in Kap. 17 von Manasse als zum Stämmesystem gehörigem Stamm, der zwar geographisch ähnliche Gebiete wie die in 13,29ff zugesprochenen erhält (Gilead, Basan), diese aber nicht als westliche und östliche Hälfte des Stammesgebiets einnimmt[164]. Ebenso wird auch in Jos 20,8 die Freistadt Golan in Basan im Gebiet des Stammes Manasse benannt, ohne daß von einem ostjordanischen Halbmanasse die Rede wäre.

Der sekundäre Charakter des Textstücks wird bei näherer Betrachtung noch deutlicher: Zunächst unterscheiden sich die Halbmanasse betreffenden Verse deutlich in ihrer Struktur von der Beschreibung der Gebietszuweisungen an Ruben und Gad, die ihnen vorausgehen. So findet sich in v.29a anders als in v.15.24 (dort: ויתן משה למטה) die Überschrift ויתן משה ... לחצי שבט, deren ungewöhnliche Gestaltung offensichtlich von einem späteren Redaktor durch den Zusatz in v.29b an die vorherigen angeglichen werden sollte[165]. Ebenso fehlt, anders als in v.23.28, nach v.31 eine entsprechende Schlußformel. Der inhaltliche Widerspruch zu der in Kap. 17 enthaltenen Vorstellung eines ungeteilten Stammes Manasse wird noch ungewöhnlicher durch die im vorliegenden Manasseabschnitt begegnende selbstverständliche Vorstellung, daß die beiden Gruppen Machir und Jair die ostjordanische Hälfte des Stammes Manasse bilden, deren Territorium sich zudem über Gilead *und* Basan erstreckt (anders als in Num 32,42 wird jedoch die Sippe Nobach nicht erwähnt). Dieser geographische Zusammenhang beruht offensichtlich darauf, daß hier das Og von Basan abgenommene Territorium zu israelitischem Gebiet wird und in diesem Zusammenhang die Einführung der Vorstellung einer Teilung in Ost- und Westmanasse in die Überlieferung erfolgt. Damit wird zunächst die These Wüsts gestützt, "daß die Vorstellung von einem 'halben Stamm Manasse' im nördlichen Ostjordanland auf einer Kombination der Nachrichten über Og von *Basan* (Jos 12,4f.) mit jenen über Machir und Jair (Num 32,39-41) beruht", was weiter zur Folge hat, "daß sämtliche weiteren Bezeugungen von Manasse östlich des Jordans in der Tradition von Jos 13,29f. stehen."[166] Hier sollte freilich nicht von immer neuen Abhängigkeitsverhältnissen ausgegangen werden,

---

[162] Zu v.7. s.u. 2.2.c
[163] S. dazu z.B. Rudolph, Elohist, S.214f; Auld, Joshua, Moses.., S.57; Butler, Joshua, S.158f; Wüst, Untersuchungen, S.76ff
[164] In Jos 17 ist in v.1a Manasse als ursprünglich anzusehen, während die Erwähnung Machirs in v.1b sekundärer Natur ist, vgl. Wüst, Untersuchungen, S.79 A. 246; s. zur Diskussion um Jos 17 auch Auld, Joshua, Moses.., S.57
[165] So richtig Wüst, a.a.O., S.80 A.248, gegen Noth, der den umgekehrten Ergänzungsvorgang annimmt.
[166] Beide Zitate Wüst, a.a.O., S.85

sondern die Möglichkeit einer planmäßigen redaktionellen Überarbeitung *einer* Hand in Betracht gezogen werden:

Dies läßt sich vor allem durch den Vergleich mit Num 32 und den dort gewonnenen Erkenntnissen über die Art der Aussagen zu Halbmanasse wahrscheinlich machen. In Num 32 hatte sich in den v.(21b)33.39-42 (sowie in der Einfügung Jogbehas in die gaditische Städteliste) ein Redaktor erkennen lassen, dessen Interesse einerseits der Ausweitung des ostjordanischen Gebietes nach Osten und der damit verbundenen Einfügung Halbmanasses gilt, der aber andererseits um einen Ausgleich von Angaben des Richter- und Josuabuches bezüglich solcher ostjordanischer Gebiete bemüht ist. In diesem Zusammenhang wird von diesem Redaktor auch das vormals von Og und Sihon besetzte Gebiet als eine Größe eingeführt, die jetzt von Ruben, Gad und Halbmanasse unter Vertreibung der vorherigen Bewohner erobert ist. Möglich wäre aber im Blick auf den vorliegenden Text in Jos 13,29-31, daß diese Erwähnung der Sihon und Og abgenommenen Gebiete in Num 32 - anders als von Wüst vermutet - nicht auf eine Abhängigkeit von Jos 13 zurückgeht, sondern daß hier derselbe Redaktor am Werk war. Dieser Redaktor griff bei der Einführung Halbmanasses an beiden Stellen auf ihm vorliegende Sihon- und Og-Traditionen zurück[167] und fügte sie jeweils nach der in Num 32 und Jos 13 vorgegebenen Beschreibung über rubenitisches und gaditisches Gebiet ein.

In der Städteliste von Num 32,34-38 werden dabei die Gebiete beider sagenhaften Könige zwar nicht erneut erwähnt, die Erwähnung von Hesbon (v.37) als rubenitischer und Aroer (v.34) als gaditischer Stadt wird vom Redaktor aber offensichtlich als Anspielung auf sihonitisches Territorium verstanden, da in den älteren Traditionen Hesbon unmittelbar mit Sihon verbunden ist und der Arnon (an dem Aroer liegt!) durchgängig als Südgrenze des sihonitischen Reiches gilt (z.B. Num 21,13; vgl. auch Jos 12,1, wo Aroer explizit als sihonitische Stadt erwähnt wird). In Num 32,33.39-42 gilt dann das Territorium Ogs als von Halbmanasse besiedelt, der vorgeschaltete v.33 verweist darauf, daß die Gebiete beider Könige,

---

[167] Zumindest für Sihon läßt sich eine ältere Tradition über Hesbon als Stadt Sihons in Num 21,27-30* ermitteln (vgl. dazu H.-C.Schmitt, Hesbonlied). Für Og könnte die älteste Erwähnung möglicherweise in Dtn 3,1-8.10* vorliegen: Nach Rose (5.Mose 2, S.399 und 402f) gehört dieser Abschnitt in die frühexilisch zu datierende "Schicht III" und nimmt mit Og eine legendäre Tradition der betreffenden Gegend auf.

Zu Recht verweist Noort im Zusammenhang mit Sihon und Og darauf, daß in den Untersuchungen zu Jos 13 der legendäre Charakter der hier vorliegenden Traditionen meist völlig übersehen wird. Mit Og, dem 'Letzten der Rephaiter' (vgl. Jos 13,12; 12,4; Dtn 3,11) wird, wie Noort überzeugend nachzuweisen vermag, eine legendäre Gestalt aufgenommen, die im ostjordanischen Kontext ursprünglich unter die Rephaim, "deceased deified kings", zu rechnen ist, im Alten Testament aber aus dieser Verbindung mit dem Totenkult gelöst und historisierend erklärt wird: "In the deuteronomistic literature the Rephaim are retained as the ancient inhabitants only for the purpose of their defeat. The texts in which they appear as spirits of the dead portray them as weak and feeble. ... Thus, the legendary Og is *historicized* in the Old Testament to be subsequently defeated in a YHWH-war scheme. In like manner the various other traditions regarding Sihon and Heshbon are placed in this framework." (alle Zitate Noort, Joshua 13, S.129)

Sihon und Og, von den zweieinhalb Oststämmen (Sihon: Ruben und Gad, Og: Halbmanasse) besiedelt sind.

Dementsprechend wird in Jos 13, wo in der vorgegebenen gaditischen Ortsliste durch die Angabe von v.27 das sihonitische Gebiet um Hesbon als gaditisch gilt, nun die Südgrenze Gads entsprechend dem sihonitischen Territorium bis zum Arnon erweitert (v.25)[168], so daß für Halbmanasse das vorher von Og besessene Basan und Halb-Gilead bleiben. Auch werden - entsprechend Num 32,40f - das den Machiriten zugeeignete Gilead und die 'Dörfer Jairs' gesondert erwähnt (Jos 13,30f).

Der Ausgleich erfolgt damit aber - anders als in der oben zitierten These Wüsts - nicht durch mehrfache wechselseitige Angleichungen zwischen Jos 13 und Num 32, sondern an beiden Stellen durch den gleichen, an der Einfügung Halbmanasses interessierten Redaktor als Ausgleich zwischen den Angaben in den Notizen Dtn 3,1-10* und Ri 10,3f; 8,11, wodurch sich bei beiden redaktionellen Ergänzungen eine Kombination von Angaben über Sihon und Og und die halbmanassitischen Sippen Jair und Machir ergibt.

b) Die Zusätze in v.1-6* und 9-13

Als grundlegend für die Diskussion der v.1-6* kann die kurze Abhandlung Smends im Rahmen seines Aufsatzes 'Das Gesetz und die Völker' gelten, in der im Zusammenhang der Diskussion über die deuteronomistische Redaktionsgeschichte vor allem in der Auseinandersetzung mit Noth die Fortführung der ursprünglichen Schicht (nach Smend DtrH) in Jos 13,1 gesucht wird. Im Anschluß an seine Beobachtungen zur Parallelität von Jos 1,1.2a und 13,1 stellt Smend fest, daß der in 1,2b erfolgende göttliche Befehl an Josua seine Parallele in Jos 13 erst in v.7 findet. Mit dieser formalen Beobachtung verbindet sich die zwischen Anrede und Auftrag für eine Gottesrede ungewöhnliche "Aufzählung einer ganzen Reihe von geographischen Einzelheiten vom Land, genauer von der bisherigen Unvollständigkeit seiner Eroberung"[169]. Richtig verweist Smend zudem darauf, daß das in v.2-6a als 'übriggebliebenes Land' (v.2a) bezeichnete geographische Gebiet, das im jetzigen Zusammenhang zur Verteilung ansteht, sich auf die Peripherie des Landes beschränkt. Jos 13,1bβ-6 sei deshalb wie Jos 1,7-9 der interpretierende Zusatz eines Späteren zur Erzählung des DtrH.

Die offensichtliche Ähnlichkeit der Funktion der in 13,1bβ-6 vorgenommenen Erweiterung der Jahwerede zu der in 1,7-9 bietet darüber hinaus einen Anhaltspunkt für die Einordnung dieses späteren Interpretators: Auffällig ist in 1,7-9 das durch deutliche Worte ausgeführte "Motiv des Gesetzesgehorsams"[170], das auf einen spätdeuteronomistischen Bearbeiter mit nomistischer Ausrichtung weist.[171] Trotz

---

[168] Zu dieser Erweiterung s. Kap.IV.1.2.a
[169] Smend, Gesetz, S.498
[170] Smend, a.a.O., S.495
[171] Nach Smend handelt es sich hier um DtrN (Gesetz, S.497)

des Fehlens direkter inhaltlicher Bezüge ist also zunächst zu vermuten, daß auch die Erweiterung in 13,1bβ-6*[172] zum gleichen spätdtr Bearbeiter gehört wie 1,7-9.

Auch Smends Aussagen zur Problematik des Anschlusses dieser Einfügung an v.1 bieten eine überzeugende Lösung: V.1bβ besagt im Zusammenhang der an ihn angeschlossenen jüngeren Schicht zweifelsohne, daß das Land zu einem großen Teil noch nicht erobert ist. Da aber in v.2 ein erläuternder Neueinsatz zu erkennen ist, ist nach Smend anzunehmen, daß v.1bβ auch schon zu DtrH gehörte und dort nur die noch zu vollziehende Besetzung des Landes bezeichnete.[173] Diese differenzierte Interpretation von v.1, die von einem Mißverständnis des Glossators ausgeht, wurde bereits von Rudolph gefordert[174]. Sie stellt einerseits die einzige Möglichkeit dar, in Jos 13 eine Fortsetzung der Aussagen von Jos 1-12 zu sehen, andererseits kann nur so die Spannung zwischen Landverteilung und Landeroberung erklärt werden.

Wie bereits eingangs angedeutet, muß eine solche Interpretation aber auch nach eben dieser Voraussetzung beurteilt werden, ist sie doch ein Resultat der Suche Smends nach einer widerspruchsfreien Fortsetzung des in Jos 1-12 erkennbaren DtrH auch in Jos 13ff. Nur aufgrund dieser Vorgabe muß er bei dem Begriff ירש mit einem Begriff aus DtrH rechnen. Fällt dagegen die Vorgabe einer Fortsetzung von Jos 1-12, so könnte der Befund in v.1-6 auch anders gedeutet werden. Bei dem Begriff ירש handelt es sich zwar in der Tat um einen meist dtr verwendeten Ausdruck, seine Verwendung weist aber nicht in jedem Falle auf DtrH oder eine andere dtr Schicht, sondern muß vielmehr im Zusammenhang des jeweiligen Kontextes überprüft werden. Wie die Untersuchung von Lohfink[175] zeigt, ist bei diesem Verb zum einen zwischen seinem Gebrauch im qal und hiphil und zum anderen zwischen seinem deuteronomistischen und nichtdeuteronomistischen Gebrauch zu unterscheiden. So bedeutet ירש im qal allgemein 'eine Sache in Besitz nehmen', oft als "Zuerwerb aufgrund von Siegerrecht nach vorangegangenem Kampf"[176], wobei als dtr Sonderterminologie die Ablösung der Herrschaft über ein Territorium durch Sieg über ein anderes Volk gelten kann. Wichtig ist dabei, daß dieses Siegerrecht "durch göttliche Verfügung und Aktion unterbaut"[177] wird. Eine solche dezidiert theologische Ausrichtung ist auch bei der Verwendung des hiphils zu beobachten. Auffällig im Zusammenhang unserer Stelle ist jedoch, daß ab dem Exil für ירש qal mit Objekt des Landes in nichtdtr Texten die Bedeutung 'besitzen' nachweisbar ist, wobei statt ארץ als Objekt "auch ein mehr oder weniger referenzloses Femininsuffix stehen"[178] kann (vgl. Jes 65,9b; Ez 35,10; Ps 69,36). Ein solcher Ausdruck dürfte aber im vorliegenden v.1b mit לרשתה vorliegen. Im Unterschied zu dem hier vorliegenden, offensichtlich nichtdtr Verständnis von ירש im qal, weist die Verwendung des Wortes im hiphil in v.6a einen anderen Kontext auf: Diese Aussage gehört in eine Gruppe von dtr Belegen, bei denen "die Bedeutung 'jemanden vernichten, so daß sein Besitz übernommen werden kann',

[172] Zur weiteren Differenzierung von v.6a und v.6b-8 s.u. im Anschluß an v.9-13

[173] Smend, a.a.O., S.499f

[174] Rudolph, Elohist, S.211f

[175] Lohfink, Art. ירש, S.953-985

[176] Lohfink, a.a.O., S.958

[177] Ebenda

[178] Lohfink, a.a.O., S.959

vorliegt."[179] Hier erscheint Jahwe als Subjekt der Aktion, so daß bei dieser Verwendung eine unmittelbarere theologische Rede vorliegt als bei den qal-Belegen.[180] Dieses Verständnis hat die sehr einfühlsam arbeitende spätdtr Redaktion schon in Num 32,21b im Anschluß an die vorherige Rede vom Kampf der Israeliten vor Jahwe zum Anlaß der Einfügung genommen. Ebenso wird auch in Jos 13,1.6 mit der Möglichkeit zu rechnen sein, daß das vorgegebene ירש in v.1 schon im Kontext einer Jahwerede[181] stand und deshalb von einer spätdtr Redaktion im Sinne ihrer eigenen theologischen Interpretation als hiphil in v.6a aufgenommen werden konnte. Diese "einfühlende Formulierung"[182] zeigt sich auch an den Stellen, wo eine spätdtr Redaktion aufgrund des Kontextes oder der Vorlage das Verb im Sinne von 'vernichten' verwendet, ohne daß Jahwe das Subjekt ist. Diese Vorgehensweise findet sich neben vielen anderen Belegen sowohl in Num 32,39 als auch in Jos 13,12.13, an zwei Stellen also, die schon aufgrund inhaltlicher Beobachtungen als spätdtr gelten können. Die vorliegenden Überlegungen zur Verwendung von ירש machen damit deutlich, daß in v.1 tatsächlich - wie von Smend bereits aufgrund anderer Überlegungen gefordert - mit einer redaktionellen Überarbeitung zu rechnen ist, die an dem Verb ירש und der mit ihm verbundenen Jahwerede ihren Anhalt fand. Anders als von Smend behauptet, wird hier jedoch kein "Mißverständnis" vorliegen, sondern eine bewußte Uminterpretation durch den spätdtr Redaktor. Für eine genaue Bestimmung dieses redaktionellen Vorgangs und eine Zuordnung der Vorlage in v.1 - die nunmehr nicht mehr als dtn/dtr gelten kann - ist jedoch zunächst der Blick auf weitere sekundäre Stücke im Fortgang des Textes zu richten.

Der Anschluß an die in v.1 gemachte Aussage über die Inbesitznahme des Landes muß zunächst innerhalb des Kapitels gesucht werden und findet sich in direkter Aufnahme in v.6b, wo durch הפלה der Rückbezug zu הארץ aus v.1 hergestellt wird und die Weiterführung des Befehls aus v.1 erfolgt.[183] Auffällig ist dabei die nur selten begegnende Formel נפל לישראל בנחלה (hi), die nach Seebaß einen terminus technicus der "Verteilung von Erbland"[184] darstellt und in der vorliegenden Form sonst nur bei Ezechiel und in Num 34,2 begegnet, also keinesfalls als dtr Formulierung gelten kann. Dieser Bezug zu Num 34 sollte neben dem Begriff ירש und seinen verschiedenen Bedeutungsvarianten zur Einordnung des Verses im Blick behalten werden. Ähnliches gilt für die Art und Weise, in der das hohe Alter des Josua in v.1 beschrieben wird: Auch hier findet sich mit בא בימים ein relativ seltener Ausdruck, der aber auffälligerweise auch in Jos 23,1 begegnet, also eine dtr Formulierung darstellt.

Wie der v.1 und sein Anschluß in v.6b letztlich einzuordnen sind, kann erst im Rahmen der Diskussion um die Grundschicht geklärt werden, zunächst sind

---

[179] Lohfink, a.a.O., S.961
[180] Vgl. dazu Lohfink, a.a.O., S.962 und 966f
[181] Diese wurde ja durch v.2-6a erweitert, s.o.
[182] Lohfink, a.a.O., S.961
[183] Es erscheint aufgrund der vorliegenden Formulierungen sinnvoller, den Anschluß hier zu suchen als in v.7, wie von Smend vorgeschlagen.
[184] Seebaß, Art. נפל, S.523

jedoch die weiteren in der Forschung relativ unumstrittenen Ergänzungen zu
untersuchen:

Offensichtlich im Zusammenhang mit der Einfügung in v.1bβ-6 steht auch der
Einschub in v.9-13: Auch hier ist die Umschreibung des ostjordanischen Gebietes
im Rahmen der Jahwerede kaum verständlich. Literarisch ergeben sich zudem Abhängigkeiten von v.2-6[185], indem z.B. die Aussage, daß Geschur und Maacha mitten
in Israel liegen (v.13), "nur möglich (ist) unter der Voraussetzung, daß Cölesyrien
(5), der Hermon und Basan (11) zu Israel rechnen"[186]. Auffällig ist im Zusammenhang dieser Gebietsbeschreibung die in v.13 gegebene Anschauung, die Israeliten
hätten dieses Gebiet nicht wirklich erobern können, deren Nähe zum sog. 'negativen Besitzverzeichnis' in Ri 1 schon früh bemerkt wurde. Diese Nähe scheint zunächst für ein relativ hohes Alter der Überlieferung zu sprechen. Zu bedenken ist
hierbei aber von v.29-31 her, daß es sich bei der Reklamierung des Reiches Ogs von
Basan für die Israeliten, die auch im vorliegenden Abschnitt ausgesprochen wird
(v.12)[187], offensichtlich um eine relativ junge Tradition handelt. Steht damit aber
der Abschnitt v.9-13 sowohl im Zusammenhang mit der Einfügung in v.1bβ-6 als
auch mit dem Anhang in v.29-31, so gehört auch die Vorstellung von der noch aus-
stehenden Eroberung (v.1b*.6) des ganzen Gebietes und der mit dieser Eroberung
verbundenen Vernichtung der Feinde (v.12.13)[188] wohl zur gleichen Redaktionsschicht wie die Vorstellung von der Halbierung des Stammes Manasse. Diese wäre,
unabhängig davon, ob man von einer zugrundeliegenden Schicht DtrH oder einer
priesterlich beeinflußten Grundschicht ausgeht oder nicht, auf jeden Fall als
spätdeuteronomistisch (DtrS) zu bezeichnen[189], will man nicht der von Smend
geprägten Bezeichnung DtrN folgen. Die Aussage von der Halbierung Manasses
kann ja - wie bereits zu den v.29ff angemerkt - angesichts der Vorstellungen der
Landvergabe an Manasse in Jos 17 in der Grundschicht noch nicht enthalten
gewesen sein.

Die hiermit gewonnene Einsicht über den späten Charakter der Vorstellung des
halben Stammes Manasse hat weitreichende Folgen: So sind nunmehr auch an
anderen Stellen die Aussagen über die zweieinhalb Oststämme (Jos 13,8;14,3;
18,7;21,27; aber auch Num 32,33;34,13-15 etc.) und entsprechend die Aussagen
über die neuneinhalb Weststämme der gleichen redaktionellen Hand zuzuweisen,
die sich in der Bearbeitung des Kap. 13 gezeigt hat.

---

[185] Zum Zusammenhang zwischen den Erweiterungen der Gebietsbeschreibung in dem geographischen Abschnitt der v.15ff mit den v.9-13 s.u. 2.3.a

[186] Rudolph, Elohist, S.213

[187] Vgl. dazu auch die entsprechenden Ausführungen zu Num 32,33

[188] Ziel der spätdtr Schicht ist es, einerseits die Vernichtung der Feinde und die Eroberung und
Inbesitznahme ihres Gebietes als Auftrag an die Israeliten zu formulieren, der zum großen Teil
auch erfolgreich ausgeführt wird, andererseits aber deutlich zu machen, daß die Israeliten ihrem
Auftrag nicht vollständig gerecht werden, weil sie einige Gebiete nicht erobert haben.

[189] Angesichts der kontroversen Diskussion über die Art der sekundären Einfügungen in den dtr
Grundrahmen und der Probleme, die mit der Bezeichnung DtrN verbunden sind, hält auch
Kaiser neuerdings die Bezeichnung DtrS für angebrachter (Kaiser, Grundriß der Einleitung I,
S.129).

c) Die Frage nach der Grundschicht in v.1.6-8

Hieraus ergeben sich Folgen für die Diskussion der Grundschicht in v.1 und ihre mögliche Fortsetzung in v.6-8.

v.1: Bereits für den v.1, der nach einhelliger Meinung der Exegeten den Anfang einer dann allerdings recht unterschiedlich bestimmten und eingeordneten Grundschicht bildet, ergibt sich das bereits angedeutete Problem der Interpretation. Auf dem Hintergrund von Jos 1-12 (vgl. u.a.10,40;11,16) überrascht die im jetzigen Kontext erkennbare Aussage von 1bβ, das Land sei noch 'in Besitz zu nehmen' (ירש qal). Sieht man einen Zusammenhang mit den Aussagen in Kap. 1-12, so muß hier offensichtlich zwischen dem früheren und dem jetzigen Sinnzusammenhang von v.1bβ differenziert und deshalb mit einer friedlichen Niederlassung gerechnet werden[190], da andernfalls die Aussage selbst zu v.2-6 zu ziehen wäre. Eine solche Interpretation, die den Zusammenhang mit Jos 1-12 wahrt, hängt letztlich an einer Differenzierung der Verben לקח dort und ירש hier, wie sie implizit schon Noth vornahm[191]. Die Jahweworte würden damit zwischen der Eroberung und In-besitznahme des Landes unterscheiden: "Der Ergänzer von 2-6 aber hat das fälschlich dahin verstanden, daß ein Teil des Landes noch unerobert und daher auch unbesiedelt 'übrig geblieben' (auf dieses Wort legt er Nachdruck) sei."[192] Zum Mißverständnis der Bedeutung des Wortes gehört also auch ein Mißverständnis der Gewichtung der Verben: נשארה ist ursprünglich hilfsverbartig zu לרשתה gemeint. An der differenzierten Bedeutung des Verbs/der Verben ist angesichts der Klärung der Bedeutung von ירש festzuhalten. Deutlich wird allerdings angesichts des bereits untersuchten Formulierungen[193], daß es sich bei der Grundschicht kaum um eine dtr Schicht handeln kann.

Erstaunlicherweise widerspricht Wüst der Möglichkeit einer solchen Differenzierung vehement, da sie in anderen Paralleltexten nicht gegeben sei, und nimmt somit lieber einen Widerspruch zu 10,40 und 11,16 in Kauf, ohne jedoch die Verbindung der Texte aufzugeben. Die Distinktion der beiden Begriffe ist aber in Übereinstimmung mit Auld beizubehalten: "For all the conciseness of expression, the verbs can still be held to enshrine distinct aspects of the total settlement process."[194]

Als Befund für v.1 bleibt, daß hier einerseits typisch spätdtr Formulierungen vorliegen, z.B. die Aussagen über das hohe Alter Josuas, andererseits aber bei dem Verb ירש ein nichtdtr und ein spätdtr Verständnis begegnet, so daß sich für den literarischen Charakter des Verses ein schwieriger Befund ergibt. Die Art der redaktionellen Überarbeitung, die sich bereits aus der geschilderten Möglichkeit der Uminterpretation ergibt, kann erst im Zusammenhang mit den redaktionellen Vorgängen bei v.7f geklärt werden.

---

[190] Vgl. die Interpretation Smends

[191] Noth, Josua, S.73-75

[192] Noth, a.a.O., S.74

[193] Vgl. dazu IV.2.2.b

[194] Auld, Joshua, Moses.., S.55 gegen Wüst, a.a.O., S.223-225; vgl. dazu die vorherigen Aus-führungen zu ירש unter 2.2.b

v.6-8: Noch schwieriger gestaltet sich die Frage nach der ursprünglichen Fortsetzung von v.1. Richtig bemerkt Smend hier, daß sowohl in v.6b als auch in v.7 ein Befehl an Josua ergeht, eine Aufeinanderfolge, die "in einem ursprünglichen Zusammenhang undenkbar"[195] ist. Seine Entscheidung fällt freilich zugunsten von v.7, weil hier im Gegensatz zu v.6 nicht von Israel, sondern von den 'Stämmen' die Rede ist, wobei die Vorstellung von den neuneinhalb Stämmen zusammen mit dem Begriff der zweieinhalb Stämme des Ostjordanlandes der Vorstellung der Grundschicht des DtrG entspreche. Gerade letzteres Argument ist aber angesichts des sekundären Charakters der Vorstellung von Halbmanasse und damit der zweieinhalb Stämme unhaltbar. Interessanterweise gehören dann auch die von Smend als Parallelen angegebenen Stellen Dtn 3,12f.18-22; Jos 1,12-15; 22,1-6 zu den in der Forschung für die Grundschicht des DtrG umstrittensten Belegen. Für den stark kompilatorischen (Rückgriffe auf Num 32 und Jos 13 in deren Endgestalt) und sekundär erweiterten Charakter von Dtn 3,12ff ist auf die genauen Untersuchungen von Mittmann und Rose zu verweisen[196]. Mit der Verwandtschaft von Jos 1,12-18 mit Dtn 3,12.13.18-20 rechnet bereits Noth[197], der jedoch einer Zugehörigkeit zu Dtr zustimmen kann, da er noch nicht zwischen DtrH und DtrN bzw. einer spätdtr Schicht differenziert. Ebenso wie Jos 12,6f wirken jedoch die Ermahnungen in Jos 1,12ff eindeutig sekundär im jetzigen Zusammenhang von Jos 1-12 und sind ebenso wie die problematischen Abschnitte Jos 14,2b-5 und 18,2-10*[198] - in denen ebenfalls die zweieinhalb Oststämme begegnen - keinesfalls ohne weitere Differenzierung in den Grundtext des DtrG, d.h. in DtrH einzuordnen.

Geht man weiterhin davon aus, daß die Vorstellung der Verteilung des Landes durch das Losprinzip bereits in der Grundschicht enthalten ist, da die Verlosung mit anschließender Gebietsbeschreibung literarisch nur schwer aus dem Kontext zu lösen ist[199], so spricht alles dafür, tatsächlich mit Wüst v.6b als Fortsetzung von v.1 zu verstehen[200], eine Lösung, die auch dem fortlaufenden inhaltlichen Zusammenhang von v.1 zu v.6b Rechnung trägt[201] und durch den Charakter von v.7 bestätigt wird: Ungewöhnlich ist in v.7 nicht nur die Vorstellung der neuneinhalb Stämme, einer Zahl, auf die im weiteren Verlauf nur in 14,2b-3 und 18,2-7 ein Bezug denkbar wäre, sondern auch die grammatikalische Form des Anschlusses des halben Stammes Manasse und weiter der darauf bezogene Übergang zu v.8. Dabei beobachtet Wüst richtig die unerwartete Nennung des Stammesnamens im Zusammenhang mit einer offensichtlich nur am numerischen Verhältnis von Ost- und Weststämmen interessierten Aussage. Die Nennung dieses Namens erweist sich zudem als grammatikalisch unerklärlich, da die vorausgehende "Determination von חצי השבט ... den Anschluß eines weiteren Nomen in einer St.-cstr.-Verbin-

---

195 Smend, Gesetz, S.498
196 S. Mittmann, Deuteronomium, S.79-93, und Rose, 5.Mose 2, S.403-409
197 Noth, Josua, S.29
198 Sowohl bei 1,12-18 als auch bei 14,2b-5 und 18,4-5.7-8.9-10* handelt es sich um redaktionelle Nachträge, wie auch der neue Kommentar von Fritz betont (Fritz, Josua, S.30f, 151f und 180f).
199 Wie bereits erwähnt, greift Auld zu einer textkritischen Lösung dieser Frage.
200 Wüst, Untersuchungen, S.226
201 Auch nach Steuernagel "verlangt das Suffix von הפלה vorausgehendes ארץ..." (Josua, S.201).

dung unmöglich macht."[202] Schon aus literarischen Überlegungen ist also an dieser Stelle mit einem erläuternden Nachtrag zu rechnen, der die ungewöhnliche Nennung eines halben westjordanischen Stammes erklärt.

Trotz dieser Erkenntnis bleibt als ein weiteres Problem die Frage nach dem uneinheitlichen Textübergang zwischen המנשה (7b) und עמו (8a) bestehen, der in der Forschung in verschiedenen Varianten diskutiert und meist als "verderbt"[203] beurteilt wird. Eine Möglichkeit ist die von Auld gewählte Präferenz der LXX-Version des Textes, die in ihrer vom hebräischen Text stark abweichenden Formulierung durch die Verdoppelung des Versanfangs von v.8 einen Ausgleich zu schaffen versucht, der den plötzlichen Übergang von einem west- zu einem ostjordanischen Halbmanasse erklärt.[204] Gerade diese leicht erklärbare Auffüllung des Textes muß aber Anlaß dazu geben, den MT als den ursprünglicheren Text beizubehalten.[205] Eine weitere textkritische Lösung des Problems wird in der älteren Forschung vertreten, wobei das jetzige lückenhafte Erscheinungsbild des Textes durch die Annahme eines Ausfalls infolge Homoioteleuton beschrieben wird. Einzuschieben wäre dann hinter השבט ein כי חצי שבט, wobei Noth zusätzlich ein ו vor עמו ergänzt, um die Voranstellung des halben Stammes Manasse zu erklären.[206] Die dritte Möglichkeit ist schließlich die von Wüst vertretene literarkritische Lösung des Problems. Die redaktionelle Verknüpfung der Verse ist nach Wüst nicht ohne die Beachtung der Tatsache zu klären, daß nicht nur die Nennung des Stammes Manasse, sondern auch die der beiden anderen ostjordanischen Stämme Ruben und Gad in der durch den Artikel zusätzlich und ungewöhnlich determinierten Nisbeform[207] erfolgt. Vorstellbar sei also, daß zunächst der v.7b durch eine Erläuterung (Namensnennung des halben Stammes) erweitert worden sei, daß daran anschließend ein Redaktor diesen vorgefundenen Stamm Halbmanasse auf die Manassiten des Ostjordanlandes bezog (Anschluß mit עמו, um die Wiederholung zu vermeiden). Schließlich habe der Verfasser des v.8 diese Form adjektivisch verstanden und deshalb auch die von ihm eingebrachte Nennung von Ruben und Gad in dieser Form hinzugesetzt. Angesichts des komplizierten Charakters des so beschriebenen Redaktionsvorganges, bei dem auch Wüst selbst keine Zuordnung der verschiedenen Hände vornehmen kann[208], muß eine zwar redaktionelle, aber doch plausiblere Lösungsmöglichkeit erwogen werden.

d) Redaktionelle Erwägungen zu v.7f und v.1 mit Ausblick auf die Redaktion(en) des Josuabuches

Nach den obigen Ausführungen steht der sekundäre Charakter der Erwähnung der neuneinhalb bzw. zweieinhalb Stämme fest. Dies hat zur Folge, daß auch die Aussage über die Verteilung an die Stämme in v.7 nicht zum ursprünglichen Zusammenhang gehören kann, da die numerische Angabe literarisch nicht herauszulösen ist. Würde der Vers zur Grundschicht gehören, so wäre als Zahl überhaupt nur die Angabe von zehn westjordanischen Stämmen denkbar, entsprechend der Verteilung durch das Los, die im weiteren Verlauf beschrieben wird.

---

[202] Wüst, Untersuchungen, S.85
[203] So z.B. Steuernagel, Josua, S.201
[204] Auld, Joshua, Moses.., S.59
[205] Mit Wüst, Untersuchungen, S.85f; gegen Cortese, Josua, S.15, der eine abgewandelte Übernahme des griechischen Textes befürwortet.
[206] Noth, Josua, S.70
[207] Vgl. GK § 125c
[208] S. Wüst, Untersuchungen, S.85-89

Die von Smend sen. vorgeschlagene Reduktion auf neun westjordanische Stämme hätte die Annahme zur Folge, daß der Stamm Levi ursprünglich zum Stämmesystem gezählt wird, während entweder Manasse oder Joseph aus diesem auszuscheiden seien. Der sekundäre Charakter der Aussagen über Levi in Jos 13,14 und in den weiteren Erwähnungen (z.B. 13,32; 14,3f; 18,7) sowie des Kapitels über die Levitenstädte (Jos 21) macht jedoch die Zugehörigkeit Levis zu den an der Verteilung des Landes beteiligten Stämmen kaum denkbar, sondern weist diese Aussagen eher als zur spätdtr Schicht gehörig aus. Bei der Aufteilung Manasses in eine westliche und eine östliche Hälfte, durch die sich ja erst die Zahlenangabe zweieinhalb bzw. neuneinhalb ergibt, handelt es sich zudem um eine späte Überarbeitung, die sich schon in Num 32 als spätdtr erwiesen hatte.

Die Einfügung der neuneinhalb Stämme an der vorliegenden Stelle mit ihrer Veränderung der Anzahl der zur Verteilung aufgerufenen Stämme steht damit aber in engem Zusammenhang mit der Erwähnung der Landverteilung an den halben Stamm Manasse in v.29-31. Der Redaktor, der das Konzept der Halbierung Manasses an die Landverteilung Rubens und Gads anschloß, hätte dann konsequenterweise die dem entsprechende westjordanische Konzeption auch an die schon vorliegende Erwähnung der Landverteilung der mit dem Wort 'Israel' in v.6b gemeinten westjordanischen Stämme[209] angeschlossen. Dieser Anschluß wird freilich verständlicher, wenn man annimmt, daß der Redaktor als weiteren Anhaltspunkt dieser Einfügung in v.8 bereits die Erwähnung der Landverteilung an Ruben und Gad vorfand, die ihm ja auch in v.15-28 vorlag. Eine solche Erwähnung Rubens und Gads würde auch das sonst fehlende Bindeglied zwischen der befohlenen Landverteilung an die westjordanischen Stämme und die vor deren tatsächlicher Ausführung in Jos 14-19 vorangestellte Beschreibung der rubenitischen und gaditischen Gebiete bedeuten. Für die damit implizierte Zugehörigkeit der beiden ostjordanischen Stämme zur Grundschicht spräche auch die Beobachtung, daß Ruben und Gad entsprechend den anderen Stämmen bei der Verteilung (v.15ff) jeweils als מטה bezeichnet werden und daß die Beschreibung ihrer Gebiete mit der gleichen Formel ויהי להם הגבול (13,16.25) eingeleitet wird, wie z.B. in 15,2; 18,12; 19,11.18. 25.33.41. Die Bezeichnung der neuneinhalb Stämme von v.7 als שבטים wäre dann ein weiterer Hinweis auf den Redaktor, der auch in v.29 Manasse als שבט einführt.

Da die Bezeichnung Rubens und Gads in v.8 - wie erwähnt - in der ungewohnten Nisbeform erfolgt, ist davon auszugehen, daß diese Form tatsächlich, wie von Wüst vermutet, im Zusammenhang mit der namentlichen Erwähnung von Halbmanasse steht, dann allerdings so, daß die Hand, die für diese erläuternde Einführung des Namens Manasse in v.7b verantwortlich ist, auch die bereits vorgefundenen Namen Ruben und Gad in v.8 entsprechend Manasse in die Nisbeform verändert hat. Weiter wäre dann immerhin zu vermuten, daß diese gleiche redaktionelle Hand auch den Anhang in v.8b formuliert hat, der eine eindeutige Doppelung zu v.8a darstellt. Die Annahme dieses Zusammenhangs wird bestätigt, besieht man sich die weiteren Belegstellen für die Verwendung der ungewöhnlichen Nisbeform an den schon angesprochenen Stellen Dtn 3,12.13a; Jos 1,12; 12,6,

---

[209] Vgl. dazu z.B. die in Num 32 im Gegenüber zu Gad und Ruben als בני ישראל bezeichneten Weststämme.

aber auch Jos 4,12; 18,7; 22,7.9.10.11.21. Auch an diesen Stellen findet sich darüberhinaus der Zusammenhang mit der hier in v.8b begegnenden dtr (vgl. Jos 1,1ff und Dtn 34,5) Formulierung 'Knecht Jahwes', so daß bei diesen Stellen angesichts des Sprachgebrauchs und des redaktionellen Charakters wohl mit spätdtr Stücken zu rechnen ist.

Von den redaktionellen Erweiterungen des Kap. 13 her könnte damit eine Möglichkeit gegeben sein, die an all diesen Parallelstellen auftretenden Probleme komplexer Erweiterungen zu klären: Zu rekapitulieren ist die Ausgestaltung des v.7f, bei der eine Erweiterung um die Vorstellung der zweieinhalb bzw. neuneinhalb Stämme zu erkennen war und im Zusammenhang damit eine Bearbeitung der Stämmenamen im Verbund mit der Bezeichnung Moses als 'Knecht Jahwes'. Denkbar wäre also, daß auch an den parallelen Belegstellen zunächst eine priesterliche Schicht mit den ihr eigenen Formulierungen und Vorstellungen der Landverteilung (Kommission!) vorlag[210], deren Aussagen verbunden waren mit einem eigenen Begriff für 'Stamm' (מטה). Durch eine spätdtr Überarbeitung dieser priesterlichen Schicht hätte dann eine Einfügung der Erwähnung der zweieinhalb Oststämme mit Nennung Halbmanasses stattgefunden (entsprechend deren Landverteilung in v.29-31, die ebenfalls spätdtr Ursprungs ist). Zudem wäre diese Bearbeitung für die Bezeichnung der Stämme als שבט verantwortlich. In den Rahmen dieser spätdtr Redaktion gehört weiterhin die Einfügung des Stammes Levi an diesen Stellen und damit auch in 13,14.33.

Von den hier zu den redaktionellen Vorgängen gewonnenen Erkenntnissen ist nun erneut zurückzugehen zu dem schwierigen Befund von v.1, seinem Anschluß in v.6b und der Frage nach der Zuordnung dieser Verse: Bereits der Befund zu dem Verb ירש in v.1b hatte deutlich gemacht, daß in diesem Vers mit einer spätdtr Überarbeitung zu rechnen ist, die ihren Anhalt an diesem Wort und der wohl auch schon ursprünglich damit verbundenen Jahwerede gefunden hat. Diese Redaktion hat das Verb allerdings nicht mißverstanden, sondern uminterpretiert, um daran die ebenfalls als spätdtr Einfügung beschriebenen v.2-6a anzufügen. Wie der v.1 ursprünglich genau gelautet hat, ist allerdings nicht mehr zu erkennen, da diese Redaktion wohl auch für die Aussage über das hohe Alter Josuas verantwortlich ist, die sich genauso auch in Jos 23,1 findet. Sieht man auf den soeben ermittelten Befund von v.8 und die dort erkennbare Überkronung einer bereits vorliegenden Aussage durch den spätdtr Redaktor, so liegt es nahe, daß der v.1 mit dem gleichen Modell zu erklären ist. Auch hier ist der schwierige literarische Befund wohl auf eine solche Überkronung zurückzuführen. Die Überkronung nahm also an dieser Stelle eine Uminterpretation ausgehend von dem Wort ירש vor, um der Eroberung des Landes gemäß der eigenen Konzeption eine dezidiert theologische Ausrichtung zu verleihen, die klar von der ursprünglichen Aussage über die noch ausstehende Inbesitznahme zu unterscheiden ist.

Diese spätdtr Bearbeitung (DtrS) steht im Zusammenhang mit der Einfügung von 23,1, wo sich - allerdings mit anderer Folgehandlung - der gleiche Wortlaut wie hier über Josuas Alter findet. Bei 13,1 und 23,1 handelt es sich nur auf den ersten Blick um Dubletten. Tatsächlich jedoch ist an

---

[210] Vgl. dazu die Charakteristika der (spät-)priesterlichen Schicht in Num 32, Kap.IV.1.3.b und 1.4.b

beiden Stellen die sachgemäß differenzierte Darstellung der gleichen Konzeption zu erkennen, innerhalb derer Josua als alter Mann mit besonderem Auftrag erscheint: Nachdem sein Eroberungsauftrag erfüllt und er selbst alt geworden ist, muß er nach dem spätdtr Konzept in 13,1 zur weiteren Eroberung auffordern und in 23,1 (nach erfolgter Landverteilung) Israel und seine Häupter berufen und auf die Gesetzesbefolgung verpflichten (vgl. Dtn 29,1-8).

Da sich als der ursprüngliche Anschluß des Grundbestandes von v.1 die Aussage über die Zuteilung des Landes als Erbbesitz in v.6b erweist (הפלה /v.6b mit offensichtlichem Rückbezug auf לרשתה ... והארץ /v.1) und diese Aussage wiederum in engem Zusammenhang mit dem priesterlichen Stück Num 34 steht[211], ist davon auszugehen, daß auch der Grundbestand des v.1 eine zu P^S gehörende Jahwerede mit dem Auftrag, das Land in Besitz zu nehmen, enthielt.

e) Zusammenfassung zur Grundschicht

Als Ergebnis der Suche nach einer Grundschicht in Kap. 13 und deren weiterem Zusammenhang mit den Kap. 1-12 und 14-21 kann nunmehr festgehalten werden:

Zur Grundschicht des Kap. 13 sind zu rechnen: v.1 mit der Interpretation von v.1b als noch ausstehender Inbesitznahme des Landes; der sich daran anschließende Auftrag an Josua, das Land nach dem Losprinzip an Israel - d.h. die westjordanischen Stämme - zu verteilen in v.6b; der Hinweis auf die bereits von Mose vorgenommene Verteilung des Landes an die beiden ostjordanischen Stämme Ruben und Gad in v.8, der freilich stark überarbeitet und literarisch in seiner Grundform nicht exakt bestimmbar ist. Gleiches gilt für v.1, der in ähnlicher Weise überkront wurde. Darauf folgend gehört schließlich die Beschreibung der von Mose an Ruben und Gad vergebenen Gebiete in v.15-28* zum Grundbestand.

Die Aussagen dieser Grundschicht stehen zwar nicht im Widerspruch zu den Aussagen der Kap. 1-12, d.h. den Angaben über die erfolgreiche Eroberung des Landes in 10,40 und 11,16, sondern setzen die Linie der erfolgreichen Landnahme bzw. der Landverteilung unter dem Führer Josua in etwa sinngemäß fort. Sie setzen aber die Aussagen über die Landverteilung in Num 34 und in der priesterlichen Redaktion von Num 32[212] voraus und bilden von daher nicht die Fortsetzung von DtrH.

Der Rückgriff auf die bereits von Mose vorgenommene Verteilung des Landes jenseits des Jordan an die Oststämme findet sich dann im Rahmen von Jos 13ff sinnvoll vorgeschaltet, um deutlich zu machen, warum in den folgenden Kapiteln nur Aussagen über die westjordanischen Territorien getroffen werden.

Mit der Verteilung dieser westjordanischen Gebiete durch das Los an die restlichen Israeliten stehen die Aussagen über Ruben und Gad in literarischem Zusammenhang durch die zur Einfügung jeweils gewählten Begriffe. Dabei ist jedoch die Fortsetzung des Grundtextes nach 13,28 nicht mehr eindeutig feststellbar, da sich als nächstes Textstück der Abschnitt 14,1-5 anschließt, der

---

[211] S. dazu die Überlegungen unter 2.1
[212] Als solche spätpriesterliche Stellen können auch Jos 4,19; 5,10-12 gelten.

offensichtlich stark deuteronomistisch überarbeitet wurde[213]. Als erkennbare Grundaussage des Abschnitts ist aber neben den Aussagen über die Landvergabe-tätigkeit der priesterlichen Kommission in v.1 auch der v.2a zu werten, in dem die folgende Losverteilung wahrscheinlich überschriftartig ausgesprochen war. Diese Aussage begegnet freilich im jetzigen Kontext von v.2f nur in 'überkronter' Gestalt.[214] Ähnliche Vorgänge sind auch für die weiteren Kapitel zu erwarten (z.B. 18,1-10, wo in v.7 ebenfalls eine Einfügung der zweieinhalb Oststämme und der Leviten begegnet, während in den vorangehenden Versen die Bezeichnung für 'Stamm' in שבט geändert und eine Zahlenangabe eingefügt wird: v.2), können aber hier nicht genauer untersucht werden. Erkennbar zum Grundtext gehören weiterhin mindestens 15,1ff; 16,1 (die Aussagen zu Joseph sind wohl wegen der Vorstellung von der Entstehung des Stammes etwas anders gehalten); 17,1a; 18,11; 19,1.10.17.24.32.40. Darüber hinaus kann die Zuordnung Steuernagels in etwa zeigen, in welchem Umfang hier mit priesterlichen Texten zu rechnen ist: Er nennt für P und die jüngeren Zusätze P[2] 14,1.2*; 15,1-12.20-44.48-62; 16,1-5*.6*-8; 17,1a.2.7-10*;18,1.11-28; 19,1-7.9-29.31-46.51; 20,1-3.7-9; 21,1-9a.13-42; 22,9-34.[215]

Die Tätigkeit der Landvergabekommission verbunden mit der Losvorstellung begegnete bereits in Num 34, einem priesterlichen Text, die Kommission allein tritt auch in der priesterlichen Überarbeitung von Num 32 auf. Übereinstimmung herrscht zudem bei der Gebietsbeschreibung Israels in Num 34,2-12 mit den An-gaben für Juda in Jos 15.

Gemeinsam ist allen genannten Texten zur Verteilung des Westjordanlandes im Josuabuch die in ihnen vorhandene Vorstellung von der Verteilung des Landes durch das Los und die Tätigkeit einer priesterlichen Kommission bei der Durchführung der Verteilung. Zudem wird für die Bezeichnung der jeweiligen Israeliten als 'Stamm' der Begriff מטה gewählt (im Unterschied zu שבט in den spätdtr Überarbeitungen). Eine über die bereits erwähnten Begriffe hinausgehende Untersuchung der verschiedenen Termini und ihrer Verteilung auf die ver-schiedenen Schichten bzw. Autoren findet sich bei Cortese.[216] Sie bestätigt, daß in den hier vorliegenden Abschnitten typisch priesterliche Formulierungen begegnen, was Cortese zur Annahme einer Fortsetzung von P im Josuabuch führt.[217]

Demgegenüber ist zwar der priesterliche Charakter der Stücke zu beachten, es handelt sich jedoch, wie dies bereits zu Num 32 (und Jos 13) mehrfach betont wur-de, um eine späte priesterliche Schicht, die mit P[S] zu bezeichnen ist. Deren literarischer Befund stimmt mit dem bei Mowinckel für die folgenden Kapitel als P bezeichneten Textbestand weitgehend überein: "Wenn P anerkanntermaßen in Num 32 einen Bericht von der Besitznahme des Ostjordanlandes geboten hat und wenn Jos 13₁₅₋₃₂ ausdrücklich auf diesen zurückgreift und daran detailliertere,

---

[213] S. dazu z.B. Auld, Joshua, Moses.., S.55f

[214] Gegen Wüst, Untersuchungen, S. 235-238, der eine Versetzung von Kap. 18 vor 14 fordert.

[215] Steuernagel, Josua, S.140; die Texte wären freilich im einzelnen nachzuprüfen.

[216] Cortese, Josua 13-21, S.23-31

[217] Schon Mowinckel gelangt aufgrund der von ihm erkannten inhaltlichen Zusammenhänge zu der Annahme, "daß P einen Bericht über die Eroberung und die logische Konsequenz derselben, die Verteilung des Landes, gehabt hat" (Mowinckel, Tetrateuch, S.75) und sieht daher die in Jos 13-19* vorliegende Schilderung als Fortsetzung von P.

genau in demselben Stil und nach denselben Prinzipien wie in Jos 14ff. geordnete Angaben anschließt, so ist dies ein Beweis dafür, daß wir auch in Kap.13*-19 einen aus P stammenden Abschnitt vor uns haben"[218] (hier ist durchgängig P durch P^S zu ersetzen).

Einen weiteren Hinweis darauf bieten die Namen der Stämme, denen in Jos 14ff Land zugeteilt wird. Auffällig ist hierbei, daß bei der Aufzählung der Stämme vom Verfasser des Landverteilungsberichtes neben Joseph auch Manasse und Ephraim als Empfänger von eigenen Erbteilen erwähnt werden, während Levi im Grundbestand charakteristischerweise nicht erscheint. Diese Anordnung läßt sich im Zusammenhang mit der Weiterentwicklung der im Numeribuch vorliegenden Stämmelisten (ohne Levi, aber mit Manasse und Ephraim) der Grundschicht von P erklären: Wie die Untersuchung zu den Stämmelisten des Numeribuches deutlich gemacht hat[219], handelt es sich bei diesen Listen und ihrer charakteristischen Anordnung um eine von P geschaffene Umgestaltung des genealogischen Systems. Weder in dem von E stammenden genealogischen Eponymensystem noch in seiner Umgestaltung durch P werden jedoch Ephraim und Manasse explizit als Söhne Josephs genannt, auch wenn diese Beziehung natürlich vorausgesetzt ist. Diese Verbindung wird als direkte Aussage vielmehr erst durch eine spätere priesterliche Überarbeitung der Numeri-Listen hergestellt, z.B. in Num 26,28.37b. Hat aber im Numeribuch erst eine spätere priesterliche Redaktion die explizite Zuordnung von Ephraim und Manasse als Josephsöhne vorgenommen, so muß auch die Erwähnung von Joseph, Ephraim und Manasse nebeneinander (Jos 16f) im Rahmen des Landverteilungsberichtes des Josuabuches (Jos 14-19) dieser priesterlichen Redaktion zugeschrieben werden.[220] Die P^S-Schicht ist damit nicht nur in den eigentlichen Landverteilungsberichten von Num 32 und 34 sowie Jos 13-19 ausgewiesen, sondern zeigt ihre durchgehende redaktionelle Tätigkeit von Numeri bis Josua auch in der Aufnahme und Ausgestaltung des verwendeten Stämmesystems.

2.3 Ursprüngliche Gestalt und Entstehung der Landverteilungsberichte in Jos 13,15-28[221]

Hauptziel des vorliegenden Kapitels ist es, die ursprünglichen geographischen Aussagen der beiden Landzuweisungen sowie deren Quellen und Alter zu ermitteln. Schon Noth hatte, wie eingangs erwähnt, versucht, dieser Frage nachzugehen und die Theorie entwickelt, bei der geographischen Beschreibung in Jos 13 seien zwei

---

[218] Mowinckel, a.a.O., S.75

[219] S. dazu Kap.I.6. Levi ist in diesem System des Numeribuches wegen seiner besonderen Rolle am Tempel nicht zur Landnahme bestimmt und dementsprechend in Jos nicht zur Landverteilung genannt.

[220] Auch wenn eine genauere Charakterisierung der P^S-Schicht im Rahmen dieser Untersuchung nicht geleistet werden kann, ist auf die Möglichkeit zu verweisen, daß innerhalb dieser spätpriesterlichen Schicht mit mehreren verschiedenen Händen und Bearbeitungsstufen zu rechnen ist (vgl. Num 26, s.o. Kap.I.6.5).

[221] Für einen knappen Forschungsüberblick s. Butler, Joshua, S.158f

Dokumente - eine Grenzbeschreibung und eine Ortsliste - verwendet worden. Beide Elemente sind dabei nach Noth zwar unabhängig voneinander, stellen aber jeweils keine selbständigen ostjordanischen Überlieferungselemente dar, sondern stehen in literarischem Zusammenhang mit den entsprechenden geographischen Dokumenten für das Westjordanland: "Es wird naheliegen, diese Ortsliste mit den entsprechenden Ortslisten der westjordanischen Südstämme ebenso zu verbinden, wie andererseits die west- und ostjordanischen Grenzbeschreibungen als Teile desselben historisch-geographischen Systems zusammengehören."[222] Ortsliste und Grenzbeschreibung sind aber nicht nur jeweils Teile eines geographischen Gesamtdokuments, sie stellen nach Noth auch ihrerseits nur Beschreibungen eines ostjordanischen Gesamtgebietes dar. Die Aufteilung von Grenzbeschreibung und Ortsliste auf Ruben und Gad ist demgegenüber "offenkundig sekundär"[223].

Die von Noth getroffene Unterscheidung zwischen Grenzbeschreibung und Ortsliste hat sich auch in der weiteren Forschung bewährt, die Charakterisierung der beiden Dokumente wird allerdings sehr unterschiedlich vorgenommen. So werden bei Mittmann[224] und Wüst die beiden Dokumente ebenfalls getrennt voneinander behandelt, jedoch jeweils im einzelnen neu in ihrem Umfang und vor allem in ihrer Herkunft und Entstehung definiert. Hauptprobleme sind dabei zum einen die "Annahme eines auch die Oststämme einbeziehenden israelitischen Systems der Stammesgrenzen", zum anderen "die These von einem einheitlichen gaditisch-rubenitischen Siedlungsbereich"[225].

a) Die Gebietsbeschreibung

Die von Noth vorgenommene Übertragung des in Jos 15;18;19 zugrundeliegenden Systems der Grenzfixpunkte auf Jos 13 hat zur Folge, daß er auch in Jos 13 ein Dokument von Grenzbeschreibungen vermutet. Für das Gebiet Rubens stammen daraus nach Noth die v.16.17aα.26. Bereits Rudolph hat jedoch darauf hingewiesen, daß die in 13,15ff gemachten Angaben zu Flächen und Landschaften der Annahme von Grenzfixpunkten widersprechen.[226] Genauer setzt sich Mittmann[227] mit dieser Hypothese auseinander: S.E. liegt zwar für Ruben und Gad in der Tat neben der Ortsliste jeweils eine Grenzbeschreibung (v.16b.17חשבון.23a und v.25b.26.27aβ.b) vor. Die von Noth aus der judäischen Grenzbeschreibung von Jos 15 gewonnenen Erkenntnisse sind jedoch nach Mittmann wegen der Verschiedenartigkeit der Texte nicht auf das Ostjordanland zu übertragen. So finden sich in

---

[222] Noth, ABLAK I, S.279

[223] Noth, a.a.O., S.278

[224] In seiner neuesten Studie zur "Gebietsbeschreibung des Stammes Ruben in Josua 13,15-23" (ZDPV 1995) sieht Mittmann allerdings die 'Ortsliste' offensichtlich als Teil der 'Gebietsbeschreibung' an (bes. S.5-11); vgl. dagegen jedoch Fritz (Josua, S.142), der auf die Notwendigkeit einer Differenzierung wegen des Widerspruchs zwischen der Ortsliste und der Gebietsbeschreibung verweist.

[225] Beide Zitate Wüst, Untersuchungen, S.122

[226] Rudolph, Elohist, S.215

[227] Mittmann, Beiträge, S.234f

Kap. 15 als verbindende Stücke zwischen den geographischen Angaben Verben der Bewegung (z.B. יצא in v.3.4), die in Kap. 13 völlig fehlen. Weiter werden in Jos 15 landschaftliche Gegebenheiten, wie die Wüste Zin (15,1), das Ende des Salzmeeres (15,2), der Skorpionensteig (15,3) etc. genannt, in Jos 13 jedoch nur Orte, Gebiete und Landschaftsregionen. Schließlich kann anders als in Jos 15 in Jos 13 keine sinnvolle Linie zwischen den Punkten gezogen werden: "Schon die beträchtlichen Entfernungen zwischen den einzelnen Orten wollen dazu nicht stimmen."[228] Da aber in Jos 13 durch die genannten Orte keine sinnvolle Grenzlinie zustande-kommt, sind die durch מן und עד verbundenen[229] geographischen Angaben nicht als Grenzpunkte, sondern als durch Randpunkte gegebene Gebietsbeschreibung im Sinne der bekannten Redensart 'von Dan bis Beerscheba' zu verstehen.[230]

Diese Gebietsbeschreibung läßt sich Mittmann zufolge eindeutig bestimmen. Sie umfaßt in ihrer jetzigen Gestalt eine dreiteilige Angabe von Territorien, nämlich im Süden beginnend von Aroer bis Madeba (v.16), von Hesbon bis Ramath-Mizpe und Betonim (v.26a) und noch weiter nach Norden von Mahanajim bis Lo-Debar (v.26b).

Eine solche Dreiteilung wirkt jedoch für die Verteilung auf zwei Stammes-gebiete erklärungsbedürftig. Mittmann geht zur Lösung dieses Problems von der Rekonstruktion einer Vorlage aus, der "bestimmte, auch anderweitig greifbare Territorialverhältnisse zugrunde liegen"[231], und kommt durch den Vergleich der Territorien zu der Vermutung, daß die auch in der Gauliste Salomos aufgeführten ostjordanischen Gaue Israels "der Gegenstand der Grenzbeschreibung sind"[232]. Auszugehen ist deshalb nach Mittmann von der Annahme eines hier zugrundeliegenden "verwaltungstechnischen Dokuments"[233] "von hohem Alter und absoluter historischer Zuverlässigkeit"[234], das als Umschreibung des siebten (Nordregion als Gebiet von Mahanajim, vgl. I Kön 4,14) und des zwölften (Südregion als Gebiet von Gad, vgl. I Kön 4,19) salomonischen Gaus erst sekundär im stämmegeographischen Kontext verwendet worden sei.

Das ursprüngliche Dokument[235] hätte zwar den Schnitt zwischen Betonim und Mahanajim (v.26) als Abgrenzung der beiden Distrikte (Trennung zwischen Nord-und Südregion) enthalten, nicht aber die Namen Madeba und Hesbon (Versüber-gang von v.16 zu v.17). Erst bei der Aufnahme in den jetzigen Kontext sei auch der südliche Bereich des durch das Dokument umschlossenen Gebiets auf die beiden Stämme Ruben und Gad aufgeteilt worden, wodurch auch die Erweiterung um

---

[228] Mittmann, a.a.O., S.235; als Beispiel nennt Mittmann die etwa 50 km betragende Entfernung zwischen dem südlichen Aroer und Ramath-Mizpe, die nur durch Hesbon untergliedert ist.

[229] Bei Madeba (v.16) ist die Präposition על textkritisch in עד zu ändern, vgl. Fritz, Josua, S.140

[230] Vgl. dazu neben Mittmann auch Rudolph, Elohist, S.215 und Wüst, Untersuchungen, S.119-123. Fritz schließt sich auch hier Wüst und Rudolph an (Fritz, Josua, S.142).

[231] Mittmann, Beiträge, S.239

[232] Mittmann, a.a.O., S.240

[233] Mittmann, a.a.O., S.241

[234] Mittmann, a.a.O., S.239

[235] Zur Rekonstruktion der ursprünglichen Vorlage s. Mittmann, a.a.O., S.238f

Hesbon in v.17a nötig wurde. Madeba (in v.16) hingegen sei eine Zufügung durch noch spätere redaktionelle Vorgänge.[236]

In Auseinandersetzung mit Mittmann hat Wüst jedoch überzeugend nachgewiesen, daß Madeba in v.16 ursprünglich verankert ist, da Hesbon zusammen mit seinen Tochterstädten[237] an dieser Stelle der Beschreibung des rubenitischen Territoriums (in v.26 gilt Hesbon als zum gaditischen Territorium gehörig!) eingefügt wurde, um mit Hilfe der stark an Num 21,25b erinnernden Formulierung auf die Übereinstimmung zwischen dem rubenitischen und dem ehemals sihonitischen Gebiet anzuspielen: Anlaß dieser Einfügung war die Erkenntnis, "daß der Siedlungsbereich Rubens dem einstmaligen Herrschaftsgebiet Sihons flächenmäßig ziemlich genau entsprach"[238], was die Erwähnung Hesbons (und seiner Tochterstädte), das als Reichsmittelpunkt Sihons gilt, nach sich zog.[239] Das Territorium Rubens endet also im Norden auf der Höhe von Madeba, die Stämme Ruben und Gad sind offensichtlich durch eine Linie zwischen Madeba und Hesbon getrennt, da letzteres in v.26a als südlicher Randpunkt Gads genannt wird und erst sekundär in v.17a eingefügt wurde.[240]

Eine Klärung der Frage nach der Dreiteilung der Gebietsbeschreibung ist also nicht an diesem, sondern an dem nördlichen Übergang der Gebiete, d.h. zwischen v.26a und 26b zu suchen. Auch hier weist schon Rudolph auf den Lösungsweg, indem er die Punkte Hesbon und Lo-Debar als Umschreibung eines Gebietes erkennt, das ganz Gilead bis an die Grenze zu Basan umfaßt.[241] Die Identifikation Lo-Debars ist nach wie vor nicht geklärt[242], im Zuge der von Wüst geleisteten Diskussion zeichnet sich jedoch im Anschluß an Kuschke eine Ansetzung des Ortes "am Westrand des ostjordanischen Gebirges nicht allzu weit südlich des Yarmuktales"[243], d.h. im nördlichen Gilead, ab. Das in v.26 umschriebene

---

[236] Dies zeigt nach Mittmann sowohl die unvermittelte Aufeinanderfolge der beiden Namen Madeba und Hesbon als auch der Vergleich mit der LXX, vgl. Mittmann, a.a.O., S.233.

[237] Nach Wüst besteht kein Anlaß, Hesbon von seinen Tochterstädten zu isolieren (Untersuchungen, S.124f). Gegen Mittmann, der im Gefolge Noths Hesbon von seinen Tochterstädten trennt, da diese erst eine sekundäre Überleitung bilden (Mittmann, a.a.O., S.233; vgl. aber jetzt auch Mittmann, Gebietsbeschreibung, S.5-7).

[238] Wüst, Untersuchungen, S.125. Zusätzlich verweist Wüst darauf, daß noch der von v.16f abhängige Einschub in 13,9 die Erwähnung Hesbons und seiner Tochterstädte offensichtlich nicht kennt (Wüst, a.a.O., S.126), so daß es sich bei deren Einfügung wohl um eine noch spätere redaktionelle Überarbeitung handeln dürfte.

[239] Die LXX bietet dann aber, anders als von Mittmann vermutet, nicht die ursprüngliche Lesart, sondern versucht dem durch diesen Einschub entstandenen Widerspruch zu v.26a Rechnung zu tragen, indem im Versübergang von v.16f sowohl Madeba eliminiert wird als auch der durch die Tochterstädte entstehende Rückbezug auf Hesbon (vgl. Wüst, a.a.O., S.126).

[240] Die Markierung des rubenitischen Stammesbesitzes durch Aroer und Madeba in v.16 übernimmt Fritz ebenso von Wüst wie die Ausscheidung Hesbons und seiner Tochterstädte in v.17a als sekundäre Einfügung (s. Fritz, Josua, S.142f; so auch jetzt Mittmann, Gebietsbeschreibung, S.10f).

[241] Rudolph, Elohist, S.216 A.2

[242] Zu den in der Forschung diskutierten Möglichkeiten der Identifikation von Lo-Debar s. die Ausführungen Wüsts, a.a.O., S.127-130.

[243] Zitiert nach Wüst, a.a.O., S.129

gaditische Gebiet dürfte damit also, wie Rudolph richtig beobachtet, das südliche und das nördliche Gilead umfaßt haben.

Die von Rudolph ebenfalls erkannte Zweiteilung dieses Gebiets in Süd- und Nordgilead muß freilich weiter interpretiert werden: Daß in v.26b das gaditische Gebiet nochmals mit מן einsetzend von Mahanajim aus weiter bestimmt wird[244], weist neben der hier begegnenden, im Kontext einmaligen Bezeichnung Lo-Debars als גבול auf einen sekundären Anschluß von v.26b hin, durch den der vorher bis Betonim reichende Stammesbesitz weit nach Norden ausgeweitet wurde.[245] Auch hier erklärt Wüst zutreffend diese Ausweitung nach Norden als Versuch des Anschlusses an das Stammesgebiet Halbmanasses nach dessen Einführung in v.29-31: Durch diese Erweiterung steht nämlich dem Siedlungsraum Rubens und Gads zwischen Aroer und Betonim das durch כל־הבשן (v.30) umschriebene Gebiet der ostjordanischen Manassiten gegenüber, was eine Lücke zwischen den beiden so umfaßten ostjordanischen Siedlungsgebieten hervorruft, "die der Absicht einer geographisch geschlossenen Darstellung der israelitischen Siedlungsverhältnisse östlich des Jordans Hohn sprach."[246] Das zwischen Mahanajim und dem Basan auf der Hochfläche liegende nordgileaditische Gebiet wurde deshalb dem gaditischen Territorium zugeschlagen und offensichtlich durch die in v.26b erfolgende Angabe über das Gebiet Lo-Debars näher bezeichnet. Dementsprechend dürfte dann im gleichen Zusammenhang auch der Zusatz von v.27aβ.b erfolgt sein, der parallel zu der Gebietserweiterung auf dem Gebirge bis Lo-Debar den Einschluß des Nordens im Jordantal bis zum See Genezareth hinzufügt.[247]

Ein weiteres Problem innerhalb der Gebietsbeschreibung bietet die zweifache Bestimmung der Südgrenze rubenitischen Gebiets durch 'Aroer am Ufer des Arnon' und die 'Stadt im Tal' (v.16). Schwierigkeiten bereitet dabei zum einen die Angabe so eng beieinander liegender Punkte (Aroer liegt am Rand des tief eingeschnittenen Wadis, die Stadt im Tal soll offensichtlich nur unwesentlich weiter, aber im Wadi selbst tief unten liegen), zum anderen die Vorstellung, daß im Tal des Arnon eine Stadt liegen könnte. Vor allem letzteres hat sich nach eingehenden Untersuchungen bzw. Begehungen als nahezu unmöglich erwiesen.[248] Bei der 'Stadt inmitten des Tales' (v.16) dürfte deshalb eine noch genauer zu erklärende Zufügung vorliegen: Nach Wüst handelt es sich hier um eine ursprüngliche Verschreibung von עד מואב nach עיר מואב aus der Bileamgeschichte (Num 22,36ff), durch die eine Übertragung auf die 'Stadt im Tal' ermöglicht wurde, so daß die Existenz dieser namenlosen Stadt eine rein literarische ist und erst im jetzigen Kontext mit geographischen Vorstellungen verbunden wurde.[249] Die Lokalisation dieser Stadt wurde dabei offensichtlich direkt im Talgrund des Arnontales vorgestellt, was der südlichen Begrenzung des Gebietes Sihons durch

---

[244] Eine solche Untergliederung des Gebietes in zwei Teile würde nach Wüst die Frage aufwerfen, "warum der Siedlungsbereich Gads nicht analog zu dem Rubens als eine von *Hesbon* bis zum Gebiet von *Lodebar* reichende Einheit beschrieben wurde." (a.a.O., S.130)

[245] Vgl. dazu auch Wüst, a.a.O., S.129-131

[246] Wüst, a.a.O., S.131

[247] Gegen Wüst, a.a.O., S.132, der auch hier ein weiteres Abhängigkeitsverhältnis vermutet.

[248] Zu den verschiedenen Versuchen, die 'Stadt im Tal' zu finden, s. Wüst, a.a.O., S.133-135

[249] Vgl. Wüst, a.a.O., S.137-140

den Arnon (vgl. Num 21,26) entspräche. Nur im Zuge des Ausgleichs mit diesem sihonitischen Gebiet wurde also offensichtlich die Stadt eingeführt, um auch für Ruben den Arnon und nicht nur das oberhalb am Canyonrand liegende Aroer (v.16a) zur Südgrenze zu erklären und damit "die Identität der Südgrenze des rubenitischen Bereiches mit der Grenze des Herrschaftsgebietes Sihons in Nu 21,24 zu sichern."[250]

Wüst geht deshalb davon aus, daß erst infolge dieses Zusatzes und in Entsprechung zu der Angabe 'inmitten des Tals' (בתוך־הנחל) auch Aroer als am Arnon liegend näher bestimmt wurde (v.16a), wobei angesichts der geographischen Gegebenheiten[251] על־שפת־נחל ארנון mit 'am Rand des Wadi-Einschnitts des Arnon' wiederzugeben ist. Demgegenüber erscheint es jedoch umgekehrt plausibler, daß die genauere Bestimmung Aroers bereits vorlag und an diese dann erst sinnvollerweise eine weitere Stadt am Arnon angefügt werden konnte.[252]

Genauso abzulehnen ist die durch nichts zu stützende Vermutung Wüsts[253], eine doppelte Markierung der Südgrenze Rubens durch einen redaktionellen Eingriff lasse einen ebensolchen auch für die doppelte Markierung der Nordgrenze Gads (Ramath-Mizpe und Betonim) erwarten. Dies gilt um so mehr, als Wüst selbst das Fehlen der Voraussetzungen beklagt, die es ermöglichen würden, "diesem Problem weiter nachzugehen"[254], und damit nichts über die Art der redaktionellen Veränderung an dieser Stelle aussagen kann.

Schließlich muß noch in einem weiteren Punkt die Auseinandersetzung mit Wüst geführt werden: Aufgrund der Vorgabe, in der Gebietsbeschreibung könnten keine Flächenbezeichnungen eingefügt sein, will Wüst die Angabe וכל־המישר in v.16 als sekundäre Einfügung sehen, die eine redaktionelle Verklammerung mit der Erwähnung במישר der Ortsliste in v.17 bildet.[255] In der Tat bildet das במישר von v.17 eine Parallelformulierung zu בהר העמק (v.19) und בעמק (v.27) und dürfte daher entsprechend den anderen beiden Angaben als gliedernde Überschrift zu verstehen sein. Die Bezeichnung במישר begegnet zudem in der Beschreibung der Territorien von v.9, wo auch die anderen Angaben der Grundschicht von v.16 redaktionell übernommen werden. In v.17 dürfte die Angabe also tatsächlich fest verankert und erst nachträglich durch einen Relativsatz umformuliert und in Zusammenhang mit dem später eingefügten Hesbon und seinen Tochterstädten gebracht worden sein. Bei den Überschriften der Ortsliste handelt es sich jedoch um eine Dreigliederung, die der Verfasser der Grundschicht selbst vorgenommen haben dürfte. Es ist daher wahrscheinlicher, daß ihm in der Gebietsbeschreibung die Angabe וכל־המישר bereits vorgegeben war, so daß er bei der Zusammenfügung von Gebietsbeschreibung und

---

[250] Fritz, Josua, S.142; so auch Wüst, Untersuchungen, S.141(133-141)

[251] Bei Aroer handelt es sich nach communis opinio um die Ortslage *Hirbet Arair*, die direkt am Rand des durch den Arnon gebildeten Wadi Mujib liegt und den Einschnitt des Canyons überblickt.

[252] Gegen Wüst, a.a.O., S.140. Daß die Gebietsbeschreibung ansonsten die Lage der genannten Orte als bekannt voraussetzt, kann nicht als starkes Argument gelten.

[253] Wüst, a.a.O., S.133 und 143

[254] Wüst, a.a.O., S.143

[255] Wüst, a.a.O., S.133

Ortsliste darauf zurückgreifen und einen direkten Anschluß (v.16/17) herstellen konnte.

Ergebnis:

Aus der literarkritischen Untersuchung der Gebietsbeschreibung ergab sich, daß in ihrem Grundbestand für Ruben das Gebiet zwischen Aroer am Wadieinschnitt des Arnon bis nach Madeba (v.16) enthalten ist[256] sowie für Gad das Territorium zwischen Hesbon und Betonim (v.26a).

Im Zusammenhang mit dem Anschluß der Gebietsbeschreibung für Halbmanasse und dem damit angesprochenen Territorium sind dann zunächst an diesen Grundbestand die Notiz über die Stadt im Tal (v.16b*) sowie die Ausweitung des gaditischen Stammesgebiets auf ganz Gilead von Mahanajim bis Lo-Debar (v.26b) angefügt worden. Durch diese Gebietsausweitung Gads und durch die Einfügung des Arnon als Grenze wird Übereinstimmung erzielt mit dem von gleicher Hand stammenden Zusatz in 13,10 über das Territorium Sihons, das im übrigen in v.27aβ.b noch einmal explizit hinzugefügt wird. Die in den v.29-31 und 9-13 ermittelte redaktionelle Überarbeitung umfaßt damit also auch Einfügungen in die eigentliche Gebietsbeschreibung. Umgekehrt ist erkennbar, daß der durch die genannten Erweiterungen ergänzte Grundbestand der Gebietsbeschreibung dem gleichen Verfasser zuzuschreiben ist wie v.9-13, weil der Beginn der Aufzählung von Territorien in v.9 die gleichen Formulierungen wie v.16 aufweist. Die Erwähnung Hesbons und seiner Tochterstädte (v.17), sowie die dadurch bedingte Umformulierung von v.17 in einen Relativsatz hingegen wurde in v.9f nicht aufgenommen, so daß davon auszugehen ist, daß diese Ergänzung auf einer noch späteren Stufe stattfand.

Da, wie schon von Rudolph[257] bemerkt, die geographischen Vorstellungen des v.27b nicht mit den Aussagen über Sihon in v.21 übereinstimmen (nach v.27b geht der Rest des sihonitischen Gebietes an Gad, während in v.21 das ganze Gebiet Sihons den Rubeniten zufällt), v.21f aber eindeutig ebenfalls als Zusatz zu bestimmen ist, liegt die Vermutung nahe, daß dort ebenfalls eine noch spätere Hand am Werk war, die zusätzlich einen Rückgriff auf die Bileamerzählung (Num 22,36ff) schafft. Diese Redaktion steht möglicherweise in Zusammenhang mit der Einfügung von v.17*(Hesbon). Der Grundbestand der Gebietsbeschreibung wurde also durch zwei Redaktionsstufen erweitert, von denen die erste (v.16b*.27b) zu der bereits in den v.9-13.29-31 erkennbaren spätdtr Redaktion (DtrS) gehört, die zweite (v.17*.21f) aber auf einer noch späteren Stufe erfolgt ist.[258]

Die Gebietsbeschreibung selbst hingegen stellt die Fortsetzung der in 13,1-14 ermittelten Grundschicht von v.1*.6b.8* dar und ist damit im jetzigen literarischen Kontext zu P^S zu rechnen. Ob es sich allerdings bei den nur sehr fragmentarisch vorliegenden Angaben um ein bereits vorliegendes Dokument handeln kann, das von P^S aufgenommen wurde, erscheint als äußerst fraglich. "Das Odium des Spekulativen, das bei diesem spröden Stoff unvermeidlich jedem Versuch einer

---

[256] Das במישר in v.17 ist zur Ortsliste zu rechnen.

[257] Rudolph, Elohist, S.215

[258] Es handelt sich also nicht um vier verschiedene redaktionelle Vorgänge, wie von Wüst postuliert wird (vgl. Wüst, a.a.O., S.144).

Analyse anhaftet"[259], würde hier kaum zu vermeiden sein. Ein solches vorliegendes Dokument müßte dann, wie von Wüst beobachtet, einer in einem anderen Zusammenhang verwendeten Gebietsfestlegung entnommen worden und sekundär bzw. sogar "gegen ihren ursprünglichen Sinn zur Beschreibung der Stammesgebiete Rubens und Gads verwendet worden sein."[260] Ein möglicher Bezug findet sich in Jer 48,2 und 49,3, wo in auffälliger Weise die in Jos 13 beschriebene Trennlinie zwischen Ruben und Gad (zwischen Madeba und Hesbon) als Grenze zwischen Israel und Moab bzw. Ammon und Moab auftaucht. "Einen historischen Rückhalt in der israelitischen Stämmegeographie wird man danach also für die Gebietsbeschreibung nicht postulieren dürfen."[261]

b) Die Ortsliste in Jos 13,17-20.27

Wie bereits zu Num 32 ausgeführt, läßt sich eine unmittelbare literarische Abhängigkeit der beiden Ortslisten in Num 32,34-38* (Grundschicht) und Jos 13 nicht feststellen.[262] Konnte für die Liste in Num 32 weiter gesagt werden, daß sie von jeher zur Festlegung gaditischer und rubenitischer Gebiete diente, so ist nun auch für Jos 13 nach der Verwertbarkeit für die Stammesterritorien zu fragen.

Auffällig ist hier zunächst, daß die in die drei Landschaften 'Mischor', 'Gebirge der Ebene' und 'Ebene' zu gliedernde Liste "nicht in regionale Städtegruppen zerfällt, sondern die Orte in eine konsequent von Dibon im Süden nach Safon im Norden fortschreitende Abfolge stellt."[263] Eine derartige lineare Anordnung macht aber schon für sich genommen deutlich, daß diese Liste wohl kaum ursprünglich zur Beschreibung von Stammesterritorien bestimmt gewesen sein kann, sondern "ursprünglich einheitlich, erst um der Aufteilung auf Ruben und Gad willen zerrissen worden ist."[264]

Fragt man weiter nach dem Ursprung einer solchen Anordnung, so wird man mit Wüst "am ehesten an eine Verkehrsverbindung zu denken haben"[265], für die eine lineare Ausrichtung, wie sie hier vorliegt, als charakteristisch gelten muß.

Die genaue Untersuchung Wüsts anhand der auch im Tübinger Atlas (TAVO) vertretenen Lokalisierungen der Ortslagen unter Berücksichtigung der geographischen Gegebenheiten des Ostjordanlandes[266] macht den Verlauf eines solchen Itinerars deutlich: Der vorstellbare Verkehrsweg verläuft dann den Angaben in v.17.19-20.27 zufolge[267] in Dibon beginnend zunächst nach Norden (entsprechend

---

[259] Mittmann, Beiträge, S.239
[260] Wüst, a.a.O., S.184
[261] Ebenda
[262] Erst auf redaktioneller Ebene zeigen sich Zusammenhänge zwischen beiden Listen.
[263] Wüst, Untersuchungen, S.153
[264] Ebenda
[265] Wüst, a.a.O., S.155
[266] Vgl. zu den Lokalisierungen auch Fritz, Josua, S.142-145
[267] Bei den drei in v.18 genannten Orten Jahza, Kedemoth und Mephaat dürfte es sich um redaktionelle Nachträge handeln, die einen Zusammenhang mit den Levitenstädten von Jos 21,36f herstellen sollen. Sie gehören damit nicht zur ursprünglichen Ortsliste bzw. zum Itinerar

der 'Königsstraße'), folgt dann jedoch nicht der Hauptroute nach Norden über
Madeba, sondern zweigt nach Nordwesten ab, um von Beth-Baal-Meon über
Kirjathajim den Abstieg in den Jordangraben anzutreten.[268]
   Im östlichen Jordangraben ist sodann eine Verkehrsverbindung der Städte
zwischen Totem Meer und See Genezareth gut denkbar, die die Orte Beth-Jeschimoth, Beth-Haram, Beth-Nimra, Sukkoth und Zaphon einschließt. Das Abbrechen
nach Zaphon wäre gut erklärbar, nimmt man einen Straßenverlauf an, der nördlich
dieses Ortes auf das westliche Jordanufer überwechselte und damit für eine Beschreibung ostjordanischer Routen entfällt. Die Annahme dieser Routenführungen
hat jedoch zur Folge, daß einige der in der Liste genannten Namen nicht folgerichtig nacheinander aufgeführt sind. So vermutet Wüst aufgrund geographischer Überlegungen, daß Beth-Jeschimoth ursprünglich direkt hinter Kirjathajim gestanden
habe, da zwischen letzterem und Sibma ein "auffällige(r) Sprung"[269] besteht. Mit
Sibma setzt die Ortsreihe nämlich, nachdem schon das unterhalb des Gebirgsabfalls
liegende Kirjathajim erreicht war, erneut wieder auf dem Mischor ein, um
"nunmehr von dort aus den Abstieg zur Jordanebene über Bet Pe'or anzutreten"[270].
Es ist daher anzunehmen, daß das Itinerar an dieser Stelle eine Kombination zweier
Straßen erkennen läßt, die über verschiedene Routen vom Hochland hinunter ins
Jordantal führten.[271] Dabei dürften sich die Orte Sibma, Zereth-Schahar und Beth
Peor auf einen in römischer Zeit wieder neu trassierten Verkehrsweg beziehen, der
schon in vorrömischer Zeit "von der Hochfläche aus in das Wadi 'Uyun Musa hin-
abgestiegen und diesem folgend über Hirbat 'Uyun Musa (Bet Pe'or) nach Tall er-
Rama (Bet Haram / Livias) geführt haben müßte."[272]

Andererseits läßt sich nach Wüst aus der fehlenden direkten Aufeinanderfolge von Beth-Peor
und Beth-Haram (die der genannten zweiten Straßenverbindung entspräche) und dem genannten

---

(vgl. Fritz, Josua, S.148 und Wüst, a.a.O., S.154 A.506) und gehen wahrscheinlich auf die auch
in v.16b*.27b vorliegende DtrS-Schicht zurück, die sich um einen Ausgleich mit anderen
Aussagen des Tetrateuch bzw. des Deuteronomistischen Geschichtswerks bemüht. Unwahrscheinlich ist demgegenüber die von Mittmann (Gebietsbeschreibung, S.3f) vertretene These,
daß Jos 21,36f von Jos 13,18 abhängig und v.18 daher in Jos 13 ursprünglich sei. Zwar handelt
es sich bei Jos 21 um ein schriftstellerisches Produkt, das für die Liste der Levitenstädte auf
Angaben in Jos 13-20 zurückgreift (Fritz, Josua, S.212; vgl. aber zum [spät-]priesterlichen
Charakter des Kapitels auch Steuernagel, Josua, S.140), jedoch werden in Jos 21 an keiner
anderen Stelle alle Ortsnamen eines Verses aus Jos 13-20 in exakt gleicher Reihenfolge
übernommen und zu Levitenstädten gemacht, wie dies bei einer Abhängigkeit der v.36f von Jos
13,18 zu erwarten wäre.
[268] Gegen diese Itinerar-These spricht sich Mittmann (Gebietsbeschreibung, S.3f) unter Hinweis
   auf v.18 aus. S. dazu aber die Diskussion in der vorangehenden Fußnote.
[269] Wüst, a.a.O., S.161
[270] Wüst, a.a.O., S.154
[271] Offensichtlich wegen dieser Aufteilung (Eine genaue Wiedergabe der Wüstschen These erfolgt
   bei Fritz nicht. Die Orte Sibma, Zeret-Schahar und Beth-Peor werden Fritz zufolge bei Wüst
   lediglich als "sekundäre Erweiterungen" ausgeschieden) erscheint Fritz die Itinerar-These als
   unwahrscheinlich, auch wenn er im Gegenzug konstatieren muß: "Die geographische
   Gliederung der Liste nach Landschaften zeigt eine gewisse Zusammenfassung der Orte
   entsprechend ihrer unterschiedlichen Lage, ohne daß dieses Prinzip Aufschluß über den Zweck
   gibt."(Fritz, Josua, S.144)
[272] Wüst, a.a.O., S.160

Sprung zwischen Kirjathajim und Sibma entnehmen, daß das nun auf Beth Peor (und Aschdot Pisga) folgende Beth Jeschimoth ursprünglich den Zielpunkt der ersten, über Kirjathajim führenden Straße im Jordangraben darstellte, jetzt aber hinter Beth Peor im Zusammenhang der zweiten Straßenverbindung und damit an falscher Stelle steht.[273] Diese Verbindung der beiden Straßenführungen wurde offensichtlich von einem Bearbeiter vorgenommen, der mit den landschaftlichen Gegebenheiten nicht sehr gut vertraut war. Er stellt die Verbindung nämlich durch die Landschaftsangabe von Aschdot Pisga (die Abhänge am Pisga) her, was aber eine "reichlich verschwommene(n) Auskunft"[274] bietet. Die hier beschriebene Erweiterung des ursprünglichen Itinerars und seine Verbindung mit einer zweiten Straßenverbindung stellt ein Bearbeitungsstadium dar, das noch vor der Verwendung des Itinerars im jetzigen Kontext erfolgte.

Erst in dieser erweiterten/kombinierten Form konnte das Itinerar vom Verfasser von 13,15ff zweckentfremdet als Städteverzeichnis der beiden ostjordanischen Stämme verwendet werden. Angeregt von der Vorgabe der Gebietsbeschreibung mit der Nennung der Landschaft Mischor (v.16) gliederte er die von ihm wohl nicht mehr als Kombination zweier Itinerare erkannte Ortsliste durch die drei Überschriften (במישר v.17, בהר העמק v.19, בעמק v.27) und nahm für die Zuordnung zu den Stämmen eine sekundäre Aufsprengung in einen südlichen (bis Beth-Jeschimoth) und einen nördlichen (von Beth-Haram bis Zaphon) Teil vor (entsprechend der Gebietsbeschreibung).[275]

Auch in dieser im Kontext verwendeten Form liegt aber noch nicht das Endstadium der Bearbeitung der Ortsliste vor. So vermutet Wüst, daß die beiden voneinander zu trennenden Angaben des v.25, die stilistisch weder genau mit der Gebietsbeschreibung noch mit der Ortsliste zusammengehören, von einem Bearbeiter der Grundschicht eingefügt wurden. Dies trifft sicher für den zweiten Teil der Angaben 'die Hälfte des Ammoniterlandes bis Aroer gegenüber von Rabba' zu. Diese Angabe dürfte nämlich aus dem Interesse erwachsen sein, eine klare Vorstellung der Grenze Israels (Gads) gegenüber den Ammonitern zu geben. Dabei wird die Angabe im Zusammenhang mit dem sich nach Reklamierung des sihonitischen Gebietes für Israel ergebenden Widerspruch stehen, "daß mit der Unterwerfung Sihons ein Territorium israelitisch geworden sein soll, das man von jeher fraglos in ammonitischem Besitz wußte"[276] (vgl. Jos 12,1b). Mit Wüst ist daher anzunehmen, daß hier die westlich des Jabbok liegende Hälfte des ammonitischen Gebietes Israel bzw. Gad zugerechnet werden soll, wobei durch die Aussage von 'Aroer gegenüber von Rabba' die ebenfalls westlich des Jabbok liegende Ammoniterhauptstadt ausdrücklich aus diesem Territorium ausgeschlossen wird.[277]

Zu diskutieren ist hier schließlich die von Wüst ebenfalls vorgenommene Zuweisung 'des Gebietes Jaser und aller Städte Gileads' (v.25) an einen Redaktor. Wiederum erweist sich Wüst als von seinen Vorgaben abhängig. Zu diesen gehört zunächst die Annahme, weder in der Gebietsbeschreibung noch in der Ortsliste sei mit dem Begriff נבול zu rechnen, dann der Vorschlag, v.25a zur Ortsliste zu ziehen - weshalb dann eine Ausscheidung Jasers um so plausibler wirkt -, und die im Verlauf der Diskussion getroffene Vorentscheidung, die Erwähnung Jasers in 13,25 sei

---

[273] Vgl. Wüst, a.a.O., S.161
[274] Wüst, a.a.O., S.162
[275] S. Wüst, a.a.O., S.159-163
[276] Wüst, a.a.O., S.169
[277] S. dazu Wüst, a.a.O., S.168-170

abhängig von Num 32,1, während umgekehrt die Übernahme von Jaser in die Ortsliste von Num 32,34 redaktionell von 13,25 her erfolgt sei.[278] Diese Vorgaben Wüsts sind jedoch zunächst in Frage zu stellen.

Betrachtet man die Fortsetzung des Satzes nach גבול (v.16.25a), so wird zwar deutlich, daß Wüst mit der Annahme, Jaser sei sekundär, Recht zu geben ist. In v.16 wird das angesprochene Gebiet (גבול) nämlich mit der Präposition מן eingeleitet und mit עד weitergeführt, in v.25 hingegen geht es um das Gebiet Jasers und seiner Städte ohne die entsprechenden Präpositionen. Jaser gehört also nicht in die Gebietsbeschreibung, vielmehr wurde die Angabe 'Jaser und alle Städte Gileads' nachträglich an die bereits vorliegende Angabe des 'Gebietes' angeschlossen. Gegen den Vorschlag Wüsts kann Jaser jedoch auch nicht zur Ortsliste gerechnet werden, da es in keines der Itinerare passen kann bzw. sich aus keinem der Itinerare eine Anschlußmöglichkeit ergibt. Die hier vorgenommene Ergänzung wird damit, wie von Wüst beobachtet, tatsächlich in Zusammenhang mit den Erwähnungen Jasers in Num 32 stehen, wenn auch die redaktionellen Vorgänge bei weitem nicht so kompliziert sind, wie es durch Wüsts Vorgaben gefordert wird.

Mit Blick auf die in Num 32 ermittelte Textschichtung kann davon ausgegangen werden, daß die P^S-Schicht ein Interesse an dem Ort Jaser hat, weil dieser sowohl in Num 32,3 (P^S) erscheint, als auch in der ebenfalls auf P^S zurückgehenden - Bearbeitung von Num 32,1.35. Deshalb ist es wahrscheinlich, daß P^S auch in Jos 13 - hier allerdings als Verfasser der Grundschicht - für die Erwähnung Jasers verantwortlich ist und das von ihm aufgenommene Itinerar verändert hat. Möglicherweise ist er dann aber auch für die Beschreibung Jasers als גבול am Anfang des v.25 verantwortlich und hat seine geographische Angabe bewußt in Anlehnung an das גבול von v.16 so eingeleitet.

Die verschiedenen Erwähnungen Jasers in Num 32 und Jos 13 sind also tatsächlich voneinander abhängig, allerdings nicht - wie von Wüst vermutet - aufgrund mehrerer redaktioneller Vorgänge, sondern wegen des gleichen spätpriesterlichen Verfassers, der in Jos 13 den Ort in ein ihm vorliegendes Itinerar einbrachte und in Num 32 die bereits vorliegende Grundschicht redaktionell überarbeitete.

Die Ortsliste stellt damit eine mehrfach erweiterte Zusammenstellung von Ortsangaben dar, deren ursprünglichste Form ein Itinerar gewesen sein dürfte. Der komplex überarbeitete Charakter der Passage allein macht es schon schwierig, hier eine Datierung der einzelnen Angaben vorzunehmen. Auch für das ursprüngliche Itinerar ist eine solche Einordnung schwierig, weil "die ihm zugrundeliegenden Wegeverhältnisse nicht an bestimmte politische Gegebenheiten gebunden sind, von denen uns alttestamentliche Zeugnisse oder die Stele des Moabiterkönigs Meša berichten." Da zu diesem Problem die umstrittenen Lokalisierungen der einzelnen Ortslagen und die nur lückenhaften archäologischen Erkenntnisse treten, ist es in der Tat "wenig sinnvoll, das in Jos 13 enthaltene Itinerar zeitlich genauer bestimmen zu wollen."[279]

---

[278] Auch das von Wüst beigegebene Schema (Untersuchungen, S.168) trägt zur Erhellung dieser Vorstellung nicht bei.

[279] Beide Zitate Wüst, a.a.O., S.180. An dem Problem einer Datierung der Ortsliste ändern auch die topographischen Ausführungen Mittmanns nichts, die den neuesten Stand des zur Verfügung stehenden Materials bieten (Mittmann, Gebietsbeschreibung, S.11-24). Mittmann kommt in seiner literarkritischen Analyse von Jos 13,5-23 zu einem umfangreicheren literarischen Kernbestand als hier vorgeschlagen (a.a.O., S.5-11), ist jedoch im Blick auf die

2.4 Zusammenfassung der Untersuchung zu Num 32 und Jos 13

Die Untersuchung zu Num 32 und Jos 13 hat deutlich gemacht, daß sich in beiden Texten literarisch eine durchgängige spätdtr Redaktion (DtrS) abheben läßt, deren Anliegen es hier vornehmlich ist, das durch die Landverteilung von Israel in Besitz genommene Gebiet um solche Territorien zu erweitern, die einerseits eine größtmögliche Ausdehnung Israels nach allen Seiten ermöglichen und andererseits eine Übernahme des Herrschaftsbereichs der sagenhaften Könige Sihon und Og erlauben. In diesem Zusammenhang wird aber nicht einfach eine Verteilung der damit in Frage kommenden Gebiete angeschlossen (so z.B. in Num 32,39ff und Jos 13,29ff) und eine Zuweisung der Gebiete an den erst jetzt im Kontext erscheinenden Stamm (שבט! Jos 13,29) Halbmanasse vorgenommen (vgl. zusätzlich Num 32,33). Vielmehr wird in relativ einfühlsamer Weise der bereits vorliegende Erzählbestand an verschiedenen Stellen umgearbeitet ('überkront') und ergänzt. Eine solche 'Überkronung' findet sich z.B. in der Einfügung der neuneinhalb bzw. zweieinhalb Stämme (mit Nennung Manasses) in Jos 13,7f, wo zusätzlich die Bezeichnung שבט für 'Stamm' nachgetragen wird[280], aber auch in Jos 13,1, wo es um die Eroberung des Landes geht. Ergänzungen werden vor allem da in Ortslisten vorgenommen, wo sich Diskrepanzen zwischen Num und Jos ergeben würden, wie z.B. bei Jogbeha Num 32,35. Sie kommen aber auch dort in den Grundbestand, wo durch eine redaktionelle Erweiterung die Übereinstimmung der israelitischen Gebiete mit denen früherer Könige (wie z.B. Sihon) deutlich werden soll, wie dies z.B. bei der Erweiterung der Südgrenze Rubens in Jos 13,16 vorliegt.

Ein besonders auffälliges Kennzeichen von DtrS ist aber darüber hinaus, daß das hier zusätzlich zur Verteilung verfügbare Land von den Israeliten erobert wird, ja sogar in charakteristischer Weise als von Jahwe für die Israeliten erobert gilt, wobei die Vernichtung der Feinde eine große Rolle spielt (Num 32,21b; Jos 13,6.13). Dieser Topos wird in der spätdtr Redaktion mit dem Wort ירש im hiphil formuliert, durch das sich die Vorstellung der von Jahwe für Israel bewirkten Vernichtung der früheren Bevölkerung mit anschließender Inbesitznahme des Landes durch die Israeliten und Verteilung als Erbbesitz ausdrücken läßt.

Die Grundschicht in Jos 13 läßt sich hingegen als eine Fortsetzung der schon als Redaktion in Num 32 und den Ergänzungen der Stämmelisten des Numeribuches[281] erwiesenen und auch in Num 34 begegnenden P^S-Schicht bestimmen,

---

zeitgeschichtliche Verortung skeptisch, zumal er die gaditische Gebietsbeschreibung nicht einbezieht (a.a.O., S.24f).
Auch die von Fritz vorgeschlagene Datierung der Ortsliste (die er nicht als Itinerar, sondern eher als "Beschreibung einer Grenzlinie" von durch Juda nach dem Untergang des Staates Israel zurückgewonnenen Städten verstanden wissen will) in die Zeit Josias muß fraglich bleiben (Fritz, Josua, S.144). Eine solche Zuweisung in eine Situation, "als die Wiederherstellung eines Staates über die Grenzen Judas hinaus zum politischen Programm erhoben wurde"(ebenda), konnte dagegen für die mit Sicherheit von jeher als ostjordanische Städteliste verfaßte Liste in Num 32,34-38 wahrscheinlich gemacht werden.

[280] Eine 'Überkronung' liegt auch in der Änderung der Reihenfolge der beiden Namen Ruben und Gad in Num 32,1 vor, wobei es sich dort um eine priesterliche Überarbeitung handelt.

[281] Vgl. die Übereinstimmung der in Jos 14ff genannten Stämme mit den Ergänzungen zu den Stämmelisten, die unter 2.2.e beschrieben wurde.

deren Konzeption davon ausgeht, daß eine Vernichtung der Feinde und Eroberung
des Landes nicht mehr nötig ist, sondern das Land jetzt als Erbbesitz verteilt (בנחלה
נפל in Num 34,2 und Jos 13,6b) und in Besitz *genommen* (לרשתה in Jos 13,1b)
werden soll.[282] Dabei ist zwar das Hauptinteresse auf das Westjordanland gelegt,
dessen Verteilung mit Hilfe des Loses durch eine priesterliche Kommission mit
Josua ausführlich geschildert wird (Num 34; Jos 14-19). Auch die Vergabe des
Ostjordanlandes an Ruben und Gad durch eine priesterliche Kommission mit
Mose (Num 32,2.28)[283] wird jedoch trotz der mit diesem Land verbundenen
Bedenken letztlich zugestanden und dann auch für jeden der beiden Stämme
geographisch genau bestimmt (Jos 13,15ff*). Für die Beschreibung dieser beiden
Gebiete verwendet die priesterliche Schicht jedoch zwei Dokumente, eine
Gebietsbeschreibung und ein Itinerar, die beide wohl von dem hier tätigen
priesterlichen Verfasser aus ihrem ursprünglichen Kontext gerissen und erst
sekundär zur Beschreibung von Stammesterritorien verwendet wurden. Aus dieser
sekundären Verwendung, die mit einer nur sehr verschwommenen Kenntnis der
landschaftlichen Gegebenheiten des Ostjordanlandes zusammenfällt, ergeben sich
deshalb geographische Angaben, die kaum historisch zutreffen. Vielmehr sind hier
die Stammesgebiete von Ruben und Gad gegenüber Num 32 vertauscht, wohl mit
der Absicht, die Verteilung des rubenitischen Territoriums an die erste Stelle zu
setzen. Eine solche Vertauschung der Reihenfolge, die eine südlichere Ansetzung
Rubens als Gads zur Folge hat, wird zurückzuführen sein auf das dem Verfasser
bereits vorliegende und von ihm selbst ausgestaltete Stämmesystem von P, das in
den Stämmelisten des Numeribuches die genealogische Anordnung wahrt, also
Ruben an erster Stelle aufführt.[284]

Ergebnis A: Zum Siedlungsgebiet Rubens

Wie die bisherige Untersuchung ergab, findet sich der älteste Text für die Beschreibung eines rubenitischen Siedlungsgebietes in Num 32 bzw. der dort genannten Städteliste (32,34-38*). Anders als in Jos 13, wo die Wohngebiete der
Rubeniter südlich von denen der Gaditer angegeben sind, weist die Städteliste von
Num 32 in ein Gebiet nordöstlich des Toten Meeres. Bei beiden übereinstimmend
ist aber jedenfalls die Verortung der Rubeniten im Ostjordanland.

Dem scheint entgegenzustehen, daß an einigen Stellen des AT Rubeniten
erwähnt werden, deren Heimat im Westjordanland zu liegen scheint, was die

---

[282] Vgl. dazu das schon unter Num 32 beschriebene, von Zenger beobachtete Konzept der
Landvergabe in P^S.

[283] Wie bereits zu Num 32 angemerkt, taucht in dem Moment, wo es um die Einnahme des
Westjordanlandes und die geforderte Mitwirkung der Ostjordanier an diesem Kampf geht, in
der Kommission auch der später mit der Verteilung des Westjordanlandes betraute Josua auf
(Num 32,28)!

[284] Die Bedeutung des genealogischen Systems für P^S hatte sich im Numeribuch schon daran
gezeigt, daß die von dieser Redaktion vorgenommenen Überarbeitungen der P^G-Listen an einer
Rückführung der Angaben zum genealogischen System interessiert sind. (s.Kap.I.6.6)

Forschung zur Diskussion der Frage nach dem Verhältnis von westlichen und östlichen Siedlungsgebieten der Rubeniter veranlaßt hat.

a) Westjordanische Siedlungsgebiete

Dabei handelt es sich um Texte, in denen zum einen die gleichen Sippen einerseits als rubenitisch, andererseits als judäisch oder benjaminitisch gelten: So wird die Sippe Karmi in Gen 46,9 und Num 26,5f als rubenitisch, in Jos 7,1.18 jedoch als judäisch bezeichnet. Eine andere Sippe 'Rubens', Hezron, gilt in Num 26,6 als rubenitisch und in Num 26,21 als judäisch. Die Sippe Bela schließlich ist nach I Chr 5,8 ein Clan Rubens, gehört aber nach Num 26,38 und I Chr 8,1 zu Benjamin. Besondere Bedeutung wird in diesem Zusammenhang der Erwähnung des Steines Bohans, des Rubeniters, in der Grenzliste der Nordgrenze Judas in Jos 15,6 beigemessen (der gleiche Stein taucht in Jos 18,17 im Rahmen der identischen Grenzbeschreibung des Südrandes des benjaminitischen Gebietes wieder auf).[285]

Im Bezug auf diese Notizen findet sich traditionell die von Noth vertretene Ansicht: "Von Hause aus hat der Stamm Ruben nicht im Ostjordanland, sondern irgendwo im Westjordanland gesessen."[286] Diese Annahme geht zunächst von der Vorstellung aus, daß der Name des Steins (ursprünglich 'Daumen-Stein') nachträglich als Personenname mißverstanden wurde, "in dessen Träger man einen Rubeniten sah, offenbar weil in der fraglichen Gegend ... einmal Rubeniten gewohnt hatten."[287] Die oben genannten verstreuten Hinweise auf rubenitische Sippen weisen nach Noth zusammen mit der Bohan-Notiz darauf hin, daß man zur Zeit der Entstehung dieses Lokalnamens im Grenzgebiet von Benjamin und Juda "den Stamm Ruben nicht mehr kannte, sondern nur die Erinnerung an eine frühere Anwesenheit von Teilen dieses Stammes an Ort und Stelle noch fortlebte."[288] Zusätzlich geht Noth davon aus, daß in den alten Grenzbeschreibungen die Angaben über rubenitische Siedlungen im Ostjordanland keine Vorstellungen über ein besonderes rubenitisches Gebiet sind, sondern vielmehr "das Gebiet von Gad jeweils auf verschiedene Weise theoretisch so geteilt worden ist, daß die eine Hälfte Ruben zufiel"[289]. Wahrscheinlich ist s.E. lediglich, daß es "in der Nachbarschaft von Gad Sippen gegeben (hat), die sich als rubenitisch bezeichneten, nur daß wir über deren Sitze nichts Genaueres mehr wissen."[290] Er muß daher zu dem Schluß kommen, daß in der alttestamentlichen Überlieferung über ein eigentliches rubenitisches Stammesgebiet nichts bekannt ist. Die westjordanischen Notizen sind dann aber die einzig zuverlässigen und weisen auf ein früheres Stammesgebiet Rubens im Westen, das nach dem Zerfall des Stammes und seinem Aufgehen in anderen Stämmen als Erinnerung weiterlebt: "Was wir jetzt durch die Überlieferung noch kennenlernen, sind nur zerfallene Elemente dieses Stammes, die sich schließlich, soweit sie nicht einfach im Stamme Juda aufgingen, anscheinend vor allem in das Ostjordanland an die Peripherie des israelitischen Wohnbereichs zurückgezogen haben."[291]

---

[285] Vgl. dazu z.B. deVaux, Histoire, S.543, wo zusätzlich gesagt wird, daß der Inzest des Ruben in Migdal-Eder stattgefunden habe (Gen 35,21). Noth verweist für die westjordanischen rubenitischen Wohnsitze auch auf die Erwähnung Rubens im Deboralied: Erst mit der Erwähnung Gads wird dort s.E. der Blick auf das Ostjordanland gelenkt, während zuvor die Westjordanier im Blick seien. In Kap.III zeigte sich jedoch, daß die Einfügung Rubens erstens redaktionell erfolgte und zweitens keine geographische Begründung hat: Vielmehr wurde Ruben an die Spitze der negativ beurteilten Stämme gestellt, um seine Abwertung zu betonen.

[286] Noth, Geschichte, S.63

[287] Noth, a.a.O., S.64

[288] Ebenda

[289] Noth, a.a.O., S.63

[290] Ebenda

[291] Noth, a.a.O., S.64

Problematisch ist bei dieser These Noths zum einen, daß sie von einer frühen Konsolidierung der Stämme und der entsprechend frühen Einnahme der Stammesgebiete ausgeht. Daß diese Vorstellung so nicht mehr haltbar ist, dürfte jedoch durch die Überlegungen zum 'Stämmesystem' hinreichend erwiesen sein. Zum anderen erbrachte die Untersuchung von Num 32 und Jos 13, daß im Alten Testament sehr wohl konkrete Vorstellungen über das ostjordanische rubenitische Siedlungsgebiet vorliegen, die an einer Verbindung bestimmter ostjordanischer Orte mit Rubeniten keinen Zweifel lassen.

Trotzdem wird es sich jedoch bei dem sog. Bohanstein um eine ernstzunehmende geographische Notiz handeln. Sie findet sich in einer Liste, die nach übereinstimmender Meinung auch der neueren Forschung aus der frühen Königszeit stammt: "Mit den Fixpunkten wird die Grenze von Juda in einem Umfang beschrieben, wie er nur unter der Regierung Davids und Salomos bestanden hat, da die Philisterstädte nur während des vereinigten Königreiches unterworfen waren und zum Staatsgebiet gerechnet werden konnten. Falls ihr reale Verhältnisse zugrunde liegen, kann die Grenzbeschreibung nur aus der Zeit der größten Machtentfaltung des davidisch-salomonischen Reiches stammen."[292] Obwohl Rückschlüsse auf reale Verhältnisse der frühstaatlichen Zeit aufgrund von Grenzbeschreibungen nur mit Vorbehalten möglich sind, wird als wahrscheinlich gelten können, daß die Grenzbeschreibungsliste von Jos 15 als Dokument einer staatlichen Verwaltung zumindest gut vorstellbar ist.

Der Bohanstein bildet dabei eine geographische Angabe im Verlauf der Grenzbeschreibung von der Einmündung des Jordan ins Tote Meer als Ostgrenze nach Westen über Beth-Hogla und Beth-Araba Richtung Jerusalem. Problematisch ist, daß der Verlauf der Grenze vor allem im Bereich des zwischen Beth-Araba und Debir liegenden Bohansteins (v.6f) "außerordentlich unsicher"[293] ist. Erst die später genannten Orte En-Schemesch und En-Rogel (v.7b) sind nach Fritz wieder lokalisierbar, und zwar im Bereich des Kidrontales südöstlich von Jerusalem, während es sich bei Beth-Hogla und Beth-Araba um zwei Ortslagen am östlichen Gebirgsrand westlich der Jordanmündung handeln dürfte.[294] Der Stein Bohans ist also offensichtlich eine "markante Felsformation, die sich in dem an auffälligen Geländegegebenheiten reichen Gebiet jeder Festlegung entzieht"[295], die aber irgendwo südlich von Jericho und nordwestlich des Toten Meeres am Ostabfall des Gebirges zu suchen sein wird. Wichtig ist dabei zu betonen, daß es sich bei dem Stein lediglich um eine topographische Angabe und nicht um eine Siedlung handelt. Er kann deshalb nur als Hinweis darauf verstanden werden, daß in der beschriebenen Gegend Erinnerungen an den Einfluß von Rubeniten oder an die Ansiedlung einzelner rubenitischer Sippen bestanden haben.[296]

Freilich lassen sich hieraus allein noch keine Kenntnisse über die Wohngebiete von Rubeniten gewinnen, vielmehr ist zur Klärung dieser Vorstellung erneut der Blick auf Num 32 zu richten: Wie die Untersuchung zu Num 32 gezeigt hat, ist es offensichtlich nicht Interesse des Textes, den Grenzverlauf eines Gebietes umfassend wiederzugeben, anders als dies etwa in der zu Recht als Grenzliste bezeichneten Gebietsbeschreibung für Juda in Jos 15 der Fall ist. Die in Num 32,34-38* genannten Städte der Rubeniten dürften vielmehr eine Auswahl der zur Entstehungszeit des Textes wichtigen und bekannten Siedlungen aus dem Ruben zugeschriebenen Gebiet nordöstlich des Toten Meeres bieten, keinesfalls jedoch so aufzufassen sein, als wären hier feste Grenzpunkte genannt, die ein Territorium umschreiben. Diese Beobachtung ist gleichzeitig ein wichtiger Anhaltspunkt für die Beurteilung der Frage, wie einerseits die Nichterwähnung von Rubeniten in der

---

[292] Fritz, Josua, S.158
[293] Fritz, a.a.O., S.159
[294] Ebenda
[295] Ebenda
[296] Vgl. dazu auch Baker, Art. Bohan, S.772

Mescha-Inschrift, andererseits aber die Erwähnung rubenitischer Sippen bzw. Personen in westjordanischen Gebieten zu beurteilen ist.

Geht man einerseits von den bei der Frage nach der Entstehung des Eponymensystems dargelegten soziologischen Voraussetzungen zur Stammesgesellschaft[297] aus und berücksichtigt man andererseits das oben zu den rubenitischen Städten (Num 32) Gesagte, so ergibt sich folgendes Bild: Da zumindest für die Frühzeit der später als israelitische Stämme bezeichneten Gruppen mit einem hohen Grad an Flexibilität und Fluktuation sowohl in der Siedlungsweise als auch in der Art der Zugehörigkeit zu bestimmten Gruppen und Sippen, sowie mit verschiedenartigen Verwandtschaftsbeziehungen zu rechnen ist, kann soziologisch nicht davon ausgegangen werden, daß Territorium und Zugehörigkeit zu sich als verwandt bezeichnenden Sippen in der von Noth vorgestellten Weise festgelegt waren. Gerade für das als rubenitisch in Num 32 beschriebene Territorium, für das ja keine genauen Grenzen angegeben sind, ist vielmehr damit zu rechnen, daß die dort siedelnden Familienverbände sich in ihrer immer auch nomadisierende Züge tragenden Lebensweise nicht auf das Land jenseits/nordöstlich des Toten Meeres beschränkten. Eine enge Beziehung der am Ostabfall des judäischen Gebirges wohnenden Familien zu ostjordanischen Gruppen ist v.a. deshalb gut denkbar, weil die fruchtbare Gegend östlich des Toten Meeres eine sehr viel leichtere Versorgung mit lebenswichtigen Gütern bietet als etwa eine Orientierung nach Westen oder Norden. Die Tatsache, daß auch einzelne Sippen oder Clans westlich des Jordan, die in geographischer Nähe zu den östlichen Gebieten angesiedelt sind, als rubenitisch bezeichnet werden, ist also kein Hinweis darauf, daß *die* Rubeniten zunächst westlich des Jordan siedelten, sondern eher darauf, daß einzelne sich als rubenitisch bezeichnende Familien sich auch noch in dem Gebiet befanden, das sich direkt an das durch die in Num 32 genannten Städte nur grob umrissene Gebiet östlich des Jordan anschloß. Dies gilt umso mehr als der Jordan lange Zeit offensichtlich keine trennende Grenze im eigentlichen Sinne bedeutete, sondern erst in später Zeit aus ideologischen Gründen zu einer solchen stilisiert wurde (vgl. Jos 22!).

Die Verbindungen zwischen Ost- und Westjordanland über den Jordan hinweg sind augenfällig v.a. durch den Verlauf auch schon vorrömischer Straßen, die genau das oben besprochene Gebiet durchqueren: So findet sich eine wichtige Straßenverbindung, die von Jerusalem nach Jericho führt, dort den Jordan überquert und südlich von Rabba auf den Königsweg trifft. Gleichzeitig kommt auf westlicher Seite nördlich davon eine Straße von Bethel herunter, die mit der genannten Verbindung in Jericho ein Dreieck bildet. Im weiteren Verlauf nach Westen treffen diese beiden Straßen auf die große Nord-Süd-Verbindung entlang der Wasserscheide, die Beth-Schean, Tirza, Schechem, Bethel, Jerusalem, Hebron, Beerscheba durchläuft und die wichtigste Binnenverbindung schon der Königszeit darstellt.[298] Zusätzlich sei auf das in Jos 13 verwendete und seinem ursprünglichen Kontext entrissene Itinerar (Jos 13,17-20.27) verwiesen, bei dem ebenfalls davon auszugehen ist, daß es sich in der ursprünglichen Fassung um die Beschreibung eines antiken

---

[297] S. Kap.II.1
[298] S. Beitzel, Art. Roads and Highways (pre-Roman), ABD V, S.776-782 (Karte auf S.780)

Verkehrsweges handelte, der von Ost nach West über den Jordan hinaus führte[299]. Eine römische Straße, die - wie in vielen Fällen - auf eine schon in vorrömischer Zeit existierende Straßenverbindung weisen könnte, verbindet beispielsweise Hesbon mit Livias und Jericho, so daß kontinuierlich enge Verbindungen zwischen dem ostjordanischen Territorium der Rubeniten[300] und der ihm gegenüberliegenden, mit dem Bohanstein verbundenen Region anzunehmen sind[301]. Die dadurch ermöglichten Kontakte zwischen beiden Gebieten machen somit die Abwanderung einzelner rubenitischer Sippen in das Gebiet südlich von Jericho immerhin denkbar. Vor allem sollte aufgrund der neueren Forschungen zur Struktur nomadischer Lebensweise im Orient vermehrt damit gerechnet werden, daß sich in immer wiederkehrenden Perioden eine eher seßhafte Phase mit einer stärker nomadisierenden Phase abwechselt.[302] In Phasen stärkerer Nomadisierung ist davon auszugehen, daß sich die von den Mitgliedern eines Stammes aufgesuchten und kontrollierten Gebiete ändern bzw. ausweiten, ohne daß dadurch die engen Stammesbeziehungen und -grenzen aufgegeben würden: "To belong to a particular tribe, therefore, is to belong to a social entity which has control over particular natural resources or areas of subsistence. These areas may or may not be used exclusively by members of the tribe, and certain parts of their territory may even be controlled by other tribes."[303] Diese Erkenntnis würde zum einen eine Erklärung dafür bieten, warum die gleichen Sippen - wie bereits angesprochen - gleichzeitig als rubenitisch und als judäisch bzw. benjaminitisch gelten können.

Zum anderen ist nunmehr die zumindest zeitweise Beanspruchung des Gebietes um den Bohan-Stein durch Angehörige der Rubeniten also trotz der Zugehörigkeit der Region zu Juda als möglich anzusehen und aufgrund der Nähe und guten Anbindung an das ostjordanische Gebiet auch wahrscheinlich.

b) Das ostjordanische Siedlungsgebiet der Rubeniten

Historisch zuverlässige Angaben über die ostjordanischen Stammesgebiete lassen sich damit aber im Bereich alttestamentlicher Texte nur in der Erzählung der Grundschicht von Num 32 und der dort verwendeten Ortsliste finden. Richtig verweist Wüst hier auf die Übereinstimmungen zwischen der Ortsliste und den An-

---

[299] Vgl. dazu Wüst, Untersuchungen, S.157
[300] S. im einzelnen unter b, wo die betreffenden Ortslagen genannt sind.
[301] Zum Straßenverlauf in römischer Zeit s. LaBianca, Sedentarization, S.164. Mit kleineren Wegen, die eine Verbindung zwischen dem rubenitisch besiedelten Teil des ostjordanischen Plateaus und dem Jordangraben bzw. dem Nordende des Toten Meers bilden, ist zu allen Zeiten zu rechnen. Dies wird vor allem an den kleinen Siedlungen deutlich, die sich in den Wadis unterhalb des ostjordanischen Plateaus finden. Vom Lehrkurs 1994 besucht wurde eine solche Siedlung, el-Keniseh, an einer der kleinen Verbindungsstraßen, die im Sommer 1994 von M.Piccirillo wiederentdeckt wurde: Es handelt sich um die Reste eines kleinen Klosters direkt unterhalb von Kh. el-Mukhayyit (Nebo!), das nach Piccirillo auf vorherige Besiedlung zurückgehen dürfte.
[302] Eine umfassende Darstellung der Untersuchungsergebnisse in der Hesbon-Region findet sich bei LaBianca, Sedentarization.
[303] LaBianca, a.a.O., S.39

gaben der Meschastele, die einen zusätzlichen Beweis für die historische Glaub-
würdigkeit des Dokuments liefern: So findet sich auf der Meschastele die Angabe,
daß die Leute von Gad seit jeher im 'Land Atarot' gewohnt hätten (Zeile 9), und
das in der Meschastele als Herkunftsort Meschas genannte Dibon wird außer in
Num 32,34 auch in Num 33,45f als Dibon-Gad bezeugt. Außer der Nennung des
in Num 32,1 möglicherweise in Verbindung mit Ruben stehenden Jaser[304] in
beiden Texten finden sich jedoch über Ruben keinerlei zusätzliche Aussagen. Die
hier verwendete Ortsliste ist aber bei weitem nicht so alt, wie Wüst vermutet.
Vielmehr handelt es sich möglicherweise um ein Dokument aus dem 8.Jh., das
dann auch zur Entstehungszeit des genealogischen Eponymensystems bekannt war,
nicht jedoch um eine Urkunde aus der Regierungszeit Salomos[305].

Nochmals betont werden muß die Tatsache, daß die aus dem Dokument
übernommene und in der Grundschicht von Num 32 genannte Aufzählung der
rubenitischen Städte Hesbon, Elale, Kirjathajim, Nebo, Baal-Meon und Sibma
(32,37) keine Grenzbeschreibung darstellt, sondern nur einige wichtige Orte nennt,
die eine Linie am westlichen Rand des moabitischen Plateaus bilden. Zu identifizieren sind sie mit den folgenden Ortslagen[306]:

Hesbon:	Hesban	Koord. 2265.1342[307]
Elale:	Khirbet el-'Al	Koord. 2285.1365[308]
Kirjathajim:	Kh. el-Qurayya	Koord. 2159.1242[309]
Nebo:	Kh. el-Mukhayyat	Koord. 2206.1286[310]

---

[304] Dies ist aufgrund des Parallelismus möglich, die Verbindung Jasers mit Gad in v.35 ist hingegen
sekundär (s.o.).

[305] So Wüst, a.a.O., S.182f

[306] Die Identifikation erfolgt im Anschluß an Palästina, Historisch-Archäologische Karte und Wüst
Untersuchungen, S.147. Für die Schreibweise wurde weitgehend Archaeology of Jordan I u. II
zugrunde gelegt; die genauen Koordinatenangaben sind aus Zwickel, Eisenzeitliche Ortslagen,
entnommen.

[307] Einen kurzen Überblick über die Befunde in Hesban bietet die Zusammenstellung in AJ II/1,
S.261-269, die von einem der Ausgräber, LaBianca, besorgt wurde. Dort stehen auch die
Angaben über die 14 Bände der Dokumentation der Andrews University, von denen freilich
noch nicht alle erschienen sind. Eine Liste der umfangreichen Spezialliteratur zu dieser Grabung
findet sich in AJ I, S.210-212.

[308] Für die älteren Werke zu el-'Al (Conder 1889; Glueck 1933a. 1939a; Musil 1907) ist auf die
bibliographischen Angaben in AJ I, S.193 zu verweisen. In neuerer Zeit ist vor allem zu nennen:
Reed, The History of Elealeh ('El-'Al) in Moab; ders., The Archaeological History of Elealeh
in Moab.

[309] Die Hirbe ist wenig erforscht. Hinweise finden sich bei Kuschke, Jeremia 48,1-8; ders., Das
Deutsche Evangelische Institut für Altertumswissenschaft des Heiligen Landes. Lehrkurs 1960;
Weippert, Das Deutsche Evangelische Institut für Altertumswissenschaft des Heiligen Landes
in den Jahren 1982 und 1983 (bes. S.167).

[310] Zum eisenzeitlichen Befund vgl. Saller/Bagatti, The Town of Nebo (Khirbet el-Mukhayyat);
Saller, Iron Age Tombs at Nebo, Jordan; Piccirillo, Campagna archeologica a Khirbet el-
Mukhayyet (Città del Nebo)1; ders., La capella del prete Giovanni di Khirbet el-Mukhayyat
(Villagio di Nebo), bes. S.312; Alliata, La ceramica dello scavo della cappella del prete Giovanni
a Kh. el Mukhayyat.

Baal-Meon: Ma'in   Koord. 2199.1207[311]
Sibma: Kh. Qarn el-Kabs?[312] (Koord. 2236.1312)

Die Nichterwähnung Rubens auf der Meschastele sollte nicht dazu verleiten, daraus eine Nichtexistenz rubenitischer Besiedlung im Ostjordanland zur Zeit der moabitischen Herrschaft abzuleiten. Ein solches argumentum e silentio erscheint angesichts der nur sehr mangelhaften Kenntnisse über die Geschichte des Ostjordanlandes und vor allem über die Frage, welche ethnischen Gruppen dort siedelten, völlig unangebracht. Es ist sehr wohl denkbar, daß auch zur Zeit des Königs Mescha Rubeniten in dem ihnen in Num 32 zugewiesenen Gebiet siedelten, diese aber entweder der neuen Macht gegenüber weitgehend loyal oder aber zu unbedeutend waren, um gesondert als Gegner erwähnt zu werden. Die Eroberung Nebos ohne nennenswerten Widerstand, die in der Mescha-Stele erwähnt wird, spräche für die zweite Annahme.

Die gegenwärtige Forschungslage im archäologischen und ethnologischen Bereich erlaubt keine weiteren Aussagen, die als historisch zuverlässig gewertet werden könnten, auch wenn dies bedauerlich erscheinen mag. Möglicherweise können die vermehrten Anstrengungen der amerikanischen Projekte zur Erforschung der Besiedlung des Ostjordanlandes (Madaba-Plains-Projekt etc.) in Zukunft weitere Hinweise zur Beurteilung der Sachlage ergeben. Zweifel sind aber angebracht, da auch auf israelischer Seite trotz großer Anstrengungen für die Frage nach der ethnischen Zuordnung einer Besiedlung bis heute keine genauen Kriterien ermittelt werden konnten.

Für die Annahme einer Nichtexistenz des Stammes Ruben bzw. seines Untergangs spätestens in moabitischer Zeit (so die Position etwa von Cross und Donner) können also keine historischen Argumente in Anspruch genommen werden. Es stehen weder für die eine noch für die andere Annahme gesicherte historische Quellen zur Verfügung. Vielmehr muß weiterhin mit der Möglichkeit gerechnet werden, daß auch im Schatten der moabitischen und ammonitischen Herrschaft im Ostjordanland israelitische Bevölkerungsanteile wohnten. Dies wird im übrigen durch die spätere Geschichte belegt, von der sich auch im AT immer wieder Anzeichen finden, wie z.B. in dem Text Jos 22.

---

[311] Erforscht sind vor allem die byzantinischen Reste: Piccirillo, Al-Deir-Ma'in, Madaba; ders., Chiese e mosaici di Giordania 1982; ders./Russam, A Byzantine Church at ed-Deir (Ma'in); van Elderen, Excavations of Byzantine Churches and Mosaics in 1973.

[312] Die Identifikation von Sibma ist ungeklärt. Eine ausführliche Diskussion der verschiedenen Möglichkeiten bietet Wüst, Untersuchungen, S.144f A.476 und S.161 A.539; vgl. aber jetzt Mittmann, der Sibma mit Kh. 'Uyun Musa identifiziert (Gebietsbeschreibung, S.21f).

3. Josua 22: Die mögliche Schuld der Rubeniten und Gaditen

Die in diesem Kapitel bisher untersuchten Texte beschäftigten sich vor allem mit Aussagen zum Siedlungsgebiet der Rubeniten, was einer historischen Einordnung Rubens bzw. der Rubeniten weitere Erkenntnisse bringen konnte. Ein auffälliges Ergebnis der literarischen Analyse war bei dieser Untersuchung jedoch darüber hinaus die Erkenntnis, daß in beiden Texten, Num 32 und Jos 13, eine spätpriesterliche Schicht zu erkennen ist, die - anders als P^G - ein auffälliges Interesse am Ostjordanland als Erbbesitz der Israeliten hat. Zu fragen ist daher, ob noch weitere Texte mit einer ähnlichen Konzeption als Fortsetzung der P^S-Schicht im Rahmen des Textkomplexes begegnen, der sich mit dem israelitischen Landbesitz beschäftigt. Ein solcher Abschnitt mit Thematisierung des Ostjordanlandes findet sich in Jos 22. Auffällig ist, daß hier die Rubeniten und Gaditen als Bewohner des Ostjordanlandes in einen direkten Konflikt mit den Westjordaniern geraten, im Verlauf dessen ihre Zugehörigkeit zu Jahwe in Frage gestellt wird.

Bereits in der spätpriesterlichen Schicht von Num 32 war erkennbar, daß - bedingt durch den Wunsch der Rubeniten und Gaditen, im Ostjordanland zu siedeln - Auseinandersetzungen zwischen Ost- und Westjordaniern als geradezu vorprogrammiert erscheinen. Nun wird in Jos 22 eine solche Auseinandersetzung konkret geschildert. Wenn dies aber, wie hier, durch einen im religiösen Bereich angesiedelten Zwischenfall geschieht, liegt es nahe, einen Zusammenhang der theologischen Beurteilung der Rubeniten mit ihrem Siedlungsgebiet im Ostjordanland zu vermuten, wobei besonders religiöse Vorbehalte eine Rolle spielen könnten. Die Frage nach dem Zusammenhang der Beurteilung des Ostjordanlandes mit der der Rubeniten spitzt sich also zu.

Schon bei der Verortung der Grundschicht von Num 32 war ein Zusammenhang zwischen der positiven Beurteilung der rubenitischen Ansiedlung und einer positiven Sicht des Ostjordanlandes erkennbar. Hier wurde auch deutlich, daß von P^S in Num 32 nicht einfach die Konzeption der Grundschicht übernommen, sondern im Sinne der eigenen differenzierten Haltung gegenüber dem Ostjordanland ausgebaut wird, so daß neben Vorbehalten gegenüber dem Ostjordanland vor allem die positive Haltung gegenüber einer ostjordanischen israelitischen Besiedlung zum Ausdruck kommt. Stärker noch zeigt sich in Jos 13 die positive Haltung der P^S-Schicht gegenüber dem Ostjordanland. Der Inhalt geht dort freilich nicht über die Schilderung des Empfangs des durch Jahwe zugewiesenen eigenen Landbesitzes durch die Rubeniten (und Gaditen) hinaus. In Jos 22 deutet sich jedoch schon beim ersten Eindruck das Wechselspiel von Beurteilung des Landes und seiner Bewohner, die durch die Rubeniten und Gaditen repräsentiert werden, an. Vor allem wird hier im Text indirekt eine Gruppe erkennbar, mit der offensichtlich eine Auseinandersetzung über dieses Thema geführt werden muß, weil sie nicht nur die Besiedlung des Ostjordanlandes negativ beurteilt, sondern auch die Zugehörigkeit seiner Bewohner zum Volk Jahwes abstreitet. Daß die im Text direkt auftretende Kommission um Pinhas am Ende zu einer Akzeptanz des Ostjordanlandes gelangt, soll dieser Gruppe offensichtlich vermitteln, wie wenig zutreffend ihre Ansichten sind. Die Rubeniten und Gaditen stehen im vorliegenden Text, wie auch in den anderen siedlungsgeographischen Texten (Num 32 und

Jos 13), stellvertretend für die Bewohner des Ostjordanlandes bzw. für das Ostjordanland als Siedlungsgebiet. Dementsprechend kommt durch die Darstellung ihres Verhaltens auch die Beurteilung des Ostjordanlandes und seiner Bewohner zum Tragen.[313]

3.1 Einführung

"The story of the departure of the two and one-half Transjordanian tribes following the completion of the conquest and the building of their altar remains a puzzle in spite of the attention which it has received."[314] Dieses Zitat beschreibt zutreffend den Eindruck, den die Beschäftigung mit der Literatur zum vorliegenden Text hinterläßt, da offensichtlich kaum eine Möglichkeit gesehen wird, dem "eigentümlichen Kapitel Jos 22"[315] einen verständlichen Sinn abzugewinnen.

Als folgenreichste Grundvoraussetzung für dieses Resultat erweist sich die weitverbreitete Annahme, dem Text liege eine alte Tradition aus vormonarchischer Zeit zugrunde, sein Sinn sei deshalb aus der Auseinandersetzung mit dieser aufgenommenen Tradition zu erheben.

Steuernagel vermutet, die Geschichte, die von "einem unter dem Einfluß des P stehenden Verfasser"[316] stamme, knüpfe an eine alte Erzählung von einem Kriegszug an, setze sich aber eigentlich mit einer Tradition von einem Altar des Zeugnisses auseinander. Ein differenziertes literarisches Ergebnis wird freilich nicht formuliert.

Nach Noth ist hier eine alte ortsätiologische Überlieferung "im Interesse einer ernsten Warnung vor illegitimen Kulten und Kultstätten, vielleicht auch eines Hinweises auf die Jahwe-Treue der im Ostjordanland wohnenden Glieder der nachexilischen Gemeinde"[317] im Sinne von P umgestaltet worden.

Ein "priestly editing of an ancient tradition" sieht auch Kloppenburg in der vorliegenden Erzählung. Die von ihm vorgelegte, wohl intensivste Studie zum Text überhaupt, zeichnet die priesterlichen Elemente genau nach, kommt jedoch auch zu dem Schluß, daß hier eine vorexilische Tradition aufgenommen wurde, die auf einen alten rubenitischen/gaditischen Altar hinweist.[318] Diese sei freilich stark priesterlich überarbeitet, so daß aus jetziger Sicht "Jos 22 is not told with the interests of the Transjordan in mind. Instead, the author (editor) is concerned to relate how *Israel*...was saved from the 'hand of Yahweh', albeit because of the conciliatory attitude of Reuben and Gad."[319]

Einen methodisch völlig anderen Weg schlagen Menes (1932) und Vink (1969) ein, die beide davon ausgehen, daß die in dem Text altertümlich wirkenden Elemente eine bewußte Rückprojektion späterer Vorstellungen in die Frühzeit darstellen. Der Sinn der Erzählung liegt für

---

[313] Dieser Zusammenhang kann auch durch Ruben als Einzelperson ausgedrückt werden, weil mit seinem Gebiet die identitätsstiftenden ostjordanischen Traditionen verbunden sind (genealogisches Eponymensystem) bzw. weil er durch das mit ihm verbundene Gebiet als identitätsgefährdend für Israel angesehen wird (z.B. Gen 49*). S. dazu die Untersuchung der entsprechenden Texte in Kap.V.

[314] Kloppenburg, Joshua 22, S.347

[315] Rendtorff, Studien, S.50

[316] Steuernagel, Josua, S.236

[317] Noth, Josua, S.134, letzteres im Anschluß an Menes, Tempel

[318] Kloppenburg, Joshua 22, S.370f

[319] Kloppenburg, a.a.O., S.355

Menes in einer Ätiologie der Synagoge als Anbetungsstätte ohne Opfer aus exilischer Zeit.[320] Vink dagegen sieht in ihr eine nachexilische Legitimation für den Gebrauch von Altären auch außerhalb des eigentlich israelitischen Gebietes.[321]

Die folgende Untersuchung wird sich mit den sprachlichen und inhaltlichen Elementen des Textes erneut auseinandersetzen, um zu ermitteln, wie der komplexe Textbefund tatsächlich zu verstehen und einzuordnen ist.

3.2 Literarkritische Überlegungen

a) Zur Differenzierung von 22,1-8 und 9-34

Nach wohl einhelliger Meinung der alttestamentlichen Forschung sind im vorliegenden Kapitel die v.1-8 von den v.9-34 literarkritisch abzusetzen.[322] Inhaltlich steht in diesen Versen, durch את (v.1) eingeleitet, ein Abschnitt der folgenden Erzählung voran, der in monologischer Form die Entlassung der ostjordanischen Stämme beschreibt, während die Erzählung in v.9-34 vom Altar-Zwischenfall ausgehend dialogisch eine Auseinandersetzung zwischen der priesterlichen Abordnung der westjordanischen Stämme und den 'Ostjordaniern' schildert (auch hier eröffnet durch einen deutlichen Neueinsatz in v.9). Die Schilderung dieser Auseinandersetzung ist, wie von Kloppenburg richtig bemerkt, "completely intelligible without 1-8"[323].

Auffällig ist dabei für den Abschnitt der v.1-8 zunächst, daß nach dem in v.6 aufgrund des Gehorsams der zweieinhalb Stämme ausgesprochenen Segen und dem anschließenden Zug der Stämme in ihre Wohnstätten (v.1-6) in v.8 ein erneuter, imperativisch formulierter, Segen erfolgt. Die v.7 und 8 werden daher gesondert untersucht.

v.1-6: Der Abschnitt läßt sich durch den hier begegnenden Sprachgebrauch eindeutig von v.9-34 abheben. So werden die Rubeniten und Gaditen als הגדי/הראובני bezeichnet (in v.9-34 בני־גד/בני־ראובן), es fehlen Bezüge auf priesterliche Gestalten wie Pinhas und die Fürsten der Gemeinde - stattdessen ist Josua die zentrale Figur, die zurückverweist auf Mose als עבד יהוה (vgl. die spätdtr Partien in Jos 1,13; 12,6; 13,8 u.ö.). Die Sprache des gesamten Abschnitts mit seiner mehrfachen Betonung des Gesetzesgehorsams erweist sich als eindeutig deuteronomistisch[324], besonders deutlich in v.5, der sich aus dtr Formeln zusammensetzt[325]. Sprachlich und inhaltlich findet sich hier ein Gegenstück zu den spätdtr Abschnitten Dtn 3,18-21; Jos 1,12ff; 4,12ff, die in gleicher Weise die Vorstellung des ostjordanischen Halbmanasse enthalten und eine Position ohne Vorbehalte gegenüber dem Ostjordanland (anders als v.9-34!) aufweisen (vgl. v.4, wo das Ostjordanland

---

[320] Menes, Tempel, S.268-276
[321] Vink, Priestly Code, S.73-77
[322] So schon in den alten Untersuchungen, z.B. Steuernagel, Josua, S.236; Noth, Josua, S.133; Rudolph, Elohist, S.238f; neuerdings z.B. Butler, Joshua, S.241, Fritz, Josua, S.220
[323] Kloppenburg, Joshua 22, S.351
[324] Eine Zusammenstellung dtr Formulierungen bietet Kloppenburg, Joshua 22, S.351f, A.4.
[325] So schon Steuernagel, Josua, S.236

אחזה ist)[326]. Der Abschnitt 22,1-6 mit der Entlassung der ostjordanischen Stämme dürfte somit einer spätdtr Hand zuzuschreiben sein[327] und "korrespondiert", wie von Fritz beobachtet, der Verpflichtung der Stämme in dem ebenfalls spätdtr Abschnitt Jos 1,12-18, "die damit aufgehoben wird."[328]

v.7-8: Hatte in den vorangegangenen Versen die Segnung und Entlassung der ostjordanischen Stämme durch Josua in Form einer durch Einleitung und Schluß gerahmten Rede bereits stattgefunden, so beginnt in v.7 erneut die Einleitung eines Segens, kenntlich gemacht durch die auffällige Inversion des Satzes in v.7a.

V.7-8[329] bietet in zweifacher Weise eine Erklärung des vorher Gesagten: In v.7a wird auf die Landzuteilung an Manasse durch Mose rekurriert und damit "begründet, warum nur die Hälfte des Stammes Manasse in das Ostjordanland zieht."[330]

In v.7b erfolgt die eigentliche Einleitung (erneutes שלחם, vgl. v.6!) der in v.8 in eigentümlicher Weise erfolgenden Beschreibung des schon ergangenen Segens: Verwiesen wird auf Silber, Gold, Kupfer, Eisen und Gewänder, eine Zusammenstellung, die sich im AT sonst in dieser Form nicht findet. Diese reichen Segensgaben werden in v.8b zudem als von den Feinden erbeutet erklärt und nicht mit der Aufforderung zur Einhaltung der Gebote (v.1-6) verbunden, sondern mit dem Auftrag zum Teilen unter die Brüder.

Die Funktion der beiden Verse wird im Blick auf die folgende Erzählung vielfach so definiert, daß hier ein "redactional link to the story of the altar by the Jordan in vv 9-34"[331] zu erkennen sei. Diese These setzt voraus, daß der Abschnitt v.1-6 (mit Halbmanasse) bereits vorgelegen habe und an ihn die zunächst nur im Bezug auf Ruben und Gad formulierte Geschichte in v.9-34 angeschlossen worden sei. V.7-8 habe dann formuliert, warum in der eigentlichen Erzählung (v.9-34) nicht von Halbmanasse die Rede sei (da dieser ja in v.7-8 zunächst entlassen wurde). Diese Vorstellung kann jedoch nicht erklären, warum in v.9-34 die Erwähnung Halbmanasses schließlich doch erscheint (v.9.10.11.13.15.21.30.31). Der Zusammenhang der drei Textteile ist daher erneut zu prüfen.

v.9-34: Innerhalb des Abschnitts 9-34 ergeben sich zwei Probleme, die darauf schließen lassen, daß auch hier kein einheitlicher Text vorliegt. Zum einen fällt auf, daß in v.32.33 nur von Rubeniten und Gaditen die Rede ist, während in v.9.10.11.13.15.21.30.31 die beiden Gruppen - wie gesagt - zusammen mit Halbmanasse genannt werden. Für eine Lösung dieses Problems durch literarkritische Abtrennung des letzten Teils der Erzählung mit der Erwähnung von Rubeniten und Gaditen (ohne Halbmanasse) finden sich jedoch keinerlei Anhaltspunkte, so daß davon auszugehen ist, daß die Erzählung ursprünglich nur von Rubeniten und

---

[326] Nach Fritz ist es gerade das Anliegen der Erweiterung, "die besondere Lage der ostjordanischen Stämme am Ende der Landnahme noch einmal als gottgewollt herauszustellen."(Josua, 220)

[327] Zum nichtpriesterlichen Gebrauch von משמרת (v.3, vgl. Dtn 11,1) und אחזה (v.4; vgl. Num 32,5) s. Rudolph, Elohist, S.238; für מטה (v.1) ist mit vielen MSS wohl שבט zu lesen.

[328] Fritz, Josua, S.220

[329] Literarisch findet sich kein Hinweis darauf, daß hier in zwei Zusätze, 7a und 7bf, zu differenzieren ist, wie Steuernagel (Josua, S.236) vorschlägt.

[330] Steuernagel, Josua, S.236

[331] O'Brien, Deuteronomistic Historian, S.75 A.106; vgl. dazu auch Noth, Josua, S.133 und ders., ÜSt., S.190 A.2

Gaditen handelte. Ähnlich wie schon in den Texten Num 32 und Jos 13 beobachtet, wurde wohl auch hier mit Hilfe redaktioneller Einfügungen die Erzählung auf den halben Stamm Manasse erweitert, wobei die letzten Erwähnungen in
v.32.33 übersehen wurden.

Das zweite Problem bildet der in v.20 erfolgende Rückgriff auf den von Achan
verschuldeten Zwischenfall (vgl. Jos 7), weil durch diesen Vers der Gang der Argumentation unterbrochen wird. Es erfolgt hier nämlich ein erneuter Rückgriff auf
eine Verfehlung in der Vergangenheit, offensichtlich als Parallele zu dem schon in
v.17 erwähnten Baal-Peor-Zwischenfall, obwohl in v.19 wieder der eigentliche
Altarbau das Thema war. Wie schon in der älteren Kommentarliteratur, z.B. bei
Steuernagel, beobachtet und auch neuerdings wieder von Fritz betont, "klappt der
Verweis auf die Achanerzählung Jos 7 in 20 eindeutig nach und stellt einen Zusatz
dar."[332]

b) Redaktionelle Einordnung

Betrachtet man genauer Inhalt und Struktur der v.1-6, so fällt auf, daß in dem Monolog des Josua der begründete Rückverweis auf bereits geleisteten Gehorsam
(v.2f), der anschließende Erfolg dieses Gehorsams (v.4) und die Ermahnung für
zukünftigen Gehorsam (v.5) "clearly form a theological summary"[333], was im
jetzigen Kontext den anschließend folgenden Zwischenfall (v.9-34) als Übertretung
genau des vorher an die Stämme ergangenen Gebotes erscheinen läßt. Diese
Vorstellung findet sich jedoch in v.9-34 gerade nicht. Die Verse sind vielmehr für
sich zu verstehen, indem sie den geschilderten Vorgang als Vergehen gegen die
Gemeinde, nicht gegen die Gesetze interpretieren. Damit aber setzt der Abschnitt
die in v.1-6 "berichtete Heimkehr der Ostjordanier in ihre Wohngebiete" zwar
ideell, aber nicht in Form der v.1-6 voraus[334]: Daß den Rubeniten und Gaditen im
Ostjordanland ihr Territorium von Mose zugewiesen wurde und sie sich dort
niederließen, wird ja in dem P^S-Abschnitt Jos 13 bereits ausführlich beschrieben
und kann daher von der Erzählung in Jos 22 ohne weitere Erwähnung vorausgesetzt werden.

Geht man weiter davon aus, daß der geschilderte Befund der in v.32.33 fehlenden Erwähnung Halbmanasses nur durch eine spätere Einfügung Halbmanasses in
den anderen Versen des Abschnitts 9-34 erklärbar ist, so ergibt sich im Blick auf
die redaktionellen Vorgänge die Vermutung, daß die v.1-6 bewußt als theologische
Einleitung vor die Erzählung gestellt wurden[335]. Gut vorstellbar ist dann weiter-

---

[332] Fritz, Josua, S.220; vgl. Steuernagel, Josua, S.238. Daß jedoch zusätzlich auch 22,11 "ein
sekundäres Zwischenstück" ist, "das den Gang der Handlung unnötig unterbricht" (Fritz,
a.a.O.), kann nicht überzeugen. Vielmehr stellt der Vers den notwendigen Übergang von der
Schilderung der Handlung der Rubeniten und Gaditen (Altarbau, v.9f) zur Schilderung der
Strafexpedition der übrigen Israeliten dar, die ja auch den Dialog beginnen (v.15).

[333] Butler, Joshua, S.241

[334] Gegen Noth, Josua, 133 (Zitat)

[335] Butler bezeichnet die Verse deshalb richtig als "editorial summary" (Joshua, S.241), bezieht
diese jedoch zurück auf die vorher geschilderten Vorgänge der Landnahme.

hin, daß im Zusammenhang dieser Einfügung die Erwähnung Halbmanasses in der Erzählung erfolgt ist.

In den Rahmen der Erweiterung durch die v.1-6 wird angesichts der in beiden Fällen vorliegenden Betonung des Gesetzesgehorsams auch die Einfügung des v.20 mit dem Rückgriff auf den Achandiebstahl gehören, der in engem Anschluß an den in v.9-34* vorliegenden Text formuliert ist. Sowohl die Ausrichtung von v.1-6 als auch die Vorgehensweise, einen Einschub in Aufnahme vorgegebener Formulierungen zu formulieren (v.20), erinnern dabei stark an die charakteristischen Kennzeichen der spätdtr Redaktion (DtrS) von Num 32 und Jos 13: Auch dort war die charakteristische Einfügung Halbmanasses dieser Redaktion zuzuweisen; auch in Jos 13,8 war Mose, so wie in Jos 22,2.4.5, als 'Knecht Jahwes' bezeichnet worden; sowohl in Num 32 als auch in Jos 13 wurde in den spätdtr Sätzen das Ostjordanland in seiner größtmöglichen Ausdehnung als von Jahwe für Israel vorgesehenes, d.h. als Erbland beschrieben (vgl. Jos 22,4 und Jos 13,2-13*/Num 32,33.39ff). Da die v.1-6 bereits wegen ihres sprachlichen Charakters einer spätdtr Redaktion zugeordnet wurden, muß deshalb davon ausgegangen werden, daß auch die Erwähnung Achans in v.20 der Hand von DtrS zuzuweisen ist, die schon mehrfach als Überarbeitung (spät-)priesterlicher Texte begegnet war. Der spätdtr Charakter des v.20 erweist sich zudem durch den hier offensichtlich vorliegenden zusammenfassenden Rückgriff auf das in Jos 7 erzählte Geschehen.[336]

Im Blick auf die v.7-8 ist weiterhin die bisher übersehene Tatsache wichtig, daß sich שלחם in v.7b offensichtlich nicht auf die Entlassung der ostjordanischen Hälfte Manasses beziehen kann.[337] Sollte hier gemeint sein, daß Josua eine Hälfte Manasses ziehen läßt, dann könnte dieser mit der Landverteilung verbundene Vorgang nur auf die westjordanischen Manassiten bezogen sein (v.7aβ), da die ostjordanischen Manassiten ja bereits durch Mose ihr Erbteil erhielten (v.7aα !). Daher ist wohl die Aussage וגם כי שלחם, mit der der anschließende Segen verbunden ist, auf die zweieinhalb ostjordanischen Stämme insgesamt zu beziehen, während die Aufteilung der Manassiten eine in Gedankenstrichen zu denkende Erklärung darstellt.

Bei v.7-8 handelt es sich demzufolge um eine Glosse, die dem Abschnitt v.1-6 zugefügt wurde, nachdem dieser redaktionell mit v.9-34 zusammengestellt worden war. Die zeitliche Einordnung der Glosse erweist sich als schwierig, ein Zusammenhang mit dem Motiv der endzeitlichen Anteilhabe an den Schätzen der Völker (vgl. Sach 14,14) ist jedoch denkbar, weil sich die Zusammenstellung von Gold, Silber und Kleidern (v.8) als Beute (allerdings ohne das in Jos 22 genannte Kupfer und Eisen) inhaltlich ansonsten nur in diesem Kontext findet.

3.3 Die 'priesterliche' Gestalt von Jos 22,9-34

Wie die Untersuchung zum Text von Jos 22,9-34 durch Kloppenburg zeigt, wird in der Forschung zu Recht nach wie vor davon ausgegangen, daß es sich hier um

---

[336] "Der Verweis auf die Erzählung über das Vergehen und die Bestrafung Achans Jos 7 ist durch das Stichwort מעל bedingt, das 7,1 genannt ist." (Fritz, Josua, S.227)

[337] Diese diente als Argument für die bisherige Einordnung der Verse.

einen in priesterlicher Sprache gehaltenen Text handelt. Die genauere Einordnung der sprachlichen Elemente und inhaltlichen Vorstellungen sind jedoch nicht hinreichend geklärt, weder im Blick auf Bezüge zu verwandten Texten noch auf die mögliche Näherbestimmung der verantwortlichen priesterlichen Kreise (und ihrer historischen Situation). Die vorliegende Untersuchung soll deshalb einige Aspekte der sprachlichen und inhaltlichen Besonderheiten des Textes hervorheben.

Als eindeutig priesterliche Sprachelemente erweisen sich :

- Die Bezeichnung der Rubeniten und Gaditen als בני-ראובן / בני-גד (z.B. Ex 6,14; Num 1,20.24; 2,10.14; 32,25 u.ö., jedoch auch I Chr 5,1.3.11.18;12,15!)
- Die Erwähnung des Priesters Pinhas (Ex 6,25; Num 25,7.11; 31,6 u.ö., auch I Chr 5,30; 6,35; 9,20!)
- Die Kommission mit den 'Fürsten der Gemeinde' (נשיאי העדה: Ex 16,22; Num 4,34; 13,31; 32,2; Jos 9,15.18)[338] oder den 'Obersten der Sippen' (ראשי בית-אבות, häufig in Num, Ez, I-II Chr), sowie die Bezeichnung Israels als עדה (vgl. Num 32,2.12.14)

Der gegenüber den Rubeniten und Gaditen vorgebrachte Vorwurf wird mit zwei nicht priesterschriftlichen Begriffen ausgedrückt, zu denen sich die Mehrzahl der Parallelbelege in spät- und nachexilischem Schrifttum findet, was auf eine Nähe der genannten priesterlichen Elemente zum späteren chronistischen Gedankengut weist:

Die Bezeichnung des Abfalls von Jahwe als מרד in v.16.18.19.22.29 (vgl. Gen 14,4; Num 14,9, aber v.a. Ez 2,3; 17,15; 20,38; Neh 2,19; 6,6; 9,26; II Chr 13,6; 36,13) bzw. als מעל in v.16.31 (vgl. Lev 5,15.21; 26,40; Dtn 32,51; Jos 7,1; sehr häufig in Ez u. I-II Chr, auch Esra 10,7.10 u. Neh 1,8; 13,27).[339]

Weitere Auffälligkeiten des Textes ergeben sich beim Vergleich der hier als Argument verwendeten Anspielung auf den Baal-Peor-Zwischenfall (v.17) mit der diesen Zwischenfall beschreibenden Erzählung. Es zeigt sich, daß sowohl die Erinnerung an diesen Vorfall aufgegriffen wird als auch direkte sprachliche und inhaltliche Bezüge zu dem vorgegebenen Text auftauchen: So wird in Jos 22,17 für die als Strafe Gottes befürchtete Plage der priesterliche Ausdruck נגף (vgl. Ex 12,13; 30,12; Num 8,19; 17,11f)[340] verwendet, zu dem das in Num 25,8 begegnende מגפה ein verwandtes Derivat bildet. Aufgrund der jeweils verschiedenen Situation beider Texte muß das Auftreten des Priesters Pinhas bzw. der von ihm angeführten Kommission differenziert geschildert werden, erweist sich aber gerade dadurch als in der Sache begründetes, konsequentes Konzept: In Num 25 liegt durch den vollzogenen Götzendienst ein tatsächlicher Frevel vor, gegen den durch die erfolgreiche, drastische Strafaktion (Tötung des Israeliten) des Pinhas soweit vorgegangen wird, daß die Plage durch sein Eingreifen beendet werden kann (25,8).[341] In Jos 22,17 wird dann auch auf

---

[338] Für diesen Ausdruck finden sich Belege nur an diesen, selbst nach der vorsichtig urteilenden Untersuchung Zwickels frühestens exilisch (Zwickel, Räucherkult, S.295), wahrscheinlich aber eher nachexilisch anzusetzenden Stellen.

[339] Zu beachten ist dabei die Beobachtung, daß sich der מעל bei Neh 13,27 und Esra 10,2.10 auf die eingegangenen Mischehen bezieht (vgl. den im Text erwähnten Baal-Peor Zwischenfall). Auf den Begriff ist daher unter 3.6 für die Frage der historischen Einordnung nochmals genauer einzugehen.

[340] Auf die hier vorliegende priesterschriftliche Terminologie verweist auch Fritz, Josua, S.223.

[341] Eine Strafaktion Israels gegen Benjamin, an der Pinhas ebenfalls nicht unbeteiligt ist, findet sich auch in der Erzählung in Ri 19-21 als der einzigen anderen Belegstelle für einen Kriegszug (צבא) der Stämme gegeneinander. Der Text stellt allerdings nur eine sachliche Parallele für eine solche

das Fortbestehen dieser Schuld 'bis auf den heutigen Tag' verwiesen. Aufgrund der in Jos 22 vorliegenden Situation, in der ein Frevel befürchtet, aber nicht festgestellt wird, ist das Bild des Pinhas nun anders gezeichnet: Hier zeigt er sich zur Diskussion mit den vermeintlichen Übeltätern bereit, auch hier aber in der Absicht, drohenden Schaden von der Gemeinde Israel abzuwenden und geradezu erleichtert darüber, daß das angedrohte Eingreifen Jahwes bzw. die drohende Plage nun nicht zu erwarten sind. Dementsprechend bringt die von den Israeliten unter Leitung des Pinhas ausgesandte Kommission zwar heftige Vorhaltungen vor (v.15-20), diese werden aber durch die Argumente der Angeklagten so entkräftet, daß die Kommission erleichtert abziehen und ihre Aktion als gegenstandslos ansehen kann.

Von daher liegt die Vermutung nahe, daß es sich bei beiden Stellen um die gleiche spätpriesterliche Schicht handelt: Diese hat in Num 25,1-5 einen älteren Text übernommen[342] und dann weiter ausgestaltet, während sie in Jos 22 eine völlig eigene Erzählung bildet.

Der in Jos 22,9-34 vorliegende Text zeigt also im Umgang mit dem von ihm aufgegriffenen Material sowohl Parallelen zu priesterlichem als auch zu chronistischem Gedankengut und erweist sich von daher als spätpriesterlicher Text, was auch durch die enge Verbindung zu dem in Num 25 vorliegenden P^S-Text bestätigt wird.

Diese Einordnung mit Hilfe ähnlich gelagerter Vorstellungen und Begriffe wie in Jos 22 kann durch den Blick auf die Bezeichnung des göttlichen Zorns als קצף (Jos 22,18) nochmals verdeutlicht werden.[343] So kommt v.Rad in seiner Theologie zu der Vorstellung, daß in P "Israel...ständig von der Macht eines schon fast verabsolutierten Zornes (קצף) bedroht war"[344], wobei die Belegstellen vor allem auf eine Verwendung in P^G weisen (Num 1,53; 17,11).

Strafaktion dar. Eine literarische Einordnung dieses schwierigen Textes kann hier nicht vorgenommen werden.

[342] Wie viele andere verweist auch Noth darauf, daß die v.1-5 aus einer älteren Quelle stammen, die allerdings nicht ausgeglichen ist, und dann von dem in v.6-8 und 9-18 vorliegenden Passus aufgenommen und erweitert wurden (Numeri, S.170f). Der Abschnitt 6-18 enthält nach Noth zwar an einigen Stellen die "Ausdrucksweise von P" (z.B. v.6b, Numeri, S.172), "mit der Zuweisung von Num. 25,6ff. an den Grundbestand von P" ist jedoch "nicht durchzukommen" (ÜSt, S.202), vielmehr sei "in Num. 25,6 - 27,11 eine Serie von Nachträgen" erkennbar (ÜSt, S.203, i.Orig. gesperrt). Eine Zuweisung der Geschichte zu P^S ist damit aber plausibel zu machen.
Wenn in Num 25,3 (Baal-Peor) der Zorn Gottes mit אף formuliert ist, in Jos 22,18 jedoch als קצף begegnet, so ist dies auf die genannte literarische Übernahme zurückzuführen. Die spätdtr Redaktion von Jos 22 läßt sich dann später von dem in Jos 22,9-34 vorgegebenen Sprachgebrauch leiten und formuliert die Erwähnung des Achan-Zwischenfalls dementsprechend: Anders als in Jos 7,1, wo der Zorn Gottes als אף bezeichnet wird, wird in Jos 22,20 nun קצף verwendet. Der Gebrauch der jeweiligen Begriffe kann also nicht unbesehen für die Zuweisung zu einer bestimmten literarischen Schicht verwendet werden.

[343] Für eine geordnete Zusammenstellung aller Belege dieses Begriffs s. Achenbach, Israel, S.352 mit A.98. Interessant erscheint hier, daß der Begriff an mehreren Belegstellen in einem dtr Kontext begegnet: So wird in der Strafrede des Mose über die Untreue Israels in Dtn 9 an vier Stellen auf den קצף Gottes verwiesen (v.7.8.19.22). Die genannten Stellen, die sämtlich zu sekundären, spätdtr Einschüben in den Text gehören (vgl. Achenbach: zu v.7.8 s.S.351, zu v.19 s.S.359, zu v.22 s.S.364), zeigen jedoch charakteristischerweise ein von Jos 22 abweichendes Verständnis von קצף: Während in Jos 22 die Schuld Einzelner den Zorn Jahwes über die ganze 'Gemeinde' Israel bewirkt, ist bei den dtr Belegen Israel selbst als Ganzes schuldig geworden und zieht deshalb den Zorn auf sich.

[344] v.Rad, Theologie I, S.282

Im Blick auf den vorliegenden Text Jos 22 (und die von v.Rad genannten Belege) ist jedoch die Vorstellung des Zornes Gottes noch weiter zu differenzieren: In Anlehnung an priesterschriftlichen Gebrauch geht es auch in Jos 22,9-34 um einen Zorn, der die ganze Gemeinde Israel infolge des Vergehens eines Einzelnen bzw. Einzelner trifft, wie auch das im Text angeführte Beispiel des Baal-Peor-Zwischenfalls zeigt.[345] Diese Vorstellung von קֶצֶף zeigt sich auch an anderen Stellen, wo charakteristischerweise "qṣp Folgen auslöst, die nicht den eigentlichen Verursacher allein betreffen, sondern auf andere weiterwirken."[346] Zu diesen Texten gehören aber neben Lev 10 und dem dort verhandelten Problem der Trauerriten auch die entsprechenden Erwähnungen in II Chr (19,10; 24,18; 29,8; 32,25) und die in Jos 22 angesprochene Erzählung über den Baal-Peor Zwischenfall (Num 25)[347], wiederum also spätpriesterliche bis chronistische Belege. In den genannten Erzählungen geht es wie in Jos 22 um das Problem, daß die Gemeinde vor dem קֶצֶף Jahwes bewahrt werden soll, der ihr wegen der Übertretungen Einzelner droht. Der Zorn tritt also aufgrund von Schuldzuweisung ein und muß dementsprechend in Jos 22 nach dem Erweis nicht vorhandener Schuld nicht mehr gefürchtet werden. Eine Besonderheit ist jedoch, daß in Jos 22 bei dem vermuteten strafwürdigen Abfall der Ostjordanier und dem Zorn Jahwes deutlich eine "zeitliche Folge herausgestellt"[348] wird, indem die 'heute' der Sünde dem 'morgen' des Zornes Jahwes gegenübergestellt wird. Auch bei der Zornesvorstellung greift der Verfasser also auf priesterschriftliche Vorgaben zurück, wandelt diese aber in charakteristischer Weise ab.

Schließlich ist auf eine weitere inhaltliche Eigenheit der Geschichte Jos 22,9-34 zu verweisen, die nur im Rahmen eines späten priesterlichen Textes denkbar ist: Ungewöhnlich für einen priesterlichen Text im Rahmen von P^G wäre nämlich die Beurteilung des Ostjordanlandes als Erbbesitz (v.9)[349], nachdem diese Aussage in P-Texten nur für Kanaan zutrifft (vgl. Gen 17,8; 48,3f; Lev 14,34); besonders aber in der Verbindung einer solchen Beurteilung mit der Aussage, daß dieses Erbland unreines Land ist (v.19), die im Laufe der Diskussion nicht entkräftet wird. Eine ähnliche Vorstellung wie in v.9 liegt jedoch in dem spätpriesterlichen Nachtrag zu Num 32 (z.B. Num 32,32) vor. Auch in Jos 13,8, einem in seinem Grundbestand spätpriesterlichen Vers[350], findet sich die Aussage, daß den Rubeniten und Gaditen das Ostjordanland von Mose als Erbbesitz zugeteilt wurde, dort allerdings ausgedrückt mit dem Begriff נחלה.[351]

Die Untersuchungen zu Sprache und inhaltlichen Vorstellungen des vorliegenden Textes weisen somit auf eine Verfasserschaft später priesterlicher Kreise in nachexilischer Zeit, die zwar die typisch priesterschriftliche Terminologie verwendet, gleichzeitig jedoch auch sprachliche und inhaltliche Elemente aufnimmt, die noch in chronistischer Zeit verwendet werden.

Ein enger Zusammenhang ergibt sich deshalb mit den Vorstellungen der P^S-Schicht von Num 32 und Jos 13: Auch dort wird das Ostjordanland als Erbland bezeichnet, auch dort ist es aber trotzdem mit Zweifeln behaftet. Vom Vokabular her finden sich ebenfalls Übereinstimmungen mit den entsprechenden Abschnitten in Num 32 und Jos 13, auch wenn nicht alle Begriffe jeweils vorkommen.[352]

---

[345] Das redaktionell eingefügte Beispiel des Achan (v.20) übernimmt auch in bezug auf die Zornesvorstellung das vorgegebene Verständnis.

[346] Reiterer, Art. קֶצֶף, S.100

[347] In Num 25 ist allerdings - wie bereits erwähnt - nicht vom קֶצֶף, sondern vom אַף Jahwes die Rede.

[348] Reiterer, Art. קֶצֶף, S.100

[349] Die redaktionelle Erweiterung in v.1-6 übernimmt in v.4 diese Vorstellung.

[350] S. dazu unter IV.2.2.c

[351] Einzigartig ist schließlich in der vorliegenden Erzählung die zweimalige Aussage der ostjordanischen Stämme, an Jahwe Anteil haben zu wollen, formuliert mit חלק; vgl. KBL³, S.311.

[352] Zu den priesterlichen Sprachelementen s.o. 3.3

3.4 Eine alte Tradition als Grundlage ?

Trotz der Erkenntnis einer weitgehend als priesterlich zu beurteilenden Sprache des vorliegenden Textes, oder vielleicht gerade deshalb, findet sich in der Forschung das Bestreben, dem Sinn des Textes dadurch näher zu kommen, daß man eine in ihm angeblich vorliegende alte Tradition zu ermitteln versucht.

Die Möglichkeiten weisen in mehrere Richtungen: Möhlenbrink[353] versuchte in dem Abschnitt eine "kultpolemische Sage"[354] aus der Zeit der Richter zu sehen, bei der es um die Auseinandersetzung zweier amphiktyonischer Heiligtümer bzw. "Amphiktyoniezentren", Silo (gesamtisraelitisch) und Gilgal (rubenitisch-gaditisch-benjaminitisch), gehe. Steuernagel denkt hier an eine alte Geschichte über einen Altar "mit dem Namen עד"[355]. Noth vermutet eine ursprüngliche orts-ätiologische Überlieferung, die im Sinne "einer ernsten Warnung vor illegitimen Kulten und Kultstätten"[356] umgestaltet worden sei. Nach Schäfer-Lichtenberger schließlich schildert die hinter der Begebenheit stehende Tradition "einen Konflikt, der typisch für eine segmentäre Gesellschaft ist"[357], weil sich in ihm das von den ostjordanischen Siedlern den westjordanischen Israeliten abgerungene Recht ritueller Autonomie widerspiegele.[358]

Zur Klärung dieser Frage sollen im folgenden die wichtigsten Argumente bzw. Anhaltspunkte für eine mögliche alte Tradition kurz diskutiert werden.

Wichtig ist hierfür bei der Frage nach der Bestimmbarkeit des im Text zum Ausgangspunkt der Auseinandersetzung gemachten Altars. Sollte sich hinter der Erwähnung des Altars tatsächlich die weit zurückreichende Tradition eines bekannten Altars verbergen, so müßte auch dessen Lokalisierung zu ermitteln sein. Die Angaben im Text hierzu erscheinen jedoch auf den ersten Blick widersprüchlich: Scheint der Altar in v.10 noch eindeutig im Gebiet Kanaans, also westlich des Jordan, zu liegen, so wird sein Standort in v.11 nochmals in dreifacher Weise näher beschrieben. Die hier verwendeten Begriffe אל-מול und אל-עבר könnten auch ein Gegenüber zum Land Kanaan beschreiben. Snaith hat hierzu erwiesen, daß אל-מול "right at the forefront of the land of Canaan"[359] bedeuten kann (vgl. LXX: ἐφ' ὁρίων), und ebenso wie אל-עבר[360] die Lage an der Grenze des kanaanäischen Gebiets beschrieben soll. Schon bei Steuernagel findet sich interessanterweise der Hinweis, daß letzteres von einem Verfasser "geraten" sei, "der die Lage der גלילות nicht kannte."[361] M.E. läßt sich die komplizierte Formulierung der Lage des Altars am wahrscheinlichsten so deuten, daß hier nicht die bestimmte alte Tradition eines bestimmten Altars im Hintergrund steht, sondern mit den getroffenen Aussagen ein einleuchtendes 'setting' für die an den Zwischenfall anschließende Auseinandersetzung beschrieben werden soll.[362] Der Verfasser denkt also offensichtlich nicht an einen bestimmten Ort.[363]

Im Zusammenhang dieser Lokalisationsversuche ist zu fragen, ob mit den גלילות (v.11) eine Tradition aus Gilgal verbunden ist, eine Frage, auf die auch die Textkritik verweist: LXX und

---

[353]   Möhlenbrink, Landnahmesagen, S.246-250

[354]   Möhlenbrink, a.a.O., S.249

[355]   Steuernagel, Josua, S.239

[356]   Noth, Josua, S.134

[357]   Schäfer-Lichtenberger, Stadt, S.342

[358]   Schäfer-Lichtenberger, a.a.O., S.338-342

[359]   Snaith, Gilgal, S.332

[360]   Vgl. hierzu auch Num 32,19, wo der Ausdruck zweimal verwendet ist und sowohl das Land diesseits als auch das jenseits des Jordan bezeichnet.

[361]   Steuernagel, Josua, S.237

[362]   Eine literarkritische Lösung, wie von Noth (Josua, S.134) im Anschluß an Rudolph (Elohist, S.240) vorgeschlagen, die eine Ausscheidung von v.11 als Zusatz vorsieht, ist daher abzulehnen, auch wenn diese Lösung neuerdings wieder von Fritz (Josua, S.222) vertreten wird.

[363]   So auch Fritz, Josua, S.222

Peshitta lesen hier *'galgala'* d.h. Gilgal. Ein Wortanklang scheint hier möglich: *gilgal,* 'Rad'/ 'Kreis' und *gal,* 'Steinhaufe' hängen etymologisch zusammen und gehen beide auf *galal,* 'wälzen' zurück.[364] Auch führt sich die Tradition Gilgals auf die 12 Steine zurück, die von Josua beim Übergang über den Jordan zur Erinnerung aufgestellt wurden (Jos 4,19ff).[365]

Bei einer solchen Identifizierung ergeben sich freilich mehrere Probleme: Bei dem geschilderten Übergang - und damit dem Ort der Steinkreise bzw. Gilgals - handelt es sich offensichtlich um einen Ort, der heute nicht mehr genau identifizierbar ist, weil der Name sich in der Umgebung nicht erhalten hat und andere Hinweise auf eine Lokalisierung ebenfalls fehlen. Erwähnt wird Gilgal (griech. Γαλγαλ) sowohl bei Josephus als auch bei Euseb: Dabei weist Josephus (Josephus, Ant. 5,20) auf einen Lagerplatz der Israeliten in einer Entfernung von umgerechnet 2 km östlich vor Jericho und 10 km vom Jordan, eine Angabe, die schon aufgrund der daraus folgenden falschen (da viel zu großen) Distanz von 12 km zwischen Jericho und Jordan höchst fragwürdig ist. Euseb zufolge (Euseb, Onomastikon 66,6; entsprechend dazu s. auch die Übersetzung des Hieronymus) wird am zweiten Meilenstein östlich von Jericho ein einsamer Ort Galgal gezeigt und verehrt. Ebenso wie im Süden des Toten Meeres sind jedoch auch hier von jeher verschiedene Verbindungswege bzw. Straßen vermutbar und erkennbar. Selbst aus diesen Quellen kann also lediglich auf eine unbekannte Stelle am Übergang des Jordan von Ost nach West irgendwo in der Nähe (östlich) Jerichos geschlossen werden.[366] Dem entspricht, daß auch intensive archäologische Untersuchungen keine sinnvolle Identifizierung ermöglicht haben, "denn an Steinhaufen hat es in der Gegend von Jericho sowenig wie sonst in Palästina je gefehlt. Und mehr als ein Freilichtheiligtum und ein gelegentliches Zeltlager scheint bei diesen 'Steinhaufen' nie existiert zu haben."[367]

Eine Verbindung zwischen dem im Text genannten Steinhaufen und dem Steinhaufen Gilgal ist aufgrund dieser mit großen Problemen behafteten Lokalisation von Gilgal dann aber ebenfalls nicht anzunehmen.

Sollte mit dem erwähnten Altar eine alte Tradition verbunden sein, die auch von dem im Text vorausgesetzten Brandopfer an diesem Altar ausgeht (עולה in v.23.26.27.28.29), so ergibt sich ein weiteres Problem in bezug auf v.10. Hier wird die offensichtlich weithin erkennbare Ansehnlichkeit des Altars beschrieben. Dies steht jedoch im Widerspruch zu der Erkenntnis, daß sich bis zum 7.Jh. in palästinischen Heiligtümern die Brandopferaltäre weitgehend als "flache Opferplätze"[368] zeigen, während große und damit weithin sichtbare Altäre "ein späteres Stadium in der Entwicklung des Altarbaus"[369] darstellen. Im Zusammenhang mit den im Text verwendeten Begriffen für die verschiedenen Opfer (עולה und זבח in 26.28; עולה, מנחה und זבח in 29; עולה, מנחה und זבחי שלמים in 23; עולה, זבח und שלמים in 27) ist der von Kloppenburg vorgenommene Rückschluß auf eine alte Tradition, bei der noch zwischen זבח und שלמים differenziert wurde[370], kaum denkbar. Wie die Untersuchung Rendtorffs vermutet, könnte man aus diesem "Wirrwarr von Opferausdrücken"[371]

---

[364] Keel/Küchler, Orte, S.520f

[365] Aus der Erwähnung von Götterbildern in dieser Gegend in Ri 3,19 wird oft auf ein vorisraelitisches (im Rahmen der Erzählung moabitisches) Heiligtum in Gilgal geschlossen. Dies läßt sich jedoch nicht erweisen.

[366] Nach Möhlenbrink (Landnahmesagen, S.248f) handelt es sich bei Gilgal um ein benjaminitisches Heiligtum südlich von Jericho, dessen Besuch für die Rubeniten und Gaditen einen erheblichen Umweg auf ihrem Rückweg aus dem Westjordanland darstellen würde, das aber hier aufgenommen wird, um die "enge Verbindung Rubens und Gads mit dem benjaminitischen Gilgalheiligtum" (S.249) zu zeigen. Die Bedeutung dieses Amphiktyoniezentrums soll dann nach Möhlenbrink mit Hilfe der hier vorliegenden kultpolemischen Sage eingeschränkt werden.

[367] Keel/Küchler, Orte, S.522

[368] Zwickel, Räucherkult, S.128, vgl. S.110-128

[369] Ebenda; Eines der frühesten Beispiele für einen größeren Altar bildet der Hörneraltar in Stratum II/III von Tell es-Seba aus dem 8./7.Jh; vgl. Zwickel, a.a.O., S.127

[370] Kloppenburg, Joshua 22, S.367 unter Berufung auf Rendtorff, Opfer

[371] Rendtorff, Studien, S.50

höchstens auf verschiedene literarische Wachstumsschichten im Text schließen. Dies aber scheidet wegen des Fehlens sonstiger Anhaltspunkte aus.

Aus dem Gesagten ergibt sich, daß die Beurteilung einer vom Text aufgenommenen Tradition nur unter größter Zurückhaltung erfolgen kann.[372] Es ist nicht davon auszugehen, daß hier bewußt an eine bekannte vorhandene Tradition angeknüpft wurde, noch weniger daß eine Auseinandersetzung mit einer solchen erfolgt. Möglich ist lediglich, daß die Erzählung Anhalt an einem Altar nahm, dessen Name letztlich keine Rolle spielt (die in v.34 vorgenommene Benennung weist zwar auf einen solchen hin, nennt aber keinen Namen!). Richtig betont hier Fritz im Blick auf die Konzeption der Erzählung: "Ein alter Kern, in dem ein besonderer Altar im Jordantal begründet wurde, ist für die Erzählung nicht erkennbar. Nichts deutet auf die Umgestaltung einer älteren Vorlage, die den Namen des Altars einmal anders gedeutet hat. Das eigentliche Ziel des Handlungsablaufs ist dann auch nicht der Altarbau oder die Begründung, warum auf diesem Altar keine Opfer mehr dargebracht werden, sondern die Feststellung, daß auch die ostjordanischen Stämme zu Israel gehören..."[373]. Die Lokalisierung des Altars auf der Grenze der Ost-West-Territorien, seine im Anklang an Gilgal formulierte Namensgebung (Standort) und das Problem der an ihm (nicht) zu vollziehenden Opfer werden deshalb bewußt so gestaltet sein, um einen altertümlichen Rahmen zu schaffen für die Explikation des aufgetretenen Problems.

3.5 Strukturbeschreibung von Jos 22,9-34

Die Frage nach dem eigentlichen Thema bzw. Zielpunkt der Erzählung ist eng verbunden nicht nur mit der bisher vorgenommenen Einordnung seiner sprachlichen Vorstellungen und der Frage nach einer vorliegenden Tradition, sondern auch mit einer genauen Verfolgung der Erzählschwerpunkte bzw. der Struktur des Textes. Hauptaugenmerk ist dabei nicht auf die formale (so bei Butler[374]), sondern die inhaltliche Stringenz zu legen, wie die folgende Übersicht zeigen soll:

9-12 Erzählerische Einführung
    9: Zug der Ostjordanier weg von Silo in ihren Erbbesitz: Benennung des Gegenübers von Land Kanaan und Land Gilead, dennoch Anerkennung der Rechtmäßigkeit des Erbbesitzes (durch Mose gegeben)
    10: Bau des Altars: Auffällig die Betonung der Größe des Altars
    11: Versammlung der Gemeinde: Umständliche Beschreibung der Lage des Altars
    12: Sofortiger Beschluß zum Kriegszug gegen die Stammesbrüder (sonst nur Ri 19-21)
13-31 Dialog
    13-14: Einleitung durch Nennung der Mitglieder der Sprechergruppe auf israelitischer Seite: Demgegenüber werden die Ostjordanier im Dialog pauschal als Rubeniten und Gaditen benannt

---

[372] Schon Noth, Josua, S.134f, zeigt trotz der Annahme einer ortsätiologischen Überlieferung große Vorsicht bei der Näherbestimmung dieser Tradition: "Genauere überlieferungsgeschichtliche Feststellungen scheint mir der gegebene ... Bestand von Jos 22 nicht zu erlauben."
[373] Fritz, Josua, S.221
[374] In sehr übersichtlicher Weise Butler, Joshua, S.242

15-19[375]: Vorwürfe
+ 16: Versündigung gegen Jahwe (Altarbau und Abtrünnigkeit)
+ 17: Erinnerung an Baal-Peor: Keine logische Folge des Vorwurfs in v.16, da Ziel die Erwähnung der Plage unter der Gemeinde
+ 18: Höhepunkt: die eigentliche Sorge bezieht sich auf den Zorn Gottes über die Gemeinde Israel wegen der Sünde der anderen
+ 19: Rückzugsmöglichkeit für Ostjordanier: Wohnen im Westen, keine Auflehnung gegen Jahwe
21-29: Verteidigung ('Opfer' in 23.26.27.28.29)
+ 22: Beschwörung: Kein Abfall von Jahwe
+ 23: Beschwörung: Keine Opfer als Abwendung von Jahwe
+ 24: Sorge: Zukünftig Anteil an Jahwe abgesprochen
+ 25: Sorge: Nachkommen werden abgewendet von Jahwe
+ 26f: Erklärung: Altar Zeugnis, damit kein Verlust des Anteils an Jahwe
+ 28: Erklärung: Altar Zeugnis der Zusammengehörigkeit
+ 29: Eid: Kein Abfall von Jahwe
30-32: Antwort:
+ 30: völlige Akzeptanz des Gesagten: Erleichterung ohne weitere Diskussion des Opferthemas, keine weiteren Auflagen
+ 31: Rückbezug auf die Befürchtungen in 17.18.20: Israel gerettet vor Jahwe, da keine Sünde vorhanden
32-34 Erzählerische Ausleitung
32: Rückkehr der Kommission ins Land Kanaan
33: Absage des Kriegszugs - Erleichterung
34: Benennung des Altars mit anschließendem Jahwe-Bekenntnis(!)

In der hier gezeigten Struktur wurde die Frage des Opfers im Laufe der Verteidigungsrede bewußt beiseite gelassen. Auffällig ist, daß dies den stringenten Verlauf der Diskussion nicht stört, da das eigentliche Ziel der jeweils verwendeten Argumente auch so oder gerade so besonders deutlich wird: Ebensowenig wie sich die vorgebrachten Vorwürfe auf die Frage des Altarbaus oder des Opfers an sich beziehen, sondern ihren Schwerpunkt bei dem Problem des durch Einzelne über alle gebrachten Zornes Gottes sehen (dazu auch das Beispiel des Baal-Peor-Zwischenfalls), so geht es auch in der Verteidigung nicht um das Sachthema Altar und Opfer, sondern um die Zugehörigkeit zu den anderen Israeliten und zu Jahwe. Nur so ist zu erklären, warum mit der Wiederherstellung einer freundlichen Beziehung und der Erkenntnis, daß die Beziehung zu Jahwe nicht gestört ist, die Diskussion ohne weitere Beiträge oder Auflagen der Israeliten enden kann.

3.6 Die in Jos 22,9ff erkennbare Konzeption und ihre literarische und historische Einordnung

a) Konzeption

Die hier untersuchte Auseinandersetzung der Israeliten mit den Gaditen und Rubeniten erweist sich aufgrund der genannten Ergebnisse als eine Geschichte, deren Skopus in der Forschung weithin in falscher Richtung gesucht wurde.

---

[375] V.20 ist eine sekundäre Erweiterung, s.o. 3.2.a

Offensichtlich geht es in der Erzählung weder um die Geschichte vom Bau eines
bestimmten Altars und seinen Folgen noch um eine Diskussion über die Legitimation bzw. das Verbot anderer Altäre im Rahmen der Frage der Kulteinheit[376],
noch um die Kritik an den ostjordanischen Stämmen wegen der Errichtung eines
Kults in Konkurrenz zu Jerusalem[377].

Auch wenn die Erzählung nicht das Ostjordanland und mit seinem Territorium verbundene Vorgänge zum eigentlichen Thema hat, findet sich gleichwohl
(neben der expliziten Aussage von v.19) zwischen den Zeilen der Erzählung die
Vorstellung von der Unreinheit des Landes östlich des Jordan: So wird den
Rubeniten und Gaditen angeboten, sich zur Besserung ihrer Situation mitten unter
den anderen Stämmen im Westjordanland anzusiedeln. Diese Option begegnet
auch in Num 32,30, wie überhaupt der Verdacht gegen das Ostjordanland, der
freilich dessen Anerkennung als Erbbesitz nicht ausschließt, so nur in Jos 22 und
dem priesterlichen Nachtrag von Num 32 zur Sprache kommt (auch dort durch
den Mund einer priesterlichen Kommission). Die Vorstellung von der Unreinheit
des Landes wird auch durch den Dialog in Jos 22 nicht beseitigt. Die Erkenntnis,
die zur Umkehr der Kommission führt, heißt nicht, es bestehe nun doch kein
Verdacht gegen dieses Land, sondern, es gebe keine konkrete Schuld seiner Bewohner, die ganz Israel belasten könnte. Deutlich wird jedoch durch die Untersuchung, daß das Verhalten der ostjordanischen Stämme ein wichtiges Thema
darstellt, da die Sorge um das eigene Wohlergehen der Israeliten mit eben diesem
eng verbunden ist.

Die Beziehung zwischen beiden Gruppen hat sich in der Strukturuntersuchung
als entscheidend erwiesen: Die formulierten Vorwürfe zeigen die Furcht der
Westjordanier vor dem Zorn Gottes, sollten ihre ostjordanischen Brüder von ihm
abfallen. Eine gewisse Zusammengehörigkeit beider 'Seiten' ist damit aber bereits
in der Vorstellung der Furcht gegeben. Diese Furcht wird nämlich durch ein
ebenfalls mit dem Ostjordanland verbundenes Beispiel begründet, dessen tertium
comparationis nicht die Frage der vorgefallenen Sünde ist, sondern die Folgen
dieser Sünde für die ganze Gemeinde (Baal-Peor). Wieder geht es also um den
Aspekt der Mit-Betroffenheit. Interessanterweise erfolgen die Vorwürfe jedoch
nicht in Richtung einer Ausgrenzung der Ostjordanier, wie der Verlauf der
Auseinandersetzung zeigt: Deren Betonung ihrer Zusammengehörigkeit mit Israel
und ihr Bekenntnis zu dem gemeinsamen Gott Jahwe werden im Zusammenhang
mit der Relativierung der erhobenen Vorwürfe akzeptiert.[378]

Daß die vorliegende Auseinandersetzung anhand eines Altarbaus und der auf
diesem Altar (nicht) zu vollziehenden Opfer geschildert wird, kann keinen
Anhaltspunkt für eine bereits vorliegende alte Tradition geben. Vielmehr ist
davon auszugehen, daß hier bewußt eine Rückprojektion in die Landnahmezeit

---

[376] Vgl. die von Kloppenburg diskutierten Möglichkeiten (Joshua 22, S.352)

[377] So z.B. Hackett, Transjordan, S.130

[378] Vorausgesetzt ist damit aber auch - bei allen Vorbehalten - eine Akzeptanz des Ostjordanlandes
als Erbbesitz, die - wie bereits erwähnt - übereinstimmt mit den P^S-Aussagen von Num 32 und
Jos 13, wo die Zuweisung eben dieses Gebietes geduldet und geboten wird.

vorgenommen wird, um einen Rahmen für die Diskussion eines aktuellen Problems zu schaffen.[379]

Sprachlich und inhaltlich erweist sich die Erzählung als priesterlicher Beitrag zur Diskussion über die Rolle des Ostjordanlandes, das durch die Rubeniten und Gaditen repräsentiert wird: Im Hintergrund der Geschichte von Jos 22 scheinen tatsächliche Vorwürfe bestimmter einflußreicher rigoristischer Gruppen[380] gegen Leute, die mit dem Ostjordanland in Beziehung stehen, erkennbar zu sein. Ihnen soll mit Hilfe dieser Vorwürfe ihre Beziehung zu Israel untersagt und die Teilhabe am Jahweglauben abgesprochen werden. Erklärt wäre dadurch auch, warum einerseits im Text das im Ostjordanland spielende Beispiel Baal-Peor aufgenommen wird und in der Schilderung der Vorgänge die Kommission zunächst auch hier ähnliche Vorwürfe gegen die Rubeniten und Gaditen (d.h. gegen die Ostjordanier) vorbringt, andererseits die Kommission dann jedoch eines Besseren belehrt wird, so daß hier - anders als beim Baal-Peor-Zwischenfall - ein Einschreiten nicht nötig wird. Der direkte Bezug zu Num 25 macht wahrscheinlich, daß es sich dabei um die Aufnahme von Argumenten solcher rigoristischer Gegner handelt, die anhand dieses Beispiels zu zeigen versuchen, welche Folgen die Tolerierung ostjordanischer Elemente und damit (ihrer Meinung nach) notorisch unreiner Sünder für die Gemeinde Israel haben kann.

Der Text in seiner vorliegenden Fassung begründet demgegenüber aus spätpriesterlichem Hintergrund bei allen berechtigten Vorbehalten eine Integration der Ostjordanleute, indem er diese die hart gegen sie vorgebrachten Argumente durch die Erklärung der eigenen Jahwetreue und des Zusammengehörigkeitsgefühls entkräften läßt. Daher die zunächst unverständlich wirkende Zufriedenheit der Kommission nach vorherigem Kriegsaufgebot. Ein Kriegszug ist angesichts der solchermaßen erwiesenen Unschuld nicht mehr nötig, das Ostjordanland kann als Erbbesitz der Israeliten anerkannt werden. Hintergrund des geschilderten Vorfalls sind dann aber Auseinandersetzungen zwischen rigoristischen und priesterlichen Kreisen, die ihren literarischen Niederschlag in der eindrücklichen Erzählung der P[S]-Schicht finden.

b) Zur literarischen und historischen Einordnung

Wie bereits angedeutet, könnten die Textbefunde auf die gleichen priesterlichen Kreise als Verfasser von Num 32 (spätpriesterl. Erweiterung)[381], Jos 13* (Grundschicht) und Jos 22,9-34 schließen lassen. Darauf weist zum einen das Vorkommen der Kommission in Num 32 und Jos 22, sowie in der Fortsetzung der in Jos 13

---

[379] Methodisch ist hier Menes (Tempel) und Vink (Priestly Code) rechtzugeben.

[380] Auf diese Möglichkeit weist richtig Hackett, Transjordan, S.130f.

[381] Jos 22,9-34 wäre dann als direkter Anschluß an die priesterliche Überarbeitung von Num 32 gebildet worden mit übereinstimmender Vorstellung der Kommission, was ein weiteres Argument für die unter 2. vertretene These der Abfassung von v.9-34 *vor* v.1-6 bedeutet: Die Voraussetzung für die hier geschilderte Auseinandersetzung findet sich in einem Text des gleichen Autors (auch in Num 32 nur Ruben und Gad!).

ermittelten P^S-Schicht[382]. Zum anderen begegnet die Vorstellung der berechtigten Übernahme von Wohnsitzen im Ostjordanland bzw. die Beurteilung des Ostjordanlandes als Erbbesitz innerhalb priesterlich geprägter Texte außer in Jos 22 nur noch an diesen beiden anderen Stellen. Aufgefallen war schließlich bei der Untersuchung des Sprachgebrauchs von Jos 22, daß hier priesterliches Vokabular und priesterliche Vorstellungen begegnen, die keinesfalls der eigentlichen Priesterschrift (P^G) zuzurechnen sind[383], sondern aufgrund der Parallelen eindeutig auf spätpriesterliche Kreise weisen.

Ist damit aber erwiesen, daß im Hintergrund des Textes nicht die Auseinandersetzung mit einer alten Tradition, sondern mit der als problematisch empfundenen Haltung rigoristischer Kreise steht, so ist auch die Interpretation des Textes auf dem von Menes und Vink eingeschlagenen Weg zu suchen. Bei Menes und Vink wird jeweils eine ätiologische Lösung gesucht, d.h. daß ihrer Meinung nach der Text eine gegenwärtig entstandene Situation mit Hilfe dieser Erzählung zu erklären versucht oder eine Chiffre für eine zu diskutierende Situation bildet:

Menes sieht hier eine Erklärung für die Situation der Bedürfnisse der exilischen Gemeinde.[384] Ein Altar, bei dem so viel Wert auf die Tatsache gelegt wird, daß auf ihm *nicht* geopfert werden soll, kann nach Menes nur für die opferlose Zeit des Exils stehen, und zwar als Symbol für die Synagoge.

Problematisch ist dabei jedoch, daß im Text keine Gebetssequenzen oder Anzeichen für einen Wortgottesdienst vorliegen, die klar als Hinweise auf den Synagogengottesdienst zu verstehen wären. Weiter wäre zu fragen, warum hier die Synagoge ausgerechnet mithilfe eines Altares erklärt wird und warum ausgerechnet die ostjordanischen Stämme als Chiffre für die religiösen Entwicklungen der Exilszeit erscheinen, obwohl sie am wenigsten mit dem babylonischen Exil zu tun haben?

Vink sucht die ätiologische Erklärung demgegenüber in nachexilischer Zeit: Es geht um "the Jews living in the Dispersion. This is clear from v.24-25; it is unthinkable that the tribes living so near to Palestine should not have been recognized as brethren when they came up to Jerusalem to worship (v.27)."[385] Zwei Punkte sprechen dagegen: Einmal findet sich in der P^S-Schicht an keiner anderen Stelle irgendeine Aussage über das Diaspora-Judentum. Zum anderen übersieht Vink hier, daß das Ostjordanland trotz der geographischen Nähe innerlich oft in weite Ferne rückt und es durchaus Schwierigkeiten bei der Beurteilung der Ostjordanier als Brüder gibt, wie die bisher untersuchten Texte zeigen.

Auch daß die einzige Absicht des Textes sei "to approve solemnly (v.30,31,33) the existence of altars with a limited cultic use also outside Palestine"[386], ist aus den genannten Gründen unwahrscheinlich. Vor allem der von Vink vermutete Bezug zur jüdischen Diasporagemeinde auf Elephantine ist im Rahmen des Textes undenkbar.

Die Interpretation der Erzählung ist wohl doch in viel konkreterer Weise in einer nachexilischen Ätiologie für die Zusammengehörigkeit als Volk und kultisch-religiöse Gemeinschaft auf beiden Seiten des Jordan zu suchen.

---

[382] Dazu ist z.B. die Fortsetzung der Landverteilung in Jos 14,1 zu rechnen, s.o. unter IV.2.2.e.

[383] Nur in bezug auf P^G stimmt deshalb die Aussage Hacketts, daß "the story in its final form could not be one the Priestly circle would be entirely happy with" (Hackett, Transjordan, S.130), die von ihr allerdings in Richtung einer alten Tradition gedeutet wird.

[384] S. Menes, Tempel, S.275

[385] Vink, Priestly Code, S.76

[386] Ebenda

Vorstellbar wäre hier eine Situation, in der aufgrund der restriktiven Politik verbunden mit absoluten Reinheitsvorstellungen der Gemeinde Jahwes, wie sie offenbar von Nehemia (und Esra) vertreten wurde(n)[387], auch die ostjordanischen Israeliten von einer Aufnahme in die Gemeinde und einer Beteiligung am Wiederaufbau ausgeschlossen wurden. Dabei könnte es sich entweder um länger im Ostjordanland Ansässige gehandelt haben, die als Abtrünnige galten und den Ammonitern und Moabitern (Neh 13,1-3!) gleichgestellt wurden. Gut vorstellbar ist aber auch, daß es neben den babylonischen und ägyptischen Exulanten im Zusammenhang mit der Katastrophe von 587 eine Fluchtbewegung auf die andere Seite des Jordan gegeben hatte. Die Flucht Zedekias zum Jordantal, die zu seiner Ergreifung bei Jericho führt (II Kön 25,4f), wird kaum ein Einzelfall gewesen sein[388]. Der Beginn des Wiederaufbaus in Jerusalem könnte für diese Flüchtlinge bzw. ihre Familien ein Anlaß gewesen sein, wieder zurückzukehren (vgl. die Rückflutbewegung solcher Flüchtlinge vom Ostjordanland nach der Einsetzung Gedaljas in Jer 40,11f!). Durch den langen Aufenthalt im unreinen Land und mögliche Mischehen (besonders die Mischehen mit Ammonitern und Moabitern werden erwähnt, Neh 13,23) hätten sie dann jedoch nach Meinung maßgeblicher rigoristischer Kreise ihre Zugehörigkeit zur Gemeinde Gottes verwirkt.[389]

Daß das mögliche Vergehen der Ostjordanier als מעל bezeichnet wird, ist ein weiterer Hinweis auf diese durch den Aufenthalt im heidnischen Ausland gegebenen Probleme: Der durch seine Stellung als abschließendes Votum am Ende der Auseinandersetzung mit der Kommission besonders betonte Begriff (Jos 22,31) umfaßt nämlich neben der ehelichen Untreue (Num 5,12.27) zum einen das konkrete Vergehen der Mischehe (Esr 9,2.4 u.ö.), zum anderen aber auch die Untreue gegenüber Jahwe durch Mißachtung seiner Heiligkeit (Dtn 32,51) und vor allem die Untreue gegenüber Jahwe durch den Abfall zu fremden Göttern.[390] Als מעל wird dementsprechend auch die Verehrung fremder Götter durch die Ostjordanier in I Chr 5,25 bezeichnet. Auch das in der Erzählung von Jos 22 gegebene Beispiel des Baal-Peor-Zwischenfalls zeigt diese beiden, bei der Verwendung des Begriffs מעל offensichtlich mitschwingenden Bedeutungsvarianten, da auch hier der im Ostjordanland (!) auftretende Götzendienst im Zusammenhang mit der Verbindung von Israeliten mit Moabiterinnen steht (Num 25,1).

---

[387] Dazu gehört neben der ständigen Auseinandersetzung über den Mauerbau mit dem 'Ammoniter' Tobija, der als Verbündeter der Araber und Sanballats erscheint (Neh 4,1; 6,1 u.ö.), auch dessen Hinauswurf aus der Tempelkammer (Neh 13,4-8), aber auch die Ausscheidung von Fremden aus dem Gottesvolk (Neh 13,1-3) sowie das Verbot von Mischehen und deren Auflösung (Esr 10; Neh 13,23-28).

[388] Aus früherer Zeit ist an die Flucht Davids ins Ostjordanland (z.B. II Sam 17,22.24.27) zu erinnern, später finden sich Fluchtbewegungen noch zur Zeit der Makkabäer (z.B. II Makk 4,26; 5,7).

[389] Die Bezeichnung des Abfalls mit מעל könnte möglicherweise bewußt in Anspielung auf die Mischehenregelung in Neh 13,27 und Esra 10,2.10 formuliert sein. Dabei zeigen nach Gunneweg die wörtlich übereinstimmenden Formulierungen in Nehemia und Esra "die bis in das Sprachliche reichende Abhängigkeit des chr Verfassers der Esrageschichte" von der Nehemia-Denkschrift (Gunneweg, Nehemia, S.172).

[390] S. dazu Ringgren, Art. מעל, S.1040f

Denkbar wäre in diesem historischen Kontext auch die Möglichkeit, daß die
Auseinandersetzung deshalb anhand der Frage des Altarbaus und Opfers diskutiert
wird, weil die Rückkehrer insbesondere vom Wiederaufbau des Tempels ausgeschlossen blieben. Daraus ließe sich sowohl der Hinweis auf die Größe des Altars
als auch die ungewöhnliche Formulierung תבנית (v.28) erklären, die sonst als
terminus technicus für das Modell der Stiftshütte in Ex 25,40 und des Jerusalemer
Tempels in I Chr 28,19 verwendet wird.[391]

Nach dem hier diskutierten Befund dürfte es sich also im vorliegenden Text um
eine ätiologische Erzählung handeln, die mithilfe einer Begegnung aus der Landnahmezeit einen Beitrag zu den tatsächlichen Problemen nachexilischer Zeit
zwischen der jüdischen Gemeinde in Juda und den jüdischen Gruppen im Ostjordanland leisten will.

Dabei dürfte das Ostjordanland nicht einfach als Chiffre für das Diasporajuden-
tum stehen, sondern konkret ehemalige Flüchtlinge aus dem Westjordanland und
die Nachfahren früherer israelitischer Siedler im Ostjordanland meinen. Für eine
Existenz solcher jüdischer Gemeinden im Ostjordanland in nachexilischer Zeit
spricht die Existenz von Gestalten wie der des Ostjordaniers Tobija (Neh 2,10.19;
3,35 sprechen von Tobija als dem 'ammonitischen Knecht' bzw. dem 'Ammoniter'), dessen Zugehörigkeit zum Tempel trotz seiner Tätigkeit in der achämenidischen Verwaltung der Ammonitis[392] offensichtlich zunächst unbestritten war
(nach Neh 13,4f war Tobija eine Kammer im Vorhof des Tempels gegeben worden), dann aber von rigoristischen Kreisen scharf abgelehnt wurde (Hinauswurf
aus dem Tempel und Bezeichnung als Feind), dem es aber offensichtlich selbst um
die Zugehörigkeit zu den übrigen Juden im Westjordanland und um die Zugehörigkeit zum Jahwe-Glauben ging.

Zu Recht verweist Ahlström für diesen Zusammenhang darauf, daß die Konflikte zwischen den
verschiedenen Parteien in Jerusalem, die offensichtlich auch zu einer Verschwörung von Jerusalemer Juden mit Tobija im Ostjordanland führten (Neh 6,17-19), mit den Vorgängen, die aus der
Entwicklung während der neobabylonischen und der frühen achämenidischen Zeit resultieren, zu
erklären sind: Die durch das Kyrosedikt ermöglichte Rückkehr der Exulanten und das auf diese
konzentrierte Restaurationsprojekt in Jerusalem dürfte einen Konflikt mit den zurückgebliebenen
Juden ausgelöst haben, in denen diese sich wohl wiederum ihrerseits mit den ebenfalls nicht depor-
tierten Juden des Ostjordanlandes verbündeten: Möglicherweise ist mit Ahlström davon auszugehen, daß Tobija "could possibly have been a Persian official over the Judahites in Transjordan":
"The *gola* party, which can now be called the Jewish party, was perceived as a danger to the non-
exiled people's identity."[393] Auch Vorgänge wie der in Jos 22 geschilderte könnten auf die hier
erkennbare Konfliktsituation zurückzuführen sein.

In diesem Zusammenhang ist es dann aber möglich, daß es bei dem Altar nicht nur um die
Frage nach der Zugehörigkeit zur Jahweverehrung und zum Tempel in Jerusalem geht, sondern
auch um die Frage, ob eine legitime Jahweverehrung auch an anderen Orten, d.h. im Ostjordanland möglich ist, ohne daß die dort lebenden Juden als Abtrünnige und Untreue bezeichnet
werden.

---

[391] Gegen Menes, Tempel, der hier einen Hinweis auf die Synagoge sieht.

[392] Nach Hübner (Ammoniter, S.214) handelt es sich bei Tobija nicht um einen Statthalter der
       Achämeniden, sondern um einen Verwaltungsbeamten, der gegenüber dem oft mit ihm
       genannten Sanballat eine untergeordnete Funktion hatte.

[393] Ahlström, History, S.824f

Die Haltung des spätpriesterlichen Verfassers ist dabei nicht anti-ostjordanisch, da bei ihm ja - anders als bei P^G und Ez 47f - auch eine Gebietsverteilung von Erbland (d.h. aber von Jahwe zugewiesenem Land) im Ostjordanland stattfindet. Die Vorbehalte gegenüber dem Ostjordanland werden zwar aufgenommen, haben aber keinen Ausschluß der Ostjordanier zur Folge. Ein friedliches Miteinander ist dabei für den Verfasser, wie die von ihm entworfene Diskussion zeigt, nur durch gegenseitige Anerkennung möglich. Als Gegner stehen ihm offensichtlich rigoristische Kreise in Jerusalem gegenüber, wie sie auch in den Leuten um Nehemia (und Esra) erkennbar werden. Diese werfen den jüdischen Bewohnern des Ostjordanlandes den מעל vor, weil für sie das Ostjordanland permanent im Verdacht des Unglaubens und der Untreue gegen die eigenen Brüder steht. Scheint doch dort durch die mögliche Vermischung mit der einheimischen Bevölkerung der Abfall von Jahwe vorprogrammiert, wie das Beispiel des Baal-Peor-Zwischenfalls zeigt. Vermutet werden kann darüber hinaus mit Ahlström möglicherweise ein Zusammenhang mit dem Schicksal der verschiedenen Gruppen während der Exilszeit, so daß sich in der Auseinandersetzung auch ein Gegensatz zwischen der Gola-Gruppe und den Nicht-Deportierten widerspiegeln könnte.

Die beschriebene Konzeption des Textes macht deutlich, wie eng die Beurteilung der Rubeniten zusammenhängt mit der Beurteilung des Ostjordanlandes. Mehr noch, die Beurteilung des Ostjordanlandes steht im Vordergrund des Interesses und wird jeweils vor allem mit Hilfe theologischer Vorstellungen und Vorbehalte vorgenommen. Hier wird in nachexilischer Zeit eine Tendenz erkennbar, der zwar in Jos 22 entgegengewirkt werden soll, die aber längerfristig immer mehr Gewicht erhält.

Schon in exilisch-frühnachexilischer Zeit zeigt sich diese Haltung in der Grundschicht der Priesterschrift und bei Ezechiel 47f. In P^G äußert sich der Vorbehalt dadurch, daß eine Schilderung der Landnahme nicht erfolgt. Die Israeliten gelangen ins Ostjordanland, dieses aber ist nicht das verheißene Erbland, sondern der Ort, von dem man sehnsüchtig hinüber ins Westjordanland als das von Jahwe gegebene Land blickt. Einen konkreten Hinweis auf die Abwertung des Ostjordanlandes in nachexilischer Zeit liefert auch die Landverteilung in Ez 47f, wo das Ostjordanland nicht mehr als Erbland erscheint und dementsprechend die ostjordanischen Stämme gegenüber Juda und den Leviten ins Abseits geraten. Die Abwertung des Ostjordanlandes durch die rigoristischen Kreise um Nehemia stellt also kein völlig neues Phänomen der nachexilischen Zeit dar. Die an den Texten über die Rubeniten zugespitzte Frage nach dem Zusammenhang der Beurteilung des Ostjordanlandes mit den Rubeniten/Ruben soll deshalb im anschließenden Kapitel an den Texten überprüft werden, in denen Ruben als Einzelperson auftaucht bzw. bewertet wird.

Ergebnis B: Die Beurteilung des Ostjordanlandes durch die spätpriesterliche Schicht
(P^S) und die spätdtr Passagen (DtrS) in Num 32; Jos 13; 22

Wie die Untersuchung der drei Texte ergab, kann im Rahmen der Texte, die sich
mit der Landverteilung des Ost-(und West-)jordanlandes beschäftigen, ein relativ
breites Korpus spätpriesterlicher Texte ausgewiesen werden, die unter das Siglum
P^S gefaßt werden können (Num 32,1-4*.18f.20*.21a.22f.27-32.35f*; Jos
13,1*.7f*.15-27a; Jos 22,9-34*)[394]. Kennzeichnend für die Konzeption dieser
Schicht ist eine positive Haltung gegenüber dem Ostjordanland, die in je
verschiedener Weise zum Ausdruck kommt. So wird in Num 32, wo P^S eine
Erweiterung des vorgegebenen Textbestandes darstellt, die Diskussion um die
Vergabe des Ostjordanlandes an die Rubeniten und Gaditen durch eine priesterliche Kommission geführt (32,2.28 vgl. Jos 22,13f.32) und betont, daß es sich bei
diesem Land um Erbbesitz (נחלה, Num 32,18f; Jos 13,8.23) vor Jahwe handelt. Die
eigentliche Ausführung dieser Landzuteilung erfolgt in dem in seinem Grundbestand von P^S stammenden Kapitel Jos 13 (v.7f.15ff). Dort wird - ebenso wie in den
anderen spätpriesterlichen Abschnitten des Josuabuches - die Verteilung des
Landes mit Hilfe genauer geographischer Angaben vorgenommen, wohl in der
Absicht, den von Jahwe gegebenen Erbbesitz Israels festzuschreiben. Diese positive Haltung gegenüber dem Ostjordanland steht in den spätpriesterlichen Texten
jedoch neben dem Wissen um die mit diesem Land und seinen Bewohnern verbundenen Schwierigkeiten und Verdachtsmomente. Zwei Probleme werden in
den Texten angesprochen: Zum einen die Frage nach der Loyalität gegenüber den
Israeliten des Westjordanlands und zum anderen die Frage nach der Ernsthaftig-
keit der Jahweverehrung bzw. die Befürchtung des Abfalls von Jahwe. Mehrfach
werden deshalb die Ostjordanier dazu ermahnt und verpflichtet, einerseits ihre
Brüder bei der kriegerischen Eroberung des Landes zu unterstützen (bes. Num
32,22f.27-32, wobei nicht die Feinde thematisiert werden, sondern das Erreichen
des Erbbesitzes durch die Westjordanier) und andererseits durch ihr Verhalten
keine Sünde gegen Jahwe zu begehen (Num 32,22f), die dann auf alle zurückfallen
würde (Jos 22,16-18.31). Vor allem diese Sorge, daß aufgrund der Sünde der
Ostjordanier ganz Israel unter den Zorn Jahwes geraten könnte, wird in der
Erzählung von Jos 22,9-34 ernst genommen. Tatsächlich ist auch nach Ansicht der
spätpriesterlichen Schicht das Ostjordanland ein Gebiet, in dem der Abfall (מעל,
Jos 22,16.31 bzw. מרד in 22,16.18.19.22.29) von Jahwe und damit der Bruch der
Kultzugehörigkeit jederzeit möglich ist. Die differenzierte Konzeption dieser
Schicht erweist sich aber gerade in dem Konfliktfall von Jos 22,9-34: Trotz der
zugestandenen Verdachtsmomente wird gegenüber einer Haltung, die das Ostjordanland dezidiert ablehnt, deutlich gemacht, daß auch dort die Zugehörigkeit zum
Jahweglauben und zur Gemeinde Israel möglich ist, solange sich die Ostjordanier
an die ihnen auferlegten Verpflichtungen halten (z.B. Jos 22,29). Die angesprochenen Probleme werden also auffälligerweise anhand eines internen, d.h.
innerisraelitischen Konflikts diskutiert. Im Zentrum der Frage nach der Beurteilung des Ostjordanlandes steht bei den spätpriesterlichen Abschnitten damit

---

[394] Zu den möglichen spätpriesterlichen Abschnitten in Jos 14-21 s. o. 2.2.e

offensichtlich die Solidarität zwischen Ost- und Westjordanland und die Frage nach der sich in der Kulteinheit zeigenden Zusammengehörigkeit. So lange die Ostjordanier die Israel- und Jahwe-Gemeinschaft einhalten, müssen deshalb nach dem Konzept von P^S auch die Westjordanier ihre Solidarität dadurch erweisen, daß sie im Gegenüber zu einer rigoristischen Position den Einschluß des Ostjordanlandes in den Erbbesitz Israels wahrnehmen (vgl. zu diesem Zusammenhang bes. Jos 22,33!).

Die spätdtr Ergänzungen bzw. Passagen in den drei untersuchten Texten (Num 32,21.33.39ff; Jos 13,1-6*.9-13.16b*.18^{395}.27b.29-31; Jos 22,1-6.20) verstärken über P^S hinaus die positive Bewertung des Ostjordanlandes, indem sie die Angaben der priesterlichen Vorlagen für das von Jahwe gegebene Erbland auf die größtmögliche Ausdehnung erweitern (Num 32,33.39ff; Jos 13,2-6*.9-13.29-31; Jos 22,4). Im Rahmen dieser Erweiterungen wird vor allem die vorher in den Texten nicht erwähnte östliche Hälfte des Stammes Manasse in die Landverteilung aufgenommen. Anders als in den spätpriesterlichen steht bei den spätdtr Texten die Vorstellung der Eroberung des ganzen Ostjordanlandes und die Vertreibung (ירשׁ, Num 32,21; Jos 13,1.6.12.13) der Feinde, die der Ansiedlung der Israeliten im Wege stehen, im Vordergrund. Dabei tauchen auch die sagenhaften Könige Sihon von Hesbon und Og von Basan auf, deren Gebiete von den Israeliten eingenommen werden (Num 32,33; Jos 13,10.12.27.30)^{396}. Das Nebeneinander von Israeliten und anderen Bewohnern des Landes ist nach DtrS negativ zu beurteilen. Dem betonten Verheißungscharakter des Landes und der Tatsache, daß dieses Land in seiner Gänze von Jahwe nur für Israel vorgesehen ist, muß aber nach Meinung des DtrS auch ein entsprechendes Verhalten der Israeliten folgen: Sie werden gerade im Zusammenhang der Vergabe des Ostjordanlandes immer wieder dazu aufgerufen, sich an das Gebot bzw. die Gebote Jahwes (מצוה, Jos 22,3.5) zu halten und dem bereits geleisteten Gehorsam auch zukünftigen Gehorsam folgen zu lassen (bes. Jos 22,1-6 vgl. 23,5-8). Zu diesem Gehorsam gehört auch die Aufgabe, sich um die Einnahme des Landes und die Vertreibung seiner Bewohner ernsthaft zu bemühen. Daß den Israeliten diese Einnahme nicht vollständig gelingt, wird deshalb offensichtlich als Zeichen ihrer Sünde verstanden (Jos 13,13). Während in den spätpriesterlichen Texten die Sünde sich vor allem in mangelnder Solidarität mit den Volksgenossen und Miterben des Landes sowie im Abfall von Jahwe bzw. dem Jahwekult äußert, zeigt sie sich bei DtrS in der mangelnden Abgrenzung von den Nichtisraeliten (vor allem dann, wenn diese nicht als Feinde gesehen und vertrieben werden) und im mangelnden Gesetzesgehorsam, da beide Vergehen die Verheißung des (Ostjordan-)Landes durch Jahwe bedrohen.

---

[395] Zu v.18 s. A.267

[396] Jos 13,17*.21f gehören nicht in den Zusammenhang von DtrS, sondern gehen auf eine noch spätere Ergänzung zurück, s. dazu o. 2.3.a.

Kapitel V: Ruben
Vom Repräsentanten des idealen Israel zum exemplarischen Sünder

Nachdem in den vorangehenden Kapiteln erkennbar wurde, daß die Bewertung des Ostjordanlandes und die der Rubeniten offensichtlich in einem engen Zusammenhang steht, steht nun die Einzelfigur Ruben als ältester Sohn Jakobs im Blickfeld.

Bei den P[S]-Abschnitten über die Landverteilung in Num 32 und den Altarbau in Jos 22 wird die Tendenz deutlich, das Ostjordanland als suspekt erscheinen zu lassen.[1] Dementsprechend wird dort auch das Auftreten von Rubeniten und Gaditen als Repräsentanten des Ostjordanlandes mit Verdachtsmomenten behaftet. Schon bei den Stämme- bzw. Zwölferlisten war zudem aufgefallen[2], daß in der nachexilischen Zeit die Tendenz begegnet, die Spitzenstellung Rubens zugunsten Judas aufzugeben und Ruben an eine hintere Stelle des Systems zu verschieben. Deutlich wurde dabei ebenfalls, daß bei der Landverteilung in Ezechiel 47f das Ostjordanland nicht mehr im Blick ist, sondern der gesamte Erbbesitz nach Westen verlegt wird - auch dort mit Voranstellung Judas.

Andererseits war an der Untersuchung von Gen 29f zu erkennen, daß das dort begründete Eponymensystem nur durch eine positive Haltung gegenüber Ruben und dem Ostjordanland zu erklären ist. Allerdings handelt es sich in der Erzählung von Gen 29f um den einzelnen Jakobsohn Ruben - anders als in den anderen untersuchten Texten, wo von den Rubeniten die Rede ist -, so daß dieser Zusammenhang, der sich schon im Rubenspruch von Ri 5,15b.16 andeutete[3], nun auch an den Schilderungen des Auftretens der Einzelperson Ruben überprüft werden muß.

Da in den entsprechenden Texten (Gen 37-50; Gen 49,3f; I Chr 5) Ruben als handelnde Person entweder selbst auftritt oder aufgrund seines Handelns beurteilt wird, wird es bei der Untersuchung vor allem darauf ankommen, einen Überblick über die Entwicklung der Figur des Ruben unter ethischen Aspekten zu gewinnen, um Hinweise für die Frage zu erhalten, ob auch die Beurteilung der *Person* Ruben (und nicht nur der Rubeniten) mit der Beurteilung des Ostjordanlandes zusammenhängt.

Dabei bildet die Josephsgeschichte einen ersten wichtigen Text, weil hier Ruben - zumindest teilweise - als positive Figur und ethisches Vorbild geschildert wird. Eine genaue Klärung der Frage, in welcher Schicht dies der Fall ist und wie

---

[1]   Eine Ausweitung der Landverteilung im Ostjordanland findet sich danach nur in der spätdeuteronomistischen Theologie, die Interesse daran hat, möglichst große Grenzen für das von Gott verheißene Land anzugeben.

[2]   So z.B. in der Chronikliste I Chr 4-8, s. Kap.I.2.3

[3]   S.o. Kap.III.2.3 und 2.5

diese chronologisch eingeordnet werden kann, ist deshalb nötig. Zu vergleichen sind daran anschließend der Rubenspruch in Gen 49,3-4 und die Aussagen über Ruben in I Chr 5, weil an beiden Stellen eine Begründung für den Verlust des Erstgeburtsrechts durch ein Vergehen gegen den Vater gegeben wird. Auch bei diesen Texten stellt sich die Frage, in welche literarischen und historischen Zusammenhänge die jeweiligen Aussagen über Ruben gehören, welche Vorstellungen damit verbunden werden und ob sich eine Entwicklungslinie feststellen läßt.

1. Josephsgeschichte

1.1 Forschungsgeschichtliche Standortbestimmung

Die Josephsgeschichte nimmt in der Forschungsgeschichte des Pentateuch der letzten fünfzig Jahre umfangreichen Raum ein. Auf eine eingehende Darstellung dieser Forschungsgeschichte kann an dieser Stelle jedoch verzichtet werden, da sich jede neuere Studie im Vorfeld dieser widmet und dementsprechend einige hervorragende Forschungsüberblicke in der Literatur geboten sind. Zu verweisen ist dabei auf die Standortbestimmungen durch Ruppert und H.-C.Schmitt.[4] Dargestellt seien daher lediglich vier neuere Arbeiten, die jeweils verschiedene, sich aus der bisherigen Forschung ergebende Positionen aufweisen.

Diese neueren Positionen machen eines gemeinsam deutlich: Eine Bestimmung der Josephsgeschichte als einheitliche Größe, wie dies noch z.B. von Coats[5], aber auch von Donner[6] und Westermann[7] vertreten wurde, ist nicht haltbar. Dagegen sprechen Doppelungen und Spannungen, die kurz genannt seien: Neben dem verschieden angegebenen Vaternamen 'Jakob' und 'Israel' fällt auf, daß einmal Juda, einmal Ruben Sprecher der Brüder ist, daß der Konflikt der Brüder einmal durch die Bevorzugung des Joseph durch seinen Vater, einmal durch seine Träume verursacht wird, daß Joseph einmal durch Midianiter, einmal durch Ismaeliter nach Ägypten verkauft wird. Die zweite Reise der Brüder nach Ägypten wird zum einen mit anhaltender Hungersnot, zum anderen mit dem als Geisel zurückgebliebenen Simeon begründet. Dementsprechend wird das Verhör der Brüder durch Joseph unterschiedlich wiedergegeben. Die Bürgschaft für den jüngsten Bruder wird einmal von Juda, einmal von Ruben übernommen. Später gibt sich Joseph seinen Brüdern zweimal zu erkennen.[8]

---

[4] Ruppert, Aporie, und H.-C.Schmitt, Josephsgeschichte, S.5-22; zu nennen ist ebenfalls die neuere Einleitungsliteratur (Kaiser u.a.), die Studie von Kebekus, Joseferzählung, S.1-4, und L.Schmidt, Josephsgeschichte, S.127-141.

[5] Coats, From Canaan to Egypt, 1976

[6] Donner, Literarische Gestalt, 1975

[7] Westermann, z.B. Genesis I/3, 1982

[8] Einen umfassenderen Überblick gibt Ruppert, Aporie, S.37f. Boecker weist zwar ebenfalls auf die genannten Spannungen hin (Überlegungen, S.36-40), versteht aber dennoch die Josephsgeschichte "im wesentlichen als eine einheitliche Novelle ..., die zunächst in keiner direkten Verbindung zu den Pentateuchquellen zu sehen ist... Sie hat dann eine Reihe von Zusätzen

Da die Josephsgeschichte trotz ihrer literarischen und thematischen Geschlossenheit wegen ihrer wichtigen Funktion im Rahmen des Pentateuchganzen - sie bildet die Brücke zwischen den in Palästina angesiedelten Erzählungen über die Patriarchen bzw. Erzväter und denen über die Befreiung des Volkes Israel aus Ägypten - nicht von der Frage nach dem Pentateuchganzen abzukoppeln ist, ergibt sich bei den Forschungspositionen ein enger Zusammenhang mit der vom jeweiligen Vertreter postulierten Pentateuchtheorie.

Zunächst zu nennen ist hierbei *L.Schmidt* mit seinen 'Literarischen Studien zur Josephsgeschichte'[9], der durch seine Untersuchungen die Neuere Urkundenhypothese im Prinzip bestätigt sieht. Ausgehend von der anhand der Doppelungen festgestellten Parallelität der Erzählfäden kommt Schmidt zu dem Schluß, daß diese Parallelität nicht durch eine Ergänzungshypothese oder durch die Annahme einer gemeinsamen Grundlage gelöst werden kann. Das Verhältnis der beiden parallelen Erzählfäden J und E wird aber im Zuge der sorgfältigen literarkritischen Analyse weiter differenziert. Im Rahmen der eigenen Untersuchungen und im Anschluß an die bereits von H.Schulte gemachten Beobachtungen[10] ergibt sich als Schlußfolgerung, "daß in der Josephsgeschichte E die jahwistische Fassung als Vorlage benutzt und sie bewußt umgestaltet hat. Kennt der Elohist aber hier das jahwistische Werk, dann ist es auch sonst seine Grundlage."[11] Anzumerken ist weiterhin, daß Schmidt im Gegensatz zu der 'klassischen' Untersuchung Gunkels P einen größeren Anteil am Gesamttext zuweist, im Gegenzug aber den Anteil des Jehowisten für relativ gering ansieht (nur wenige Stellen in 39; 40; 41; 42). Trotzdem gilt für Schmidt neben dem erarbeiteten eigenen Profil von J und E: Die Josephsgeschichte des Jehowisten ist "mehr als die Addition zweier Vorlagen. Sie bildet vielmehr ein eigenes Ganzes."[12]

Vor allem an diesem Punkt unterscheidet sich die kurze Studie *Rupperts*: Auch er geht davon aus, daß an den drei klassischen Pentateuchquellen festzuhalten ist, wobei J nur eine knappe und schwer zu rekonstruierende Josephsgeschichte geboten hat. Auch er erarbeitet, daß "das elohistische Werk in Kenntnis des jahwistischen entstanden"[13] ist. Den Anteil des Jehowisten jedoch schätzt Ruppert weit höher ein: "Der *Jehowist* ist weniger Redaktor als *genialer Kompositor* von J und E, vor allem ein *schöpferischer Bearbeiter* und als solcher auch *ein Verfasser*! Ihm haben wir die relative Geschlossenheit des vorpriesterschriftlichen Erzählgutes des Pentateuch zu verdanken."[14]

Einen ganz anderen Weg beschreitet *Dietrich* in seiner kurzen - und deshalb häufig die methodische Schärfe vermissen lassenden - Studie über 'Die Josephserzählung als Novelle und Geschichtsschreibung'[15]. Ausgehend von erzähltechnischen und novellistischen Fragen ergibt sich für ihn aus der Beschäftigung mit der Josephsgeschichte, daß darin (s. Titel) als Erstfassung eine Josephs-Novelle von außerordentlichem künstlerischen Rang zu erkennen ist. "So gut wie alle literarischen, psychologischen und theologischen Besonderheiten und Feinheiten, die man der Josephsgeschichte nachrühmt, sind in ihr bereits angelegt."[16] Diese aus der Zeit des frühen nordisraelitischen Königtums stammende Novelle sei dann durch die gleichzeitig behutsame und umfassende Bearbeitung der Josephs-Geschichtsschreibung in ihre jetzige Form umgestaltet worden. Sie ist im Südreich kurz nach dem Zusammenbruch des Nordreiches 722 zu verorten und wollte mit der Betonung Judas und mit Hilfe des geschilderten Verhältnisses zu den Ägyptern "für künftige Generationen ein gesamtisraelitisches Erbe schaffen helfen."[17]

---

erfahren, die aber nicht die Qualität einer Bearbeitung besitzen."(Boecker, a.a.O., S.45)
9   BZAW 167 (1986)
10   H.Schulte, Die Entstehung der Geschichtschreibung im Alten Israel, BZAW 128 (1972)
11   L.Schmidt, Studien, S.141
12   L.Schmidt, a.a.O., S.293
13   Ruppert, Aporie, S.48
14   Ebenda. Ruppert hält auch in seinem Beitrag von 1989 ('Zur neueren Diskussion ...') an dieser Einschätzung gegen L.Schmidt fest.
15   W.Dietrich, 1989
16   Dietrich, a.a.O.,S. 55
17   Dietrich, a.a.O., S.77, s. auch S.67-78

Einen für die neuere Forschung kennzeichnenden Trend gibt die Arbeit von *Kebekus* wieder, die anknüpfend an die Studie Redfords[18] eine Bearbeitungs- bzw. Ergänzungshypothese vorstellt, bei der die Juda-Schicht als Bearbeitung der Ruben-Schicht verstanden wird. So sehr die Lösung des literarischen Problems durch ein redaktionelles Modell überzeugt, so sehr sind auch Anfragen an die literarkritische Vorgehensweise von Kebekus zu richten. Er nimmt eine - vielfach jedoch kaum überzeugende - literarische Scheidung vor zwischen einer ersten Ruben-Grundschicht aus dem 8.Jh., die novellistischen Charakter trägt und eine deutlich erkennbare soziale und politische Ausrichtung hat, und einer Ruben-Ergänzung, die die Grundschicht im Rahmen heilsgeschichtlicher Vorstellungen weiterinterpretiert ("Vertrauenstheologie") und in den Kontext des Pentateuch einordnet. Diese zweite Fassung ist dem - nicht mehr dem 'klassischen' Begriff entsprechenden - Jehowisten zuzuordnen. "Eine abschließende Bearbeitung (Juda-Schicht) ist von der Pentateuchredaktion (R^P) vorgenommen worden, wodurch der Zusammenhang Gen 37-50 - von wenigen noch jüngeren Zusätzen bzw. Glossen abgesehen - seine heute vorliegende Gestalt erhalten hat."[19]

Als vorläufiges Ergebnis dieses kurzen Überblicks ist zu konstatieren, daß keine der vorliegenden Möglichkeiten eine wirklich befriedigende Lösung der vorliegenden Probleme zu bieten vermag. Entweder wird der literarische Charakter des Textes zu wenig beachtet - so bei Dietrich - oder die Zuordnung der festgestellten Schichten nicht präzise vorgenommen. Die Studie von Kebekus kann angesichts der von L.Schmidt überzeugend erarbeiteten Abhängigkeit der Ruben-Schicht von der Juda-Schicht kaum plausibel wirken. Andererseits wirkt auch die Lösung L.Schmidts kaum überzeugend, wenn hier einerseits eindeutige Bezugnahmen der E-Schicht auf die J-Schicht konstatiert werden, beide aber nach wie vor als parallele Erzählfäden gelten, deren Verbindung erst durch die jehowistische Redaktion zustande gekommen sei. Deshalb hat bereits eine kurze Untersuchung des sog. Bürgschaftsmotivs in Gen 42-44 *H.-C.Schmitt* im Anschluß an die Beobachtungen H.Schultes zu dem Ergebnis geführt, "daß das Nebeneinander von Juda und Ruben in der vorliegenden Gestalt der Josephsgeschichte nicht bloß das Ergebnis einer mehr oder weniger geschickten Kompilation zweier Parallelerzählungen darstellt, sondern auf eine bewußte Komposition zurückgeht..., die Ruben Juda gegenüberstellen will"[20]. Das Bürgschaftsmotiv ist nämlich eindeutig von der Ruben-Schicht aus der Juda-Schicht übernommen. Es findet sich aber keine eigenständige Ausgestaltung dieses Motivs in der Ruben-Schicht etwa in der Art, daß nun von Ruben ein ähnliches Eintreten wie von Juda erzählt würde, wie dies bei einer parallelen Erzählung zu erwarten wäre. Das Interesse der Ruben-Schicht liegt vielmehr nicht in der Bürgschaft als solcher begründet und auch nicht in der mit dieser verbundenen Bewährung der Brüder, sondern nur in der Rolle des im Zusammenhang mit dem Bürgschaftsmotiv auftauchenden Juda als Gegenüber zu Ruben: "Die Übernahme dieses Motivs ist im Kontext der Juda-Schicht nur dann sinnvoll, wenn Ruben als das Gegenbild Judas herausgestellt werden soll."[21] Dabei will der Verfasser der Ruben-Schicht durch die Einführung Rubens auch in den anderen Zusammenhängen, in denen in der Juda-Schicht Juda auftritt, "dem Anführer Juda in Ruben einen idealen Vertreter der 'Söhne Israels' als Kontrastfigur

---

[18] A Study of the Biblical Story of Joseph (Gen 37-50), SVT 20, 1970. Eine eingehende Auseinandersetzung mit Redford bietet auch H.-C.Schmitt in seinem Buch zur Josephsgeschichte.

[19] Kebekus, Joseferzählung, S.339, vgl. auch S.338f

[20] H.-C.Schmitt, Josephsgeschichte, S.19

[21] Ebenda

an die Seite stellen".[22] Mit H.-C.Schmitt ist deshalb im folgenden davon auszugehen, daß in der Josephsgeschichte tatsächlich zwei Schichten, die Ruben- und die
Juda-Schicht festzustellen sind.[23] Von diesen bildet jedoch die Juda-Schicht die
Grunderzählung, während die Ruben-Schicht als zielgerichtete Bearbeitung,
möglicherweise im Sinne einer Kompositionsschicht, anzusehen ist.[24] Für ein solches redaktionsgeschichtliches Modell spricht zudem die Beobachtung, daß hier-
durch eine gegenüber dem Urkundenmodell wesentlich einfachere und damit plausiblere Lösung der literarischen Probleme geboten wird: So muß im Urkundenmodell die Annahme eines zusätzlichen Redaktors postuliert werden; der Nachweis einer unterschiedlichen Theologie der Ruben-Schicht und eines weiteren Redaktors, der eine solche Annahme rechtfertigen würde, wird jedoch nicht erbracht.

Die folgende Untersuchung kann und will keinen eigenen Forschungsbeitrag
zur Josephsgeschichte und zu einem Pentateuchmodell bilden. Ziel im Rahmen
der Frage nach Ruben und seiner Bedeutung kann es lediglich sein, im Anschluß
an die von H.-C.Schmitt vertretene Lösung anhand eines charakteristischen und
repräsentativen Abschnitts der Josephsgeschichte - Kap. 37-44 - den Nachweis für
den redaktionellen Charakter der Ruben-Schicht zu erbringen.[25] Aufgabe wird
somit sein, sowohl die literarische Einordnung als auch das theologische Profil der
Ruben-Schicht zu beschreiben, um damit der Gestalt Rubens und seiner Funktion
näherzukommen. Die Untersuchung der Kapitel 38 und 39 ist dabei den Beobachtungen zu Gen 37.40ff vorzuschalten, da sich beide Kapitel deutlich vom Kontext
der Josephsgeschichte abheben, ihrerseits aber wieder für Überarbeitungen in der
Josephsgeschichte verantwortlich sind.[26]

1.2 Literarische Untersuchung

Gen 38: "It is, of course, clear that Gen 38 is not an intrinsic element in the Joseph
story"[27]. Daß sich diese Aussage bei dem ansonsten eine (von wenigen Erweiterungen abgesehen) einheitliche Josephsgeschichte in 37,1 - 47,27a vertretenden Coats
findet, macht bereits deutlich, wie offensichtlich der sekundäre Charakter der
Episode um Juda und Tamar ist. Ebenso wie die Stammessprüche von Gen 49,2-

---

[22] H.-C.Schmitt, a.a.O., S.20
[23] Die Annahme Boeckers, es gebe in der Josephsgeschichte keine Ruben-Schicht, sondern nur
     einzelne, redaktionell nachgetragene Rubenverse (Boecker, Überlegungen, S.44), kann ange-
     sichts der Kürze der von ihm angestellten "Überlegungen" kaum überzeugen.
[24] Vgl. dazu den Charakter der elohistischen Schicht in Gen 29f (Kap.II.2.3). Auf die weitere,
     jahwistische Bearbeitung der Ruben-Schicht ist in unserem Zusammenhang nicht einzugehen.
[25] Für die weiteren Kapitel, 44-48.50 (Kap. 49 ist seinerseits als später Einschub in die Josephsge-
     schichte zu sehen) ist auf die Studie von H.-C.Schmitt, Josephsgeschichte, S.52-89, zu ver-
     weisen.
[26] Aus diesen Gründen empfiehlt sich eine solche Vorgehensweise trotz der "Schlüsselfunktion"
     von Gen 37 (gegen Boecker, Überlegungen, S.36).
[27] Coats, From Canaan, S.8 A.3

27[28] unterbricht diese Erzählung den Kontext der Josephsgeschichte zwischen Gen 37 und 39[29] bzw. 40.

Auffällig ist dabei die Geschlossenheit des Handlungsbogens mit dem erzählerischen Neueinsatz in v.1, der offensichtlich in Kenntnis der vorherigen Schilderung um die Ereignisse im Brüderkreis weiß und eine neue Situation schafft. In 39,1 erfolgt dagegen ein relativ abrupter Wiedereinsatz der Josephsgeschichte. Zudem bietet Gen 38 in noch deutlicherer Weise als Gen 39 (wo immerhin von Joseph die Rede ist, wenn auch ebenfalls in einem sekundären Zusammenhang) eine völlige thematische Eigenständigkeit gegenüber der Josephsgeschichte, die auf eine "selbständige Einzelüberlieferung"[30] weist.

Die Einfügung dieser Episode in den Kontext der Josephsgeschichte geschah offensichtlich durch 37,36, einen Vers, der durch den gleichen Redaktor eingesetzt wurde, der auch für die Einfügung von Gen 38 verantwortlich ist. Seine Absicht war es dabei, "die Josephsgeschichte vor der Unterbrechung durch Gen 38 zu einem vorläufigen Ruhepunkt zu führen."[31] Gleichzeitig stellt der Vers eine Aufnahme von 39,1 dar, indem - wie von Kebekus richtig beobachtet - "Gen 37,36a ... das in Gen 37,28 und 39,1 berichtete Geschehen - den Verkauf Josephs an die Midianiter, das Hinabbringen Josefs nach Ägypten und den Verkauf an Potiphar - zu *einer* Aussage verdichtet" zusammenfaßt.[32] Der redaktionelle Charakter von 37,36 ergibt sich jedoch nicht nur durch diesen inhaltlichen Zusammenhang mit der Einfügung von Gen 38 und die wörtliche Übernahme des Potiphar und seiner Funktion aus 39, sondern besonders durch die ungewöhnliche Erwähnung der Medaniter, die textkritisch nicht in 'Midianiter' zu ändern sind (lectio difficilior!).[33] Auf die weitere, genauere Einordnung der redaktionellen Vorgänge um Gen 38; 39; 37,36 (und 39,1*) ist im Anschluß an Kap. 39 einzugehen.

Gen 39: Gen 39, das von einer glänzend bestandenen Probe des Joseph[34] handelt, erweist seine Sonderstellung gegenüber den vorangehenden und folgenden Kapiteln sowohl durch stilistische als auch durch inhaltliche Besonderheiten.[35]

Neben einigen syntaktischen Besonderheiten (z.B. כ + inf. constr., Satzgliederfolge, einleitendes ויהי) und der Bezeichnung des Gefängnisses als בית הסהר in 39,20-23[36], fällt besonders die mehrmalige Erwähnung des Jahwenamens in v.2f.5.21.23 auf, die im Kontext der Josephsgeschichte singulär ist. Zwar sieht Levin in diesen Erwähnungen redaktionelle Zusätze des Jahwisten, der zeigen will, daß "sobald Josef ägyptischen Boden betritt ... Jahwe seinen Beistand unter Beweis stellt"[37]. Er kann jedoch für diese Beurteilung weder auf stilistische noch auf inhaltliche Anhaltspunkte zurückgreifen. Im Zusammenhang mit dieser Erwähnung Jahwes steht nämlich sein

---

[28] S. dazu den Abschnitt zur Rolle Rubens in Gen 49,3f (Kap.V.2)

[29] Zum sekundären Charakter von Kap. 39 s.u.

[30] Blum, Komposition, S.224; zur Eigenständigkeit vgl. auch z.B. Levin, Jahwist, S.271, oder L.Schmidt, Josephsgeschichte, S.127

[31] H.-C.Schmitt, Josephsgeschichte, S.23 A.75; übernommen von Kebekus, Joseferzählung, S.28

[32] Kebekus, a.a.O., S.28. Gerade diese zutreffende Charakterisierung des Verses macht es m.E. unverständlich, warum Kebekus anschließend die gleiche Verfasserschaft für 37,36 und 39,1 annimmt (S.27-29).

[33] S. H.-C.Schmitt, Josephsgeschichte, S.23 A.75; erneut bestätigt durch Kebekus, Joseferzählung, S.29 A.100, gegen L.Schmidt, Josephsgeschichte, S.219 A.271

[34] Eine treffende Kennzeichnung von Blum, Komposition, S.239 A.30

[35] Einen guten Überblick bietet Kebekus, Joseferzählung, S.31f

[36] Zu den davon abhängigen Versen Gen 40,3.5 s.u.

[37] Levin, Jahwist, S.274; der Levinsche 'Jahwist' ist freilich nicht mit der aus der Urkundenhypothese bekannten Größe zu verwechseln und entspricht auch nicht dem z.B. von H.-C. Schmitt vertretenen 'späten Jahwisten'.

Eingreifen direkt ins Geschehen in v.2-6 und 21ff, während in der restlichen Josephsgeschichte Jahwe/Elohim nicht auftritt.

Eine weitere Auffälligkeit besteht darin, daß das Thema dieses Kapitels, die versuchte Verführung Josephs durch die Frau des Potiphar, gegenüber der Hauptthematik, dem Konflikt Josephs mit seinen Brüdern und seinem Aufstieg in Ägypten, nur als Nebenthema bezeichnet werden kann, das im weiteren Verlauf keine Rolle mehr spielt. Dabei stellt Gen 39 eine völlig abgerundete Geschichte dar, die keine weitere Fortsetzung mehr verlangt, weil das in ihr verhandelte Thema durch die ungerechte Bestrafung des Joseph abgeschlossen wird. Die hier gewählte Art der Strafe für Joseph, seine Gefangenlegung, soll jedoch offensichtlich einen Übergang zu den im folgenden Kapitel geschilderten Ereignissen bilden und eine sekundäre Begründung für die Verlegung des Geschehens ins Gefängnis liefern.

Inhaltlich bzw. thematisch stellt sich Gen 39 somit als völlig isoliertes Stück dar, was weder für eine zugrundeliegende Juda-Schicht noch für eine parallel zur Ruben-Schicht verlaufende Erzählung denkbar ist. Eine Verbindung nach vorne zu Gen 37 wird lediglich durch v.1 hergestellt, der aber innerhalb von Gen 39 als redaktionelle Bemerkung zu bezeichnen ist. Der Übergang zum nachfolgenden Kapitel weist, wie von Kebekus richtig dargestellt, einige Spannungen auf: So werden in 39 das Haus des Obersten der Leibwache und das Gefängnis unterschieden, während sie in 40,3 miteinander identifiziert werden; zudem widersprechen sich die übergeordnete Stellung des Joseph über die Mitgefangenen in 39,21-23 und 40,4, wo Joseph als Sklave und Gefängnisdiener die Gefangenen bedienen muß.

Gen 39,2-23 steht also in keinem ursprünglichen literarischen Zusammenhang mit Gen 37 und Gen 40, und ist im Blick auf seine Sonderstellung im Rahmen der Josephsgeschichte eindeutig als redaktionelle Erweiterung einzuordnen.[38] Daß diese Redaktion im Anschluß an die Ruben-Schicht erfolgt sein muß, zeigt sich in der hier vorliegenden "Vermittlung zwischen der Vorstellung von 'Joseph als Sklaven' (Brüdergeschichte) und 'Joseph im Gefängnis' (Ägyptergeschichte)"[39], da diese Vermittlung erst auf die Ruben-Schicht in Gen 40 zurückgeht.

Wenn aber Gen 39 als einziges Stück der Josephsgeschichte den Gebrauch des Jahwenamens und zudem eine in enger Verbindung mit Gen 12,3b stehende Theologie aufweist[40], andererseits aber die Juda-Schicht mit diesem Kapitel literarisch und theologisch nicht in Zusammenhang steht, so liegt die Annahme nahe, daß sich eine eigentlich als 'jahwistisch' zu bezeichnende Schicht (die dann auch mit den 'jahwistischen' Texten des Pentateuch zusammengehört) erst im Rahmen eines nachelohistischen Redaktionsprozesses beschreiben läßt.[41]

Für die Frage nach der redaktionellen Einordnung von Gen 38f ist zunächst als Voraussetzung festzuhalten, daß die beiden Kapitel nicht vom gleichen Redaktor zusammen in den Kontext gestellt worden sein können. Hat man im Laufe der Untersuchung ermittelt, wie verschieden der jeweilige Charakter der Erzählungen auch gegenüber ihrem jeweiligen Kontext ist, so kann anschließend nicht angenommen werden, daß beide aus einer Hand stammen.[42] Bereits oben wurde ver-

---

[38]   Zur möglichen überlieferungsgeschichtlichen Verbindung des Kapitels mit dem aus Ägypten bekannten 'Brüdermärchen' vgl. Levin, Jahwist, S.277, und H.-C.Schmitt, Josephsgeschichte, S.116 A.105

[39]   H.-C.Schmitt, a.a.O., S.83

[40]   Für eine genaue Untersuchung ist auf H.-C.Schmitt, a.a.O., S.100-116, zu verweisen.

[41]   Zum elohistischen Charakter der Ruben-Schicht s.u. 1.4. Auf die eingehende Beschreibung eines umfassenden Pentateuchmodells muß hier verzichtet werden, da sich die Untersuchung auf die Ruben-Schicht konzentrieren soll.

[42]   Gegen H.-C.Schmitt, Josephsgeschichte, S.87-89 A.390

mutet, daß der für die Einfügung von Gen 38 verantwortliche Redaktor diese Einfügung mit Hilfe von 37,36 vornahm, dessen kompositorische Funktion im Zusammenhang mit Gen 38 beschrieben wurde.[43] Ebenfalls vermutet wurde auch, daß dieser Vers die Ereignisse von 37,28 und 39,1 zusammenzieht, was einen ersten Hinweis auf das Verhältnis von 37,36 und Kap. 38 zu Kap. 39 bzw. 39,1 ergibt.

Festzuhalten ist für diesen Zusammenhang im Blick auf 39,1, daß die Aussage dieses Verses, wonach Joseph zu dem Kämmerer des Pharao und Obersten der Leibwache kommt, wohl im Zusammenhang mit der Ruben-Schicht steht, da nur diese auch sonst diese Vorstellung über den Herrn des Joseph hat (40,3.4;41,10.12). Von da aus wäre auch die Beobachtung zu erklären, daß 37,36, das eine offensichtliche Dublette zu 39,1 darstellt, als redaktionelle und damit nachträgliche Zusammenfassung zu sehen ist[44]. "Die Tatsache, daß hier die Ismaeliter genannt sind, stellt kein Gegenargument dar, da ja, wie wir oben ... feststellten, nach der Ruben-Schicht zwar die Midianiter Joseph aus der Zisterne *rauben*, ihn aber dann an die Ismaeliter weiterverkaufen, so daß auch nach ihr Joseph von den Ismaelitern nach Ägypten gebracht wird"[45].

Redaktionell im Zusammenhang mit Kap. 39 steht dann aber aus v.1 nur die Aussage, daß es sich bei dem Kämmerer um einen Ägypter handelt, was mit der Zusatzbezeichnung des Herrn des Joseph in v.2 übereinstimmt. Es kann daher mit H.-C.Schmitt davon ausgegangen werden, daß das איש מצרי "von 39,1 auf die gleiche Bearbeitung zurückzuführen" ist, "die 39₂-23 in die Ruben-Schicht eingefügt hat"[46].

Ist aber diese Angabe in 39,1 Bestandteil der im Zusammenhang mit Gen 39 stehenden Redaktion und andererseits 37,36 die zu Gen 38 gehörende redaktionelle Überleitung, so scheint sich die Frage nach dem Zusammenhang beider Verse zunächst nicht mehr zu stellen. Auffälligerweise aber wirkt - wie bereits erwähnt - 37,36 geradezu wie eine Dublette zu 39,1, was verschiedentlich zu der Annahme geführt hat, beide Verse seien einer Hand zuzuschreiben[47]. Demgegenüber ist es m.E. plausibler, zu vermuten, daß 39,1 nach der Einfügung von 39,1 ('der Ägypter'[48]).2-23 die ursprüngliche Fortsetzung von Gen 37,35 bildete[49]. Der Redaktor, der anschließend Kap. 38 einfügte, hätte dann, wie bereits vermutet, 39,1 bewußt aufgegriffen, um mit Hilfe der gleichen Formulierungen (37,36) einen Rahmen für die von ihm vorgenommene Einfügung zu schaffen. Da seine Ergänzung im An-

---

[43] S. auch unten zu Gen 37

[44] Anders L.Schmidt, der annimmt, daß 37,36 von E und 39,1 von J stammt (Josephsgeschichte, S.218-220).

[45] H.-C.Schmitt, a.a.O., S.86

[46] Ebenda

[47] So z.B. bei Kebekus, Joseferzählung, S.27-29

[48] Nach Levin (Jahwist, S.273) ist in 39,1 auch "der Name des Ägypters später hinzugekommen", in 37,36 jedoch so fest verankert, daß "letztere Fassung die Kopie" ist. Möglich wäre dementsprechend, daß der Redaktor von 39,1 neben 'der Ägypter' auch den Namen 'Potiphar' einfügte, der dann durch 37,36 übernommen wurde.

[49] Mit Blum, Komposition, S.244; möglicherweise ist mit H.-C.Schmitt (Josephsgeschichte, S.23 A.75) v.35b ebenfalls zu v.36 zu ziehen.

schluß an Gen 37 erfolgte, hätte er dann ebenso bewußt um des vollständigen Bezugs willen auf die Midianiter - die seiner Meinung nach allerdings in Wirklichkeit Medaniter waren - zurückgegriffen, von denen unmittelbar vorher die Rede war, da die Ismaeliter ja in 39,1 bereits erwähnt sind. Der dadurch geschaffene Ruhepunkt schafft die nötige zeitliche Vorgabe für die Einfügung, da zunächst nochmals auf den Verkauf des Joseph durch die 'Medaniter' angespielt wird (37,36), sein Hinabbringen nach Ägypten durch die Ismaeliter (39,1) aber durch die Erwähnung des Ägypters bereits avisiert ist.[50] Der jetzige Textzusammenhang ist also durch eine bewußt gestaltete, zweistufige Redaktion entstanden.

Gen 37: Die eingangs genannten inhaltlichen Argumente gegen die Einheitlichkeit der Josephsgeschichte lassen sich großenteils in Gen 37 finden: So wird hier der Haß der Brüder auf Joseph zweifach begründet: in v.3f durch den bunten Rock des Joseph, der ein Ausdruck der Bevorzugung durch den Vater ist, in v.5-11 dagegen durch die Träume des Joseph, die die Überheblichkeit des Joseph sogar gegenüber seinem Vater zeigen (v.10). Nebeneinander stehen auch die ähnlich gestalteten Rollen der Brüder Ruben und Juda, wobei Ruben dem eigenständig gestalteten Juda gegenübergestellt ist: Beide bewirken so in verschiedener Weise die Rettung des Bruders vor dem Tod. Auffällig im Zusammenhang mit dieser Errettung ist auch die Rolle der hier 'in Szene' gesetzten Karawanenvölker: Nach v.25-27.28aβ.b wird Joseph (durch den Plan Judas) direkt von den Brüdern an die nach Ägypten ziehenden Ismaeliter verkauft, nach v.28aα jedoch stehlen ihn vorbeikommende Midianiter aus der Zisterne, in die er (so der Plan des Ruben) lebend geworfen wurde. In der jetzigen Gestalt von v.28 sind die beiden Aussagen so verbunden, daß das Stehlen des Joseph durch die Midianiter in einen Verkauf an die Ismaeliter mündet. Schließlich wird auch der Name des Vaters der Brüder verschieden mit Jakob oder Israel benannt.

Die genannten Spannungen stehen jedoch nicht beziehungslos nebeneinander. Vielmehr zeichnet sich bereits in diesem Kapitel ab, daß in der Josephsgeschichte (mindestens) zwei Erzählschichten zu beobachten sind: So lassen sich einerseits die Erwähnungen Rubens mit den Träumen des Joseph[51] und der Benennung des Vaters als Jakob verbinden, andererseits steht die hervorgehobene Rolle Judas im Zusammenhang mit dem Motiv des bunten Rocks und dem Vaternamen 'Israel'.

---

[50] Dieser redaktionelle Vorgang bietet eine sinnvolle Erklärung der Differenzen zwischen beiden Versen. Nur insofern besteht tatsächlich kein Widerspruch (so Kebekus, Joseferzählung, S.27, gegen L.Schmidt, Josephsgeschichte, S.219).

[51] "Ohne äußere Gründe 'Ruben' in V.21 in 'Juda' ändern wird nur der wollen, der die Juda-Ismael-Version als eine in sich geschlossene ansieht und darum eine Motivation für Judas Handeln in V.26 braucht" (Dietrich, Josephserzählung, S.21 A.43). Gegen eine künstlich hergestellte Einheitlichkeit ist also die Zuweisung zur Ruben-Schicht zu betonen, vgl. auch H.-C. Schmitt, Josephsgeschichte, S.24f mit A.76.85. Dies gilt auch gegen die von L.Schmidt, Josephsgeschichte, S.147, vertretene literarkritische Lösung, die in der 'Spannung' zwischen v.21 und 22 einen Hinweis auf die redaktionelle Tätigkeit des Juda- und Ruben-Schicht verbindenden Redaktors (Jehowist?) sieht.

Wie in den folgenden Kapiteln (s. Gen 40f) lassen sich jedoch auch in Kap. 37 Einschübe feststellen, die keiner der beiden Schichten zuzuordnen sind.[52] Um einen solchen Einschub handelt es sich offensichtlich bei v.36: Auch wenn dieser Vers zunächst im Zusammenhang mit der Erwähnung der Midianiter in v.28 zu stehen scheint, ergeben sich doch bei näherem Hinsehen mehrere Probleme. Zunächst ist als Name des Volkes nicht 'Midianiter', sondern 'Medaniter' angegeben, was vielfach zu textkritischen Änderungsversuchen geführt hat. Gerade die Aussage "Medaniter ist...sinnlos, da die Medaniter in Gen 37 sonst nicht erwähnt werden"[53], weist auf die von H.-C.Schmitt und Kebekus vertretene lectio difficilior. Dies umso mehr, als der Vers auch inhaltlich v.28 nicht entspricht. Dort verkaufen ja die Midianiter Joseph, bringen ihn aber nicht ihrerseits nach Ägypten. Anzunehmen ist also, daß der Vers eine redaktionelle Ergänzung darstellt, die zu einer späteren Zeit aus Gründen, die im Zusammenhang mit Gen 38 stehen, die Ereignisse des Bringens nach Ägypten und des Verkaufs an Potiphar eng zusammenzieht. Einen weiteren Hinweis hierfür bietet die Abhängigkeit von 39,1, die ebenfalls im Rahmen der Kap. 38f untersucht wurde.

Als literarisch ebenso schwierig wie aufschlußreich erweisen sich die anderen angesprochenen Spannungen innerhalb des Kapitels. So fällt in v.34f, wo die Trauer Jakobs um seinen Sohn beschrieben wird, auf, daß zwar in v.34a der Jakobname genannt ist, der Vers also der Ruben-Schicht zugeschrieben werden kann, in v.35a jedoch von 'allen Söhnen und Töchtern' die Rede ist, während in 37,9 (Ruben-Schicht) die Zwölfzahl der Söhne angesprochen wird, ohne daß Töchter erwähnt wären. Damit ist v.35a - und mit ihm wohl v.34b, der die Trauer Josephs als Voraussetzung für den Trost der Kinder angibt - der Juda-Schicht zuzurechnen und bietet die Fortsetzung von v.31-33, die das für die Juda-Schicht typische Motiv des Rocks des Joseph wiederaufnehmen. Der Ruben-Schicht ist damit innerhalb dieses Abschnitts nur v.34a zuzuordnen.[54] Das fragmentarische Auftreten der Schicht macht es unwahrscheinlich, daß hier eine Überarbeitung durch die Juda-Schicht vorgenommen wurde.

Interessant ist auch die Untersuchung der v.18-33: In der Vorgeschichte zum eigentlichen Verkauf Josephs nach Ägypten wird die von den verschiedenen Brüdern angestrebte Lösung des in v.3-11 aufgebrochenen Konflikts geschildert. Dabei

---

[52] Zu erwähnen ist die priesterliche Herkunft von v.1f., v.a. wegen der Toledotformel von v.2, s. dazu L.Schmidt, Josephsgeschichte, S.142-145.

[53] L.Schmidt, Josephsgeschichte, S. 219 A.271

[54] Gegen L.Schmidt, a.a.O., S.148, gehört v.35b mit v.36 zusammen nicht der Ruben-Schicht an, sondern ist vielmehr als eindrucksvoller Abschluß des Kapitels vor der Einschaltung von Kap. 38 zu sehen. Nach Levin gehören v.34-35a zur Ruben-Bearbeitung. Denn in dieser können Söhne und Töchter Jakobs "redlichen Herzens" tröstend auftreten. Sie sind ja nunmehr "selbst von dem tragischen Zufall betroffen, der ihnen den Bruder geraubt hat." (Jahwist, S.272) Diese Vorstellung ist bei Levin in der Annahme begründet, die Ruben-Überarbeitung sei daran interessiert, durch das Verhalten Rubens den Makel der Tat von *allen* Brüdern zu löschen und nicht etwa Ruben allein als moralischen Helden darzustellen. Von einer solchen Makellosigkeit der Brüder kann aber im Text schon deswegen nicht die Rede sein, weil die Ruben-Bearbeitung weder eine Zustimmung der Brüder zu Rubens Plan noch deren Betroffenheit angesichts des Raubes des Joseph erzählt. Zudem hatte die Untersuchung gezeigt, daß es tatsächlich die klar erkennbare Absicht der Ruben-Bearbeitung ist, Ruben gegenüber Juda positiv herauszustellen. Die Trauer aller Söhne (v.35) ist deshalb im Kontext der Ruben-Schicht nicht erklärbar. Eine Auseinandersetzung mit der von Levin vorgestellten Pentateuchtheorie kann hier nicht geführt werden. Angemerkt sei aber die Problematik einer zwar richtig als durchgängige Redaktion bestimmten Ruben-Bearbeitung, deren Ansetzung dann jedoch "nachendredaktionell" (!) erfolgt.

ist an dem Bezug auf die Träume und dem Ruben-Namen zu erkennen, daß die v.19-22.24 aus der Ruben-Schicht stammen. V.23 mit der Erwähnung des bunten Rocks entstammt dagegen der Juda-Schicht. Daraus ergibt sich aber weiter, daß auch v.18 dieser Schicht zuzuordnen ist, da in ihm der Mordplan der Brüder, der die Grundlage der späteren Aussage Judas in v.26 bietet, mit v.23 zusammengehört. Wenn aber in der Ruben-Fassung dieses Geschehens Ruben eindeutig auf den Tötungsplan der Brüder reagiert, indem er in der heimlichen Absicht, Joseph zu retten, dafür plädiert, den Bruder in die Zisterne zu werfen, so deutet sich hier erneut der redaktionelle, d.h. die Vorlage bewußt bearbeitende Charakter dieser Schicht an. Interessant ist in diesem Zusammenhang auch der zur Ruben-Schicht gehörende v.20: Hier wird nämlich das vorgegebene Tötungsmotiv aufgegriffen und mit der Erwähnung der Zisterne verbunden, offensichtlich um damit eine Vorbereitung zu schaffen für den anschließenden Vorschlag Rubens, Joseph nur in die Zisterne zu werfen, ihn aber nicht zu töten.

Ähnliches läßt sich für die folgende Szene beobachten. Der Schlüssel hierfür liegt in dem bereits erwähnten v.28, wo - in der jetzigen Fassung - die Midianiter Joseph aus der Zisterne stehlen und an die Ismaeliter verkaufen. Dieser Vers stellt offensichtlich eine Vereinigung der Ruben- und der Juda-Schicht dar, die aufgrund einer bewußten redaktionellen Überarbeitung der Juda-Schicht durch die Ruben-Schicht entstanden ist: Während in der Juda-Schicht die vorbeiziehende Karawane der Ismaeliter für Juda eine Lösungsmöglichkeit schafft, "das Objekt des Hasses"[55] ohne einen Mord loszuwerden, ist in der Ruben-Schicht eine verantwortliche, unblutige Lösung schon in dem Plan Rubens zu erkennen, Joseph in die Zisterne zu werfen. Aus dieser aber stehlen die Midianiter den Bruder, den Ruben heimlich retten wollte. Mit der Einfügung der Midianiter in v.28aα wird der in der ursprünglichen Fassung von den Brüdern vorgenommene Verkauf an die Ismaeliter als Antwort auf den Vorschlag Judas (v.27.28*) auf die Midianiter übertragen.

Die Einfügung der Midianiter geschieht also offensichtlich ganz bewußt im Anschluß an die vorgegebene Fassung und ist damit als redaktionell zu beschreiben. Hätte ein Redaktor zwei parallele Quellen zusammengearbeitet, wäre die mit der Einfügung erzielte theologische Linie, die auch sonst der Ruben-Schicht entspricht, nicht zu erklären. Sowohl in der Szene v.18-24 als auch in v.25-33 ist das Interesse zu erkennen, die Rolle Rubens als des vorbildlichen und über Juda hinaus verantwortlichen Bruders zu zeichnen ("Ruben weiß sich für Joseph verantwortlich. Juda will nur keinen Mord"[56]). Die Bearbeitung hat also eindeutig ethisierenden Charakter.[57] Darüber hinaus wird durch die jetzige Gestalt der Midianiter-Ismaeliter-Szene "die in der Juda-Schicht bei den Brüdern liegende letzte Verantwortlichkeit für den Verkauf Josephs auf die zufällig vorbeiziehenden Midianiter und damit auf Gott als den Herrn des Zufalls übertragen"[58]. Damit aber

---

[55] L.Schmidt, Josephsgeschichte, S.148

[56] Ebenda

[57] Unverständlich ist demgegenüber, warum eine Bearbeitung umgekehrt daran interessiert gewesen sein soll, in einer zweiten Version die Brüder "ungleich stärker als die erste" zu belasten, wie dies von Dietrich, Josephserzählung, S.20, dargestellt wird.

[58] H.-C.Schmitt, Josephsgeschichte, S.29

erfolgt eine (geschichts-)theologische Bearbeitung, die bereits in den Träumen des Joseph anklingt.[59]

Gen 40: Die Fortsetzung der Ruben-Schicht aus Gen 37 findet sich nach communis opinio der Exegeten in Kap. 40, wo wiederum Träume - hier die der Hofbeamten - und ihre Deutung (durch Joseph) den Hauptanteil der Erzählung ausmachen. Einen direkten Bezug auf Gen 37,28 bildet die Aussage von 40,15a, daß Joseph aus seinem Heimatland gestohlen worden sei.

Auch in diesem relativ einheitlich erscheinenden Kapitel finden sich jedoch literarische Unebenheiten, die im Rahmen der Urkundenhypothese als Hinweise auf einen parallel vorliegenden Erzählfaden der Juda-Schicht gedeutet werden. Dazu gehört zum einen die auch syntaktisch eindeutig sekundäre Erwähnung des Gefängnisses in v.3a (Ende).5b, während in v.3aα von einem Gewahrsam im Haus des Obersten der Leibwache die Rede ist.[60] In auffälliger Weise wird Joseph in diesen sekundären Stellen sowohl als Gefangener (v.3b) als auch als Gefangener gesehen, eine Vorstellung, die nur aufgrund von Gen 39 möglich ist.[61] Damit ist aber eine Zuweisung dieser Verse zu einer etwa parallel vorliegenden Schicht nicht möglich, hatte sich doch Gen 39 als Zusatz aus späterer Hand erwiesen, dem dann auch die vorliegende Erweiterung zuzuschreiben ist. Eine weitere Anspielung auf Gen 39 findet sich in v.15b, wo nochmals in deutlich umständlicher Fortsetzung von v.15a auf die unschuldige Gefangenschaft Josephs (39,7ff!) verwiesen wird. Offensichtlich ist also eine nachträgliche Angleichung von Gen 40 an Gen 39 in den Versen 3a(Ende). 3b.5b.15b zu beobachten.[62]

Von dieser Beobachtung her ergeben sich im Zusammenhang mit der Einordnung von Gen 39 als nicht der Juda-Schicht zuzuordnender Ergänzung Konsequenzen für die Beurteilung von v.1aβ.b. In diesem Vers wird traditionell das einzige quellenhaft der Juda-Schicht zuzuordnende Stück gesehen, auch wenn zugestanden wird: Das, was "auf v.1 bei J folgte, läßt sich nicht mehr rekonstruieren"[63]. Auffällig ist jedoch, daß dieser Versteil sich zwar deutlich von der Ruben-Schicht abhebt, ebenso deutlich aber auch von der Juda-Schicht zu unterscheiden ist. Sowohl die Bezeichnung des Pharao als 'König von Ägypten' (statt 'Pharao' in der Ruben- und Judaschicht) als auch die Erwähnung von Bäcker und Mundschenk weisen einen engen Bezug zu v.5b auf, nicht jedoch zur Ruben- oder zur Juda-Schicht. Weder bei Kebekus noch bei L.Schmidt findet sich eine völlig befriedigende Lösung dieses sehr wohl erkannten Problems. So sieht L.Schmidt hier den vom Jehowisten übernommenen Fortgang der Erzählung aus Gen 39 beim Jahwisten. Kebekus argumentiert ähnlich wie H.-C.Schmitt, daß dieser Versteil als redaktioneller Zusatz bestimmt werden muß und damit diese Erweiterung sowie die anderen jüngeren Zusätze in Kap. 40 wiederum "als von Gen 39 abhängige Textelemente zu qualifizieren sind."[64] Er kommt deshalb zu dem Schluß: "Da die Einfügung von Gen 39 in den gegenwärtigen Erzählkontext auf die Juda-Redaktion zurückgeht, sind auch die redaktionellen Erweiterungen in Gen 40 dieser Textschicht zuzuordnen."[65]

Rechnet man jedoch mit H.-C.Schmitt nicht mit einer Juda-Redaktion, dann muß der hier vorliegende Befund, demzufolge Gen 39 einen Zusatz aus späterer

---

[59] Zum Verständnis der Träume als Hinweis auf das geschichtliche Wirken Gottes s.u. zu Gen 42 und im daran anschließenden Abschnitt 1.4.

[60] Zur Differenzierung und Deutung der beiden Begriffe משמר und בית הסהר s. L.Schmidt, Josephsgeschichte, S.228f

[61] Vgl. auch den Begriff בית הסהר in v.3b.5b und in 39,20-23

[62] Auch L.Schmidt, Josephsgeschichte, S.228 und 230, sieht hier redaktionelle Stücke - im Rahmen der Urkundenhypothese des Jehowisten.

[63] L.Schmidt, Josephsgeschichte, S.230

[64] Kebekus, Joseferzählung, S.52

[65] Ebenda

Hand darstellt[66] und einen ungewöhnlichen Sprachgebrauch aufweist, auch die von H.-C. Schmitt vorgenommene Zuordnung von v.1aβ.b zu einem nachelohistischen Redaktor zur Folge haben: Ebenso wie bei den Versen 3a*.3b.5b.15b handelt es sich auch hier um einen Zusatz der "die Ruben-Schicht voraussetzende(n) Bearbeitung ..., die das Ziel hat, Gen 40 ... an Gen 39 ... anzugleichen. Daß hier auch nicht *Materialien* aus der Juda-Schicht verwertet wurden, zeigt sich vor allem an der Bezeichnung >König von Ägypten< (40.1aβ.b.5b) statt des in der Juda-Schicht üblichen >Pharao<."[67]

Gen 41: Ein ähnliches Bild wie für Kap. 40 ergibt sich auch für Gen 41: Auch hier ist eine zusammenhängende, von Träumen (diesmal denen des Pharao) geprägte Schicht erkennbar, die, zumindest was die Verse 1-28 betrifft, nach einhelliger Meinung der Forschung der Ruben-Schicht zuzuordnen ist. Auch in diesem Kapitel wurde versucht, im Rahmen der Urkundenhypothese, vor allem in den literarisch uneinheitlichen Versen 29-57 eine Quellenscheidung vorzunehmen.

Innerhalb des ersten Teils (1-28) ist dabei lediglich in v.14aβ ein Zusatz zu erkennen, der - auch hier ähnlich wie in Kap. 40 - um einen Ausgleich mit Gen 39 bemüht ist, indem auch hier auf die Gefangenschaft des Joseph angespielt wird.[68]

Im zweiten Teil (29-57) finden sich jedoch für die klassische Pentateuchkritik mehrere Spannungen, die auf eine Zweisträngigkeit hinweisen könnten.[69] Auch wenn im Rahmen dieser Arbeit nicht auf alle bei L.Schmidt untersuchten Einzelprobleme eingegangen werden kann, so sind doch die wichtigsten Stellen zu nennen: Eine offensichtliche Spannung findet sich zwischen v.34b, in dem die Einforderung des Fünften während der sieben fruchtbaren Jahre durch Joseph berichtet wird, und v.35, wo der ganze Ertrag der guten Jahre gesammelt werden soll.[70] Bei v.34b dürfte es sich jedoch aufgrund der Anlehnung an den Kontext in Syntax und Wortwahl wiederum um einen Zusatz handeln, der einen Ausgleich zwischen Gen 41 und Gen 47,13-26 schaffen will. Im Zusammenhang mit diesem Vers will L.Schmidt freilich nicht von einem Zusatz zu dem Kontext v.34a.35 sprechen. Vielmehr sei v.34a in den Zusammenhang von v.33.34b eingefügt worden, was letzlich zu einer Aufteilung von v.33.34b.35bα zu E und v.34a.35a.bβ.36 zu J führt.[71] Einbezogen wird in diese Zuweisung auch die Beobachtung, nach v.33 (E) solle Pharao *einen* Mann anstellen, während es nach v.34a (J) *mehrere* Beamte sein sollen. Den einleuchtenden Charakter des Textstücks v.33.34a und damit seine Einheitlichkeit hat jedoch bereits Donner erläutert.[72] Auch aus der Verwendung unterschiedlicher Begriffe für das einzusammelnde Getreide bzw. die Nahrung (אכל in v.35a.bα und בר in v.35bβ) kann eine Zuweisung zu verschiedenen Quellen nicht erschlossen

---

[66] So ja übereinstimmend H.-C.Schmitt und Kebekus (s.o.), andernfalls würde Kebekus den Vers nicht seiner redaktionell verstandenen Juda-Schicht zuschreiben.

[67] H.-C.Schmitt, Josephsgeschichte, S.35

[68] L.Schmidt, Josephsgeschichte, S.233, schreibt diesen Vers entsprechend seinen Ergebnissen zu Gen 40 dem Jehowisten zu. Kebekus will auch in den Versen 9-13 bzw. 8-14 redaktionelle Zusätze sehen, begründet dies jedoch hauptsächlich durch die Nähe von 9-13 zu redaktionellen Erweiterungen in Gen 40 (erst aus dem redaktionellen Charakter von 9-13 ergibt sich bei Kebekus der redaktionelle Charakter von v.8 und 14), anstatt umgekehrt davon auszugehen, daß eher die Erweiterungen des Kap. 40 in Kenntnis des Kap. 41 geschehen sind (s. Kebekus, Joseferzählung, S.54-59).

[69] S. dazu z.B. Gunkel, Genesis, S.432f, und neuerdings L.Schmidt, Josephsgeschichte, S.233-247

[70] H.-C.Schmitt, Josephsgeschichte, S.38, verweist zusätzlich auf die stilistisch ungeschickte Unterbrechung des Kontextes.

[71] L.Schmidt, Josephsgeschichte, S.234-236

[72] Donner, Gestalt, S.42f

werden, denn es "ist in der Josephsgeschichte Vorsicht angebracht, aus unterschiedlichen Begriffen auf unterschiedliche Verfasser zu schließen".[73]

Als literarisch sekundär im jetzigen Kontext erweisen sich hingegen die v.41.44. Beide Male erfolgt eine überraschende neue Redeeinleitung, die bei v.44 überdies nach v.43 zu spät erfolgt. Auffällig ist hierbei die inhaltliche Übereinstimmung zwischen beiden Versen, die jeweils die Stellung Josephs definieren, wodurch eine Zusammengehörigkeit beider zu *einer* parallel zum Text der Rubenschicht denkbaren Quelle unwahrscheinlich wird. Eher liegt hier, wie bereits von H.-C. Schmitt betont, eine nachträgliche Erklärung der Bedeutung Josephs innerhalb des Investitur-vorgangs vor.[74]

Als ein letztes Problem sei schließlich der mögliche Widerspruch in v.54.55f genannt, wo einerseits auf die günstige Lage Ägyptens trotz der weltweiten Hungersnot (54b), andererseits auf die Hungersnot auch in Ägypten (55f) angespielt wird. Versteht man mit H.-C.Schmitt die Aussage von v.54b als "Hinweis auf das von Joseph gespeicherte Getreide"[75], so läßt sich diese Spannung einleuchtend lösen.

Die genannten Beispiele mögen genügen, um aufzuzeigen, daß mit einer Parallelüberlieferung einer J zuzuweisenden Juda-Schicht im Sinne der klassischen Urkundenhypothese auch in Gen 41 nicht zu rechnen ist. Vielmehr läßt sich im großen und ganzen ein relativ einheitlicher Text der Ruben-Schicht erkennen, an dem nach Wellhausen "Spuren von Überfüllung"[76] festzustellen sind.[77]

Gen 42: Diese Ruben-Schicht wird fortgeführt in Kap. 42, wo das Auftreten Rubens unter Verweis auf sein Eintreten für Joseph (42,22, vgl. 37,21f) erfolgt und zudem die Bürgschaft Rubens durch seine Söhne berichtet wird (42,37)[78]. Einen Hinweis auf die innere Geschlossenheit der Ruben-Schicht bietet auch die Erinnerung Josephs an seine Träume (auch hier ein Rückbezug zu Gen 37)[79], sowie die Aufnahme des Begriffs משמר für Gefängnis (v.17.19), der bereits in der Ruben-Schicht von Gen 40f (40,3a.4.7; 41,10) begegnete. Entsprechend der Ruben-Schicht wird der Name des Vaters mit 'Jakob' angegeben (v.1.4.29.36). Ebenfalls kennzeichnend für die Ruben-Schicht ist die Aussage über Simeon als Geisel des Joseph (v.24).

An einigen markanten Stellen dieses Kapitels kann die Frage diskutiert werden, ob sich neben der Ruben- auch die Juda-Schicht erkennen läßt oder ob die vorhandenen Unstimmigkeiten durch die Annahme von Zusätzen erklärt werden müssen.

---

[73] So interessanterweise L.Schmidt, Josephsgeschichte, S.236, der sonst eine Quellenscheidung vertritt; vgl. zu diesem Textstück auch Kebekus, Joseferzählung, S.65-69, und H.-C.Schmitt, Josephsgeschichte, S.37f

[74] S. H.-C.Schmitt, Josephsgeschichte, S.39. Der Vorwurf L.Schmidts, H.-C.Schmitt könne aufgrund seiner Ablehnung der Zweiquellentheorie in der Josephsgeschichte nicht "die notwendigen Konsequenzen...ziehen" (L.Schmidt, Josephsgeschichte, S.239), fällt auf ihn selbst zurück: Nur aufgrund seiner Vorgabe kann er beide Verse J zuordnen und anschließend auf der Suche nach einem "passenden" Kontext auch v.42 der gleichen Schicht zuweisen.

[75] H.-C.Schmitt, Josephsgeschichte, S.37

[76] Wellhausen, Composition, S.55

[77] Für weitere Einzelprobleme ist auf die Untersuchung von L.Schmidt, Josephsgeschichte, S.240-247, zu verweisen. Vorsicht geboten ist auch hier bei der literarisch überkritischen Beurteilung der Verse 37-46.47-49.50-52 durch Kebekus, Joseferzählung, S.69-89.

[78] Zur Bürgschaft Judas s.u. 43,8f

[79] Auffällig ist in diesem Zusammenhang auch die Betonung der Zwölfzahl der Brüder in v.13, die dem Sternentraum in 37,9 entspricht.

Eine auffällige Spannung findet sich v.a. im letzten Vers, v.38. Obwohl in den vorangehenden Versen stringent davon erzählt wird, wie die Brüder - und unter ihnen besonders Ruben - immer mehr ihre nunmehr gewandelte, brüderliche Gesinnung erweisen, eine Gesinnung, die in der Bürgschaft Rubens für Benjamin gipfelt, lehnt der Vater diese Bürgschaft überraschend ab. "Damit nimmt er den Brüdern die Chance, den Wandel ihrer Gesinnung vor Joseph unter Beweis zu stellen. Bereits das zeigt, daß v.38 nicht zu E gehört."[80] Die z.T. wörtliche Übereinstimmung des Verses mit 44,29.31 (beide aus der Juda-Schicht) weist darauf hin, daß auch dieser Vers der Juda-Schicht zuzuordnen ist. Für die Art des redaktionellen Vorgangs ist bemerkenswert, "daß 42,37 in der Ruben-Schicht so formuliert ist, daß 42,38 (Juda-Schicht) die direkte Antwort auf den Vorschlag Rubens von 42,37 darstellen kann ... . Ein solches fugenloses Zueinanderpassen zweier Verse aus verschiedenen Schichten wäre bei der Annahme einer Kompilation der Josephsgeschichte aus zwei quellenhaften Schichten sehr unwahrscheinlich!"[81] Die Annahme einer die vorgegebene Juda-Schicht überarbeitenden Ruben-Schicht ist also sehr plausibel: Ihr Interesse am Aufweis der vorbildlichen Haltung Rubens kann an einer Bürgschaft des Juda nicht einfach vorübergehen, ohne nicht auch Entsprechendes von Ruben zu berichten.

Wie schwierig die Zuweisung an verschiedene Schichten anhand von Einzelbegriffen in der Josephsgeschichte ist, wird erneut am Beispiel dieses Kapitels deutlich: Obwohl in der klassischen Pentateuchforschung die verschiedenen Begriffe für 'Sack' in Gen 42 als Argument für eine Quellenscheidung benutzt wurden, zeigt doch die genauere Beobachtung, daß dies nicht ohne weiteres möglich ist. Zwar wird tatsächlich in v.27f אמתחת (vgl. die zur Juda-Schicht zu rechnenden 43,18.21.23; 44,1.2.8.11), in v.35 dagegen שׂק gebraucht, so daß eine Aufteilung auf zwei Quellen zunächst möglich erscheint. Der letztgenannte Begriff begegnet aber auch neben אמתחת in v.27. Die Lösung dieses aus der Sicht der Quellentheorie unverständlichen Nebeneinanders durch eine Streichung des entsprechenden Versteils 27a als Glosse kann ebenfalls nicht überzeugen, da ansonsten keinerlei Anlaß für dessen sekundären Charakter gegeben ist.[82] Vielmehr ist davon auszugehen, daß hier tatsächlich ein abwechselnder Gebrauch vorliegt. Dieser Befund ist sinnvoll nur so zu deuten, daß in der Ruben-Schicht Worte der ihr vorliegenden Juda-Schicht aufgenommen und parallel zu eigenen Begriffen verwendet werden.

Eine Spannung findet sich jedoch nach wie vor zwischen v.27f und v.35: Während nach letzterem die Brüder das in die Säcke gelegte Geld erst nach der Rückkehr in Anwesenheit des Vaters finden, berichtet v.27f von einer Auffindung des Geldes während der Rückreise. Eine Lösung des Problems ist bei v.35 zu suchen: Offensichtlich sind v.27f fest im Kontext der Ruben-Schicht verankert, möglicherweise um aufzuzeigen, wie Joseph seinen Brüdern heimlich Fürsorge zuteil werden läßt[83]. V.35 steht jedoch demgegenüber für die Furcht, die dadurch bei Brüdern und Vater ausgelöst wird. Daß dieses Motiv der Furcht vom Verfasser der Ruben-Schicht aufgenommen wurde, um "zu unterstreichen, wie rätselhaft für die Brüder die Ereignisse sein mußten"[84], ist kaum plausibel, da die Reaktion des Vaters kein Befremden über das Geld ausdrückt, sondern vielmehr direkt an den Bericht der Brüder in v.29-34 anschließt.[85] Damit liegt es nahe, in v.35 "die

[80]   L.Schmidt, Josephsgeschichte, S.154
[81]   H.-C.Schmitt, Josephsgeschichte, S.44 A.172
[82]   Mit H.-C.Schmitt, Josephsgeschichte, S.40, der auf das in 27a zu erwartende Objekt des Öffnens verweist; gegen L.Schmidt, Josephsgeschichte, S.157
[83]   Eine von L.Schmidt, Josephsgeschichte, S.153, im Anschluß an v.Rad vertretene Deutung.
[84]   L.Schmidt, Josephsgeschichte, S.154
[85]   Das Motiv wird auch sonst innerhalb der Ruben-Schicht nicht aufgegriffen, so daß eine zweimalige Erwähnung unwahrscheinlich ist.

Einfügung eines Ergänzers zu sehen, der eine Erklärung darüber vermißt, wieso Jakob in 43,12 über die Geldaffäre unterrichtet ist."[86].

Eine weitere, von der Forschung[87] im Sinne eines Vorliegens von zwei Quellen gedeutete Dublette stellt die Anklage über die Kundschaftertätigkeit der Brüder dar. Hier wird in v.9bα der Vorwurf 'ihr seid Kundschafter' gemacht, in v.9bβ heißt es 'ihr seid gekommen zu sehen, ob das Land offen ist'. Der gute Zusammenhang beider Aussagen ist neuerdings auch von L.Schmidt als Vertreter der neueren Urkundenhypothese im Anschluß an die Untersuchung H.-C.Schmitts bestätigt worden.[88] An dieser Stelle ist also von einer Quellenscheidung abzusehen.

Ebenso ist die Zuweisung von 42,5 an die Juda-Schicht wegen des Gebrauchs von בני ישראל unzulässig. Diese Bezeichnung für die Brüder Josephs findet sich trotz des Israel-Namens für ihren Vater im Rahmen der Juda-Schicht sonst nicht. Sie begegnet dagegen im Rahmen der Ruben-Schicht in 45,21; 46,5 und 50,25.[89]

Die Kap. 40-42 sind damit größtenteils, d.h. von sekundären Erweiterungen abgesehen, der Ruben-Schicht zuzuweisen. Es ergab sich aus der Untersuchung weder ein Hinweis auf eine als parallele Quelle vorliegende Juda-Schicht noch auf sekundäre Einfügungen in die Ruben-Schicht durch eine redaktionell zu verstehende Juda-Schicht.

Gen 43-44: Anders als in den drei eben untersuchten Kapiteln erweist sich in den folgenden beiden die Ruben-Schicht nicht als führend. Vielmehr sind hier deutliche Anzeichen für das Vorliegen der Juda-Schicht zu finden: So ist Juda der Anführer und Sprecher der Brüder (43,3-5.8-10; 44,16.18) und der Name des Vaters wird mit 'Israel' angegeben (43,6.8.11).

Dennoch lassen sich im Text Spuren der Ruben-Schicht als Bearbeitung erkennen. Auffällig ist besonders eine Stelle, an der unvermittelt mit dem Kontext von der Freilassung des Simeon die Rede ist: 43,23b. Von einer Gefangennahme dieses Bruders wird im Kontext der Juda-Schicht sonst nichts berichtet. Die Juda-Schicht begründet die zweite Reise nach Ägypten vielmehr mit der andauernden Hungersnot. Das im Anschluß an v.1 geschilderte Gespräch Judas mit dem Vater weiß zwar von der Forderung Josephs, den jüngsten Bruder mitzubringen. Die Rückfrage des zunächst ablehnenden Vaters bezieht sich aber auf die Kenntnis des Joseph über einen weiteren Bruder, die dann von Juda mit einem Zitat des Gesprächs zwischen Joseph und den Brüdern beantwortet wird (nicht etwa mit einem Hinweis auf Simeon!). Auffällig ist zudem, daß Brüder und Vater über die Absicht 'des Mannes' rätseln, die sich mit der Forderung, den Bruder mitzubringen, verbindet. Innerhalb der Juda-Schicht "ist Joseph also bekannt, daß die Hungersnot längere Zeit dauern wird. Er hat darauf seinen Plan mit den Brüdern abgestellt."[90] Die Gefangennahme des Simeon ist dagegen die von der Ruben-Schicht angegebene Motivation. Umso deutlicher ist dann, daß v.23b eine Bearbeitung durch die Ruben-Schicht darstellen muß. Die hier notierte Herausgabe des Simeon macht deutlich, daß und warum der Zweck der zweiten Reise erfüllt ist.

---

[86]   H.-C.Schmitt, Josephsgeschichte, S.41

[87]   Z.B. Gunkel, Genesis, S.441f; ähnlich Noth, ÜP, S.31, und Ruppert, Josephserzählung, S.88

[88]   L.Schmidt, Josephsgeschichte, S.253; vgl. H.-C.Schmitt, Josephsgeschichte, S.42

[89]   S. dazu H.-C.Schmitt, a.a.O., S.42f; für weitere genauere Untersuchungen zu Gen 42 ist auf L.Schmidt, Josephsgeschichte, S.151-158.247-253, zu verweisen.

[90]   L.Schmidt, Josephsgeschichte, S.160

Die zweite Erwähnung Simeons findet sich in v.14, einem in der Zuordnung relativ umstrittenen Vers: Der Gebrauch des Gottesnamens שדי אל scheint hier zunächst eine priesterliche
Herkunft anzudeuten. H.-C.Schmitt verweist jedoch richtig auf die Tatsache, daß der Vers
ansonsten keinerlei priesterlichen Sprachgebrauch erkennen läßt. Es ist daher mit der Möglichkeit
zu rechnen, daß der hier verwendete Gottesname auch in einem nichtpriesterlichen Kontext
gebraucht werden kann, vor allem, wenn dieser ein besonderes Interesse an der Beziehung zum
Vätergott zeigt[91]. Auf die Möglichkeit, den Vers insgesamt[92] der Ruben-Schicht zuzurechnen,
weisen damit zwei Beobachtungen: Sprachlich die Verwendung des Gottesnamens שדי אל in der
"auch sonst den Vätergott besonders herausstellende(n) Ruben-Schicht"[93] und inhaltlich der
Rückbezug auf die Erwähnung Simeons in Gen 42,24. Kennzeichnend für einen Einschub an dieser
Stelle der Juda-Schicht ist auch die Beobachtung, daß v.15 nahtlos an v.13 anschließt. Dies spricht
gleichzeitig gegen den von Westermann unternommenen Versuch, an dieser Stelle einen einheitlichen Textvorgang zu sehen, weil hier ein Abschiedswort zu erwarten sei.[94] Gut vorstellbar
ist also, daß hier wiederum der redaktionelle Charakter der Ruben-Schicht zu erkennen ist, die im
Anschluß an 42,29ff (Ruben) und 43,1ff (Juda) ein Abschiedswort des Jakob einfügt. Dabei wird
sowohl auf die Vorstellung der Gefangennahme Simeons rekurriert als auch - interessanterweise -
die Juda-Schicht thematisch und verbal aufgenommen: Die Ruben-Schicht verwendet nämlich hier
den aus der Juda-Schicht stammenden Begriff 'der Mann' (vgl. 43,3.5.6.7.11.13) anstelle des von ihr
sonst gebrauchten 'der Mann, der Herr im Lande' (42,30.33).

In Gen 44 ist mit L.Schmidt[95] wiederum eine typische Gestaltungsweise der
Juda-Schicht zu beobachten, da in korrespondierenden Motiven zunächst das
Verhältnis der Brüder zu Benjamin geschildert wird, dann aber in der großen Rede
von v.18-34 der Wendepunkt zum Verhältnis des Vaters zu Benjamin erfolgt.
Anders als in der Ruben-Schicht halten hier die Brüder um des Vaters willen an
Benjamin fest, ihre Schuld jedoch haben sie vergessen (in der Ruben-Schicht
erinnern sich die Brüder an ihre Schuld und geben als Gewandelte ihren Bruder
Simeon nicht preis).

Sekundär im Rahmen dieses Kapitels sind nach Schmidt nur v.1b.2aβ, wo die
Brüder auch diesmal ihr Geld zurückhalten, was im Widerspruch zu der Entlar-
vung lediglich Benjamins (wegen des Bechers) steht: Nach dieser Fassung müßten
auch die Brüder des Diebstahls überführt werden. Damit wird "aber die Linienfüh-
rung von J zerstört, in der der Becher im Sack Benjamins dem Geld entspricht, das
die Brüder früher in ihren Säcken gefunden haben."[96]

---

[91]   H.-C.Schmitt vermutet mit Hinweis auf Gen 49,25, wo nach textkritischer Änderung ebenfalls
שדי אל zu lesen ist (a.a.O., S.45 A.175), daß "mit einem Gebrauch von 'l šdj schon vor P gerechnet werden kann" (Josephsgeschichte, S.46).

[92]   Die Einheitlichkeit betont richtig L.Schmidt gegen Gunkels Aufteilung in zwei Vershälften, s.
L.Schmidt, Josephsgeschichte, S.134 mit A.35.

[93]   H.-C.Schmitt, Josephsgeschichte, S.46

[94]   Westermann, Genesis, z.St., vgl. dazu L.Schmidt, Josephsgeschichte, S.134

[95]   L.Schmidt, Josephsgeschichte, S.163-166

[96]   L.Schmidt, a.a.O., S.163

1.3 Profil der Ruben-Schicht (ausgehend von Gen 42)

In Gen 42 läßt sich sehr schön sowohl die Ausgestaltung der Juda- durch die Ruben-Schicht als auch das besondere Eigenprofil der Ruben-Schicht aufzeigen.

So kann zunächst das Motiv der Geldauffindung in diesem Kapitel nur aus seiner Aufnahme aus der Juda-Schicht erklärt werden. Auch das sog. Bürgschaftsmotiv wird wohl kaum eigenständig in der Ruben-Schicht entstanden sein. Wie bereits oben aufgezeigt, handelt es sich hier um ein im Rahmen der Ruben-Schicht nicht weiter aufgegriffenes Motiv, das gleichwohl in eigener Gestaltung die Vorbildlichkeit Rubens als Kontrast zu der vorbildlichen Haltung Judas (in der Vorlage gegeben) redaktionell ausdrücken soll.

Weiterhin nur aus einer bereits vorliegenden Juda-Schicht übernommen und in den eigenen Redaktionsprozeß aufgenommen wurde offensichtlich die Angabe, daß die zweite Reise nach Ägypten erst nach einem Jahr (Gen 43) erfolgt (Gen 45,6), was kaum ursprünglich im Zusammenhang mit der Gefangennahme des Bruders Simeon stehen dürfte.

Das Hauptthema der Ruben-Schicht 'Joseph und seine Brüder' wird in Gen 42 in eindrucksvoller Weise ausgeführt: Die Brüder werden nunmehr vor eine Bewährungsprobe gestellt: Der in Gen 37 geschilderte Fall scheint sich zu wiederholen: Es geht um die Verantwortung für *einen* Bruder, in diesem Fall Simeon. Werden die anderen auch ihn im Stich lassen? Oder werden sie um seinetwillen zurückkehren, nachdem die Hungersnot ja zunächst keine zweite Reise notwendig zu machen scheint - vorerst ist genügend Getreide vorhanden? Die besondere Erzählweise der Ruben-Schicht zeigt sich im kompositorischen Vorgehen von v.21.[97] Angespielt wird in v.21 auf die Schuldbeladenheit der Brüder durch das Übergehen von Angst und Flehen ihres Bruders Joseph im Zusammenhang mit den in Gen 37 geschilderten Vorgängen. Die eigentliche Schilderung wird hier gleichsam nachgeholt. Das Schuldgeständnis wird jetzt in einer neuerlichen Bewährungssituation bezogen auf ein entsprechendes Geschehen: So wie sie damals versagten, ist jetzt die Hungersnot über sie gekommen, so wie sie damals die Angst des Bruders nicht hörten, müssen sie jetzt Angst um einen weiteren Bruder haben. Damit befinden sich die Brüder am entscheidenden Wendepunkt ihrer Bewährungsprobe. Entsprechend dem nun aufkeimenden brüderlichen Verantwortungsbewußtsein der gewandelten Brüder übernimmt die Ruben-Schicht das Bürgschaftsmotiv in besonderer Weise: Weil nunmehr die Verantwortung für Simeon übernommen werden soll, tut Ruben alles, um den Vater zur Freigabe Benjamins zu bewegen. Dabei bietet Ruben nicht nur sein eigenes Leben (s. Juda in 43,9), sondern das seiner Söhne, was eine direkte Entsprechung zur Klage des Jakob über die Beraubung um seine Söhne in v.36 darstellt.

Besonders kennzeichnend für die Ruben-Schicht ist nun jedoch, daß die Herausstellung des gewandelten Verhaltens der Brüder (gegenüber Gen 37) und seine Bewährung hier nicht nur auf der Ebene 'Joseph und seine Brüder' erfolgt. Anders als in den weitgehend der Juda-Schicht zuzurechnenden Kapiteln 43f wird die

---

[97] Daß in Gen 37 keine Szene ausgefallen ist, auf die hier angespielt wird, sondern vielmehr kompositorische Absicht vorliegt, hat H.-C.Schmitt herausgearbeitet (s. Josephsgeschichte, S.50f).

Darstellung menschlichen Verhaltens vielmehr mit dem Aspekt der göttlichen Führung wider alles menschliche Fehlen verknüpft. So wird das einlenkende Handeln Josephs in 42,19 (einer statt aller Brüder) begründet durch die Aussage, daß Joseph Gott fürchtet. Daß diese Aussage an einem so wichtigen Wendepunkt erfolgt, dürfte bereits darauf hinweisen, daß es sich keinesfalls nur um eine sittliche Haltung im Sinne einer "Garantie des verläßlichen Wortes unter Männern"[98] handelt. In dieser Aussage spiegelt sich vielmehr die Einsicht Josephs in ein letztlich von Gottes Führung bestimmtes Geschehen wider. Diese Einsicht klingt bereits in v.9 an, wo Joseph das Geschehen im Zusammenhang mit seiner eigenen Geschichte sieht. Die drei wichtigen Gedanken, die um diese Etappe der Geschichte in Gen 42 kreisen, das Eingeständnis der Schuld, die Erinnerung an die Träume (die einem geoffenbarten Plan Gottes entsprechen), in denen Joseph seine Führungsrolle erkennt, und die Einsicht in die Führung Gottes werden letztgültig aufgenommen im abschließenden Abschnitt der Ruben-Schicht in 50,15ff, wo der durch die Träume geoffenbarte Aufstieg des Joseph im Zusammenhang der Versöhnung mit den Brüdern erfüllt und gedeutet wird: Dort gestehen die Brüder in v.17 erneut ihre Schuld (nunmehr im Angesicht Josephs) und bitten um Vergebung. Sie bezeichnen sich selbst als Knechte des Joseph (v.18) und erfahren schließlich von ihm Versöhnung durch den Hinweis auf Gottes Führung hinter einem für alle Beteiligten zunächst rätselhaft anmutenden Geschehen.

Die hier ausgehend von Gen 42 beschriebene Zusammenführung der Themen 'Joseph und seine Brüder', 'Traum(deutung)' und 'Aufstieg in Ägypten' und die Deutung der mit diesen Themen verbundenen Ereignisse durch die vorliegende Geschichtstheologie (Führung Gottes) läßt sich auch in den anderen Kapiteln wiederfinden.

So hat Kebekus gezeigt, wie sich innerhalb der Ruben-Schicht[99] ein vierteiliger Aufbau beschreiben läßt, der in einem einheitlichen Spannungsbogen die Thematik von 'Joseph und seinen Brüdern' und 'Aufstieg Josephs in Ägypten' entwickelt:[100]

I. Gen 37,5-30*:
    1. Träume Josefs (Konfliktauslösung) (Gen 37,5-11*)
    2. Überfall der Brüder (Konfliktauslösung) (Gen 37,12-30*)
II. Gen 40,2-22*
    1. Schicksal der beiden Beamten (vorläufig) (Gen 40,2-4*)
    2. Träume der Beamten + Traumdeutung durch Josef (Gen 40,5-19*)
    3. Schicksal der beiden Beamten (endgültig) (Gen 40,20-22)
III. Gen 41,1-33*
    1. Träume des Pharaos + Problem der Traumdeutung (Gen 41,1-16*)
    2. Träume des Pharaos + Traumdeutung durch Josef (Gen 41,17-33*)
IV. Gen 41,37-45,8*
    1. Josef als zweiter Mann Ägyptens (Gen 41,37-56*)
    2. Josef und seine Brüder (Konfliktauflösung) (Gen 42,1-45,8*)

---

[98] Wolff, Studien, S.408
[99] Es handelt sich um seine Ruben-Grundschicht.
[100] Die folgende Übersicht findet sich bei Kebekus, Joseferzählung, S.241

Das hier im Anschluß an Kebekus aufgezeigte Schema kann freilich - aufgrund der von Kebekus vertretenen, abweichenden Abgrenzung der Ruben-Schicht - nur den Spannungsbogen der äußeren Ereignisse verdeutlichen. Dies umso mehr, als in der von Kebekus bestimmten Ruben-Schicht die ausschlaggebende und abschließende theologische Deutung des Geschehens in 50,15ff fehlt. Auch schon innerhalb des Spannungsbogens der Ereignisse wird jedoch bei aufmerksamer Betrachtung immer wieder deutlich, daß diese nicht ohne den Hintergrund der göttlichen Führung zu sehen sind:

Daß die Deutung der Träume und damit der Aufstieg in Ägypten für Joseph zumindest erahnbar im Zusammenhang mit der göttlichen Führung stehen, wird nämlich neben der deutlichen Zusammenstellung in 42 auch schon während der vorherigen Kapitel deutlich. Dort bemerkt Joseph mehrmals, daß die Deutung der Träume bzw. das in ihnen v.a. dem Pharao Angesagte eine Sache Gottes sei (40,8; 41,16.25.32.39 vom Pharao). Außerdem muß rückblickend an Gen 37 erinnert werden, wo von der hier gewonnenen Perspektive aus die dort zum Auslöser des ganzen Geschehens bzw. des Konflikts gewordenen Träume nun ebenfalls unter dem Aspekt des göttlichen Wirkens zu betrachten sind. Bereits oben[101] wurde angemerkt, daß diese geschichtstheologische Perspektive das eigentümliche Gestaltungselement der Ruben-Schicht bildet, vor dem das ethisch höherstehende Verhalten Rubens (gegenüber Juda) sowohl in der Ausgangsszene als auch in Gen 42 gesehen werden muß. Erinnert sei schließlich auch an die Szene in der Ruben-Schicht von Kap. 37, wo die Verantwortung für das Geschick des Joseph von den Brüdern auf ein zufälliges, d.h. gottgewirktes Geschehen in Form des Eingreifens der Midianiter übertragen wird. In eigentümlicher Weise werden also in der Ruben-Schicht Ethisierung der Personen und Theologisierung alles Geschehens verwoben: "Das richtige ethische Verhalten ergibt sich aus der Anerkennung der Allmacht Gottes und der totalen Abhängigkeit des Menschen von Gott."[102]

1.4 Einordnung der Ruben-Schicht

Die aufgezeigten Kennzeichen der Ruben-Schicht in der Josephsgeschichte erlauben nunmehr eine Zuordnung dieser Schicht innerhalb des Pentateuch. Sowohl die Verwendung von Träumen als Offenbarungsmittel als auch die eigentümliche Zuordnung von Geschichtstheologie und Ethisierung weisen auf Motive bzw. Charakteristika, die im Rahmen der traditionellen Pentateuchforschung als Kennzeichen des Elohisten gelten.

Für die Bedeutung der Träume ist nur auf das Reden Gottes im Traum zu Abimelech und Abraham in Gen 20 oder auf den Traum Jakobs in der elohistischen Fassung von Gen 28 zu verweisen. Auch in bekannten elohistischen Texten stehen Anweisungen im Traum in engem Zusammenhang mit geschichtlichem Geschehen, wie z.B. bei der Flucht Jakobs vor Laban (31,24). Erkennbar ist im Zusammenhang mit diesem Geschehen auch die Auffassung, daß erfolgreiches

---

[101] S.o. zu Gen 37
[102] H.-C.Schmitt, Josephsgeschichte, S.96

bzw. gelingendes menschliches Handeln nur deshalb diese Qualität erhält, weil letztlich Gott derjenige ist, der menschliches Verhalten und geschichtliches Geschehen leitet und führt, ja daß er sogar im Sinne von 50,20 gegenläufiges menschliches Handeln zum Guten wendet. Beispiele für das Verursachen zunächst unzumutbar erscheinender Situationen durch Gottes Eingreifen und seine Führung zum Guten mit Hilfe der oder gegen die handelnden Personen finden sich in Gen 20-22, sowohl bei der Gefährdung der Ahnfrau als auch bei der Vertreibung Hagars und der Opferung Isaaks.[103] Das bedrohende und rettende Eingreifen Gottes wird in der Josephsgeschichte in besonders subtiler Weise durch die redaktionellen Aspektverschiebungen während des Fortgangs des Geschehens in den Handlungen und Reden der beteiligten Personen widergespiegelt.

Zwei weitere für elohistische Texte kennzeichnende Motive sind abschließend zu nennen: Zum einen begegnet, wie schon von H.W.Wolff dargestellt, im Rahmen dieser Texte das Motiv der Gottesfurcht an zentralen Stellen, wie z.B. Gen 20,11; 22,12; Ex 1,17; 18,21; 20,20 und in Gen 42,18. Dabei handelt es sich um ein besonderes, durch sittliches Verhalten erkennbares, aber letzlich vom Vertrauen in Gottes Willen gekennzeichnetes Verständnis dieses Begriffs, das besonders in Gen 22 erkennbar ist.[104]

Kennzeichnend für die Ruben-Schicht und andere elohistische Texte ist weiterhin die Betonung der Zwölfzahl der Söhne Jakobs, die in der Josephsgeschichte mehrmals begegnet. Offensichtlich liegt ein Schwerpunkt dieser elohistischen Schicht (auch in anderen Texten) auf der Beschäftigung mit der Genealogie der Söhne Jakobs und ihrer vollständigen Zahl entsprechend den Stämmen Israels. So hat die Geschichte von der Geburt der Kinder Jakobs in Gen 29f erstmals durch die elohistische Schicht ihre jetzige Fassung erhalten.[105] Demgegenüber ist in der Juda-Schicht zwar von Söhnen und Töchtern Jakobs die Rede, namentlich genannt werden aber außer Joseph nur Juda und Benjamin. Ein Hinweis auf die Zwölfzahl unterbleibt ebenso wie die Erwähnung Rubens und Simeons als der ältesten Söhne Jakobs.

Die Untersuchung von Gen 29f hatte ergeben, daß durch diese Erzählung nicht nur die Konzeption des Zwölf-Stämme-Volks Israel geschaffen wird, sondern darüber hinaus auch eine politisch-religiöse Identität, die sich in der Betonung der mit dem ehemaligen Nordreich und den israelitischen Randgebieten verbundenen religiösen Traditionen zeigt. Folgerichtig wird auch in der Josephsgeschichte eine solche politisch-religiöse Ausrichtung zu vermuten sein, die sich in der namentlichen Nennung Rubens und Simeons ausdrückt und besonders in der Sprecherrolle Rubens als des Repräsentanten der Zwölf zum Tragen kommt.

Die Juda-Schicht weist demgegenüber - wie die Untersuchung der möglichen traditionsgeschichtlichen Bezüge von H.-C.Schmitt gezeigt hat - weder zu anderen Traditonen im Pentateuch irgendeine Verbindungen auf, noch ist in ihr eine besondere politische oder religiöse Ausrichtung zu beobachten. Vielmehr ist die Josephsgeschichte der Juda-Schicht als eigenständige

---

[103] S. dazu die Studie von McEvenue, The Elohist at Work, bes. S.317-320, vgl. H.-C.Schmitt, Gen 22
[104] S. auch hierzu H.-C.Schmitt, Gen 22, bes. S.91-93
[105] S. dazu die neue Definition einer elohistischen Schicht in Kap. II.2.2 und 2.3

Erzählung zu beurteilen, deren Zweck die erzählende Unterhaltung war. Trotz verschiedener weisheitlicher Einflüsse lassen sich auch keine Anzeichen dafür finden, daß es sich hier um eine Lehr-Erzählung handeln könnte.[106] Daß das Interesse der Erzählung stärker der Figur des Joseph als der des Juda gilt, ist nach H.-C.Schmitt als Hinweis dafür zu werten, daß der Verfasser im mittelpalästinischen Raum zu suchen ist. Wie aus dem Segen über die Josephsöhne in 48 deutlich wird, liegt darüber hinaus eine Bevorzugung Ephraims vor, so daß wohl ephraimitische Kreise im Hintergrund stehen dürften.[107] Aufgrund der in der Juda-Schicht zu beobachtenden stilistischen Eigenheiten, der Bezüge zur frühen ägyptischen Weisheit[108] und völlig fehlender Anzeichen für spätere Einflüsse kommt für eine Datierung am ehesten die frühe Königszeit in Frage.[109]

1.5 Anmerkungen zur Datierung der Ruben-Schicht

Die Datierung der Ruben-Schicht der Josephsgeschichte steht in Zusammenhang mit der Problematik einer Datierung der elohistischen Pentateuchschicht. Diese kann, wenn sie wie hier als Bearbeitungsschicht verstanden wird, nicht mehr im Sinne der Urkundenhypothese in die frühe Königszeit eingeordnet werden.

Im Anschluß an die Untersuchung Redfords übernimmt H.-C.Schmitt die Annahme, daß sich in der Ruben-Schicht die von Redford besprochenen neuassyrisch beeinflußten Vorstellungen finden lassen: Dabei ist einerseits an die Investiturzeremonie in Gen 41, andererseits an den zweiten Traum Josephs von den sich verneigenden zwölf Sternen[110] zu denken. Ein solcher Einfluß weist auf ein Entstehungsdatum nicht vor der späten Königszeit, eine Zuordnung, die von H.-C. Schmitt durch weitere Beobachtungen belegt wird. So ist festzustellen, daß der von der elohistischen Schicht verwendete 'Gottesfurcht'-Begriff eindeutig weisheitlichen Einfluß aufweist (Joseph wird z.B. zusätzlich als 'weise' und 'verständig' bezeichnet, 41,39). Dabei handelt es sich jedoch offensichtlich um eine theologisierte Weisheit[111], die sich von der älteren Weisheit abhebt. Anders als bei der Lehrweisheit der frühen Königszeit wird hier ein Einfluß der Prophetie erkennbar: Weisheitliche Erkenntnis nimmt nunmehr die Stelle prophetischer Offenbarung ein, wie dies vor allem in 41,39 offenkundig wird. Für eine späte Datierung verweist H.-C.Schmitt in diesem Zusammenhang darauf, daß die "frühe israelitische Prophetie noch keine explizite Offenbarungstheologie (wie sie in Gen 41,25.28.32.39 vorliegt) kannte"[112]. Schmitt nimmt diese Bezüge freilich zum Anlaß, hier zudem Einflüsse der von der Prophetie beeinflußten exilisch-nachexilischen Weisheit zu sehen und belegt dies zusätzlich durch die in der Ruben-Schicht in eigentümlicher Weise zum Ausdruck gebrachte Restvorstellung, die in 45,7 greifbar wird und s.E. als ein weiterer Hinweis auf späte, möglicherweise exilische Prophetie zu werten ist. Hier wird als Ziel des göttlichen Heilsplans die nicht vollzogene Vernichtung der Josephsippe mit dem Übriglassen einer Restnachkommenschaft zum weiteren Fortbestand des Volkes begründet.

---

[106] "Der Juda-Schicht geht es primär um erzählende Unterhaltung, nicht um Lehre", H.-C. Schmitt, Josephsgeschichte, S.162

[107] H.-C.Schmitt, a.a.O., S.154

[108] H.-C.Schmitt, a.a.O., S.160-163

[109] So H.-C.Schmitt, a.a.O., S.137, in Auseinandersetzung mit Redfords Versuch einer Spätdatierung. L.Schmidt (Josephsgeschichte, S.273) wendet sich ebenfalls gegen eine Spätdatierung und datiert die Juda-Schicht in die erste Hälfte der Regierungszeit Salomos. Allerdings ist diese Datierung bei ihm v.a. durch die Zuweisung zum traditionell verstandenen Jahwisten begründet.

[110] S. dazu H.-C.Schmitt, Josephsgeschichte, S.145-149

[111] Zur Verbindung von Ethisierung und Geschichtstheologie s.o.1.3

[112] H.-C.Schmitt, a.a.O., S.166 A.395

Angesichts des in der vorliegenden Untersuchung erarbeiteten Konzepts des Elohisten als einer Schicht, die den ideellen Fortbestand des Nordreiches nach dessen politischem Untergang mit Hilfe religiöser Traditionen zu wahren versucht[113], ist eine solche Restvorstellung jedoch nicht erst nach dem Untergang Judas, sondern auch schon nach dem Untergang Israels denkbar. Dies dürfte vor allem daran deutlich werden, daß Joseph im Zusammenhang seiner Rede vom 'Rest' sein Schicksal als ein solches deutet, durch das auch das Schicksal der anderen Brüder einen positiven Ausgang finden soll: Hier wird offensichtlich auf die heilbringende, da identitätsstiftende Wirkung der durch Joseph verkörperten Nordreichtraditionen angespielt. Die Übriggebliebenen sind zwar tatsächlich Existenzträger für die Zukunft, dies jedoch nur, weil ihr Bruder diese Weiterexistenz - auch in politisch-geschichtlicher Hinsicht - durch die ihm zuteil gewordene Führung Gottes verkörpert. Ein solches Gegenüber des einen Bruders Joseph zu allen anderen Brüdern bzw. eine so herausragende Rolle der Identifikationsfigur des ehemaligen Kerngebietes des Nordreiches und die damit zusammengehende Besinnung auf die Traditionen des Nordreiches (vgl. dazu auch die Vorbildrolle Rubens) wäre demgegenüber in exilisch-nachexilischer Zeit nicht wirklich nachvollziehbar (dann nämlich wäre zu erwarten, daß Juda der Herausragende ist). Es liegt hier also in der Tat eine "spezifische Restvorstellung"[114] vor, ihre Bedeutung ist jedoch nicht durch rein stilistische Vergleiche zu ermitteln, sondern muß stärker durch den unmittelbaren Kontext interpretiert werden.[115]

1.6 Die Gestalt des Ruben

Von dieser Einordnung her können sich einige Ansatzpunkte für die Beurteilung der Gestalt Rubens im Kontext der Josephsgeschichte ergeben: Die im Blick auf die Rolle Rubens gegenüber Juda so offensichtliche Ethisierung ist gerade nicht als Anerkennung der geschichtlichen Vorherrschaft des Südreiches zu deuten, wie von Dietrich[116] - allerdings mit Annahme einer Juda-Bearbeitung - vermutet wird. Vielmehr wird Ruben hier im Anschluß an Gen 29f ein weiteres Mal als Erstgeborener der Stammeseponymen herausgestellt, um als Sprecher der Brüder innerhalb der Erzählung auch gleichzeitig zum Sprecher des Volkes Israel in der geschichtlichen Situation des Verfassers zu werden.

Damit könnte die Erwähnung der Zwölfzahl der Brüder in engem Zusammenhang stehen: Das System der zwölf Eponymen Israels mit Ruben als ältestem Bruder an der Spitze würde dann im Rahmen der elohistischen Pentateuchschicht erzählerisch weiter ausgeführt. Dafür spricht auch, daß Ruben als der offensicht-

---

[113] Vgl. dazu Kap.II.3.7
[114] H.-C.Schmitt, a.a.O., S.168
[115] Gegen H.-C.Schmitt, demzufolge sich die Vorstellung stilistisch in die Nähe später eschatologischer Prophetie bzw. exilisch-nachexilischer Vorstellungen rücken läßt, wo die Übriggebliebenen ebenfalls als Existenzträger der Zukunft gelten. Zum Nebeneinander der verwendeten Begriffe in Gen 45 und exilisch-nachexilischer Vorstellungen s. H.-C.Schmitt, a.a.O., S.168f.
[116] S. Dietrich, Josephserzählung, S.21f

lich wichtigste der ostjordanischen Stämme die Bedeutung der grundlegenden alten Traditionen aus dem Teil des Landes, 'wo alles begann' (Ostjordanland), repräsentiert, die nunmehr in engem Zusammenhang mit dem Nordreich (repräsentiert durch Joseph) stehen. Hier also wären dann die wichtigen und authentischen Zusammenhänge israelitischer Geschichte bewahrt worden, eine Erkenntnis, die es gegenüber dem Südreich (repräsentiert durch Juda) zu betonen gilt. Interessant ist dabei auch, daß die Gestalt des Juda nicht abgewertet wird, was auf eine geschichtliche Situation hinweist, in der die Bedeutung des Südreichs unumstritten ist. Wie bereits bei der Frage nach der Entstehung des Eponymensystems vermutet, liegt eine solche Situation mit der Betonung der für das Nordreich wichtigen Traditionen bei gleichzeitiger Anerkennung des Südreiches in dem Zeitraum vor, wo das Nordreich bereits erobert und als politische Größe untergegangen ist, während das Südreich noch als ebensolche Größe existiert. Für eine solche Situation spricht auch die Art und Weise, wie die Figur des Joseph, des Repräsentanten des Kernbereichs des Nordreiches, geschildert wird: Seine Gestalt repräsentiert nicht die Macht einer politischen bzw. nationalen Größe, vielmehr wird er in der Ruben-Schicht als prophetische Figur gezeichnet. Eine solche Uminterpretation der Funktion des Nordreiches weg von der politischen Macht hin zur Prophetie, die damit auch als sein eigentliches Wesen hervortritt, ist jedoch erst nach dem Untergang des Nordreiches 722 denkbar und möglich.

Mit der anerkannt bedeutenden Gestalt des Joseph, dem Repräsentanten des Kerngebietes des Nordreiches, wurde aus dieser Perspektive eine einzigartige Verbindung hergestellt: Gegenüber Juda, dessen Bedeutung vor dem geschichtlichen Hintergrund unumstritten ist, wird in der elohistischen Bearbeitung Ruben, der Erstgeborene, als Repräsentant des Ostjordanlandes und seiner authentischen Traditionen enger mit Joseph verbunden.[117] Damit schafft der elohistische Verfasser gleichzeitig eine Möglichkeit, die Situation nach dem Untergang des Nordreiches auch erzählerisch zum Tragen zu bringen.

Das ethisch integre Verhalten und die rechte theologische Einstellung, die Ruben von Anfang an beweist, sind folglich nicht ohne den engen Bezug zu dem mit ihm verbundenen Territorium verständlich: Es sind - wie die Untersuchung zu Gen 29f gezeigt hatte - gerade die ostjordanischen religiösen Traditionen, die in der 'dezentralen' Theologie des Elohisten[118] im Rahmen der Nordreichtraditionen letztlich für das ganze Zwölf-Stämme-Volk als identitätsstiftend gelten. Die positive Zeichnung der Person Rubens in ihrer Sprecherrolle und Vorbildrolle ist erzählerische Darstellung dieser theologischen Konzeption, die an anderer Stelle durch die Anordnung des Eponymensystems zum Ausdruck kommt. Da diese theologisch positive Bewertung Rubens und des mit ihm verbundenen Ostjordanlandes hier an der Einzelfigur Ruben aufgezeigt wird, muß auch bei den

---

[117] Erzählerisch wird diese Verbindung zum Ausdruck gebracht z.B. in dem Rettungsversuch Rubens 37,21f, seiner Trauer (als einziger namentlich genannter Bruder) um Joseph 37,29 und der Interpretation des Geschehens als Folge der Versündigung an Joseph durch Ruben 42,22.

[118] Zum 'dezentralen' theologischen Konzept des Elohisten s. unter Kap.II.3.7, wo auf die Charakteristika der elohistischen Konzeption näher eingegangen wurde.

folgenden zu untersuchenden Texten das Hauptaugenmerk auf diesen Zusammenhang gerichtet werden.

2. Genesis 49

2.1 Einführung

Im Textkomplex der Josephsgeschichte (Gen 37-50), in der Ruben als ethisches Vorbild durch die elohistische Schicht gezeichnet wird und in der auch die Überarbeitungen diese vorbildliche Haltung nicht relativieren, findet sich in Kap. 49, das nicht zur eigentlichen Josephsgeschichte zu rechnen ist, eine Spruchreihe mit Sprüchen Jakobs über seine zwölf Söhne, die im jetzigen Kontext widersprüchlich wirken muß. Im Zusammenhang dieser Spruchreihe wird nämlich Ruben in einer für das Umfeld des Kapitels außergewöhnlichen Weise negativ beurteilt. War er in der Ruben-Schicht der Josephsgeschichte derjenige, der in vorbildhafter Weise die Familie und vor allem Joseph zu bewahren versuchte, wird er in 49,3-4 zu dem, der durch eine Schandtat die Beziehung zur Familie und vor allem zum Vater so nachhaltig stört, daß über ihn eine positive Aussage nicht mehr möglich zu sein scheint:

49,3[119]
Ruben, mein Erstgeborener bist du,
meine Stärke und der Erstling meiner Manneskraft,
Überragender an Würde
und Überragender an Macht.
49,4[120]
Überschäumend bist du wie Wasser,
sollst den Vorrang nicht haben,
denn du bestiegst das Lager deines Vaters,
damals entweihtest du mein Lager, bestiegst es.

   Juda und Joseph werden demgegenüber mit Segen bedacht. Diese auffällige Umbewertung wird im Rahmen der Fragestellung nach der Rolle Rubens zunächst literarisch analysiert, um dann nach möglichen Zusammenhängen mit den

---

[119] Der Vorschlag von BHS und BHK, שְׂאֵת möglicherweise in שֹׁאָה oder שְׁאוֹל 'Untergang' zu ändern, würde eine Bedeutungsverschiebung ins Gegenteil bedeuten, die den vorgegebenen Parallelismus völlig ignoriert und zudem nicht durch Textzeugen gedeckt ist. רֵאשִׁית אוֹן (+ Suffix) ist als feststehende Wendung zu sehen und begegnet so auch in Dtn 21,17 und Ps 105,36.

[120] Zwar schlagen BHK/BHS vor, mit dem Samaritanus, der Peschitta, den Targumen und LXX in die Verbform פָּחַזְתָּ zu ändern, lectio difficilior wäre jedoch das im Text stehende פַּחַז ('Überschäumen'), dessen Gebrauch als "abstractum pro concreto" zudem gut möglich ist (KBL³, S.873; vgl. dazu auch GK § 147c). Auch אַל־תּוֹתַר muß nicht geändert werden. Es handelt sich um eine impf. hi. Form in kleiner Pausa (GK § 53n). Für das Verstehen des oft als störend empfundenen עָלִיתָ am Ende des Satzes sind die alten Übersetzungen hilfreich, die von עָלִיתָ ausgehend übersetzen, da der hier begegnende Wechsel von der 2. zur 3.Person (zum Ausdruck der 2.Person) als spezifisch hebräische Möglichkeit anzusehen ist (vgl. Ps 104,19f). Der MT ist also gut möglich, eine Auslassung hingegen nur schwer zu begründen (GK § 144p; gegen Westermann, Genesis I/3, S.248).

bereits untersuchten Rubensprüchen der Spruchreihe in Dtn 33 und des Deboraliedes (Ri 5)[121] zu fragen und so Anhaltspunkte zur Einordnung des Rubenspruchs
zu erhalten. Versucht man solche Aussagen über den Rubenspruch in Gen 49,3-4
zu gewinnen, so richtet sich der Blick zunächst auf das ganze Kapitel 49*[122], den
sogenannten Jakobsegen.

In seiner jetzigen Gestalt bietet das Kapitel eine Zusammenstellung von
verschiedenen Stammessprüchen in genealogischer Reihenfolge, die durch den
Rahmen als Sprüche Jakobs an seine Söhne ausgewiesen werden. Gerade der Blick
auf diesen Rahmen jedoch veranlaßt zur Aufmerksamkeit. Bei näherer Betrachtung zeigt sich nämlich, daß von einer direkten Anrede des Vaters Jakob an seine
Söhne bzw. einer erkennbaren persönlichen Beziehung in Ich-Form nur bei
Ruben, Simeon, Levi und Juda die Rede sein kann, während die anderen Sprüche
in traditioneller Weise allgemeine Aussagen über die verschiedenen Stämme
treffen. Der Spruch über Joseph schließlich spielt eine Sonderrolle, nicht nur
wegen der ausführlichen Segensformulierungen, sondern weil in ihm Joseph vom
Verfasser direkt angesprochen wird, wobei z.B. ein Verweis auf 'die Segnungen
deines Vaters' (v.26) erfolgt.

Es ist also zunächst davon auszugehen, daß der Spruch über Ruben nicht für
sich allein gesehen werden kann, sondern möglicherweise im Zusammenhang mit
den Aussagen über Simeon/Levi und Juda stehen könnte, so daß diese Sprüche in
die Untersuchung einbezogen werden müssen.

2.2 Literarkritische Überlegungen

Sinnvollerweise geht die literarische Analyse des Kapitels (bzw. der mit Ruben im
Zusammenhang stehenden Sprüche) zunächst vom Rahmen in v.1-2.28 aus.[123]

Dabei fällt auf, daß der Rahmen in seiner jetzigen Formulierung eine zweifache
Einleitung enthält: Die Aufforderung zur Versammlung (v.1a) und die erneute
Aufforderung zur Zusammenkunft der Söhne und zum Hören auf das, was jetzt
zu ihnen von ihrem Vater gesagt wird (v.2) bzw. auf die Ankündigungen über die
Geschehnisse am Ende der Tage (v.1b). Dabei zeigt sich für v.1b eine enge sprachliche Parallele in Dtn 31,28f, wo mit der Aufforderung zum Sich-Versammeln (קהל
hi. vgl. אסף ni.) und dem Terminus באחרית הימים eine Ankündigung über zukünftige Ereignisse gemacht wird. באחרית הימים ist zudem mit Gunkel als "Terminus der
prophetischen Eschatologie"[124] zu beschreiben, der vor allem in prophetischer
Literatur begegnet (z.B. Jes 2,2; Mi 4,1; Jer 48,47; Jer 49,33) und dort die Voll-
endung der Geschichte bezeichnet. Im Pentateuch wird der Begriff außer an unserer Stelle neben Dtn 4,30; 31,29 nur in Num 24,14 gebraucht, wo "die Ankün-

---

[121] S.o. Kap. III.1 (Dtn 33) und III.2 (Ri 5)

[122] Gemeint sind im folgenden die v.1-28. Die Notiz über Jakobs Tod und Begräbnis in v.29ff ist
    hier nicht zu untersuchen.

[123] Daß Zobel die einzelnen Sprüche ohne den Blick auf ihren jetzigen Kontext betrachtet, ist
    problematisch.

[124] Gunkel, Genesis, S.478, KBL², S.33

digung dessen, was in den letzten Tagen geschehen wird, den Herrscher der Endzeit betrifft"[125]. Aufgrund dieser Beobachtungen ist davon auszugehen, daß der v.1b einen späteren eschatologischen Einschub in den vorgegebenen Rahmen der Sprüchesammlung darstellt, der möglicherweise mit einer Überarbeitung eben dieser Sammlung und ihrer Aufnahme in den Kontext in Zusammenhang stehen könnte, wobei sich eschatologische Aussagen vor allem in den v.25f des Josephspruches finden.[126]

Ein weiteres Problem ergibt sich beim Blick auf v.28, das Ende der Sammlung. Auch hier zeigt sich ein zweifacher Abschluß, der im ersten Teil (v.28a.bα¹) die zwölf Stämme und das zu ihnen Gesagte beschließt und in einem zweiten Teil auf den Segen für die Söhne verweist (v.28bα².β).

Dabei bilden nach traditioneller Meinung der Forschung die v.1a.28bα².β ursprünglich nicht den Rahmen einer Spruchreihe, sondern gehörten zur priesterschriftlichen Darstellung vom Tod und Begräbnis Jakobs, die anschließend erfolgt.[127] Schon bei P wurde also die Josephsgeschichte durch einen Segen des Jakob abgeschlossen, ohne daß allerdings einzelne Söhne genannt gewesen wären.

Die v.1b.28a.bα¹[128] hingegen wurden offensichtlich bewußt als Erweiterung dieser nunmehr als Rahmen verstandenen Notiz eingefügt, um die Sprüche in v.3-27 mit dem Kontext zu verbinden.[129] Dabei wurde durch die Aussagen des Josephspruches direkt auf das im Rahmen vorgegebene Segensthema zurückgegriffen, während die anderen Sprüche entweder Aussagen allgemeiner Art über die Stämme sind oder aber - wie im Falle von Ruben, Simeon, Levi und Juda (v.8) - Aussagen über Taten und Folgen in direkter Anrede. Da diese abschließende Segensaussage aber offensichtlich als testamentarischer Segen des Vaters Jakob/Israel über seine zwölf Söhne verstanden werden soll und damit die Überleitung zu dem unmittelbar anschließenden Tod und Begräbnis Jakobs (49,29 - 50,13) bildet[130], wird wohl auch der v.2 (Aufruf an die Söhne Jakobs zum Hören auf den Vater Israel) zur Rahmung der Spruchreihe gedient haben und ebenfalls bewußt als Einleitung formuliert worden sein.

---

[125] Westermann, Genesis I/3, S.253. Die neueste Untersuchung zum Zusammenhang zwischen dem dritten Bileamspruch bzw. den mit diesem zusammenhängenden Erweiterungen der ersten beiden Bileamsprüche (der Abschnitt umfaßt dann Num 23,27 - 24,24) und der Aussage über באחרית הימים in Num 24,14 macht erneut klar, daß es hier um die Ankündigung der Ereignisse der Endzeit geht (H.-C.Schmitt, Mantiker, S.192).

[126] Auf den eschatologischen Charakter der Josephsprüche in Dtn 33 und Gen 49 war bereits in Kap.III.1.4 verwiesen worden; zum messianischen Verständnis von v.10-12 (Judaspruch) s.u.

[127] Vgl. dazu L.Schmidt (Josephsgeschichte, S.127f) und v.Rad (Genesis, S.347); Scharbert bringt eine eigentümliche Lösung, indem er v.1.28 dem Verfasser der Spruchkomposition (d.h. bei ihm J) zuschreibt und v.28 für eine von J stammende Überleitung zu dem Bericht vom Tod Jakobs in 49,28 (die Überleitung wird zu diesem Abschnitt gerechnet!) - 50,13 hält, einem Bericht, "den aber der letzte Redaktor durch ein P-Stück verdrängt hat."(Scharbert, Genesis, S.297)

[128] Dazu zu rechnen ist v.28bα bis 'und er segnete sie'.

[129] S. dazu vor allem L.Schmidt, a.a.O., S.127f

[130] Die deutschen Übersetzungen folgen diesem endredaktionellen Interesse, indem sie das Kapitel jeweils mit 'Der Segen Jakobs' überschreiben. V.28b wird aber aufgrund dieser Erkenntnis in den neueren Kommentaren nicht zum Abschnitt 49,1-28a gerechnet, vgl. z.B. Westermann, Genesis I/3 oder Scharbert, Genesis.

Als eigentlicher Rahmen für die Sammlung von Stammessprüchen, wie sie in den v.3-9.13-21.(22-26?)27 vorliegt, sind also die v.1b.2 und 28a.bα¹ anzusehen. Diese wurden offensichtlich zur Verbindung der Spruchsammlung mit dem Kontext der vorgegebenen priesterschriftlichen Notizen (1a.28bα².β) geschaffen.¹³¹

Wie bereits in der Einleitung angedeutet, werden durch den nunmehr genauer bestimmten Rahmen die vorliegenden Stammessprüche als Sprüche Jakobs an seine Söhne autorisiert, wobei die Vollständigkeit der Sprüche auch durch die am Schluß (v.28a) erwähnte Zwölfzahl angedeutet ist. Ebenfalls erwähnt wurde jedoch bereits, daß die Mehrzahl der Sprüche sprachlich als allgemeiner Stammesspruch nach traditionellem Muster gestaltet ist und nur die Aussagen über Ruben, Simeon, Levi und Juda als (An-)Rede eines Vaters an seine Söhne mit Ich-Bezug formuliert werden.

Im Falle des Judaspruches kann diese Aussage aber auch wieder nur bedingt gelten, da nur in v.8 eine wirkliche Anrede vorliegt, während im Vergleich dazu v.9 einen traditionellen Stammesspruch in Form eines Tiervergleichs darstellt¹³², und v.10-12 gänzlich anders gestaltet und wohl als messianische Weissagung zu verstehen sind, so daß - entsprechend der dreifachen Nennung des Namens Juda (v.8.9.10) - aus formalen Gründen mit drei unabhängigen Sprüchen gerechnet werden muß¹³³. Dabei stellen die v.10-12 aufgrund ihrer messianischen Ausrichtung¹³⁴ einen Nachtrag zum Judaspruch dar, dessen Kern wohl v.9 gebildet

---

¹³¹ Westermanns Äußerungen sind an diesem Punkt unklar: Zwar hält er - so auch communis opinio - die v.1a.28b für P-Notizen (a.a.O., S.222f und 252), an anderer Stelle bemerkt er aber: "In V.1a und 28b werden die Sprüche von einem Redaktor in den P-Zusammenhang gefügt" (a.a.O., S.277), was auch im Sinne einer späteren Redaktion gedeutet werden könnte.

¹³² In der Textkritik war darauf verwiesen worden, daß das in v.9a im MT begegnende בני wahrscheinlich auf eine nachträgliche Anpassung zurückzuführen ist.

¹³³ So unter anderem Westermann, Genesis I/3, S.257, und Caquot, Juda, S.14(14-28)

¹³⁴ Schon W.H.Schmidt verweist darauf, daß die beiden kurzen Sprüche Gen 49,10 und Num 24,17 zu Recht in der Forschung gemeinsam untersucht werden (Glaube, S.232). Hinweise für die Datierung sind also vor allem von Num 24 her zu gewinnen: Wie für Gen 49,10 wird auch dort in der Forschung einerseits eine messianisch-apokalyptische Einordnung, andererseits aber auch die Beurteilung der jeweiligen Aussagen als vaticinia ex eventu vertreten. Das eindrücklichste Beispiel dafür stellt Kaiser dar, der sich in der 4.Aufl. seiner Einleitung noch dafür aussprach, in Num 24,15-24 eine "kleine frühhellenistische Apokalypse" (Einleitung, S.87) zu sehen, in seinem neuen 'Grundriß der Einleitung' aber wieder die Deutung eines vaticiniums ex eventu auf David vertritt (Grundriß I, S.64). Überzeugend hat aber neuerdings H.-C.Schmitt in seinem Beitrag zur Kaiser-Festschrift (1994) nachzuweisen vermocht, daß aufgrund der Bezüge zum Kontext in Num 24,15-24 tatsächlich ein apokalyptisches Stück aus nachexilischer Zeit vorliegen muß (Mantiker, S.186f). Der in diesen Sprüchen festzustellende Bezug auf David schließt dabei eine eschatologische Bedeutung keineswegs aus, "erwarten doch die messianischen Texte des ATs für die Endzeit einen >neuen David<, der - wie es Num 24,17ff schildert - die Herrschaft Israels über die Völker wieder herstellen wird"(ebenda). Die sowohl in Gen 49,10 als auch in Num 24,17 begegnende Rede vom Szepter als Herrschaftsstab und das Motiv der Völkerunterwerfung (in Gen 49,10 der Völkergehorsam) sind also zusammen mit den Anspielungen auf David als endzeitlichen Herrscher (bes. Gen 49,11f) als nachexilische, messianische Aussagen zu verstehen. Es geht hier um die Ausdifferenzierung eines eschatologischen Moments.

haben dürfte.[135] Mit der direkten Anrede an Juda in v.8 und der damit verbundenen Aussage über die Herrschaft Judas über seine Brüder muß dann aber eine erste
Überarbeitung von v.9 (vor der Anfügung von v.10-12) erfolgt sein.

Nur dieser erste Vers des Judaspruches ist somit im Zusammenhang mit den
Sprüchen über Ruben, Simeon und Levi zu untersuchen. Der Zusammenhang der
Sprüche über Ruben, Simeon/Levi und Juda ist - wie bereits angesprochen -
zunächst inhaltlich augenfällig, da bei ihnen eine direkte Anrede des Vaters
(Ruben/Juda) bzw. ein Ich-Bezug auf diesen Vater (Simeon/Levi) vorliegt. Gemeinsam ist auch allen vier Brüdern, daß in den jeweiligen Sprüchen Aussagen
über ihre Rolle innerhalb der Brüderschar gemacht werden, wobei diese bei
Ruben, Simeon und Levi negativ, bei Juda jedoch positiv beurteilt wird. Dem
entspricht auch, daß die negativen Aussagen über Ruben, Simeon und Levi durch
den Rückbezug auf ein geschildertes Vergehen im Familienbereich, ja eine Schwächung der Position des eigenen Vaters, begründet werden.

Bei Ruben liegt offensichtlich ein konkretes sexuelles Vergehen vor, da hier expressis verbis davon die Rede ist, daß er das Lager seines Vaters entweiht habe.
Angedeutet wird damit die in Gen 35,21.22a kurz geschilderte Szene, wonach sich
Ruben 'zu Bilha, seines Vaters Nebenfrau legte'. Daß hier Bilha mit dem Terminus פילגש (an allen anderen Stellen ist sie nicht Nebenfrau, sondern Dienerin)
bezeichnet wird, scheint nach Engelken[136] eine bewußte Wortwahl zu sein, da mit
diesem eherechtlichen Terminus der Zweck der Tat Rubens und damit sein
Vergehen noch deutlicher wird. Der Verkehr mit der Frau seines Vaters wird
nämlich in Gen 49 offensichtlich nicht im Sinne der Blutschande gewertet (die
nach Lev 20,11 eigentlich mit dem Tod geahndet werden müßte), sondern im
Sinne eines Vergehens gegen die Machtposition des Vaters, d.h. aber Rubens Tat
wird als eine Aktion angesehen, mit der er noch vor dem Tod des Vaters sich
voreilig dessen Stellung aneignen wollte, die ihm ja nach dessen Tod als Erstgeborenem sowieso zustünde: Ruben hätte nach dem Tod des Vaters dessen Erbe
und damit auch die Verfügung über die Nebenfrau(en) des Vaters angetreten, greift
aber durch seine unbeherrschte Tat diesem Vorgang noch zu Lebzeiten seines
Vaters vor.[137] Rubens Verhalten wird also als eine bedrohliche und mit der Rolle
des Vaters den Bestand der ganzen Familie Jakobs in Frage stellende Handlungsweise geschildert. Die Folgen seiner Tat sind seine Enterbung und der Verlust des
Vorrangs über die Brüder.

---

[135] Daß v.9 den Kern des Spruches gebildet hat, wird auch von Zobel angenommen. Für die
Entwicklung des Komplexes v.8-12 vermutet er jedoch aufgrund nichtmessianischer Interpretation von v.10-12, daß an v.9 zunächst v.10-12 und dann v.8 angehängt wurde (Stamm-
messpruch, S.15).

[136] Vgl. dazu die Überlegungen von Engelken, Frauen, S.100f

[137] Neuerdings behauptet Augustin - offensichtlich ohne die Studie von Engelken zu kennen -, daß
es in dieser Notiz gerade nicht "um einen Herrschaftsanspruch gegenüber dem Vater" geht.
Allerdings mit der Begründung, "hier ist nicht die Tat das Primäre und die Sanktion das
Sekundäre, sondern daß die Faktizität der Degradierung Rubens und damit des Primats Judas
einer Erläuterung und Begründung bedarf."(ebenda) Daß die Funktion der hier geschilderten
Tat die Degradierung Rubens ist, schließt aber gerade die Interpretation als Herrschaftsanspruch nicht aus!

Bei Simeon und Levi klingt der Spruch jedoch zunächst nach einem Tadel über deren Jähzorn, wobei allerdings die Aussage über das 'Lähmen der Stiere' nur schwer einzuordnen wäre. Tatsächlich aber ist davon auszugehen, daß auch hier der Bezug auf eine Familiengeschichte und auf eine Gefährdung des Vaters gegeben ist. Der Tadel ist nämlich im Zusammenhang mit der Geschichte der Schändung der Schwester Simeons und Levis durch Sichem (Gen 34) zu sehen. Dort wird erzählt, wie Simeon und Levi durch ihre übermäßige Rache an den Sichemiten, die von ihnen getötet werden, den eigenen Vater gefährden, weil sie den kaum Geschützten nun seinerseits deren Rache aussetzen. Interessant ist in diesem Zusammenhang die Beobachtung Carmichaels, daß im vorliegenden Text ein Wortspiel in Form eines grundsätzlichen Tiervergleichs vorliegen könnte: Bei dem von den Sichemiten getöteten Mann (v.6b) handelt es sich seiner Meinung nach um Hamor, dessen Name zugleich 'Esel' bedeutet.

Parallel dazu wäre dann auch bei dem Stier (v.6b) an einen übertragenen Gebrauch zu denken, weil das hier für das Lähmen (engl. 'handicap') verwendete Verb עקר sonst nur für Reittiere (Kamele und Pferde) und Pferde von Streitwagen, nicht aber im Bezug auf Stiere verwendet wird[138]. Zu beachten ist in diesem Zusammenhang zudem, daß der in allen Übersetzungen[139] für diesen Vers gebräuchliche Plural 'Stiere' sich nicht mit dem hebräischen Text deckt, sondern offensichtlich auf das fehlende Verständnis der vorliegenden Textpassage zurückzuführen ist. Mit Carmichael ist bei dem 'Stier' im vorliegenden Vers deshalb eine Anspielung auf Jakob zu sehen, der als starkes Oberhaupt der Familie (Stier!) durch die unüberlegte Aktion der beiden Brüder ähnlich stark gehandikapt wird wie ein großes Tier, dem die Sehnen der Hinterbeine durchgeschnitten sind. "The hamstringing is thus an allusion which takes up the words of rebuke previously addressed to Simeon and Levi by Jacob in 34,30."[140] Formal läge dann ein bewußt im Singular formulierter synonymer Parallelismus vor, weil durch die den 'Esel'/'Mann' tötende Aktion gleichzeitig der 'Stier'/Jakob gefährdet wird.[141]

Für den Zusammenhang von Ruben- und Simeon/Levispruch kann ein weiteres formales Kriterium geltend gemacht werden, da beide Sprüche zweiteilig nach Handeln und Folge aufgebaut sind. Dieser an prophetische Literatur erinnernde Aufbau von Schuld- und Strafspruch äußert sich zwar inhaltlich verschieden - bei Ruben besteht die Strafe im Verlust des Erstgeburtsrechts, bei Simeon und Levi in Verfluchung und Zerstreuung -, beide Male geht es aber um eine Strafe, die wie-

---

[138] Eine Zusammenstellung der Belege findet sich bei Krebs, Stiere

[139] Auch in dem Kommentar von Westermann z.St.!

[140] Carmichael, Sayings, S.435

[141] Gegen Krebs, Stiere, der zwar den realen Hintergrund für den Ausdruck sehr gut erklärt, einen Bezug zur Dina-Episode jedoch ablehnt. Die fehlende Erkenntnis dieses Zusammenhangs führt Blum ebenfalls zu der Ansicht, für das Lähmen der Stiere in 49,6b gebe es "keine erzählerische Entsprechung in Gen 34"(Vätergeschichte, S.217). Deshalb kommt er auch zu dem Schluß (ebenda), die Kritik an den beiden Brüdern sei in beiden Texten verschieden begründet: in Gen 49 durch das unbeherrschte Wüten, in Gen 34,30 jedoch durch die Sorge vor der Rache der Kanaanäer. Übersehen wird dabei, daß es in beiden Texten übereinstimmend, wie auch im Falle des Rubenspruchs, um die Bedrohung (der Macht) des Vaters geht.

derum - entsprechend dem Vergehen - die Position im Familienbereich und im Verhältnis zum Vater betrifft.

Nicht nur in der formalen Anrede, sondern auch in der inhaltlichen Ausführung von Vergehen, die den Vater direkt betreffen und Folgen für die Rolle der Angesprochenen in der Brüderschar zeitigen, besteht also enge Übereinstimmung mit dem v.2 im Rahmen der Sprüche.

Dem entsprechen auch die folgenden semantischen und stilistischen Beobachtungen:
- Wortspiele innerhalb der einzelnen Sprüche:
יתר (3b) - אל־תותר (4a), יתר - ויתר (3b); הרגו (איש) (6bα) - (שור)-עקרו (6bβ);
יהודה / יודוך (8aα) - ידך (8aβ)
- Wiederholungen innerhalb der einzelnen Sprüche/des Rahmens:
עלית (4aβ) - עלה (4b); באפם (6bα) - אפם (7aα); אביך (8aβ) - אביו (8bβ);
ושמעו (2a) - ושמעו (2b)
- Wiederholungen der Sprüche untereinander und mit dem Rahmen:
ראובן...אתה (3a) - אתה יהודה (8a); בני (2a) - בני (8b);
אביכם (2b) - אביך (4aβ) - אביך (8b) - אביהם (28b);
ישראל... יעקב(2a ... b) - בישראל...ביעקב(7bα ... 7bβ); אחים (5a) - אחיך (8aα)

Im Zusammenhang mit den bereits aufgewiesenen inhaltlichen und formalen Übereinstimmungen dürften die hier genannten sprachlichen Beobachtungen deutlich machen, daß die untersuchten Verse einer Hand zuzuweisen sind.

Besonders auffällig ist dabei die Tatsache, daß nicht nur die poetisch formulierten Stücke untereinander, sondern auch der als sekundäre Einfügung erkannte Teil des in Prosa verfaßten Rahmens sprachlich und inhaltlich eng zusammenhängen. Diese Beobachtung hat wichtige Konsequenzen für weitere literar- und redaktionskritische Überlegungen, da sie dazu Anlaß gibt, den Textkomplex v.1b.2.3-8.28a.bα[1] *einem* Redaktor zuzuordnen. Es besteht sprachlich und inhaltlich kein Grund zu der Annahme, daß der Redaktor ihm in dieser Form und Gestalt vorliegende Sprüche über Ruben, Simeon/Levi und Juda aufgenommen und lediglich mit einem Rahmen versehen habe, um sie in den Kontext einzupassen.[142] Vielmehr scheint der Redaktor, was diese Stämme betrifft, selbst schriftstellerisch tätig gewesen zu sein, um seiner Intention gemäß die von ihm verfaßten Sprüche mit den anderen, bereits fest formulierten Stücken zusammenzustellen. Da sich der von ihm im Zusammenhang mit der Abfassung der ersten vier Sprüche geschaffene Rahmen aber auf alle zwölf Söhne bezieht (v.28a!), hat der Redaktor offensichtlich die in den v.9-27* vorliegenden Stammessprüche aufgenommen und erweitert und die so geschaffene Zwölferreihe dann durch die Erweiterung der nunmehr als Rahmen verstandenen Notizen aus P in den vorgegebenen priesterschriftlichen Kontext eingefügt. Dadurch wird die gegenwärtige Bedeutung der jeweiligen

---

[142] Gegen Westermann, der davon ausgeht, daß die "ersten drei Worte ... dem Redaktor nahestehen, weil er durch sie den Eindruck von Worten des Vaters an seine Söhne schafft" (Genesis I/3, S.252). Verfasserisch tätig war der Redaktor aber nach Westermann nur beim Rahmen in v.2, die Sprüche lagen ihm bereits formuliert vor und wurden lediglich zusammengestellt (S.252f und 276-278).

Stämme als durch den Mund des sterbenden Jakob/Israel vorhergesagt dargestellt und autorisiert.

Dieses Ergebnis gibt Anlaß zu der Frage, ob die Hand dieses Redaktors auch in den Stücken nachzuweisen ist, die als Hintergrund bzw. Erklärung für die in den vorliegenden Sprüchen über Ruben, Simeon und Levi angesprochenen Schandtaten dienen. Wie bereits erwähnt, handelt es sich hierbei um Gen 35,21.22a (Ruben) und Gen 34 (Simeon/Levi).

2.3 Gen 35,21.22a

Problematisch ist vor allem der Schluß des Verses 22a[143], der zwar gut übersetzbar ist, aber eine inhaltliche Unabgeschlossenheit aufweist, die die Frage offen läßt, wie Jakob auf die hier geschilderte Schandtat reagiert. Der weitere Textverlauf gibt keine Antwort auf diese Frage, die Folge der Tat wird erst in Gen 49,4 beschrieben. Daß diese Tatsache literarisch aufschlußreich sein könnte, wurde im Laufe der Forschungsgeschichte immer wieder erwogen. Unterschiedlich sind jedoch die gewählten Lösungsversuche:

Oft wird angenommen, ein direkter Zusammenhang sei nicht mehr erkennbar, da die Notiz in Gen 35,21.22a nur fragmentarisch erhalten sei[144] oder möglicherweise sogar bewußt abgebrochen wurde[145]. Andererseits wird vermutet, daß die Notiz in Kenntnis von Gen 49 formuliert worden sei und möglicherweise mit dem Verfasser des Rahmens der dort gesammelten Stammessprüche in Verbindung stehe[146]. Blum hingegen erkennt einen überlieferungsgeschichtlichen Zusammenhang zwischen den Texten Gen 35,21.22a und Gen 49,3f und beweist, "daß die Ruben-Notiz ...auf einen bestimmten Kontext hin offengehalten wird"[147].

Ein genauer Blick auf Text und Kontext der kurzen Erzählnotiz ist daher notwendig: Die vorliegenden zwei Verse sind im jetzigen Kontext formal ähnlich den vorhergehenden Itinerarnotizen in 35,5 und 35,16 in das offensichtlich schon bestehende Itinerarschema eingeordnet, wodurch auf den ersten Blick eine kohärente Textfolge erstellt wird. Genauer besehen unter-

---

[143] Als aufschlußreich für literarkritische Fragen erweist sich zunächst ein textkritisches Problem: V.22aβ wirkt durch seine unverhältnismäßige Kürze wie ein textkritisch zu verbessernder Abbruch des Verses, so daß die LXX - offensichtlich im Bewußtsein dieses Problems - in ihrer Version einen Erweiterungsvorschlag darbietet (και πονηρον εφανη εναντιον αυτου). Abgesehen von dieser Übersetzungsvariante gibt es aber keinen Anhaltspunkt dafür, daß im MT ein Teil des Satzes ausgefallen sein könnte. Ein Abbruch im Sinne einer Unverständlichkeit oder Unübersetzbarkeit infolge syntaktischer Probleme liegt entgegen der Meinung vieler Exegeten nicht vor. Die oft zu Änderungsvorschlägen Anlaß gebende doppelte Akzentuation deutet wohl kaum auf den Ausfall eines Versteils hin, sondern erklärt sich aus dem Bestreben der Masoreten, schnell über v.22a hinwegzulesen und deshalb v.22b anzuhängen. Die Betonung wird hier so verkürzt, daß die Verschmelzung von v.22 und 23 zu einem Vers und damit das "rasche Hinweggehen über die anstößige Aussage"(GK §15p) ermöglicht wird. Der Text lautet somit: *21 Und Israel brach auf und schlug sein Zelt auf jenseits von Migdal-Eder. 22a Und es geschah, als Israel in diesem Land wohnte, da ging Ruben hin und schlief bei Bilha, der Nebenfrau seines Vaters, und Israel hörte davon.*

[144] Westermann, Genesis I/3, S.677: "Der Grund, warum die Erzählung mitten im Satz abbricht, ist nicht mehr erkennbar".

[145] Gunkel (Genesis, S.383) vermutet ein Erschrecken des Schreibers.

[146] So z.B. H.-C.Schmitt, Josephsgeschichte, S.87 und 121

[147] Blum, Vätergeschichte, S.205

scheidet sich diese 'Itinerarnotiz' allerdings von den beiden anderen Notizen dieses Kapitels schon durch die den Aufbruch beschreibende Verbform im Singular (sonst Plural). Weiter auffällig ist, daß Jakob hier als 'Israel' bezeichnet wird, was aber offensichtlich nicht aus inhaltlichen Überlegungen geschieht - auf den Namen wird nicht Bezug genommen. Schließlich sind Aufbau und Inhalt verschieden, denn die Notiz läuft weder auf den Bau eines Altars und damit auf eine lokale Ätiologie zu noch auf eine mit einer Namensgebung verbundene Ätiologie. Eine mögliche stammesgeschichtliche Ätiologie ergäbe sich vielmehr erst aus dem Zusammenlesen mit Gen 49. Daß die Notiz sekundär in den vorhandenen Kontext eingefügt wurde, dürfte damit erwiesen sein.

Weiteren Aufschluß geben sprachliche Beobachtungen. M.E. kann es nicht als Zufall angesehen werden, daß in v.22a der Begriff für den Ehebruch verwendet wird, der auch in Gen 49,4 als Bezeichnung für das Lager Jakobs wieder auftaucht (שׁכב), wobei Jakob, der von dem Geschehenen hörende (22a) Vater (49,2.4.8.28), selbstverständlich und ohne das Bewußtsein eines Gegensatzes zum Kontext 'Israel' (22a; 49,2) heißt. Auf das in v.21 begegnende Wortspiel אהלה מהלאה, das als poetisch bezeichnet werden kann, sei besonders hingewiesen.

Die sprachliche Nähe der Prosa-Notiz sowohl zu den poetischen Sprüchen in 49,3-8 als auch zu deren Rahmen in 49,1f weist m.E. darauf hin, daß es sich mit einiger Wahrscheinlichkeit bei beiden Texten um den gleichen Verfasser handeln wird.

Dieser hat in der Tat bewußt den Schluß des Verses 22a offengehalten, weil er im Zusammenhang mit den von ihm teilweise formulierten und an späterer Stelle in den Zusammenhang eingefügten Sprüchen des Kap. 49 die Folge für die Tat Rubens schilderte bzw. umgekehrt an dieser Stelle den erzählerischen Hintergrund für den später getadelten Vorfall auf dem Weg Jakobs zum Rahelgrab verorten wollte. Bestärkt wird diese Vermutung durch die Art und Weise, wie die Tat des Ruben gewertet wird: Erst durch die Art der Bestrafung in Gen 49,4 wird nämlich deutlich, daß der in Gen 35,22 geschilderte Vorfall nicht als Vergehen im Sinne der Blutschande verstanden wird, sondern bewußt als Anlaß für die Enterbung Rubens formuliert ist. Nur im Rahmen des Zusammenhangs von Rubens Übergriff auf die väterliche Stellung und seine dementsprechende Bestrafung läßt sich auch die bereits genannte Eigentümlichkeit erklären, daß Bilha hier als פילגשׁ bezeichnet wird. Die beiden Notizen in Gen 35,21.22a und Gen 49,3f sind also auch inhaltlich nicht voneinander zu trennen.

2.4 Gen 34

Auf der Suche nach dem hinter dem Simeon/Levispruch in Gen 49 stehenden Vergehen, einem gemeinsamen Rückbezug auf ein geschichtliches Ereignis also, kann als Lösung nur die in Gen 34 geschilderte Rache der beiden Brüder an den Sichemiten genannt werden. Andernfalls müßte man entweder mit einer Motivübertragung von Levi - dessen ansonsten positiv als Jahwe-Eifer bewerteter Eifer "hier nach der anderen negativen Seite als חמס (Frevel) expliziert"[148] wird - auf Simeon rechnen oder annehmen, daß die vorauszusetzende Tradition verloren gegangen ist. Schwierigkeiten für diesen Zusammenhang bereitete vielfach die Beobachtung,

---

[148] Gunneweg, Leviten, S.46; auf die Frage nach einem 'weltlichen' Stamm Levi kann hier nicht näher eingegangen werden, s. dazu aber o. Kap.II.3.6

daß von einem Lähmen von Stieren und dem daraus zu erschließenden Feldzug[149] in Gen 34 nicht die Rede sei, woraus z.B. dePury[150] entnimmt, daß in beiden Überlieferungen jeweils verschiedene historische Ereignisse vorausgesetzt würden. Gerade dieses Problem dürfte aber aufgrund des oben ermittelten, hinter dem Ausdruck שׁור stehenden Parallelismus hinreichend geklärt, ja zu Gunsten der Annahme eines engen Zusammenhangs gelöst sein.

Ähnlich wie bei Gen 35,21.22a ergibt sich aber nun auch bei Gen 34 die Frage nach der Art des redaktions- oder traditionsgeschichtlichen Zusammenhangs mit dem entsprechenden Jakobspruch. Auch hier besteht neben einer überlieferungsgeschichtlichen Lösung die Möglichkeit einer literarischen Beziehung von Gen 49 und Gen 34 und somit einer redaktionskritischen Lösung. Bestimmt wird die Antwort auf diese Frage entscheidend von der Beurteilung der Einheitlichkeit des Kapitels 34 bzw. der Verwurzelung Simeons und Levis in der Erzählung, die nun freilich ihrerseits zu großen Schwierigkeiten führen kann.

Gunneweg kommt nach dem Versuch einer literarkritischen Analyse und dem Versuch, auf überlieferungsgeschichtlichem Weg den Werdegang des Textes nachzuzeichnen, zu dem Schluß, daß keiner der beiden Wege zu einem tragfähigen Ergebnis führen könne: "Man kommt ... bei einer Analyse von Gen 34 nicht über Vermutungen hinaus."[151] M.E. ist aber bei aller berechtigten Skepsis gerade durch literarkritische und sprachliche Überlegungen ein weit über Vermutungen hinausgehendes Ergebnis zu erreichen.

Auffällig ist, daß die beiden namentlich genannten Söhne Simeon und Levi in dem relativ breit geschilderten Geschehen erst sehr spät, in v.25, zum ersten Mal auftauchen und mit dem Ausdruck שׁני־בני־יעקב eingeführt werden (im Gegensatz zu den vorher und nachher erwähnten בני יעקב; v.5.7.13.27). Weiter verwundert die Formulierung des v.27, in dem die Söhne Jakobs[152] erneut genannt werden und eine weitere Schilderung ihrer Aktion in der Stadt erfolgt, diesmal einer Plünderung.[153] Nachdem von Jakob im Verlaufe der Erzählung kein einziger Satz gesprochen wurde, nicht einmal als unmittelbare Reaktion auf das, was mit seiner Tochter geschehen ist (s.v.5b!), muß es um so erstaunlicher wirken, daß ihm in v.30 eine so pointierte Aufwertung seiner Rolle zukommt, indem seine Vorwürfe an Simeon und Levi - nicht 'die Söhne'! - ausführlich wiedergegeben werden.

Die genannten Spannungen einschließlich der Bewertung der Rolle Jakobs dürften hinreichend deutlich machen, daß es sich bei den v.25f.30 um eine Überarbeitung der bereits vorliegenden Dina-Geschichte handelt, die einen deutlich

---

[149] Vgl. Krebs, Stiere

[150] dePury, Genèse, S.33

[151] Gunneweg, Leviten, S.51

[152] Zu Recht bemerkt Westermann, daß hier ein Verweis auf die *übrigen* Söhne Jakobs zu erwarten wäre, wenn es sich tatsächlich um eine ursprüngliche Fortsetzung von v.26 handelte (Westermann, Genesis I/3, S.661). Die angeblich durch die "Inversion des Verbums in V.27a erreichte Kontrastierung der Subjekte" ist dabei keineswegs so "*selbstverständlich* zu supponieren" wie dies von Blum (Vätergeschichte, S.215 A.22) behauptet wird.

[153] Im Anschluß an Westermann (Genesis, I/3, S.651) und den Apparat der BHS ist in v.27 statt החללים ('die Durchbohrten') wahrscheinlich החלים ('die Geschwächten', so schon Gunkel) zu lesen, da die Form des MT im jetzigen Kontext eindeutig die durch Verdoppelung des Radikals ל erreichte lect.facilior darstellt: Ursprünglich schloß der v.27 direkt an v.24 an, so daß sich die 'Schwächung' eindeutig auf die Beschneidung bezieht. Im jetzigen Kontext mußte die Schwächung aber, nachdem in v.25 vom Töten die Rede war, als Widerspruch erscheinen.

kritischen Akzent gegenüber Simeon und Levi zum Inhalt hat.[154] "Während die ältere Erzählung genüßlich von der Beraubung der Sichemiten erzählt, steigert die Ergänzungsschicht zu einer Ermordung aller männlichen Sichemiten als Anlaß zu einer Verurteilung Simeons und Levis durch Jakob."[155] Die Übereinstimmung mit der Verurteilung durch Jakob in Gen 49,5-7 ist unübersehbar, macht man sich klar, daß auch hier die Pointe des in beiden Überlieferungen geschilderten Gewaltgeschehens nicht nur im Tadel des überbordenden Jähzorns der beiden Brüder, sondern in der Gefährdung des eigenen Vaters liegt, der deshalb so weit geht, nicht mehr an ihren Versammlungen teilnehmen zu wollen und sie zu verfluchen. Die drastische Strafe ist also auf die Gefährdung des Hauses Jakob zurückzuführen. Gleichzeitig kann diese Beobachtung einen ersten Hinweis darauf geben, daß der Verfasser der Sprüche Gen 49,3-8, der gleichzeitig als Redaktor der Sprüchesammlung in 49 ermittelt wurde, in Gen 34 das geeignete Material für den Hintergrund der Verurteilung Simeons und Levis fand und deshalb auch hier eigenhändig zum Bearbeiter wurde.

Für die Datierung der Grundschicht von Gen 34, die diesem Bearbeiter vorlag, finden sich in der Forschung verschiedene Ansetzungen: Da Otto von der literarischen Einheitlichkeit der Erzählung Gen 34 ausgeht, weist er in seiner eingehenden Untersuchung das Kapitel in seiner jetzigen Form "einheitlich der Quelle J"[156] zu. Genau die entgegengesetzte Position vertritt Levin, der Gen 34,1-31 letztlich seiner nachendredaktionellen Ergänzung zuordnet, auch wenn die

---

[154] Gegen Blum, Vätergeschichte, 213, der im Blick auf diese Thematik eine Einheitlichkeit der Erzählung nachzuweisen versucht: "So scheint die Erzählung geradezu daraufhin angelegt zu sein, das ungerechtfertigte Übermaß der Rache von Simeon und Levi herauszustellen." Westermann (Genesis I/3, S.651-654) vertritt demgegenüber eine Zweiteilung der Erzählung in eine Familienerzählung A (v.1-3.5-7.11f.14.19.25f.30f) und eine Stammeserzählung B (v.4.6.8-10.13-17.20-24.27-29;35,5), wobei aus beiden Erzählungen nachträglich durch einen weiteren Schriftsteller (nach Westermann kein Redaktor!) eine beide vereinende Erzählung C gebildet wurde. In der Tat sind die beiden Versionen der Erzählung, in der einmal Hamor und Sichem getrennt, dann aber auch zusammen auftreten, im jetzigen Kontext erzählerisch unvermittelt. Dieser Befund ist aber sehr viel besser durch die redaktionelle Bearbeitung einer Grunderzählung zu erklären, wie dies von Noth und Blum geleistet wird (vgl. Blum, a.a.O., S.214-216). Auch die redaktionell geschaffene Erzählung ist aber noch uneinheitlich, da in ihr nach wie vor die aufgezeigte Spannung zwischen den Söhnen Jakobs einerseits und Simeon/Levi andererseits besteht. Die genannten Lösungsmodelle können für diese Spannungen keine Erklärung bieten. Plausibel erscheint hier angesichts des untersuchten Textbefundes einzig die von Otto vertretene Lösung, die von einer bewußten Einfügung Simeons und Levis in eine bereits vorliegende Erzählung ausgeht.

[155] Otto, Sichem, S.193, der allerdings von einer *überlieferungsgeschichtlich* sekundären Einfügung Simeons und Levis in der literarisch einheitlichen Erzählung von Gen 34 ausgeht (a.a.O., S.174f). Die in dem Vorwurf Jakobs (v.30) erkennbare negative Beurteilung der Handlungsweise Simeons und Levis ist jedoch ein weiteres Argument gegen die Einheitlichkeit der Erzählung: Sowohl in v.13 als auch in v.31 stellt sich das Handeln der 'Söhne Jakobs' aus Sicht des Verfassers nämlich als gerechtfertigt, ja geradezu positiv dar. Auf diese notwendige Differenzierung verweist vor allem dePury: "...le jugement porté par le narrateur sur l'action des frères semble être positif aux vv.13.31 et négatif au v.30." (Genèse, S.6) V.31 ist aber infolgedessen auch nicht in Zusammenhang mit v.30 zu lesen, sondern von diesem abzutrennen. Er stellte wohl die ursprüngliche Fortsetzung von v.29 dar, durch die die 'Söhne Jakobs' ein abschließendes Resümee ihres Handelns aussprechen. Erst durch den redaktionellen Einschub von v.30 wurde daraus eine Antwort Simeons und Levis auf den Vorwurf Jakobs.

[156] Otto, Sichem, S.171

literarische Uneinheitlichkeit zugestanden wird[157]. Schon Westermann verweist bei der Frage der Datierung darauf, daß gegen Otto aufgrund des priesterlichen Charakters der gesamten Erzählung von Gen 34 deren Zuweisung zu J ausgeschlossen ist.[158] Die starken Übereinstimmungen mit der Sprache von P hatten schon Dillmann dazu veranlaßt, für Gen 34 weitgehend P als Verfasser anzunehmen.[159] Für die damit gegebene frühestens exilische Ansetzung der Grunderzählung von Gen 34 spricht neben der sprachlichen Nähe zu P und der Beschneidung als Voraussetzung der Zugehörigkeit zu den Israeliten vor allem die Tatsache, daß hier Dtn 7 und das dort ausgesprochene Verbot der Ehe von Israeliten und Nichtisraeliten vorausgesetzt wird und daß die Erzählung in einer Zeit entstanden sein muß, "für die das Sich-Vertragen und das Konnubium mit Nichtisraeliten wieder zu einer Versuchung wurde"[160]. Die von Levin vertretene nachendredaktionelle Zuweisung scheidet aber aufgrund der Tatsache, daß in den v.25f.30 noch eine Simeon/Levi-Überarbeitung begegnet, zumindest für die Grunderzählung aus.[161]

Die Zuweisung der Simeon/Levi-Überarbeitung zur gleichen Redaktion wie in Gen 49,3-8 können - ähnlich wie in Gen 35,21.22a - auch hier sprachliche Beobachtungen bestätigen: So finden sich wiederholende und wortspielartige Anklänge in den Versen 25f.30, wie ויקחו (25a)/ויקחו (26a), חרבו (25a)/חרב (26a) und מספר ונאספו (30a). Das Vergehen der Brüder wird mit dem gleichen Verb geschildert wie in Gen 49,6b: ויהרגו (25b) und הרגו (26a). Auffällig ist zudem das schon von Carmichael beobachtete Wortspiel עכרתם (30a) und עקרו (49,6b).[162]

Diese Beobachtungen weisen darauf hin, daß der Redaktor/Verfasser, dessen Hand schon in Gen 49,1a.2.3-8.28a.bα' und Gen 35,21.22a nachgewiesen wurde, auch hier als Verfasser der Verse 25f.30 und damit als Redaktor des Kapitels 34 anzusehen ist.

Der Zusammenhang der drei genannten Textstücke durch inhaltliche und Strukturparallelen wurde von Blum bereits erkannt. Er ordnet diese Texte aber zusammen mit Gen 38, das er für den geschichtlichen Hintergrund des Judaspruches in Gen 49,8-12 (die Einheitlichkeit von Gen 49 wird offensichtlich vorausgesetzt) hält, einer "judäisch orientierten Überlieferungsschicht zu einzelnen Jakobsöhnen"[163] zu. Der Verdacht liegt freilich nahe, daß diese 'Überlieferungsschicht' richtiger als Redaktionsschicht oder als Redaktion aus der Hand eines Verfassers zu bezeichnen wäre, zumal Blum selbst darauf hinweist, daß die genannten Textstücke "weder thematisch noch erzählerisch als eigene Texteinheit ohne Anschluß an einen größeren Kontext denkbar sind" und "daß die genealogisch begründete Reihenfolge in Gen 49: Ruben - Simeon/Levi bei Gen 34* und 35,21.22a nicht eingehalten wird."[164]

Wichtig ist jedoch festzuhalten, daß dieser Verfasser/Redaktor in der Tat eine projüdäische Ausrichtung hat, da er die Position der genealogisch vor Juda stehen-

---

[157] Vgl. Levin, Jahwist, S.263f

[158] Westermanns Argumentation kann hier freilich nur für den von ihm als C bezeichneten Verfasser der Gesamterzählung von Gen 34 übernommen werden. Seine Aufteilung der Erzählung in zwei Erzählungen A und B und deren Zusammenarbeitung durch C war bereits widerlegt worden.

[159] Vgl. Dillmann, Genesis, S.351-355

[160] Westermann, Genesis I/3, S.654

[161] Zur Datierung dieser Bearbeitung im Zusammenhang mit der Redaktion von Gen 49* s.u. 2.5

[162] Carmichael, Sayings, S.436

[163] Blum, Vätergeschichte, S.229

[164] Beide Zitate Blum, Vätergeschichte, S.229

den Brüder Ruben, Simeon und Levi zu Gunsten einer Vormachtstellung Judas abwertet und diesem eine Herrscherposition sowohl gegenüber den Feinden als auch den Brüdern zuweist.

2.5 Historische Probleme

a) Zur zeitlichen Einordnung des Verfassers von Gen 34,25f.30; 35,21.22a; 49,1b.2.3-8.28a.bα[1]

Für die Datierung der untersuchten Texte, die aufgrund der literarischen Überlegungen als Werk eines verfasserisch tätigen Redaktors zu bezeichnen sind, ergeben sich bei näherer Betrachtung zumindest einige Orientierungspunkte. So wurde schon bemerkt, daß die zweiteilige Form der Sprüche in Gen 49,3-4 und 5-7 an Elemente prophetischer Redeweise erinnert, so daß dePury diese Sprüche als "oracle prophétique"[165] bezeichnet. Dem entspricht auch die für einen Pentateuchtext ungewöhnliche Zusammenstellung der Begriffe 'Jakob' und 'Israel', die in der späten prophetischen Literatur begegnet und vor allem für das Deuterojesajabuch typisch ist (Jes 40,27;41,8.14). Nicht zuletzt klingt auch das 'Ich' des Jakob in v.7b prophetisch, da der hier ausgesprochene Fluch offensichtliche Ähnlichkeit zu entsprechenden prophetischen Jahwereden aufweist.

Inhaltliche Anhaltspunkte deuten neben den prophetischen Elementen auch auf einen weisheitlichen Zusammenhang hin, da ein unmittelbarer Tun-Ergehen-Zusammenhang bei der Vergeltung der Taten Rubens, Simeons und Levis begegnet, wie er für weisheitliche Texte typisch ist (z.B. Obd 15)[166]. Aber auch die durch den Rahmen geschaffene Ausgangssituation, in der der alte Jakob seine Söhne um sich schart und über das Leben eines jeden von ihnen zurückblickend ein Urteil spricht, wobei das überschäumende Temperament Rubens, Simeons und Levis getadelt wird, könnte auf weisheitliche Denkweise hinweisen.

Da die behandelten Texte ihren jetzigen Kontext voraussetzen, kann eine genaue Datierung nur im Blick auf möglicherweise schon vorher nachzuweisende Bearbeitungen des Kontexts erfolgen. Daß dabei im Blick auf Gen 35,21.22a die elohistischen Itinerarnotizen (Gen 35,8.16-19f) als bereits vorliegendes Schema, in das die entsprechenden Verse eingeordnet wurden, vorauszusetzen sind, dürfte klar sein. Das sprachlich und formal mögliche weisheitliche und exilsprophetische Umfeld der Texte könnte jedoch für eine noch spätere Ansetzung sprechen.[167]

---

[165] dePury, Genèse, S.31

[166] Vgl. aber auch die weisheitlichen Anklänge in v.6a, die ähnlich auch in den weisheitlichen Psalmen 1,1; 16,9; 103,1 begegnen. Erwähnt sei an dieser Stelle noch die Übereinstimmung der Syntax von v.3 mit dem als weisheitlich zu beurteilenden Ps 104 (v.19f, vgl. Textkritik). Für die Datierung ist dabei zu beachten, daß es sich bei der Parallele in Ps 1,1 um ein spätnachexilisches Stück handelt.

[167] Die von H.-C.Schmitt vorgeschlagene nachpriesterliche Ansetzung der Jakobsprüche wäre freilich an einer Schichtung der Josephsgeschichte zu überprüfen, die in diesem Zusammenhang nicht geleistet werden kann (H.-C.Schmitt, Josephsgeschichte, S.73 A.305). Zur Frage der Datierung im Vergleich zum Josephspruch von Dtn 33 s.u. 2.5

Um zumindest Anhaltspunkte für eine relative Chronologie zu erhalten, muß an dieser Stelle die Frage des Verhältnisses der nunmehr ermittelten Schicht Gen 49,1b.2.3-8.28a.bα[1] zum Josephspruch in v.22-26 berücksichtigt werden.[168]

Bei der Untersuchung des Josephspruches in v.22-26 wird, wie von Zobel betont, deutlich, "daß wir in v.25-26 eine eigenständige, in sich geschlossene Einheit zu sehen haben, die sich durch erneute Nennung des Stammesnamens in v.26 auch als solche zu erkennen gibt."[169] Abgesehen von der formalen Übereinstimmung mit den Sprüchen über Ruben, Simeon/Levi und Juda (v.8), die in der direkten Anrede an Joseph besteht, weist ein auffälliges inhaltliches Merkmal auf eine enge Verbindung mit diesen Sprüchen und dem Rahmen in v.1f.28: In mehrfacher Ausführung wird in v.25f Joseph mit einer überreichen Segensfülle bedacht, ja sogar zum "Erwählten seiner Brüder"(נזיר אחיו) ernannt. Die Rolle Josephs wird also im Kreise seiner Brüder bestimmt, wobei er - angesichts der engen Verbindung von נזיר mit dem Segensthema und dem Gott des Vaters (v.25a) - offensichtlich eine religiöse Vorrangstellung einnehmen soll.[170] Dies geschieht im Unterschied zu v.8, wo Juda eine eher politische Vormachtsrolle zugewiesen wird. Hier kann ein Vergleich mit der Spruchreihe von Dtn 33, deren enge Verbindung zumindest in bezug auf den Joseph-Spruch bereits gezeigt wurde[171], weitere Anhaltspunkte geben: Nicht nur in der Art der Segensformulierungen und der Bestimmung Josephs als נזיר bestehen nämlich enge Übereinstimmungen zwischen Dtn 33 und Gen 49[172], sondern auch in der unterschiedlichen Rolle Josephs und Judas. Anders als von Zobel vermutet[173], sind auch in Dtn 33,17 die auf Joseph herabgewünschten Segnungen in gleicher Weise wie in Gen 49 religiös-kultisch zu verstehen, wie aus den Formulierungen deutlich wird. Auch dort stehen aber, wie in Gen 49,8.25f, die Betonung der religiösen Vorrangstellung Josephs (Dtn 33,13-17) und der Wunsch der - wohl politisch verstandenen - Macht für Juda (Dtn 33,7) im gleichen Kontext.[174]

Daß der Segen in einer Schicht sowohl Joseph als auch Juda zugesprochen wird - allerdings in differenzierter Weise -, ist also nicht als ungewöhnlich zu bewerten.

Sowohl der v.8 des Judaspruchs als auch die v.25f des Josephspruchs sind dann aber aufgrund der formalen und inhaltlichen Übereinstimmungen der gleichen Schicht wie die v.1b.2.3-7.28a.bα[1] zuzurechnen. Im Zuge der Rahmung wurde

---

[168] Der messianische Judaspruch in v.10-12 erlaubt aufgrund seines Nachtragscharakters keine Rückschlüsse auf eine Datierung. Zu beachten ist aber, daß es sich hierbei um eine enge Parallele zu Num 24,17 handelt, so daß hier möglicherweise eine redaktionelle Übernahme vorliegen könnte. Umgekehrt wird der Spruch über den hingekauerten jungen Löwen Juda aus Gen 49,9 in Num 24,9a aufgenommen, wie in der Forschung vielfach beobachtet wurde (z.B. H.-C.Schmitt, Mantiker, S.189f).

[169] Zobel, Stammesspruch, S.24 - Auf die Entstehung von v.22-24 ist hier nicht näher einzugehen. Es muß damit gerechnet werden, daß v.22 schon vor Aufnahme eines Josephspruches in die Sammlung durch v.23f erweitert wurde (vgl. dazu Zobel, a.a.O., S.22f und Westermann, Genesis I/3, S.270f), bevor dann schließlich die v.25f angeschlossen wurden.

[170] Bei der Erweiterung des Josephspruches zeigt sich so in besonderer Weise, wie geschickt bei der redaktionellen Überarbeitung und Einfügung der Spruchreihe vorgegangen wurde: Hier findet sich sowohl der explizite Bezug auf die ursprüngliche priesterschriftliche Notiz in v.28bα[2].β, als auch die durch den redaktionell neu geschaffenen Rahmen (v.1b.2.28a.bα[1]) gebotene Gestaltung der Segensthematik im Kreise der zwölf Söhne/Brüder.

[171] S.o. Kap.III.1.4

[172] Zur Frage des Verhältnisses von Dtn 33 und Gen 49 s.u. (vgl. auch Kap.III.1.4)

[173] Vgl. Zobel, Stammesspruch, S.25

[174] Während in Gen 49 neben der Rolle Josephs auch die Judas vor allem im Gegenüber zu den Brüdern beschrieben wird, wird in Dtn 33 die Macht Judas offensichtlich im Rahmen des Volkes gesehen, zu dessen Rettung er herbeigewünscht wird. Sowohl in Gen 49,8 als auch in Dtn 33,7 ist von der Macht über die Feinde die Rede, der Spruch in Dtn 33,7 geht allerdings davon aus, daß diese Macht vorerst noch nicht realisiert ist.

offensichtlich für Ruben und Simeon/Levi eine Abwertung im Familienbereich ebenso ausgesprochen wie für Juda und Joseph eine Aufwertung.

Für die Entwicklung der gesamten Spruchkomposition in Gen 49 ist somit davon auszugehen, daß hier zunächst eine Spruchreihe von Stammessprüchen vorlag, die einen Grundbestand von neun Sprüchen umfaßte, der allerdings beim Judaspruch nur v.9 und beim Josephspruch nur v.22-24 angehörten. Überarbeitet wurde diese Spruchsammlung durch den Rahmen von v.1b.2 und v.28a.bα¹, der aus den Sprüchen den - durch die ursprüngliche Notiz in P schon vorgegebenen - testamentarischen Segen Jakobs/Israels über seine *zwölf* Söhne gestaltete: Im Rahmen dieser Gestaltung wurden zur Erreichung der Zwölfzahl auch der Ruben-spruch und der Simeon-/Levispruch eingefügt, sowie die eigentliche Segensthema-tik in den Judaspruch (v.8) und den Josephspruch (v.25f) eingearbeitet. Ebenso erfolgte nun die eschatologische Ausgestaltung des Josephspruches und damit zusammenhängend die eschatologische Ausrichtung des Rahmens durch v.1b. Durch diese weitreichende Überarbeitung und Rahmung wurde der Komplex der Spruchreihe in die vorgegebene priesterschriftliche Notiz über den Segen Jakobs vor seinem Tod (v.1a.28bα².β) eingearbeitet.

Die letzte Phase der Überarbeitung findet sich dann in den messianisch zu deutenden v.10-12, die einen Nachtrag zum Judaspruch darstellen, mit dem eindeutig das Gewicht der Bedeutung von Joseph hin zu Juda verschoben werden soll.

Für die Frage nach der Datierung der rahmenden Schicht und des Ruben-spruches (erste Überarbeitung) ist der Blick zurückzulenken auf Dtn 33[175], zu dem bereits Verbindungen aufgezeigt wurden. Auffällig waren dort die unübersehbaren Parallelen zwischen den Motiven des zum Grundbestand von Dtn 33 gehörenden Josephspruchs (v.13-17) und der in Gen 49 vorliegenden Erweiterung des Joseph-spruches in v.25f, wobei die Aussagen von Dtn 33 mit ihrem unverkennbar escha-tologischen Zusammenhang (vgl. bes. Dtn 33,17) aus frühnachexilischer Zeit stammen. Der Vergleich mit Dtn 33 macht aber auch deutlich, daß in Gen 49 nicht nur völlig andere Aussagen über Levi und Juda vorliegen als in Dtn 33[176], sondern zudem eine offensichtlich bewußt vorgenommene Weiterentwicklung, indem die Segnungen der Berge und Hügel nun von dem Segen des Vaters überbo-ten werden ('Die Segnungen deines Vaters sind reicher als die uralten Berge', v.26) und die Segnungen von Sonne und Monden nun zu Segnungen der Brüste und des Mutterleibes werden (v.25b).[177]

---

[175] S.o. und Kap.III.1.4

[176] So wird Levi in Dtn 33,8-11 ausführlich und vor allem ganz und gar positiv beschrieben, was im krassen Gegensatz zu der Abwertung von Gen 49,5-7 steht. Der Spruch über Juda in Dtn 33,7 setzt offensichtlich eine isolierte Stellung Judas voraus, während in Gen 49,8 Juda im Mittelpunkt der Aufmerksamkeit der Brüder steht, die ihn preisen. Ein Spruch über Simeon fehlt schließlich in Dtn 33 völlig.

[177] Vgl. dazu o. Kap. III.1.4. Rose geht hier von einer bewußt vorgenommenen Korrektur der Motive in Dtn 33,13-17 aus, die auf kanaanäische Traditionen zurückzuführen sind: Dazu gehört neben der Überbietung des Segens der Berge und Hügel (Motiv der Höhenheiligtümer!) durch den des Vaters auch die Ersetzung der altorientalischen Segensmächte Sonne und Mond in Dtn 33,14 durch die ähnlich klingenden Wörter 'Brüste' und 'Mutterschoß' in Gen 49,25b

Weiterhin ist für eine Datierung von Gen 49 die mit diesem Abschnitt gleichzeitig geschaffene Neufassung der Dina-Geschichte in Gen 34 zu berücksichtigen,
da deren Grundfassung bereits frühestens exilisch ist. Mit Rücksicht auf die
genannten Bezugstexte ist deshalb eine (spät-)nachexilische Datierung der Komposition Gen 34*; 35,21.22a; 49* keinesfalls vor dem 5.Jh., eher noch im 4.Jh.
anzunehmen.[178]

Zu beachten ist dabei, daß der Rubenspruch von Dtn 33 sich erst in der zweiten Erweiterung
der dortigen Spruchreihe findet und damit ebenfalls auf eine sehr späte, wenn auch noch vorchro-
nistische Entwicklungsstufe weist. Damit ist eine zeitliche Nähe der mit dem Rubenspruch in Gen
49 verbundenen Texte und dem Rubenspruch in Dtn 33,6 gegeben, die durch die inhaltliche Nähe
der beiden Rubensprüche noch erhärtet wird: In beiden Sprüchen wird nämlich durch die über
Ruben gemachten Aussagen dessen Rolle bewußt gegenüber den anderen Brüdern relativiert und
deutlich eingeschränkt. Vor allem durch die mit Gen 49* in Zusammenhang stehende Notiz von
Gen 35,22a wird dabei deutlich, daß Ruben geradezu als Bedrohung für die 'Familie' Israel gesehen
wird. Aufgewertet werden ihm gegenüber deshalb in Gen 49 und Dtn 33 Joseph und Juda.

In I Chr 5 findet sich dann wohl in direkter Aufnahme sowohl der Texte Gen
35,22a und Gen 49 als auch der Josephsprüche von Gen 49 und Dtn 33 die Aussage
über den Übergang des Erstgeburtssegens von Ruben auf Joseph, die deshalb auf
ihr Verhältnis sowohl zum Josephspruch von Dtn 33 als auch zu Gen 49 (und Gen
35,22: Schandtat Rubens, sowie Josephsegen in 49, 22-26) untersucht werden wird.

b) Historischer Hintergrund der Stammessprüche, insbesondere des Ruben-spruches in Gen 49,3-4

Das oben genannte Ergebnis der literarischen Überlegungen zum Werdegang der
Texte, das zur Annahme eines in (spät-)nachexilischer Zeit tätigen Verfassers von
Gen 34*; 35,21.22a; 49* führte, hat weitreichende Folgen für die historische Aus-
wertbarkeit der untersuchten Texte.

Die Aussagen der Stammessprüche in 49,3-8 können für sich genommen
immerhin soweit ausgewertet werden, als die in ihnen geschilderten Vergehen der
Söhne Ruben, Simeon und Levi sowie die als Folge dieser Vergehen beschriebene
Abwertung ihrer Position innerhalb der Brüderschar auf (Stammes-)Verhältnisse
innerhalb der Gemeinschaft Israel zu beziehen sind. Dies wird schon allein aus der
für Simeon und Levi ausgesagten Zerstreuung in Israel deutlich. Es ist also anzunehmen, daß mit Hilfe der im Familienverband spielenden Ereignisse die jetzige
Situation der angesprochenen Stämme erklärt und bewertet werden soll. Dabei
handelt es sich um eine Situation, in der Ruben (und das mit ihm verbundene
Territorium) offensichtlich an Bedeutung verloren hat und einer negativen Beur-

---

(s. dazu Rose, 5.Mose 2, S.580).

[178] Auf den nachpriesterlichen Charakter von Gen 49,1ff weist letztlich auch die Untersuchung
Westermanns (Genesis I/3, S.277f). Von einer sehr späten Einfügung in den Pentateuch geht
auch L.Schmidt aus (Josephsgeschichte, S.128). Im direkten Anschluß daran vgl. Levin, Jahwist,
S.311, der jedoch Gen 35,22 und Gen 34 als Voraussetzung für den Ruben- und den Simeon-/
Levispruch bezeichnet.

teilung unterliegt (Verlust des Erstgeburtsrechts), seine Bedeutung auf Juda und Joseph übergegangen ist und Simeon und Levi nur noch verstreut, d.h. ohne festes Territorium, zu fassen sind. Aber auch die nun als gleichzeitig mit diesen Sprüchen formuliert erkannten kurzen Notizen über 'geschichtliche' Ereignisse können gerade aufgrund der redaktionsgeschichtlichen Einordnung keinen weiteren Aufschluß über historische Vorgänge der Vergangenheit geben. Sie sind vielmehr als Ätiologien zu verstehen.

Zum historischen Kern der über Ruben getroffenen Aussagen ist also mit Otto festzuhalten: "Die Erinnerung..., daß Ruben seine ursprüngliche Stellung und Stärke verloren habe, ist das historische Element, das ätiologisch erklärt werden soll. Dagegen ist die Erklärung selbst charakteristisch nach Art einer Sage gestaltet, indem die Erklärung in einem Familienzusammenhang, dem sexuellen Vergehen des Sohnes gegen den Vater gesucht wird."[179] Dies gilt in ähnlicher Weise auch für Simeon und Levi, wobei allerdings noch weiter zu fragen wäre, warum die Verbindung der beiden Stämme mit einer in Sichem spielenden Erzählung ohne weiteres möglich ist. Im Rahmen der vorliegenden Untersuchung kann jedoch nicht geklärt werden, ob es sich dabei um eine Anspielung auf einen vergangenen oder einen gegenwärtigen Zustand handelt. Eine Erinnerung an einstige Siedlungsgebiete kann für Levi allerdings kaum vorliegen, da Levi ja kein weltlicher Stamm mit einem bestimmten Territorium ist, sondern ein Stamm, der durch seine religiöse Funktion innerhalb der Gemeinschaft Israel seine Stammesbedeutung erhalten hat.[180]

2.6 Die Figur des Ruben

Angesichts der bei den vorangegangenen Texten ermittelten engen Zusammenhänge zwischen der Beurteilung der Figur Ruben und des mit ihm verbundenen Territoriums ist auch bei der in Gen 49 und 35,21.22a festzustellenden starken Abwertung Rubens, die ja zudem noch durch eine auffällige Notiz begründet wird, durchaus mit möglichen Rückschlüssen auf das Siedlungsgebiet zu rechnen und ein Zusammenhang mit einer entsprechenden Beurteilung des Siedlungsgebietes zu erwarten. Deshalb ist danach zu fragen, inwieweit der Rollenwandel vom ethischen Vorbild (Josephsgeschichte) zum ethisch Minderwertigen im Zusammenhang der geschichtlichen Entwicklung des Ostjordanlandes und seines Verhältnisses zu Israel stehen könnte. Ein solcher Zusammenhang zwischen der Beurteilung der Rubeniten und der des Ostjordanlandes war bereits bei der Untersuchung von Jos 22 deutlich geworden. Dort war das Ostjordanland das Territorium, das schon allein deswegen mit Verdachtsmomenten behaftet ist, weil sich hier verschiedene Vorfälle ereigneten, die einen Abfall vom wahren Jahweglauben zur Folge hatten. Der mit diesem Land verbundene Verdacht wird deshalb auch auf die Rubeniten als Bewohner des Ostjordanlandes übertragen: Ihre Rolle in der Gemeinschaft des Volkes Israel kann nicht uneingeschränkt positiv gesehen

---

[179] Otto, Sichem, S.197. Die von Otto im Anschluß vorgenommenen historischen und siedlungsgeographischen Überlegungen basieren auf seinem vorher ermittelten Ergebnis zum Siedlungsgebiet des Stammes Ruben in Mittelpalästina, das allerdings in dieser Form kaum nachvollziehbar ist. Auch für Simeon und Levi rechnet Otto mit einer ursprünglich mittelpalästinischen Heimat.

[180] S. dazu genauer o. Kap. II.3.6

werden, sondern muß immer wieder aus dem Blickwinkel des Westjordanlandes überprüft werden.

Durch die Gestaltung der Einzelperson Ruben wird diese mit dem Namen Ruben verbundene Verwerflichkeit im vorliegenden Text konkret begründet: Bei den Verdachtsmomenten gegen Ruben handelt es sich um Vorbehalte, die durch das Verhalten Rubens gegenüber seiner Familie begründet und damit gerechtfertigt sind.

Noch deutlicher wird die Auffälligkeit dieser Darstellung im Gegenüber zur Rolle Rubens in der Josepherzählung (Ruben-Schicht). Gerade im Familienzusammenhang hatte sich dort die besondere Bedeutung Rubens gezeigt: Er ist Sprecher der Brüder und vorbildhaft in seinem Verhalten. Für die Ruben-Schicht der Josepherzählung ergab sich, daß diese Vorbildrolle Rubens Ausdruck einer theologischen Konzeption ist, im Rahmen derer die mit dem rubenitischen Territorium verbundenen Traditionen als identitätsstiftend für Israel als Zwölf-Stämme-Volk gelten.

Daß die Schilderung des Vergehens Rubens sich in einem Konflikt innerhalb der Familie ausdrückt und daß Rubens Verhalten als Angriff auf die Vormachtstellung des Vaters Jakob gedeutet wird, kann somit möglicherweise als Infragestellung der religiösen Bedeutung des Ostjordanlandes im Kontext des nachexilischen Israel gewertet werden. Offensichtlich sind für das nachexilische Israel die wichtigen, d.h. identitätsstiftenden religiösen Traditionen nicht mehr mit dem Gebiet des Ostjordanlandes verbunden (dies gilt wohl in gleicher Weise für das Gebiet Simeons!), sondern haben sich von diesem Gebiet gelöst. Zudem haben in der Wiederaufbausituation des Westjordanlandes andere religiöse Traditionen und Konzeptionen, d.h. die mit Juda verbundenen (Gen 49,8!), weit größere Bedeutung erlangt. Der nicht zu übersehende Zusammenhang zwischen Jakob/Israel und dem starken Juda weist auf eine Situation, in der Juda als Ort des Zentralheiligtums auch zum einzig angemessenen Zentrum des 'Heiligen' Landes wird.

Besonders deutlich wird dies auch an der Landverteilungskonzeption in Ez 47f, wo Juda die unangefochtene Spitzenstellung unmittelbar neben dem Heiligtum zuteil wird, während Ruben weiter wegrückt und das Ostjordanland als Erbbesitz sogar ganz aus dem Blick gerät.[181] Gen 35,21.22a; 49,3-4 gehen demgegenüber noch weiter: Das mit Ruben verbundene Ostjordanland ist keine zu vernachlässigende Größe, sondern stellt - wie das bedrohliche Verhalten Rubens zeigt - sogar eine Bedrohung Jakobs/Israels dar, offensichtlich gerade angesichts der einstigen Bedeutung (Stärke und überragende Bedeutung werden in 49,3 mehrfach betont!). Wohl deshalb muß auch so unmißverständlich klar gemacht werden, daß das ostjordanische Gebiet nicht mehr attraktiv für die sich neu konsolidierende Gemeinschaft Israel ist (anders als dies nach dem Untergang des Nordreiches der Fall war), daß es auf einen unbedeutenden Platz verwiesen wird und daß jede Einmischung in die 'inneren' Angelegenheiten als Bedrohung verstanden wird. Eine Zugehörigkeit zum Zwölf-Stämme-Volk ist nur in diesen Schranken möglich. Nur so wird wohl auch zu erklären sein, daß Ruben zwar in der vorliegenden

---

[181] Vgl. dazu o. Kap.I.3.2.b

Spruchreihe noch an erster Stelle erscheint, gleichzeitig aber seine Erstgeborenenstellung beendet wird.

Gerade diese Gegenüberstellung läßt dann aber auch vermuten, daß hier in
ähnlich schwieriger geschichtlicher Lage ein bewußtes Gegenkonzept zum elohistischen entwickelt wird, das sich in der Abwertung gerade der Brüder ausdrückt,
die beim Elohisten die tragenden religiösen Komponenten repräsentierten: Es
handelt sich um ein Konzept, das sich auf die Vorrangstellung Judas und Josephs
(Josephsegen!) gegenüber der Rubens beruft, um damit offensichtlich eine klare
Gegenaussage zum 'dezentralen' Konzept des Elohisten zu entwickeln. Die
Konzentration auf Juda als das eigentliche und angemessene 'Stamm'land ist dabei
geradezu als 'zionistisch' zu bezeichnen und wird deutlich aus dem politischen
Führungsanspruch Judas im Judaspruch, der expressis verbis von einem Verneigen
der Brüder spricht (49,8). Damit aber übernimmt Juda die Rolle, die Joseph in der
Josephsgeschichte hat, und tritt in besondere Beziehung zu Joseph und dessen nun
religiös (!) definierter Vormachtrolle.[182] Demgegenüber stellt Ruben den Bestand
und die Identität der Familie Jakob/Israel in Frage, obwohl er noch in der elohistischen Fassung der Josephsgeschichte derjenige war, der die besondere Beziehung
zu Joseph hat und als Beschützer auftritt - und dies in Fortsetzung seiner Rolle als
Identitätsstifter aus dem genealogischen System. Nur im Rahmen einer solchen
bewußten Gegenüberstellung ist auch erklärbar, warum die beiden gegen Ruben
gerichteten Stellen 35,21.22a und 49,3f geradezu als Rahmen um die Josephsgeschichte gestellt sind. Dieser Vorgang ist der bewußten Änderung des Vorzeichens
vor einer Klammer vergleichbar.

Dem Verfasser der hier untersuchten Notizen scheint es zunächst nicht so sehr
um die Beurteilung des Ostjordanlandes und seiner Bewohner unter geographischen Aspekten (in die freilich auch eine theologische Beurteilung mit hinein-
spielt) zu gehen, sondern um die Frage, welches theologische Konzept in der
gegenwärtigen Situation angemessen ist. Deshalb wird ein Gegenkonzept zur
elohistischen Theologie geschaffen, das bewußt die mit Ruben als Einzelperson
und Eponym verbundenen theologischen Vorstellungen als bedrohlich wertet.

In den Dunstkreis dieser Vorstellung wird wohl auch der Rubenspruch von
Dtn 33,6 zu rechnen sein: Auch dort liegt eine bewußte Abwertung Rubens vor,
indem seine Zahl auf ganz wenige beschränkt und damit deutlich relativiert wird,
wohingegen die schon vor Einfügung des Rubenspruches im Text vorliegende
Betonung Judas und Josephs erhalten bleibt.[183] Offensichtlich ist der Rubenspruch
dort gerade deshalb mit einer so negativen Aussage nachgetragen, um deutlich zu
machen, daß von den einst mit Ruben verbundenen religiösen Traditionen keine
Gefahr mehr ausgeht und das auf Juda/Joseph zentrierte theologische Konzept
unangefochten zu gelten hat. Ebenso vergleichbar sind die Aussagen des im
Deboralied redaktionell an die Spitze der negativen Stämme gestellten Ruben-

---

[182] Es handelt sich aufgrund dieser besonderen Verbindung von Juda und Joseph um eine
Ausformung 'zionistischer' Vorstellungen, die dem von Nehemia und seinen Kreisen vertretenen theokratische Konzept nur insoweit entspricht, als auch dort eine politische Konzentration auf Juda vorliegt.
[183] Vgl. dazu Kap.III.1.3

spruchs (Ri 5,15b.16). Sie verdeutlichen, wie weit Ruben ins Abseits geraten ist, und bringen eine schroffe Distanzierung von diesem zum Ausdruck.[184]

Im Vergleich mit den spätpriesterlichen Texten, deren Konzeption zwar von berechtigtem Argwohn gegenüber den Rubeniten weiß, diesen aber mit einer Integration des Ostjordanlandes verbindet, wird hier eine theologisch begründete Abwertung Rubens deutlich. Auch wenn in den Texten der Rubensprüche von Gen 49 und Dtn 33, anders als bei den spätpriesterlichen, nicht expressis verbis vom Ostjordanland die Rede ist, muß damit gerechnet werden, daß sich gerade angesichts eines judazentrierten Konzeptes mit der Abwertung Rubens die Abwertung und Abgrenzung des Ostjordanlandes verbindet.

3. I Chronik 5,1-26

Die in Gen 49,3f beobachtete drastische Zurücksetzung Rubens scheint ihre direkte Fortsetzung in den Aussagen über Ruben in I Chr 5,1f zu finden, wo nicht nur von einer Abwertung die Rede ist, sondern davon, daß Ruben sein Erstgeburtsrecht an die Söhne Josephs verliert. Gleichwohl folgen direkt anschließend in v.3-10 das Geschlechtsregister Rubens sowie der Bericht über die erfolgreiche Landnahme und sogar die Besitzerweiterung der Rubeniten, so daß eine durchgehend negative Haltung den Rubeniten gegenüber nicht zu beobachten ist.

Gegenstand der Untersuchung ist es daher, zu ermitteln, ob beide Aussagenkomplexe von einem Verfasser stammen und, wenn ja, welche Intention sich mit der negativen Bewertung der Person Rubens auf der einen und der Akzeptanz der Rubeniten und ihrer Wohngebiete auf der anderen Seite verbindet.

3.1 Textkritik

Textkritische Probleme ergeben sich vor allem am Anfang des Textes (v.1f) im Zusammenhang der Frage nach der Übertragung des Erstgeburtsrechts des Ruben. Der Inhalt der ersten beiden Verse mag auf den ersten Blick unübersichtlich wirken, da hier zunächst von der Erstgeburt des Ruben, dann aber von deren Übergang an die Josephsöhne die Rede ist und anschließend auch diesen der Eintrag an erster Stelle der Geschlechterliste zugunsten Judas verwehrt wird.

Problematisch ist besonders der von der LXX ausgehende, auch heute immer wieder vertretene Vorschlag, statt בכרתו ('seine Erstgeburt') ברכתו (ευλογιαν αυτου, 'sein Segen') zu lesen, "sonst käme man auf den unmöglichen Gedanken, daß die Erstgeburt *zwei* Söhnen zugesprochen wird."[185] Interessanterweise wird diese Änderung nirgends anders als mit der Unmöglichkeit der im Text gegebenen Vorstellung begründet[186], was allein schon ein Hinweis auf die gebotene lectio difficilior sein sollte. Übersehen wird weiterhin, daß der hier verwendete Begriff בכרה offensichtlich das Erstgeburtsrecht, also einen bestimmten Status bezeichnet.[187] Tatsächlich findet sich im Text also

---

[184] Vgl. dazu Kap.III.2.3
[185] Oeming, Israel, S. 135f
[186] So z.B. neuerdings wieder Augustin, Aspekte, S.300
[187] Es wird also gerade nicht die "rechtliche Stellung des Erstgeborenen vom Segen und dessen positiven Auswirkungen" getrennt; gegen Augustin (ebenda).

nicht die Vorstellung, es gäbe nunmehr zwei Erstgeborene, sonst wäre der Begriff (בכור(ים zu erwarten, vielmehr wird von der בכרה gesprochen. Auffälligerweise wird dann im Anschluß an die Aussage von v.1a auch weiterhin dieser Begriff verwendet, anders als dies aufgrund der Übersetzungen erscheinen könnte[188]: V.1b ist zu übersetzen mit 'es wurde aber nicht dem Erstgeburtsrecht entsprechend im Geschlechtsregister verzeichnet', nicht jedoch mit 'dieser kam für das Geschlechtsregister nicht als Erstgeborener in Frage'.[189] Dieser weitere Bezug auf den in v.1a eingeführten Begriff macht bereits deutlich, daß "more difficulties are created than solved by following LXX, which substitutes 'blessing' (*brkh*) for **birthright** (*bkrh*)"[190].

Die bei Rudolph angegebene Begründung mag dies verdeutlichen: "der Segen Rubens war Gn 49₃, dieser ging durch die Verfluchung Gn 49₄ verloren, und wenn nun Efraim und Manasse einen Segen bekommen, wie sich ihn jedermann in Israel anwünscht ..., so ist daraus zu schließen, daß jetzt die Segensfülle Rubens ... auf sie gelegt ist. Trotz dieser Segnung der Josefsöhne, fährt der Chr. fort, kam das Erstgeburtsrecht nicht für Josef in Frage, weil es vielmehr Juda war, der unter den Stämmen zur höchsten Macht gelangte"[191]. Im Anschluß an diese Aussage muß nämlich eine weitere Textänderung vorgenommen werden. Sowohl Rudolph als auch Oeming erscheint es als sinnlos, daß im jetzigen Text bei MT das Erstgeburtsrecht, bei LXX der Segen bei Joseph verbleibt. Im Falle des MT muß dies als Widerspruch zu der eigenen Übersetzung, im Fall der LXX als bloße, sinnlose Wiederholung erscheinen. Deshalb wird im Anschluß an den Apparat der BHS/BHK der Ausfall von לא לו angenommen (aberratio oculi): "dann bekommt die ganze Erörterung die Spitze, die sie braucht: sie spricht den Vorrang Juda zu und Josef ab"[192]. Dies geschieht aber wiederum mit einer dem eigenen Vorverständnis entsprechenden Begründung: Die bekannte antisamaritanische Tendenz des Chronisten lasse es völlig ausschließen, "Chr wolle hier explizit ausgerechnet Ephraim und Manasse, dem Kernland der Samaritaner, das Erstgeburtsrecht zusprechen"[193]. Wieder wird also, entsprechend der oben genannten leichteren Vorstellbarkeit des 'Segens', der lectio facilior der Vorzug gegeben - ein insgesamt textkritisch fragwürdiges Unterfangen.

Der im jetzigen Textbestand des MT so unübersichtlich wirkende Text will offensichtlich gerade mit den soeben angesprochenen Schwierigkeiten fertig werden, indem zwar deutlich gemacht wird, daß das Erstgeburtsrecht sehr wohl von Ruben auf die Josephsöhne übergegangen ist, daß dieser Status aber gerade nicht dazu geführt hat, daß sie in Bedeutung und Reihenfolge entsprechend diesem Vorgang in einer Geschlechter- oder Stämmeübersicht an erster Stelle stehen können. Das Erstgeburtsrecht bedeutet weder für den nach wie vor als Erstgeborenen bezeichneten Ruben noch für die Josephiten einen Anspruch auf eine vorrangige Anordnung in der vom Chronisten in I Chr 2,3 - 9,2 gebotenen Darstellung der Stämme. Eventuell ist hier sogar daran zu denken, daß der Chronist mit dieser Darstellung im Sinne eines Herausgebers seine eigene Anordnung begründet.

3.2 Literarkritische Überlegungen

Bereits ein erster Blick auf das vorliegende Kapitel gibt Anlaß zu der Vermutung, daß die Darstellung der drei Stämme Ruben, Gad und Ostmanasse möglicherweise nicht aus einer Hand stammt. Auffällig ist dabei vor allem, daß zunächst Ruben (v.1-10) und Gad (v.11-17) mit Genealogie und Wohnraum kurz skizziert werden (ähnlich wie dies in Kap. 4 für Simeon entfaltet wird), dann aber unvermittelt bei einem gemeinsamen Kriegszug Ostmanasse mitbeteiligt sind (v.18-22). Familie und

---

[188] Vgl. dazu die Übersetzung von Rudolph, Chronikbücher, S.42 oder Oeming, Israel, S.136
[189] Nur bei Ruben selbst in v.1aα ist tatsächlich von 'dem Erstgeborenen' (בכור) die Rede!
[190] So richtig bei Williamson, Chronicles, S.63
[191] Rudolph, Chronikbücher, S.43
[192] Rudolph, Chronikbücher, S.43, vgl. dazu Oeming, Israel, S.136
[193] Oeming, Israel, S.136 gegen Williamson

Wohngebiete Ostmanasses dagegen erscheinen erst nachträglich in v.23f., bevor abschließend (v.25f) der widergöttliche Abfall und die darauf folgende Strafdeportation der drei Oststämme unter Tiglat-Pileser geschildert werden.

Die Untersuchung des Kapitels hat bei Noth und Rudolph zu 'radikalen' Lösungen geführt: So findet Noth lediglich "in V.3 das ursprüngliche Grundelement", während die ab v.11 bestimmende räumliche Zusammengehörigkeit der drei ostjordanischen Stämme "erst für das Stadium der späteren Erweiterungen" gilt, "wie sie in dem Abschnitt 5,11-26 vorliegen, wo jede Spur der Arbeit von Chr fehlt."[194] Rudolphs eingehende Beschäftigung mit dem Text führt zu sechs zu differenzierenden Textabschnitten, deren erster und letzter freilich die Handschrift chronistischer Theologie tragen, so daß mit einem stufenweisen Anwachsen des chronistischen Werkes zu rechnen ist. Im einzelnen unterscheidet Rudolph v.1-3;4-8a; 8b-10.11-17;18-22; 23f; 25f[195]. Eine genau entgegengesetzte Position bietet neuerdings Oeming in seiner Studie zur 'genealogischen Vorhalle' der Chronik: Oeming beobachtet zwar literarische Spannungen, so z.B. die sprachlichen Besonderheiten von v.18-22, und stellt fest: "Die Darstellung Halb-Manasses (V.23f.) ist sehr knapp und wirkt nachgestellt, fast deplaziert"[196], zieht jedoch keine Konsequenzen aus dieser Erkenntnis. Vielmehr geht s.E. abgesehen von wenigen "nicht näher durchschaubare(n) Nachträge(n) ... auch Kap. 5 insgesamt zweifellos auf das Konto eines Autors."[197] Die Untersuchung Kartveits[198] hingegen nimmt eine literarische Schichtung innerhalb des chronistischen Werkes vor: Zur Grundschicht gehören v.1aα.3b-9a.11-17.23-41, eine erste Bearbeitung erfolgt in v.1aβ-3a.9b-10, eine zweite in v.18-22.26*. Dabei ist jedoch "wahrscheinlich..., dass das ganze Kapitel chronistisch ist."[199]

Im folgenden soll in Auseinandersetzung vor allem mit Kartveit eine erneute literarkritische Sichtung des Textes erfolgen.

v.10.18-22: Auffällig ist hier, daß schon in v.10 von einem Krieg der Rubeniter gegen die Hagariter die Rede ist, v.18-22 aber erneut nach der Nennung der Gesamtzahl der Kämpfenden (v.18 - diesmal alle drei Oststämme) von einem gemeinsamen Krieg gegen die Hagariter und dessen gottgewirktem glücklichen Ausgang berichtet. Der Zusammenhang mit v.10 ergibt sich dabei nicht nur aus inhaltlichen, sondern v.a. aus sprachlichen Überschneidungen, da sich - wie von Kartveit beobachtet - fast alle Vokabeln aus v.10 auch in v.19a.20-22 finden.[200] Dabei erweist sich der Abschnitt v.18-22 gegenüber dem Kontext durch die Zahlenangaben in v.18 und 21, die das eigentliche Kampfgeschehen rahmen, als geschlossen, was bisher nicht bemerkt wurde.

Dieser Eindruck wird durch die von Oeming beschriebenen sprachlichen Besonderheiten noch verstärkt: eine "ungewöhnlich lange casus pendens Konstruktion in V.18, die erst in V.19 ihr Verb findet"[201] und zweifaches nifal als passivum divinum in v.20. Daß diese Verse eine Erweiterung von v.10 (nicht etwa umgekehrt v.10 eine Kurzfassung von v.18-22) bilden, wird deutlich aus der

---

[194] Alle Zitate Noth, ÜSt., S.120
[195] Rudolph, Chronikbücher, S.43-51; Rudolph drückt sich freilich an einigen Stellen widersprüchlich aus: So ist für ihn in v.1-3 "auch schon erschöpft, was in 1-10 von der Hand des Chr. stammt; alles weitere sind spätere Zutaten" (S.44), der letzte Abschnitt des ostjordanischen Teils von Kap. 5 (v.25f), der auf die anderen vorherigen Abschnitte zurückgeht, zeigt jedoch eine "Geschichtsbetrachtung, die auch die des Chronisten selbst ist" (S.50).
[196] Oeming, Israel, S.137
[197] Ebenda
[198] Kartveit, Landtheologie
[199] Kartveit, Landtheologie, S.68f
[200] Eine Übersicht bietet Kartveit, Landtheologie, S.66
[201] Oeming, Israel, S.137

Tatsache, daß hier offensichtlich der Versuch gemacht wird, Unklarheiten aus v.10 zu verdeutlichen: So heißt es nun nicht mehr 'sie fielen durch ihre Hand' (wer?, v.10), sondern explizit 'die Hagariter wurden in ihre Hände gegeben' (v.20). Auch das Wohnen 'in ihren Zelten' (wessen?, v.10) wird nun durch die Schilderung von Kriegsbeute und Übernahme des Wohnorts der Hagariter durch die Oststämme geklärt.[202] Japhet betont ebenfalls die Andersartigkeit der in v.10 gegebenen Darstellung: "it only mentions Reuben; its scope is smaller; the number of captives is not given; and it is not accompanied by any religious exegesis", und folgert daraus: "All these elements were added when the story was reworked in 1 Chr 5:18-22 and provide a good illustration of the Chronicler's method of redaction."[203]

Damit wird deutlich, daß sich in v.18-22 eine Bearbeitung von v.10 findet, die den zunächst nur die Rubeniter betreffenden Kampf nachträglich auf alle ostjordanischen Stämme ausweitet, dabei zusätzliche Informationen nachreicht und dem Geschehen eine theologische Deutung im Sinne eines im Namen Gottes geführten siegreichen Krieges verleiht.

Diese Bearbeitung weist freilich gerade durch die zuletzt genannte theologische Deutung, die das Vertrauen der Kämpfenden auf Gott betont (v.20), dessen hilfreiches Eingreifen als Antwort auf ihre Bitten schildert (v.20) und den Krieg als 'von Gott' bezeichnet (v.22), auf typisch chronistische Denkweise.[204] Die chronistische Herkunft dieser Bearbeitung ist also festzuhalten. Da in den v.25f nach dem erfolgreichen Kriegszug (als Folge des Vertrauens auf Jahwe, v.20-22) nun die gemeinsame Niederlage als Folge des Abfalls von Jahwe geschildert wird, liegt die Vermutung nahe, daß es sich dort um eine Fortsetzung dieser Bearbeitung handelt.

v.1-10: Im Anschluß daran geht es um die Einordnung von v.10. Wichtig ist dazu die Grundschicht des Kapitels von v.1.

Nach communis opinio der Forschung findet sich die Grundschicht aus chronistischer Hand in v.1-3.[205] Kartveit will hier aufgrund des doppelten Vorkommens der Formel 'die Söhne Rubens, des Erstgeborenen' (v.1aα und 3a) weiter differenzieren, da hier einmal mit ' ו ' (v.1aα) und einmal ohne ' ו ' (v.3a) formuliert wird. Daraus eine Abhängigkeit der einen Stelle von der anderen zu postulieren, was bei Kartveit dann zu einer sekundären Einordnung von 1aβ-3a insgesamt führt, erscheint kaum sinnvoll. Dies gilt um so mehr, als er selbst darauf hinweist, daß sich auch an anderer Stelle solche Einleitungsformeln mit und ohne ' ו ' finden.[206]

Der folgende Abschnitt (v.4-8a) mit weiteren Notizen über Mitglieder des rubenitischen Geschlechts läuft in direkter Geschlechterfolge auf die Erwähnung des rubenitischen Fürsten Beera zu (v.6). Rudolph stellt zwar richtig fest, daß der Abschnitt kaum mit dem vorhergehenden verbunden ist, da der Leser nichts über die Verbindung Joels mit den Söhnen Rubens erfährt.[207] Diese Verbindung wird aber durch die Charakterisierung des Beera nachgereicht, an dem wegen

---

[202] Kartveit, Landtheologie, S.67, weist zusätzlich auf die zweifache Vokalisierung der Konsonantenfolge וישב (v.10) in v.21f.

[203] Japhet, Chronicles, S.192 A.566

[204] Wichtig ist hierbei auch der Hinweis von Williamson, daß sich in v.20 eine beim Chronisten mehrfach begegnende Schlachtenschilderung findet: vgl. II Chr 13,13-19; 14,9-15 u.a., s. Williamson, Chronicles, S.65.

[205] Vgl. dazu z.B. Rudolph, Chronikbücher, S.43f. Lediglich bei Noth, ÜSt., S.120, findet sich die Aussage: "Die an Gen. 49,4.26 anknüpfenden Erwägungen zur Rangordnung der Israelsöhne in 5,1.2 stammen schwerlich von Chr, der seinerseits kaum Joseph das Erstgeborenenrecht zugesprochen haben würde:" Zu diesem vom eigenen Vorverständnis geprägten Argument s. oben zur Textkritik.

[206] S. dazu Kartveit, Landtheologie, S.66, mit A.1

[207] Rudolph, Chronikbücher, S.44

seines Schicksals (Deportation durch Tiglat-Pileser) besonderes Interesse besteht.[208] Der Abschnitt ist also durchaus im Rahmen der Grundschicht denkbar.[209]

Nach Kartveit ist auch die Einheitlichkeit des folgenden Abschnitts über das Wohngebiet der Rubeniten[210] (v.8b.9) und dessen Erweiterung durch den Krieg mit den Hagaritern (v.10) zu diskutieren, da der Wechsel zwischen Singular (v.8b.9a) und Plural (v.9b.10) auf eine zweistufige Entstehung hindeute. Schon Rudolph verweist jedoch darauf, daß der Singular in v.8b kollektiv zu verstehen sei, weshalb "der Singular von 8b.9a in 9b.10 ohne weiteres in den Plural übergehen"[211] kann. Der fehlende inhaltliche Bezug zu v.8a[212] stellt kein Problem dar, da hier ähnlich wie bei der Darstellung Simeons (4,27f) der Übergang zwischen Geschlechterfolge und Wohngebieten erfolgt.

Anders als bei Kartveit, dessen erste Textstufe v.1aα.3b-9a umfaßt, ist also von einer einheitlichen Grundschicht in v.1-10 auszugehen, deren chronistischer Charakter evident ist.

v.11-17: Die Darstellung des Stammes Gad beginnt - anders als bei Ruben - mit der Erwähnung des Siedlungsgebietes. Dies mag zunächst ungewöhnlich wirken, ist jedoch verständlich durch die unmittelbare Anknüpfung der vorher genannten Gebiete Rubens durch לנגדם. Die Beobachtung dieses Bezugs führt bei Rudolph nur wegen der Annahme des sekundären Charakters von v.8b-10 zu einer ebenfalls sekundären Einordnung von v.11-17. Der Verweis auf das offensichtliche Fehlen von Num 26 als Quelle für die Schilderung der Genealogie Gads ist hingegen nicht als literarkritisches Argument zu werten. Mit Kartveit ist daher der Abschnitt über Gad der Grundschicht des Kapitels zuzurechnen, zumal Williamson auf strukturelle Übereinstimmungen mit v.4-10 verweist.[213]

v.23-26: Auf das Problem der nachgetragen wirkenden Darstellung Halbmanasses wurde bereits hingewiesen. Hier ist nun genauer zu überlegen, wie die jetzige Textanordnung zustande gekommen ist.

Dabei scheint sich von v.18-22 her ein erster Hinweis auf den sekundären Charakter von v.23f zu ergeben: Hätte nämlich die Darstellung der ostmanassitischen Gebiete und Familienhäupter bereits im Text vorgelegen, so hätte die Einfügung des gemeinsamen Krieges von Ruben, Gad und Ostmanasse sinnvollerweise nicht im Anschluß an die Schilderung Gads, sondern an die Manasses vorgenommen werden müssen. Die deplazierte Wirkung einer nachgestellten Darstellung Halbmanasses[214] dagegen hätte den eben geschilderten Eindruck eines erfolgreichen gemeinsamen Kriegszuges geschmälert, zumal die Wohngebiete Halbmanasses in

---

[208] Vgl. dazu auch u. v.25f

[209] Rudolph meldet Zweifel an der Echtheit an (a.a.O., S.45): "in seinem erzählenden Hauptteil vermeidet der Chr., vom Nordreich zu reden, wenn es irgend möglich ist; was sollte ihn also hier ohne Not veranlassen, auf die Wegführung von Rubeniten durch Tiglatpileser Bezug zu nehmen". Da er aber im unmittelbar anschließenden Satz darauf verweist, daß diese Deportation auch das Ostjordanland betroffen hat, kann diese Argumentation kaum sinnvoll erscheinen - zumal es sich hier ja nicht um eine Erwähnung des Nordreiches, sondern höchstens um eine Anspielung auf dessen Untergang handelt.

[210] V.8b scheint sich zunächst auf den vorher genannten Bela zu beziehen, gemeint ist jedoch das Wohngebiet des ganzen Stammes Ruben.

[211] Rudolph, Chronikbücher, S.46

[212] S. dazu Rudolph, Chronikbücher, S.45f

[213] Kartveit, Landtheologie, S.69, und Williamson, Chronicles, S.64f

[214] Vgl. Williamson, Chronicles, S.66

v.23 in keinem unmittelbaren Zusammenhang mit der Aussage von v.22b stehen, man habe anstelle der Hagariter in deren Gebiet gewohnt.

Die eben festgestellte anstößige Wirkung der nachträglichen Einfügung von v.23f bleibt jedoch auch erhalten, wenn man einen sekundären Charakter von v.23f annimmt. Nach einer zunächst allgemeinen Aussage über die zweieinhalb Stämme erfolgt ja erst hier ein genaueres Eingehen auf den halben Stamm Manasse. Zu klären ist also, warum die Verse an einer so unpassenden Stelle eingefügt wurden und ein zweiter Redaktor nicht seinerseits eine 'bessere' Anordnung des Textes vorgenommen hat. Es liegt nahe, diese Frage im Zusammenhang von v.25f zu klären.

Eine Voraussetzung zur Diskussion bietet die weitere wichtige Beobachtung, daß eine ausführliche Erwähnung des halben Stammes Manasse, wie sie sich in v.23f findet, der Darstellung Manasses in I Chr 7 widerspricht. Dort ist, anders als dies durch die meisten Übersetzungen (im Anschluß an 5,23f) dargeboten wird, nicht etwa von der anderen, d.h. westlichen Hälfte des Stammes die Rede, sondern von *dem* Stamm Manasse bzw. seinen Geschlechtern, wobei die Namen Gilead und Machir (7,14.17) auch auf eine ostjordanische Verortung weisen. Eine genaue Angabe der Wohngebiete fehlt jedoch in Kap. 7.

Ein Blick auf v.25f. zeigt nun, daß hier relativ unvermittelt ein Umschlag vom Heil zum Unheil erfolgt. Daß ein solcher Ausgang der Geschichte zu erwarten war, wurde bereits in v.22b angedeutet, hier jedoch findet sich die genaue Ausführung des Geschehens. In ähnlicher Weise, wie in v.18-22 das in v.10 Angedeutete eine theologische Deutung verbunden mit einer eingehenden Schilderung erfuhr, wird auch hier nicht nur das Ausmaß der in v.22b angekündigten Deportation dargestellt, sondern mit einer theologischen Deutung versehen[215], die sich aus der Kenntnis von II Kön herleitet (2 Kön 15,27f; 17). Dieser direkte Rückbezug auf v.22 macht aber zugleich deutlich, daß die Erwähnung der zweieinhalb Stämme ursprünglicher Bestandteil von v.26 ist, und nicht, wie von Kartveit vermutet, ein Nachtrag in einen vorher nur auf Halbmanasse bezogenen Vers.[216]

Gleichzeitig zeigt dieser Rückbezug aber auch, daß es sich bei v.25f um eine Fortsetzung der redaktionellen Bearbeitung in v.18-22 handelt.

Auch in der Fortsetzung dieser Schicht zeigen sich, abgesehen von dem vielfach als nichtchronistisch beurteilten Interesse an den Nordstämmen, die bereits angesprochenen chronistischen Kennzeichen: So fangen, wie von Kartveit beobachtet, v.25 und 26 mit den chronistischen Leitworten מעל (vgl. dazu Jos 22,16.31) und עור hif. an.[217] Das Geschehen wird aber vor allem mit typisch chronistischer Geschichtstheologie gedeutet: So wie in v.20 das Gottvertrauen die Oststämme zum Sieg führte, ist auch hier kein jähes Schicksal, sondern die göttliche Strafe für Abgötterei und Abfall von Gott. Der König Assurs wird deshalb zum göttlichen Strafwerkzeug, wobei hier ein direkter Anschluß an eine vorgegebene Bemerkung in v.6.[218] Die Aussagen von v.22b scheinen aber damit direkt auf die Fortsetzung in v.25f angelegt zu sein. Auch die Bearbeitungsschicht als zweite Stufe der Textentwicklung weist also chronistisches Gedankengut auf und ist daher als chronistische Erweiterung einzustufen.

Ein Kennzeichen dieser chronistischen Erweiterungsschicht ist offensichtlich ein eingehenderes Interesse am Schicksal der Nord- und Oststämme und besonders an Ostmanasse[219], was einen Anhaltspunkt bereits in den v.18-22 findet. Diesem Interesse wird dann aber auch die Einfügung

---

[215]   "vv. 25-26 are a mere expansion of v.22", Williamson, Chronicles, S.66

[216]   S. Kartveit, Landtheologie, S.68; Diese Einordnung ist bei Kartveit auf die Beurteilung von v.23 zurückzuführen, der ebenfalls der Grundschicht zugerechnet wird.

[217]   S. dazu Kartveit, Landtheologie, S.68

[218]   Denkbar wäre freilich auch, daß der Redaktor im Zusammenhang der Einfügung von v.25f diese Notiz in v.6 eintrug.

[219]   Für diese Sonderstellung Ostmanasses muß ebenso wie für den Anlaß der theologischen Deutung der Deportation durch die Chronik (s.o. v.25) die Kenntnis des DtrG vorausgesetzt werden.

von v.23f zu verdanken sein. Der Redaktor will hier offensichtlich im Bezug auf Manasse bewußt ein anderes Konzept als die Grundschicht einbringen, da diese in Kap. 7 nur von einem westjordanischen Manasse ausgeht. Deshalb hat er im Zusammenhang mit seiner Darstellung des Endes der Geschichte der Oststämme und in Kenntnis der s.E. für die Wohngebiete Manasses unvollständigen Ausführungen in Kap. 7, sowie wegen der ihm bereits vorliegenden Erwähnung der Teilnahme Ostmanasses am Krieg gegen die Hagariter (v.18-22), einen Anlaß gesehen, "geographische und genealogische Notizen über diesen nachzutragen (23f.)"[220]. Die eigenartige Stellung von v.23f erklärt sich dann als Ergebnis einer "chr Komposition; hätte nämlich V.25 direkt an V.22 angeschlossen, wären Sieg im Gotteskrieg und Niederlage im Gottesgericht unmittelbar aufeinandergeprallt. Indem aber die Mitteilungen über Halb-Manasse hier eingeschaltet werden, wird eine Zwischenzeit zugleich markiert und geschickt überbrückt."[221]

Zusammenfassend läßt sich für Kap. 5, anders als noch von Noth vermutet, eine nachchronistische Bearbeitung ausschließen. Der insgesamt als chronistisch zu bezeichnende Text ist jedoch im Zuge einer redaktionellen Bearbeitung der Grundschicht innerhalb des chronistischen Werkes entstanden. Zur Grundschicht gehören nach dieser Untersuchung die v.1-10.11-17[222], zur redaktionellen Erweiterung um die östliche Hälfte Manasses und die gemeinsamen Aktionen der Ostjordanier die v.18-26.

3.3 Quellenbenutzung und Profil des Chronisten[223]

a) Ruben und seine Genealogie, Schicksal der Oststämme

v.1f: Der Verlust des Erstgeburtsrechts Rubens: Beide Verse scheinen dem Chronisten zur Erklärung dessen zu dienen, warum in seiner Darstellung der einzelnen Stämme die Reihenfolge zugunsten einer führenden Rolle Judas geändert ist.[224] Während nämlich die Übersicht in I Chr 2,1f die Anordnung der priesterlichen Grundschicht (z.B. Ex 1,2-4) bietet, wird in Kap. 2,3 - 9,1 eine offensichtlich der eigenen Konzeption des Chronisten entsprechende Systematisierung vorgenommen, bei der Juda an der Spitze des Stämmesystems steht, gefolgt von Simeon (hier wie dort an zweiter Stelle) und den beiden Oststämmen Ruben und Gad[225]. Diese Anordnung einer Textverderbnis bzw. "Verworrenheit" oder "Un-

---

[220] Rudolph, Chronikbücher, S.49
[221] Oeming, Israel, S.135. Allerdings sieht Oeming das ganze Kap. 5 als im großen und ganzen einheitlich an, was die nunmehr gewonnenen Ergebnisse widerlegen.
[222] Also auch die Erwähnung von Ruben und Gad, die von Noth als eine unchronistische Erweiterung angesehen wurde (s.o.). Anders als bei Kartveit ist aber auch nicht von einer mehrstufigen chronistischen Bearbeitung auszugehen.
[223] Zur Frage der Art und Weise der Quellenbenutzung des Chronisten vgl. auch o. Kap.I.2.7
[224] Die führende Rolle Judas ergibt sich einerseits 'negativ' aus dem Verlust des Erstgeburtsrechts Rubens und 'positiv' aus der Abstammung des für den Chronisten zentralen Fürsten David von Juda (s. Williamson, Chronicles, S.63).
[225] Wie oben gezeigt, erfolgt die Zuordnung Halb-Manasses an dieser Stelle erst in einem zweiten Stadium des innerchronistischen Textwachstums.

ordnung" zuzuweisen, wie dies bei Noth geschieht[226], kann folglich als kaum akzeptabel erscheinen.[227]

Dabei zeigt die Darstellung des Vorgangs, der zum Verlust des Erstgeburtsrechts Rubens und dem Übergang dieses Rechts an die Söhne Josephs führt, bereits deutliche Eigentümlichkeiten der chronistischen Quellenübernahme.

So findet sich dieser am Ende von v.2 nochmals betonte Vorgang so nirgends im Alten Testament bezeugt[228], was letztlich einen Mitauslöser für die oben geschilderten textkritischen Verwirrungen bedeutet. Vielmehr zieht der Chronist hier die - aus seiner Sicht - nötigen moralischen Konsequenzen aus der Entweihung des väterlichen Bettes durch Ruben, die fast wörtlich aus Gen 49,4 zitiert ist (vgl. Gen 35,22). Auch wenn ihm keine eigentliche Geschichte über den Verlust des Erstgeburtsrechts vorliegt, erfolgt hier einerseits eine Aufnahme vorliegender Quellen aus der Genesis (die biblische Tradition über die Erstgeburt des Ruben bleibt ebenso intakt wie die Erwähnung des Verlusts seiner Stellung im sog. Jakobsegen Gen 49), andererseits die Darstellung der Konsequenz aus dem Verhalten Rubens entsprechend der vom Chronisten vertretenen Konzeption individueller Schuld und Vergeltung (vgl. I Chr 21,8 oder II Chr 26,16-21), die hier im Sinne eines direkten Effekts der Handlung gezogen wird, ohne daß ein göttliches Eingreifen geschildert würde: "I Chr 5,1-2 offers not a story but a theological rationale: Reuben himself had forfeited his birthright. Applying the law of sin and retribution made any other divine intervention redundant."[229] Gerade letzteres macht aber wiederum deutlich, daß der Chronist seine eigene Vorstellung aus den Quellen entsprechend deren Darstellung entwickelt. Dabei zeigt die Übergabe des Erstgeburtsrechts an die Josephsöhne möglicherweise die Anerkennung historischer Gegebenheiten, d.h. der vergangenen führenden Rolle der mit Joseph verbundenen Territorien.[230]

v.3.4-8a: Söhne Rubens und Rubengenealogie: Die Liste der in v.3 genannten Söhne Rubens entspricht exakt der dem Chronisten vorliegenden Tradition in Gen 46,9; Ex 6,14; Num 26,5-7. Die daran anschließende Rubengenealogie jedoch bildet nicht nur einen abrupten Übergang, bei dem die Beziehung von Joel und seinen Söhnen mit den Rubensöhnen nicht angegeben wird, sie läßt sich auch mit keiner bekannten Quelle in Verbindung bringen. Ob dem Chronisten hier eine eigene Tradition vorlag, läßt sich wohl nicht klären. Der im Zusammenhang mit Beera genannte Hinweis auf das Exil der ostjordanischen Stämme stellt jedoch wiederum

---

[226] Noth, ÜSt., S.117, s.o.

[227] Zu den verschiedenen anderen Lösungsmöglichkeiten s. Oeming, Israel, S.98-100

[228] Auch nicht in der Segnung der Josephsöhne in Gen 48, wo Ruben nicht erwähnt ist.

[229] Syrén, First-Born, S.135

[230] Vgl. die Zuordnung der Hauptfiguren Juda und Ruben zur Person des Joseph in den verschiedenen Schichten der Josepherzählung. Vielfach vermutet wurde hier auch ein direkter und bewußter Rückbezug auf Gen 48 (P), wo es in v.5 heißt: 'Jetzt sollen deine beiden Söhne, die dir in Ägypten geboren wurden, bevor ich zu dir nach Ägypten kam, mir gehören. Efraim und Manasse sollen mir soviel gelten wie Ruben und Simeon' (so auch Augustin, Aspekte, 301). Richtig bemerkt aber schon Rudolph, daß von einer Abtretung des Erstgeburtsrechts in Gen 48,5 nicht die Rede sein kann. Dort "ist nur von einer Gleichstellung die Rede, die also die Würdigkeit Rubens voraussetzt" (Rudolph, Chronikbücher, S.43).

einen Bezug zu dem in II Kön 15,29 Berichteten her. Entsprechend der Vorgehensweise in II Chr 28,20, wird auch hier vom Chronisten der Name des assyrischen Königs von Tiglat-Pileser in Tilgat-Pilneser geändert "perhaps due to euphonic reasons"[231]. Zudem weitet der Chronist die Deportation auf das in II Kön nicht erwähnte Gebiet Rubens aus, was darauf hinweist, "daß hier die theologische Intention des Chronisten zum Ausdruck kommt."[232]

v.18-22: Der gemeinsame Krieg der Oststämme: Da, wie oben gezeigt, diese Verse aus der Hand eines chronistischen Bearbeiters von v.1-17 stammen und eine Erweiterung des in v.10 angedeuteten Krieges bilden, ist zunächst von letzterem Vers als Grundlage dieser kurzen Schilderung auszugehen. Der Bearbeiter nennt freilich über die in v.10 erwähnten Hagariter hinaus noch weitere Feinde, deren Namen teilweise aus dem Pentateuch bekannt sind: die Stämme Jetur und Naphisch, die auch in Gen 25,15 (vgl. I Chr 1,31) begegnen, aber auch den Stamm Nodab, der nur an der vorliegenden Stelle vorkommt. Eine Besonderheit des Textes über diesen Namen hinaus ist auch die Zahlenangabe der zweieinhalb in den Krieg ziehenden Stämme, die hier zusammengezählt werden, anders als in Num 1 und 26, wo eine getrennte Zählung erfolgt. Die Summe der Israeliten beläuft sich zwar auf eine zu groß erscheinende Zahl, bleibt jedoch unter der Summe, die sich beim Zusammenzählen der Angaben aus den Numeribelegen ergäbe. Williamson vermutet deshalb, daß der chronistische Ergänzer hier Einzelzahlen, die ihm aus einer gesonderten Quelle vorlagen, zusammennimmt, wobei er die Kenntnis einer "military census list" voraussetzt.[233] Eine solche Liste ist jedoch kaum nachweisbar; ob der Ergänzer hier eine Quelle benutzt hat, muß offenbleiben.

An der Nennung einzelner Orte ist diese Erweiterung offensichtlich nicht interessiert. Sie konzentriert sich vielmehr auf die Inbesitznahme fremder Güter, wobei die genaue Erwähnung des eroberten Viehs einen Rückbezug auf die Erwähnung des rubenitischen Viehreichtums aus v.9 bilden könnte. Dieser offensichtlich auch dort als Segen Gottes verstandene Reichtum wird im Zusammenhang mit der für den Ergänzer elementaren Bedeutung des gottgeführten Krieges nochmals herausgestellt.

Das eigentliche Interesse dürfte damit weder bei der Anzahl der Kämpfenden noch bei einer Lokalisierung des Krieges liegen, sondern an der geschichtstheologischen Explikation des geschilderten Krieges. "Der als heiliger Krieg stilisierte Krieg der Stämmekoalition gegen die Hagariter und ihre Genossen (V.18-22) macht deutlich...: Wer zu Gott schreit (זעק) und auf ihn vertraut (בטח), hat Erfolg."[234]

v.25-26: Die Deportation der 'Ostjordanier': Die Darstellung der Deportation der ostjordanischen Israeliten beruht offensichtlich auf der Kenntnis von II Kön 15,19.29; 17,6 (7-23); 18,11. Aufgegriffen wird die bekannte Verfehlung dieser Stämme, die sich von Jahwe ab- und den 'Völkern des Landes' zuwenden (v.25). Dieser Abfall führt ins Verderben, da nun der assyrische König als Strafwerkzeug des Gottes Israels als des Herrn der Welt zur Vernichtung der eigenen Existenz der Stämme führt. Die auch in dieser Schicht ausgeführte "theologische Grundüberzeugung vom unmittelbaren Zusammenhang von Tun/Glauben und Ergehen"[235] führt jedoch auch in diesem Abschnitt zu einer teils relativ freien teils originalgetreuen Aufnahme der Quellen zugun-

---

[231] Williamson, Chronicles, S.64, anders als Kartveit, Landtheologie, der eine "fehlerhafte Schreibung des Namens Tiglat Pileser" vermutet (S.137 A.1). Oeming erwägt eine bewußte Namensänderung, denn "פלאסר kann für hebräische Ohren (nicht Augen) ein aus פלא = 'Wunder' und שׂר = 'Fürst' zusammengesetzter Thronname sein, 'Wunderfürst' (vgl. Jes 9,5). Durch das eingestellte נ wird dieser Anklang unterbunden. Ebenso könnte bei תגלת das Anklingen von גלה = 'ins Exil führen' durch Metathese von ג und ל verhindert worden sein. Sollte damit der Name des Fremdherrschers bewußt relativiert werden?" (Oeming, Israel, S.141)

[232] Augustin, Aspekte, S.303, s.auch u. zu v.25f

[233] Williamson, Chronicles, S.66

[234] Oeming, Israel, S.141

[235] Oeming, Israel, S.141; Vgl. dazu auch Japhet, Chronicles, S.191, die die verschiedenen in der Chronik nach dem "principle of reward and punishment" dargestellten Kriege auflistet.

sten der Explikation dieses Topos. Erwähnt werden so die beiden aus II Kön 15,19.29 überlieferten Namen des Königs von Assur, Pul und Tiglat-Pileser[236], obwohl auch dem Chronisten bekannt gewesen sein dürfte, daß es sich um ein und dieselbe Person handelt (möglicherweise sind die beiden Namen im MT als Parallelismus zu verstehen), will man nicht von einem vielfach unterstellten Mißverständnis ausgehen.[237] Auffällig ist, daß die genannten Orte der Deportation, die im Zusammenhang der Deportation der Oststämme in II Kön 15 nur grob mit "Assur" (II Kön 15,29) umrissen sind, hier offensichtlich aus den Angaben für das Nordreich in II Kön 17,6 und 18,11 entnommen werden. Auch diese Angabe bleibt jedoch unklar, da das in v.26 zusammen mit Habor und dem Fluß Gosan genannte Hara in keiner der beiden Vorlagen erscheint.

Das abschließende 'bis auf diesen Tag' dürfte freilich wiederum im Sinne der Interpretation des Vorgangs als Strafgericht Gottes der Betonung der einschneidenden Folgen dieses Gerichts entsprechen, nicht jedoch historisches Wissen des Verfassers über "den Verbleib der nordisraelitischen Exulanten"[238] widerspiegeln.

b) Land und Wohngebiete Rubens

Die Grundschicht des chronistischen Kapitels weist relativ ausführliche Angaben zu den Stammesgebieten Rubens und Gads auf, die mehrfach zu der Frage geführt haben, ob hier ein historiographisches Interesse des Chronisten zu verspüren sei, dies um so mehr, als scheinbar genaue Datierungen in der Vergangenheit vorgenommen werden. So wird der Krieg der Rubeniter gegen die Hagariter in v.10 in die Zeit Sauls und die Deportation in die Tiglat-Pilesers (v.6.26) datiert.

"Immer wieder ist behauptet worden, der Chronist habe schlechte geographische Kenntnisse vom Ostjordanland ... In eben dieser Annahme verrät sich auch der methodische Ansatz: Man fragt sofort nach konkreten Daten, seien sie geschichtlicher, seien sie geographischer Art."[239]

Neuerdings hat vor allem Oeming den Versuch unternommen, mit Hilfe eines ausführlichen Vergleichs der chronistischen Angaben und denen der Mescha-Inschrift zum gleichen geographischen Raum die Historizität von I Chr 5 zu überprüfen. Wie zu erwarten, kommt er dabei zu dem Ergebnis, daß sich die geographischen und zeitlichen Angaben beider Texte überlappen, eine historische Richtigkeit beider also auszuschließen ist. "Die Konsequenz ist unausweichlich: nur eine dieser Darstellungen kann historisch sein. Entweder herrschten zu dieser Zeit in diesem Gebiet Ruben und Gad oder aber Mesa. Die historische Wahrscheinlichkeit spricht eindeutig für das zeitgenössische Zeugnis Mesas!"[240] Daß diese Konsequenz für Oeming ein überraschendes Ergebnis zu sein scheint, das ihn erst anschließend zu der Erkenntnis führt, daß der Chronist ganz andere als historiographische Zwecke verfolgt[241], wirkt seinerseits unverständlich angesichts des bereits bei den Genealogien zu beobachtenden Umgangs aller chronistischen Schichten mit den Quellen. Offensichtlich nehmen der Chronist und seine Bearbeiter in der Darstellung die zur Verfügung stehenden Quellen auf, deuten aber das Geschehene mit

---

[236]   S.o. zu v.6
[237]   Letzteres vertritt z.B. Rudolph, Chronikbücher, S.50f
[238]   Rudolph, Chronikbücher, S.51
[239]   Kartveit, Landtheologie, S.135
[240]   Oeming, Israel, S.140
[241]   Oeming, a.a.O., S.141

Hilfe einer Geschichtstheologie, die aus dem Zusammenhang von Genealogien, Siedlungsverhältnissen und dem Ergehen der Beteiligten entwickelt wird. Diesen Charakter der Chronik als einer selbständigen literarischen Auslegung und Gestaltung der vorgegebenen 'historischen' Überlieferungen[242] gilt es zu bedenken, wenn im folgenden die geographischen Angaben zu Ruben kurz untersucht werden:

Die in der Grundschicht erfolgenden Angaben über die Wohnsitze der Rubeniten, die in v.8b im Zusammenhang mit dem Joeliter Bela genannt werden, weisen bereits eine offensichtlich typische Eigentümlichkeit auf: Der Chronist hat kein eingehendes Interesse an einzelnen Orten, sondern bietet weitgehend die Nennung größerer geographischer Räume. Obwohl ihm, wie die einzelnen Angaben zeigen, sowohl Num 32 als auch Jos 13 als Quellen vorliegen, werden nur die Orte Aroer, Nebo und Baal-Meon übernommen, die dort im Zusammenhang längerer Ortslisten bzw. ausführlicher Gebietsbeschreibungen stehen. Ziel der übernommenen Ortsangaben scheint es zu sein, die größtmögliche Nord-Süd-Ausdehnung rubenitischen Gebietes aus zwei Quellen herzustellen. So findet sich Aroer in Jos 13,16 als Begrenzung rubenitischen Gebietes ('das Land von Aroer an'), der dann die Nennung der Städte in der Ebene folgt. Nebo und Baal-Meon auf der anderen Seite bilden in Num 32,38 zusammen mit Sibma (das aber wohl deshalb nicht übernommen wurde, weil es bei Jos 13,18 innerhalb einer Ortsliste begegnet) die südliche Begrenzung rubenitischen Gebietes.[243] Auffällig ist, daß in der chronistischen Beschreibung die bekannteren Namen wie Heschbon oder Dibon fehlen. Einen Grund könnten die wohl auch dem Chronisten nicht verborgen gebliebenen Unstimmigkeiten der in Num 32 und Jos 13 ausgeführten Stammesgebiete bilden, will man nicht davon ausgehen, daß hier historische Kenntnisse über den Verlust dieser Städte an Moab durchscheinen.

Die hier vom Chronisten gebotene Vorstellung der rubenitischen Wohngebiete entspricht wohl bewußt weitgehend dem Raum, in dem die Rubeniten der Tradition von Num 32 nach Land erbeten hatten (vgl. Num 32,3)[244]. Auch die Begründung dieser Bitte, der reiche Viehbestand des Stammes, wird von dort übernommen (Num 32,1.4; I Chr 5,9b).

Die große Ausdehnung rubenitischen Gebietes wird durch die Ausführungen zur östlichen Erstreckung weiter fortgesetzt. Daß diese Ausdehnung nicht den Angaben der traditionellen Darstellung entnommen ist, macht der Chronist möglicherweise bewußt durch die Verwendung des Perf.q. von שׁב (im Gegensatz zum Part.q. in v.8b) deutlich. Das nur hier im Alten Testament so umschriebene Gebiet ist mit Kartveit richtig als "bis zum Eingang der Wüste, die sich vom Euphratstrom her erstreckt"[245], wiederzugeben (v.9a) und zeigt die gedachte Ausdehnung des Siedlungsgebietes von der genannten Nord-Süd-Linie bis ganz in die östliche Wüste hinein. "Der Chronist macht ein Israel wieder lebendig, das es

---

[242] Vgl. dazu auch Kap.I.2.7

[243] Daß Baal-Meon nach Nebo genannt wird, bedeutet gegen Oeming keine auffällige "Schluß-stellung" (Israel, S.140), sondern entspricht der Vorgabe in Num 32,38.

[244] Die Nennung von Aroer ist allerdings aus Jos 13,16 übernommen.

[245] Kartveit, Landtheologie, S.136

in der Geschichte nie gegeben hat - nur in der Literatur."[246] Die Vermutung Kartveits, daß die Erwähnung des Euphrat mit der vom Chronisten vorgestellten Machtausbreitung Davids (I Chr 18,3 David zieht aus, seine Macht am Euphratstrom zu errichten) in Zusammenhang steht[247], dürfte naheliegen.

Daß tatsächlich ein großer Teil des Ostjordanlandes als Siedlungsgebiet der Rubeniten vorgestellt wird, bestätigt die abschließende Angabe des Chronisten im Zusammenhang mit der Erwähnung des großen Viehbestandes in v.9b: Die durch den reichen Viehbestand deutliche Segensfülle zeigt sich in der Besiedlung Gileads, das hier als Zusammenfassung der vorher gegebenen Ausdehnungspunkte verstanden werden muß.[248] Diese östliche Ausdehnung Rubens wird entsprechend der Geschichtstheologie des Chronisten im Zusammenhang mit der Fähigkeit der Rubeniten gesehen, die Feinde zu schlagen bzw. zu vertreiben, um in deren Land zu wohnen. Naheliegend ist deshalb - auch wenn dies nicht explizit gesagt wird -, daß sowohl der große Viehbestand und die weite Ausdehnung des Wohnraums als auch die siegreiche Übernahme ehemals hagaritischen Gebietes[249] als Ausdruck des Segens zu sehen sind, der auf Ruben ruht.

Damit aber ist auch für die Angaben der chronistischen Grundschicht ein historisches oder geographisches Interesse nur insoweit festzustellen, als vorgegebene Traditionen aufgenommen werden, um paradigmatisch den unmittelbaren Zusammenhang mit einer friedlichen, gesicherten Existenz der Stämme und dem diese ermöglichenden Segen Gottes zu zeigen. Auch an dieser Stelle ist deshalb ein Bezug zur genealogischen Vorhalle herzustellen: Die vom Chronisten geschilderten historischen Entwicklungen des Volkes Israel bzw. seiner Stämme sind eine Entfaltung der seit der Schöpfung bestehenden besonderen Beziehung zwischen Jahwe und seinem Volk.[250]

c) Literarische Einordnung der Ergänzungsschicht

Zur Einordnung dieser Ergänzungsschicht ist weiterhin ein kurzer Blick auf die Formulierung zu richten, die der Verfasser benutzt, um die Gründe für das letztlich zur Deportation führende Strafgericht zu nennen. Die Versündigung gegen das erste Gebot, das ja die besondere Gottesbeziehung Israels für den Chronisten schon in den einleitenden Kapiteln ausmacht, wird mit dem Wort מעל ('treulos sein', v.25; vgl. Jos 22) beschrieben. Dieser Begriff wird zwar auch in Dtn und Ez gebraucht, begegnet aber auffälligerweise auch in dem spätpriesterliche Kennzeichen aufweisenden Text Jos 22,9ff. Auch dort bezieht er sich auf den - unterstellten - Abfall der ostjordanischen Stämme von Jahwe. Die besondere Nähe beider Texte ergibt sich jedoch vor allem aus der zu Jos 22 gewonnenen Erkenntnis, daß das Ostjordanland grundsätzlich auch in dieser späten Zeit (d.h. vor allem in der spätpriesterlichen Schicht von Jos 22) als ein Land akzeptiert werden kann, in dem eine Gottesbeziehung im Sinne des ersten Gebotes möglich ist. Die Zugehörigkeit der ostjordanischen Stämme zum Gottesvolk wird zusätzlich durch die ihnen gewidmete ausführliche Darstellung (Konflikt in Jos 22, Siedlungsgebiete und Geschichte in I Chr 5) deutlich. Gleichzeitig wird aber

---

[246] Ebenda
[247] Ebenda
[248] Auch aus der Erwähnung Gileads ergibt sich also kein Hinweis auf einen sekundären Charakter von v.9b-10. (gegen Kartveit, Landtheologie, S.152f)
[249] Diese Übernahme bietet ja die Begründung für die Besiedlung ganz Gileads.
[250] Vgl. dazu Kap.I.2.1

hier wie dort festgehalten, daß Gottesbeziehung und Zugehörigkeit zum Gottesvolk für die ostjordanischen Stämme elementar mit dem Einhalten der Gebote verbunden sind (vgl. dazu den
verschärften Verweis in diese Richtung durch Jos 22,1-6).

Da im vorliegenden Text schon die Grundschicht auf das Deuteronomistische Geschichtswerk
in seiner Endfassung als Quelle zurückgreift, kann vermutet werden, daß auch diese in Jos 22 zum
Ausdruck kommende Vorstellung Aufnahme durch die Chronik findet. Für den chronistischen
Bearbeiter wird dies verstärkt gelten dürfen, da in den von ihm eingefügten Abschnitten über
Ostmanasse und seine gemeinsamen Aktionen mit den anderen Ostjordaniern Ähnlichkeiten zu
der in Jos 22,8 beschriebenen Vorstellung zu erkennen sind, nach der die Manassiten die den
Feinden abgerungene Beute mit ihren Brüdern teilen sollen, wobei sowohl Reichtum als auch
Landbesitz als Segen angesehen werden. Auch wenn es sich bei Jos 22,7f um eine Glosse handelt,
die nach der redaktionellen Zusammenstellung von Jos 22,1-6.9-34 angefügt wurde, ist deshalb
anzunehmen, daß die chronistische Ergänzung auf die Endgestalt des Textes in Jos 22 zurückgreift:
Die Schilderung des erfolgreichen, weil im Namen Gottes geführten, Krieges der drei ostjordanischen Stämme wurde zunächst angefügt, um zu zeigen, welche weitere Segensfülle durch das Vertrauen auf Gott auf die Bruderstämme kam (v.18-22). Auf die daran anschließende Darstellung des
Segens des Landes und der großen Zahl der Ostmanassiten (v.23f) läßt der Bearbeiter dann aber die
geschichtstheologische Darstellung des Schicksals der Ostjordanier mit der Schilderung des Untergangs wegen des Vergehens gegen Jahwes Gebot folgen (v.25f).

3.4 Ruben/die Rubeniten im Konzept der Chronik

Da nach den bisherigen Ergebnissen die chronistische Ergänzung die in der
Grundschicht vorliegende Theologie übernimmt und weiter ausführt, ist es
sinnvoll, bei der Darstellung der chronistischen Konzeption auf die Aussagen der
Grund- *und* Ergänzungsschicht zurückzugreifen:

Trotz der genannten Übereinstimmungen zwischen der chronistischen Position
und der von Jos 22 muß auch deutlich bleiben, daß sich in I Chr 5,1 und den
Texten, auf die an dieser Stelle zurückgegriffen wird (Gen 49; Gen 35), eine
Tendenz der Beurteilung der Person Rubens findet, die eindeutig eine Abwertung
darstellt und der relativ positiven Bewertung von Rubeniten (und Ostjordanland)
auch in der Anordnung des Textes vorgeordnet wird.

Die eigentümliche Zwischenstellung des chronistischen Konzepts scheint
zunächst nur auf den besonderen Umgang mit den Quellen zurückzugehen. So
wäre zunächst erklärbar, warum die Chronik weder einseitig auf der abwertenden,
noch einseitig auf der akzeptierenden Position steht, sondern beide Arten von Aussagen in ihrer Darstellung bringt: Einerseits eine grundsätzliche Akzeptanz des
Ostjordanlandes als Erbland Israels sowie die grundsätzliche Akzeptanz der Erstgeborenenrolle Rubens, andererseits aber auch im Rahmen des Tun-Ergehen-Zu-
sammenhangs die Schilderung des Vergehens Rubens und des dadurch erfolgten
Übergangs des Erstgeburtsrechts an Joseph sowie die Betonung der nunmehr
führenden Rolle Judas (statt Rubens).

Interessant ist zudem die Beobachtung, daß in I Chr 5 nebeneinander sowohl
von Ruben als Einzelperson als auch von den Rubeniten in Verbindung mit den
Gaditen geredet wird, was an anderer Stelle nie in Kombination begegnet. Hier hat
der Chronist die beiden ihm vorliegenden Traditionen aufgenommen und
zugeordnet.

Gerade das Gegenüber zu den Texten Gen 49 ('Ruben') und Jos 22 ('Rubeniten und Gaditen') kann aber Hinweise darauf geben, daß die Chronik in Grundschicht und Redaktion ein eigenes Konzept aufweist, das nicht nur durch die Art der Quellenbenutzung begründet ist:

So wurde einerseits das in Gen 49 ermittelte judazentrierte Konzept zwar für die Person Rubens übernommen und durch den Tun-Ergehen-Zusammenhang gerechtfertigt, das Ostjordanland jedoch letztlich von einem westjordanischen Zentrum (Juda) her nur relativiert und nicht ausgeschlossen. Deshalb ist nicht davon auszugehen, daß in der Chronik im Bezug auf das Ostjordanland die gleiche Position wie die in den Kreisen um Nehemia vorherrschende krasse Ablehnung und Konzentration allein auf Juda[251] vorliegt. Dafür spricht - ebenso wie bei Gen 49 (und Dtn 33) - die Tatsache, daß Juda und Joseph nebeneinander die Hauptrolle spielen.

Andererseits finden sich zwar eindeutige Bezüge auf die in Jos 22 vertretene Position der Akzeptanz des Ostjordanlandes, gleichzeitig wird aber dessen Verlust und die Zerstreuung seiner Bewohner 'bis auf diesen Tag' als gegeben angenommen und durch den Tun-Ergehen-Zusammenhang geschichtstheologisch gedeutet.

Der Chronist erweist sich gerade durch seine Position als ein Verfasser, dem schon in der genealogischen Vorhalle in differenzierter Weise eine Aufnahme seiner Vorlagen und Darstellung der Geschichte des Gottesvolkes in seinen verschiedenen Gliedern gelingt: Das Konzept der Chronik beschreibt das Ostjordanland als einen Teil des von Jahwe verheißenen Erblandes, das von Anfang an als ein Land gedacht war, in dem die Jahwebeziehung des Volkes Israel funktionieren kann. Dieses Land war den Israeliten, und unter ihnen besonders den Oststämmen zugedacht, so daß deren Landbesitz in aller Ausführlichkeit (umfassende Grenzbeschreibung) positiv beschrieben werden kann. Das in der genealogischen Vorhalle vorausgesetzte enge Verhältnis zwischen Jahwe und seinem Volk[252] gilt ausnahmslos für alle Stämme dieses Volkes und für alle von diesen bewohnten Teile des Erblandes. Weder die Rubeniten noch das ihnen zugewiesene Land sind also als negativ zu beurteilen.

Die geschichtliche Situation des Chronisten macht es aber notwendig, eine Erklärung dafür zu liefern, warum das Ostjordanland und seine Bewohner trotz dieser Verheißung im gegenwärtigen Zustand als verloren gelten müssen, ohne daß dabei Jahwes Verheißung angegriffen wird. Deshalb wird der Verlust dieses Stammesgebiets - anders als bei allen westjordanischen Stämmen - geschichtstheologisch erklärt (I Chr 5,20-22.25-26): So lange die Oststämme im Vertrauen auf Jahwe handelten und die ihnen geschenkte Jahwebeziehung aufrecht erhielten, war ihre Existenz im Ostjordanland gesichert und gesegnet, was an der Expansion des Besitzes deutlich wurde. Dann aber stellten sie die Jahwebeziehung in Frage und fielen von Jahwe ab (מעל!), was den Verlust des Landes und der eigenen Existenz zur Folge hatte. Die Ostjordanier selbst haben also durch ihre Sünde den Verlust des Landes zu verantworten und wurden infolgedessen zerstreut (v.25f).

---

[251] Vgl. dazu die bei Jos 22 erkennbaren Gegner der spätpriesterlichen Position (Kap. IV.3)
[252] S. dazu unter Kap. I.2.1

Dies wird am Verhalten und Geschick Rubens exemplarisch deutlich: Der einstige Verheißungsträger und Erbe des väterlichen Segens hat durch seine Verfehlung und Sünde dem väterlichen Erbe vorgegriffen und es damit verspielt (v.1f). So wie sein Anspruch auf immer verloren und auf Joseph übergegangen ist, sind auch die Ostjordanier bis auf den heutigen Tag zerstreut und das Volk Israel nur noch im Westjordanland existent. Auch den jetzt noch existierenden Israeliten sollen diese Vorgänge wohl zur Warnung dienen: Ruben wird vom identitätsstiftenden Stammvater zu dem, anhand dessen Verhalten die Schuld Israels aufgezeigt wird.

Zusammenfassung

Die während der Arbeit über Ruben gestellte Frage "hat es Ruben gegeben?" oder "wer war Ruben?", mußte je länger je mehr der Einsicht weichen, daß die eigentlich entscheidende Frage lautet: "Welche Bedeutung hat Ruben?". Deutlich wurde, daß die Frage nach der Bedeutung Rubens nicht von der nach der Bedeutung des Ostjordanlandes zu trennen ist, das in der alttestamentlichen Überlieferung als Wohnsitz Rubens gilt.

Eine weitere Voraussetzung ist die Tatsache, daß in den verschiedenen Texten zwar in unterschiedlicher Weise von Ruben und den Rubeniten die Rede ist. Die Unterschiede lassen aber nicht auf eine Trennung zwischen Einzelperson und Stamm schließen, sondern entsprechen jeweils dem Kontext: Ruben als Einzelperson erscheint im Kontext der Vätergeschichte ebenso wie in den sog. Stammessprüchen und den genealogischen Listen, die Rubeniten erscheinen (meist zusammen mit den Gaditen) im siedlungsgeographischen Kontext des Numeri- und Josuabuches.

Schließlich ist nach der Untersuchung der Datierung der einzelnen Texte als Voraussetzung geltend zu machen, daß die Ruben und damit das Ostjordanland betreffenden Texte sämtlich in einer Situation entstanden sind, in der das Ostjordanland für Israel verloren und dem Einfluß seiner heidnischen Umwelt ausgesetzt war. Dies wird an dem Anspruch auf die Zugehörigkeit dieses Landes zum Erbbesitz Israels ebenso erkennbar wie an den Vorwürfen, die gegenüber den in diesem Land lebenden 'Israeliten' erhoben werden.

I. Das genealogische System

1. Weitreichende Bedeutung hat für den Zusammenhang der Beurteilung von Ruben und Ostjordanland, aber auch für die Frage nach dem Stamm Ruben die Untersuchung der Entstehung des genealogischen Eponymensystems (Kap.II). Dabei werden die einzelnen Jakobsöhne als Stammväter/Eponymen aufgenommen, weil sie für die mit ihnen verbundenen Territorien stehen und nicht weil sie als Stämme im politischen Sinn verstanden werden (Kap.II.3.1, die Probleme des Stammesbegriffs lassen sich besonders deutlich an Joseph zeigen: Kap.II.3.2). Bei dem ältesten Beleg dieses Eponymensystems in Gen 29f (+ 35,16-20, Kap.II.2) handelt es sich um ein Konzept des Elohisten, das in der Zeit nach dem Untergang des Nordreiches den drohenden Identitätsverlust Israels aufzufangen versucht durch die Konzeption eines von realen politischen Verhältnissen unabhängigen ideellen Israel. Konstitutiv für dieses Israel sind nun die grundlegenden religiösen Traditionen (Kap.II.3.1). Von diesen werden durch die Anordnung der Eponymen und ihre Zuweisung zu den verschiedenen Müttern vor allem die Traditionen in den

Vordergrund gerückt, die mit den verlorenen Gebieten und mit dem Nordreich verbunden sind (Kap.II.3.2-6). Neben dem Kernbereich des Nordreichs (Joseph und Benjamin, Kap.II.3.2), den Erzvätertraditionen mit ihrem Haftpunkt in Beerscheba (Simeon) und Levi (Funktion als Priestergilde, Rechts- und Gesetzeswahrung) tritt besonders Ruben an die erste Stelle, weil er in seiner Person für die identitätsstiftenden religiösen Traditionen des Ostjordanlandes (Mosetraditionen) steht (zu Simeon, Levi und Ruben Kap.II.3.6). Als Repräsentanten religiöser Traditionen werden auch Issachar und Sebulon (Tabor) sowie Juda (Aufnahme der Traditionen in Jerusalem) zu Leasöhnen. Die religiösen Traditionen Naphtalis (Anteil am Tabor) und Dans (Heiligtum von Dan) werden demgegenüber als geringer eingeschätzt, so daß beide als Söhne der Rahelmagd (Nordreich!) Bilha aufgenommen werden (Kap.II.3.3), damit aber den beiden Silpasöhnen Gad und Asser noch vorgeordnet sind, für die kaum ein religiöser Bezug festzustellen ist (Kap.II.3.4). Aufgrund der Voordnung der mit den Randbereichen verbundenen religiösen Traditionen und der fehlenden Konzentration auf ein zentrales Gebiet war das Konzept als 'dezentral' zu beschreiben. Durch die Zwölfzahl der vertretenen Eponymen wird entsprechend dem altorientalischen Verständnis die Gesamtheit ausgedrückt. Ihre Anordnung in einer Genealogie entspricht den charakteristischen und verständlichen Verwandtschaftsbeziehungen einer segmentären Gesellschaft, deren Lebensweise unabhängig von zentraler Verwaltung auch in der Königszeit für Israel kennzeichnend ist (Kap.II.1).

Die Bedeutung des vom Elohisten geschaffenen genealogischen Eponymensystems ist nicht nur auf die Zeit seiner Entstehung beschränkt. Anders als bisher vermutet (v.a.Noth) greift es weder auf geschichtliche Realität noch auf eine alte Tradition zurück, sondern ist als literarische Fiktion zu beurteilen (Kap.II.3.7). Gerade dadurch bietet es einen so gelungenen Ausdruck der Identität Gesamtisraels, daß es geradezu zur 'Mutter' aller weiteren im AT begegnenden Listen der zwölf Söhne Jakobs bzw. der zwölf Stämme Israels wird:

2. Die Untersuchung der verschiedenen Zwölferlisten der Söhne Jakobs bzw. der Stämme Israels (Kap.I) konnte nämlich den Nachweis dafür erbringen, daß die bis heute (H.Weippert, deGeus) im Anschluß an Noth vertretene Annahme zweier unabhängiger Stämmesysteme (genealogisch 'A' und geographisch 'B') nicht haltbar ist. Alle untersuchten Listen der Chronik, des Numeribuches, in Ez 47f und Dtn 27* ließen sich als redaktionelle Ausgestaltung des einen genealogischen Eponymensystems erweisen (Kap.I.1-4). Die als 'geographisches System' bezeichnete Anordnung der Numerilisten (Kap.I.6) ohne Levi, aber mit Ephraim und Manasse, erklärt sich aus der in den priesterlichen Texten vorgesehenen Sonderrolle Levis. Diese bewirkt sowohl sein Ausscheiden aus dem Zwölfersystem als auch die Aufteilung Josephs in Ephraim und Manasse, um die Zwölfzahl wiederherzustellen. Ephraim und Manasse repräsentieren das hinter Joseph stehende Territorium, so daß ihre Aufnahme gerade die Anlehnung an das genealogische System zeigt (Kap.I.6.6). Ein eigenes geographisches Stämmesystem hat es also weder im Numeribuch noch in anderen Texten jemals gegeben (Kap.I.5 und 6.6). Geographisch bedeutend sind lediglich auf altes Material zurückgehende stämmegeographische Erinnerungen an die jeweiligen Wohngebiete, die teilweise bei der

Ausgestaltung des genealogischen Systems mitberücksichtigt werden und in Jos 13ff schriftlich festgehalten wurden.

Der Begriff des Zwölf-Stämmesystems sollte daher nur mit Vorbehalten gebraucht werden. Gemeint kann damit lediglich sein, daß im Anschluß an das genealogische Eponymensystem Israel als ein Volk von zwölf Stämmen dargestellt wird, nicht jedoch daß dabei ein Rückgriff auf eine alte bzw. unabhängige Tradition oder gar auf eine politische Stämmekoalition erfolgt. Auch Ruben erscheint nicht als 'Stamm' im 'Stämme'system, sondern als ältester Sohn Jakobs im genealogischen Eponymensystem und wird erst von da aus auch als Stamm in die späteren Listen (Num, Chr etc.) übernommen, die aufgrund des Erzählkontextes von Stämmen sprechen und in Kenntnis des genealogischen Systems redaktionell entstanden sind.

Die durch diese Erkenntnisse gebotene Vorsicht bei der Frage nach einem Stamm Ruben wird durch die Untersuchung der historischen Hintergründe noch verstärkt:

II. Historische Befunde

1. Die Untersuchung von Dtn 33 und Ri 5 (Kap.III) ergab, daß sich weder Texte aus vorstaatlicher Zeit über gesamtisraelitische Koalitionen finden lassen noch frühe Angaben über Ruben, sondern daß auch die Spruchreihe in Dtn 33 und die Liste der an der Deboraschlacht Beteiligten (Ri 5) in ihrer jetzigen Fassung redaktionell zusammengestellt wurden, wobei die Aussagen über Ruben jeweils sekundäre Nachträge darstellen (Kap.III.1.5 und 2.2.a und 2.4.d). In Ri 5 findet sich in der Grundschicht lediglich ein Hinweis darauf, daß es gemeinsame Aktionen einzelner Stämme oder Stammesgruppen gab, nicht jedoch ein Zusammengehörigkeitsbewußtsein aller Stämme des West- und Ostjordanlandes (Kap.III.2.5). Auch diese Ergebnisse bestätigen daher das Verständnis des genealogischen Systems als einer Fiktion, die erst im Rahmen der Entwicklungen der späten Königszeit denkbar ist.

2. Bei der Frage, inwieweit es sich bei der Verbindung Rubens mit dem Ostjordanland um eine siedlungsgeographisch zutreffende Zuordnung handelt, wurde deutlich, daß sich zuverlässige Informationen nur in der rubenitischen Städteliste der Grundschicht von Num 32 finden lassen (Kap.IV.1 und 2.4). Möglicherweise handelt es sich hierbei um ein Dokument aus der Zeit Josias, das jedoch nicht historisch verifiziert werden kann (Kap.IV.1.4.a): Die angegebenen Städte liegen in einem Gebiet, das ab dem 8.Jh. von den Moabitern beansprucht wird. Die Meschastele als einzig auswertbare Quelle bietet aber keinerlei Hinweise auf die Existenz von Rubeniten (anders als dies bei den Gaditen der Fall ist). Auch die in der Archäologie und Ethnologie erarbeiteten Methoden können beim gegenwärtigen Stand (sowohl der Methodik als auch der Ausgrabungsbefunde) aus den materiellen Hinterlassenschaften (trotz weitgehend gesicherter Lokalisation) keinesfalls Hinweise auf die ethnische Zugehörigkeit der Bewohner der für Ruben genannten Städte erbringen (Kap.IV. Ergebnis A). Mit Blick auf die übereinstim-

menden alttestamentlichen Auskünfte ist dennoch mit der Existenz sich als rubenitisch bezeichnender Sippen im Gebiet von Hesbon und Nebo zu rechnen und die Zuordnung Rubens als zutreffende siedlungsgeographische Erinnerung zu werten.

Die vorgelegte Untersuchung hat somit die in der Forschung gängige (Noth[1], v.Rad[2], Donner[3], Cross[4]) Beurteilung der Ruben-Texte im Alten Testament, derzufolge in ihnen eine führende Rolle Rubens in vorstaatlicher Zeit und sein relativ früher Untergang aus den Texten zu ermitteln sei, ebenso widerlegt wie die neuerdings von Augustin[5] postulierte These, einen Stamm Ruben habe es nie gegeben.

III. Die theologische Beurteilung Rubens im Alten Testament

Im Interesse der alttestamentlichen Texte sollte nach den nun vorliegenden Ergebnissen weder die Frage danach gestellt werden, in welcher Form der Stamm Ruben existiert hat, noch, welche geschichtliche Rolle er spielt und ob es Ruben gegeben hat, sondern danach, in welcher Weise er präsent ist und wie er theologisch beurteilt wird. Aus der Untersuchung der einzelnen Belege wurde dabei erkennbar, daß die Erwähnungen Rubens und der Rubeniten im AT eine grundsätzliche Beziehung zum Ostjordanland aufweisen[6], die deshalb für die Beurteilung zu berücksichtigen ist.

1. In der Ruben-Schicht der Josephsgeschichte führt der Elohist die positive Rolle Rubens von Gen 29f weiter aus (Kap.V.1.6): Als ethisches Vorbild gezeichnet ist der Erstgeborene Ruben sowohl ein Gegenüber zu Juda als auch der Sprecher der Brüder. Gerade dadurch wird erneut die positive Rolle des Eponymen, der die östlich des Toten Meeres lokalisierten religiösen Traditionen repräsentiert, für das ganze Volk Israel verdeutlicht. Daß in der Josephsgeschichte Ruben, Simeon, Joseph und Benjamin gegenüber Juda die einzigen namentlich genannten Brüder sind, ist ein erzählerischer Hinweis auf die oben beschriebene (Gen 29f) 'dezentrale' Orientierung des elohistischen Konzepts.

2. Eine differenzierte Position zu Ruben und dem Ostjordanland nimmt die in Num 32 sowie in Jos 13 und 22 durchlaufend erkennbare spätpriesterliche Schicht (P[S], Kap. IV.2.2.e und Ergebnis B) ein. Hier findet sich der Versuch, eine positive Haltung gegenüber Ruben aufrecht zu erhalten. In einer nachexilischen Situation, die offensichtlich mit den Schwierigkeiten der Frage nach der Zugehörigkeit ostjordanischer Israeliten zu kämpfen hat, werden die Vorbehalte gegenüber dem Ostjordanland (heidnische Umgebung!) zwar wahrgenommen. Trotzdem findet

---

[1] Noth, Geschichte Israels, S.84 u.ö.
[2] v.Rad, Genesis, S.347
[3] Donner, Geschichte Israels, S.144f
[4] Cross, Reuben, S.50
[5] Augustin, Aspekte, S.308
[6] Eine Ausnahme bildet lediglich die Geschichte vom Aufstand der Rubeniten Datan und Abiram in Num 16*/Dtn11, vgl. die folgende Anm.

sich in dieser Konzeption aber die Möglichkeit, daß bei der Beachtung von Solidarität und Kulteinheit das Ostjordanland als israelitisches Erbland (Vergabe durch die priesterliche Kommission) gesehen werden kann (bes. Kap.IV.3.6).

Diese Haltung wird bewußt im Gegensatz zu einer Position entwickelt, die eine schroffe Ablehnung und Ausgrenzung des Ostjordanlandes vertritt und wohl in den Kreisen um Nehemia erkennbar ist.

3. Im gleichen Textkomplex, in dem auch die Josephsgeschichte steht (Gen 37-50), findet sich in Gen 49 ein offensichtlich bewußt als Gegenüber zu dieser angelegtes zentralistisches, ja 'zionistisches' Konzept (Kap.V.2.6): Die nachexilische Letztredaktion von Gen 49 bringt durch die von ihr eingefügten Ruben- und Simeon-/Levi-Sprüche die Ablehnung der durch diese repräsentierten Gebiete und Traditionen zum Ausdruck (ähnlich wie die Kreise um Nehemia). Erzählerisch begründet wird diese Ablehnung durch die mit ihr in Zusammenhang stehenden Texte Gen 34 und 35,21.22a (Kap.V.2.2-5). Der Verlust der Erstgeborenenrolle Rubens und der Übergang seiner Bedeutung auf Juda (politisch-geographisch) und Joseph (religiös) wird dabei als Strafe für die Bedrohung des väterlichen Erbes durch Ruben verstanden. Unmißverständlich wird dadurch klargemacht, daß der Verlust des Ostjordanlandes als gegeben hinzunehmen ist und Juda nunmehr das Zentrum Israels ausmacht (vgl. auch Ez 47f, Kap.I.3).

Eine ähnlich negative Bewertung Rubens läßt sich in den ebenfalls nachexilisch anzusetzenden Sprüchen über Ruben in Dtn 33 und Ri 5 feststellen: Sowohl in der Spruchreihe Dtn 33 als auch im Deboralied werden in der redaktionellen Letztbearbeitung bewußt negative Aussagen über Ruben nachgetragen (Kap.III.1.3, 2.3.a und 2.4). Die Stellung des Erstgeborenen wird jetzt dazu benutzt, in besonderer Weise Abwertung und Ausgrenzung Rubens, d.h. aber des Ostjordanlandes zum Ausdruck zu bringen und statt dessen das durch Juda und Joseph repräsentierte Westjordanland zu betonen: Entsprechend dem Erstgeburtsrecht und der führenden Rolle im genealogischen System wird Ruben zwar noch an die Spitze der Stämme gestellt. Um so auffälliger sind aber die mit Ruben verbundenen negativen Aussagen, durch die im einen Fall der Bedeutungsverlust Rubens festgeschrieben wird (Dtn 33) und im anderen Fall Ruben die Spitze der negativ beurteilten Stämme einnimmt (Ri 5).

4. Der erbrechtliche Zusammenhang des Verlustes des Erstgeburtsrechts wird zwar in I Chr 5 rezipiert (Kap.V.3), aber in eine differenzierte Beurteilung Rubens und des Ostjordanlandes eingebaut. Der Verlust des Ostjordanlandes wird nunmehr als eine Situation beurteilt, die dem ursprünglichen Heilshandeln Jahwes für sein Volk nicht entspricht. Die geschichtstheologische Erklärung der Chronik für den Verlust besteht darin, daß an Ruben bzw. den Rubeniten beispielhaft verdeutlicht wird, welche Folgen sündiges Verhalten und die Abwendung vom Jahwewillen nach sich zieht. Ruben wird als Repräsentant des Ostjordanlandes zu einem Repräsentanten des Volkes Israel: An seinem Schicksal wird exemplarisch das mögliche Schicksal Israels verdeutlicht (Kap.V.3.4).

5. In ähnlicher Weise läßt sich diese Bedeutungsverschiebung auch in der spätdtr Schicht (DtrS) festmachen, die als Bearbeitung der spätpriesterlichen Schicht zumindest Pentateuch und Josuabuch umfaßt (Kap.IV.2.2.d, 3.2 und Ergebnis B). Die von ihr vertretene positive Bewertung des Ostjordanlandes steht im Zusammenhang mit der Betonung der theologischen Aussage der Gabe des Landes durch Jahwe: Mit dieser Gabe verbunden ist der Auftrag an Israel, das ganze Ost- (und West-)Jordanland einzunehmen. Deshalb wird die Vertreibung seiner Bewohner durch die Israeliten gefordert und der Sieg über die Feinde (Sihon und Og) im Rahmen der Besiedlung des *gesamten* Ostjordanlandes durch Ruben, Gad *und* Ost-Manasse beschrieben. Daß das Ostjordanland verloren ging, wird deshalb als Folge des Ungehorsams Israels gegen die Gebote Jahwes gedeutet.[7]

---

[7] Vor diesem Zusammenhang ist die wohl erst durch die Endredaktion von Num 16f* eingefügte, nachträgliche Benennung der Aufrührer als Rubeniten (Num 16,1) zu sehen: An den Nachkommen der Rubeniten wird exemplarisch deutlich, daß die Infragestellung des Ostjordanlandes durch Israel als sündhafter Verstoß gegen die Verheißung Jahwes eine harte Bestrafung nach sich zieht.

Literaturverzeichnis

Achenbach, R., Israel zwischen Verheißung und Gebot, Frankfurt/Main 1971 (EHS.T 422).

Ackroyd, P.R.,The Composition of the Song of Deborah, in: VT 2 (1952), 160-162.

ders., Israel under Babylon and Persia, Oxford 1970 (NCB.OT IV).

Ahlström, G.W., The History of Ancient Palestine from the Paleolithic Period to Alexander's Conquest. With a Contribution by G.O.Rollefson, ed. Diana Edelman, Sheffield 1993 (JSOT.S 146).

Akurgal, E., Die Kunst der Hethiter, München 1961.

Albright, W.F.,The Song of Deborah in the Light of Archaeology, in: BASOR 62 (1963), 26-31.

Allen, L.C., Ezekiel 20-48, Dallas (TX) 1990 (WBC 29).

Alliata, E., La ceramica dello scavo della cappella del prete Giovanni a Kh. el Mukhayyat, in: LA 38 (1988), 317-360.

Alt, A., Kleine Schriften zur Geschichte des Volkes Israel I, 4.Aufl., München 1968.

Ancient Israelite Religion. Essays in Honor of Frank Moore Cross, ed. P.D.Miller u.a., Philadelphia (PA) 1987.

Ashley, T.R., The Book of Numbers, Grand Rapids (MI) 1993 (NIC).

Archaeology of Jordan, ed. D.Homès-Fredericq/J.B.Henessy, Bd.I Bibliography, Leuven 1986; Bd. II/1 u. II/2 Field Reports, Leuven 1989 (Akkadica Suppl. III = AJ).

von Arx, U., Studien zur Geschichte des alttestamentlichen Zwölfersymbolismus. Bd.1 Fragen im Horizont der Amphiktyoniehypothese von Martin Noth, Bern/Frankfurt/New York/Paris 1990 (EHS.T 397).

Augustin, M., Neue territorialgeschichtliche Aspekte zu 1 Chr 1-9 am Beispiel der Rubeniten, in: Nachdenken über Israel, Bibel und Theologie. FS K.-D. Schunck zu seinem 65.Geburtstag, hrsg. v. H.M.Niemann u.a., Frankfurt am Main 1994 (BEAT 37), 299-309.

Auld, A.G., Joshua, Judges and Ruth, Edinburgh/Philadelphia 1984 (Daily Study Bible).

ders., Joshua, Moses and the Land. Tetrateuch - Pentateuch - Hexateuch in a Generation since 1983, Edinburgh 1980.

ders., The 'Levitical Cities': Text and History, in: ZAW 91 (1979), 184-206.

ders., Tribal Terminology in Joshua and Judges, in: Le Origini di Israele. Convegno Roma, 10-11 Febraio 1986, Rom 1987 (Academia Nazionale dei Lincei).

Avigad, N., Ammonite and Moabite Seals, in: Near Eastern Archaeology in the Twentieth Century. FS N.Glueck, ed. J.A.Sanders, Garden City (NY) 1970, 284-295.

Axelsson, L.E., The Lord Rose up from Seir. Studies in the History and Traditions of the Negev and Southern Judah, Lund 1987 (CB.OT 25).

Baentsch, B., Numeri. Übersetzt und erklärt, Göttingen 1903 (HK I,2.2).

Baker, D., Art. Bohan, in: ABD I, 772.

Baltzer, D., Ezechiel und Deuterojesaja. Berührungen in der Heilserwartung der beiden großen Exilspropheten, Berlin/New York 1971 (BZAW 121).

Bartlett, J.R., Edom and the Edomites, Sheffield 1989 (JSOT.S 77).

Bechmann, Ulrike, Das Deboralied zwischen Geschichte und Fiktion. Eine exegetische Untersuchung zu Richter 5, St.Ottilien 1989 (Diss.T 33).

Becker, U., Richterzeit und Königtum. Redaktionsgeschichtliche Studien zum Richterbuch, Berlin/New York 1990 (BZAW 192).

Beitzel, B.J., Art. Roads and Highways (Pre-Roman), in: ABD V, 776-782.

Bennett, Crystal-M., Some Reflections on Neo-Assyrian Influence in Transjordan, in: Archaeology in the Levant. Essays for Kathleen Kenyon, hrsg. P.R.S. Moorey/P.J.Parr, Warminster 1978, 165-171.

dies., Neo-Assyrian Influence in Transjordan, in: SHAJ I, Amman 1982, 181-187.

Bertholet, A., Das Buch Hesekiel, Freiburg 1897 (KHC 12).

Bittel, K. u.a., Das hethitische Felsheiligtum Yazilikaya. Boğasköy-Ḫattuša: Ergebnisse der Ausgrabungen 9, Berlin 1975.

Blank, S.H., The Curse, Blasphemy, the Spell, and the Oath, in: HUCA 23 I (1950/51), 73-95.

Blenkinsopp, J., The Oracle of Judah and the Messianic Entry, in: JBL 80 (1961), 55-64.

Bloom, Joanne B., Material Remains of the Neo-Assyrian Presence in Palestine and Transjordan (unpublished Ph.D. dissertation, Bryn Mawr College 1988).

Blum, E., Die Komposition der Vätergeschichte, Neukirchen-Vluyn 1984 (WMANT 57).

ders., Studien zur Komposition des Pentateuch, Berlin/New York 1988 (BZAW 189).

Boecker, H.J., 1.Mose 25,12 - 37,1 Isaak und Jakob, Zürich 1992 (ZBK.AT 1.3).

ders., Überlegungen zur Josephsgeschichte, in: Alttestamentlicher Glaube und Biblische Theologie. FS H.D.Preuß, hrsg. v. Jutta Hausmann/H.-J.Zobel, Stuttgart/Berlin/Köln 1992, 35-45.

Boling, R., Judges. Introduction, Translation and Commentary, New York 1975 (AncB).

Bordreuil, P., Transjordanische Siegel mit Inschriften, in: Der Königsweg, 156-169.

Braulik, G., Deuteronomium I. 1 - 16,17, Würzburg 1986 (NEB Lfg.15).

ders., Deuteronomium II. 16,18 - 34,12, Würzburg 1992 (NEB Lfg.28).

Brenner, Athalya, A Triangel and a Rhombus in Narrative Structure: A Proposed Integrative Reading of Judges IV and V, in: VT 40 (1990), 129-138.

Brown, Robin M., Ceramics from the Kerak Plateau, in: Miller, Archaeological Survey of the Kerak Plateau, 169-279.

Budd, P.J., Numbers, Waco (TX) 1984 (WBC 5).

Butler, T.C., Joshua, Waco (TX) 1983 (WBC 7).

Caquot, A., La parole sur Juda dans le testament lyrique de Jacob (Genèse 49, 8-12), in: Sem. 26 (1976), 7-32.

ders., Les tribus d'Israel dans le cantique de Débora (Juges 5,13-17), in: Sem. 36 (1986), 47-70.

Carmichael, C.M., Some Sayings in Genesis 49, in: JBL 88 (1969), 435-444.

Coats, G.W., From Canaan to Egypt. Structural and Theological Context for the Joseph Story, Washington D.C. 1976 (CBQ.MS 4).

Coogan, M.D., A Structural and Literary Analysis of the Song of Deborah, in: CBQ 40 (1978), 143-166.

Cortese, E., Josua 13-21. Ein priesterschriftlicher Abschnitt im deuteronomistischen Geschichtswerk, Freiburg (CH)/Göttingen 1990 (OBO 94).

Craigie, P.C., Some Further Notes on the Song of Deborah, in: VT 22 (1972), 349-353.

Cross, F.M., A Reconstruction of the Judean Restoration, in: JBL 94 (1975), 4-18.

ders., Reuben, First-Born of Jacob, in: ZAW 100 (1988 - Suppl.), 46-65.

Crown, A.D., Judges V 15b-16, in: VT 17 (1967), 240-242.

Crüsemann, F., Der Widerstand gegen das Königtum. Die antiköniglichen Texte des Alten Testaments und der Kampf um den frühen israelitischen Staat, Neukirchen-Vluyn 1978 (WMANT 49).

Dietrich, W., Die Josephserzählung als Novelle und als Geschichtsschreibung. Zugleich ein Beitrag zur Pentateuchfrage, Neukirchen-Vluyn 1989 (BThS 14).

Dillmann, A., Die Genesis, 4.Aufl., Leipzig 1882 (KEH 11).

ders., Numeri, Deuteronomium und Josua, 2.Aufl., Leipzig 1886 (KEH 13).

Donner, H., Geschichte des Volkes Israel und seiner Nachbarn in Grundzügen 1. Von den Anfängen bis zur Staatenbildungszeit, Göttingen 1984 (GAT 4/1).

ders., Geschichte des Volkes Israel und seiner Nachbarn in Grundzügen 2. Von der Königszeit bis zu Alexander dem Großen, Göttingen 1986 (GAT 4/2).

ders., Die literarische Gestalt der alttestamentlichen Josephsgeschichte, Heidelberg 1976 (SHAW.PH 2).

ders., Zu Gen 28,22, in: ZAW 74 (1962), 68-70.

Duguid, I.M., Ezekiel and the Leaders of Israel, Leiden/New York/Köln 1994 (VT.S 56).

Early Edom and Moab. The Beginning of the Iron Age in Southern Jordan, ed. P.Bienkowski, Oxford 1992 (Sheffield Arch. Monographs 7).

Ebach, J., Kritik und Utopie. Untersuchungen zum Verhältnis von Volk und Herrscher im Verfassungsentwurf des Ezechiel (Kap.40-48), masch. Diss. Hamburg 1972.

Eickelman, The Middle East. An Anthropological Approach, Englewood Cliffs (NY) 1981.

Eising, H., Formgeschichtliche Untersuchung zur Jakobserzählung der Genesis, Emsdetten 1940.

Eissfeldt, O., Gabelhürden im Ostjordanland, in: ders., Kleine Schriften 3, Tübingen 1966, 61-70.

ders., Noch einmal: Gabelhürden im Ostjordanland, in: ders., Kleine Schriften 3, Tübingen 1966, 67-70.

van Elderen, B., Excavations of Byzantine Churches and Mosaics in 1973, in: ADAJ 18 (1973), 83f.

Emerton, J.A., Some Difficult Words in Genesis 49, in: Words and Meanings. FS David Winton Thomas, ed. P.Ackroyd/B.Lindars, Cambridge 1968, 81-93.

Engelken, Karen, Frauen im Alten Israel. Eine begriffsgeschichtliche und sozialrechtliche Studie zur Stellung der Frau im Alten Israel, Stuttgart/Berlin/Köln 1990 (BWANT 130).

Ethnologische Texte zum Alten Testament. Bd.1 Vor- und Frühgeschichte Israels, hrsg. v. C.Sigrist/R.Neu, Neukirchen-Vluyn 1989.

Eusebius, Das Onomastikon der biblischen Ortsnamen, hrsg. v. E. Klostermann, Nachdruck der Ausgabe Leipzig 1904, Hildesheim 1966 (GCS 11,I. [Eusebius III,1]).

Finkelstein, I., The Archaeology of the Israelite Settlement, Jerusalem 1988.

Fischer, Irmtraud, Die Erzeltern Israels. Feministisch-theologische Studie zu Genesis 12-36, Berlin/New York 1994 (BZAW 222).

Fohrer, G., Ezechiel. Mit einem Beitrag von K.Galling, Tübingen 1955 (HAT 13).

ders., Geschichte Israels, 4.Aufl., Heidelberg/Wiesbaden 1985 (UTB 708).

Freedman, D.N., The Chronicler's Purpose, in: CBQ 23 (1961), 436-442.

Freyer-Schauenburg, Brigitte, Die lykischen Zwölfgötter-Reliefs. Mit Beiträgen zu den Inschriften von G.Petzl, Bonn 1994 (Asia Minor Studien 13).

Fritz, V., Das Buch Josua, Tübingen 1993 (HAT I/7).

ders., Israel in der Wüste. Traditionsgeschichtliche Untersuchung der Wüstenüberlieferung des Jahwisten, Marburg 1970 (MThSt 7).

Fuhs, H.F., Ezechiel II. 25-48, Würzburg 1988 (NEB Lfg. 22).

Galling, K., Bethel und Gilgal, in: ZDPV 67 (1944/45), 21-43.

ders., Die Bücher der Chronik, Esra, Nehemia, Göttingen 1954 (ATD 12).

Gerleman, G., The Song of Deborah in the Light of Stylistics, in: VT 1 (1951), 168-180.

Gese, H., Der Verfassungsentwurf des Ezechiel (Kap.40-48). Traditionsgeschichtlich untersucht, Tübingen 1957 (BHTh 5).

Gesenius, W./Kautzsch, E./Bergsträsser, G., Hebräische Grammatik, Hildesheim 1962 (=GK).

deGeus, C.H.J., The Tribes of Israel. An Investigation into Some of the Presuppositions of Martin Noth's Amphictyony Hypothesis, Assen/Amsterdam 1976 (SSN 18).

Gevirtz, S., Simeon and Levi in "The Blessing of Jacob" (Gen. 49:5-7), in: HUCA 52 (1981), 93-128.

ders., The Reprimand of Reuben, in: JNES 30 (1971), 87-98.

Globe, A., The Literary Structure and Unity of the Song of Deborah, in: JBL 93 (1974), 493-512.

ders., The Muster of the Tribes in Judges 5,11e-18, in: ZAW 87 (1975), 169-184.

Görg, M., Josua, Würzburg 1991 (NEB Lfg.26).

ders., Richter, Würzburg 1993 (NEB Lfg.31).

Good, E.M., The "Blessing" on Judah, Gen 49 8-12, in: JBL 82 (1963), 427-432.

Graf, D.F., The Origin of the Nabateans, in: ARAM 2 (1990), 45-75.

Greenberg, M., The Design and Themes of Ezekiel's Program of Restauration, in: Interpretation 38 (1984), 181-208.

Grether, O., Das Deboralied. Eine metrische Rekonstruktion, Gütersloh 1941 (BFChrTh 43).

Gunkel, H., Genesis, 1. Aufl., Göttingen 1901 (HAT I.1), 3.Aufl. 1910 (= 8.Aufl. 1969).

Gunneweg, A.H.J., Esra. Mit einer Zeittafel von Alfred Jepsen, Gütersloh 1985 (KAT XIX 1).

ders., Leviten und Priester. Hauptlinien der Traditionsbildung und Geschichte des israelitisch-jüdischen Kultpersonals, Göttingen 1965 (FRLANT 89).

ders., Nehemia. Mit einer Zeittafel von Alfred Jepsen und einem Exkurs zur Topographie und Archäologie Jerusalems von Manfred Oeming, Gütersloh 1987 (KAT XIX 2).

ders., Über den Sitz im Leben der sog. Stammessprüche (Gen 49 Dtn 33 Jdc 5), in: ZAW 76 (1964), 245-255.

Haak, R.D., Habakkuk, Leiden 1992 (VT.S 44).

Haas V./Wäfler M., Yazilikaya und der Große Tempel, in: OrAnt 13 (1974), 211-226.

Hackett, Jo Ann, Religious Traditions in Israelite Transjordan, in: Ancient Israelite Religion. FS F.M.Cross, ed. P.D.Miller Jr. u.a., Philadelphia (PA) 1987, 125-136.

Halpern, B., The Emergence of Israel in Canaan, Chico (CA) 1983 (SBL.MS 29).

Hauser, A.J., Judges 5: Parataxis in Hebrew Poetry, in: JBL 99 (1980), 23-41.

Hebräisches und Aramäisches Lexikon zum Alten Testament. Bd.I-IV, hrsg. v. L.Koehler/ W.Baumgartner, 3.Aufl. neu bearb. v. J.J.Stamm, Leiden/New York/Kopenhagen/Köln 1967ff (=KBL).

Hecke, K.-H., Juda und Israel. Untersuchungen zur Geschichte Israels in vor- und frühstaatlicher Zeit, Würzburg 1985 (FzB 52).

Herr, L., What Ever Happened to the Ammonites, in: BAR 19 (1993), 26-35.68.

Herrmann, J., Ezechiel übersetzt und erklärt, Leipzig 1924 (KAT XI).

Hoglund, K., Achaemenid Imperial Administration in Syria-Palestine and the Missions of Ezra and Nehemiah, Atlanta (GA) 1992 (SBL DS 125).

Hölscher, G., Geschichtsschreibung in Israel. Untersuchungen zum Jahwisten und Elohisten, Lund 1952.

Holzinger, H., Genesis, Freiburg/Leipzig/Tübingen 1898 (KHC 1).

ders., Numeri, Tübingen 1903 (KHC 4).

Hopkins, D.C., Pastoralists in Late Bronze Age Palestine: Which Way Did they Go?, in: BA 56 (1993), 200-211.

Hossfeld, F.L., Untersuchungen zu Komposition und Theologie des Ezechielbuches, Würzburg 1977 (FzB 20).

Hübner, U., Die Ammoniter. Untersuchungen zur Geschichte, Kultur und Religion eines transjordanischen Volkes im 1.Jahrtausend v.Chr., Wiesbaden 1992 (ADPV 16).

Ibach, R.D., Archaeological Survey of the Hesban Region, Berrien Springs (MI) 1987.

Japhet, Sarah, The Ideology of the Book of Chronicles and Its Place in Biblical Thought, Frankfurt a. Main 1989 (BEAT 9).

Janowski, B., Das Königtum Gottes in den Psalmen. Bemerkungen zu einem neuen Gesamtentwurf, in: ders., Gottes Gegenwart in Israel. Beiträge zur Theologie des Alten Testaments, Neukirchen-Vluyn 1993.

Jaroš, K., Die Stellung des Elohisten zur kanaanäischen Religion, Freiburg (CH)/Göttingen 1974 (OBO 4).

Jenni, E., Art. קדם, in: THAT I, 587-589.

Jeremias, J., Das Königtum Gottes in den Psalmen. Israels Begegnung mit dem kanaanäischen Mythos in den Jahwe-König-Psalmen, Göttingen 1987 (FRLANT 141).

ders., Der Prophet Amos, Göttingen 1995 (ATD 24,2).

ders., Theophanie. Die Geschichte einer alttestamentlichen Gattung, Neukirchen-Vluyn 1965 (WMANT 10).

Kaiser, O., Grundriß der Einleitung in die kanonischen und deuterokanonischen Schriften des Alten Testaments. Bd. 1 Die erzählenden Werke, Gütersloh 1992.

ders., Grundriß der Einleitung in die kanonischen und deuterokanonischen Schriften des Alten Testaments. Bd. 2 Die prophetischen Werke, Gütersloh 1994.

ders., Einleitung in das Alte Testament. Eine Einführung in ihre Ergebnisse und Probleme, 5., grundlegend neubearb. Aufl., Gütersloh 1984.

Kallai-Kleinmann, Z., Territorial Patterns, Biblical Historiography and Scribal Traditions. A Programmatic Survey, in: ZAW 93 (1981), 427-432.

Kamhi, D.J., The Root HLQ in the Bible, in: VT 23 (1973), 235-239.

Kartveit, M., Motive und Schichten der Landtheologie in I Chronik 1-9, Stockholm 1989 (CB 28).

Kasher, A., Jews, Idumeans, and Ancient Arabs, Tübingen 1988 (TStAJ 18).

Kebekus, N., Die Joseferzählung. Literarkritische und redaktionskritische Untersuchungen zu Genesis 37-50, Münster/New York 1989 (IHS).

Keel,O./Küchler, M., Orte und Landschaften der Bibel. Ein Handbuch und Studien-Reiseführer zum Heiligen Land. Bd.2: Der Süden, Zürich/Köln/Göttingen 1982.

Kellermann, D., Die Priesterschrift von Numeri 1,1 bis 10,10, Berlin 1979 (BZAW 120).

Kelso, J.L., Art. Bethel, in: EAEHL (2.Aufl.) I, 192-194.

ders. u.a., The Excavation at Bethel (1934-1960), Philadelphia (PA) 1968 (AASOR 39).

Kirkbride, A.S., Desert 'Kites', in: JPOS 20 (1946), 1-5.

Kittel, H.J., Die Stammessprüche Israels, Genesis 49 und Deuteronomium 33, traditionsgeschichtlich untersucht, Berlin 1959.

Kloppenburg, J., Joshua 22: The Priestly Editing of an Ancient Tradition, in: Bib. 62 (1981), 347-371.

Knauf, E.A., The Cultural Impact of Secondary State Formation: The Cases of the Edomites and Moabites, in: Early Edom and Moab, 47-54.

Koch, K., Die Profeten I. Assyrische Zeit, 2.durchges. Aufl., Stuttgart/Berlin/Köln/Mainz 1987.

ders., Die Profeten II. Babylonische Zeit, 2.durchges. Aufl., Stuttgart/Berlin/Köln/Mainz 1988.

Der Königsweg. 9000 Jahre Kunst und Kultur in Jordanien und Palästina, Ausstellungskatalog, Köln 1987.

Kohler, K./Rosenberg, M., Das Targum zur Chronik, in: JZWL 8 (1870), 72-80.135-163.263-278.

Kottsieper, I., Art. שבע, in: ThWAT VII, 974-1000.

Kraus, H.-J., Psalmen. 2.Tlbd. Psalmen 60-150, 5.Aufl., Neukirchen-Vluyn 1978 (BK.AT XV/2).

Krebs, W., "...sie haben Stiere gelähmt" (Gen 49b), in: ZAW 78 (1966), 359-361.

Krüger, T., Geschichtskonzepte im Ezechielbuch, Berlin/New York 1989 (BZAW 180).

Kuschke, A., Jeremia 48,1-8. Zugleich ein Beitrag zur Historischen Topographie Moabs, in: ders., Verbannung und Heimkehr. Beiträge zur Geschichte und Theologie Israels im 6. und 5. Jahrhundert v.Chr. Wilhelm Rudolph zum 70.Geburtstage, Tübingen 1961, 191-194.

ders., Das Deutsche Evangelische Institut für Altertumswissenschaft des Heiligen Landes. Lehrkurs 1960, in: ZDPV 77 (1961), 1-37 (bes. 27-31).

ders., Die Lagervorstellung der priesterschriftlichen Erzählung. Eine überlieferungsgeschichtliche Studie, in: ZAW 63 (1951), 74-105.

LaBianca, Ø.S., Sedentarization and Nomadization. Food System Cycles at Hesban and Vicinity in Transjordan, Berrien Springs (MI) 1990 (Hesban 1).

ders., Fluidity of Tribal Peoples in Central Transjordan. Four Millenia of Sedentarization and Nomadization on the Madaba Plains, in: The Middle East - Unity and Diversity. Papers from the Second Nordic Conference on Middle Eastern Studies Copenhagen 22-25. October 1992, ed. H.Palva/K.Vicør, Kopenhagen 1993 (NIAS 5).

ders./Younker, R., The Kingdoms of Ammon, Moab and Edom. Anthropological Perspectives on the Iron Age Archaeology of Jordan (ca. 1200-500 B.C.), 1-21 (Paper Presented to an International Symposium 'Archaeology in the Holy Land', University of California, San Diego 1993).

Lang, B., Ezechiel. Der Prophet und das Buch, Darmstadt 1981 (EdF 153).

Lehming, S., Zur Erzählung von der Geburt der Jakobsöhne, in: VT 13 (1963), 74-81.

ders., Zur Überlieferungsgeschichte von Gen 34, in: ZAW 70 (1958), 228-250.

Lemche, N.P., Ancient Israel. A New History of Israelite Society, Sheffield 1988 (BiSe 5).

ders., Early Israel. Anthropological and Historical Studies on the Israelite Society Before the Monarchy, Leiden 1985 (VT.S 37).

Levenson, J.D., Theology of the Program of Restoration of Ezekiel 40-48, Missoula (MT) 1976 (HSM 10).

Levin, C., Der Jahwist, Göttingen 1993 (FRLANT 157).

ders., Das System der Zwölf Stämme Israels, in: Congress Volume Paris 1992, hrsg.v. J.A.Emerton, Leiden 1995 (VT.S 61), 163-178.

Liedke, G., Art. ישר, in: THAT I, 790-794.

Lindars, B., The Israelite Tribes in Judges, in: VT.S 30 (1979), 95-112.

Lindsay, J., The Babylonian Kings and Edom, 605-550 B.C., in: PEQ 108 (1976), 23-39.

Lohfink, N., Art. ירש, in: ThWAT III, 953-985.

ders., Der Begriff des Gottesreiches vom Alten Testament her gesehen, in: Unterwegs zur Kirche. Alttestamentliche Konzeptionen, hrsg. v. J.Schreiner, Freiburg 1987 (QD 110), 33-86.

ders., Studien zum Pentateuch, Stuttgart 1988 (SBAB 4).

ders., Die Schichten des Pentateuch und der Krieg, in: ders., Studien zum Pentateuch, 255-315.

Lux, R., Die Genealogie als Strukturprinzip des Pluralismus im Alten Testament, in: Pluralismus und Identität, hrsg. v. J.Mehlhausen, Gütersloh 1995 (Veröffentlichungen der Wissenschaftlichen Gesellschaft für Theologie 8), 242-258.

Macdonald, B., The Biblical Tribe of Benjamin. Its Origins and its History During the Period of the Judges of Israel (Catholic Univ. of America, Ph.D. 1974), AnnArbour (MI) 1981.

Macholz, G., Noch einmal: Planungen für den Wiederaufbau nach der Katastrophe von 587. Erwägungen zum Schlußteil des sog. 'Verfassungsentwurfs des Hesekiel', in: VT 19 (1969), 322-352.

Madaba Plains Projekt 1,The 1984 Season at Tell el-'Umeiri and Vicinity and Subsequent Studies, ed. L.T. Geraty/L.G. Herr/Ø.S. LaBianca/R.W. Younker, Berrien Springs (MI) 1989.

Madaba Plains Projekt 2, The 1987 Season at Tell el-'Umeiri and Vicinity and Subsequent Studies, ed. L.G. Herr/L.T. Geraty/Ø.S. LaBianca/R.W. Younker, Berrien Springs (MI) 1991.

Mattingly, G., Moab in the Shadow of Assyria, Babylonia, and Persia, 1-10 (Paper presented to the 1993 AAR/SBL Annual Meeting, Washington D.C.).

Mayes, A.D.H., Deuteronomy, 2.Aufl., Grand Rapids (MI)/London 1991 (NCB).

McEvenue, S., The Elohist at Work, in: ZAW 96 (1984), 315-332.

Mendenhall, G.E., The Census Lists of Numbers 1 and 26, in: JBL 77 (1958), 52-66.

Menes, A., Tempel und Synagoge, in: ZAW 50 (1963), 126-132.

Meyer, I., Die Bücher der Könige - Die Bücher der Chronik, Stuttgart 1976 (SKK.AT 7).

Millard, A., Assyrian Involvement in Edom, in: Early Edom and Moab, 35-39.

Miller, J.M., Art. Moab, in: ABD IV, 882-893.

ders. (ed.), Archaeological Survey of the Kerak Plateau, Atlanta (GA) 1991(ASOR archaeological reports 1).

ders./Hayes J.H., A History of Ancient Israel, Philadelphia (PA), 1986.

Mittmann, S., Beiträge zur Siedlungs- und Territorialgeschichte des nördlichen Ostjordanlandes, Wiesbaden 1970 (ADPV).

ders., Deuteronomium 1,1 - 6,3 literarkritisch und traditionsgeschichtlich untersucht, Berlin - New York 1975 (BZAW 139).

ders., Die Gebietsbeschreibung des Stammes Ruben in Jos 13,15-23, in: ZDPV111 (1995), 1-27.

Mowinckel, S., Tetrateuch - Pentateuch - Hexateuch. Die Berichte über die Landnahme in den drei altisraelitischen Geschichtswerken, Berlin 1964 (BZAW 90).

Möhlenbrink, K., Die Landnahmesagen des Buches Josua, in: ZAW 56 (1938), 246-250.

Müller, H.-P., Der Aufbau des Deboraliedes, in: VT 16 (1966), 446-459.

Müller, H.-P., Art. קדש, in: THAT II, 589-609.

Na'aman, N., Borders and Districts in Biblical Historiography, Jerusalem 1986 (Jerusalem Bible Studies 4).

ders., The Inheritance of the Sons of Simeon, in: ZDPV 96 (1980), 136-152.

ders., Literary and Topographical Notes on the Battle of Kishon (Judges IV-V), in: VT 40 (1990), 423-436.

Neu, R., Von der Anarchie zum Staat. Entwicklungsgeschichte ISRAELS vom Nomadentum zur Monarchie im Spiegel der Ethnosoziologie, Neukirchen-Vluyn 1992.

ders., Die Bedeutung der Ethnologie für die alttestamentliche Forschung, in: Ethnologische Texte 1, 11-26.

Niditch, Susan, Ezekiel 40-48 in a Visionary Context, in: CBQ 48 (1986), 208-224.

Niemann, H.M., Die Daniten. Studien zur Geschichte eines altisraelitischen Stammes, Göttingen 1985 (FRLANT 135).

ders., Herrschaft, Königtum und Staat. Skizzen zur soziokulturellen Entwicklung im monarchischen Israel, Tübingen 1993 (FAT 6).

Nogalski, J., Redactional Processes in the Book of the Twelve, Berlin/New York 1993 (BZAW 218).

Noort, E., Transjordan in Joshua 13: Some Aspects, in: SHAJ III, London/New York 1987, 125-130.

Noth, M., Aufsätze zur biblischen Landes- und Altertumskunde, hrsg. v. H.W.Wolff, Bd.I Archäologische, exegetische und topographische Untersuchungen zur Geschichte Israels (ABLAK I), Neukirchen-Vluyn 1971.

ders., Das Buch Josua, 2.verb. Aufl., Tübingen 1953 (HAT 7).

ders., Das 4. Buch Mose. Numeri, 4.Aufl., Göttingen 1982 (ATD 7).

ders., Geschichte Israels, 2.Aufl., Göttingen 1954.

ders., Die israelitischen Personennamen im Rahmen der gemeinsemitischen Namengebung, Stuttgart 1928 (BWANT 46).

ders., Das System der zwölf Stämme Israels, Stuttgart 1930 (BWANT 52).

ders., Überlieferungsgeschichte des Pentateuch (ÜP), 2.Aufl., Stuttgart 1948.

ders., Überlieferungsgeschichtliche Studien (ÜSt). 1.Teil. Die sammelnden und bearbeitenden Geschichtswerke im Alten Testament, Nachdruck d. 1.Aufl., Darmstadt 1963.

O'Brien, M.A., The Deuteronomistic History Hypothesis. A Reassessment, Freiburg (CH)/Göttingen 1989 (OBO 92).

Oeming, M., Das wahre Israel. Die 'genealogische Vorhalle' 1 Chronik 1-9, Stuttgart/Berlin/Köln/Mainz 1990 (BWANT 128).

Otto, E., Jakob in Sichem. Überlieferungsgeschichtliche, archäologische und territorialgeschichtliche Studien zur Entstehungsgeschichte Israels, Stuttgart/Berlin/Köln/Mainz 1979 (BWANT 110).

Palästina. Historisch-Archäologische Karte. Zwei vierzehnfarbige Blätter 1 : 300 000 mit Einführung und Register (Sonderdruck aus BHH), Göttingen 1981.

Perlitt, L., Deuteronomium, Neukirchen-Vluyn 1994 (BK.AT/V.3).

Petrie, W.M.F., Researches in Sinai, London 1906.

Piccirillo, M., Al-Deir-Ma'in, Madaba, in: Studia Hierosolymitana 1, Jerusalem 1976, 127-154.

ders., Campagna archeologica a Khirbet el-Mukhayyet (Città del Nebo), in: LA 23 (1973), 341-371.

ders., La capella del prete Giovanni di Khirbet el-Mukhayyat (Villagio di Nebo), in: LA 38 (1988), 297-312 (bes.S.312).

ders., Chiese e mosaici die Giordania 1982, in: LA 32 (1982), 508-510.

ders./Russam, M., A Byzantine Church at ed-Deir (Ma'in), in: ADAJ 21 (1976), 61-70.

dePury, A., Genèse XXXIV et l'histoire, in: RB 76 (1969), 5-49.

Pope, M.H., Art. Twelve, in: IDB IV, 719.

Preuß, H.D., Deuteronomium, Darmstadt 1982 (EdF 164).

von Rad, G., Das erste Buch Mose. Genesis, 9. überarb. Aufl., Göttingen 1972 (ATD 2/4).

ders., Das fünfte Buch Mose. Deuteronomium, Göttingen 1964 (ATD 8).

ders., Theologie des Alten Testaments. Bd. I Die Theologie der geschichtlichen Überlieferungen Israels, 4.bearb. Aufl., München 1966 (EETh 1).

Redford, D.B., A Study of the Biblical Story of Joseph (Gen 37-50), Leiden 1970 (VT.S 20).

Reed, W.L., The Archaeological History of Elealeh in Moab, in: Studies on the Ancient Palestinian World presented to F.V.Winnett, hrsg.v. J.W.Wevers/D.B.Redford, Toronto 1972, 18-28 (u. Abb.1-8).

ders., The History of Elealeh ('El-'Al) in Moab, in: CoBQ 42 (1965), 12-16.

Reiterer, F.V., Art. קצף, in: ThWAT VII, 95-104.

Rendtorff, R., Studien zur Geschichte des Opfers im alten Israel, Neukirchen-Vluyn 1967 (WMANT 24).

Richter, W., Traditionsgeschichtliche Untersuchungen zum Richterbuch, Bonn 1963 (BBB 18).

Ringgren, H., Art. מעל, in: ThWAT III, 1038-1042.

ders., Art. קדש. II.2.-12.III., in: ThWAT VI, 1188-1201.

Riesener, Ingrid, Der Stamm עבד im Alten Testament. Eine Wortuntersuchung unter Berücksichtigung neuerer sprachwissenschaftlicher Methoden, Berlin/New York 1979 (BZAW 149).

Rietzschel, C., Zu Jdc 5,14b-15a, in: ZAW 83 (1971), 211-225.

Rose, M., Deuteronomist und Jahwist. Untersuchungen zu den Berührungspunkten beider Literaturwerke, Zürich 1981 (AThANT 67).

ders., 5.Mose. Teilband 1: 5.Mose 12-25 Einführung und Gesetze, Zürich 1994 (ZBK.AT 5.1).

ders., 5.Mose. Teilband 2: 5.Mose 1-11 und 26-34 Rahmenstücke zum Gesetzeskorpus, Zürich 1994 (ZBK.AT 5.2).

Rudolph, W./Volz, P., Der Elohist als Erzähler - Ein Irrweg der Pentateuchkritik?, Gießen 1933 (BZAW 63).

Rudolph, W., Der 'Elohist' von Exodus bis Josua, Berlin 1938 (BZAW 68).

ders., Chronikbücher, Tübingen 1955 (HAT I,21).

ders., Zur Theologie des Chronisten, in: THLZ 79 (1954), 285f.

Ruppert, L., Die Aporie der gegenwärtigen Pentateuchdiskussion und die Josefserzählung der Genesis, in: BZ NF 29 (1985), 31-48.

ders., Die Josepherzählung der Genesis. Ein Beitrag zur Theologie der Pentateuchquellen, München 1965 (StANT XI).

ders., Zur neueren Diskussion um die Josefsgeschichte der Genesis, in: BZ NF 33 (1989), 92-97.

Sæbø, M., Grenzbeschreibung und Landideal im Alten Testament, in: ZDPV 90 (1974), 17-31.

Saller,S., Iron Age Tombs at Nebo, Jordan, in: LA 16 (1966), 165-298.

ders./Bagatti, B., The Town of Nebo (Khirbet el-Mukhayyat), Jerusalem 1949.

Sasson, J.M., A Genealogical >Convention< in Biblical Chronography?, in: ZAW 90 (1978), 171-185.

Schäfer-Lichtenberger, Christa, Stadt und Eidgenossenschaft im Alten Testament, Berlin/New York 1983 (BZAW 156).

Scharbert, J., Genesis 12-50, Würzburg 1986 (NEB Lfg.16).

ders., Numeri, Würzburg 1992 (NEB Lfg.27).

Schmidt, L., Literarische Studien zur Josephsgeschichte, Berlin/New York 1986 (BZAW 167).

ders., Art. Königtum. II Altes Testament, in: TRE IXX, 327-333.

ders., Studien zur Priesterschrift, Berlin/New York 1993 (BZAW 214).

Schmidt, W.H., Alttestamentlicher Glaube in seiner Geschichte, 6.Aufl., Neukirchen-Vluyn 1987 (NStB 6).

Schmitt, G., Levitenstädte, in: ZDPV 111 (1995), 28-48.

Schmitt, H.-C., Die nichtpriesterliche Josephsgeschichte, Berlin/New York 1980 (BZAW 154).

ders., Das Hesbonlied Num.21,27aβ.b-30 und die Geschichte der Stadt Hesbon, in: ZDPV 104 (1988), 26-43.

ders., Der heidnische Mantiker als eschatologischer Jahweprophet. Zum Verständnis Bileams in der Endgestalt von Num 22-24, in: "Wer ist wie du, HERR, unter den Göttern?". Studien zur Theologie und Religionsgeschichte Israels. FS O.Kaiser zum 70.Geburtstag, hrsg. v. I.Kottsieper u.a., Göttingen 1994, 180-198.

ders., Die Erzählung vom Kampf Jakobs am Jabbok Gen 32,23-33 und die elohistische Pentateuchschicht (unpubl. Aufsatz), 1-11.

ders., Die Erzählung von der Versuchung Abrahams Gen 22,1-19* und das Problem einer Theologie der elohistischen Pentateuchtexte, in: BN 34 (1986), 82-109.

ders., Die Suche nach der Identität des Jahweglaubens im nachexilischen Israel. Bemerkungen zur theologischen Intention der Endredaktion des Pentateuch, in: Pluralismus und Identität, hrsg. v. J.Mehlhausen, Gütersloh 1995 (Veröffentlichungen der Wissenschaftlichen Gesellschaft für Theologie 8), 259-278.

Schulte, Hannelies, Die Entstehung der Geschichtsschreibung im Alten Israel, Berlin/New York 1972 (BZAW 128).

dies., Richter 5: Das Debora-Lied. Versuch einer Deutung, in: Die Hebräische Bibel und ihre zweifache Nachgeschichte. FS R.Rendtorff, hrsg.v. E.Blum u.a., Neukirchen-Vluyn 1990, 176-191.

Schwienhorst, L., Die Eroberung Jerichos. Exegetische Untersuchungen zu Josua 6, Stuttgart 1986 (SBS 122).

Seebaß, H., Art. נפל, in: ThWAT V, 521-531.

ders., Erwägungen zum altisraelitischen System der zwölf Stämme, in: ZAW 90 (1978), 196-220.

ders., Garizim und Ebal als Symbole von Segen und Fluch, in: Bib. 63 (1982), 22-31.

ders., Geschichtliche Zeit und theonome Tradition in der Joseph-Erzählung, Gütersloh 1978.

ders., Das Haus Joseph in Jos. 17,14-18, in: ZDPV 98 (1982), 70-76.

ders., Die Stämmesprüche Gen 49 , in: ZAW 96 (1984), 333-350.

Sellin, E., Das Deboralied, in: FS O.Procksch, hrsg. v. A.Alt u.a., Leipzig 1934, 149-166.

van Seters, J., The Life of Moses. The Yahwist as Historian in Exodus-Numbers, Kampen/Louisville (KY) 1994 (Contributions to Biblical Exegesis and Theology 10).

Seybold,K., Nahum. Habakuk. Zephanja, Zürich 1991 (ZBK.AT 24.2).

Shalit, A., Die Eroberungen des Alexander Jannäus in Moab, in: Theok. I (1970), 1-50.

Sigrist, C., Einführung, in: ders./Neu Ethnologische Texte, 7-10.

ders., Regulierte Anarchie. Untersuchungen zum Fehlen und zur Entstehung politischer Herrschaft in segmentären Gesellschaften Afrikas, Olten/Freiburg i.Br. 1967.

ders., Segmentäre Gesellschaft, in: ders./Neu Ethnologische Texte, 106-122.

Sigrist C./Neu R. (Hg.), Ethnologische Texte zum Alten Testament. Bd.1 Vor- und Frühgeschichte Israels, Neukirchen-Vluyn 1989.

Smend, R., Die Entstehung des Alten Testaments, 3.Aufl., Stuttgart/Berlin/Köln/Mainz 1984 (ThW 1).

ders., Zur ältesten Geschichte Israels. Gesammelte Studien Band 2, München 1987 (BEvTh 100).

ders., Das Gesetz und die Völker. Ein Beitrag zur deuteronomistischen Redaktionsgeschichte, in: Probleme biblischer Theologie. FS G.von Rad, hrsg.v. H.W.Wolff, München 1971, 494-509.

Smend, R. (sen.), Die Erzählungen des Hexateuch. Auf ihre Quellen untersucht, Berlin 1912.

Snaith, N.H., The Altar at Gilgal, in: VT 28 (1978), 330-335.

Snijders, L.A., Art. מלא, in: ThWAT IV, 876-886.

Soggin, J. A., Art. מלך, in: THAT I, 908-920.

ders., Bemerkungen zum Deboralied, Richter Kap.5*. Versuch einer neuen Übersetzung und eines Vorstoßes in die älteste Geschichte Israels, in: ThLZ 106 (1981), 625-639.

ders., Judges. A Commentary, 2.Aufl., London 1987 (OTL).

Stager, L.E., Archaeology, Ecology and Social History: Background Themes to the Song of Deborah, in: VT.S 40 (1986), 221-234.

Steuernagel, C., Das Deuteronomium, 2.Aufl., Göttingen 1923 (HAT I.3.1).

ders., Das Buch Josua, 2.Aufl., Göttingen 1923 (HAT I.3.2).

Stolz, F., Jahwes und Israels Kriege. Kriegstheorien und Kriegserfahrungen im Glauben des Alten Israel, Zürich 1972 (AThANT 60).

Sturdy, J., Numbers, Cambridge 1976 (Cambridge Bible Commentary. New English Bible).

Studies in the Mesha-Inscription and Moab, ed. A.Dearman, Atlanta (GA) 1989 (ASOR/SBL Archaeology and Biblical Studies 2).

Syrén, R., The Forsaken First-Born. A Study of a Recurrent Motif in the Patriarchal Narratives, Sheffield 1993 (JSOTS 133).

Terian, A., The Hunting Imagery in Isaiah LI 20A, in: VT 41 (1991), 462-471.

Thiel, W., Die soziale Entwicklung Israels in vorstaatlicher Zeit, Neukirchen-Vluyn 1980.

Timm, S., Moab zwischen den Mächten. Studien zu historischen Denkmälern und Texten, Wiesbaden 1989 (ÄAT 17).

Thompson, Th.L., The Historicity of the Patriarchal Narratives, Berlin/New York 1974 (BZAW 133).

de Vaux, R., Histoire Ancienne d'Israël. Des Origines à l'Installation en Canaan, Paris 1971.

Veijola, T., Verheißung in der Krise. Studien zur Literatur und Theologie der Exilszeit anhand des 89. Psalms, Helsinki 1982 (STAF.B 220).

Vieweger, D., Überlegungen zur Landnahme israelitischer Stämme unter besonderer Berücksichtigung der galiläischen Berglandgebiete, in: ZDPV 109 (1993), 20-36.

Vink, J.G., The Date and Origin of the Priestly Code in the Old Testament, in: OTS 15 (1969), 1-144.

Vogt, E., Untersuchungen zum Buch Ezechiel, Rom 1981 (AnBib 95).

Wallis, G., Jüdische Bürger in Babylonien während der Achämeniden-Zeit, in: Persica 9 (1980), 129-188.

Wanke, G., Die Zionstheologie der Korachiten. In ihrem traditionsgeschichtlichen Zusammenhang, Berlin 1966 (BZAW 97).

Weimar, P., Aufbau und Struktur der priesterschriftlichen Jakobsgeschichte, in: ZAW 86 (1974), 174-203.

Weinreich, O., Lykische Zwölfgötter-Reliefs. Untersuchungen zur Geschichte des dreizehnten Gottes, Heidelberg 1913 (SHAW 5).

ders., Zwölfgötter, Zwölfzahl und Zwölfstaat, in: ders., Ausgewählte Schriften II. 1922-1937, Amsterdam 1973, 435-447.

Weippert, Helga, Das geographische System der Stämme Israels, in VT 23 (1973), 76-89.

Weippert, M., Art. Edom und Israel, in: TRE IX, 291-299.

ders., Das Deutsche Evangelische Institut für Altertumswissenschaft des Heiligen Landes in den Jahren 1982 und 1983, in: ZDPV 101 (1985), 162-170.

ders., The Relations of the States East of the Jordan with the Mesopotamian Powers during the First Millenium BC, in: SHAJ III, London/New York 1987, 97-105.

Weiser, A., Das Deboralied. Eine gattungs- und traditionsgeschichtliche Studie, in: ZAW 71 (1959), 67-97.

Wellhausen, J., Die Composition des Hexateuchs und der historischen Bücher des Alten Testaments, 3.Aufl., Berlin 1899.

ders., Prolegomena zur Geschichte Israels, 6.Aufl., Berlin 1927.

Welten, P., Geschichte und Geschichtsdarstellung in den Chronikbüchern, Neukirchen-Vluyn 1973 (WMANT 42).

Westermann, C., Genesis. 2.Teilband. Genesis 12-36, Neukirchen-Vluyn 1981 (BK.AT I/2).

ders., Genesis. 3.Teilband. Genesis 37-50, Neukirchen-Vluyn 1982 (BK.AT I/3).

deWette, W.M.L., Lehrbuch der historisch-kritischen Einleitung in die Bibel Alten und Neuen Testamentes. Erster Teil. Lehrbuch der historisch-kritischen Einleitung in die Bücher des Alten Testamentes, 7.Aufl., 1852.

White, H.C., Reuben and Judah: Duplicates or Complements?, in: Understanding the Word. FS Bernhard W. Anderson, ed. J.T.Butler u.a., Sheffield 1985 (JSOT.SS 37), 73-97.

Whybray, R.N., The Joseph Story and Pentateuchal Criticism, in: VT 18 (1968), 522-528.

Willi, T., Chronik, Neukirchen-Vluyn 1991 (BK.AT XXIV/1).

ders., Chronik als Auslegung. Untersuchungen zur literarischen Gestaltung der historischen Überlieferung Israels, Göttingen 1972 (FRLANT 89).

Willi-Plein, Ina, Historiographische Aspekte der Josefsgeschichte, in: Henoch 1 (1979), 305-331.

Williamson, H.G.M., 1 and 2 Chronicles, Grand Rapids (MI)/London 1982 (NCB).

ders., Israel in the Book of Chronicles, Cambridge 1977.

Wilson, R.R., Genealogy and History in the Old Testament. A Study of the Form and Function of the Old Testament Genealogies in their Near Eastern Context (Yale Univ., Ph.D. 1972), Ann Arbour (MI) 1972.

ders., Genealogy and History in the Biblical World, New Haven (CT)/London 1977 (YNER 7).

ders., The Old Testament Genealogies in Recent Research, in: JBL 94 (1975), 169-189.

Wolff, H.W., Gesammelte Studien zum Alten Testament, 2.Aufl., München 1973 (ThB 22).

daraus: Zur Thematik der elohistischen Fragmente im Pentateuch, 402-417.

van der Woude, A.S., Erwägungen zum Rahmenpsalm von Deuteronomium 33, in: Studies in Deuteronomy in Honour of C.J.Labuschagne on the Occasion of his 65th Birthday, ed. F.García Martínez u.a., Leiden 1994 (VT.S 53), 281-188.

Wüst, M., Untersuchungen zu den siedlungsgeographischen Texten des Alten Testaments. I. Ostjordanland, Wiesbaden 1975 (BTAVO. B 9).

van Wyk, K., Squatters in Moab. A Study in Iconography, History, Epigraphy, Orthography, Ethnography, Religion and Linguistics of the ANE, Berrien Springs (MI) 1993.

Younker, R., Art. Ammonites, in: Peoples of the Old Testament World, ed. A.Hoerth/ G.Mattingly/E.Yamauchi, Grand Rapids (MI) 1994, 293-316.

Zadok, R., Phoenicians, Philistines, and Moabites in Mesopotamia, in: BASOR 230 (1978), 57-65.

Zayadine, F., Die achämenidisch-persische Epoche, in: Der Königsweg, 170-177.

Zenger, E., Gottes Bogen in den Wolken. Untersuchungen zu Komposition und Theologie der priesterschriftlichen Urgeschichte, Stuttgart 1983 (SBS 112).

Zimmerli, W., Ezechiel. 2.Teilband. Ezechiel 25-48, 2.Aufl., Neukirchen-Vluyn 1969 (BK XIII/2).

ders., Ezechieltempel und Salomostadt, in: Hebräische Wortforschung . FS W.Baumgartner, hrsg. v. B.Hartmann u.a., Leiden 1967 (VT.S 16).

ders., Planungen für den Wiederaufbau nach der Katastrophe von 587, in: VT 18 (1968), S.229-255.

Zobel, H.-J., Stammesspruch und Geschichte. Die Angaben der Stammessprüche von Gen 49, Dtn 33 und Jdc 5 über die politischen und kultischen Zustände im damaligen 'Israel', Berlin 1965 (BZAW 95).

Zwickel, W., Eisenzeitliche Ortslagen im Ostjordanland, Wiesbaden 1990 (BTAVO.B 81).

ders., Räucherkult und Räuchergerät, Freiburg (CH)/Göttingen 1990 (OBO 97).

Bibelstellenregister

(Die Seiten, an denen eine Bibelstelle ausführlich exegesiert wird, sind durch *Kursivsetzung* hervorgehoben.)